国家哲学社会科学成果文库
NATIONAL ACHIEVEMENTS LIBRARY
OF PHILOSOPHY AND SOCIAL SCIENCES

西夏经济文书研究

史金波 著

社会科学文献出版社
SOCIAL SCIENCES ACADEMIC PRESS (CHINA)

百年前内蒙古额济纳旗黑水城遗址

坐落在涅瓦河畔的俄罗斯科学院东方文献研究所

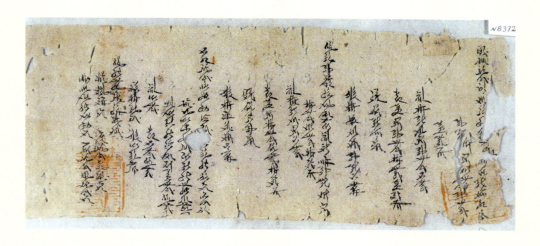

俄藏黑水城出土 Инв.No.8372　户耕地租役草账

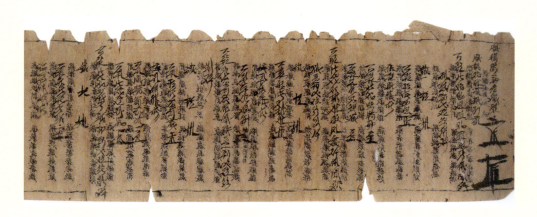

俄藏黑水城出土 Инв.No. 866　欠粮担保账

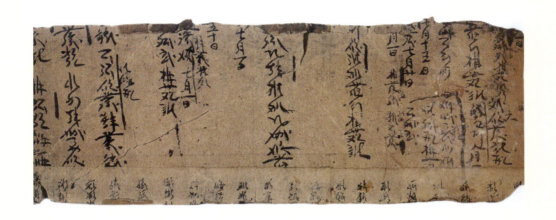

俄藏黑水城出土 Инв.No.1278　夏汉文合璧钱粮账

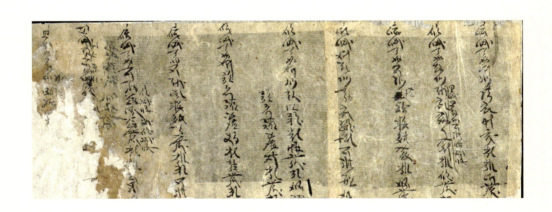

国图 010 号（7.04X-1）　卖粮账

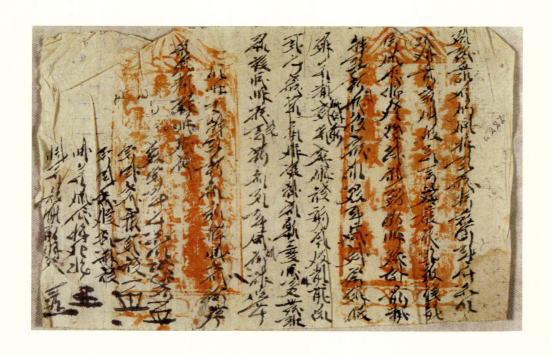

俄藏黑水城出土 Инв.No.5227　天庆丑年贷粮典当契

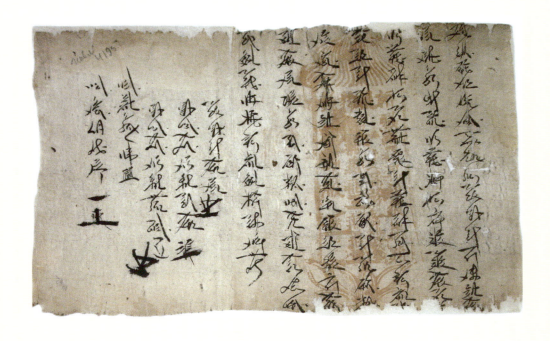

俄藏黑水城出土 Инв.No.4195　天庆午年换畜契

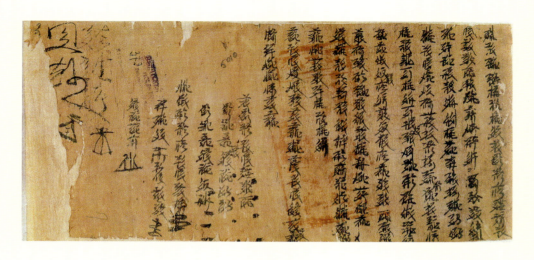

俄藏黑水城出土 Инв.No.5010 天盛庚寅二十二年寡妇耶和氏宝引等卖地契

俄藏黑水城出土 Инв.No. 5943-4
买卖税账

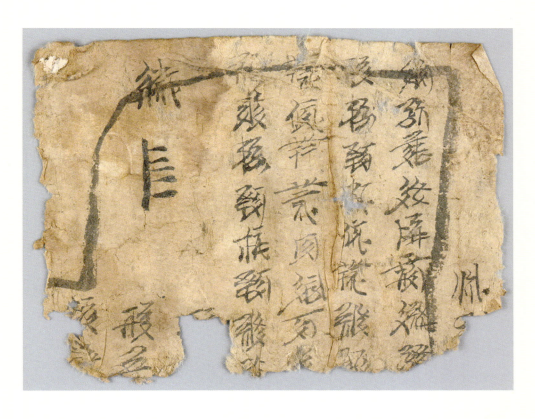

英藏黑水城出土 or.12380-2529AR_L　粮食借贷契约

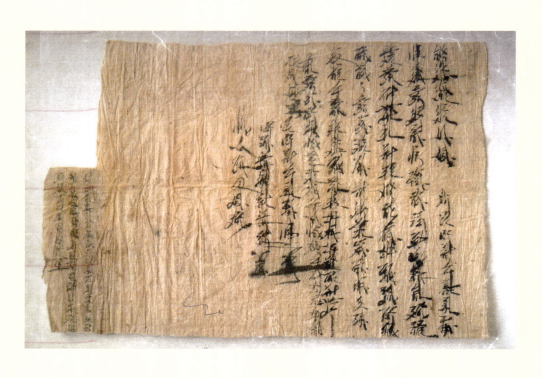

武威亥母洞出土 G31·003［6727］1-2　　乾定酉年（1225 年）卖牛契

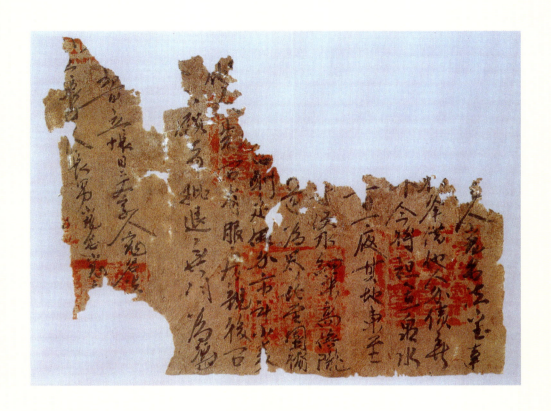

敦煌莫高窟北区 59 窟 1

在俄罗斯科学院圣彼得堡东方学研究所整理西夏文文献

《国家哲学社会科学成果文库》
出版说明

为充分发挥哲学社会科学研究优秀成果和优秀人才的示范带动作用，促进我国哲学社会科学繁荣发展，全国哲学社会科学规划领导小组决定自2010年始，设立《国家哲学社会科学成果文库》，每年评审一次。入选成果经过了同行专家严格评审，代表当前相关领域学术研究的前沿水平，体现我国哲学社会科学界的学术创造力，按照"统一标识、统一封面、统一版式、统一标准"的总体要求组织出版。

全国哲学社会科学规划办公室

2011 年 3 月

目　　录

Contents

前　言

　　西夏（1038—1227 年）是中国中古时期的一个王朝，它以兴庆府（后改为中兴府，今宁夏回族自治区银川市）为中心，包括宁夏、甘肃大部，陕西北部、内蒙古西部以及青海、新疆部分地区，当时是一个比较强盛的国家。

　　在一个王朝的历史中，社会经济是最重要、最基本的内容之一。元朝修史时，修撰了《宋史》《辽史》《金史》，未修西夏史。在宋、辽、金史中虽有"西夏传"，但都很简约。因西夏无"正史"，当然也没有记载西夏社会各方面资料的"志"，如主要反映经济的"食货志"等。在存世不多的汉文文献中，对西夏的记载多为朝代演化、军事纷争以及西夏与宋、辽、金、回鹘和吐蕃的关系等，有关西夏社会经济方面的记录十分稀少。其中关涉西夏经济不多的资料，绝大多数已被研究西夏历史社会的专家们所搜罗、采用。早在 20 世纪 80年代初，吴天墀先生出版的《西夏史稿》即充分利用汉文史料中有关资料，爬梳整理，悉心分析，对西夏经济做了很精彩的研究。[①] 后漆侠、乔幼梅先生著《辽夏金经济史》，专设一编论述党项西夏经济史，又有新的进展。[②] 然而，后世对西夏社会经济的认识仍因资料的稀缺，很多方面依然模糊不清，甚至有很多空白。

　　20 世纪初，俄国探险队在中国西北部地区的黑水城遗址（今属内蒙古自治区额济纳旗）发现了大批文献，其中主要是西夏文文献。俄国人将这一大批文献劫掠而去，酿成了中国大量珍贵文献流失海外的又一悲剧。这些文献的发

---

　　① 吴天墀：《西夏史稿》，四川人民出版社 1980 年版。
　　② 漆侠、乔幼梅：《辽夏金经济史》，河北大学出版社 1994 年版。

现也使西夏研究获得了丰富的文献资源，促进了西夏学的诞生。

这些西夏文献中含有大量经济方面的资料。出土于黑水城的西夏法典《天盛改旧新定律令》含有不少属于经济法的条款，丰富了西夏经济方面的资料。① 这一重要西夏法典的中文译本的出版，为深入研究西夏经济开辟了新的园地。此后，杜建录先后出版了《西夏经济史研究》和《西夏经济史》，是研究西夏经济的专著，其中不仅利用了大量汉文史料，还利用了很多西夏法典的新资料，进一步推动了西夏经济的研究。②

然而在认识、研究西夏经济时，仍然感到缺乏像诸正史中类似"食货志"一类的材料，更缺乏活生生的具体实例资料。要想解开西夏历史上的种种疑团，弥补西夏文献资料不足的问题，就需要有新的资料出现，特别是西夏人自己书写的历史资料现身。这一期望随着我们编辑出版《俄藏黑水城文献》而戏剧性地得到满足。

梦寐以求的西夏研究新资料在 20 世纪末被发现了，这就是近些年学术界十分关注的西夏社会文书。笔者亲身经历了西夏社会文书新资料的寻觅、发现、整理、登录、研究的全过程。这批文书的发现、译释和研究经历了近 20 年的时间，为揭开西夏神秘的面纱起到关键作用。当《西夏经济文书研究》出版之际，笔者作为当事人，在完成这桩重任过程中，感到幸运连连。

第一，有幸发现这批旷世奇"材"。20 世纪初，俄国探险队在我国黑水城遗址发掘出大量西夏文献和文物，藏于今俄罗斯东方文献研究所（圣彼得堡）。1992 年夏，我受中国社会科学院领导委托，与俄罗斯科学院圣彼得堡东方学研究所联系，希望双方合作，共同整理、出版《俄藏黑水城文献》。1993 年春双方达成合作协议。在当年和此后的 1994 年、1997 年、2000 年中方四次组团到俄罗斯圣彼得堡东方学研究所整理西夏文献。

这些文献已经过几代俄罗斯专家的整理和登录。鉴于这批文献的数量巨大，加之文献残卷、残页很多，我总有一个疑问，即在俄罗斯专家整理、登

---

① 史金波、聂鸿音、白滨译注《西夏天盛律令》，《中国珍稀法律典籍集成》甲编第五册，科学出版社 1994 年版；史金波、聂鸿音、白滨译注《天盛改旧新定律令》，《中华传世法典》之一，法律出版社 2000 年版。

② 杜建录：《西夏经济史研究》，甘肃文化出版社 1998 年版；杜建录：《西夏经济史》，中国社会科学出版社 2002 年版。

录的文献以外，还有没有其他文献？我在前两次整理文献时，多次问俄罗斯专家：还有没有未登录的文献？得到的回答是：你们要整理的文献够多了，还有一些很破烂的残卷，等以后再说。我说我很希望看到并整理这些文献。

1997 年第 3 次到东方文献研究所工作时，在我的坚持下，终于被允许披览未登录的文献。原来这是俄罗斯专家在整理西夏文文献时，将一些无头无尾难以定名、登录的残卷，分别放在 110 个盒子中。当我打开盒子时，看到的确实是缺头少尾、形形色色的西夏文残卷，其中多数是佛经，但我从中发现了一些反映西夏社会真实面貌的社会文书。这些文书多是用西夏文草书写成。因为我过去接触过西夏文草书文献，能看懂部分内容，所以可以区分出这些文书的大致属性、类别。逐渐了解到这些文书包括户籍、账籍、契约、军籍、诉讼状、告牒、书信等，深知这些文书对研究西夏社会的特殊价值。于是，我便将这些文书都拣选出来，详细登录，请摄像师拍照。当年我整理了 50 多个盒子，带回其中所有社会文书的登录卡片和几百张原始文献图片。

这是一项令人惊喜的意外收获。和我们同去俄罗斯整理、拍摄文献的上海古籍出版社的资深编辑、敦煌学家蒋维崧先生，看到这些既零碎又珍贵的文书，也非常喜悦，认为这是一项重大收获。这些珍贵资料多属于社会档案性质。研究历史的专家都知道，档案是历史叙事的主体，是研究历史的核心、基础，比其他历史资料（如史学家的著述、国外的著述、后人的回忆等）更为可靠。从这些没有经过人为加工、没有乔装打扮的历史档案中寻求历史的真相，当然更为直接、更为真实。可以说，这批西夏社会文书对研究、认识西夏社会有极高的学术价值。

1997 年我从俄罗斯回到北京后，即向著名宋史专家邓广铭先生报告了这一收获。邓先生十分高兴地说，有宋一代，包括宋、辽、金朝都缺乏直接来自社会、反映社会实际的社会文书；现在发现这样多西夏的社会文书，不仅对西夏社会研究，对宋朝时期各王朝的社会研究都有参考价值；并希望我把西夏社会文书尽快整理、翻译出来，以提供给学术界进一步研究、利用。这些文书的重要学术价值使我感到自己作为一个西夏研究者的重大责任。

2000 年第 4 次到圣彼得堡整理文献时，我又将其余 50 多个盒子的西夏文残卷全部整理完。此外，在一些西夏文佛经的封面衬纸中也发现了裱糊在其中的西夏文文书残页。加在一起共得 1000 多编号、1500 余件文书。这是一项巨大的重要资料收获，虽有一定的偶然性，但也是我们在搜集资料方面一贯执着追求的结果。我们为能够发现并进行系统整理、研究这批珍贵文献感到荣幸和自豪。

第二，有幸译释这批西夏文草书文献。对于新发现的西夏文社会文书，我们都拍摄了照片，并逐步开始进行整理。由于增加了这批超出原计划的资料，我们不得不改变《俄藏黑水城文献》的出版计划。原来根据俄罗斯专家提供的目录和我们拍摄的数量计算，计划《俄藏黑水城文献》的西夏文世俗部分从第7册开始，至第11册结束，共5册。现在一下子出现了1000多件社会文书，都属于世俗文献，应占3册的篇幅，便将《俄藏黑水城文献》世俗部分增加3册，把西夏文社会文书在第12、13、14册中刊布问世。

这些社会文书为全新的资料，没有编辑基础。为了在《俄藏黑水城文献》中出版这些文献，需要给每一件文书定名，这就需要逐个了解各件文书的内容。这些多是西夏文草书文献，翻译、定名十分困难。译释清晰的西夏文楷书仍有难度，西夏文草书的译释更为不易。西夏文草书文献的文字有的龙飞凤舞，有的勾画极简，加之不少文书多是残页，或缺头少尾，或字迹不清，还有不少文书正、背两面皆书写文字，笔画透墨，相互叠压，模糊不清，更加难以辨认。"工欲善其事，必先利其器"，要想解读、利用这些文书，必先破解西夏文草书。敦煌文书多是汉文文书，还要经过国内外众多专家多少年的努力整理、研究，才有了后来的重要进展。面对上千件西夏文草书文献，整理、翻译者只有我一个人，显得势单力薄，感到力不从心，似乎是不可能完成的。但是我认为这是一次难得的机遇，是学术路程中的幸运和挑战。西夏文草书释读是西夏文研究，乃至西夏学的难题，也是一个学术制高点。我深知整理、翻译这些文书的难度，更了解整理、翻译这些文书的巨大的学术价值，于是变压力为动力，面对这些文献，花时间、拼精力去钻研，去挑战这个"不可能"。破解一件西夏文草书，不是一蹴而就的，而是需要反反复复地识认、揣度，很多文书要琢磨数十遍，甚至上百遍。无论工作多忙，我也要挤时间译释这些文书，要求自己卷不离手。除每天在电脑前反复辨认、揣摩推敲外，出门在外时，无论在公交车上、地铁里，还是在候机室、座舱内，我都会拿出纸本西夏文文书识读。这是一项既有艰辛又有乐趣的工作。我对文书解读的兴趣越来越浓厚，并常常为一个难字的解破、一件新的重要文书的释读、一个重要问题的发现感到兴奋不已。

做难事必有所得。在长期反复阅读这些文书过程中，我不断对比西夏文楷书和草书的字形，寻求西夏文由楷书嬗变为草书的规律，探索西夏文草书笔画和结构的特点，识别西夏文草书的能力逐渐提高。六年以后，我拿出了一份西夏文社会文书3册的定名目录，但我感到还不成熟，需要再花时间仔细打磨，争取拿出一份更好的目录来。我郑重向出版社提议，为保证出书质量，推迟这3册的出版时间，以便我再用两年的时间继续集中精力做好定名、分类、编目工作，给学术界提供一份更为准确的目录，以期达到出版水平。这样，前后经过漫长的八个年头，我在2005年交出了《俄藏黑水城文献》社会文书部分（12—14册）的定名目录，完成了《俄藏黑水城文献》第12、13、14册的出版任务。我在整理、定名过程中，基本破解了类似天书般的西夏文草书，先后译释了不少重要文书，为学术界提供了新的资料。

第三，有幸首先对这批珍贵文书进行深度研究。黑水城出土的有关西夏经济的文书约有500号。其中有西夏户籍文书，包括简明户籍账、户籍手实、人口计账、里溜户籍账、户口男女计账等，保存了西夏时期黑水城地区户口的第一手资料。有田赋税收籍账文书，其中有耕地账、户租粮账、户耕地租粮账、户耕地租役草账、里溜租粮计账和户租粮账、人口税账、耕地水税账等，保存了西夏时期黑水城地区多种租税资料。另有粮物计账文书，包括监军司粮食账、里溜粮账、钱物账、牲畜账、杂物账等，从中可反映出当时官府等处粮物的登录、统计、保管、存储等重要内容。还有商贸文书，其中买卖文书包括卖粮账、卖牲畜账、卖酒账及其他物品买卖账，买卖借贷文书包括买卖税账、贷钱利账、贷粮账、卖地账等，从中不仅可知道西夏很多物品的交易情况，更重要的是可通过这些文书了解当时重要物品的物价。西夏文契约文书占经济文书的大部分。过去所知西夏的契约屈指可数，始有15件汉文典当残契刊布，后又有2件西夏文契约由俄罗斯专家发表。新发现的契约不仅数量多，类型也多种多样，包括借贷契（贷粮契、贷物契、贷钱契）、买卖契（卖地契、卖畜契、卖人口契）、租赁契（租地契、租畜契）、典当契（典畜契、典物契）、雇佣契（雇工契、雇畜契）、交换契以及众会契（社条）等，反映出契约在西夏基层经济生活中的普遍性和重要性。

我在逐步深入翻译的过程中，愈加了解了这批文献在西夏学中特别重要的学术价值。这些八百多年前的文书，保存了西夏时期经济方面的第一手资料，弥足珍贵，是研究西夏经济的鲜活资料。我下决心将翻译、研究这批文书作为我的科研主攻方向。

研究社会文书对我来说是一个新领域。这首先要熟悉中国经济史，不仅需要重新学习包括户籍、租税、典贷、商业、契约等在内的中国经济史各领域以及相关的研究著述，还要对敦煌、吐鲁番出土社会文书及研究情况有全面的了解。我如饥似渴地阅读有关书籍，查阅资料，并请教多位专家。经过十几年的积累，对上述经济史领域有了一定理解，并逐步撰写了西夏户籍、租税、契约等方面的论文。当我 2002 年写出《西夏户籍初探》后，便向著名敦煌文书专家沙知教授和陈高华研究员请教，诚恳地请他们提出意见。他们从专业的角度，给出了宝贵的修改、补充建议，使我受益良多。论文于 2004 年在《民族研究》发表时，质量有了明显提高。此文和 2005 年在《历史研究》发表的《西夏农业租税考》都被中国人民大学《复印报刊资料》转载。后来又发表西夏借贷契约等论文。

2006 年我申请的国家社科基金项目"西夏经济文书研究"被批准立项。此后我继续挖掘西夏社会文书宝藏，抓住重点，突破难点，对诸如土地买卖、人口买卖、雇佣、租赁、交换、互助契约等关乎西夏社会最重要的问题，加大力度深入研究，又取得新的收获，最后形成一部有实物图片、有译文、有研究论述的西夏社会经济文书研究书稿。由于文书数量多，工作难度大，项目延至 2012 年以优秀成绩结项。结项后我并未急于出版，在至今的四年中，又做了重要补充，将西夏主要经济文书完成翻译、研究，目的是使本书内容更加丰富、结构更趋合理、观点更显明晰。科研工作是一个渐进的过程，一分耕耘，一分收获，不断钻研，不断进步。比如，我在 2010 年发表《〈英藏黑水城文献〉定名刍议及补正》论文中，对英藏文书中新发现的一些有价值的材料做了介绍和初步翻译，其中包括一件带有印本的文书。文中提出"首见此类文书。因残损过甚，尚难做确切解释"。经过几年，在本书中重新做了译释，发现了重要印文"计量小监"，并与西夏法典《天盛律令》相关条文结合研究，将此文书定名为纳粮收据。新的研究成果表明这一仅有 20 多字的文书残页，可能是最早的刻本实用经济文书，为中国经济文书史和中国雕版印刷史增添了新的内容，也使此文书增添了特别的文献和文物价值。

　　希望这部《西夏经济文书研究》能为西夏研究提供新的资料，对西夏经济增加一些新的、真实的认识，为西夏社会历史和中国经济史研究做出些许贡献。同时本书也为学习西夏文草书者提供了可资对照的参考和教材。

　　整理、研究这样一批看似零零碎碎、破破烂烂的文书残卷，是一件十分细致、十分耗费精力的工作，又是一种耕瘠土为沃壤、化腐朽为神奇的极有价值的任务。从发现这批珍贵文献的 1997 年，至今已经过去近 20 年，其间也承担过其他一些研究项目，但对于这批文书的解读和研究总是作为我的主业，始终不离不弃。我对能发现这批珍贵文书资料，并持续地一字一句地破解西夏文草书，一项一项地研究西夏经济领域的方方面面，感到十分幸运。把历史的碎片，经过艰苦的劳作，梳理、编织出愈益完善的历史锦绣，是历史研究者义不容辞的责任。我每多识读出一个新的西夏文草书字，每发现一个新的问题，每解释出一篇文书，每认识一种西夏的社会现象，就会有获得新知的兴奋感、成就感和喜悦感。

　　西夏经济文书数量多，本书不可能全部容纳；西夏文草书不易识别，我的识别、翻译也只能是初步的，算一个阶段性成果。无论是文献的翻译，还是探讨论述都不免会有不足甚至错误，衷心地希望读者不吝指教，也希望今后有更多的专家关注这些资料，更加深入地研究，一定会取得更多、更好的成果。出土的西夏文书中除西夏经济文书外，还有西夏军事文书和其他西夏官私文书，我和我的学生也在进行译释、研究。

　　2007 年，我到三〇一医院看望在那里养病的季羡林先生，向先生汇报了搜集、整理、译释、研究这些文书的进展情况和进一步研究计划，先生十分赞许，希望早日完成出版，并当场手书"西夏文书研究"书名，以资鼓励。不料先生于次年逝世，至今已过八个年头。现出版此书也表示对先生关怀的感谢和深深的怀念。

史金波

2016 年 12 月　于北京南十里居寓所

第 一 章

西夏王朝和西夏的经济

在宋代，中国西北部地区出现了一个有重要影响的封建王朝，自称白高大夏国，简称大夏国。或因其位于宋朝的西部，史称西夏（1038—1227年）。西夏共历十个皇帝，享国190年，前期与北宋、辽对峙，后期与南宋、金鼎足，在中国中古时期形成复杂而微妙的新"三国"局面。邻近还有回鹘、吐蕃政权，使各王朝间的关系更加错综复杂。西夏主体民族是党项羌。西夏王朝武力强盛，经济发展，文化繁荣。

西夏虽是与宋、辽、金抗衡的重要王朝，但元作为宋、辽、夏、金的后朝，却仅修了《宋史》《辽史》《金史》，而未修西夏国史，这就使很多西夏历史资料未能通过正史保留下来。蒙古军队武力灭亡西夏时，西夏文物典籍遭到大规模破坏，硕果仅存的西夏资料也逐渐被掩埋在历史尘埃之中，使西夏的历史文化变得朦胧而神秘。尽管如此，人们仍可以通过前代及宋代的史书以及元代编修的《宋史》《辽史》《金史》中有关西夏简单、粗疏的记载，大略了解西夏的历史梗概。

一个王朝所处的自然条件，是影响当时社会经济状况的重要因素。在研讨西夏经济文书之前，先大致了解西夏时期的自然条件应是很有益的。

第一节　西夏的自然条件

西夏地区的自然环境错综复杂，对西夏当地社会影响很大，其中主要是地形、河流、气候诸方面。

西夏的地形、地貌多种多样，有平原，有草原，有山地，有沙漠。党项族于唐代自松州（今四川省松潘）一带北迁后，主要散布于陕、甘黄土高原地区。到 11 世纪初西夏立国时，地域大幅度扩张，其东部、南部是黄土高原，六盘山为其南部屏障；北部是蒙古高原的额尔多斯和阿拉善高原，这里以沙漠为主，有毛乌素沙漠、腾格里沙漠和巴丹吉林沙漠，间有草原；西部是青藏高原的北缘，祁连山屏护着河西走廊。贺兰山犹如一块蓝色宝石镶嵌中间（见图1-1）。这中间有富甲天下的河套平原，有河西走廊一线的绿洲。

图 1-1　贺兰山

从西夏全境看，其地形高山、沙漠多，宜于农业的平原较少。与中原地区平原、丘陵较多，宜农地区比例很大的情况相比，西夏的地形对粮食生产不太有利。宋代文献记载："夏国赖以为生者，河南膏腴之地，东则横山，西则天都、马衔山一带，其余多不堪耕牧。"[①]

黄河流贯西夏地区（图 1-2 及 1-3）。黄河上中游的一些支流也在西夏境内，如湟水、洮河、清水河、窟野河、无定河等。黄河素有灌溉之利。西夏时期黄河仍是当地农业命脉，特别是西夏地区干旱少雨，利用河流灌溉就显得更为重要。河套地区"饶五谷，尤宜稻麦。甘、凉之间，则以诸河为溉，兴、灵则有古渠曰

---

① （宋）李焘：《续资治通鉴长编》卷 466，元祐六年（1091 年）九月壬辰条，中华书局 1979 年版（以下同）。

唐来，曰汉源，皆支引黄河。故灌溉之利，岁无旱涝之虞"，[①] 被誉为"塞上江南"。黄河也可以为害，下雨过多常引起黄河决口，淹毁农田，漂没人畜。

图1-2　宁夏银川一带的黄河

图1-3　宁夏中卫一带的黄河

此外，西夏地区还有内流河，形成河西走廊—阿拉善内流区和额尔多斯内流区。最著名的是河西走廊地区祁连山上的雪水融化形成的黑水，向北流入居延海，形成了一系列绿洲，成为西夏粮食生产的一个基地。史书记载"甘、凉之间，则以诸河为溉"[②]，"诸河"即是指祁连山雪水汇成的河。沙州（今甘肃省敦煌）也是其中的绿洲之一，"居民恃土产之麦为食"。[③] 可见，当时河西走廊地区有发达的农业区。出土大量西夏文献的黑水城一带就是黑水下游的一个绿洲（见图1-4）。

----

① 《宋史》卷486《夏国传下》。
② 《宋史》卷486《夏国传下》。
③ 〔意〕马可波罗口述，〔法〕沙海昂注《马可波罗行记》第五十七章，冯承钧译，上海书店出版社2000年版。

图 1-4　内蒙古额济纳旗居延海（西夏时期黑水城一带）

图 1-5　内蒙古巴丹吉林沙漠

西夏地区的气候属典型的大陆性气候，冬季长而气温低，空气干燥，农作物生长时间短；很多地区雨量少，常干旱，给农牧业生产带来很大困难。但西夏地区日照充足，热量丰富，太阳辐射强，昼夜温差大，这又成为农业生产的有利条件。西夏地区大多干旱少雨，除能用河水灌溉的地区外，常发生旱灾。多数地区是靠天吃饭，春天无雨难以播种，夏秋无雨没有收成（见图 1-5）。

总之，西夏的自然环境

比起中原地区要恶劣得多，像河套地区这样维系西夏生存、得天独厚的膏腴之地稀少。当时虽然不少地区的植被比现在要多，环境相对要好，但由于西夏时期一些地区已经在超负荷使用水利、土地和其他资源，加上战乱频仍，人民流离失所，更加速了环境的恶化。

第二节　西夏建国前的党项民族及其经济

早期的党项族主要分布在今青海省东南部、四川省西北部的广袤的草原和山地间，为汉朝西羌之别种。《旧唐书》记载："魏、晋之后，西羌微弱，或臣中国，或窜山野。自周氏灭宕昌、邓至之后，党项始强。其界东至松州，西接叶护，南杂春桑、迷桑等羌，北连吐谷浑，处山谷间，亘三千余里。"[①] 党项族西部为吐蕃，西北部为吐谷浑。当时党项族有很多部落，每一部落为一姓，其中以拓跋部最为强大。那时，党项族还处于原始社会的晚期。唐初，党项族拓跋部首领拓跋赤辞归唐，被任命为西戎州都督，赐以唐朝皇室李姓。

党项族原为游牧民族，至隋唐时期其经济仍只有畜牧业，尚没有农业。《隋书》记载：党项人"牧养牦牛、羊、猪以供食，不知稼穑。"[②] 至唐代，党项人仍然"畜牦牛、马、驴、羊，以供其食。不知稼穑，土无五谷。"那时，党项族吃、穿、用基本上都取自于牲畜，食畜肉，饮畜乳，衣牲畜皮毛，就连居室都是"织牦牛尾及羊毛覆之"。[③]

后来吐蕃势力不断壮大，党项族受到吐蕃强大势力的挤迫，散居在今四川北部、甘肃南部与青海境内的党项部落，于8世纪初期不得不陆续内迁。唐朝把原设在陇西地区的静边州都督府移置庆州（今甘肃省庆阳），以党项族大首领拓跋思泰任都督，领十二州。8世纪中叶，安史之乱爆发后，河陇空虚，吐蕃进而夺取河西、陇右之地，这些地区的党项部落再一次东迁到银州（今陕西省米脂县）以北、夏州（今陕西省靖边县北白城子）以东地区；静边州都督府也移置银州，绥州（今陕西省绥德县）、延州（今陕西省延安市）一带也陆续迁来大批党项部落。一些党项部落曾助吐蕃攻唐，致使长安陷落。党项族二次

---

① 《旧唐书》卷198《党项羌传》。参见《北史》卷96《党项传》；《隋书》卷83《党项传》。
② 《隋书》卷83《西域·党项传》。
③ 《旧唐书》卷198《党项羌传》。

迁徙后，入居在庆州一带的称东山部，入居夏州一带的称平夏部。平夏地区的南界横山一线，唐朝人称之为南山，居住在这一区域的党项族，被称作南山部。迁入内地的党项部落，仍然从事游牧，财富渐有积累，人口迅速增殖，部落内部阶级分化也渐趋明显。

唐广明元年（880年）黄巢率领的农民起义军攻入唐都城长安（今陕西省西安市）。中和元年（881年）党项族首领宥州刺史拓跋思恭与其他节度使响应唐僖宗的号召，参与镇压黄巢义军；中和三年（883年）收复长安，因功被封为定难军节度使，再次被赐李姓，管领五州，治所在夏州，此地原是东晋十六国时期赫连勃勃所建大夏国的都城。其余四州是：银州、绥州、宥州（今属陕西省靖边县）、静州（今属陕西省米脂县），开始了事实上的地方割据。五代时期，夏州党项政权先后依附于中原的梁、唐、晋、汉、周朝，并在与邻近藩镇纵横捭阖的斗争中，势力不断壮大（见图1-6）。①

图1-6　夏州统万城遗址

　　①　《旧五代史》卷138《党项传》；《宋史》卷485、486《夏国传》（上、下）；《辽史》卷115《西夏外记》；《金史》卷134《西夏传》。参见（清）吴广成《西夏书事》，清道光五年（1835年）刊本。

　　唐代党项族北上内迁，一部分人仍然以畜牧为业。党项人以其畜产品换取中原地区的谷物、缯帛和其他日用品。有名的党项马是其特产，受到中原地区的青睐，成为贸易交换的名贵商品。

　　另有不少党项人进入农业地区后逐渐从事农业生产，成为熟户。这部分党项人开始了由游牧到定居、由畜牧业到农业的历史性转变，最终成为农民。这一重大转变丰富了党项人的社会生活。在党项政权管辖范围内的很多地区早有农业基础，社会发展较快，生产力水平较高。西夏时期由党项人和汉人共同在这些地区经营农业，对党项民族的发展产生了巨大影响，推动了党项社会的快速进步。

　　甘肃敦煌西部的安西榆林窟第3窟是西夏洞窟，其中壁画五十一面千手观音变中有《犁耕图》，画双牛驾横杆，横杆连接犁辕，即所谓二牛抬杠式，耕者一手扶犁，一手持鞭，形象地反映了西夏时期役牛犁田的情景（见图1-7）。

图1-7　榆林窟第3窟《犁耕图》

第三节　西夏建国及其经济

北宋初年，党项族首领臣属宋朝。李继捧弟继兄位，引发内部矛盾，索性向宋献五州地。宋太平兴国七年（982年）宋授李继捧为彰德军节度使，留居宋都开封，发兵前往夏州接收统治权力，发遣党项族所有李氏缌麻以内亲族齐赴汴京。后李继捧族弟、任定难军管内都知蕃落使的李继迁，反对宋朝直接接管五州之地和以党项族首领亲属作变相人质，率众逃往地斤泽（今属内蒙古自治区鄂尔多斯市），公开抗宋自立。

宋朝开始用招降的办法，劝降李继迁。继迁不听，仍行攻掠。雍熙元年（984年）继迁辗转于夏州一带，宋知夏州尹宪与都巡检使曹光实以精骑数千奔袭继迁根据地地斤泽，宋军大胜；继迁等人逃走，母、妻被俘，继迁军损失殆尽，只能转徙待机。翌年继迁使人诈降曹光实，在曹光实受降时，突出伏兵，将曹光实及其随从诱杀，袭取了银州，势力转盛。继迁权知定难节留后，封官设职。宋太宗派出四路大军围剿继迁，使之损失巨大，但因宋军前线无统一指挥，终未能伤继迁根本。

继迁自知羽翼未丰，便做出战略决定，依附辽朝，对抗宋朝。他被宋朝的对手辽朝封为夏国王，辽以宗室女下嫁。在辽、宋对立的状态下，宋朝管辖下的党项族崛起，对辽朝有益无害。于是，辽朝又是封王，又是嫁女，积极主动。宋朝自居中原王朝正统，党项族领地为宋原有领土。党项独立，对宋朝无异割股剜肉；若党项再与辽朝联手，则宋朝两面受敌，利害自明。因此，宋朝对党项族的坐大和独立坚决反对。继迁充分利用宋、辽矛盾，以便在西偏发展。宋朝则利用李继捧挟制继迁，端拱元年（988年）复封继捧为定难军节度使，赐名赵保忠，使之讨伐继迁；继捧阳奉阴违，首鼠两端。辽则加封继迁夏国王，促其攻宋。

宋朝是历代中原王朝中在军事上比较屡弱的朝廷，军力不济，加之指挥不当，进退失据，战争中经常失利。宋至道三年（997年），李继迁迫使宋朝封其为定难军节度使，占据夏州，仍管领五州之地。

后李继迁把战略重点指向灵州（今宁夏吴忠市境内），多次劫掠宋朝向灵州输送的粮草，使灵州几乎成为孤城。经过多年拉锯式的反复角逐，李继迁的党项政权屡蹶屡起，时降时叛，终成宋朝大患。宋朝又遣五路大军进讨，并未成功。宋朝廷臣讨论是否放弃灵州，却议而难决。不主张放弃者，考虑到灵州乃"牧放耕战之地"，可起到藩篱作用，能以此地输入河西地区的马匹，既注意到军事因素，又思虑到经济因素。[①]

李继迁于宋咸平三年（1000年）再夺宋朝粮饷，翌年以五万骑兵包围灵州，并占据城外险要，还命士兵垦种附近膏腴耕地，发展农业经济，以为长期围困之策。继迁又先后攻占了灵州附近几处重镇，完全断绝了宋朝对灵州的接济。此时灵州已成继迁的囊中之物，宋咸平五年（1002年）春，继迁大集军旅，急攻灵州，宋灵州知州裴济求救不得，城破被杀。

继迁得灵州后，立即向辽告捷。党项政权统治境内有了一个较大的中心城池。次年，继迁改灵州为西平府，这里便成了党项族政权新的统治中心，后又攻占西凉府（今甘肃省武威市）。

李继迁攻下灵州后，所辖地区干旱无雨，五谷不收。在当时政权并不稳定的局面下，继迁便能认识到农业和灌溉的重要，更为重视农业生产；为长久之计，兴修水利，发展灌溉。

李继迁两年连得宋朝两大城池，势力蒸蒸日上。正当其踌躇满志之时，宋咸平六年（1003年）春归顺宋朝的吐蕃首领潘罗支向其诈降，击败李继迁，使之因伤致死。宋朝西北边患大为减弱。当年9月，辽大举攻宋，遭到宋军的顽强抵抗，双方媾和，订立"澶渊之盟"。宋朝在同一年中西部、北部都得到相对的安定，赢得一段时间的和平发展。

李继迁死后，其子李德明继承王位；在宋、辽关系缓和的形势下，他继续与辽通好，同时改善与宋朝的关系，与双方大体上保持着友好往来。宋朝封德明为定难军节度使、西平王，每年赐给他大量银、绢、茶，其中颁赐银、帛、缗钱各四万，茶二万斤；还在保安军（今属陕西省志丹县）等地开设榷场，发展贸易。宋朝给了西夏不少经济上的好处，换得西部边境的安宁。德明政权也因此而得到稳定、巩固和发展。

偏安一隅的德明政权经济的发展并不完善，急需宋朝的帮补和相互交流。通过榷场，德明政权以丰富的畜产品和其他土特产品换取宋朝的丝绸以及其他手工业产品。

---

① （宋）李焘：《续资治通鉴长编》卷44，真宗咸平二年（999年）六月戊午条。

西夏自景德四年，于保安军置榷场，以缯帛、罗绮易驼马、牛羊、玉、毡毯、甘草，以香药、瓷漆器、姜桂等物易蜜蜡、麝脐、毛褐、羱羚角、硇砂、柴胡、苁蓉、红花、翎毛，非官市者听与民交易，入贡至京者纵其为市。[①]

双方在经济上各有收益。当时边境地区还私设榷场，双方边民相互贸易。宋朝边臣上奏禁止，宋真宗却宽容待之：

河东缘边安抚司言："麟、府州民多赍轻货，于夏州界擅立榷场贸易。望许人捕捉，立赏罚以惩劝之。"上曰："闻彼歧路艰险，私相贸易，其数非多，宜令但准前诏，量加觉察可也。"[②]

德明统治之地，盛产青白盐，味好价低，威胁到宋朝解池盐的销售和收益。宋朝对西夏的盐禁有宽严之争。[③] 有时德明的进奉使来宋朝购买禁品、武器等，以补己之缺。[④]

西夏发生灾荒时，德明向宋求要大量粮食救灾，一方面经济上有求宋朝，另一方面也有意难为宋朝。宋宰相王旦出计化解：

赵德明尝以民饥，上表乞粮数百万。上出其奏示辅臣，众皆怒曰："德明方纳款而敢逾誓约，妄有干请，乞降诏责之。"王旦独不言，上曰："卿意如何？"旦曰："臣欲降诏与德明，言尔土灾馑，朝廷抚御荒远，固当赈救，然极塞刍粟，屯戍者多，不可辄易。已敕三司在京积粟百万，令德明自遣众来取。"上喜，从之。既而德明受诏，望阙再拜，曰："朝廷有人，臣不合如此。"[⑤]

德明将其统治中心从比较接近宋朝的灵州，向北迁移。宋天禧四年（1020

① 《宋史》卷186《食货志八·互市舶法》。
② 《续资治通鉴长编》卷72，真宗大中祥符二年（1009年）十一月乙卯条。
③ 《续资治通鉴长编》卷73，真宗大中祥符三年（1010年）五月壬午条。
④ 《续资治通鉴长编》卷79，真宗大中祥符五年（1012年）十一月丙午条。
⑤ 《续资治通鉴长编》卷68，真宗大中祥符元年（1008年）正月壬申条。

年），李德明将其首府移往贺兰山麓的怀远镇，改称兴州（今宁夏回族自治区银川市），并逐渐将其发展成西北地区的一大都会。这一带的膏腴之地成为西夏发展经济的基础和命脉。

经过多年的休整，德明势力更加壮大。他改变了乃父重点东向攻宋的战略，而是西向攻取实力更弱的吐蕃、回鹘，以图占领河西走廊。其实继迁时期也攻打过河西走廊的凉州，只不过得而复失。德明曾多次攻击甘州回鹘，屡屡受挫，但随着其势力的增强，军事、经济实力远远超过了回鹘。

宋天圣六年（1028年），李德明派他的儿子元昊率兵向西攻占甘州（今甘肃省张掖市），回鹘可汗夜落隔仓皇出奔。元昊因功被立为太子。

德明时期，吐蕃、党项、回鹘都曾占领凉州（今甘肃省武威市）。宋明道元年（1032年）九月，德明令元昊率兵攻打凉州。元昊先是声东击西，佯装欲与宋朝在环庆一带交战，使回鹘造成错觉，失去戒备；然后率兵突然袭击凉州，占据了这一控扼河西的重地。不久，瓜州（今甘肃省瓜州县）、沙州也来降服。

这样，李德明的党项政权又占领了整个河西走廊，在这些地区取代了吐蕃、回鹘的统治，不仅使西夏领土大大扩张，奠定了建立西夏王国的版图基础，而且河西走廊不少地方宜耕宜牧，使西夏的经济实力有了更大的提升。《宋史》载：

> 其地饶五谷，尤宜稻麦。甘、凉之间，则以诸河为溉，兴、灵则有古渠曰唐来，曰汉源，皆支引黄河。故灌溉之利，岁无旱涝之虞。[1]

特别是黄河历代为中国水患，只有河套一带灵、夏诸州得天独厚，反受其利，是西夏经济命脉所在。这一时期，境内番汉各族生活相对安定，生产获得发展，商业趋于活跃，为后来元昊建国称雄积累了经济和军事基础。

李德明是一位守成的君主，他总结历史经验，认为用兵无益处，希望利用宋朝发达的经济，改善、提高自己。当时德明与其子元昊有一段精彩的对话：

> （元昊）数谏德明无臣中国，德明辄戒之曰："吾久用兵，终无益，徒

---

[1]　《宋史》卷486《西夏传下》。

自疲尔！吾族三十年衣锦绮衣，此圣宋天子恩，不可负也。"元昊曰："衣
皮毛，事畜牧，蕃性所便。英雄之生，当王霸尔，何锦绮为？"[1]

对话生动地表现了德明、元昊两人不同的志向和性格，反映他们在对待西夏经
济发展方面也有不同的理念：德明强调依赖宋朝，元昊主张发展民族传统畜牧
经济。这为将来元昊主政时期分国、抗宋埋下了伏笔。

第四节　西夏前期的政治和经济

继承王位后的元昊，实力更为雄厚，建立大夏国的条件日趋成熟。元昊具
有雄才大略，早就提出"英雄之生当王霸"的主张。他不断图强创新，采取一
系列政治、军事、文化措施，进行建国的准备活动。

在名号方面，元昊取消了唐、宋赐给的李、赵姓氏，改姓嵬名氏，嵬名意
为党项的近亲。[2] 元昊又改变名号，自称"兀卒"，西夏语为"皇帝"之意。

在文治方面，他命大臣野利仁荣创制记录党项族语言的文字，即后世所谓
的西夏文；特建番汉二学院，掌管往来文字。西夏皇室崇信佛教，为满足党项
人学习佛典，便开设译场，翻译西夏文佛经。

在政治制度方面，他仿照中原制度并结合民族特点，建立官制。其官分文
武班，自中书令、宰相、枢使、大夫、侍中、太尉以下，皆分命番汉人为之。
完善首府，升兴州为兴庆府。

在风习方面，突出民族风习，下秃发令，使党项族皆髡发；规定文武官员
服饰，区分官服、便服，而使民庶穿青绿，以别贵贱。

在军事方面，元昊更大力整顿军旅，在境内设多个监军司：

置十二监军司，委豪右分统其众。自河北至午腊蒻山七万人，以备契
丹；河南洪州、白豹、安盐州、罗落、天都、惟精山等五万人，以备环、
庆、镇戎、原州；左厢宥州路五万人，以备鄜、延、麟、府；右厢甘州路

<hr>

① 《续资治通鉴长编》卷111，仁宗明道元年（1032年）十一月壬辰条。
② 史金波：《西夏名号杂考》，《中央民族学院学报》1986年第4期。

三万人，以备西蕃、回纥；贺兰驻兵五万、灵州五万人、兴州兴庆府七万
人为镇守，总五十余万。[①]

元昊还接连对北宋、吐蕃、回鹘用兵，进一步扩大了版图。其境辖今宁
夏、甘肃大部，陕西北部，内蒙古西部和青海东部的广大地区，成为当时能与
宋、辽周旋、抗衡的第三大势力。西夏所辖地区，虽地域偏窄，自然环境不如
中原地区，但也有不少可耕可牧之地。

宋宝元元年（1038 年）十月十一日，元昊筑坛受册，登基加冕，正式立
国为帝，建立大夏国，并公开上表于宋。[②] 元昊建国，称雄西北，对抗中原
王朝，开创了西夏近两个世纪的基业（见图 1-8）。西夏已经进入封建领主制
社会，皇室、贵族、上层僧侣为居于统治地位的封建领主三大台柱，基层为大

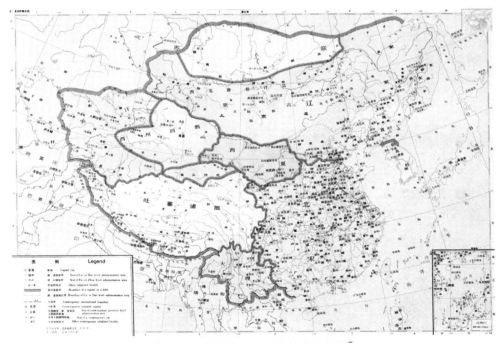

图 1-8　西夏在北宋时期的地理位置[③]

---

① 《宋史》卷 485《夏国传下》。
② 《续资治通鉴长编》卷 122，仁宗宝元元年（1038 年）十月甲戌条。
③ 谭其骧主编《中国历史地图集》第六册，地图出版社 1982 年版。

量的农民和牧民，同时也有少量处于奴隶和半奴隶状态、可以被买卖的"使军"和"奴仆"，有奴隶制遗留。[1]

元昊当政后，顺应社会生产力向前发展的大势，既经营传统的畜牧业，又重视农业，采取了农牧并重的经济发展策略，同时借重宋朝的经济发展优势，补充本土的不足。

西夏因食粮匮乏，尤重农业生产。当时不仅依靠黄河之利，发展灌溉，还利用前代开凿的秦家、汉延、唐徕等水渠，并开凿新渠。宁夏银川一带至今仍存有"昊王渠"，传说为西夏元昊时所建。

辽朝作为西夏的宗主国，常充宋夏之间的调节者。但西夏立国这样大的事件，在《辽史》本纪和西夏传中竟没有直接的记载。

元昊的称帝使脆弱的宋夏关系雪上加霜。宋朝做出了激烈反应，下诏削夺元昊官爵，停止双方互市，并揭榜于边境，募人能擒元昊，若斩首献者，即为定难军节度使。[2] 双方关系降至冰点，宋朝首先从经济上以绝互市、废榷场来制约西夏：

> 及元昊反，即诏陕西、河东绝其互市，废保安军榷场；后又禁陕西并边主兵官与属羌交易。久之，元昊请臣，数遣使求复互市。[3]

宋朝愤恨有加，出兵讨伐元昊不臣之举；元昊踌躇满志，有驱兵继续向宋朝腹地进攻之意。双方接连在三川口（今陕西延安西北）、好水川（今宁夏隆德县北，一说西吉县兴隆镇一带）、定川寨（今宁夏固原西北）发生三次大战。天授礼法延祚三年（1040年）的三川口之战，宋多员大将被俘，延州几乎不保。翌年的好水川之战，宋行营总管任福等大将及士兵万余人战死，宋朝关右震动，仁宗为之旰食。再过一年的定川寨之战中，宋泾源路副总管葛怀敏及将校四十余人战死，士兵近万人被俘。元昊乘胜直至渭州（今甘肃省平

---

① 吴天墀：《西夏史稿》，四川人民出版社1983年增订版，第151—159页；史金波：《西夏社会》（上册），上海人民出版社2007年版，第211—229页；史金波：《黑水城出土西夏文卖人口契研究》，《中国社会科学院研究生院学报》2014年第4期。
② 《宋史》卷485《夏国传上》。
③ 《宋史》卷186《食货志八·互市舶法》。

凉）大掠，致使关辅居民震恐，纷纷逃往山间。接连三次大战，都以宋朝惨败告终，影响深远。元昊更加骄横，在张贴的露布中曾有"朕欲亲临渭水，直据长安"的豪言，^①西夏陵园出土的残碑中也出现了"可以直捣中原"的语句。^②

此后，军事上的攻防和政治上的谈判交叉进行。经过反复较量，宋朝由于战线过长，疲于奔命，指挥失当，多次败北，无力征服西夏（见图1-9）。宋、夏之间的几次大战，不仅使宋朝军事弱点暴露无遗，也给宋朝的经济造成重大损失，使"贫弱之民，困于赋敛"，国家府库日虚，捉襟见肘，并成为引发大规模农民起义的原因之一，动摇着宋朝的统治。

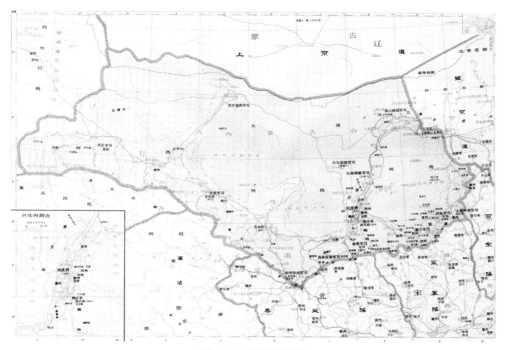

图1-9　西夏疆域图

①（宋）王巩：《闻见近录》。

② 宁夏博物馆发掘整理、李范文编释《西夏陵墓出土残碑粹编》，文物出版社1984年版，图98，M108H:145。

　　西夏未在战争中得到好处，自己也被弄得田园荒芜，农牧经济遭到破坏，牛羊悉卖契丹；百姓苦于军兵点集，财困民穷，民不聊生，无茶可饮，怨声载道，民间流行"十不如"歌谣，以发泄怨气。[①] 元昊锐气渐消，也不得不走到谈判桌前来。在双方谈判过程中，西夏向宋朝提出"要请十一事"，其中除称号问题、领土问题外，主要是经济问题，如增加每年宋给西夏的岁币、增加贸易范围、扩大西夏产出的青白盐销售额等。[②] 最后于宋庆历四年（1044 年）宋夏双方达成妥协。"元昊始称臣，自号国主。"[③] 宋朝承认西夏的实际地位，每年赐给西夏银、绢、茶共 25 万 5000 两、匹、斤。这是宋辽订立"澶渊之盟"40 年后，宋朝与西夏订立的重要和盟，称为"庆历和盟"。此次和盟稳定了双方边界地区的局势，在一段时期内得到和平发展。和盟还使双方经济关系趋于和缓，往来贸易逐步恢复。和盟两年后，宋夏从各自经济利益考虑，重新设立榷场。

　　　　庆历六年，复为置场于保安、镇戎二军。继言驱马羊至，无放牧之地，为徙保安军榷场于顺宁砦。[④]

　　西夏统治者注重经济发展，牧业早有基础，畜产品除自用外，尚能通过榷场贸易向宋朝出口。宋朝也依赖西夏的马、羊，给榷场下指令向西夏大量收购，如仁宗庆历六年（1046 年）十二月：

　　　　己酉，诏保安军、镇戎军榷场，岁各市马二千四，博买羊一万口。[⑤]

　　西夏虽是辽朝的属国，但元昊一方面依靠辽以抗宋，另外也与辽有深刻矛盾。他招纳辽境内的党项部落，并支援他们抗拒辽军。就在元昊刚刚与宋议和不久，辽兴宗耶律宗真于重熙十三年（1044 年）十月初，亲领骑兵 10 万渡黄河分兵三路攻夏。元昊先后以示弱诱敌、坚壁清野、夜兵突袭之策，使辽军大溃，死伤惨重。夏军擒辽驸马都尉萧胡睹等近臣数十人。宗真仓皇逃遁。元昊

① 《宋史》卷 485《夏国传上》。
② 《续资治通鉴长编》卷 163，仁宗庆历八年（1048 年）二月辛亥条；《宋史》卷 330《任颛传》。
③ 《续资治通鉴长编》卷 149，仁宗庆历四年（1044 年）五月甲申条。
④ 《宋史》卷 186《食货志八·互市舶法》。
⑤ 《续资治通鉴长编》卷 159，仁宗庆历六年（1046 年）十二月己酉条。

在反败为胜后，乘势遣使与辽讲和。因为此战决战地点在河曲（今内蒙古鄂尔多斯市境内），也称河曲之战。

元昊一生征战，功成名就，后来贪图享乐，在宫廷内乱中被刺身亡，他做了11年皇帝，是为景宗。

元昊死后，幼子谅祚在襁褓中即位，西夏面临着皇帝幼弱、外戚专权的政治局面。母后没藏氏和母舅没藏讹庞当政。没藏氏重视国家治理和军事征战，她常派人抚谕党项诸部，在境内点集人马，经常训练。这期间西夏与辽大战多次，互有胜负；与宋争夺边界土地，时战时和。[1]

就在元昊去世的第二年，西夏延嗣宁国元年（1049年），辽兴宗乘元昊新丧之机，发兵三路攻夏。南路、中路无功而返，北路军进至贺兰山，击败西夏国相没藏讹庞率领的三千骑兵，俘元昊妻及官僚家属多人，获大量牲畜而还。

西夏统治者早已深知耕地的重要性。作为国相的没藏讹庞为增加自己收入而侵耕宋地，与宋朝进行夺取交界屈野河耕地的争战。土地纠纷使宋、夏之间关系顿趋紧张。《续资治通鉴长编》记载：

> 经略司遂奏土人殿直张安世、贾恩为都同巡检，以经制之。然敌侵耕久，宴然自以为己田，又所收皆入其酋没藏讹庞，故安世等迫之则格斗，缓之则不肯去，经略司屡列旧境橄之使归所侵田。讹庞之妹使其亲信部曲嘉伊克来视之，还白所耕皆汉土，乃召还讹庞，欲还所侵地。会嘉伊克作乱诛而国母死，讹庞益得自恣。[2]

宋朝则采取禁互市的方法钳制西夏：

> 经略使庞籍言："西人侵耕屈野河地，本没藏讹庞之谋，若非禁绝市易，窃恐内侵不已。请权停陕西缘边和市，使其国归罪讹庞，则年岁间可与定议。"诏禁陕西四路私与西人贸易者。[3]

---

[1] 《续资治通鉴长编》卷162，仁宗庆历八年（1048年）春正月辛未条。
[2] 《续资治通鉴长编》卷185，仁宗嘉祐二年（1057年）二月壬戌条。
[3] 《续资治通鉴长编》卷185，仁宗嘉祐二年（1057年）二月甲戌条。参见《宋史》卷186《食货志八·互市舶法》。

　　后双方由战转和，划定疆界，复榷场，通互市。同时西夏又与吐蕃争夺青唐城（今青海省西宁市），并降伏西使城（甘肃省定西市）、青唐一带，西夏势力延伸到河州（今甘肃省临夏市）。谅祚14岁时在朝臣的支持下擒杀企图篡权的没藏讹庞，开始亲政。谅祚于拱化四年（1066年）攻宋庆州受伤，翌年病死，在位19年，是为毅宗。

　　随着西夏经济的发展，在贸易中需要使用货币。西夏自德明时期，宋朝给党项政权的岁赐中有钱币一项。西夏普遍使用宋钱。据笔者在西夏故地调查所见，不仅宋夏交界的陕西北部、宁夏南部有大量宋钱出土，在西夏腹地，甚至在宋朝势力从未到达的河西走廊地区也出土了很多宋钱；这些宋钱以北宋的为主，北宋历朝钱币都有发现。特别是发现的西夏钱币窖藏，主要是宋钱，西夏钱币极少，说明西夏地区宋钱广泛流通。宋朝在王安石变法时曾罢铜禁，铜钱流入西夏更多。① 西夏也使用自己铸造的钱币，但西夏何时铸钱并无确切记载。已发现的西夏早期钱币有西夏文"福盛宝钱"。西夏有"福盛承道"年号，为西夏毅宗时期。西夏铸造自己的钱币，尽管还不能代替宋钱，但其在政治上的意义可能要超过在经济上的意义。自己铸造钱币不仅是经济发展和经济趋向自主的表现，更是王朝独立的象征。

　　毅宗死后，其子秉常也是孩提即位。母后梁氏和母舅梁乙埋执掌朝政，继续与辽和好，与宋争夺绥德、啰兀城（今陕西省米脂县西），后划界立封堠。当时吐蕃青唐政权分裂，西夏皇太后梁氏调整了对外战略，结联吐蕃。天赐礼盛国庆三年（1072年），梁氏以自己的女儿向吐蕃首领董毡之子蔺比逋请婚，协调了与吐蕃政权的关系。秉常16岁亲政，因想向宋请和，与太后政见相左，被囚禁于兴庆府。宋朝起五路大军攻夏，最终因指挥失当而溃败。西夏在战争中坚壁清野，使宋军得以进占很多州城。

　　　（西夏）横山之地沿边七八百里中，不敢耕者至二百余里。岁赐既罢，和市亦绝。虏中匹帛至五十余千，其余老弱转徙，牛羊堕坏，所失盖不可胜数。②

---

① （宋）苏轼：《东坡全集》卷88《张文定公墓志铭》。
② （宋）苏轼：《东坡全集》卷54《奏议十八首》"因擒（鬼章）论西羌夏人事宜札子"。

看来，西夏与宋朝的征战，横山一带元气大伤，经济形势受到严重影响，物价飞涨，人民流离失所。夏大安八年（1081 年），宋、夏发生永乐城（今陕西省米脂县西）之战，宋军又损失惨重。

西夏经过几十年的经营，农业经济已有长足的进步，很多地方都储存了不少粮食。对此，宋代文献有些记载，夏大安八年（1082 年）八月宋将李宪攻陷夆谷：

> 大军过夆谷川，秉常僭号"御庄"之地，极有窖积……已遣逐军副将分兵发窖取谷及防城弓箭之类。[①]

同年十月，"蕃官三班差使麻也讹赏等，十月丙寅于西界德靖镇七里平山上，得西人谷窖大小百余所，约八万石，拨与转运司及河东转运司""种谔取米脂，亦称收藏粟万九千五百余石"。[②] 随着粮食的丰足，西夏对灾荒的赈济也可以依靠自身以丰补歉来调剂。大安十一年（1085 年），银州、夏州大旱时，惠宗下令调运西部甘州、凉州的粮食来接济，以便渡过灾荒。[③]

从出土文物来看，秉常时期曾铸西夏文和汉文两种钱币，西夏文钱为"大安宝钱"，汉文钱为"大安通宝"。秉常在位 18 年，是为惠宗。

秉常子乾顺 3 岁即位，母后梁氏（秉常母梁氏侄女）和母舅梁乞逋（梁乙埋之子）专权，仍与辽结好。国相梁乞逋又向吐蕃首领阿里骨为自己的儿子请婚，后来吐蕃首领拢拶又与西夏宗室结为婚姻。西夏中、后期双方关系大为改善，交往比早期显著增多。

天祐民安三年（1092 年）十月，梁氏亲率兵十万攻宋环州，围七日不克，后攻洪德寨，宋将党项人折可适拼死抗击，大败梁氏，使之狼狈而逃。[④] 后梁氏与兄梁乞逋产生矛盾，天祐民安五年（1094 年）令皇族大臣杀乞逋，自揽军政大权。梁氏能统帅大军，运筹帷幄，甚至亲临前线，不惧锋镝，是英姿飒爽的女中豪杰。天祐民安七年（1096 年），乾顺与母梁氏率兵号称五十万，

---

① 《续资治通鉴长编》卷 316，神宗元丰四年（1082 年）九月乙未条。
② 《续资治通鉴长编》卷 318，神宗元丰四年（1082 年）十月丙子条、己卯条。
③ 《西夏书事》卷 27。
④ 《续资治通鉴长编》卷 478，哲宗元祐七年（1092 年）冬十月辛酉条。

进逼延州，攻破金明寨，得城中粮五万石，草千万束。永安元年（1098年）率四十万军，与宋争夺平夏，造"对垒"高车进攻，遇大风而溃败。[①]

永安二年（1099年）梁太后死，乾顺亲政。

三朝的母党专权，使西夏皇族和后族的矛盾高潮迭起，并伴随着统治阶级内部的权力之争，多次发生"番礼"和"汉礼"的严重斗争。是时西夏经济又有新的发展，与周边王朝关系复杂、微妙。宋、夏之间互通有无，贸易往来频繁。每当宋、夏交战之际，宋朝多以停岁币、罢和市、断榷场相要挟，这往往会影响到西夏的社会生活，同时也反映出西夏的经济发展尚不完善，对宋朝有相当程度的依赖。

第五节　西夏中期的政治和经济

夏太后梁氏死后，乾顺年15岁主政。辽遣使至宋为夏人议和。夏遣使至宋告哀，并上表谢过；还委派大臣嵬名济进誓表，对两梁氏专权和宋夏边界纠纷做出检讨：

> 臣国久不幸，时多遇凶，两经母党之擅权，累为奸臣之窃命。频生边患，增怒上心，衅端既深，理诉难达。幸凶党伏诛，稚躬反正。

宋朝也做出和解姿态：

> 尔以凶党造谋，数干边吏，而能悔过请命，祈绍先盟。念彼种人，均吾赤子，措之安静，乃副朕心。嘉尔自新，俯从厥志，尔无爽约，朕不食言。自今已往，岁赐仍旧。[②]

西夏注重与辽发展关系，与宋冲突时多依靠辽朝回护。先是辽遣使至宋为夏人议和，后乾顺请婚于辽。夏贞观三年（1103年），辽以成安公主嫁乾顺，

---

① 《续资治通鉴长编》卷503，哲宗元符元年（1098年）冬十月乙亥条。

② 《续资治通鉴长编》卷519，哲宗元符二年（1099年）十二月壬寅条；《宋史》卷485《夏国传下》。

辽夏关系更加密切。

后宋朝蔡京秉政，招诱西夏大将卓罗右厢监军仁多保忠。宋河东节度使童贯多次兴军伐夏，致使边境紧张。元德元年（1119年），童贯复逼熙河经略刘法，使进攻西夏。刘法不得已，引兵至统安城（今甘肃省永登县西），遇夏国崇宗弟察哥郎君率步骑为三阵，以抵挡刘法前军，而别遣精骑登山出其后。宋军自朝及暮，兵不食而马亦渴死很多。据记载，宋军死者十万。

12世纪初，女真兴起，建立金朝，进攻辽朝。辽金交战时，西夏援辽抗金。辽朝在垂危之际为了取得西夏的支持，匆忙册封乾顺为夏国皇帝。元德六年（1124年）眼见辽朝将亡，西夏便改事金朝。西夏还在金朝灭辽攻宋的战争中，得渔人之利，乘机夺取了部分土地，扩大了版图。在新的政治格局中形成与金、宋并立的三国关系（见图1-10）。南宋初屡谋北伐，川、陕宣抚副使吴玠多次遣人与夏国联络，共攻金朝。

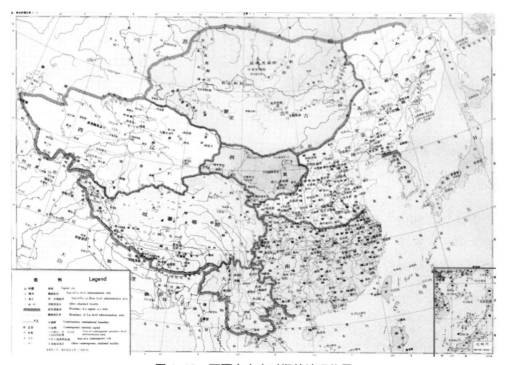

图 1-10　西夏在南宋时期的地理位置

乾顺时，使庶弟察哥任都统军，镇衙头，封晋国王，使掌兵政。察哥建议选番汉壮勇，教以强弩，兼以摽牌，加强武备，得到乾顺的首肯。[①]

崇宗时期，经济发展。据出土文物证实，当时西夏铸造、流行西夏文"贞观宝钱"，汉文"元德重宝"和"元德通宝"，西夏本朝铸造的钱币种类增多。当时还修缮首府中兴府，西夏陵出土汉文残碑文所记："崇宗践位，虽总览乾（坤）……上即命公城中兴……改元贞观，四年……"[②] 可见当时有相当的经济实力。

崇宗重视文教。贞观元年（1101 年），始建国学，设弟子员三百，立养贤务并给予廪食。国学在中原王朝早已有之，指国家最高学府，如太学、国子监，是政府弘扬儒学之所在。西夏地处西偏，又是少数民族当政，却也将最高学府称为国学，其主旨也是弘扬汉学。不难想见，此举不仅是西夏文化史上一件划时代的大事，也是在境内调整番汉关系的重要举措。从此西夏建学崇儒，储备人才，使教育走上番汉并重的道路。乾顺也重视佛教，贞观三年（1103 年），于甘州建卧佛寺。

因西夏此时东部、南部被金包裹，基本与宋隔绝，在经济上只能依赖金国。西夏向金朝请求开设榷场，得到金朝的允许。[③] 同时金朝还向西夏开放了铁禁。金大定十二年（1172 年），世宗与宰臣有一段对话，对金、夏两国的贸易产生了直接影响：

> （大定）十二年，上谓宰臣曰："夏国以珠玉易我丝帛，是以无用易我有用也。"乃减罢保安、兰州榷场。[④]

世宗认为金朝以有用的绢帛之类的纺织品换取西夏珠玉之类的奢侈品，很不划算，停止了保安、兰州榷场，直接影响到西夏与中原的经济往来。

西夏经济的发展，增强了自身的经济实力。西夏发生灾荒时，多靠本朝自

---

① 《西夏书事》卷 31。

② 宁夏大学西夏研究中心、国家图书馆、甘肃五凉古籍整理研究中心编，史金波、陈育宁总主编《中国藏西夏文献》第 19 册，甘肃人民出版社、敦煌文艺出版社 2005 年版，第 321 页。

③ 《金史》卷 4《熙宗纪》。

④ 《金史》卷 134《西夏传》。

己救助。如贞观十年（1110年）瓜、沙诸州大旱时，番民流亡者甚众，崇宗命调拨灵、夏诸州粮食赈济：

> 瓜、沙诸州素鲜耕稼，专以畜牧为生。自三月不雨，至于是月，水草乏绝，赤地数百里，牛羊无所食，蕃民流亡者甚众。监军司以闻，乾顺命发灵、夏诸州粟赈之。[①]

乾顺在位长达54年，是为崇宗。崇宗前期母后当政，后期亲政近40年，虽有战事，但并不频繁，重视文教，弘扬国学，为其子仁孝时期大力发展儒学、开办多种类型的儒学教育奠定了基础。

仁孝是乾顺之子，其在位前期西夏接连发生严重政治事件。境内发生原投诚的契丹人萧合达的叛乱。内战导致经济遭到破坏，发生严重饥荒，米价每升高至百钱，人民生活困苦。又由于首都兴庆府发生大地震，人畜死亡者以万计。大庆四年（1143年），夏州地震后仁宗下令：

> 二州人民遭地震陷死者，二人免租税三年，一人免租税二年，伤者免租税二年，其庐舍、城壁摧塌者，令有司修复之。[②]

仅仅免交租税，仍不足以解决饥民的糊口问题。民众无食，终于在当年爆发了以哆讹为首的大规模人民起义。外戚任得敬在平定叛乱和镇压人民起义的过程中，渐握朝柄，升为国相。

仁孝时期，西夏的社会生产力迅速提升，经济发展，农牧业都有长足的进步，封建社会越趋完善。仁孝大力提倡文教，国家实行科举，朝臣修订律令，寺庙校印佛经，文人著书立说，文化事业高度繁荣，达到西夏的鼎盛时代。

在社会迅速发展的同时，社会矛盾也进一步扩大。仁孝缺乏忧患意识，文治可圈可点，但武功乏善可陈，对权臣的图谋不轨未能及时抑制。任得敬进位楚王、秦晋国王，最后愈加专横，欲分国自立。仁孝在金朝的支持下诛杀了任

---

① 《西夏书事》卷32。
② 《西夏书事》卷35。

得敬并翦灭其党羽，使国势峰回路转，度过分国危机。同时任命学者斡道冲为国相，使局面平稳。

　　史载，西夏仁宗天盛十年（1158 年）"始立通济监铸钱"。[①] 但在已出土的西夏钱币中可以证实，至少在西夏第二代皇帝毅宗时已经有西夏自己铸造的钱币，比天盛十年早了一个世纪。西夏早已铸币，应有铸币机构。西夏文法典《天盛律令》中有"钱监院"，[②] 大约就是"通济监"之别称。仁宗时西夏与宋朝隔绝，不可能更多地得到宋钱；又金朝占据关右后，设置兰州等处榷场，若西夏以宋钱贸易，则价格倍增，损失巨大。因此，西夏本朝铸钱规模扩大。当时所铸天盛钱，与金正隆钱并用。开始金帝并不允许，经仁孝一再请求，方许通行。[③] 近年在西夏故地发现的西夏钱币窖藏，证实西夏当时使用前朝、宋朝、金朝钱币，和本朝自铸钱币；有的窖藏出土 600 多斤钱币，十几万枚。[④] 西夏的货币先依赖于宋，后受制于金，没有完全的自主权。

　　这一时期西夏基本依附金朝自保，但也非一心一意。西夏虽称藩于金，聘使如织，但当宋朝联络西夏攻金时，仁孝上表于宋，骂金朝"不自安于微分，鼠窃一隅之地，狼贪万乘之畿，天地所不容，神明为咸愤"，并表示要"恭行天讨"。[⑤] 但墨迹未干，即出兵扰宋。两月后，金主新立，仁孝又乘机出兵袭金，不久又与金成为兄弟之国。这种朝秦暮楚、首鼠两端的做法，完全是为当时的小利所驱使。仁孝末期虽有名相斡道冲的辅佐，但长期疏于武备，由盛转衰的迹象已经萌生。仁孝在位 54 年，是为仁宗。

第六节　西夏后期的政治和经济

　　仁宗死后，内忧外患加剧，国势开始下滑，西夏步入晚期。这时蒙古已崛起于漠北，并不断侵掠西夏。在西夏晚期的 30 多年中，皇权不固，先后五易

---

　　① 《宋史》卷 486《西夏传下》。

　　② 《天盛改旧新定律令》第五 "军持兵器供给门"，第 224 页。

　　③ 《西夏书事》卷 36。

　　④ 牛达生：《一座重要的西夏钱币窖藏——内蒙古乌审旗陶利窖藏》，原载《甘肃金融 钱币专辑》1989 年。又见牛达生《西夏钱币论集》，《宁夏金融》增刊，2007 年。

　　⑤ 《西夏书事》卷 36。

帝位：桓宗纯祐，在位 13 年；襄宗安全，在位 4 年；神宗遵顼，在位 13 年；献宗德旺，在位 3 年；末帝睍，在位 1 年。这一时期西夏外患不已，烽烟不断，蒙古六次入侵。

蒙古在入侵西夏的同时，也攻侵金朝。而金、夏仍在互相争斗，力量消耗殆尽。西夏应天四年（1209 年）中兴府被围，襄宗不得不纳女请和。

在西夏政权频繁更替、战乱不断的局面下，社会动荡，经济颓废。西夏御史中丞梁德懿叙述当时的情况说：

> 国家用兵十余年，田野荒芜，民生涂炭，虽妇人女子，咸知国势濒危，而在廷诸臣，轻歌夜宴，舌结口拑。①

乾定二年（1225 年），御史中丞张公辅也疏陈经国七事，在经济方面提出：

> 国经兵燹，民不聊生，耕织无时，财用并乏。今将宫中、府中浮靡，勋臣、戚臣赏赉，去奢从俭，以供征调之用，则粮足而兵自强耳。②

可见，西夏末期已经达到"财用并乏"的严重程度。西安市文物研究所有一件泥金字书写的西夏文《金光明最胜王经》，末有西夏神宗御制发愿文，时为光定四年（1214 年），离西夏灭亡仅 13 年。文中有"如临深渊，如履薄冰"之语，又祈求"国泰民安"。或许反映出当时西夏内外交困的局势。

西夏末期虽时间短暂，但钱币铸造和流通似乎仍然保持着一定的水平。出土的西夏文钱币有汉文"天庆元宝""皇建元宝""光定元宝"，分别是西夏桓宗、襄宗和神宗三朝的钱币。

在金、夏皆岌岌可危之时，双方于夏乾定元年（1224 年）签订和议，约为兄弟之国，以图共同抗蒙，可惜为时已晚，无力回天。

蒙古最后一次进攻西夏是在 1226 年，成吉思汗挥军南下。当时蒙古对西夏主要城池采取武力攻打和诱降争取的双重策略，连下诸城。蒙古大军很快攻

---

① 《西夏书事》卷 41。
② 《西夏书事》卷 42。

占了西夏的黑水城、沙州、肃州（今甘肃省酒泉市）、甘州和西凉府，河西走廊也被其控制，西夏大部河山沦为敌手。

接着蒙古军队进围中兴府。末帝睍回天乏力，力屈请降，束手被擒。成吉思汗病死，据其遗嘱，睍旋即被杀。雄踞西北地区的西夏王朝终告灭亡。

第　二　章

西夏文献中有关西夏经济的记载

过去所见有关西夏经济方面不多的资料皆来自汉文史书的记载，其中多是宋、辽、金臣僚的奏折或文人记述，既无系统可言，也非直接记录或统计，多为第二手资料。因此，对西夏经济进行深入研究困难重重。

近代考古发现了不少西夏时期的文献，皆系西夏人当时的记载。其中，西夏法典中有关于西夏经济的条款，还有很多关于西夏社会经济的文书，如户籍、籍账、契约等。这些西夏时期、由西夏人创作的文献，详细地记录了西夏的经济情况，真实可信，为深入研究西夏经济提供了第一手资料，有很高的学术价值和文物价值，值得珍视。

第一节　西夏法典《天盛改旧新定律令》中的经济条款

黑水城出土的西夏国家法典《天盛改旧新定律令》（文中简称《天盛律令》)，是西夏仁宗时期在前朝律令基础上修订的一部系统完备的王朝法典。作为国家综合性法典，其中包括了很多有关经济的条款，对研究西夏的经济有重要意义。

一　《天盛律令》的编纂和内容

现所见《天盛律令》为西夏文刻本。随着西夏皇朝的覆灭和党项民族的消亡，此书掩埋于地下达七个世纪之久，今藏俄罗斯科学院东方文献研究所。俄罗斯专家曾将其译成俄文，并进行研究，后中国专家又根据原文，将其译成汉文，并做了注释和研究。1998年在《俄藏黑水城文献》中出版了比较完整、清晰的原文。①

《天盛律令》卷首有《颁律表》（见图2-1、2-2），记载了有关《天盛律令》修订、定名、雕印、敕准、颁行的重要史实。与唐长孙无忌的《进疏律表》和宋窦仪的《进刑统表》形式很相近。只是后二者仅涉及编修和进呈，未涉及颁行。

《律令》既称"改旧新定"，自然在此之前西夏已有法律。《天盛律令》书首的《颁律表》中有"用正大法文义""比较旧新律令""着依此新律令而行"等文字，皆可作为西夏早有《律令》的佐证。《颁律表》又指出，旧律有"不明疑碍"处，故而要加以修订。看来，西夏重新修律的目的是依据实际情况，使律令更明晰通顺、更有利于实施。在黑水城遗址发现的西夏文献中，除《天盛律令》外，尚有西夏文手写本《新法》《亥年新法》。可知西夏也非止一次修订法律。

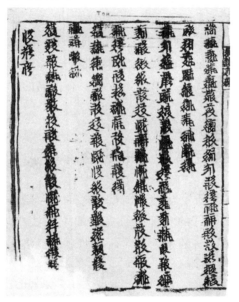

图2-1　《天盛律令》颁律表（1）

《天盛律令》由西夏北王兼中书令嵬名地暴领衔编制。他职位很高，应是首席宰辅，但在汉文文献中失载。参加编纂的人员授官位并有中书、枢密职官的就有9人，其他也是各司首长或有博士、学士头衔的学者，集中了政界、文化界的权威人物。法典编定后，进呈仁宗皇帝批准然后刊布施行，使这一法典更具权威性。

在《颁律表》的纂定者后又有四位官员，或为博士，或为学士，他们不属于纂定者，而是汉文译者。可见此《律令》有西夏文本，也有汉文本。这是西夏境内有党项族和汉族两个主要民族的反映。

---

　　① 〔俄〕E.И.克恰诺夫：《天盛改旧新定律令》（1—4），苏联科学出版社（莫斯科）1987—1989年版；史金波、聂鸿音、白滨译注《西夏天盛律令》，《中国珍稀法律典籍集成》甲编第五册；史金波、聂鸿音、白滨译注《天盛改旧新定律令》，《中华传世法典》之一，法律出版社2000年版；原文又见史金波、魏同贤、克恰诺夫主编《俄藏黑水城文献》第8册，上海古籍出版社1998年版。

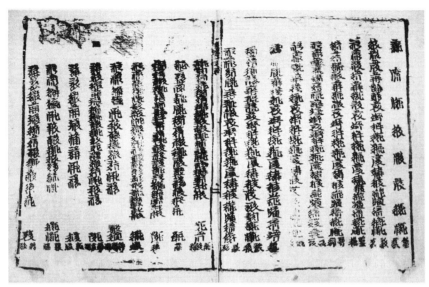

图 2-2 《天盛律令》颁律表（2）

"天盛"为西夏仁宗年号，共 21 年。由于《天盛律令》中未记有具体年款、干支，因而难以确定此律令颁行的具体时间。西夏天盛年间正是权臣任得敬入朝、专权、分国、覆灭的时期。从《天盛律令》的内容看，这部法典极力维护皇权，除规定对种种有碍皇权的行为处以重刑外，还规定得封王号者须是皇族嵬名氏，在番汉官员的排列上，官位相同时，番人在前，汉人在后。这些规定对汉人任得敬来说，都是其升擢、篡权的障碍。《天盛律令》很可能是在任得敬入朝不久、影响尚不很大的天盛初年颁行的。具体说，可能在天盛元年（1149 年）至任得敬任国相的天盛八年（1156 年）之间。从纂定《天盛律令》人员构成还可看出修律的主要负责人为皇族嵬名氏，在前 9 位有封号的官员中嵬名氏占 6 位，在全部参加纂定的 19 人中党项人居多数，其中无一人为任氏。修律者以党项人为主，皇族嵬名氏占主导地位，亦可说明此次修律当在西夏皇族势力未有很大削弱的天盛初期。

西夏借鉴中原王朝的法律，但不是照搬中原王朝的现成法典，而是立足于本朝的实际，制订与本朝社会相适应的法律。

《天盛律令》包含了刑法、诉讼法、行政法、民法、经济法、军事法的内容，包罗宏富，是一部诸法合体的综合性法典。① 它不仅吸纳了唐、宋等律书以忠和孝为核心维护封建专制统治的法制思想、行之有效的"十恶""八议""五刑"的基本内容，还继承了在刑法、诉讼法方面丰富、严谨、细密的传统，同时又不墨守成规、不生搬硬套，而是勇于创新，在很多方面充实、发展了唐、宋律的内容。

《天盛律令》不像前代王朝法典那样，一般只规定对违反刑律的处罚，而是首先对应如何做不应如何做做出明确的规定，然后才是对违反规定的处罚。这比起唐、宋法律，更显现出综合法典的性质。

西夏是封建王朝，其法典具有封建王朝法律的突出特点：维护皇权，维护封建社会秩序，维护等级制度，突出中国封建社会传统的孝义精神。

《天盛律令》在中国成文法的编纂方面形成了自己的特点，做出了新的贡献，在中古时期开创了中华法系的崭新局面，在中国法制史上占有重要地位。透过《天盛律令》的丰富内容，可以真实而深刻地了解当时西夏社会生活的方方面面，通过这些珍贵的资料深入研究西夏的政治制度、阶级关系、社会构成、经济生活、人民负担、军队管理、宗教政策、民族关系等。

因为记载西夏社会情况的汉文资料十分稀少，所以有关的西夏文资料就显得更为重要。在目前能见到的西夏人自己记载的社会生活资料中，《天盛律令》又是最全面、最集中、最重要的典籍。它的发现、翻译和解读为西夏社会的研究开创了一个全新的局面。从这个角度讲，《天盛律令》具有更为特殊的文献价值。《天盛律令》多方位地反映着西夏社会，其中有关经济方面的内容尤为丰富，为深入研究西夏经济提供了最重要、最关键的资料。

二　《天盛律令》中的经济条款

在《天盛律令》全部二十卷中，自第十五至第十九共 6 卷都属经济法方面的内容。有关农业的条目集中在卷第十五和第十六，共有 19 门 132 条，仅卷十五就有 1 万余字；可惜卷十六缺失，仅存留该卷名略。西夏法典中有关农业、租税的内容比唐、宋法典要丰富得多。卷十五包括收租、开荒、开渠、灌

---

① 史金波：《一部有特色的历史法典——西夏〈天盛改旧新定律令〉》，《中国法律史国际学术讨论会论文集》，陕西人民出版社 1990 年版；史金波：《西夏〈天盛律令〉略论》，《宁夏社会科学》1993 年第 1 期。

溉等，内容详备、具体。比如在"渠水门"中，不但具体规定从大都督府至定远县沿诸渠干应派渠水巡检、渠主 150 人，还对巡检事宜做出详细的规定：

> 诸沿渠干察水渠头、渠主、渠水巡检、夫事小监等，于所属地界当沿线巡行，检视渠口等，当小心为之。渠口垫板、闸口等有不牢而需修治处，当依次由局分立即修治坚固。若粗心大意而不细察，有不牢而不告于局分，不为修治之事而渠破水断时，所损失官私家主房舍、地苗、粮食、寺庙、场路等及役、草、笨工等一并计价，罪依所定判断。[①]

其下又分 5 小条以 600 余字更详尽地分类确认正误，明晰功过。在国家大法中把修渠时渠口的垫板和闸口要修治牢固，都不厌其烦地明确定法在案，西夏法典实属独树一帜。

西夏主体民族党项族原为游牧民族，建国后党项族仍以畜牧为重，境内的回鹘、吐蕃也多从事畜牧业。在《天盛律令》中有关畜牧的内容自然比较丰富、详备，它们多集中于第十九卷。该卷分 13 门，共 78 条，1.3 万余字（现存原件前后有部分残缺）。此外，在其他卷中也有少量这方面的内容。从条目和字数上看要比《唐律》分别多出 5 倍和 10 倍以上，内容比《唐律》丰富、细密。比如，对于母畜的产仔管理、奖惩记载十分细微：

> 四畜群之幼畜当依前所定计之，实数当注册，不足者当令偿之，所超数年年当予牧人。其幼畜死，不许注销。其中幼马勿予公，当予母。
>
> 百大母骆驼一年内三十仔，四月一日当经盈能验之，使候校。大人到来时当印之，于册上新取项内以群产所有注册。二年总计六十仔数当足，册上之马仔当依次登录齿数。
>
> 百大母马一年五十仔。
>
> 百大母牛一年内六十犊。
>
> 百大母羖䍽一年内六十羔羊。
>
> 牦牛在燕支山、贺兰山两地中，燕支山土地好，因是牦牛地，年年利

---

① 《天盛改旧新定律令》第十五"渠水门"，第 499 页。

仔为十牛五犊，赔偿死亡时，当偿实牦牛。贺兰山有牦牛处之数，年年七八月间，前内侍中当派一实信人往检视之，已育成之幼犊当依数注册，已死亡时当偿犊牛。倘若违律，贺兰山上检视牦牛者不依时日派遣时，大人、承旨、都案、案头、司吏等有官罚马一，庶人十三杖。检视者隐匿幼犊时，检者、牧人等受贿，则以枉法贪赃罪及偷盗钱财罪比较，从重者判断。无贿、未知，则检者勿治罪，牧人依偷盗法当承罪。①

"四畜群"指马、骆驼、牛、羊。"盈能"为低级官吏。条款中将各种母畜应产仔子数，分别开列，特别对燕支山、贺兰山两地的牦牛产犊的检视记载更详。

《天盛律令》有关库律的内容也十分丰富，它集中在第十七卷，分7门，共计58条，1.4万字以上（现存原件前后亦皆有部分残缺），比《唐律》的相应内容字数多出10倍以上。如在"库局分转派门"中，有各种仓库应派几名案头、司吏、小监、出纳的细致规定，有各地税院及时向三司上报税钱的规定：

> 中兴府税院税钱及卖曲税钱等，每日之所得，每晚一番，五州地租院一个月一番，当告三司，依另列之磨勘法施行。②

在"供给交还门"中对库藏物品供给支出的手续、管理、文书典册的登录等都做了明细的规定。如：

> 诸种种执库局分人，所交纳、分用、屠宰之种种官畜、谷物，其收入、支出凭据等当速由库局分人催促，自告纳官畜、谷物之日起，十日以内当予之支出凭据，局分处计之，不许索贿。倘若违律，库局分人不催促，所辖处局分人不予之，索贿、延误而逾期时，所阻碍处之都案、案头、司吏、食宿小监、库主、出纳司吏等之罪，一律依延误公文法判断。受贿则以枉法贪赃论，与延误公文罪比较，从重者判断。③

---

① 《天盛改旧新定律令》第十九"畜利限门"，第576—577页。
② 《天盛改旧新定律令》第十七"库局分转派门"，第529页。此译文对原译文做了修改。
③ 《天盛改旧新定律令》第十七"供给交还门"，第536页。

在"急用不买门"中对如何采购官家所需物品，如何供给、买卖等作了相应的规定，如其中一条：

> 诸司有应派人买种种官之物、杂财产、树草炭等，及临时买畜、物等，诸家主双方情愿，可买卖，不许强以逼迫买取。若违律强以逼迫买取等时，大人、承旨、都案、案头、局分人等之罪，一律以强买取物之价与所予之价相较，令家主所损几何，少则徒一年。若倚官买时行欺骗，本人已留，压低价，则令家主损失几何，物多索几何当计之，比偷盗罪当减一等。倘若非因私食之，虽因公买之，然压低家主之价值，则当计超出几何，依前比本人因私已留罪当再减一等判断。①

在"物离库门"中对掌库人迁转时如何交割、磨勘日期，特别是对种种库藏物品，如粮食、金银、铜输、绣线、钱币、纸、陶器、草、油、酒、药、麻、酥、炭、粗细曲、灯草、生丝等，应耗损多少，都有具体的规定。在关于生药耗损的规定中，分四类列举了200多种药名。②在国家大法中有这样具体的条文，可见西夏法律详细、完备的程度，反映出西夏对经济管理的重视。透过这些条文，还可以了解到当时西夏社会生活中所需主要物品的种类以及有关制造业方面的情况。这对了解和研究西夏社会十分重要。此门中还对官当铺做出具体规定：

> 官之当铺内，诸人典当种种物时，经计量本利相抵时可使典之，不计量不许典。若违律时，受贿则以枉法贪赃论，未受贿则有官罚马一，庶人十三杖。本利钱未足之数由掌当铺者偿之。若铺小监及节亲、宰相诸大人及他人等倚势强行，不计官当铺内之本利，因钱多而典当，亦当令强行典当者本人偿其本利钱，罪依前述法实行。③

有关债务、市买及商税的条目，《宋刑统》仅在卷二十六《杂律》中有

①《天盛改旧新定律令》第十七"急用不买门"，第540页。
②《天盛改旧新定律令》第十七"物离库门"，第547—556页。
③《天盛改旧新定律令》第十七"物离库门"，第542页。

13 条。西夏《天盛律令》中专有一卷是关于商贸买卖、税收的规定，即卷第十八，共有 9 门 56 条。其中有关于买卖纳税、舟船、酒曲、盐池、派头监、减税与他国买卖等多方面的内容。如对于私造酒曲者，依据所造酒曲的价值高低分十二等给予相应的处罚，最高可及无期徒刑：

> 诸人不许私造曲。若违律时，当量先后造曲若干斤。一缗以内，造意十三杖，从犯十杖。一缗以上至二缗，造意徒六个月，从犯徒三个月。二缗以上至四缗，造意徒一年，从犯徒六个月。四缗以上至六缗，造意徒二年，从犯徒一年。六缗以上至八缗，造意徒三年，从犯徒二年。八缗以上至十缗，造意徒四年，从犯徒三年。十缗以上至十二缗，造意徒五年，从犯徒四年。十二缗以上至十四缗，造意徒六年，从犯徒五年。十四缗以上至十六缗，造意徒八年，从犯徒六年。十六缗以上至十八缗，造意徒十年，从犯徒八年。十八缗以上至二十缗，造意徒十二年，从犯徒十年。二十缗以上一律造意无期徒刑，从犯徒十二年。买者知晓，则当比从犯减一等。若买者不知，勿治罪。他人告举时，举赏：自杖罪至徒六个月赏五缗，徒一年赏十缗，徒二年赏二十缗，徒三年赏三十缗，徒四年赏四十缗，徒五年赏五十缗，徒六年赏六十缗，徒八年赏七十缗，徒十年赏八十缗，徒十二年赏九十缗，无期徒刑赏一百缗，当由各犯罪者依罪情次第承当予之。问而知之，举赏及私曲实有所卖之价已用，当计以时价罚之，没纳入官。[①]

西夏盛产盐，盐的生产和销售十分重要。此卷中对盐的出售价格和抽税都有具体记载：

> 诸人卖盐，池中乌池之盐者，一斗一百五十钱，其余各池一斗一百钱，当计税实抽纳，不许随意偷税。倘若违律时，偷税几何，当计其税，所逃之税数以偷盗法判断。[②]

---

① 《天盛改旧新定律令》第十八"杂曲门"，第 564 页。
② 《天盛改旧新定律令》第十八"盐池开闭门"，第 566 页。

此外，在卷三"当铺门"和"催索债利门"两门中又有 22 条关于当铺和借还债的具体规定。如"当铺门"关于典当的一条记载：

典当时，物属者及开当铺者二厢情愿，因物多钱甚少，说本利相等亦勿卖出，有知证，及因物少钱多，典当规定日期，说过日不来赎时汝卖之等，可据二者所议实行。此外典当各种物品，所议日限未令明者，本利头已相等，物属者不来赎时，开当铺者可随意卖。若属者违律诉讼时，有官罚马一，庶人十三杖。①

对于房屋、土地这类重要财产的典当还专门做出更为细致的规定：

诸人居舍、土地因钱典当时，已无分歧参差，双方各自地苗、房舍估价利计算，有不记名文书文字，何时钱到时当给付。此外，其中钱上有利，房舍、地畴亦重令归属者包雇，交利具名者，钱上利、房舍、地畴上苗、果估价等当各自重算，不允与本与利钱相等以外再算利。若违律送本利，地畴、房舍不归属者时，有官罚马一，庶人十三杖。②

在"催索债利门"中对借债、索债、还债、以工抵债等都做了很具体的规定：

全国中诸人放官私钱、粮食本者，一缗收利五钱以下，及一斛收利一斛以下等，依情愿使有利，不准比其增加。其本利相等仍不还，则应告于有司，当催促借债者使还。借债者不能还时，当催促同去借者。同去借者亦不能还，则不允其二种人之妻子、媳、未嫁女等还债价，可令出力典债。若妻子、媳比所典钱少，及确无有可出典者，现持主者当还债。执主者不能时，其持主人有借分食前借债时，则其家中人当出力，未分食取债人时，则勿令家门入。若皆未能，则借债者当出工力，本利相等后，不允在应算利钱、谷物中收取债偿。若违律时，有官罚马一，庶人十三杖，所

①　《天盛改旧新定律令》第三"当铺门"，第 186 页。
②　《天盛改旧新定律令》第三"当铺门"，第 187 页。此译文对原译文做了修改。

收债当归还。同去借者所管主人者，他人债分担数，借债者自己能办时，当还给。①

这些有关商贸的条款都表现出西夏商贸的发达和管理的细致，以及债务、典当的状况，反映了西夏对境内外商贸活动的重视和规范的加强，从中也可以看出宋朝商贸和与之相应的法律规范对西夏的重要影响。

西夏文法典《天盛律令》中上述有关于社会经济的重要条款，在很大程度上反映了西夏社会的经济，十分重要，大大补充了西夏经济资料的不足，值得特别珍惜。但这些资料都是法律的原则规定，要了解具体的、真实的、鲜活的西夏社会经济状况，还要依赖直接反映西夏社会的经济文书。

第二节　西夏文书中的经济文书

近代出土的社会经济文书，备受学界关注，因为这些生动而真实的资料能充实甚至开创一个时代的经济研究。敦煌石室发现的大量社会文书，对研究以唐代为中心的中世纪社会起到了举足轻重的作用，而其中的经济文书则使唐代的经济研究水平有了大幅度提高。

辽宋夏金时期，过去鲜见包括经济文书在内的社会文书，这对研究此时期经济史不能不说是一个很大的缺憾。20 世纪初在黑水城发现了大批西夏文献，开创了西夏学。20 世纪 90 年代开始将这些文献陆续出版，使珍藏于密库的原始文献亮相，大大推动了西夏学的发展。而其中西夏社会文书的发现和刊布，又直接催生了西夏社会文书学的诞生。这样一大批社会文书，为历史文献缺乏的西夏学增添了新的资料库，可谓得天独厚，令人感到欣慰。这批西夏文书不仅对西夏社会经济研究具有重要意义，且因同时代宋、辽、金王朝与西夏有着密切的关系，它还具有整个时代的典型意义。

关于西夏的社会经济文书过去知之甚少，当然研究也很少，相关文献也极缺乏。20 世纪 90 年代以前仅知有 15 件汉文典当契约残页，为英人斯坦因从

---

① 《天盛改旧新定律令》第三"催索债利门"，第 188—189 页。

黑水城所得，其中可识典当数目者 11 件。[①] 另知有 2 件西夏文买卖、借贷契约，也是黑水城所出，为科兹洛夫所得，由苏联著名西夏学家克恰诺夫研究、刊布。[②] 这些珍贵的西夏社会文书，反映着西夏经济的实际情况，刊布、研究这些文书开启了西夏文书研究的先河，对深入认识、探讨西夏社会经济有重要价值。但因当时对西夏文书了解甚少，刊布类型有限，数量不多，难得窥见西夏社会更多、更广泛的经济情况。

令人欣喜的是，在近年与俄罗斯合作整理、编辑、出版《俄藏黑水城文献》过程中，我们于圣彼得堡东方学研究所西夏特藏文献内，发现有一批未登录的社会文书。原来圣彼得堡东方学研究所的俄罗斯专家早已清理出一部分社会文书，而大部分社会文书则是我们于 1997 年、2000 年在未登录的 110 盒残篇断卷的文献中，用沙里淘金的方法仔细清理而发现的。还有一部分社会文书原作为佛经封套、封面和封底的衬纸，有的暴露在可见到的一面，有的已一层层自行脱落，我们也都做了登录，并进行拍摄。这些文书共计 1000 余号，1500 余件，多数是西夏文文书，也有少量汉文文书，包括户籍、账册、契约、军籍、告牒、书信等。这些珍贵的原始资料比敦煌石室所出经济文书的数量还多，完整的文书比例也比较高。[③]

此外，近些年在黑水城、敦煌、武威、银川、国家图书馆等处也发现了部分西夏文和汉文西夏社会文书。

关于上述西夏社会文书的价值，从事人文科学研究的专家，特别是从事历史和社会研究的专家们都会一目了然。这些珍贵的原始资料对研究、认识西夏社会具有极高的价值。整理、翻译、研究新发现的西夏经济文书，可以比较全

---

① 陈国灿：《西夏天盛典当残契的复原》，《中国史研究》1980 年第 1 期。原件见〔法〕马伯乐《斯坦因在中亚西亚第三次探险的中国古文书考释》，伦敦，1953 年；录文见中国科学院历史研究所资料室编《敦煌资料》第一辑，中华书局 1961 年版。

② Е.И. Кычанов Тангутский документ 1170г. о продаже земли, "Письменные памятника Востока. Ежгодник. 1971", М., 1974, pp.196—203, 克恰诺夫《1170 年西夏土地买卖文书》，《东方文字文献》1971 年度（莫斯科），1974 年，第 196—203 页；Е.И. Кычанов Тангутский документ о займе под залог из Хара-хото Письменные памятника Востока.Ежгодник. 1972", М., 1977, pp.146—152, 克恰诺夫《黑水城发现的西夏土地借贷文书》，《东方文字文献》1971 年度（莫斯科），1974 年，第 146—152 页。

③ 俄罗斯科学院东方研究所圣彼得堡分所、中国社会科学院民族研究所、上海古籍出版社编，史金波、魏同贤、克恰诺夫主编《俄藏黑水城文献》第 12、13、14 册，上海古籍出版社 2006、2007、2011 年版。叙录和年表见第 14 册书后"附录"。

面地认识西夏社会，推动西夏历史研究的进展，并对同时代缺乏这类实物资料的宋、辽、金王朝的社会研究也有相当的参照价值。这是一批十分难得的历史资料，是开启神秘的西夏社会大门的锁匙。这些文书将开拓西夏学的新领域，进一步推动西夏学研究的进展。

笔者在大量翻译西夏社会经济文书的基础上，结合西夏法典和其他资料进行研究，力图再现西夏社会的人口、土地、税收、物价、借贷、买卖、租赁、交换、互助等具体情况，并进一步研究西夏的社区组织、基层军事组织，以及农业、牧业和手工业，以期对西夏社会的认识有新的提高。

以下分类对黑水城出土的社会文书以及初步研究情况做简要介绍。

一　西夏文户籍、人口文书

有关西夏文户籍、人口的文书有 110 多号，包括简明户籍账、户籍手实、人口计账、里溜户籍账、户口男女计账等。这些文书保存了西夏时期黑水城地区户口的第一手资料。如黑水城出土文书俄 Инв.No.6342-1 户籍账，长达 300 多厘米，记有 30 户的简明资料。其中对每一户都记录了人口总数、户主及每一家庭成员的姓名、性别、与户主的关系，是大人还是小孩等。由此可以进一步分析西夏黑水城地区的家庭类型、人口姓名、男女比例、民族居处、婚姻状况，证实西夏番汉民族互相通婚，并有一夫多妻和姑舅表婚现象。[①] 有的户籍文书还可分析出不同家庭土地、畜物占有状况，结合西夏法典《天盛律令》可以探讨西夏乡里组织，同时揭示出西夏户籍和军抄的密切关系。《天盛律令》规定西夏农户应将家中人口变化之情及时申报，防止虚杂，并使"典册清洁，三年一番"。[②] 这些文书证明西夏有及时申报、三年修订一次的完善户籍编制制度，填补了西夏户籍实物的空白，是研究西夏社会、家庭真实而可靠的第一手资料。

二　西夏文田赋税收籍账文书

有关西夏文田赋税收的籍账文书有 140 多号，其中有耕地账、户租粮账、

---

① 史金波：《西夏户籍初探——4 件西夏文草书户籍译释研究》，《民族研究》2004 年第 5 期。

② 《天盛改旧新定律令》第十五"纳领谷派遣计量小监门"，第 514 页。

户耕地租粮账、户耕地租役草账、里溜租粮计账和户租粮账、人口税账、耕地水税账、欠粮担保账、欠缴官粮账、差科供给账等，保存了西夏时期黑水城地区多种籍账资料。如俄 Инв.No.5949-33、34、35、36、37 为耕地账，其中一件记一里溜（类似中原地区的"里"）所管农户的耕地，用撒多少种子为计量单位记录了 20 户农户占有土地的数量。又如黑水城文书中俄 Инв.No.4808 为里溜租粮计账与户租粮账，系一长卷，有西夏文草书 255 行，若加上残断的 6 行共 261 行，由 4 段粘连而成。第一、二段多是纳粮统计账，第三、四段全是诸户纳粮账籍。这些文书证实西夏有以耕地多少缴纳农业税的固定税制，可考证出西夏实物地租的粮食种类以及缴纳杂粮和小麦的比例。俄 Инв.No.1755-4 文书是一件分户耕地纳粮账，有地亩数，有粮食数，可计算出每亩缴纳粮食地租为 1.25 升，揭示出西夏黑水城地区的租粮税率。俄 Инв.No.4067、5067 文书都是农民按地亩缴纳租、役、草的籍账，是逐户具体登记耕地数，纳杂粮、麦、役、草数，有的还记每块地的方位、四至。俄 Инв.No.8372 是以里溜为单位统计造册。俄 Инв.No.4991 文书是以农户的人口缴纳的人口税账，分别统计 59 户男女大小的人数和纳粮数，以及 39 位单身男、女的人数和纳粮数。这是一种人头税账，根据其中男、女，大人、小孩纳税的量可以推算出纳租税的标准是不论男女，只区分大人、小孩，每个大人纳税 3 斗，每个小人纳税 1.5 斗，反映出西夏还有负担较重的人头税。[①] 此外，还有水税账，如俄 Инв.No.1454-2V 耕地水税账，记载 3 处耕地的灌溉面积和所应缴纳的水税，并且具体记录了土地的方位。这是西夏的特殊税种，反映黑水城地区农田需要灌溉，并要缴纳灌溉所用的水税。

三　西夏文粮物计账文书

出土的西夏文书中除缴纳耕地税的粮账外，尚有一些粮物计账，虽多是残页，但从中可以看到长卷纳粮账中没有的新资料。比如，有的可能是军溜中士兵的粮食补贴账目，有的可能是摊派给基础组织民众的运输粮食的任务。这就增添了分析西夏社会可资参考的新资料，增加了了解西夏社会的新角度。

有的是我们以前不知的、带有标识性的物品。如有的文书中有"番

---

① 史金波：《西夏农业租税考——西夏文农业税文书译释》，《历史研究》2005 年第 1 期。

布""汉布",说明党项人在进入汉地之前已有自己的纺织业,可以织出本民族特点的番布,也证明党项族进入西北地区后,并未用汉布代替番布,而是两者共存共用。这改变了过去认为党项族没有自己纺织业的认识。

四 西夏文商贸文书

有关商贸的西夏文文书约有 90 号,其中有买卖物品账、买卖价钱账、粮价账、贷粮账、贷粮利账、买卖税账、钱物账、财物统计账等。

通过一些文书可知西夏物价。如俄 Инв.No.1219-1、2、3 号买卖物价账,可计算出羊的价格。俄 Инв.No.3858 文书可计算出绢的价格。俄 Инв.No.4696-8 文书为卖酒账,有很多笔卖酒账目,由账目可知,每斗米酒的价格合 1.5 斗大麦(杂粮)。又有俄 Инв.No.1366-6、7、8、9 是酒价钱账残页,记载直接以酒售钱,每斗价 250 钱。

有的则记录了买卖税账,俄 Инв.No.6377 为买卖税文书,从中可知买羊的买卖税约为羊价的 5%—10%,买牛的买卖税约为 8%。[①]

有的还是西夏文、汉文合璧夏钱粮账。如俄 Инв.No.2851 为粮账,是一册书,共 30 多页,在其背面记载了不少粮食账目,如第一页有"一百五十三石七斗二升八(合)",第二页有"麦五十石一斗三升三合半",第四页有"麦百七十五石一斗六升",第七页有"五百八十四石一斗九升二合",第八页有"麦五百二十九石二斗一升六合半"等,每一笔下都有说明或分账。[②]

五 西夏文契约文书

西夏文契约文书数量最多,有 150 余号,内有契约 500 多件,其中 200 多件有具体年代。过去所知西夏的契约屈指可数,始有 15 件汉文典当残契刊布,后又有 2 件西夏文契约由俄罗斯专家刊布。新发现的契约不仅数量多,类型也很多,包括贷粮契、贷物契、贷钱契、卖地契、卖人口契、卖畜契、租地契、雇畜契、雇工契、众会契(社条)等。西夏出土契约种类之多,数量之大,堪比敦煌出土契约。契约专家张传玺教授提到,中国早期契约数量有限,"属于

---

① 史金波:《西夏的物价、买卖税和货币借贷》,《宋史研究论文集》,上海人民出版社 2008 年版。
② 《俄藏黑水城文献》第 13 册,第 120—131 页。

西汉至元代的较少，件件俱是珍品"。① 西夏有这样多种类和数量的契约，可以说是珍品汇聚，琳琅满目，价值不菲。

（一）借贷契约

借贷契约中以粮食借贷契约数量最多，有 110 多号，计 300 多件。粮食借贷契约包括立契约时间、借贷者、债权人、贷粮品类和数量、借粮利息和利率、偿付期和违约处罚、当事人和关系人签字、画押以及算码等。西夏黑水城出土粮食借贷契约种类不一，详略不等，展示出西夏黑水城地区粮食借贷内容的丰富和多样。契约多为青黄不接时期的高利借贷。结合西夏法典《天盛律令》有关规定，解析西夏粮食借贷情况，可借此透视西夏社会基层的民族居处、经济状况、农产品类别、生活水准、贫富差距等诸多方面，加深对西夏社会的认识。②

（二）买卖契约

买卖契约包括土地、牲畜、房屋甚至人口买卖契约。黑水城文献中至少有 12 件比较完整的土地买卖契约，这些契约提供了卖地数额、卖地价、耕地和院落、土地四至、渠道给水、农业租税等重要资料，是研究西夏耕地及其买卖的第一手重要资料。③

此外，黑水城出土文献中有 20 多件卖畜契，武威也出土了卖畜契。其中有十多件保存完整，皆为西夏晚期契约。这些契约记录了西夏黑水城地区、武威地区的买卖骆驼、马、牛等大牲畜的实际情况，反映了当时的牲畜价格，还有的与牲畜典贷有密切关系。④

在黑水城出土的西夏文文书中有 3 件买卖人口的契约，真实而具体地显示出西夏人口买卖这一典型的社会现实；突出地反映了西夏虽早已进入封建社会，但直至西夏晚期，仍保留着带有奴隶性质的使军和奴仆，还存在着对这些人的买卖现象；如实地暴露出西夏社会底层的经济和生活状况，反映了西夏封建社会内部还保留着奴隶制的残余。⑤

---

① 张传玺主编《中国历代契约会编考释》，北京大学出版社 1995 年版，第 7 页。
② 史金波：《西夏粮食借贷契约研究》，《中国社会科学院学术委员会集刊》第 1 辑，社会科学文献出版社 2005 年版。
③ 史金波：《黑水城出土西夏文卖地契研究》，《历史研究》2012 年第 2 期。
④ 史金波：《西夏文卖畜契和雇畜契研究》，《中华文史论丛》2014 年第 3 期。
⑤ 史金波：《黑水城出土西夏文卖人口契研究》，《中国社会科学院研究生院学报》2014 年第 4 期。

（三）租赁契约

在黑水城出土的契约长卷俄 Инв.No.5124 中有 8 件西夏文租地契约，为西夏晚期天庆年间的文书，首次披露西夏租赁耕地的情况，直接反映出当地社会生活状况，证明了黑水城地区寺庙兼并土地的过程，对研究当地的农业经济和社会生活具有重要价值。[①] 黑水城出土的西夏文契约显示，还有的农民为了得到所需粮食，在借贷粮食的同时，抵押自己的牲畜，实际是比贷粮契约更为复杂的借贷抵押行为。契约规定，若秋后不能按时还付借粮和利息，则以抵押牲畜抵债。这样的贷粮押畜契在黑水城出土文献中至少有 8 件，其中又有多种不同的类型。

（四）雇佣契约

雇佣契约分雇工契和雇畜契。雇工契目前仅发现较为完整的 1 件，可谓凤毛麟角。在辽、宋、夏、金几个王朝中，这件西夏文雇工契也是硕果仅存，它填补了中国历史上 11 至 13 世纪雇工契的空白，具有重要的文献和学术价值。西夏文雇工契编号为俄 Инв.No. 5949-32，系西夏光定卯年（1220年）腊月的雇工契。这件重要契约包括了立契时间、立契人（雇工）、雇主、雇佣时间、工价、雇工要求、违约和反悔处罚，以及立契人和证人的签名和画押，具有完整的契约形式，真实地反映出西夏时期雇工的丰富内涵，从一个侧面折射出西夏农业经济的部分运行特点，由此可以了解这一时期农业的一些基本面貌。西夏雇工契约在继承中国传统契约的基础上，显示出内容和形式简化。[②]

黑水城出土的俄 Инв.No. 5124 契约长卷中，有三个卖畜契后面都紧接着 1 件雇畜契。雇牲畜即是租赁大牲畜。该长卷中的雇畜契所租雇的牲畜正是刚刚从贫困缺粮的农民手上购买来的大牲畜。这些契约表明黑水城的普渡寺在农民乏粮时低价购买大牲畜，立即转手以较高的力价出租给需要畜力的农民，往返盘剥，获利很大。[③] 另外还有一些专门的雇畜契，如俄 Инв.No.19-2 租雇 5 峰骆驼，与牲畜买卖无关。

---

① 史金波：《黑水城出土西夏文租地契研究》，《吴天墀教授百年诞辰纪念文集》，四川人民出版社 2013 年版。
② 史金波：《黑水城出土西夏文雇工契研究》，《中国经济史研究》2016 年第 4 期。
③ 史金波：《西夏文卖畜契和雇畜契研究》，《中华文史论丛》2014 年第 3 期。

（五）交换契和抵押契

黑水城出土的西夏文契约中，有一种是两人将自己的牲畜与对方互换，其中差价以粮食等补足。在俄 Инв.No. 4195 牲畜交换契中，表达交易方式的动词用"换"字，补给粮食的动词用"增"或"付"字，也有的契约用"卖"字。这类契约比起单纯的卖畜契要复杂，反映了当时西夏农村复杂多样的经济生活，在出土文献中并不多见。

黑水城出土的西夏文契约俄 Инв.No.2996-1、Инв.No.4079-1 等，显示出有的农民为了得到所需粮食，在借贷粮食的同时，抵押自己的牲畜，也是比贷粮契约更为复杂的借贷抵押行为。契约规定，若秋后不能按时还付借粮和利息，则以牲畜抵债。如此，借贷人届时收回本利就有了切实保障。这样的贷粮押畜契在黑水城出土文献中至少有 8 件，其中又有多种不同的类型，可以说是内容丰富，十分珍贵。

（六）众会契（社条）

黑水城出土的西夏文社会文书中有 2 件"众会"契约，相当于敦煌石室所出的社邑的社条，反映了西夏民间结社互助入会的情况。其中俄 Инв.No.5949-31 是光定寅年（1218 年）西夏社邑组织和活动的规约。条约为会众成员全体制定，共同遵守，共同负责，也表明对于条约来说会众之间是平等的。众会契显示入会者以汉人为主，还有契丹人参与。从民族间交往的角度来看，西夏众会条约给中国社邑研究增添了新的、多民族的元素。

2 件西夏文众会契是继敦煌文书后的重要社邑文书，填补了 12 世纪社邑文书的空白。特别是俄 Инв.No.5949-31 保存基本完整，十分稀见，有很重要的文献价值。[①]

六　汉文经济文书

出土的西夏经济文书中，除西夏文文书外，还有一些汉文文书。这些汉文文书虽然数量不如西夏文文书多，但也涉及不少类型，学术价值也很高。因其是汉文文献，无须经过艰难的翻译过程，比较容易利用。

---

① 史金波：《黑水城出土西夏文众会条约（社条）研究》，《西夏学》第十辑，上海古籍出版社 2014 年版。

　　有关西夏经济的汉文文书也以科兹洛夫在黑水城所得为最多。例如，有乾祐二年纳材植账、天盛十五年王受贷钱契、天盛十五年令胡阿典贷钱契、天庆年间裴松寿典麦契、光定十二年正月李春狗等赁租饼房契、卖地书信、典田地契、贷钱契、纳胶泥土账、收钱账、支钱账、短麻皮等物账、旧连袋等物账等。

　　英国国家图书馆也藏有斯坦因所得黑水城文书，其中关于西夏的汉文经济文书有天庆年间裴松寿典麦契、马草料账、白毛凉子等物账等。

　　敦煌莫高窟北区出土、藏于敦煌研究院的西夏文书中，也有关于经济方面的汉文文献，如嵬名法宝达卖地契、借粮契等。

　　武威出土的西夏文书中，有的藏于甘肃省博物馆，其中也有汉文经济文书，如欠款条。

　　这些汉文文书可与西夏文经济文书结合起来研究，相互印证，相互发明，可以提升两种文字文献的价值，对西夏经济研究大有裨益。

第　三　章
户籍文书研究

汉文文献中有关西夏社会层面的记录十分稀少，特别是反映西夏社会家庭、人口的资料更为缺乏。过去有关西夏社会户籍、家庭、人口的认识几乎是一片空白。

《天盛律令》中有一些关于户籍和家庭的重要条款，但其中不可能有西夏家庭和人口的具体情况。黑水城出土的100多号西夏户籍、人口文书，虽多为残件，但依然保存了大量西夏时期黑水城地区户口的第一手资料，内容丰富，弥足珍贵，是打开西夏社会家庭大门的钥匙。

中国古代户籍编制，始自秦朝，已有两千多年的历史，至唐代渐趋完善。对中国的户籍，文献记载较多，而实物原件流传下来甚少。敦煌石室出土文书和吐鲁番出土文书中的户籍和手实，包括了西凉至五代时期的户口实际情况，是研究这六个多世纪户籍及其演化过程的重要资料，有力地推动了这一时期社会、经济研究。

西夏文户籍文书的发现，不仅填补了西夏户籍实物的空白，可推动西夏社会、经济研究的进展，并对同时代缺乏这类实物资料的宋、辽、金王朝的社会户籍研究也有一定的参照价值。

第一节　户籍和户籍计账

黑水城出土的西夏文户籍和户籍计账文书较多，主要藏于俄罗斯科学院东方文献研究所，少量藏于大英博物馆。西夏文户籍多为草书、行书写成，多系残卷、残页。

一　户籍

黑水城出土的西夏文文献皆形成于西夏地区，其来源不止黑水城一地，如由西夏刻字司刻印的书籍应是来自西夏首都中兴府（今宁夏银川市）。但写本社会文书中，如户籍、契约、账目、军籍、告牒、书信等，不属流通文献，凡记有具体地点的文书，多出自黑水城及附近地区，如告牒类文书中俄 Инв.No.2736 乾定申年（1224 年）黑水城守将告牒、俄 Инв.No.2775-6 黑水副统告牒、俄 Инв.No.2851-26 黑水副统告牒等；军籍类文书中，如俄 Инв.No.7916 等 14 件文书，皆记为"黑水属"。其余出土于黑水城的户籍、契约等也应属本地文书。

西夏文"户"为𗾈，音［𗰯］。一些残页表明西夏黑水城户籍以𗙼𘜶（里溜）为一单位。"里溜"，西夏文第一字𗙼为"迁"意，第二字𘜶是"溜、队"意，据《天盛律令》条目内容及其文意译为"里溜"。里溜是西夏时期基层社会组织，相当于中原地区里甲的"里"。西夏黑水城户籍在里溜下以户登录，每户首先登录户主人名，再记明全户几口，再分行以男、女、大人、小孩登录，各记人名以及和户主的关系。如俄 Инв.No. 4991-4 为一里溜户籍账残页（见图 3-1），写本，麻纸，残页，高 18 厘米，宽 28.5 厘米，

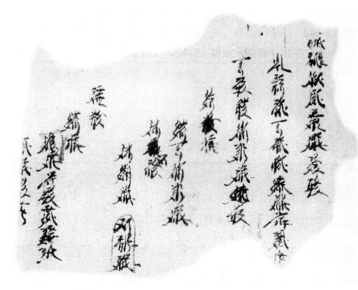

图 3-1　俄 Инв.No. 4991-4 里溜户籍账

西夏文行书 11 行，有涂改。①

此件第一行顶格书写，记里溜头目人名，以下降格书写各户人口，每户下再降格记男女人数，其下再降格分别记大人和小孩的人数和人名。

译文如下②：

里溜嵬移铁明局分③：

黑孤④　人一，无有畜，先？陈？

一户乃福增犬，五口

男三二

大一，福增犬

小二一，子

小驴明　吉祥犬

女三

大二

妻子梁氏母娘盛

女□□□⑤

小一

根据《天盛律令》规定，每一里溜包括的户数应在百户左右。⑥上述文书中里溜的头目名为嵬移铁明，"嵬移"为党项族姓氏，"局分"二字表明以下各

① 《俄藏黑水城文献》第 13 册，第 322 页。书中定名"迁溜人口税账"，现改为"里溜户籍账"。

② 西夏文原文皆竖行，以下翻译时，译文为横行。译文基本保持原文的行次和规格。译文中的"……"表示缺行，"□"表示缺字残字，"□"内有字为补字，"□"内涂灰（▨）表示该字在原文中被涂抹掉，"？"表示字迹不清或不识。以下文书译文准此。

③ 西夏文𗱲𗾊，在《番汉合时掌中珠》中为"局分"意，依据多种西夏文文书，可以译为管辖。见《俄藏黑水城文献》第 10 册，第 15 页。

④ 此字原文𗭪（贫）或𗭬（孤），左部字形与前者更为相近，但在户籍中似以后者字义更为合理。

⑤ 第 11 行 4 字，皆残存右部半字，第一字似为西夏文𗰔（女）字右部，后三字为人名。以下残失，依例下一行应为"小一"，再下一行为次女名字。

⑥ 《天盛律令》第十五"纳领谷派遣计量小监门"，第 514—515 页。《天盛律令》译为"迁溜"，现改译为"里溜"。

户属他管辖。第二行首先记录了里溜中一名特殊的人员，前三字中，第一字𗙇（人），第二字𗿊（贫）或𗿊（孤），左部字形与前者更为相近，但在户籍中似以后者字义更为合理，第三字𗀁（黑），三个字可译为"黑孤人"，即一孤独者；他无牲畜，陈姓，其前没有"一户"二字，这是一名有口无户的人。再下是一户一户的登录，户的第一行开始有𘝞𘇂（一户）二字。可惜此件仅保存第一户的情况：户主为乃福增犬，原共6口，文书中将𗍷（六）字改为𗣼（五），剩5口；其中男子原为3人，后将𘈖（三）字涂掉，改为𗍳（二）字；男人中一大为户主乃福增犬，一小为儿子；在记录"小二子"中，将𗍳（二）改为𘝞（一），一子名"小驴明"，同时将第二子的名字"吉祥犬"勾掉，此子或因死亡等原因而除名；女人3人，一为户主妻子，姓梁，名母娘盛，另两人为女儿，长女已成人（仅存1人半行，后残），属大人。后残失，次女应尚为小孩。此件虽残损太多，但保留了里溜户籍的卷首，对了解西夏户籍提供了重要信息。

户籍账中包含户口较多的是俄 Инв.No.6342-1 户籍长卷，卷面较长，内容丰富，具有代表性。此户籍为写本，麻纸，行草书，前残，高 19.1 厘米，宽 312 厘米。分 2 段，第 1 段 117 行，第 2 段 47 行，共计 164 行。[①] 这一长达 3 米多的户籍记有 30 户的简明资料，相当难得，十分珍贵。图版节录如下（图 3-2、3-3、3-4、3-5）。

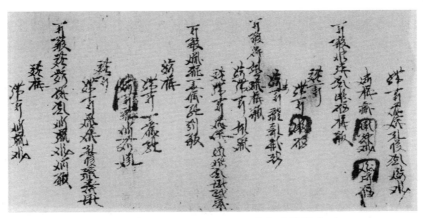

图 3-2　俄 Инв.No.6342-1　户籍残卷首（1）

---

① 《俄藏黑水城文献》第 14 册，第 118—123 页。

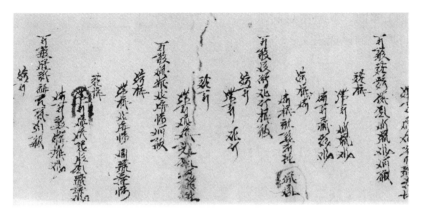

图 3-3 俄Инв. No. 6342-1 户籍残卷（2）

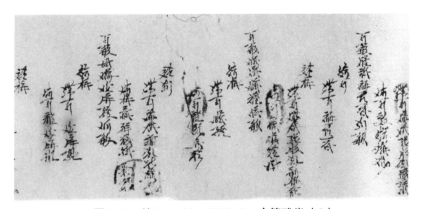

图 3-4 俄Инв. No. 6342-1 户籍残卷（3）

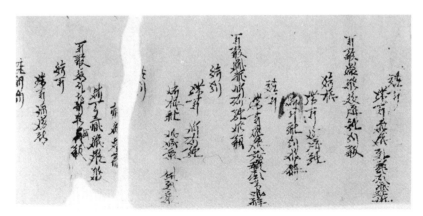

图 3-5 俄Инв. No. 6342-1 户籍账（9）

（共 11 幅图，其余图见附录）

现将原文翻译成汉文：①

（一户……）（1）

　　　　大一妻子耶和氏善宝

　　　　小二女母乐盛宝　　老房家明

一户平尚氏阿明二口（2）

　　　女一

　　　　大一阿明

　　　男小一子寿长有

一户梁夜犬二口（3）

　　　男大一夜犬

　　　女大一妻子居地氏乐盛犬

　一户律移十月盛三口（4）

　　　男二

　　　　大一十月盛

　　　　小一子福有乐

　　　女一

　　　　大一妻子耶和般若母乐

一户寡妇杨氏福有宝四口（5）

　　　女二

　　　　大一福有宝

　　　　小一女兄弟②　宝

　　　男二小

　　　　小二子美子盛　　犬乐

　一户千叔讹吉二口（6）

　　　男一

　　　　大一讹吉

---

① 每户第 1 行末括弧中的数字是作者所加各户的顺序号。

② 此处西夏文一字，意为"兄弟"。

女一

大一妻子焦氏？？？

一户律移老房山四口（7）

男二

大二 老房山 弟般若山

女二

大一妻子讹名氏般若宝

小一妹瑞象宝

一户没罗那征胜三口（8）

男一

大一 那征胜

女二

大一妻子名氏窝变金

小一女小狗母

一户嵬移雨鸟五口（9）

男二

大一鱼鸟

小一子正月有

女三

大一妻子罗氏有有

小二女白面黑 金？

一户明祖老房盛四口（10）

男二

大一老房盛

小一子老房宝

女二

大一妻子梁氏小姐宝

小一女老家兄弟

一户卜显令二口（11）

男一

　　　　大一　显令
　　　女一
　　　　大一　妻子律移氏？赞
一户酩布老房犬二口（12）
　　　男一
　　　　大一老房犬
　　　女一
　　　　大一妻子平尚氏美母金
一户寡妇浑氏宝母三口（13）
　　　女一
　　　　大一宝乐
　　　男二
　　　　小二子塔后宝　羌接宝
一户居地善月奴三口（14）
　　　男一
　　　　大一善月奴
　　　女二
　　　　大二母庞清氏额母
　　　　　妻子庞清氏盛有
一户耶酉铁盛二口（15）
　　　男一
　　　　大一铁盛
　　　女一
　　　　大一妻子梁氏小姐白
一户韩显家吉四口（16）
　　　男三
　　　　大一显家吉
　　　小二
　　　　　子正月盛　祥瑞盛
　　　女一

大一妻子讹一氏五月母

一户勒奴宝四口（17）

男二

大一奴宝

小一

子黑鸭

女二

大一移合讹氏禅定金

小一女男讹金

一户勒善月盛二口（18）

男一

大一善月盛

女一

大一妻子耶和氏……

一户勒铁宝四口（19）

男一

大一铁宝

女三

大二

妻子契罗氏小姐胜

母你勒氏心喜宝

小一

女……

一户潘驴子有二口（20）

男一

大一驴子有

女一

大一

妻子令氏般若乐

一户罗盛功长四口（21）

男三

大一 ［盛功长］

小二……

女一　大一妻子……

一户……二口（22）

男一

大一河水山

女一大妻子平尚氏瑞宝

一户梁吉祥势五口（23）

男三

大二吉祥势　弟老房山

小一子七月犬

女二

大二妻子拶移氏白乐

妻子居地氏善？金

一户居地有盛二口（24）

男一

大一有盛

女一

大一妻子年那氏般若乐

一户居地老房男三口（25）

男二

大一老房男

小一子三宝茂

女一

大一妻子依易氏七宝白

一户移拶福有盛六口（26）

男三

大一福有盛

  小二子九月铁　瑞助铁

女三

  大二　妻子……

  女犬百金

小一女犬妇宝

一户千玉吉祥有四口（27）

  男一

  大一吉功［祥］有

  女三

  大三妻子瞿氏五月金

  妻子梁氏福事

  女铁乐

一户蒐移十月有四口（28）

  男一

  大一十月有

  女三

  大一妻子令宁氏老家乐

  小二巢变兄　老家善

一户耶和讹势二口（29）

  男一

  大一讹势

  女一

  大一妻子酩布氏正月金

一户梁河水山二口（30）

  ……

　　以上30户中，26户完整，第1户前残，第30户后残，已难知户中完整人口状况。第21户可推导出男女人数，第22户残失户主姓名，仍可知该户人口情况，皆可作人口统计。将上述可说明户口状况的28户用表3-1统计如下。

表 3-1　俄ИнВ.No.6342-1 户籍、人口统计

No. 6342-1	共有人口	男			女		
		共	大	小	共	大	小
第 2 户	2	1		1	1	1	
第 3 户	2	1	1		1	1	
第 4 户	3	2	1	1	1	1	
第 5 户	4	2		2	2	1	1
第 6 户	2	1	1		1	1	
第 7 户	4	2	2		2	1	1
第 8 户	3	1	1		2	1	1
第 9 户	5	2	1	1	3	1	2
第 10 户	4	2	1	1	2	1	1
第 11 户	2	1	1		1	1	
第 12 户	2	1	1		1	1	
第 13 户	3	2		2	1	1	
第 14 户	3	1	1		2	2	
第 15 户	2	1	1		1	1	
第 16 户	4	3	1	2	1	1	
第 17 户	4	2	1	1	2	1	1
第 18 户	2	1	1		1	1	
第 19 户	4	1	1		3	2	1
第 20 户	2	1	1		1	1	
第 21 户	4	3	1	2	1	1	
第 22 户	2	1	1		1	1	
第 23 户	5	3	2	1	2	2	
第 24 户	2	1	1		1	1	
第 25 户	3	2	1	1	1	1	
第 26 户	6	3	1	2	3	2	1
第 27 户	4	1	1		3	3	
第 28 户	4	1	1		3	1	2
第 29 户	2	1	1		1	1	
合　计	89	44	27	17	45	34	11

以上 28 户 89 人，户均 3.18 人，每户人口偏少；男人 44 人，女人 45 人，男女比例接近 1 : 1；大人 61，小孩 28，大人是小孩的 2.2 倍，小孩偏少。

另有其他户籍残片，篇幅较小，户数较少，但也反映了当时的户口实际情况。如俄 Инв.No.4761-4 户籍残页（见图 3-6），写本，麻纸，前后残，高 17.7 厘米，宽 43.5 厘米，存西夏文草书 27 行，有涂改，保存了完整的 4 户户籍。①

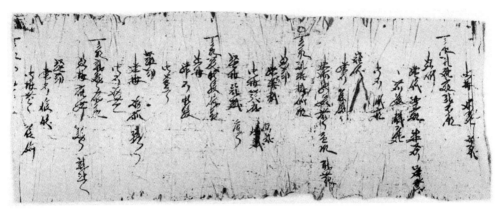

图 3-6　俄 Инв.No.4761-4　户籍残页

每户记户主人名和人口数，以下降格记男女人数，再降格记大人、小孩的人数和人名。

将其户口情况列表 3-2 如下。

表 3-2　俄 Инв.No.4761-4 户籍、人口统计

No. 4761-4	共有人口	男			女		
		共	大	小	共	大	小
第一户	11	6	5	1	5	1	4
第二户	5	3	1	2	2	2	
第三户	5	2	1	1	3	2	1
第四户	5	2	2		3	1	2
合　计	26	13	9	4	13	6	7

① 《俄藏黑水城文献》第 14 册，第 273 页。

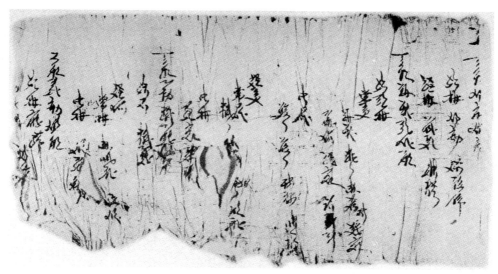

图 3-7　俄 Инв.No.4761-5　户籍残页

俄 No.4761-4 户籍残页表明，4 户中有 1 户为 11 人，3 户各有 5 人。4 户共 26 人，户均 6.5 人；男人 13 人，女人 13 人，男女比例 1∶1；大人 15，小孩 11。小孩在家庭中的比例比前述户籍要大。

又如俄 Инв.No.4761-5 户籍残页（见图 3-7），麻纸，前后残，高 17.7 厘米，宽 34.5 厘米，西夏文草书 22 行，也保存了 4 户的户籍，最后一户残。①

此件户籍书写形制同前，以下将其户口情况列表 3-3。

表 3-3　俄 Инв.No.4761-5　户籍资料

No. 4761-5	共有人口	男			女		
		共	大	小	共	大	小
第一户	4	2	2		2	2	
第二户	19	12	7	5	7	5	2
第三户	5	1	1		4	2	2
第四户	6	2	2		4	2？	2？
合　计	34	17	12	5	17	11	6

---

① 《俄藏黑水城文献》第 14 册，第 273 页。

No.4761-5 户籍残页表明有 3 户分别为 4、5、6 人，1 户人口较多，有 19 人。4 户共 34 人，户均 8.5 人，户均人口较多；男人 17 人，女人 17 人，男女比例 1∶1；大人 23，小孩 11，大人是小孩的 2.1 倍，小孩比例偏少。

看来黑水城地区还是以小家庭为多数，但也有超过 10 人的较大家庭，甚至有接近 20 口人的大家庭。以上 2 件户籍残页中正好男女人口都一样，或许可以推想，当地的男女人口比例还是正常的。当然这种男女人口比例最好有更多的家庭、人口资料来统计，才更为可靠。

二　户籍计账

在上述户籍后有一文书残页俄 Инв.No.6342-2（见图 3-8、3-9、3-10），与前述俄 Инв.No.6342-1 户籍长卷虽已断开，但从纸张、字体和草书风格看应是同一文书。此件是上述户籍的总计，可视为计账之一种。此件麻纸，高与前件同为 19.1 厘米，长 64.7 厘米，西夏文 21 行，草书，有涂改，前有签署、画押。[①]

图 3-8　俄 Инв.No.6342-2　户籍计账（1）

---

① 《俄藏黑水城文献》第 14 册，第 123—124 页。

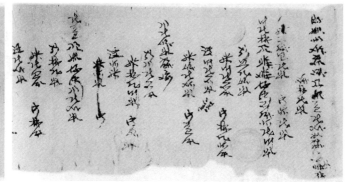

图 3-9　俄 Инв.No.6342-2　　　　图 3-10　俄 Инв.No.6342-2　户籍计账（2）
　　　　户籍计账（3）

　　现将西夏文翻译如下：

　　……

　　二十一（大字，下有画押）

　　里溜饶尚般百勾管七十九户？？共二百二十人

　　　　大一百八十人　小四十人

　　六十二户原先大小一百四十六人

　　　　　男八十五人

　　　　　　　大六十一人　小二十四人

　　　　　女六十一人

　　　　　　　大五十四人　小七人

　　三十五人单身

　　　　　男三十一人

　　　　　　　大二十六人　小五人

　　　　　女四大

　　十七户？大小四十九人

　　　　　男二十人

　　　　　　　大十八人　小二人

　　　　　女十九人

　　大十七人　　小二人

原先大小一百八十一人

　　由此可见，前述俄 Инв.No.6342-1 户籍长卷不止 30 户，而是 79 户，归一个"里溜"统管。隋唐时期，党项人的社会基层组织仍带有原始部落的性质。[1] 关于基层社会组织，在西夏法典《天盛律令》中有明确规定：

　　　　各租户家主由管事者以就近结合，十户遣一小甲，五小甲遣一小监等胜任人，二小监遣一农里溜，当于附近下臣、官吏、独诱、正军、辅主之胜任、空闲者中遣之。[2]

"租户家主"也可译为"税户家主"，即有耕地、纳租税的农户。甲—小监—农里溜，是西夏农村的三级基层组织，一个农里溜可管辖 2 小监，10 小甲，100 户。可见西夏农村有多层组织管理，其社区组织已经完善。

　　汉文资料对西夏社会基层乡里组织没有记载，只有关于西夏基层军事组织的记录。西夏时期"首领各将种落之兵，谓之一溜"，[3] 又记："其部族一家号一账，男年十五以上为丁，有二丁取正军一人、负担一人为一抄。"[4] 这显然是承袭并发展了党项部落组织，"军溜"和"里溜"有密切关系，可能平时为"里溜"，战时为"军溜"。

　　俄 Инв.No.6342-2 户籍账证实西夏社会农里溜的存在。"饶尚般百"是此里溜负责人，他管辖的仅有 79 户。看来，一里溜 100 户仅是政府原则上的规定，具体每一里溜管辖的户口可能视当地居民点的情况而定，可以少于法律规定户数。

　　俄 Инв.No. 4384-9 是一件户籍账残页（见图 3-11），两面皆有草书，字迹洇透不清。此件麻纸，前残，高 20.7 厘米，宽 24.7 厘米，西夏文草书 14 行。其中 1 至 10 行分别记录 4 户情况，第 11 行 4 字顶格书写，为"十户一甲"，其后又分户记录详细情况。[5]

---

① 《旧唐书》卷 198《党项羌传》。

② 《西夏天盛律令》第十五"纳领谷派遣计量小监门"，第 514—515 页。

③ （宋）李焘：《续资治通鉴长编》卷 132，仁宗庆历元年（1041 年）五月十二月甲子条。

④ （宋）曾巩：《隆平集》卷 20《外国》。

⑤ 《俄藏黑水城文献》第 13 册，第 209 页。

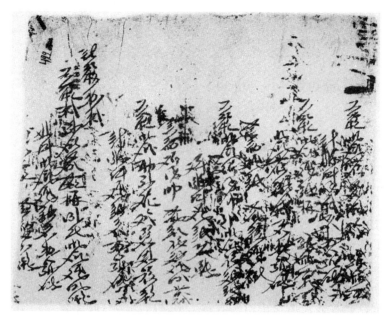

图 3-11　俄 Инв.No. 4384-9　甲户籍账残页

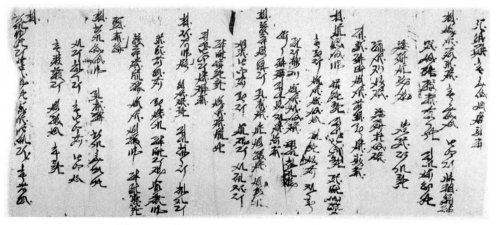

图 3-12　俄 Инв.No. 4762-3　里溜甲户籍名单

　　又俄 Инв.No.4762-3 是一件一个里溜内各甲的人名单（见图 3-12），写本，麻纸，高 20.2 厘米，宽 43.2 厘米，存西夏文草书 23 行，前后皆残。①

————————

　　①《俄藏黑水城文献》第 13 册，第 277 页。

此文书显示有 6 甲，每甲前第一字为挑（甲），后面列人名；"甲"字后的第一个人名应是甲长，其他为同一甲的成员。有的甲在最后一行还记有具体方位。最后一甲残，前 5 甲人名都在 10 人左右。可见，《天盛律令》中有关户、甲、里溜的规定在基层是得到贯彻执行的。

中国古代的乡里始终未能成为一级政府，这样可减少政府运行成本和减轻农民负担。西夏也采取这一行之有效的制度，并依据自身特点而有所变易。从西夏法典规定可知，里溜不是政府机构，而是政府领导的、管辖社区的民间基层组织；其负责人不是政府官员，而是从民间遴选的管理人员。唐朝基层，百户为里，五里为乡。① 宋代经历了由乡里制向保甲制的演变过程：宋初实行乡里制，中后期实行保甲制。宋神宗时始置保甲法，10 家为 1 保，50 户为 1 大保，500 户为 1 都保。后改为 5 户 1 保，25 户 1 大保，250 户 1 都保，保各有长，都保各有正，正各有副。② 西夏基层社区组织和户籍编制是参照中原地区的乡里组织和北宋变法后的保甲法变通而来。西夏文书中的"甲"系汉语的音译字。西夏原来并无"甲"的概念，此字显然是来自中原地区的汉语借词。

中国的乡里职能随着历史的发展而逐步扩大。中原地区的保甲职责是掌握乡民实际户口、编制户籍、督输税赋。西夏里溜的职能也很宽，包括对所辖住户户口、土地、牲畜及其他财产的登记，编制申报乡里籍账，负责催缴租税，组织开渠、修渠等。西夏里溜还有一种职能，就是对西夏基层军事组织军抄的登记和管理。这种不同于中原地区的特殊职能与西夏特殊的征兵制度有密切关系。③

俄 Инв.No.6342-2 户籍账中 79 户，原来的 62 户 146 人，单身 35 人；④ 后来的 17 户记为 49 人。后来的 17 户，根据后面男女人口的计算应是 39 人，不是 49 人，西夏文中的"四"应是"三"的误写。此里溜户口总计为 220 人。其中"单身"为汉语借词，他们身份特殊，在总人数之内，却不在 79 户之中，可能与前述俄 Инв.No.4991-5 首列有口无户的黑穷人为一类人，是没有完全人身自

---

① 《旧唐书》卷 43《职官二》。

② 《宋史》卷 192《兵制六》。

③ 史金波：《西夏文军籍文书考略——以俄藏黑水城出土军籍文书为例》，《中国史研究》2012 年第 4 期。

④ 西夏文"单身"为𗗝𘝺，两字音译，系汉语借词。

由的使军和奴仆。① 这一文书披露西夏存在有口无户的人，这一特殊阶层的社会地位值得进一步研究。末行记原先大小 181 人，正好是原来的 62 户的 146 人和单身 35 人之和，可见 17 户是后加之户。至于后 17 户来自何处，为何与原 62 户分计，目前尚不得而知。在敦煌吐鲁番户籍文书中也有旧户和新户的区分。

此农里溜中户均不足 3 人，以小家庭为主。大人 180 人，小孩 40 人，小孩偏少。其中男子 136 人，女子 84 人，男女人口比为 1.62∶1，男性比例过高，大大超过了社会发展所容许的限度。但上述单身人中男 31 人，女仅 4 人，男女人数差别过大，明显影响了该里溜的男女比例。若不算这 35 人，男女比例为 1.2∶1。男女家口比，若以大男大女比，62 户中大男 61 人，大女 54 人，比例为 1.13∶1。17 户中大男 20 人，大女 19 人，比例为 1.05∶1。这样看来大男大女的性别差别就不那么悬殊了。

此外，还有一些籍账残页也与户籍统计有关。如俄 Инв.No.7893-18 是一里溜下管的人员名单，② 俄 Инв.No.5949-41、Инв.No.7922 都是一里正管辖下的人员名单。③

第二节　户籍手实

唐宋时期，在基层官吏管理下，居民自报户内人口、田亩以及本户赋役承担情况，其登记册成为手实。西夏社会文书中就包含有西夏文户籍手实。

手实也称手状，即民间向官府申报户口、土地的牒状类文书。黑水城文献中有西夏文户籍手实。

俄 Инв.No.7629-1 记录了一个较大的家庭情况（见图 3-13、3-14）。该文书麻纸，高 19.9 厘米，宽 50 厘米，西夏文 28 行，正文 25 行，人名旁注年龄小字 3 行。④

难得的是，我们又发现了另一件行楷手实，编号俄 Инв.No.8203（见图 3-15），恰巧是 No.7629-1 号的誊写本，麻纸，高 20.2 厘米，宽 53.6 厘米，

---

① 《西夏天盛律令》第十二"无理注销诈言门"，第 417 页；第二十"罪则不同门"，第 606 页。
② 《俄藏黑水城文献》第 14 册，第 217 页。
③ 《俄藏黑水城文献》第 14 册，第 100、227 页。
④ 《俄藏黑水城文献》第 14 册，第 183—184 页。

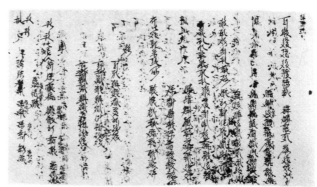

图 3-13　俄 Инв.No.7629-1
户籍手实稿（1）

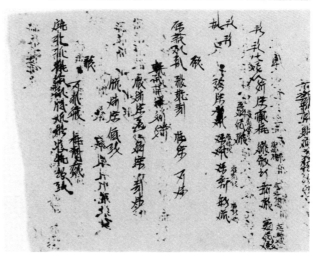

图 3-14　俄 Инв.No.7629-1
户籍手实稿（2）

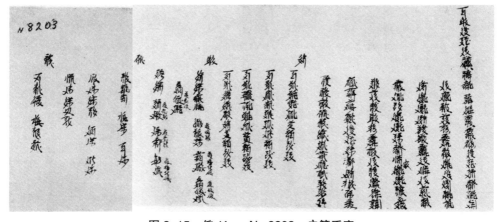

图 3-15　俄 Инв.No.8203　户籍手实

西夏文正文 22 行，人名旁注年龄小字 3 行。[①]

此户主是前内侍正军。"前内侍"是西夏职官名称，既可参与防卫内宫，又可外派负责民事。"正军"是西夏基层最小军事单位"抄"的主力，其副为"辅主"，其杂役为"负担"。现将俄 Инв.No.8203 手实翻译如下：

一人移〻讹千男原本与前内侍正军移〻讹吉祥犬兄

千父等是一抄，先因羸弱，在行

监蔑移善盛下共旧抄，千父及

军首领蔑移吉祥山下蔑移般若

宝三人为一抄，千男现今叔

执法转运移〻讹吉祥山死之养

儿子。所有畜物已明，如下列：

地

一块接新渠撒七石处

一块接律移渠撒六石处

一块接习判渠撒七石处

一块场口杂地撒七石处

人

　　　年四十　年二十五　年五岁
男大幼二　祥和吉　成犬　七月乐

　　　年三岁
　　　十月犬

女大

　　　年五十　年三十　年二十五
　　　吉妇　　吉金　　三姐

畜

骆驼三　二大　一小

---

① 《俄藏黑水城文献》第 14 册，第 256—257 页。

牛大小十　四大　六小
羊大小八十
物
一条毯　二卷纤 [1]

这件文书申报了户主军抄的来源、结合始末，并报告了该户家庭人口、财产情况，其中包括土地位置、数量，人口名字、年龄，牲畜的种类、数量以及其他价值较高的财物等，对研究西夏军抄和家庭都有重要价值。其中的移合讹千男原是户主，移合讹是党项姓，千男是名。他可能由于是其叔父移合讹吉祥山的养子而重新立户登录土地、人口、畜物。此外移合讹吉祥犬、嵬移善盛、嵬移般若宝都是相关的人名，也是党项族。

通过分析俄 Инв.No.7629-1 和 Инв.No.8203 户籍手实，可知该家庭有耕地 4 块，其中 3 块各撒 7 石种子的地，1 块撒 6 石种子的地。根据现有多种西夏文文书，西夏计量耕地面积，除用中原地区常用的顷、亩外，还有一种土地计量法，就是依据撒种子的数量来表示耕地数量。黑水城出土的水税账、卖地契、租地契等文书计量耕地数量时多以撒多少石（斛）种子计算，这与藏族以种子粮食数量（克）计地亩的习惯类似。笔者曾在论证重量标准的基础上，推算出撒 1 斛种子的地约合 10 西夏亩（2.4 宋亩）耕地。[2] 此户共有撒 27 石种子的地，约为 270 西夏亩地。此户除户主外，男人大人、小孩各 2 人，分别年 40 岁、25 岁、5 岁、3 岁；女人大人 3 人，分别年 50 岁、30 岁、25 岁，是一个不小的家庭。平均每人有撒 3.37 石种子的地，人均耕地合 33.7 西夏亩多。文书中未注明家庭成员之间的关系。除土地外，他们还有 3 峰骆驼、10 头牛、80 只羊以及其他物品。

另一件户籍手实俄 Инв.No.7893-9（见图 3-16），记一个中等军官行监的家庭。此件麻纸，高 20.2 厘米，宽 39.8 厘米，西夏文草书 23 行，后残。[3]

---

① 嵗［郁］音，暂译纤。
② 史金波：《西夏度量衡刍议》，《固原师专学报》2002 年第 2 期。
③ 《俄藏黑水城文献》第 14 册，第 213 页。

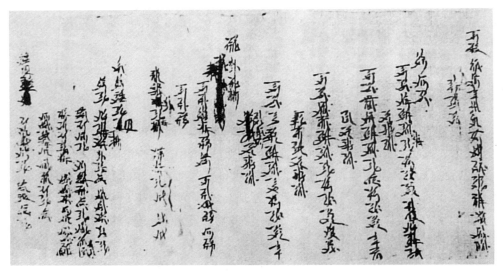

图 3-16　俄 Инв. No. 7893-9　户籍手实

译文如下：

　　一户行监梁？助有属畜品业已令明，列如下：
　　地四块
　　　　一块接阳渠撒二十石处，与耶和心喜盛（地）边接
　　　　一块接道砾渠撒十五石处，与梁界乐（地）边接
　　　　一块接律移渠撒十石处，与移合讹小姐盛（地）边接
　　　　一块接七户渠撒七石处，与梁年尼有（地）边接
　　畜三马中
　　　　一公马有二齿　　一母马骡四齿
　　　　一幼马
　　　　骆驼三十二　　大二十六　　小六
　　人男女十八中
　　　　男十　　心喜犬　　三十五　　正月犬　　三十
　　　　　　　　铁吉　　四十　　势汉金　　五十　　祥行乐　　三十
　　　　　　　　小狗吉　　十二　　月月犬四岁　　正月吉

四月盛　二岁　祥行吉　十五

女八　吉祥乐　六十　水护　五十

……

行监是比边检校小，比盈能、溜首领大的低级军队官员，有牌、符。[①]
从这户的人口、财产可明显看到该户在当地是有地位、有势力的家庭。该户有
地4块，其中1块撒20石种子，1块撒15石种子，1块撒10石种子，1块撒
7石种子，共有撒52石种子的地。有牲畜3匹马、32峰骆驼。共有19口人，
除户主外，男10人，其中大人5人，孩子3人，1人年龄不清；女8人，文
书仅存2人，都是大人。这是一个更大的家庭，有19人，共有撒52石种子的
地，约为520西夏亩地，人均耕地合22.8亩多。

此户和前户数据都表明西夏人均耕地面积较多，但黑水城地区地处西北，
人稀地旷，可耕土地较多是可以理解的。再者这两户都是殷实的家庭，占有土
地自然比贫苦农民要多。

还有一件手实残卷俄Инв.No.4761-10V是番汉文合璧的文书（见图3-17、
3-18）。该卷写本，麻纸，高19厘米，宽70.8厘米，西夏文草书56行，间有涂改。[②]

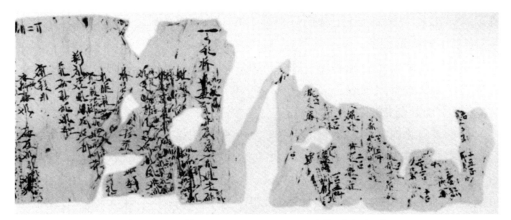

图3-17　俄Инв.No.4761-10V　户籍手实（1）

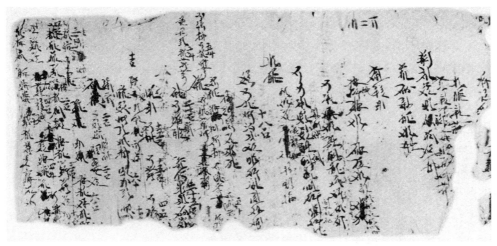

图 3-18　俄Инв.No.4761-10V　户籍手实（2）

此手实残破模糊，西夏文释读困难。户主姓猕（浑），浑为西北汉族大姓，可能因为户主是汉族，所以才在关键处注出汉字，形成西夏文、汉文合璧手实。

此手实除有西夏文、汉文两种文字的特点以外，还有以下三处值得注意。

（一）列有正军、辅主

西夏户籍和军籍有密切关系。在此户籍手实中列出一户中有一正军、三辅主，这样在手实中明确地记录户口和军丁的关系尚属首见。

（二）财物项目多

在登录的财物中，除耕地、牲畜等外，还将房舍、衣服单独列项登记。这比上述西夏文手实要细致。

（三）重要财物加注价值

在登录财物时，不仅写物品名称，还在旁边用汉字标注出估算的价值，以合粮食多少石来计算。如在"地一块六石撒处"旁注汉字"十八石"，"十八石"应是这块地的价值。又如，在牲畜马的旁边注汉字"二十石"，"二十石"可能是此马的价值；在全齿骆驼旁注汉字"二十五石"，"二十五石"或是此骆驼的价值。三头牛旁边分别注汉字"十五石""十五石""四石"，也可能是各牛的价钱。[①]此外，物上注汉字"十石"，衣服旁边分别注明"二石""三

————————

① 　根据黑水城出土的卖畜契中的大牲畜的价格，此处标出的马、骆驼、牛等牲畜价格多偏高。

石""六石""四石"等，也分别标明了它们的价钱。

上述家中物品的价格与同出土于黑水城的西夏文卖土地、牲畜契约中的价格相比偏高。[①] 原因可能是出卖耕地和牲畜时往往因青黄不接急需粮食时不得已而为，土地和牲畜价格被压低所致。

第三节　黑水城户籍分析

黑水城出土的户籍文书直接反映了西夏时期黑水城地区的户籍情况，通过这些文书可以了解西夏黑水城地区真实的、多方面的社会状况。这些存留于世的户籍文书可直接显示西夏社会的底层面貌，是揭开西夏社会之谜的珍贵资料。

首先，这些户籍类籍账证明西夏有完善的户籍编制制度。在《天盛律令》中，户籍简称为𗦀"籍"。"籍"包括户籍、军籍等。西夏很重视户籍，比如规定养子犯罪，家庭成员是否连坐，就需看他是著于养父母籍上，还是著于原父母籍上。[②]《天盛律令》规定西夏农户应将家中人口变化之情及时申报，防止虚杂，并使"典册清洁，三年一番"。[③] 西夏农户的户籍登记与耕地纳税直接联系。这些户籍文书证明西夏已经实行户口普查，并且和中原地区一样，三年编制一次清册。文书中出现的里溜和甲的关系，其中所辖的户数与《天盛律令》大体吻合，证明西夏法典《天盛律令》是一部实用并得到认真贯彻的法典，在西夏社会生活中起着指导性作用。

其次，黑水城出土的文书中有多种类型的户籍类籍账。不仅有户籍，还有户籍计账，也有以户为单位的、详细记载家庭情况的手实。户籍文书中有详有略，有的着重人口，有的着重各户粮赋，有的侧重大小牲畜，有的还记载军丁。可以说西夏的户籍文书种类繁多，可使人领略中国中古时期户籍的多样性。

最后，黑水城出土的文书内容丰富。户籍中有户主，有全部的家庭成员，登录区分男女、大小，还多注明与户主的关系，有的还有年龄。手实记载更为详尽，有该户军抄的来历、户主、每一个家庭成员、土地、牲畜、财产等状况，甚至包括房屋、衣服等都一一记录在案；有的土地、牲畜、衣物等财产以

---

① 见后文有关卖地契和卖畜契研究。
② 《天盛改旧新定律令》第一"谋逆门"，第112—113页。
③ 《天盛改旧新定律令》第十五"纳领谷派遣计量小监门"，第515页。

粮食标出了价值，可以借以推究当地的物价。

西夏遗存的户籍内容包罗广泛，为研究西夏社会家庭提供了很多具体的材料，在中古时期历朝的户籍原始资料中，显得十分突出，价值很高。通过分析这些户籍文书可以对西夏社会进行细致解剖，了解西夏社会的很多鲜为人知的情况。

如通过俄 Инв.No.6342-1 户籍可知，在 28 户中共有 89 人，平均每户 3.18 人，每户人数较少。其中只有夫妻二人的家庭有 10 户，占 28 户的 35.7%，其比例之高值得重视，可能当时男子结婚后就分家另过，建立新的家庭。夫妻二人有孩子的核心家庭 10 户，也占 35.7%，比例偏小。三世同堂的主干家庭只有 1 户。第 2 户、第 5 户、第 13 户都是一个成年女子无丈夫带有孩子的单亲家庭，其中 2 户明确指出女户主是寡妇，这 3 户占 28 户家庭的近 11%。这些妇女分别带有一个、两个或三个孩子。她们的家庭内第 1 户有一男孩，第 4 户有一男孩和一女孩，第 12 户有二男孩，3 个家庭中的孩子都有男性。根据《天盛律令》规定：

> 诸人一户下死绝，人根已断，所属畜、谷、宝物、舍屋、地畴等，死者之妻子及户下住有女、姊妹、及已嫁而未嫁来媳者，妻子可敛集畜、谷、宝物，门下住女等依律令应得嫁妆时当予，其余畜、谷、宝物不许妻子妄用，与别房人根所近者共监收。其妇人改嫁及死亡时，所遗宝物二分之一依前律令予门下住女、姊妹嫁妆，比总数数目当增多；另一份当予门户不同、畜物不共之祖父母、父母、伯叔、姨、兄弟、侄、孙所遗人根近者。[①]

一户中没有男性，属于"人根已断"，其家庭财产已不完全属于户主的妻子，这样的家庭很难维持下去。以上 3 户中孩子有男性，不算绝户，这样的家庭其财物属于自家，仍能维持。

这些户主的姓氏有的 2 字，有的 1 字。西夏主体民族党项族姓多为复姓，文书中的平尚、律移、千叔、没罗、嵬移、酩布、居地、耶酉、千玉、耶和等

---

① 《天盛改旧新定律令》第十"官军敕门"，第 355 页。

都是党项族姓，其中律移姓 3 户，居地姓 3 户，千叔姓 2 户，嵬移姓 2 户。梁氏曾为西夏第二代皇帝毅宗谅祚、第三代皇帝秉常的皇后，在西夏文《碎金》中梁氏列入西夏番姓范围 ①，3 户梁氏也应是党项族姓。3 户勒姓应不是汉姓，是否为党项骨勒姓的简化，待考。明祖、年那、依易等在记录西夏姓氏集中的西夏文《杂字》《碎金》以及其他文献中皆未发现，可能是新见的党项姓氏。其中也有汉族，如杨、浑、潘、罗、韩等。此户籍中的住户以党项族为主，汉族较少。户籍反映姓氏不集中，宗族势力不强。可见，西夏的农村已经摆脱了以部落、氏族单一姓氏为社会基层单位的束缚，形成了不同姓氏、不同民族的杂居社区。特别是在这样以农业为主、兼营畜牧业的社区，党项族和汉族混杂居住，恐怕是西夏比较普遍的现象。

户籍中人名最集中。这件户籍反映出西夏人名字立意的多样性。有的名字带有祈福、祥和的色彩，如寿长有、福有宝、吉祥等；有的带有月份，如正月金、五月金、九月铁、十月盛等，是否与出生月份有关，不得而知；有的则带有佛教色彩，如般若山、般若乐、三宝茂等；特别是一些人名带有低等人或动物的称呼，如善月奴、奴宝、瑞犬、老房犬、驴子有、雨鸟等，甚至女人也有这类名字，如乐盛犬、犬百金、犬妇宝等。西夏人是否也有取这种名字好养活的习俗，亦不得而知。户籍中还能发现兄弟或姐妹名字多不排行，反而有父子、母女名字不避讳排行的现象。如第 10 户父亲名老房盛，儿子名老房宝；第 28 户母亲名老房乐，儿子名老房善。

当地居民虽以党项族为主，户籍中反映的婚姻关系也以党项族之间结合为多，但党项族与汉族通婚已不是个别现象。如第 6 户千叔讹吉的妻子焦氏，第 9 户嵬移雨鸟的妻子罗氏，第 27 户千玉吉祥有的妻子瞿氏，这些都是异族通婚，反映出西夏民族之间通婚，主要是党项族和汉族的通婚并无障碍，可以登记在户籍中，是合法的族际婚姻。

户籍中反映出西夏社会有 1 名男子娶 2 名女子为妻的现象。第 23 户有两名妻子，该户大男人中有兄弟二人，不知是二人分别有一妻子，还是其中一人有两个妻子。而第 27 户却是明显的一夫二妻。户主千玉吉祥有，该户只有一名男子，有两名妻子，其一为妻子瞿氏五月金，另一为妻子梁氏福事。《天盛

---

① 聂鸿音、史金波：《西夏文本〈碎金〉研究》，《宁夏大学学报》（社会科学版）1995 年第 2 期。

律令》中多次提到"庶母",特别是在卷二"节亲门"中有关亲属死后丧服的规定,子对父母,子对庶母都应服三年丧。[①]可见西夏允许一夫多妻。过去只知西夏的皇帝的多妻现象,这一户籍文书使这种一夫多妻的婚姻关系在平民中得到证实。

户籍中两户有婆媳关系,其中一户值得重视。第14户女性大人二人,是户主的母亲和妻子,她们都姓庞清氏。即婆、媳同姓,婆母是儿媳的姑母,户主的岳父是其舅父。这是西夏盛行姑表婚的真实反映。在西夏语中"结婚"一词与"甥舅"同音,"婆"与"姑"同音,这是姑舅表婚在语言上存留的痕迹。[②]西夏时期仍然保存着这种婚姻习俗,例如,西夏第一代皇帝元昊、第二代皇帝谅祚、第三代皇帝秉常都曾娶舅父的女儿为妻。姑舅表婚是一种古老的婚姻形式,在很多民族中都存在过。这一户籍中出现的普通百姓的姑舅表婚的实例,证实西夏社会基层也存在这种婚姻关系。在有婆媳关系的两户中就有一户是姑舅表婚,可以设想西夏的这种婚姻形式并非偶然。

西夏有不同的民族,各民族有不同的阶层,其家庭结构必然是多种多样的。西夏是父系家庭,据《天盛律令》可知,"同居"的一家,一对夫妻上可以有曾祖父母、祖父母、父母、未出嫁的姑,平辈可以有未分居的兄弟、未出嫁的姐妹,晚辈可以有儿子、儿媳、未出嫁女、孙子、孙女等。当然这些亲属都齐全的家庭几乎是不存在的,一般的家庭只是有其中的一部分。上述户籍手实中家庭人口情况反映了黑水城地区家庭的多样性和复杂性。

总之,黑水城出土的户籍文书大大增加了对西夏社会的认识,对西夏社会的了解更加具体、深刻,填补了很多空白。

---

①　《天盛改旧新定律令》第二"亲节门",第134—135页。
②　史金波:《西夏语的"买"、"卖"和"嫁"、"娶"》,《民族语文》1995年第4期。

第 四 章
租税文书研究

作为西夏经济重要一翼的农业，不仅关系到人民的生计，其税收更是政府收入的主要来源。农业税收是供给皇室和官吏支出、维持政府运转、保障军队平时和战争费用的经济命脉，是西夏政府十分重视的大事。其实，中原王朝也是"军国所资，咸出于租调"。① 汉文史籍对西夏的租税制度没有记载，只有受灾后减免租税的零星记录。如西夏兴州（西夏京师，今宁夏回族自治区银川市）、夏州（今陕西省靖边县）地震后，大庆四年（1143年）四月夏仁宗接受大臣建议，下令：

> 二州人民遭地震陷死者，二人免租税三年，一人免租税二年，伤者免租税二年，其庐舍、城壁摧塌者，令有司修复之。②

西夏法典《天盛律令》中关于农业租税的内容不少，特别是卷第十五中集中了很多农业租税条款。从各门的标题即可看出，如该卷有"催缴租门""催租罪功门"等。《天盛律令》规定：

> 当指挥诸租户家主，使各自所属种种租，于地册上登录顷亩、升斗、草之数。转运司人当予属者凭据，家主当视其上依数纳之。③

---

① 《文献通考·田赋考》四"历代田赋之制"。
② 《西夏书事》卷35。
③ 《天盛改旧新定律令》第十五"地水杂税门"，第508页。书中将国家收取的耕地税译为"租"，而不同于农户转包土地所收的"租"（西夏文原意为"地毛"）。《天盛律令》所谓"租户"，即缴纳土地税的农户，而不同于包租他人土地的佃户。

所谓"租户家主"就是有耕地的纳税农户。农民要纳多种租税，均登录在册，按数缴纳。纳税迟缓要受法律制裁，同门规定：

> 　　租户家主有种种地租、役、草，催促中不速纳而住滞时，当捕种地者及门下人，依高低断以杖罪，当令其速纳。①

《天盛律令》还规定各属郡县于每年十一月一日将收种种地租税的簿册、凭据上缴于转运司，转运司十一月末将簿册、凭据引送京师磨勘司，磨勘司应于腊月一日至月末一个月期间磨勘完毕，若有延误都要获罪。②《天盛律令》卷十六也是关于农业的条款，但这一卷全部残缺，其内容只能根据条文目录略知一二。西夏法典中关于农业租税的内容虽比较丰富，但西夏农民要缴纳多少税，纳税的簿册是什么形制，仍不得而知。

　　这一问题的答案，随着近年新资料的发现渐露端倪。在黑水城出土的西夏文文书中，有不少不同类型的纳税文书，提供了很多西夏税收的原始资料。分析这些文书，不仅可以深入了解西夏税收多方面的情况，还可进而认识西夏经济和社会的各种相关问题。

第一节　耕地税账

　　黑水城文书中，俄 Инв.No.4808 为里溜租粮计账与户租粮账，系一写本长卷，麻纸，前后残，另有残片两纸；高 20.4 厘米，宽 575 厘米，存西夏文草书 259 行，两残片分别存西夏文 6 行、1 行。此件由四段粘连而成，有签署、画押，是一件近 6 米的长卷。此文书背面是佛教文献，因此有不少文字正背两面互相叠压，难以识别。第一、二段多是纳粮统计账，第三、四段全是诸户纳粮账籍。

　　现将第三段前 5 户（自图 4-1 的第 6-15 行）纳粮账③ 翻译如下④：

---

① 《天盛改旧新定律令》第十五"地水杂税门"，第 508 页。
② 《天盛改旧新定律令》第十五"催缴租门"，第 490 页。
③ 括弧（）内系笔者所加各户顺序号。
④ 《俄藏黑水城文献》第 13 册，第 291—298 页。

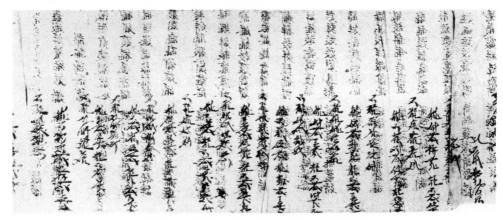

图 4-1　俄 Инв.No.4808（6）　户租粮账

一户罗般若乐（1）

　　大麦一石一斗五升　　麦二斗八升七合半

一户正首领？盛曼（2）

　　大麦四斗三升　　麦一斗七合半

一户叔毡西九铁（3）

　　大麦六斗七升　　麦一斗六升半

一户毡移？茂（4）

　　大麦一斗五升　　麦三升七合半

一户麻则金？吉（5）

　　大麦六斗七升　　麦一斗八升七合半 ①

　　显然，这是诸户缴纳赋税的籍账。从这 5 户来看，他们交纳的是大麦和小麦，是实物租税，也称产品租税。在这一段 20 多户中都是缴纳这两种粮食。西夏政府摊派租税时不同地区有不同的粮食品种。如《天盛律令》规定：

　　　麦一种，灵武郡人当交纳。大麦一种，保静县人当交纳。麻褐、黄豆二种，华阳县家主当分别交纳。秫一种，临河县人当交纳。粟一种，治源

———————

① 《俄藏黑水城文献》第 13 册，第 293 页。

县人当交纳。糜一种，定远、怀远二县人当交纳。①

　　这大概是西夏京畿一带各地区缴纳粮食税的品种，包括了多种粮食。其中没有远在西部地区的黑水城缴纳租税的品种。通过上述文书知黑水城地区缴纳大麦和小麦，也有的黑水城文书中有交纳大麦、小麦和糜三种粮食的记载。由此可知西夏时期黑水城地区主要农作物的种类。

　　若注意到文书中大麦和小麦的比例，会发现小麦数是大麦数的1/4。因文书下部残缺，第1户、第2户、第4户、第5户小麦数尾数不完整，但第3户两种粮食数完整：大麦六斗七升、小麦一斗六升半，大麦数正好是小麦数的四倍。证明当地收税时对每户按4∶1的比例征收两种粮食税。据此还可补充文书中残缺的部分。

　　同一税账的第四段记载粮食品种与上述稍有不同，粮账上书写的是缴纳"杂"和"麦"。

　　现将俄 Инв.No. 4808 第四段前 10 户（自图 4-2 倒 6 行至图 4-3 倒 6 行）的纳粮账翻译如下 ② ：

　　　　一户地宁吉祥有（1）
　　　　　杂二斗　麦五升
　　　　一户嵬悉丑盛（2）
　　　　　杂一斗　麦二升半
　　　　一户嵬移？子（3）
　　　　　杂一石五斗　麦三斗七升半
　　　　一户嵬移容颜戏（4）
　　　　　杂七斗　麦一斗七升半
　　　　一户嵬移容颜丑（5）
　　　　　杂六斗　麦一斗五升二合
　　　　一户嵬移？盛（6）

---

① 《天盛改旧新定律令》第十五"催缴租门"，第 489—490 页。
② 《俄藏黑水城文献》第 13 册，第 295 页。

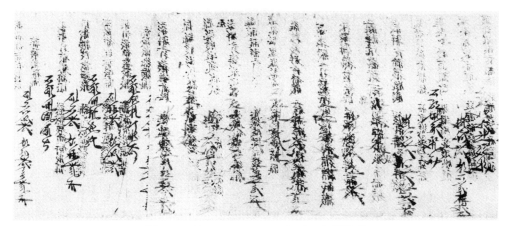

图 4-2　俄 Инв.No.4808（9）户租粮账

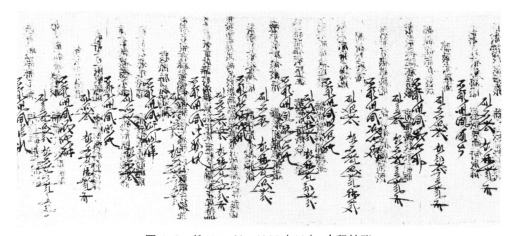

图 4-3　俄 Инв.No.4808（10）户租粮账

　　杂九斗二升　　麦二斗三升

一户蒬移那征盛（7）

　　杂一石　　麦二斗五升

一户药乜？？（8）

　　杂一石一斗八升　　麦二斗九升半

一户蒬移小福？（9）

　　　杂六斗八升　麦一斗七升
　一户崑移正月山（10）
　　　杂四斗　麦一斗

上述 10 户及其他 50 多户都是交纳杂和小麦。杂即杂粮，杂粮可能主要是指大麦而言。杂粮和小麦的比例，9 户都是 4：1，只有第 5 户麦多出 2 合，可能是计算或书写的失误。这是以"里溜"为单位的纳税籍账。检查本段这一里溜所存 18 户杂粮和小麦的比例，除上述第五户稍有误差外，都是 4：1 的比例。

　　这类文书还有俄 Инв.No.1222、1460-1 等。由此，虽能知每户缴纳实物税数量，但还不知缴纳的是何种税以及税率多少。另一件文书为回答这一问题提供了资料。

　　俄 Инв.No.1755-4 文书为纳粮文书（见图 4-4），残页，麻纸，高 16.8厘米，宽 31.9 厘米，四周皆残，西夏文草书 14 行。

图 4-4　俄 Инв.No.1755-4　户耕地租粮账

　　译文如下 [①] ：

　　　……五斗　麦三斗七升半（1）
　　　……十亩税三斗七升半（2）

……斗　麦七升半

……山三十亩税三斗七升半（3）

……斗　麦三七升半

……一顷五十亩税一石八斗七（4）

　　升半

……石五斗　麦三斗七升半

……吉七十亩税八斗七升半（5）

……斗　麦一斗七升半

……一顷三十九亩税一石（6）

……斗三升七合半

此文书有地亩数，有粮食数。通过仔细观察、分析，可知这是一件分户耕地纳粮账，其中第1行是第1户的最后1行，第2、3行是第2户，第4、5行是第3户，第6、7、8行是第4户，第9、10行是第5户，第11、12行是第6户。户主姓名多残失，第4行的"山"、第9行的"吉"是人名的残存部分。根据这些不甚完整的地亩、粮食数字可以计算出耕地的税率。以第4户为例，有耕地150亩，税1石8斗7升半，所纳杂粮数残，余"石五斗"三字，但保留着纳麦数3斗7升半，从已知纳粮总数中减去麦数，知纳杂粮1石5斗整，与杂粮"斗"后无升、合数合。由此地亩数和纳粮数知其税率，即每亩地交纳税杂粮0.1斗，即1升；缴纳小麦0.025斗，即0.25升。其他各户地亩和纳粮数目也都反映出同样的税率。由此考证出西夏有以耕地多少缴纳农业税的制度，并且是一种固定税制，这对认识西夏的农业税收具有十分重要的意义。以耕地面积课税是最普通的制度，也是中国历代相传的主要税法，西夏继承了这种税制。

由这种税率可以推算出上述俄Инв.No.1755-4文书残缺的地亩和粮税数目，将文书补足为14行：

　　……一顷五十亩税一石八斗七升半（1）

杂一石五斗　麦三斗七升半

　　……三十亩税三斗七升半（2）

　　　 杂三斗　　麦七升半

　　　……山三十亩税三斗七升半（3）

　　　 杂三斗　　麦三七升半

　　　……一顷五十亩税一石八斗七（4）

　　　　升半

　　　 杂一石五斗　　麦三斗七升半

　　　……吉七十亩税八斗七升半（5）

　　　 杂七斗　　麦一斗七升半

　　　……一顷三十九亩税一石（6）

　　　　　 七斗三升七合半

　　　 杂一石三斗九升　　麦三斗四升七合半

　　同样类型的耕地纳粮账还有不少，如俄 Инв.No.1178-1。文书原系书籍的封面衬纸，高 12.9 厘米，宽 31.8 厘米，有上、下两段纳粮文书残页，下段西夏文草书，共 12 行，记有 7 户纳粮账，下部纳粮数全残。俄 Инв.No.1178-2（见图 4-5），也系书籍的封面衬纸，高 12.7 厘米，宽 32.3 厘米，西夏文草书 11 行。①

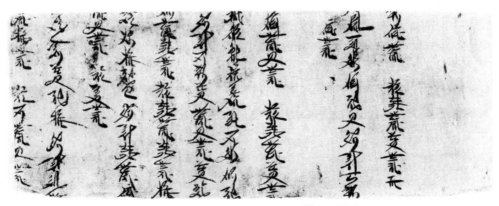

图 4-5　俄 Инв.No.1178-2　耕地纳粮账

---

① 《俄藏黑水城文献》第 12 册，第 211 页。

现将文书翻译并尽量补足缺文如下:

……杂一石五斗　麦三斗七升半（1）
……乐一顷四十八亩税一石斗（2）
　　　五升
杂一石四斗八升　麦三斗七升……
……死续子般若盛一顷四十三（3）
　　　亩税一石七斗八升七合半
杂一石四斗三升　麦三斗三升二
……吉二十八亩税三斗五升（4）
杂一石斗八升　麦七升
……有七十二亩税九斗（5）
杂七斗二升　麦一斗八升

其中第 1、2、4、5 户的耕地纳税税率同前文书，都是每亩地纳杂粮 1 升，纳小麦 0.25 升。只是第 3 户麦数记为 3 斗 3 升 2，或为书写，或为计算有误，应是 3 斗 5 升 7 合半。此外，俄 Инв.No.324-2、5809-2、5940 等也是同类耕地纳粮账。这些文书都证明与前述文书耕地纳粮率是一致的。由此还能得知，前述只有纳粮数、缺少耕地亩数的俄 Инв.No.4808 号也是耕地税账。

《天盛律令》规定：开垦自纳税耕地边上生地者，三年之内不纳税，"三年毕，堪种之，则一亩纳三升杂谷物"。[1] 在自己耕地附近开生地三年后，若可种，则一亩地纳 3 升杂谷物。以此衡量，黑水城地区的土地税比《天盛律令》开生地三年后纳税的规定要低。

黑水城地区的农业租税并不能代表西夏所有地区的农业租税。《天盛律令》有一条规定表明，政府对西夏京畿一带虽然也实行按耕地数量缴纳租税的办法，但按优劣将耕地分为五等，各等每亩缴纳不同的粮租，其数量比黑水城一带的租税高得多。

---

[1] 《天盛改旧新定律令》第十五"租地门"，第 495—496 页。

京师畿内所辖七个郡县租户家主，依地优劣，一亩：上一斗，次八升，中六升，下五升，末三升等五等。[①]

由此条不难看出，京师畿内所辖七个郡县的每亩耕地依据不同等次，分别缴纳 3 升至 1 斗的租税，比黑水城每亩所缴要高出很多。这大约是这一带土地肥沃，便于灌溉，粮食产量较高之故。

第二节 租役草税账

西夏的农业税收远不止上述耕地粮税。西夏《天盛律令》规定：

诸郡县转交租，所属租、役、草种种当紧紧催促，收据当总汇，一个月一番，收据由司吏执之而来转运司。[②]

西夏经济文书中有不少租役草税账，记录了西夏农村负担三种农业税的真实情况。

一 纳税账中的租役草

农业税中的租，西夏文为𦆅，租税意，既有向国家缴纳耕地租税的涵义，又可以用作民间租地向地主人缴纳的地租，这里是指向国家缴纳的耕地租税。役，西夏文为𘈩，直译是"职"，在《天盛律令》中译成"佣"或"职"，即出役工。这可能和宋朝的差役称为"职役"一脉相承。[③] 草，西夏文为𗏹，原意为"草"，这里指向国家缴纳的草捆。此条规定说明西夏的赋税中除纳粮食地租外，还服劳役和缴纳草。在《天盛律令》卷十六"农人利限门"中有"农

---

① 《俄藏黑水城文献》第 8 册，第 300、307、301 页。此条在克恰诺夫教授出版的俄文版《天盛改旧新定律令》第 4 册中仅有后半条，前缺 3 面。史金波等人依据俄文版所译《西夏天盛律令》《天盛改旧新定律令》也无此条前半条。中俄合作整理出版《俄藏黑水城文献》时，在俄藏文献中找到了此卷所缺前面 3 页，但在《俄藏黑水城文献》第 8 册中，第 2 页错置于后面。见潘洁《〈天盛改旧新定律令·催缴租门〉一段西夏文缀合》，《宁夏社会科学》2012 年第 6 期。

② 《天盛改旧新定律令》第十五"地水杂税门"，第 507—508 页。

③ 潘洁将"佣"改译为"役"，较是，现从之。见潘洁《西夏租役草考述》，未刊稿。

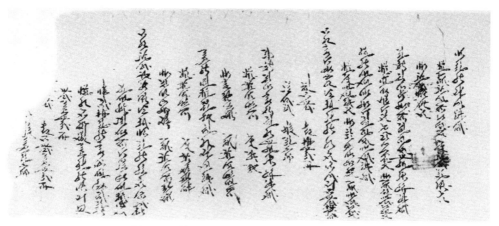

图 4-6　俄 Инв.No.4067　户耕地租役草账

主纳册法""鸣沙京师农主夫事草承担""对农主摊派麦草等"条目，应是关于租、役、草的具体规定，但因此卷全部残失，内容不得而知。有关西夏农民租、役、草的具体负担，还是出土的西夏社会文书给出了真实而具体的答案。

俄 Инв.No.4067 文书是一件纳税账（见图 4-6），麻纸，高 19.5 厘米，宽 46.2 厘米，前后皆残，存西夏文草书 23 行，有 3 户的纳税数量和土地方位、四至情况。其中，仅中间 1 户完整，共 9 行（第 8—16 行），前 3 行是土地和纳税数量，后面 6 行是两块地的四至。①

现将土地和纳税的 3 行（第 8—10 行）翻译如下：

> 一户梁吉祥有册上十亩地有，税一斗二升半
>
> 　杂一斗　　麦二升半
>
> 　役五日　　草十捆

不难看出，此户的耕地纳粮租税税率与前述耕地纳粮账相同，种 10 亩地，每亩纳杂粮 1 升，共 1 斗，小麦为其 1/4，是 2.5 升。与前述单纯的耕地纳粮税账不同的是，这里还具体列出了此户须出 5 日劳役，并缴纳 10 捆草。

---

① 《俄藏黑水城文献》第 13 册，第 180 页。

西夏《天盛律令》规定：

> 地边、地中行大小役时，当依法派遣役人。若违律不派役人时，有官罚马一、庶人十三杖。[①]

《天盛律令》还规定：

> 诸人做种种役事时，役事已毕，则当于日期内遣放役事人，未毕则当求论文。若不求论文，日已毕而不令役事人散时，有官罚马一，庶人十三杖。[②]

西夏的工役有多种，如开渠、修渠、运输等项。西夏兴办大小工役时，要派遣役人。事毕应按时遣散，如工役未完，仍需要役人时，要另行报告，求得批准。上述1户出役工五日，是1年的出工量。

俄 Инв.No.5067 是同类型的租税文书（见图 4-7、4-8），是一高 19.2 厘米，宽 238 厘米的长卷，存西夏文草书 119 行，前后皆残，背面为佛经。此件记各户租役草账，每户开始第一行顶格书写，其余行次降多格书写各户主姓名、土地变化情况、现有耕地数、纳税粮总数，最后两行升两格分四项记载此户应纳杂粮

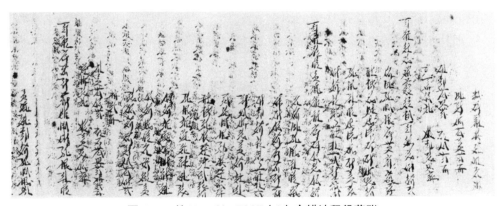

图 4-7　俄 Инв.No.5067（1）户耕地租役草账

① 《天盛改旧新定律令》第七"行役门"，第 288 页。
② 《天盛改旧新定律令》第七"行役门"，第 289 页。

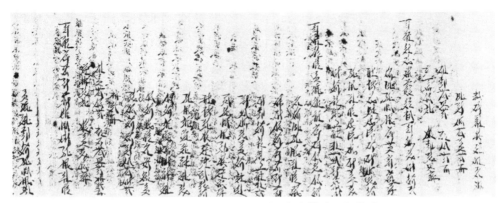

图 4-8　俄 Инв.No.5067（2）户耕地租役草账

数、纳麦数、服役天数以及缴纳草捆数，有的还记每块地的方位、四至。[1]
（共 6 图，其余图见附录）

文书可见 14 户，第 1 户前残，缺耕地数；又有第 2、9、12 户 3 户将土地出卖，无缴纳租役草记录；余 10 户有关耕地和租役草的内容较全，可以计算、分析耕地和服役的关系。

现将俄 Инв.No.5067 户耕地租役草账中记载 10 户耕地数、服役天数摘录如下：

> 第三户 75 亩地，出役工 20 日；
> 第四户 10 亩地，出役工 5 日；
> 第五户 10 亩地，出役工 5 日；
> 第六户 38 亩地，出役工 15 日；
> 第七户 10 亩地，出役工 5 日；
> 第八户 35 亩地，出役工 15 日；
> 第十户 73 亩地，出役工 20 日；
> 第十一户 63 亩地，出役工 20 日；
> 第十三户 15 亩地，出役工 15 日；
> 第十四户 40 亩地，缴纳 15 日。

---

① 《俄藏黑水城文献》第 14 册，第 5—7 页。

出役工 5 日的有耕地 10 亩，出役工 15 日的有耕地 15 亩、35 亩、38 亩、40 亩，出役工 20 日的有耕地 63 亩、73 亩、75 亩。总的来说，土地越多出工越多，看来出役工也是以土地为基础进行计算的。

关于出役工事，在《天盛律令》春天开渠的条目中有具体规定：

> 畿内诸租户上，春开渠事大兴者，自一亩至十亩开五日，自十一亩至四十亩十五日，自四十一亩至七十五亩二十日，七十五亩以上至一百亩三十日，一百亩以上至一顷二十亩三十五日，一顷二十亩以上至一顷五十亩一整幅四十日。当依顷亩数计日，先完毕当先遣之。[①]

这一规定中各农户出劳役有 5 日、15 日、20 日、30 日、35 日、40 日六等，用于春天大兴开渠之事。上述文书按土地出劳役日数与法典规定相合，但缺乏 35 日、40 日两等。同类型的俄 Инв.No.7415-1 户耕地租役草账残文书（见图 4-9），高 20.5 厘米，宽 28.9 厘米，前后皆残，存西夏文草书 15 行。在第

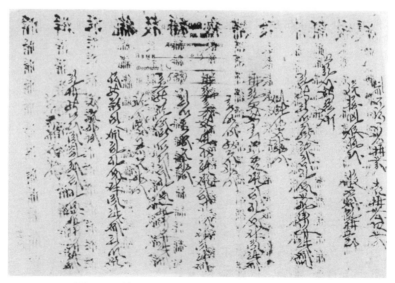

图 4-9　俄 Инв.No.7415-1　户耕地租役草账

① 《天盛改旧新定律令》第十五"春开渠事门"，第 495—496 页。

1、2 行记缴纳杂粮 1 石 1 斗 2 升，麦 2 斗 8 升，可推知此户有耕地 1 顷 12 亩，而在出劳役项目下记载是"役一个月五日"，合 35 日。[①]

又有同类型的俄 Инв.No.5252 号户耕地租役草账（见图 4-10），高 19 厘米，宽 37.5 厘米，前后皆残，存西夏文草书 22 行。从中找到 1 户（第 10—15 行）有耕地 1 顷 50 亩，缴纳杂粮 1 石 5 斗，麦 3 斗 7 升半，而出劳役项目下记载正是"役一正幅"。[②]

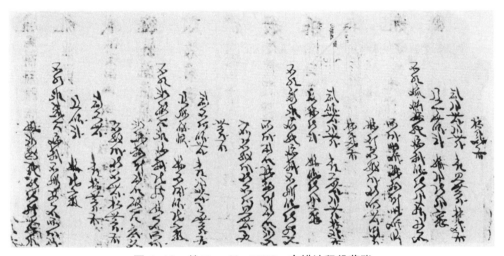

图 4-10　俄 Инв.No.5252　户耕地租役草账

这两户分别出役工与《天盛律令》所规定的"一百亩以上至一顷二十亩三十五日，一顷二十亩以上至一顷五十亩一整幅四十日"相符，分别是 35 日、40 日。看来上述黑水城文书中的"役"与《天盛律令》规定京畿内诸租户春开渠事的役工负担相同。此种役工不仅适用于西夏首都一带，也适合边地的黑水城地区。

西夏租税中还包括比较特殊的"草"。草在西夏有重要用途。西夏畜牧业发达，冬天需要畜草喂养牲畜过冬；西夏军队作战骑兵的马匹、担负运输的大牲畜都需要草；此外西夏农业灌溉发达，修渠和每年春天开渠灌水都需要大量垫草。《天盛律令》在提及家庭财产时除土地、牲畜、粮食外，往往还有草捆。如"诸

---

① 《俄藏黑水城文献》第 14 册，第 177 页。
② 《俄藏黑水城文献》第 14 册，第 30 页。

人无心失误失火，烧毁他人畜物、房舍、人口、粮食、草捆者，当查明实数所值"。①

《天盛律令》明确规定要缴纳的除租、役外，还有草，并具体规定了按耕地多少缴纳草捆的数量：

> 诸租户家主除冬草蓬子、夏莠等以外，其余种种草一律一亩当纳五尺捆一捆，十五亩四尺背之蒲苇、柳条、梦萝等一律当纳一捆。②

现辑录 10 户中地亩数和纳草捆数如下：

> 第三户 75 亩地，草 75 捆；
> 第四户 10 亩地，草 10 捆；
> 第五户 10 亩地，草 10 捆；
> 第六户 38 亩地，草 38 捆；
> 第七户 10 亩地，草 10 捆；
> 第八户 35 亩地，草 35 捆；
> 第十户 73 亩地，草 73 捆；
> 第十一户 63 亩地，草 63 捆；
> 第十三户 15 亩地，草 50 捆；
> 第十四户 40 亩地，草 40 捆。

以上除第 13 户外，耕地数皆与所应缴纳的草捆数相一致，即 1 亩地纳 1 捆草；但第 13 户有耕地 15 亩，却记为"五十捆"。是地亩数记错，还是草捆数记错？查此户纳粮数为"一斗八升七合半"，按黑水城地区每亩纳粮 1 升 2 合半，正是 15 亩纳粮的数目，证明耕地数无误，系草捆数误写。看来，此文书印证了西夏法典关于缴纳草捆的规定，在边远地区也得以贯彻实行。

《天盛律令》又规定：

---

① 《天盛改旧新定律令》第八"烧伤杀门"，第 292—293 页。
② 《天盛改旧新定律令》第十五"渠水门"，第 503 页。

　　对农主摊派麦草等租户家主自己所属地上冬草、条椽等以外，一项五十亩一块地，麦草七捆、粟草三十捆，捆绳四尺五寸、捆袋内以麦糠三斛入其中。①

　　捆，西夏文为𦜝，原是一动词，在这里成为草的量词。这一条款规定 150 亩地除原摊派的冬草、条椽外，另加 37 捆麦草和粟草。可能 1 亩地纳 1 捆草是原规定，而后者是天盛年间以后附加的。西夏对草捆的大小以捆绳的长度给予规定。金朝也规定每亩除纳粮外，还纳秸 1 束，每束 15 斤。所谓"秸"，即庄稼的秸秆，西夏的麦草和粟草也是秸秆。只不过西夏农户缴纳的秸秆规定了捆绳的长度，而金朝的秸秆规定的是重量。

　　在黑水城文书中，还发现农户的租、役、草账是逐户登记，以里溜为单位统计造册。俄 Инв.No.8372 是一赋税计账（见图 4–11），高 19.5 厘米，宽 49 厘米，西夏文草书 21 行，前稍残，后缺，上有朱印三方。②

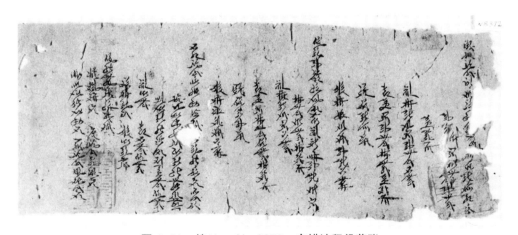

图 4–11　俄 Инв.No.8372　户耕地租役草账

　　现翻译如下：

　　里溜吾移？宝共五十四户税

──────────

①《天盛改旧新定律令》第十五"催缴租门"，第 490 页。
②《俄藏黑水城文献》第 14 册，第 262 页。

三十六石六斗三升

七合半

杂二十九石三斗一升

麦七石三斗二升七合半

役五十四人

草二千九百三十一捆

五十三户农？人有杂细共三十六石

二斗六升二合半

杂二十九石一斗

麦七石二斗五升二合半

役五十三人

草二千九百一捆

一户吾移？奴册上有 六 十亩地与？？全

？？还大小？之十亩已

又六十亩已留，税七斗五升

杂六斗　麦一斗五升

役二十日　草六十捆

五亩　　渠接

东与鸟？（接）　　南与……（接）

西与六月盛？？（接）　北与吾移？讹（接）

……

此文书记一里溜54户，在54户总计之后，又有53户总计，后仅存1户的具体耕地数和缴纳租役草数，以及耕地的四至，其他各户的具体记载阙如。《天盛律令》规定一里溜管辖100户，本文书一里溜只有54户，前述另一文书俄Инв.No.6342一里溜管辖79户。看来不止一种文书证明一里溜100户仅是政府原则规定，具体每一里溜管辖的户口可能视当地居民点的实际情况而定，可以少于法律规定的户数。

文书中虽有残损和难识字，但可知54户共缴纳36石6斗3升7合半，其中杂粮29石3斗1升，麦7石3斗2升7合半，知共有耕地29顷31亩。服役者为 54 人，即每户 1 人，未计共多少日。草 2931 捆，也合于地亩数。这 54 户又分成 53 户和另外 1 户。根据 54 户纳粮 36 石 6 斗 3 升 7 合半，与 53 户纳粮 36 石 2 斗 6 升 2 合半，差 3.75 斗，按黑水城每亩纳粮 1.25 升算，所查一户应有 30 亩耕地。又据 54 户纳草捆 2931 捆，与 53 户纳草捆总数 2901 捆的差别为 30 捆，也证明所差 1 户有 30 亩耕地。因文书后残缺，尚不知 53 户和另外 1 户有何区别，也许这一户是地位低下的使军家庭。

实物租税是西夏农户纳税的主要形态，和中原地区一样，是占支配地位的农业租税形态。而劳役也是西夏租税的组成部分，主要用于渠道修整、保护和管理等。因为西夏的货币不似中原地区那样发达，因此黑水城文书中都是实物租税，少见货币租税。由上可见，西夏黑水城的农业租税是固定实物税制。

二　纳粮收据

英藏西夏文文献中有填字刻本文书 Or.12380-2349（k.k.）（见图 4-12），系残留文字很少的残片，高 11 厘米，宽 8.5 厘米，正背面皆有西夏文字，有的字迹浅淡、模糊。①

仔细揣摩，仍可见一面第一行"今自……"；第二行（刻本文字不清）墨

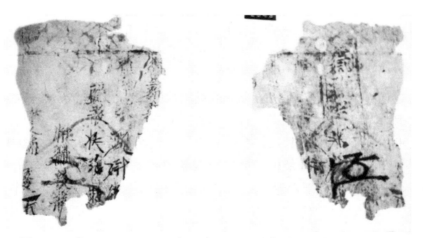

图 4-12　英 Or.12380-2349（k.k.）　天盛二十年（1168 年）纳粮收据

---

① 　西北第二民族学院、上海古籍出版社、英国国家图书馆编纂，谢玉杰、吴芳思主编《英藏黑水城文献》第 3 册，上海古籍出版社 2005 年版，第 80 页。

书填写"利限 天麦……";第三行刻本文字"天盛",墨书填写"二十",其
后一字应是"年"字;第三行刻本文字"司吏耶和……"。西夏天盛年间为西
夏仁宗时期,耶和为西夏党项姓氏,此职务为司吏。另一面有印章,印文为 蘱
珷 玼 䕝,第 4 字不清,对译为"量面头监",译为"计量小监",下有墨书画
押。关于计量小监,《天盛律令》有记载:

> 纳种种租时节上,计量小监当在库门,巡察者当并坐于计量小监之
> 侧。纳粮食者当于簿册依次一一唤其名,量而纳之。当予收据,上有斛斗
> 总数、计量小监手记,不许所纳粮食中入虚杂。计量小监、局分大小之巡
> 察者巡察不精,管事刺史人中间应巡察亦当巡察。若违律,未纳而入已纳
> 中,为虚杂时,计未纳粮食之价,以偷盗法判断。受贿则与枉法贪赃罪比
> 较,从重者判断。未受贿,检校未善者,有官罚马一,庶人十三杖。

又记:

> 计量小监人除原旧本册以外,依所纳粮食之数,当为新册一卷,完毕
> 时以新旧册自相核校,无失误参差,然后为清册一卷,附于状文而送中
> 书。中书内人当再校一番,有不同则当奏,依有何谕文实行。同则新旧二
> 卷之册当藏中书,新簿册当还之,送所管事处往告晓。[①]

由上述规定可知,计量小监是在基层收纳租粮的官吏,在向农户收租粮后,要
给予收据,收据上有粮食总数、计量小监手记。

文书中有手写"利限"二字。"利限"一词在《天盛律令》中多次出现,
特别是在第十六卷的目录中。可惜十六卷的正文遗失,难以知晓有关利限
各条的具体内容。第十六卷中专设"农人利限门",其中包括"沟中地执犁
纳利限""地边持犁纳利限""纳皇家用米等利限中算""工院等农主持犁纳
利限""种麻园子等利限""催缴利限""沟中利限纳日磨勘催促""边中利
限催缴磨勘""利限未能入""利限不能戴铁枷后能减罪""利限能管粮等官

---

① 《天盛改旧新定律令》第十五"纳领谷派遣计量小监门",第 513—514 页。

赏"利限免除逃跑重来""头归卖地农主利限纳量""农主利限纳量""犁地利限纳法验校""利限纳处管粮不来"条，竟有 17 条之多。从这些条款名称，特别是"催缴利限"条看，显然利限是人民缴纳给政府的租税等负担。文书中"利限"下有"大麦"，可知此文书缴纳的粮食为大麦。这件出土文书可据此定为"天盛二十年（1168 年）纳利限粮收据"或"天盛二十年（1168 年）纳粮收据"。

《天盛律令》的法律规定正与此出土文书记载内容相合。这件纳粮收据虽然残损过甚，仅存寥寥 20 多字，却能再一次有效地证明西夏法典的实用性，同时也显示出这一纳粮收据极为重要的文献价值。①

在纳税这种使用量很大的文书领域，采用印本填空的形式，将文书结构固定化，用语格式化，使用方便、快捷，便于操作、管理，是古代经济文书史上的一大进步，也为本身增添了特别的文献和文物价值。

三　增缴草捆收据

有的文书表明，关于草的缴纳还有增缴的现象。甘肃武威亥母洞遗址中出土的社会文书中，有一式两份的乾定酉年（1225 年）增纳草捆文书。编号为 G31·05〔6730〕、〔6731〕（见图 4-13、4-14），麻纸，单页，分别高 17.5 厘米，宽 13 厘米；高 19 厘米，宽 13.5 厘米。

此两件文书正背面皆有西夏文。第一件正面左上角有一墨写楷书西夏文大字骎，汉译为"官"字，可作为文书性质的标志，称为"官"字号文书。第二件正面左上角有一墨写楷书西夏文大字䪆，汉译为"户"字，称为"户"字号文书。

"官"字号文书始有两行手写西夏文草书，译文为：

里溜头领没细苗盛
一户折学戏 ② 增二捆，一捆麦草，一捆粟草。

---

① 此件文书六年前首次披露，参见史金波《〈英藏黑水城文献〉定名刍议及补正》，《西夏学》第五辑，上海古籍出版社 2010 年版。今对文献的译释和性质的认定方面又有新的发现和重要补充。

② 此三字为人名，第一字姓氏䍃，音译为折，二、三字草书，文字不清，据形体暂录为㣲㲝，译为学戏。

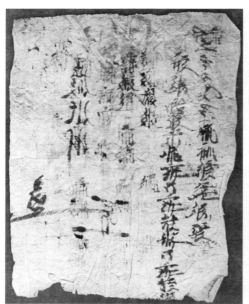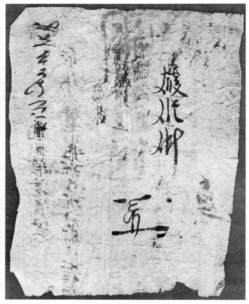

图 4-13　武威 G31・05［6730］乾定酉年增纳草捆文书"官"字号（正面、背面）

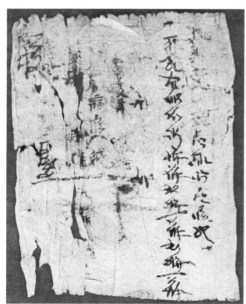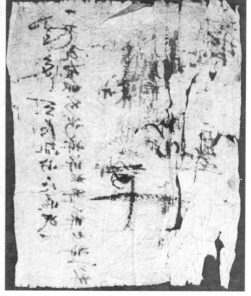

图 4-14　武威 G31・05［6731］乾定酉年增纳草捆文书"户"字号（正面、背面）

此文书后有印字 5 行，译文为：

乾定酉年　　月　　日

库守郝　　大石　　大石　　大石

做官簿者　　钟

□□　　大石　　大石　　大石

库监　　大石

最上方钤朱文印，只钤一半，印纹呈倒三角形，文字模糊不清。从印纹痕迹可知，该印为正方形，长、宽各 5.7 厘米。类似西夏首领印的大小。

文书背面草书文字 2 行，第一行为𗱕𗏹𗱕，译为"酉年属"，下有画押。页面中间钤竖长方形四字西夏文楷书朱文印一方，印高 10.5 厘米，宽 2.8 厘米，印文内容为"𗱕𗵯𗷅𗵆"，汉译为"守库主管"或"守库头监"。

另一件 G31·05［6731］，正面文字 5 行，同样开始有两行手写西夏文草书，除第二行"一户"下的人名不同外，其余内容相同。另有印本文字 5 行，有的字十分浅淡，但可看成与前述"官"字号文书相同。

两件内容都是记载一有"里溜"头领"没细苗盛"，于乾定酉年（1225年）向官府增交草捆的数量和种类，是西夏农户向政府纳税时的凭证。文书的墨印文字当是提前印制在文书上，在纳税登记的时候填写时间和缴纳的数量等内容。这应是增缴草捆的收据。

"官"字号文书是官府存档备案、备查的凭据，"户"字款的是纳税农户本人保存备查的凭据。显示出西夏政府基层政权向农户加收租税时的执行、监督、检查等规范和程序。根据《天盛律令》的规定，除了地册档案上记载的规定数额以外，官府不得额外向租户收取赋税。但是两份文书的内容，却是官府向农户增收草捆的记载。文书的形成时间是乾定酉年（1225 年），文书内容"增二捆"，当指官府在法律规定之外又额外增收的租赋。超出法律规定，向农户增收租赋，即反映了西夏基层官僚对生活在最底层的贫苦农民的盘剥，也反映了西夏社会晚期衰败、混乱的社会现状。①

---

① 梁继红：《武威藏西夏文乾定酉年增纳草捆文书初探》，《西夏学》第十辑，上海古籍出版社 2014 年版。见宁夏大学西夏学研究中心、国家图书馆、甘肃武凉古籍整理研究中心编，史金波、陈育宁主编《中国藏西夏文献》第 16 册，第 390—393 页。

同样，这种印本填空的文书，在古代经济史和印刷史上，也具有特别的文献和文物价值。

四　纳租税文书和农户占有耕地量

西夏农户占有土地的数量，在前述西夏文户籍手实文书中有所反映，在纳租税文书中，又有较多的农户占有耕地的资料。有的纳税账没有载明耕地数量，但分析其纳税数量可推知其耕地数量。俄 Инв.No.1755-4 户耕地租粮账，可知当地的耕地税率，即每亩地交纳税杂粮 1 升，缴纳小麦 0.25 升。[①] 前述黑水城出土文书中俄 Инв.No.4808 里溜租粮计账与户租粮账，记载了农户缴纳耕地税大麦（杂粮）和小麦的数量，由此可推知各农户占有土地状况：

一户缴纳大麦一石一斗五升，麦二斗八升七合半，推算耕地为 115 亩；
一户缴纳大麦四斗三升、麦一斗七合半，推算耕地为 43 亩，
一户缴纳大麦六斗七升、麦一斗六升七合半，推算耕地 67 亩，
一户缴纳大麦一石五斗、麦三斗七升半，推算耕地 150 亩，
一户缴纳大麦七斗五升、麦一斗八升七合半，推算耕地 75 亩。

同一税账的第四段记载粮食品种与此稍有不同，前 5 户的纳粮及占用土地状况如下：

一户缴纳杂二斗、麦五升，推算耕地为 20 亩，
一户缴纳杂一斗、麦二升半，推算耕地为 10 亩，
一户缴纳杂一石五斗、麦三斗七升半，推算耕地为 150 亩，
一户缴纳杂七斗、麦一斗七升半，推算耕地为 70 亩，
一户缴纳杂六斗、麦一斗五升二合，推算耕地为 60 亩（此户缴麦多计 2 合）。

---

① 　史金波：《西夏农业租税考》，《历史研究》2005 年第 1 期。原文见《俄藏黑水城文献》第 13 册，第 293 页。

在俄 Инв.No.1755–4 号纳粮文书残页中，不仅记录了纳税数额，还直接记录了每户的耕地数量：

> 一户有土地 150 亩，缴纳杂一石五斗、麦三斗七升半，
> 一户有土地 10 亩，税三斗七升半，杂四斗，麦七升半，
> 一户有土地 30 亩，税三斗七升半，杂三斗　麦七升半，
> 一户有土地 150 亩，税一石八斗七升半，杂一石五斗、麦三斗七升半，
> 一户有土地 70 亩，税八斗七升半，杂七斗、麦一斗七升半，
> 一户有土地 139 亩，税一石七斗三升七合半……①

以上农户占有土地数额多则 100 多亩，最多为 150 亩；少则几十亩，最少为 10 亩。对比卖地契所卖 200 亩、150 亩、80 亩、100 亩、100 亩、50 亩、50 亩、30 亩，与上述占有土地数大体相当，推知卖出的土地可能是这些农民土地的全部。4 件单页卖地契分别是寡妇耶和氏宝引 22 亩、麻则犬父子 23 亩、小石通判 100 石撒处（约合千亩）、梁善因熊鸣 10 石撒处（记为 70 亩）。看来除小石通判外，西夏时期黑水城一带的农民有几十亩至百亩土地者占多数。

西夏黑水城地区也有土地较多的农户，他们不只有一块耕地。前述黑水城出土的一件俄 Инв.No.8203 户籍上便有一户占有 4 块土地的记录：一块接新渠撒 7 石处、一块接律移渠撒 6 石处、一块接习判渠撒 7 石处、一块场口杂地撒 7 石处，按撒 1 石种子地为 10 亩计算，此户有地 280 亩。另一件俄 Инв.No.7893–9 户籍手实也记载了该户的 4 块土地：一块接阳渠撒 20 石处，与耶和心喜盛（地）边接；一块接道砾渠撒 15 石处，与梁界乐（地）边接；一块接律移渠撒 10 石处，与移合讹小姐盛（地）边接；一块接七户渠撒 7 石处，与梁年尼有（地）边接，折合 570 亩地。② 第 1 户 6 口人，家中还有不少牲畜；第 2 户是官吏，有 18 口人，家中也有不少牲畜。他们不是普通的农户，而是占有耕地较多的地主。

---

① 《俄藏黑水城文献》第 12 册，第 306 页。
② 史金波：《西夏户籍初探——4 件西夏文草书户籍文书译释研究》，《民族研究》2004 年第 5 期。

第三节　人口税账

　　西夏农户除负担租、役、草之外，还有按人口纳税的人头税。黑水城出土文书中有人口税账，其中以俄 Инв.No.4991 最为集中。

　　俄 Инв.No.4991–5 至 4991–9 号为 5 件人口纳税账残卷，麻纸，高 18 厘米，各纸长度不一，分别为 28.5、31.5、40.2、43.4、9.6 厘米，西夏文行草书写。[①]其中俄 Инв.No. 4991–5 人口税账残页（见图 4–15），以户为单位记账，存西夏文行草书 16 行，保留着两户半的记录，每户第一行首记皆以"一户"二字开头，后记户主名字，再记此户的人口数，最后记此户交税总数。然后分行记录男女每人的缴税数量。

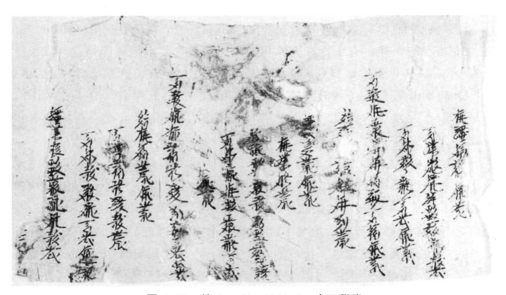

图 4–15　俄 Инв.No.4991–5　人口税账

　　其译文如下：

　　　　……

女二……

一大，妻子梁氏兄弟金三斗

一小，舅舅金一斗五升

一户高铁？圆，四口，一石五斗

男一，高铁？圆三斗

女三，七斗五升

二大，六斗

没啰氏铁男、张氏铁？男

一小，高氏铁金一斗

五升

一户蒐移成酉男，三口，七斗五升

男二，四斗五升

一大，成酉男三斗

一小，三宝犬一斗五升

女大，卜氏显令三斗

……

俄 Инв.No. 4991–7 也是一人口税账残页（见图 4–16），麻纸，高 18 厘米，宽 40.2 厘米，存西夏文 19 行，与俄 Инв.No. 4991–5 形式相同，4 户中保存着 3 户人的纳税资料。[①]

此件虽有残损或字迹模糊之处，仍可计算出第 1 户 4 口，男人 2 人，大人纳 3 斗，小孩纳 1 斗 5 升；女人 2 人，一大一小，也如此缴纳。第 2 户 4 口，1 大男人，缴纳 3 斗；女人 3 人，2 大人交 6 斗，1 小孩交 1 斗 5 升。第 3 户 2 口，男女人各 1 大人，共交 6 斗。

从这 2 件人口税账中也可以总结出每户人口和纳税的数量：凡大人不分男女，每个大人纳税 3 斗，凡小人不分男女，每人纳税 1 斗半。

另外，俄 Инв.No.4991–6 和 Инв.No.4991–8 也是人口纳税账（见图 4–17、4–18）。两件皆残，从其字体、纸质，特别是内容看，应是两相连接的一件文

---

① 《俄藏黑水城文献》第 13 册，第 323 页。

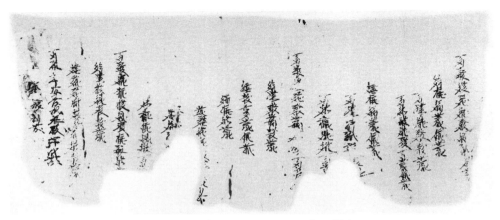

图 4-16　俄 Инв.No.4991-7 人口税账

书。两件分别高 18 厘米，宽 31.5 厘米；高 18 厘米，宽 43.4 厘米。各存西夏文行书 16 行、19 行。这两件人口税账不仅有具体各户的登录账，且还有一个里溜的缴纳人口税的总的统计账。[①]

图 4-17　俄 Инв.No.4991-6　里溜人口纳税账

① 《俄藏黑水城文献》第 13 册，第 323、324 页。

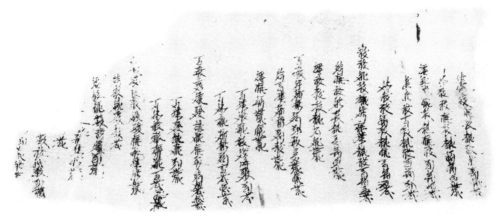

图 4-18　俄 Инв.No.4991-8　里溜人口纳税账

第一行是前一里溜残存的最后一行文字，现将第二行以后翻译如下：

里溜梁肃寂局分五十九户全户及三十
　　九人单身男女大与小总计
　　二百二十一人之？税粮食
　　五十六石四斗数
　　男一百十三人谷二十九石一斗
　　大八十一人谷二十四石三斗
　　小三十二人谷四石八斗
　　女一百八人谷二十七 石三 斗
　　大七十四人谷二十二石二斗
　　小三十四人谷五石 一 斗
　　五十九户全户男女大小一百八十二
　　　人谷四十 四石七 斗
　　男大小八十七人谷二 十一石三 斗
　　……
　　　大 五十五 人谷十六石五斗
　　　小三十二人谷四石八斗

女九十五人谷二十三石四斗

大六十一人谷十八石三斗

小三十四人谷五一 ① 石一斗

三十九人单身皆大谷十一石七斗

男二十六人谷七石八斗

女十三人谷 ② 石四斗

一户梁吉祥势三口七斗五升

男一大吉祥势三斗

女二四斗五升

一大麻则氏老房宝三斗

一小女吉祥势一斗五升

一户依萼鸟接犬二口男四斗五升

一大鸟接犬三斗

一小子天王犬一斗五升

［一户］？？腊月盛二口大六斗

男腊月盛三斗

女？？氏？有三斗

……

此文书前面部分是整个农里溜的统计，包括农里溜负责人，总户数、单身人数，总纳粮数的情况，男、女、大、小各多少人，缴纳多少粮；并分别统计全里溜59户男女大小的人数和纳粮数，以及39个单身男、女的人数和纳粮数，共221人，按人口缴纳56石4斗税粮。此后是具体按户登录的人口及纳税账，包括姓名、与户主关系、大人、小人和纳粮数量。

根据其中男、女，大人、小孩纳税的量推算出的纳税标准与上述分户纳税标准相同，不论男女，只区分大小，每个大人纳税3斗，每个小孩纳税1斗半。按照已知的这种纳税标准，可以将文书中残失的缴纳粮食数补充完备，还可进一步将残缺的人数推算补足。通过表4-1可以更清晰地看出此文书前部的内容。

---

① 原文衍刻"一"字。

② 此处遗散"三"字。

表 4-1　俄 Инв.No.4991-6、8 里溜人口税账统计

类别	59 户				39 单身				总计
人口（人）	男 87		女 95		男 26		女 13		221
	大 55	小 32	大 61	小 34	大 26	小 0	大 13	小 0	
纳税（斗）	165	48	183	51	78		39		564
	213		234		78		39		
	447				117				

由此或可推论每一里溜专为人口税立账，账中先列全里溜的人口税总账，包括男、女、大、小的人数和纳税数，然后逐一登录各户人口具体纳税细账。

此外，俄 Инв.No.4991-6 等也是同类型的人口税账。而俄 Инв.No.5223-2 为人口税账残页，背面为墨书习字。

英国国家图书馆藏黑水城出土文献中也有人口税账。如英 Or.12380-0324v（k.k. Ⅱ.0285b）为两纸人口税账的残页（见图 4-19、4-20），此两件各高 176 厘米、宽 145 厘米，写本，西夏文草书各 7 行。[①]

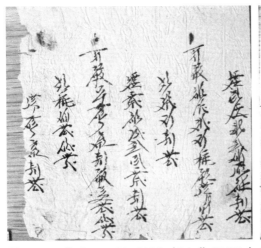 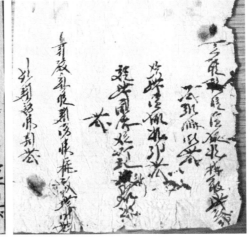

图 4-19　英 Or.12380-0324v（k.k.Ⅱ.0285b）　　图 4-20　英 Or.12380-0324v（k.k.Ⅱ.0285b）
　　　　人口税账　　　　　　　　　　　　　　　　　　人口税账

---

① 此二图版为作者拍摄。参见西北第二民族学院、上海古籍出版社、英国国家图书馆编纂，谢玉杰、吴芳思主编《英藏黑水城文献》第 1 册，上海古籍出版社 2005 年版，第 130 页。原定名为"亥年新法"，本书改为"人口税账"。

译文如下：

……
女舍妻浪氏有青白三斗
一户浪酩犬吉二口大六斗
男犬吉三斗
女女葛玉氏乐？三斗
一户梁恖恖铁三口七斗五升
男二四斗五升
大恖恖铁三斗
……
……
一户耶和沉矿宝二口大各三
斗数共六斗
男大沉矿宝三斗
女大舍妻千玉氏福有三
斗
一户耶和势功山二口大六斗
男大势功山三斗
……

此件也是不分男女，大人每人纳税 3 斗，小孩每人纳税 1 斗半，缴纳人口税的标准与上述俄 Инв.No.4991 诸人口税账文书相同。

英藏西夏文文书中也有总计人口税账。如英 Or.12380-0344（k.k.）人口税账（见图 4-21），系一西夏文草书残页，内记人口税总计情况。

译文：

……
……共一百四十石

图 4-21　英 Or.12380-0344　人口税账[1]

……共谷四十石三斗
五升
　　男七十九人共谷二十二石八
　　　斗五升
大七十三人各三斗数共
　　谷二十一石九斗
小六人各一斗五升数共
　　九斗
　　女六十三人共谷十七
石五斗？升
……

① 　参见《英藏黑水城文献》第 1 册，第 135 页。原定名为"草书写本"，本书改为"人口税账"。

此文书也应是一里溜的各户的人口税总计，前残，未见总人口数，总纳税数也残缺不全。但据文书所存内容，男 79 人、女 63 人，相加为 142 人。总纳税数，男人税 22 石 8 斗，女人 17 石 5 斗多，知共为 40 多石人口税。并且其中也载明大人每人 3 斗，小孩每人 1 斗 5 升。

《天盛律令》中关于以耕地纳税缴粮的记载很多，但未发现以人口纳税的线索，这一文书中所反映的内容，首次揭示西夏以人口纳税的事实。西夏黑水城地区这种人头税是法定以外的临时纳税，还是西夏天盛年间以后另加的赋税尚需进一步研讨。

从这种人头税的纳税量来看，农民负担不轻。如一户二大人、二小孩需纳人头税 9 斗，相当于种 90 亩地的杂粮税。西夏的人口少的一般农户不足 90 亩耕地。那么，这种高于政府规定土地税的人头税，显然是一种沉重的负担。

第四节　耕地水税账

西夏地处中国西北，干旱少雨。西夏中心兴、灵地区早有黄河灌溉传统，有良好的水利设施，加上西夏时期又兴修新的灌渠，这里成了西夏农业的支柱地区。地处西夏西北部的黑水地区有内陆河黑水流过，可以修水利，兴灌溉。这一地区在历史上也有开垦屯田的先例。西夏时期在这里兴建黑水城，也应是看中了此地虽然干旱少雨，但有黑水可以灌溉，具备了发展农业、牧业的良好条件。黑水城借助于农牧业的基础，成了沙漠中的绿洲、西夏北部最大的城市，是黑水城监军司的驻所、防御北部边境的有力屏障。

黑水城出土的文书表明，这里依靠水渠灌溉，农业兴盛。在黑水城出土的文书中有两件水税文书，直接记录了耕地缴纳水税的情况。

一件文书为俄 Инв.No.1454-2V（见图 4-22），此耕地水税账残页，高 15.7 厘米，宽 33.7 厘米，有西夏文草书 14 行。[1]

---

① 《俄藏黑水城文献》第 12 册，第 247 页。

图 4-22 俄Инв.No.1454-2V 耕地水税账

译文如下：

　　　　一处十四（石）往处……
　　　　　　　　　灌乙单……
　　　　　　　　? ? 水税四石? 斗
　　　　　　　　七升半
　　　东南梁? ?　　西
　　　一处觅移狗山水灌二石往处
　　　　　　　　杠偏之偏青水税? 斗
　　　二升半
　　　东南觅移吉狗
　　　西北觅移小狗?
　　　一处四石往处觅移狗山水……
　　　　　　　　日水税一石二斗……
　　　　　　　东……　　西……

　　此件文书因残缺、与背面文字笔画相叠混，有的字暂难译出，但关于耕地和水税尚能识别。文书记录了3处耕地的水税账。每处第一行都有"往处"（西夏文觅觅）二字。前述文书中记录西夏耕地有用撒多少种子来计量，在种子粮食数后写"撒处"（西夏文𗱲𗾖）二字表示。此文书的"往处"前面也都有种子粮食数，与前文书中的"撒处"意义相当，都表示有撒多少石种子耕地。水税文书以此来计算灌溉面积和所应缴纳的水税，并且具体记录了土地的方位（见表4-2）。

表4-2　俄Инв.No.1454-2v 耕地水税账统计

	灌溉面积	水税	平均每石种子的水税
第一处	十四石	四石?斗七升半	约3斗
第二处	二石	?斗二升半	?
第三处	四石	一石二斗?升	约3斗

因这三处水浇地水税的数字皆不完整，对水税标准的判断需要做一番推算和考证。由第三处可知，灌溉撒1石种子的地需要缴纳水税3斗以上。根据上述水税的整数和尾数，如果设定每撒1石种子的地需要缴纳水税3.125斗，第一处所缴纳为4石3斗7升半，第二处所缴纳为6斗2升半，第三处为1石2斗5升。这样既符合上述三处水税的整数和尾数，又补充了所缺的数字。可以将上表补充完备。

表4-3　俄Инв.No.1454-2v 耕地水税账补充统计

	灌溉面积	水税	平均每石种子的水税
第一处	十四石	四石三斗七升半	3.125斗
第二处	二石	六斗二升半	3.125斗
第三处	四石	一石二斗五升	3.125斗

由此可以判断此文书中的水税应为每撒1石种子的地需要缴纳水税3.125斗。

另一件文书为俄Инв.No.1781-1（见图4-23），此耕地水税账为残页，高12厘米，宽33.5厘米，西夏文行书15行。[1]

---

[1]　《俄藏黑水城文献》第12册，第313页。

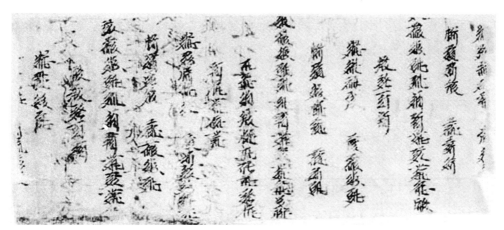

图4-23 俄 Инв.No.1781-1 耕地水税账

此文书前后皆残，背面有字，不少字迹浅淡模糊，译文如下：

......

东 ? ? ? ? 南 ?......

西多斜北　　北自地

一处山穴渠灌四石往处 乙六青

　　　　　　水税一石

　　　　东白那征　　南山穴渠

西多阿名 乙 　北细渠

一处山穴渠灌九石往处 乙六 单？

　　　　　　半全日水及？？半税二

　　　　　　石二斗五升

东聂山？？　　南？？？

西多？众（寺）　北山穴渠

一处山穴渠灌四石往处 乙......

　　　　　　水税一石

　　　　东......

此件也存有三处耕地，分别记录了其灌溉面积和所应缴纳的水税，并且具体记录了土地的方位。

表 4-4　俄 Инв.No.1781-1 耕地水税账统计

	灌溉面积	水税	平均每石种子的水税
第一处	四石	一石	2 斗 5 升
第二处	九石	二石二斗五升	2 斗 5 升
第三处	四石	一石	2 斗 5 升

此件三处水浇地水税的数字完整，比较容易算出缴纳水税的标准，每石种子的地皆为 2 斗 5 升。

看来黑水城地区虽皆为渠水灌溉，但不同的耕地缴纳的水税是不相同的。上述俄 Инв.No.1454-2V 每灌溉撒 1 石种子的地需要缴纳水 3 斗 1 升多，而俄 Инв.No.1781-1 每灌溉撒 1 石种子的地需要缴纳水税 2 斗 5 升。这可能和用水多少有直接关系。

在黑水城出土的 8 件土地买卖契约中，有 7 件于契约后部记载土地税数额一行字的下方，写有 2 或 3 个西夏字，有的记"日水"2 字，有的记"细水"2字，有的记"细水半"3 字，可译为"半细水"。这些应是记录此块地灌溉给水的不同状况。可能因日水、细水、半细水的给水量不同，而缴纳不同的水税。[1]

《天盛律令》第十五卷中"春开渠事门""养草监水门""渠水门""地水杂罪门"都有关于渠水灌溉的条款，虽有部分残失，但仍有大量关于西夏水利灌溉的条款。如关于春天修渠出工、派人巡检水渠、缴纳草捆和木椽、保护渠上桥梁和道路、渠旁种植和保护树木等，但缺乏有关缴纳水税的条款。仅在《天盛律令》"事过问典迟门"中规定各案文书经过顺序时，在"户案"中有"京师界七种郡县派水种地纳税利额"，提到"派水"（西夏文𗱔𗱥）；在"大卢令案"中则直接提到"水税、地税"（西夏文𗱔𗣼、𗧅𗣼）[2]。另在《天盛律令》

---

① 史金波：《黑水城出土西夏文卖地契研究》，《历史研究》2012 年第 2 期。
② 《天盛改旧新定律令》第九"事过问典迟门"，第 319 页。原译文为"家案"，现改译为"户案"。原文𗱔（水）后的字存大半，原译文未译出，今补识为𗣼（税）。

"催租罪功门"有一条记载：

> 催促水浇地税法：自鸣沙、大都督府、京师界内等所属郡、县及转运
> 司大人、承旨等，每年当派一人□□。[①]

这里提到了"水浇地税法"，所指地区尽在黄河河套灌溉区，即西夏赖以生存
的中心农业命脉地区。这些地区的农业税是西夏政府收入的大宗，因而要特别
重视。所以此条可能是收缴农业耕地税的规定。《天盛律令》对征收租、役、
草有较多的、明确的记载和规定，但尚未见专门有关征收水税的条款。水税作
为农业耕地灌溉的专门税种，在西夏应该是广为实行的，黑水城出土文书中的
灌溉耕地水税账提供了真实而具体的资料。

就目前所见，黑水城发现的西夏经济文书中这两件耕地水税账，是反映西
夏水税的硕果仅存的重要资料。

第五节　租税征收与粮食库藏

目前，从黑水城西夏文书中发现了西夏有农业耕地税以及与之相连的服
役、纳草的文书，还有人口税和耕地水税等多种文书。西夏对农业税的征收有
法律规定，有一定的程序和具体实施方法。

一　农业税征收程序

西夏时期黑水城农业税的征收既然有以耕地为标准的实物租税，因此确定
各农户的土地面积，进而计算出应交纳的粮、草数是西夏政府的一项重要工
作。《天盛律令》中除规定各农户于地册上登录耕地顷亩数、纳粮草数外，还
规定：

> 各租户家主各自地何时种、耕牛数、租种数、斛、斗、升、合、条草

---

① 《天盛改旧新定律令》第十五"催租罪功门"，第493页。原译文中"租"，改译为"税"。

当明之，当使书一木牌上。一户当予一木牌。[①]

西夏政府给各农户一个木牌，公示耕地、耕牛以及当缴纳的粮、草等，不仅使农户明确自己的纳税义务，还意在避免隐田漏税的误差和各级人员的乱征乱收。

中原地区自唐中叶后，多实行两税法，依照丁、产定户等，分夏、秋两次征税。而西夏赋税的征收从《天盛律令》的有关规定看似乎只有秋季一次征税。《天盛律令》规定：

> 诸租户所属种种地租见于地册，依各自所属次第，郡县管事者当紧紧催促，令于所明期限缴纳完毕。[②]

"册"，西夏文𗰇，也可译为"簿"，"地册"即政府登记的耕地簿，其中同时记载了所应缴纳的地租，即耕地税。这里强调了各农户应根据地册载明的土地租税数在规定的期限内缴纳完毕。本文前列纳税文书都属于诸农户纳税的"地册"。但此条规定未明确缴税的具体时间。《天盛律令》又规定：

> 所属郡县局分大小人交纳种种地租多少，十一月一日于转运司不告交簿册、凭据，迟缓时罪：自一日至五日十三杖，五日以上至十日徒三个月，十日以上至二十日徒六个月，二十日以上一律徒一年。[③]

可知，西夏要求各郡县至迟在十一月一日要将收税的簿册、凭据交到转运司，迟交者要受到处罚。因此各地方收税的时间应在此之前，至少要在十月份收齐。这说明西夏是秋后征税。西夏地处西北，气候比中原地区寒冷，一般每年一季作物，特别是处于西夏北部的黑水城地区气温更低，都是一季收成。中原地区作为夏粮的小麦，在黑水城地区收获是在农历七八月份，因此粮食税都是

---

① 《天盛改旧新定律令》第十五"纳领谷派遣计量小监门"，第 514 页。
② 《天盛改旧新定律令》第十五"地水杂税门"，第 507—508 页。
③ 《天盛改旧新定律令》第十五"催缴租门"，第 490 页。

秋季征收。

地方官吏征收赋税时要给农户收据。《天盛律令》规定：

> 催促地租者乘马于各自转运司白册□□盖印，家主当取收据数登记于白册。其处于收据主人当面由催租者为手记，十五日一番，由转运司校验，不许胡乱侵扰家主取贿等。违律不登记、无手记时十三杖，受贿则依枉法贪赃罪法判断。①

看来西夏在收取租税时有完备的手续，避免农户迟缴或不缴，以及收税者违法乱纪。

西夏政府对作为国家经济命脉的农业税高度重视，利用法律手段保证税收的顺利完成。对于征税人员有细致的奖惩措施。《天盛律令》规定：

> 催促租之大人，于租户种种地租期限内已纳未纳几何，于全部分为十分，其中九分已纳一分未纳者勿治罪，八分纳二分未纳当徒六个月，七分纳三分未纳徒一年，六分纳四分未纳徒二年，五分纳五分未纳徒三年，四分纳六分未纳徒四年，三分纳七分未纳徒五年，二分纳八分未纳徒六年，一分纳九分未纳徒八年，十分全未纳徒十年。若十分全已纳，则当加一官，获赏银五两、杂锦一匹。②

将催租者所管辖的租税数额分成 10 份，收到九成者不治罪，只收到八成至全部没有收到者要分别判罚 6 个月到 10 年不等的徒刑，而税收全部收齐者则加官、获赏。这种赏罚分明的法律条款显然有助于赋税的征收。

西夏《天盛律令》还制定了收税时操作的详细规程，这在历代王朝法典中是不多见的：

> 纳种种租时节上，计量小监当坐于库门，巡察者当并坐于计量小监之

---

① 《天盛改旧新定律令》第十五"地水杂税门"，第 507 页。
② 《天盛改旧新定律令》第十五"催租罪功门"，第 493 页。

侧。纳粮食者当于簿册依次一一唤其名，量而纳之。当予收据，上有斛斗总数、计量小监手记，不许所纳粮食中入虚杂。计量小监、局分大小之巡察者巡察不精，管事刺史人中间应巡察亦当巡察。若违律，未纳而入已纳中，为虚杂时，计未纳粮食之价，以偷盗法判断。受贿则与枉法贪赃罪比较，从重者判断。未受贿，检校未善者，有官罚马一，庶人十三杖。①

这一有关纳税的条款把西夏农户纳税的实际情景生动地描绘出来：收租税时掌升斗的计量小监坐在库门，旁边还坐着一位巡察者监视，根据纳粮簿册依次呼唤纳粮农户户主的名字，纳粮者依数交粮，计量小监用升斗计量，随即入库，在计量时同时检查有无虚杂。这种交纳税粮时的鲜活形象，丰富了我们对中古时期社会基层经济生活的具体认识。

基层收取粮食税后，形成新的簿册。黑水城文书中有多种长达百行的粮食账，如俄 Инв.No.2568、Инв.No.2851V2-6、Инв.No.2851V8-14 等号就是此类簿册。这种簿册送交转运司后，再由转运司送磨勘司：

> 转运司人将簿册、凭据种种于十一月一日至月末一个月期间引送磨勘司。②

转运司将簿册交磨勘司后，有一个月的磨勘考绩时间：

> 磨勘司人腊月一日持来簿册、凭据，至腊月末一个月期间磨勘。③

至年底时才算完成从地方到中央政府对税收的统计。最后将未收完的税再层层追讨完税。

---

① 《天盛改旧新定律令》第十五"纳领谷派遣计量小监门"，第513—514页。
② 《天盛改旧新定律令》第十五"催缴租门"，第490—491页。
③ 《天盛改旧新定律令》第十五"催缴租门"，第490—491页。

二 农民纳税负担

通过前述西夏文租税文书可知，西夏黑水城地区的农民至少有三种税务负担。

第一种是按耕地地亩纳租、役、草。耕地地税税率为每亩耕地每年纳杂粮 1 升，另缴小麦 1/4，为 0.25 升。出役工也按耕地计算，每年 1 亩至 10 亩出 5 日工，自 11 亩至 40 亩 15 日工，自 41 亩至 75 亩 20 日工，75 亩至 100 亩 30 日工，100 亩至 120 亩 35 日工，120 亩至 150 亩即一整幅 40 日工。此外，每亩耕地每年要缴纳 1 捆草。

与西夏后期同时代、同为少数民族王朝的金朝，纳税也是以耕地为纳税标准的两税法，"夏税亩取三合，秋税亩取五升"。[①] 金朝每亩地共纳税 5.3 升。宋朝耕地租税各地不同：两浙纳绢米，绢三尺四寸，米一斗五升二合；福建纳钱米，钱在三四文之间，米在七八升上下。相比之下，西夏的农业地亩税率似乎很低，但西夏亩与宋亩相比较小，一宋亩约合 2.4 夏亩。[②] 另西夏地处西北，耕地单位面积产量难与中原地区比，加之西夏农民还有其他纳税负担，所以西夏农民租税负担并不轻。

第二种是人口税账。纳税标准不分男女，只区分大人、小孩，每个大人纳税 3 斗，每个小孩纳税 1 斗半。这种人头税也是按户缴纳。《天盛律令》未记载按人口纳税的规定，而这种人头税的纳税量不比耕地税轻。

第三种是耕地水税。根据上述文书可知，有的撒 1 石种子的地需要缴纳水税 3 斗多，有的撒 1 石种子的地要缴纳 2.5 升。

假如一农户有 2 大人、2 小孩的 4 口人，有撒 10 石种子的耕地，其纳税负担为：

1. 撒 1 石种子地为 10 亩，撒 10 石种子的耕地为 100 亩（合 24 宋亩），此户需要缴纳耕地税杂粮 100 升，即 1 石，另缴 2 斗 5 升小麦。

2. 还需缴纳人头税 2 大人 6 斗，2 小孩 3 斗，共 9 斗，这相当于种 90 亩地的杂粮税。西夏的人口少的一般农户不足 90 亩耕地。那么，这种高于政府规定土地税的人头税，显然是一种沉重的负担。

① 《金史》卷 47《食货志二》。
② 史金波：《西夏度量衡刍议》，《固原师专学报》2002 年第 2 期。

3. 此外，还需要缴纳水税，撒 1 石种子的耕地要缴纳 2.5 斗至 3 斗多的水税，此户有撒 10 石种子的耕地，要缴纳 2.5 石至 3 石多的水税。

三项税相加，此户每年至少要缴纳 4.4 石或 4.9 石杂粮，另有 2 斗 5 升小麦。这 24 宋亩地每年差不多要缴纳 5 石粮食的税，应该说是很沉重的负担。此外还要出役工，缴纳 100 捆草。

三　西夏农业税和粮食窖藏

上述各种纳税文书表明，西夏的农业税基本上是实物税，主要是缴纳粮食。耕地税、人口税和水税都是缴纳粮食，有杂粮和小麦。其次有草，也是实物。另有劳役，是以劳力支付。

征收的粮食要供应皇室，还有供应、支付所有大小官员的俸禄，更要供养大批军队的官兵。粮食对农业经济远不如中原王朝的西夏来说，有着更特殊的意义。西夏政府征收大批粮食后，要有计划地陆续支用，不可能一下子都用完，这就需要妥善保存。因此粮食的储藏、保管成了一件重要工作。西夏把粮食储藏、保管等纳入国家法典，在《天盛律令》中有细致的规定。对于交纳来的粮食，要进一步清理后入库。《天盛律令》规定：

> 地边、畿内来纳官之种种粮食时，当好好簸扬，使精好粮食、干果入于库内。[①]

对于缴纳来的粮食库房建设也有具体的要求：

> 地边、地中纳粮食者，监军司及诸司等局分处当计之。有木料处当为库房，务需置瓦，无木料处当于乾地坚实处掘窖，以火烤之，使好好干。垛囤、垫草当为密厚，顶上当撒土三尺，不使官粮食损毁。[②]

由此知西夏粮食仓库有两种，一种是库房，一种是地窖。西夏为建立储粮仓

---

① 《天盛改旧新定律令》第十五"纳领谷派遣计量小监门"，第 510 页。
② 《天盛改旧新定律令》第十五"纳领谷派遣计量小监门"，第 513 页。

库、保管粮食积累了丰富的经验。宋朝的庄绰对宋夏交界的陕西粮食储存做过详细的介绍：

> 陕西地既高寒，又土纹皆竖，官仓积谷，皆不以物藉。虽小麦最为难久，至二十年无一粒蛀者。民家只就田中作窖，开地如井口，深三四尺；下量蓄谷多寡，四围展之。土若金色，更无沙石，以火烧过，绞草缊钉于四壁，盛谷多至数千石，愈久亦佳。以土实其口，上仍种植，禾黍滋茂于旧。唯叩地有声，雪易消释，此乃可知。夷人犯边，多为所发。而官兵至虏寨，亦用是求之也。①

此处所指敌人，当是西夏。不难看出，宋人所记陕西挖窖储存粮食的方法，西夏人是一清二楚的。西夏法典所载西夏储粮方法可与之互相印证，足见西夏储粮水平和地方特色。

西夏宜农地区生产的粮食很多，征收的粮食也不少。据《天盛律令》记载，西夏各地所收粮食要上缴，在规定上缴期限时涉及粮食数量：

> 一千斛以下十日。
> 一千斛以上至二千斛十五日。
> 二千斛以上至五千斛一个月。
> 五千斛以上至一万斛四十日。
> 一万斛以上至一万五千斛五十日。
> 一万五千斛以上至二万斛六十日。
> 二万斛以上至二万五千斛七十日。
> 二万五千斛以上至三万斛八十日。
> 三万斛以上至三万五千斛九十日。
> 三万五千斛以上至四万斛一百日。
> 四万斛以上至五万斛一百十五日。
> 五万斛以上至六万斛一百三十日。

---

① （宋）庄绰《鸡肋篇》上卷中。

六万斛以上至七万斛一百四十五日。

七万斛以上至十万斛一百六十日。

十万斛以上一律一百八十日。①

一个地方向政府缴粮可多达 10 万斛（石），可知当时会集中很多粮食。因此政府需要建立很多粮食库。西夏的粮食仓库大小不等，小的 5000 斛（石）以内，只派两个司吏，多的存粮 10 万斛，要派一名案头，6 名司吏。据《天盛律令》记载，粮食仓库有官黑山新旧粮食库、大都督府地租粮食库、鸣沙军地租粮食库、林区九泽地租粮食库等。②

文献记载，宋朝和西夏交战，占领西夏地区后，要掘发当地的粮食窖藏，有时能得到数量很大的粮食。夏大安七年（1080 年）宋将李宪攻陷龛谷：

大军过龛谷川，秉常僭号御庄之地，极有窖积，及贼垒一所，城甚坚完，无人戍守，惟有弓箭、铁杆极多，已遣逐军副将分兵发窖取谷及防城弓箭之类。③

以后，宋将又陆续得西夏窖粟不少。大安八年（1081 年），宋将刘昌祚率军进攻灵州时：

西北出鸣沙州，路稍迂，然系积粟所，国人谓之"御仓"。昌祚乘胜取之，得窖粟百万。④

宋朝得西夏米脂寨后：

鄜延路经略司言："米脂寨收窖藏谷万九千五百余石，弓箭器械什物四千。城周围千一百九步。"诏改米脂寨为米脂城。

① 《天盛改旧新定律令》第十五"纳领谷派遣计量小监门"，第 510—511 页。
② 《天盛改旧新定律令》第十七"库局分转派门"，第 529—534 页。
③ 《续资治通鉴长编》卷 316，神宗元丰四年（1081 年）九月乙未条。
④ 《西夏书事》卷 25。《宋史》卷 349《刘昌祚传》。

种谔取米脂，亦称收藏粟万九千五百余石；取德靖镇，收七里平粟十万石；继获降人阿牛儿，引发桃堆平积窖，密排远近，约可走马，一直所得，又不下数百万。[①]

有时为了不让宋军得到粮食，西夏人事先把即将失守地的窖藏粮食运走。如夏大安七年（1080 年）梁太后听到兰州被宋将李宪攻破，便"令民尽起诸路窖粟"。[②]

西夏控甲数十万之众，先后与宋、辽、金周旋抗衡近两个世纪，必有相当的经济实力作为后盾。由上述种种文书不难看出西夏税收有法，库藏丰盛，为西夏政府的运转、军事的扩张做了有力的支撑。

第六节　西夏农业租税的特点

通过分析黑水城出土的西夏不同类型的纳税文书，可以了解西夏农业地区的税收状况和某些特点。

第一，西夏有以耕地多少缴纳农业税的制度，是一种固定税制。黑水城地区每亩地交纳税杂粮 0.1 斗，即 1 升，缴纳小麦 0.025 斗，即 0.25 升。以耕地面积课税是最普通的制度，也是中国历代相传的主要税法，西夏继承了这种税制。这种基本税制对认识西夏的农业及其税收具有重要意义。

第二，西夏农业地区的税收包括租、役、草三种，即除缴纳耕地粮税外，还要出役工、缴纳草捆，而役和草是和农业耕地租税捆绑在一起以耕地数为标准来计算的。

文书表明每年各农户依据耕地数多寡分别出劳役 5 日、15 日、20 日、30 日、35 日、40 日六等，主要用于春天大兴开渠，以及渠道修整、保护和管理等事。这种出役工的类型和额度与西夏法典《天盛律令》对京畿内的规定相同，看来此种役工不仅适用于西夏首都一带，也适合边地的黑水城地区。

---

① 《续资治通鉴长编》卷 318，神宗元丰四年（1081 年）冬十月己卯条。

② 《西夏书事》卷 25。

草在西夏有重要用途。西夏政府要为军队作战骑兵的马匹、担负运输的大牲畜征收草捆；西夏修渠和灌水都需要垫草。文书证实西夏每年1亩耕地纳1捆草。这是西夏有特点的税收。

第三，实物租税是西夏农户纳税的主要形态，和中原地区一样，是占支配地位的农业租税形态。而劳役也是西夏租税的组成部分。由于西夏的货币不似中原地区那样发达，因此黑水城文书中多是实物租税，少见货币租税。

第四，西夏收缴人口税是其税收的一大特点。文书反映黑水城农户大人不分男女，每人纳税3斗，凡小孩不分男女，每人纳税1斗半。这在西夏法典《天盛律令》中无任何相关记载，西夏经济文书首次揭示出西夏以人口纳税的事实，对认识西夏税收具有突破性进展。这种高于西夏法典规定土地税的人头税，对地少人多的普通农民来说，显然是一种沉重的负担。

第五，文书中的因灌溉耕地而缴纳的水税也是一种特殊的税种，既反映出黑水城地区农业水利兴盛、依靠水渠灌溉的事实，又真实地记录了耕地缴纳水税不同等级的具体情况。在黑水城，不同的耕地因用水量不同而缴纳不同的水税，有的撒1石种子的地需要缴纳水3斗1升多，而有的撒1石种子的地需要缴纳水税2斗5升。水税作为农业耕地灌溉的专门税种，在西夏应该是广为实行的，黑水城出土文书中的水税账是硕果仅存的灌溉耕地纳税原始资料，非常罕见，具有重要价值。

第 五 章
粮物计账文书研究

出土的西夏文书中除缴纳耕地税的纳粮账外，尚有一些粮物计账，其中包括粮账以及多种类型的物品账。这些籍账虽多是残页，但从中可以看到很多的新资料，为了解西夏社会经济增添不少新内容。

第一节　粮账

经济文书中的粮账包括监军司粮账和里溜粮账。监军司粮账多来自佛经封套裱糊的衬纸，皆不完整。而里溜粮账则有单页文书，首尾齐全，粮食数目很大。

一　监军司粮账

监军司粮账为经书封套中的残页，都是断片。如俄藏 Инв.No.438 粮账（见图 5–1）、Инв.No.441 粮账（见图 5–2）、Инв.No.723 巳年粮账（见图 5–3）等。残粮账中都有"监军司""京师"字样。看来，这些粮账和军事有关。俄 Инв.No.438 粮账，草书写本，麻纸，护封衬纸，高 31.2 厘米，宽 32 厘米，上下两残片粘贴，西夏文分别为 11 行、12 行。俄 Инв.No.441 粮账，草书写本，麻纸，护封衬纸，高 31.6 厘米，宽 32 厘米，上下两残片粘贴，西夏文分别为 13 行、13 行。俄 Инв.No.723 巳年粮账，草书写本，麻纸，护封衬纸，高 31.6 厘米，宽 30.8 厘米，两残片粘贴，上下部各有西夏文 12 行，上部残甚，下部第 1 行、7 行有"巳年十一月"、"巳年腊月"年款。①

---

① 《俄藏黑水城文献》第 12 册，第 117、118、136 页。

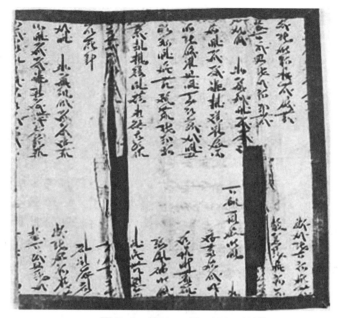

图 5-1　俄Инв.No.438　粮账

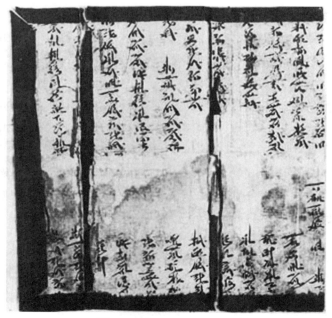

图 5-2　俄Инв.No.441　粮账

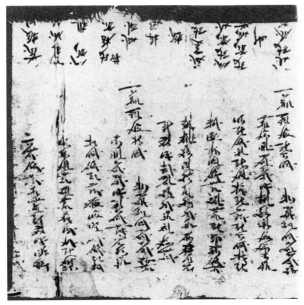

图 5-3　俄 Инв.No.723　巳年粮账

　　残文书分条记载，各条中开始的一行，顶格有西夏文刻𧿇"一溜"二字，第一字为"一"意；第二字有"条"意，也有西夏军队基层组织军溜的"溜"意，这里应为军溜之意。这些粮账是分军溜记录的，每溜为一单位。每条中都有西夏文𧶇𧸘𧻟"监军司"、𧻠𧹼"京师"，可能是黑水监军司以军溜为单位从当地黑水城向京师（中兴府，即现在的银川市）运送粮食的有关记录。残粮账中有较大的粮食数目，如俄 Инв.No.438 上部（第 3 行）中有"一百八十九石三斗"，俄 Инв.No.723 下部（第 10—11 行）有"二百九十六石二斗五升"等。这有可能是该军溜所负责运送的粮食数目。

　　残粮账是分年、分月计账的。俄 Инв.No.438 下部有"巳年六月"，上部有"……九月"字样，为巳年粮账；俄 Инв.No.441 下部有"巳年　月"，上部有"……𢆶十月"字样；俄 Инв.No.723 下部有"巳年十一月""巳年腊月"字样。看来这几件文书皆为巳年文书。文书中分条、按月记录，如开始记六月的则是六月至七月的粮账，开始记九月的为九月至十月的粮账，开始记载十月的为十月至十一月的粮账，开始记十一月的是十一月至腊月的粮账，开始记载腊月的是腊月至次年（午年）正月的粮账。

这些粮账虽残损严重，无一行完整，且草书字迹不清，难以释读，但从已见的账目仍可看到一些有价值的信息。如俄 Инв.No.723 下部（第 3—5 行）有"四十五人自十月二十始至十一月二十一个月"以及"十三石五斗"的记载，计算起来此月每人平均有 3 斗粮。又俄 Инв.No.438 上部（第 5—8 行）中有"四十五人自八月十日始至九月十日一个月"以及"十三石？斗糜"的记载，所缺字，据上条资料可补为"五"字。这样也是每人每月粮 3 斗，合每天 1 升。这可能是对军溜中的士兵的粮食补贴。

对于由地方向中央政府所在地京师运送物品事，《天盛律令》有细致的规定：

> 不隶属于经略使之种种官畜、谷、钱、物，库局分人边中家所住处之府、军、郡、县、监军司等未磨勘，因是直接派者，自迁转日起十五日以内，当令分析完毕而派遣。依地程远近次第，沿途几日道宿，以及京师所辖处一司司几日磨勘当明之。
>
> 二种监军司自派日起至来到京师所辖处四十日，京师所辖司内磨勘六十日，都磨勘司五十日：
>
> 沙州、瓜州。
>
> 二司一律自派日至来到京师之日三十日，所辖司内磨勘六十日，都磨勘司六十日：
>
> 肃州、黑水
>
> ……①

此条是对各地运送应上缴的粮物时限的规定，沙州、瓜州距京师最远，从派遣运输日起至来到京师需要 40 日；其次肃州和黑水距离稍近，自当地至京师需要 30 日。这项规定正与黑水城出土粮账文书所记 30 日契合。

有的粮账涉及粮食数量很大，有的为几百石，有的上千石。如俄 Инв.No.2998 记为 3611 石多（见图 5-4）。俄 Инв.No.2998 粮账，麻纸，护封衬纸，高 33.3 厘米，宽 32.3 厘米，多纸残片粘贴，上下两部分，各有西夏文草书 14

---

① 《天盛改旧新定律令》第十七"物离库门"，第 544 页。

图 5-4　俄 Инв.No.2998　粮账

行、15 行。[①]

此文书上部（第 8—12 行）记："撒糜属三千六百十一石四斗八升六合杂细中：谷二千八十八石八斗三升六合，麦一千五百十二石三斗四升，糜五石三斗二升半。"在记录的 3611 石多杂粮和细粮中，第一笔有谷 2811 石多，第二笔在折页处残损过多，失掉粮食种类。但据第三笔为糜来看，第二笔的粮食种类应是小麦，因为谷和糜都属杂粮，若有杂粮和细粮两种，第二笔当为细粮小麦。根据粮食总数和数据较全的第一笔和第二笔粮食数，可补充第二笔粮食数的缺字。

二　里溜粮账

里溜粮账是按里溜登记的。里溜是西夏社会的社区基层组织，相当于中原地区里甲组织的里。这类粮账有俄 Инв.No. 4762-4、Инв.No. 4762-5

---

① 《俄藏黑水城文献》第 13 册，第 163 页。

（见图 5-5、5-6、5-7）。俄 Инв.No. 4762-4 里溜粮账，麻纸，高 20 厘米，宽 40 厘米，西夏文草书 15 行，有签署、画押，有涂改；俄 Инв.No. 4762-5 里溜粮账，写本，麻纸，高 19.3 厘米，宽 89.2 厘米，西夏文草书 37 行，有签署、画押，有涂改。[①]

其中前两件完整，字体、形式基本一致。第 1 件是一个里溜的粮账，第一行□□□□□□？，第一、二字直译为"软谷"，应指粮食意。与第一字相近的字有□，它与第二个字□组成□□二字，在《番汉合时掌中珠》中译为"斛斗"，即粮食意。最后一字不清。此行大意为"转粮食者四种（溜）"。此后为一个里溜的粮账。第 2 件有两个里溜的粮账，据前述记四个里溜看，应该还有一里溜的粮账。

所存 3 个里溜中，第一行首为□□（里溜），然后是里溜头目的名字，最后是□□"局分"二字，表示以下人员皆归此里溜头目管辖。此后各行先记人名，人名下接记粮食数，每行记 2 人粮食数。俄 ИнвNo. 4762-4 记 23 人粮食数（见图 5-5），依次为 300 石、200 石、50 石、50 石、60 石、30 石、20 石、30 石、10 石、20 石、10 石、20 石、10 石、5 石、15 石、5 石、5 石、5 石、5 石、10 石、3 石、3 石、5 石等，多的达 300 石，最少的 3 石，粮食未记品种。俄 Инв.No. 4762-5 有 2 个里溜粮账（见图 5-6、5-7），一溜记 33 人粮食数，另一溜记 31 人粮食数。每里溜粮账后有大字草书签署和画押。俄 Инв.No. 4762-4 后签署□□□"二十九"三字，俄 Инв.No. 4762-5 第一里溜签署也是"二十九"三字，而第二里溜签署□□（一日）二字。可见这是账末的日期签署和画押。两件在前，二十九日签署；一件在后，一日签署，应是后一月的一日。如果该月是小进，则是二十九日的下一日。

分析这些粮账，不似各户缴纳的耕地税。这些各户的粮食数，很多数目很大，动辄几十石，甚至几百石，耕地税不会缴纳这样多；而且耕地税杂粮和麦的比例为 4∶1，与此粮账不符。这些粮账也不似人口税，人口税为大人 3 斗，小孩 1.5 斗；从这些粮账有的数量过大和前 2 件粮账几十户粮食尾数都以石为最小单位，无斗、升的记录看，不是按人头缴纳的税。从其粮账的数目与卖地契的水税比较，也应不是水税。那么，这些粮账究竟属于何种类型？

---

① 《俄藏黑水城文献》第 13 册，第 278、279 页。

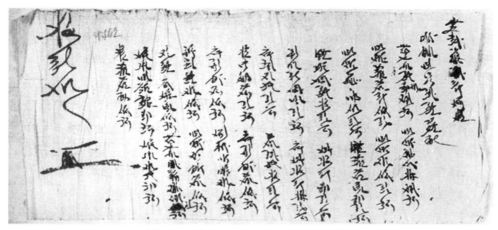

图 5-5　俄 Инв.No.4762-4　里溜粮账

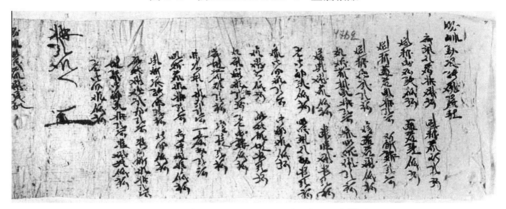

图 5-6　俄 Инв.No.4762-5（1）　里溜粮账

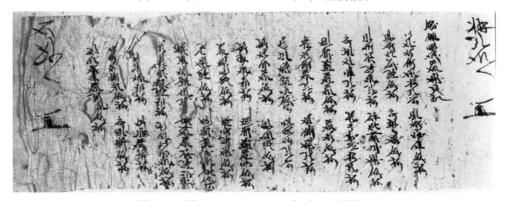

图 5-7　俄 Инв.No.4762-5（2）　里溜粮账

　　依据这些粮账每户粮食数目较大、多以石为单位的特点，有可能是分派给各户的运粮账。俄 Инв.No. 4762-4 粮账首列一使军，粮食 300 石。前述使军是西夏社会低级阶层，无人身自由，处于半奴隶状态，他们不可能缴纳这样多的粮食，但可能让他们付出更多的劳役、运输较多的粮食。而且运粮是由里溜下派到各户，也是符合当时实际的。特别是俄 Инв.No. 4762-4 粮账首行的"粮食转者"，似乎更可佐证这些里溜粮账的性质，很大可能是里溜人员负责转运多少不等的粮食账目。

　　另有一件俄 Инв.No. 4762-8 粮账（见图 5-8），麻纸，残页，高 18.7 厘米，宽 23.5 厘米，西夏文草书 13 行，有签署、画押。[①]

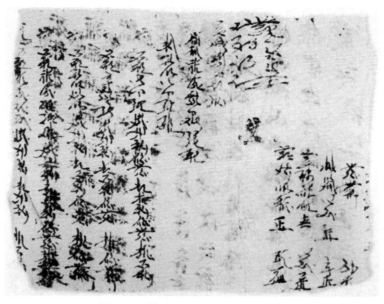

图 5-8　俄 Инв.No.4762-8　粮账

　　此粮账前后皆残，前有签署、画押，应属前一粮账；后为一里溜粮账的前半部分，看来至少是 2 个里溜的粮账。第二个里溜粮账第一行为 㪡𮢊𗋐𭛂𗓽？𗓦𘉐，意为"里溜啰铺舅？局分"，"啰铺舅？"是里溜头目人名，"局分"表示以下为其所管相关人员。

此件与上述粮账性质相近，但形式有多处不同。

1. 在里溜下有甲的记录，甲首姓耶和氏。

2. 人名前多刻毅"一户"二字。

3. 粮食分类记录，大麦、麦、糜等。

4. 最小的单位不像前 3 件粮账那样是石，而是有石也有斗。

此外，还有近似性质的粮账。俄 Инв.No. 6377–12 里溜粮账（见图 5–9），写本、麻纸、残页，高 19.5 厘米，宽 24.8 厘米，西夏文草书 10 行，有涂改。[1]

此件第一行为毅毅毅毅毅死毅毅……，意为"转人及局分处所属……"，其后分人记粮食数量和种类，如"妹契那征吉杂十三石　麦二石"。不同的是，在最后两行记录了"里溜处八石杂""监力? 二石五斗杂""局分处十九石杂"等内容。这三笔账涉及里溜这一基层管理单位，其所记粮食是否为留用粮食，有待进一步研究。

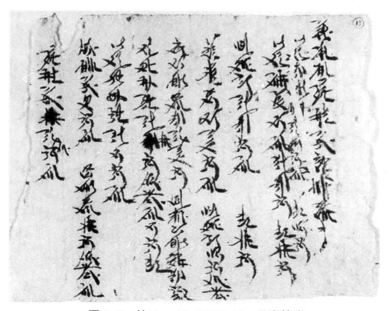

图 5–9　俄 Инв.No.6377–12　里溜粮账

---

① 《俄藏黑水城文献》第 14 册，第 143 页。

三　差役供给粮账

在西夏文社会文书中，俄 Инв.No. 6569-1 系一特殊残页（见图 5-10），其中多记日期，日期下为粮食数，且每笔粮食不多，联系《天盛律令》有关规定，似为差役供给账。此件写本，麻纸，高 18.7 厘米，宽 37.5 厘米，有西夏文行草 18 行，兼有补改。[①]

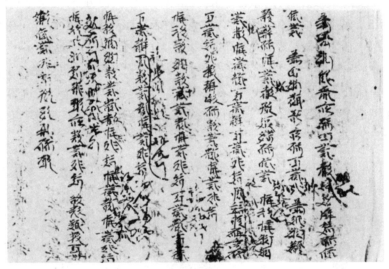

图 5-10　俄 Инв.No.6569-1　差役供给账

译文如下：

十七日，给驮？者一升，及给？老房吉五？
五升。　十八日，给谁做者一斗糜。　十九日给
执禽鸟者二升面及给［续都］大人五升面。　二十二日
升及二斗面、一斗米、一斗糁子。　又给酪布那征
一斗糁子，及给使人三升面、二斗糁子。
二十三日，给三升面、二升糁子、一斗面、

---

① 《俄藏黑水城文献》第 14 册，第 157 页。

一斗米，又三升面、二升糁子。

二十四日，三升面及二升糁子、二斗面、二斗糁子。

二十六日给？青缓者三升糁子　十卷［局］价一（斗或升）

及五斗糁子给许五斤。

由译文可知，这是发给一些人员的粮食账，有的有职务，如"驮？者""执禽鸟者""续都大人"等；有的有人名，如"？老房吉""酩布那征"等。自十七日至二十六日期间有7天记账，有的记给粮人，有的未记给粮人，当是前一天给粮人的续发。这应是一个部门发给差人的每日粮食补给。《天盛律令》记有检查军畜磨勘者大小局分之禄食的规定：

问难磨勘者等局分大小有禄食次第：

大人十日一屠，每日米谷四升，二马中一马七升，一马五升，一童子米一升。

□监司写者等一律各自十五日一屠，每日米一升，一马食五升，童子一人每日米一升。

案头、司吏二人共二十日一屠，各自每日米一升，共一童子及行杖者一人，各自米一升。

大校验畜者大小局分之有禄食次第一律：

大人七日一屠，每日米谷四升，中有米一升。四马食：一马七升，三马五升，三童子每日米一升。

□监司写者等一律各十五日一屠，每日米一升，一马食五升，童子一人每日米一升。

二人案头、司吏共十五日一屠，各自一马食五升。每日各自米一升，其一童子，米一升。

二人各自每日米一升：

一人行杖者。

一人执器械者。①

---

① 《天盛改旧新定律令》第二十"罪则不同门"，第613—614页。

《天盛律令》是在官员办差时，对官员及其下属的禄食规定。与上述文书比较后，可以推测文书所记也应是一种禄食补给。然而两者也有差别，《天盛律令》对官员的供给有粮有肉，还有马匹的食粮；文书中的供给，只有粮食，没有肉食，可能是一般的差役禄食。

第二节　物品账

西夏文社会文书中有多种物品账，上记各种物品，有的是钱物账，有的是牲畜账，还有其他杂物账。因多是残片，加之草书文字未能尽识，有的尚不能断定其为何种籍账。

一　钱物账

有一种文书残页，俄 Инв.No. 4761–11 钱物账后有大字签署和画押（见图 5–11），应是一种经政府部门登记认可的正式账目。此件为写本，麻纸，卷子，高 18 厘米，宽 42.4 厘米，西夏文草书 28 行，有涂改，有签署、画押，右部卷首和下部皆残。①

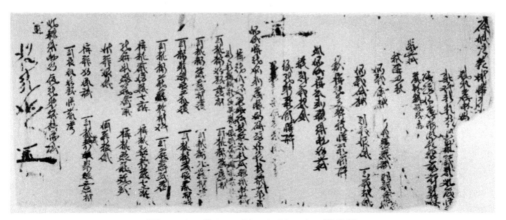

图 5–11　俄 Инв.No.4761–11　钱物账

---

① 《俄藏黑水城文献》第 13 册，第 271 页。

此件虽前残，但尚保存有人名。据其前后文字对照看，似为一名史阿善（𧶏𘈈𘜶，见第 2、15 行）的人，与一赵姓人进行买卖的物品账单。此外，还有官吏习判阿多（𘜶𘈈𘜶𘟣，见第 11、16、25 行）作为官方人员参与。

此件有物品名，在第 6—8 行有：

物实八种：
四匹绢中　一匹胭脂缬　三匹绢？？
四匹布中　三匹番布　一匹汉布

其中所谓胭脂缬，西夏文为𘝵𘟛𘟣，第 1、2 字是音译字，在《番汉合时掌中珠》中专译"胭脂"二字；第 3 字，也是音译字，音［蝎、刑、献］，可做姓氏用字，这里应是一种绢帛的名称，译为"缬"，是一种带有花纹的绢。在黑水城出土的汉文榷场文书的交易物品中有缬。[①]

第 11 行也有物品：

物三匹汉布

自第 18 行至 26 行共 9 行记有多种物品，每行两种，最后一行一种，共17 种。其中主要是纺织品，仍有"六匹番布""四匹汉布"，有不少物品尚难准确译出其名称。

此件还有钱数。第 10 行有"钱二十七贯物量何算应"，第 12 行有"钱十贯何算量应"，第 25 行有"习判阿多五十贯钱谷内明"。

此件还记有日期，如第 11 行记"需四月二日日习判阿多？"，第 15 行记"四月二十四日"，文书末尾用大字签署为"二十四"，也应是日期。

这是一件保存字数较多、信息量较大的文书。特别值得注意的是，其中记载了"番布""汉布"。"番布"西夏文为𘖧𘞄，第一字即表示西夏主体民族党项族的"番"，第二字"布"意。由此可知，在西夏物品中有党项人原有的、本民族制作的番布，也有原汉族使用的汉布（𘎳𘞄）。番布和汉布同时流行，

---

① 　杜建录、史金波：《西夏社会文书研究》，上海古籍出版社 2012 年版，第 257、258 页。

都在使用，都有市场。这一方面证明党项人在进入汉地之前已有自己的纺织业，可以织出本民族特点的番布；另一方面也证明进入西北地区后，并未用汉布完全代替番布，而是两者共存共用。这改变了过去认为党项族没有自己纺织业的认识。番布和汉布的质料是麻布还是棉布，也不得而知。总之，这一内容丰富的文书尚待进一步翻译和解读。

二 牲畜账

在西夏社会文书的户籍手实中，往往记有每户的人口、畜物情况，这在前述户籍文书研究中已经做了介绍。有的文书残页只记载了牲畜种类和数目，是否属于户籍、手实之类的文书尚难确定。如俄 No.4761-15V 牲畜账（见图 5-12），麻纸，高 18.5 厘米，宽 37 厘米，写本，西夏文草书 14 行。[①]

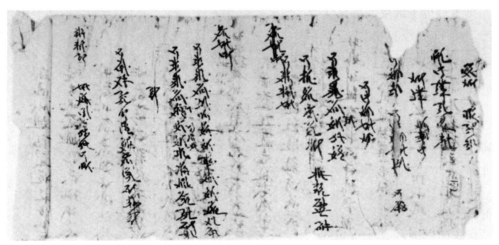

图 5-12　俄 No.4761-15V　牲畜账

此文书有较为详细的牲畜计账，惜前残，且多处字迹不清，暂译如下：

......

羊六　羊（另一种）十三

---

① 《俄藏黑水城文献》第 13 册，第 273 页。

牛大小十？ 种

　六大　　四小

驴子三　　一小黑母驴　　一骡

　一小母驴

一骆驼……属　　二毡垫白

一？？母

……

一骆驼……

一骆驼……

一马白……

……

这件文书可能是对一户牲畜的详细登录，其中包括牲畜的品种、数量、大小、毛色，甚至是几岁口，可见当时政府对各户所蓄养的牲畜十分重视。依据《天盛律令》，西夏有官畜和私畜之分，官畜即官之牧场牲畜，私畜应是民户中自养的牲畜。① 文书中登录的牲畜数量不大，看来应属私畜。

图 5-13　俄 Инв.No.345　牲畜账

还有一些记录畜物账的文书，不是以户为单位的。如俄 Инв.No. 345 牲畜账（见图 5-13），写本，麻纸，护封衬纸，两纸残片粘贴，高 32.3 厘米，宽 13.2 厘米，西夏文草书 7 行、5 行。②

译文如下：

———————————

① 《天盛改旧新定律令》第十三 "执符铁箭显贵言等失门"，第 467 页。

② 《俄藏黑水城文献》第 12 册，第 103 页。

……

　　　　　大一百五　　幼十八

　　　　　羊二十四

　千铺山？（人名）

　　私属一百四十一羊

　　　畜四十

　　　　　大二十二　　幼十八

　　　？一百一

……

显然这一残文书至少包含了两户的牲畜统计，由此可以推想，或许西夏有一种专门分户统计牲畜的计账。

三　杂物账

黑水城出土文书中有的记录了一些杂物的账目，如俄 Инв.No.7892-9（见图 5-14），为酉年物品账，该件写本，麻纸，2 残页，分别高 20 厘米，宽

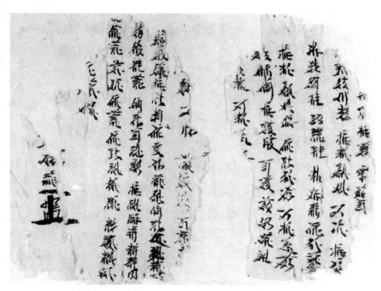

图 5-14　俄 Инв.No.7892-9　酉年物品账

10.8 厘米；高 20 厘米，宽 14 厘米；西夏文各 6 行，第 2 纸有署名、画押。左残页第 2 行"酉年正（月）二十五日"，原文"五"在"日"后，写者已用乙正符号√更正，但不知是何酉年。①

右残页存 6 行，其中物品有：

……

薄衣六卷　二只斧头　一？

？？醋三　笁篱 ②　三　糜　？珠

二只斧头？　五十只？　一只铁？

左残页在一李姓人下记多种物品，简译如下：

……

……酉年正 月 二十五日李？？？　四十五斤秣 米

……？？三升　四十一斤酥　二斤斗酢 ③　白米八……

……五升　更？五升　五十斤黑秣　三？黑谷

……

（大字签署画押）

所记物品很琐碎，衣物、用具、油酥、粮食等都有。前述户籍文书中登记家庭财产止于土地、牲畜和大件物品，而此文书则细致到这种程度，可能有特殊用途。

黑水城出土的粮账中有一残卷俄 Инв.No. 4761–10 文书（见图 5–15、5–16），较为特殊，以西夏文草书书写，但在重要数字旁边或上部用汉字标注。此文书写本，麻纸，残页，高 19 厘米，宽 70.8 厘米，西夏文草书 56 行，有涂改。④

---

① 《俄藏黑水城文献》第 14 册，第 207 页。

② 西夏文为 𗱕𗡞，第 1 字音［卓］，第 2 字音［离］，暂译"笁篱"。《番汉合时掌中珠》中有西夏文"笁篱"二字，与此不同。

③ 西夏文为 𗱕，音［左］，暂译"酢"。

④ 《俄藏黑水城文献》第 13 册，第 270 页。

图 5-15　俄 Инв.No.4761-10　夏汉合璧粮账（1）

图 5-16　俄 Инв.No.4761-10　夏汉合璧粮账（2）

此文书残破模糊，西夏文释读困难。但依然可见在一些西夏文旁边加写汉字，如"三斗""一石五斗""五斗""麦二十四石五斗"等。

还有一种特殊的账目，如俄 Инв.No.4761-7V（见图 5-17），系西夏文和汉文合璧粮账残页，前后残，写在一人畜账的背面，麻纸，高 17.8 厘米，宽

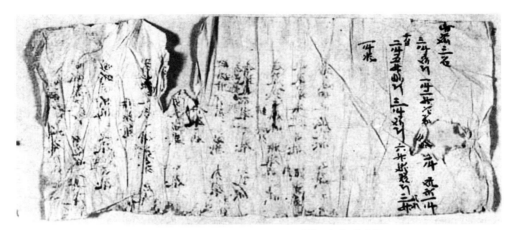

图 5-17　俄 Инв.No.4761-7V 夏汉文合璧账目

39.5 厘米。[①] 仅有 5 行字，第 1 行"阿监三石"，前二字应是人名，后二字为总量。第 2、4、5 行为各物品的数量和品名，数量用汉字表示，如第 1 行有"三斗""一斗二升""？斗""一斗"，第 4 行有"二斗五升""三斗""三斗""六升""三升"，第 5 行有"一斗"。品名用西夏文草书书写，多不能断定其意，最后一行可识西夏文为"酒"。第 3 行为所加汉文小字"十八日"。

通过这些物品账可以了解西夏用品的名称。由于对西夏生活、生产用品了解的有限，所以出土文献中所记的这些物品名称，有助于增加对西夏物品的认识，进而可以深入地解析西夏的社会生活。

总之，黑水城出土粮物计账文书有多种类型，是当地政府和基层在粮食物品方面的统计账目，从不同的层面反映了西夏经济的某些前所未知的问题。有的可能是军溜中士兵的粮食补贴账目，有的可能是摊派给基础组织民众的运输粮食的任务。这就增加了一些分析西夏社会可资参考的新资料，多一个了解西夏社会的新角度。

通过一些计账，可以发现以前不知的、带有标识性的物品。如有的文书中记有"番布""汉布"，既说明党项人在进入汉地之前已有自己的纺织业，可以织出本民族特点的番布，也证明党项族进入西北地区后，并未用汉布完全代替番布，而是两者共存共用。这改变了过去认为党项族没有自己纺织业的认识。

---

① 《俄藏黑水城文献》第 13 册，第 267 页。

第 六 章
商贸文书研究

西夏文书中除有很多买卖、借贷契约这样一些直接反映商业贸易的文书外，尚有一批关于商业买卖的计账类文书，也反映了西夏商贸的实际情况。这些文书不仅是商贸个案的记录，还是众多商贸行为的具体体现，可以从更为宽阔的角度、以更多的内容透视西夏商贸的情形。

第一节 买卖账和物价

对于一个王朝的社会经济来说，物价十分重要，特别是那些直接影响国计民生的重要商品的价格更为重要，是了解、研究当时社会经济不可或缺的重要环节。在传统的汉文文献中极少涉及西夏的物价。而在黑水城发现的这批文书中，有一些买卖文书计账真实地记录了当时物品交易的品种、数量和价钱，从中可知当时所记录的买卖物品的种类，以及当时的价格。这些珍贵的文书使我们比较直观地了解到西夏的市场和物价，触摸到当时西夏经济的脉搏。

一 卖粮账和粮价

粮食是社会生活中最重要的物品，特别是在以农业为主的古代社会更是如此。黑水城出土文书中有一些粮价账，虽多是残页，却十分珍贵，从中可以分析、计算出当时的粮价。了解西夏的大致粮价对认识西夏社会农业和商业具有重要意义。

俄 Инв.No.1167 有多件文书，其中前 3 件反映西夏的粮价。俄 Инв.No.1167-1 前后皆残（图 6-1），写本，麻纸，高 21.5 厘米，宽 31.9 厘米，

西夏文草书 6 行，第 5 行有 𗱕𗆐𗟻𗄯𗧓𗄯𗏹𗄻 "壬寅年二月二十一" 落款。俄
Инв.No.1167-3 是同类型文书（见图 6-2），也是残本，麻纸，高 21.5 厘米，
宽 13.6 厘米，西夏文草书 7 行。俄 Инв.No.1167-2 麻纸（见图 6-3），残片，
高 21.5 厘米，宽 8.1 厘米，西夏文草书 4 行，首行有𗴾𗀁 "癸卯" 二字，与
1167-1 落款为前后年。①

　　俄 Инв.No.1167-1 粮价账应是一条一条的记账，第 5 行提行高出二字为
𗧓𗖰，即 "一条" 意，表示一条开始。第 1—4 行应是前一条的内容，记有：

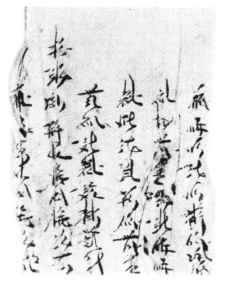

图 6-1　俄 Инв. No.1167-1　卖粮账

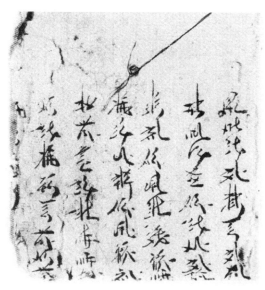

图 6-2　俄 Инв. No.1167-3　卖粮账

　　……
　　钱共四十四贯五百钱，
　　杂一斗七十数，实共
　　谷六十三石五斗七
　　升杂，藏于谷库中。

---

① 《俄藏黑水城文献》第 12 册，第 193、194 页。

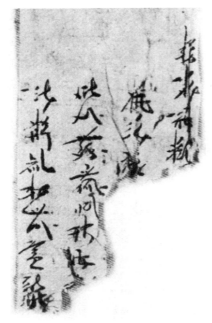

图 6-3　俄 Инв. No.1167-2　卖粮账

这应是在计算粮食价钱，"杂"即杂粮，"一斗七十数"，即 1 斗 70 钱，粮食 63 石 5 斗 7 升的价钱，按 70 钱 1 斗计算，应是 44 贯 499 钱，与此账所记 44 贯 500 钱仅差 1 钱，应是被归纳成整数，是正常的记账。又俄 Инв.No.1167-3 也为同类残页，其中有：

……

六十日中减除一日以
外，实得五十九日，
每日五百数铜钱，共
二十九贯五百钱，杂
一斗七十价，实共？
四十二石一斗四升。

通过计算 29 贯 500 钱，按每斗 70 钱，正可买 42 石 1 斗 4 升谷。俄 Инв.No.1167-2 也是粮价账，虽更残破，但第 4 行也记载"杂一斗七十数"。这几件残文书可证实当时黑水城地区的杂粮（谷）价格为 70 钱 1 斗。

俄 Инв.No.1167-3 的内容可能是以两个月的时日计价，其中一个月是小进，要扣除一日，剩 59 日，而每天 500 钱，尚难断定是何支出，也许是多人的工价。可贵的是在其中透露了当时的粮价，成为重要的经济资料。

俄 Инв.No.1167-1 有"壬寅年"，俄 Инв.No.1167-2 又有"癸卯""甲辰"。考虑到黑水城出土的文书大多在西夏后期，若将三件文书视为西夏最后的"壬寅""癸卯""甲辰"年，即西夏仁宗乾祐十三（1182 年）、十四（1183 年）、十五年（1184 年）。也许每斗杂粮 70 文钱的价格反映了仁宗朝西夏黑水城地区的粮价。

黑水城出土的文书中，还有其他类型的钱粮账残页。如俄 Инв.No.2042-2（见图 6-4），写本，麻纸，护封衬纸，残片，高 10.8 厘米，宽 30.5 厘米，西

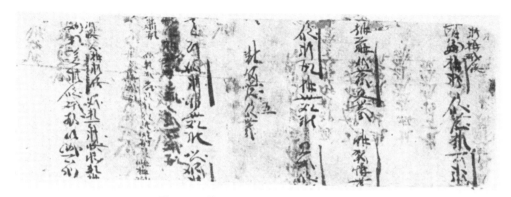

图 6-4　俄 Инв. No.2042-2　钱粮账

夏文草书 11 行，文中有汉字。①

其中第 2 行记有"五斗穈一贯"、第 3—4 行记有"二石二斗？五贯取"、第 4—5 行记有"八百五十钱种四斗五升"。穈为杂粮之一。依此件文书计算，杂粮每斗价格在 200 钱左右。这与上述每斗杂粮价 70 钱的差距较大。前述粮价中明确指出是铜钱，西夏铜钱较铁钱价值高，铜、铁钱两者的比率约为 2.8∶1。② 前述文书未明确何种钱币，若为铁钱，则 70 钱 ×2.8=196 钱，与后面文书的 200 钱也相符合。也许前件时间在仁宗朝，当时社会尚在稳定时期；后面的文书是西夏末期的记录，西夏进入末期，社会动荡，影响物价的稳定也未可知。

国家图书馆藏黑水城出土西夏文文献封皮的衬纸中，发现有西夏文卖粮账一纸 010 号（7.04X-1）（见图 6-5）③，黄麻纸，上下皆残，草书 13 行，记有售粮日期、人名、粮食品种、价钱。各行多不完整，有的缺粮数，有的缺价钱。

译文如下：

......

五月十六日郝氏□□麦穈四斗......

① 《俄藏黑水城文献》第 13 册，第 17 页。
② 见后关于马价的论述部分。
③ "010"号为国家图书馆在西夏文文献中发现的残页顺序号，"7.04X-1"为连同所在文献的编号。

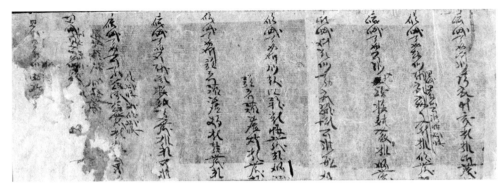

图6-5 国图010号（7.04X-1） 卖粮账

八月八日一贯二百来

五月十日祁氏舅舅金糜五斗……

五月十一日西普小狗那糜四斗……

六月四日张氏犬乐一贯借九……

五月十六日贾乌鸠麦二斗价四 百……

　　　　播盂般若宝　　　麦斗价……

五月十六播盂般若宝麦三斗价……

五月十一□□小狗七斗糜价一贯……

　　　　五百来　又五百来

五月十一张经乐、经斗麦糜一石……

八月八日……

八月……

其中第6行、第9行的粮、价大体保留。第6行"麦二斗价四……"，
"四"后存半字应是"百"字，2斗麦价等于或超过400钱，而不足500钱。
由此可推断出当时当地麦价每斗最低200钱，最高不超过250钱，每升麦价
20—25钱。第9行"七斗糜价一贯……"，可知每斗糜价格在100多至200
多钱之间，每石在1贯多至2贯之间。糜比麦价钱低，7斗价钱等于或超过
1贯，但绝不会超过1贯750钱，因为超过1贯750钱，每斗价250钱，已
达到最高麦价，便不合理。推断每斗糜价在150—200钱左右，每升15至

20钱。① 此件虽残损，但它也提供了西夏社会最重要的商品价格，即西夏黑水城细粮和杂粮的粮价。这一粮价与上述俄 Инв.No.2042 粮价大体一致。

汉文文献也曾记载西夏的粮价，但那是非正常时期的粮价。元昊时期，西夏与宋朝战事连绵，不断点集军兵，民穷财困，物价飞涨，怨声四起，最后不得不与宋朝达成庆历和盟。西夏大庆三年（1142年）九月"西夏饥，民间升米百钱"。② 由于缺粮，西夏粮价大幅度上涨，几乎高出正常价格的4—5倍。可见西夏灾荒时粮价的狂涨。

宋朝仁宗时期（11世纪中叶）每石米约600—700钱，后增至1贯250文，合每升米12.5文钱。南宋时每石1贯500文，有时上涨到2贯左右，合每升米20文钱。南宋理宗嘉熙四年（1240年）临安大饥，1石米也高达10贯钱，合每升米100钱。看来西夏的粮价和宋朝相近，并且农业收成的丰歉和社会是否稳定决定着粮价的涨落。

二　卖牲畜账和牲畜价

西夏的主体民族党项族以畜牧业为传统产业。在西夏的畜牧业中，羊、马、牛、骆驼为四大种群。牲畜是西夏的特产，牲畜的牧养、买卖、租赁是西夏社会生活中有特色的生产和商业行为。通过西夏文社会文书中的买卖账目，可以了解西夏牲畜的买卖行为以及牲畜的价格。

（一）羊价

黑水城文书中有数件买卖价钱账目，从中可知羊价。如俄 Инв.No.1219 为买卖价钱账，皆为残页，俄 Инв.No.1219-1 和 Инв.No.1219-3 应是前后连接的一件买卖物价账（见图6-6、6-7），皆为写本，麻纸，分别高36.9厘米、宽9.2厘米和高36.9厘米、宽13.4厘米，各有西夏文草书5行、7行，有涂改。③

俄 Инв.No.1219-1（第2—4行）译文为：

羖羢羊一百共价一百九石

---

① 史金波：《国家图书馆藏西夏文社会文书残页考》，《文献》2004年第2期。
② 《西夏书事》卷35。
③ 《俄藏黑水城文献》第12册，第222、223页。

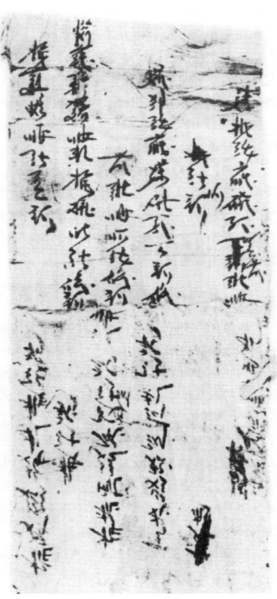

图 6-6　俄 Инв. No.1219-1　买卖物　　　图 6-7　俄 Инв. No.1219-3　买卖物价账
　　　　　价账

　　羧羢七十价六十四石

　　大五十皆母各一石五斗数

　　共五十石

俄 Инв.No.1219-3（第 1—4 行，接上件）译文为：

　　小二十皆公各七斗数共

　　二十四石

　　羊三十皆大母各一石五

　　斗数共四十五石

　　此文书记载：共买卖羧羢、羊 100 只，分两笔。西夏的羊分㹠（羧羢）和㹡（羊）两种，羧羢即山羊，羊即绵羊。在《番汉合时掌中珠》中有明确的区分。[①] 此文书第一笔卖羧羢 70 只，其中有大羧羢 50 只，小羧羢 20 只。大小羧羢价钱不等，一只大羧羢价 1 石粮，共 50 石；一只小羧羢价 7 斗，共 14 石，共计 64 石。另一笔较为单纯，所卖 30 只都是大绵羊，而且是母羊，价格最高，每只 1 石 5 斗，共 45 石。两笔共 109 石，账目相合。

　　在西夏，羊的品种不同，价钱不一。同是大母羊，绵羊每只 1 石 5 斗，羧羢每只 1 石，羧羢的价格相当绵羊的 2/3。在俄 Инв.No.1219-1 中，将大羧羢羊的价钱始记为 1 石 5 斗，后将"五斗"涂掉。大小羊的价钱也不一样，大者 1 石，小者 7 斗，小者相当于大者的 70%。

　　前曾论述，每斗杂粮价 200 钱，这样每只小羧羢价钱合 1 贯至 1 贯 400 文钱，大羧羢价钱合 1 贯 500 文至 2 贯钱，大母羊价钱约合 2 贯 250 至 3 贯钱。

（二）马价

　　党项族向以畜牧业见长，移居到西北地区后，党项马是中原地区马匹的重要来源。党项马在唐朝时就十分有名，唐代诗人元稹曾有"北买党项马，西擒吐蕃鹦"的诗句。[②] 五代时，党项即向中原王朝卖马，后唐明宗时：

　　① 《俄藏黑水城文献》第 10 册，第 9 页。
　　② （宋）郭茂倩编《乐府诗集》卷 48《清商曲辞五·西曲歌·估客乐（元稹）》。

诏沿边置场市马，诸夷皆入市中国，有回鹘、党项马最多。①

宋朝马匹不足，向各地求马，党项族地区是其中之一。

宋初，市马唯河东、陕西、川峡三路，招马唯吐蕃、回纥、党项……诸蕃。②

在西夏，马匹不仅是出口的大宗商品，又是本国农用、作战的重要物资，其价格显得非常重要。《天盛律令》又规定在犯罪罚马时，透露了马的价格：

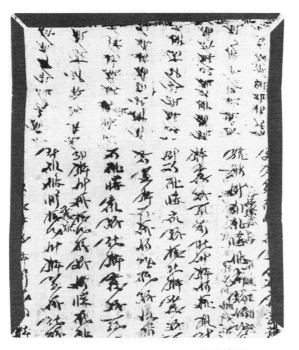

图 6-8　俄Инв. No.1763　马价钱账

诸人因罪受罚马者，自驯旧马至有齿好马当交。倘若不堪罚马是实，则当令寻担保者，罚一马当折交二十缗钱。③

可知一匹马价值约20缗钱。一般来说折价马价钱，应比市价高，市价一匹马当低于20缗钱。

黑水城文书中俄 Инв. No.1763 为一马价钱账（见图 6-8），对了解西夏马匹的价格很有价值。此件写本，麻纸，原为护封衬纸，系多纸残片粘贴，高 32.8 厘米，宽

① 《旧五代史》卷 138《外国传二》。
② 《宋史》卷 198《兵制》。
③ 《天盛改旧新定律令》第二十"罪则不同门"，第 602 页。

27.5 厘米，存西夏文草书 9 行。^①

其中第 1—2 行有"大小三马中计共铁钱四十？贯，铜钱上为十六贯"，第 3—4 行有"一马中计铁钱二十贯，铜钱上为七贯一百四十五钱"、第 5—6 行有"一马计铁钱十贯，铜钱上三贯六百二十五钱"、第 6—7 行有三笔马账的总计"五马……铜钱二十六贯七百十钱"。

首先，此文书记录了马的价钱：3 马 40 多贯铁钱，1 马 20 贯铁钱，1 马 10 贯铁钱。马因岁口、强弱的不同而价格有异，但仍可看出一匹马的价格约为 10—20 贯铁钱。

此文书不仅列出马的价钱，同时还列出同一笔账中铁钱以及折合成铜钱的数目。原来西夏因缺铜，不得不大量铸造铁钱，并划分了铜铁钱的专用区。《天盛律令》规定：

> 诸人不允将南院黑铁钱运来京师，及京师铜钱运往南院等，若违律时，多寡一律徒二年。^②

所谓"南院"指凉州一带，其中包括黑水城地区。黑水城应是铁钱使用地区，两种钱币应有市场换算比例，过去不得而知。此文书以同一马价的不同币种数量，记载了铁钱和铜钱的换算比例。第一笔铁钱价"四十"后缺失，应是 40 多贯，但不知比率，暂不能确定。第二条和第三条铁钱和铜钱数目完整，可算出两种钱币的比率，见表 6–1。

表 6–1　俄 Инв.No.1763 马价钱账统计

	马数	铁钱	折合铜钱	铜铁钱比率
第一笔	3	40？贯	16 贯 400 钱	
第二笔	1	20 贯	7 贯 145 钱	2.799
第三笔	1	10 贯	3 贯 625 钱	2.758

---

① 《俄藏黑水城文献》第 12 册，第 311 页。
② 《天盛改旧新定律令》第七"敕禁门"，第 287 页。

　　大约是一贯铜钱折合 2.8 贯铁钱或 2.75 贯铁钱，若按此比率可大致算出第一笔所缺铁钱数。此笔铜钱的数目 16 贯 400 钱，若按 2.8 的比率，为 45.92 贯铁钱，接近 46 贯；若按 2.75 的比率，为 45.1 贯铁钱，接近 45 贯。再看最后有总的价钱为铜钱 26 贯 710 钱，但将三笔账相加，7.145+3.625+16.4，共为 27.17 铜钱，比文书所记总数多出了 460 钱。由此可补充第一条所缺铁钱数目为 46 贯。从表 6-2 可见将第一笔所缺补充为 46 贯是合理的。

表 6-2　俄 Инв.No.1763 马价钱账第一笔补充统计

	铁钱	折合铜钱	铜铁钱比率
第一笔	46 贯	16 贯 400 钱	2.804 ≈ 2.8
总数	76 贯	27 贯 17 钱	2.797 ≈ 2.8

　　从这件残文书可确知，黑水城地区的每匹马价为 10—20 贯铁钱，折合成铜钱 3.5—7 贯，还可知当地铁钱和铜钱的比例为 2.8∶1。马价和铜铁钱的换算比例都是重要的经济资料。

　　从西夏社会实际交易中更可确切地知道物价。黑水城出土的西夏文买卖契约也直接反映出西夏的牲畜价格。如俄 Инв.No.5404-10 号（见图 6-9），是天庆子年（1204 年）卖牲畜契约，西夏文草书 12 行。[1] 其中第 3—4 行有牲畜价格：一匹五齿马价格为 4 石杂粮，仅合 6—8 贯钱。

　　与西夏相比，宋朝马价很高。北宋时每匹 30—50 贯，名马达到七八十贯乃至 100 贯。南宋时期则达到每匹 300—400 贯。西夏产马，由马价可知西夏将大量马匹卖给宋朝可获得丰厚的回报。

　　《天盛律令》又规定：马院所属马匹死后，计肉价熟马 1 贯、生马 500钱。[2] 由此可知马肉价。

　　西夏还有关于牛价和骆驼价的社会文书，是西夏文卖牲畜契。[3] 了解西夏牲畜中四大种类马、骆驼、牛、羊的价格，无疑对研究西夏的经济具有重要意义。

---

① 《俄藏黑水城文献》第 14 册，第 35 页。
② 《天盛改旧新定律令》第十九“畜患病门”，第 583 页。
③ 关于牲畜买卖问题的详细论述，参见第七章卖畜契部分。

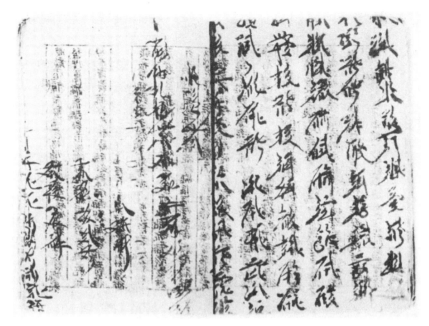

图 6-9　俄 Инв. No.5404-10　天庆子年卖畜契

三　卖酒账和酒价

西夏管辖地区有酿酒的基础，所以西夏时期酒的酿造是手工业的大宗。西夏境内有多种民族，各民族都有饮酒的习惯。酿酒不仅可满足各族喜好饮酒的需求，还能为政府增加酒税。酒是西夏人民生活的重要物品，也是国家专卖商品。西夏政府中有专门管理酿酒的机构。西夏汉文本《杂字》"司分部十八"有酒务、曲务，[①]都是与酿酒有关的机构。《天盛律令》中表明各政府机构等级的"司序行文门"五个司等中没有专门制酒的机构，但从给各种库派遣官吏的规定中，可知与酒有关的机构，其中有踏曲库、卖曲税院、酒库等。

榆林窟第 3 窟为西夏石窟（见图 6-10），在壁画中有酿酒图，真实而生动地再现了西夏家庭酿酒的情景。内有两妇女，旁置酒壶、贮酒器、木桶各一，其中一妇女吹灶火、一妇女手持陶钵在烧锅旁酿酒。[②]据专家考证，图中的

① 史金波《西夏汉文本〈杂字〉初探》，《中国民族史研究》第二集，中央民族学院出版社 1989 年版。
② 白滨、史金波：《莫高窟、榆林窟西夏资料概述》，《兰州大学学报》1980 年第 2 期。

图 6-10　榆林窟第 3 窟西夏酿酒图

酿酒装置，系当时先进的烧酒蒸馏器。

　　黑水城出土的西夏文文书中有多件酒钱账。虽多为残页，但仍可从中了解到买酒的数量和价钱，进一步推导出酒的价格。

　　俄 Инв.No.4696-8 为一酒价钱账（见图 6-11），是一长卷，写本，麻纸，高 19.4 厘米，宽 278.8 厘米，西夏文 163 行，草书，有勾勒。开始有"甘州米酒来，已卖数单子"，说明这些酒来自距黑水城不远的甘州，又知道

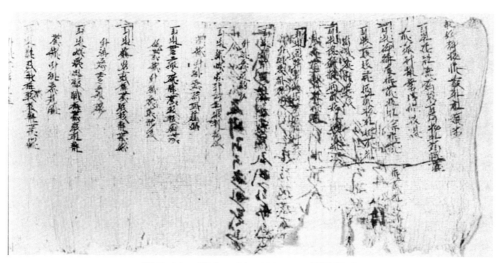

图 6-11　俄 Инв.No.4696-8　酒价钱账

所卖酒为米酒。每一笔账多以两行记录，也有一行或多行者。一笔账首记刻𮮰"一人"，后记买酒的人名，再后是买酒的数量和价钱，价钱以粮食支付。[①]

此账目首行为"甘州米酒来，已卖数单子"，即从甘州运来的米酒所卖出数量的清单。尾残，近 3 米长的卖酒账，记录 80 多笔卖酒账，每一笔有买酒人姓名、买酒数量和价钱。账目中酒以斗为单位，但每斗酒有多少斤，文书并未告知。酒的价钱不是货币，而是粮食中的大麦，属杂粮之类，有的直接记为"杂"，即杂粮意。大麦是造酒的上好原料。

各笔卖酒账大体分为两类。第一类：

> 第一笔，记一人买"一石酒价石五斗"，后列两名担保人；
> 第三笔，记一人买"四斗酒价六斗杂"，后列"状相接"者一人；
> 第四笔，记一人买"四斗酒价六斗大麦"，后列"状相接"者一人；
> 第五笔，记一人买"四斗酒价六斗大麦"，后列"状相接"者一人；
> 第六笔，记一人买"四斗酒价六斗大麦"，后列"状相接"者一人；
> 第七笔，记一人买"一石酒价石五斗大麦"，后列"状相接"者一人；
> 第八笔，记一人买"三斗酒价四斗五升大麦"，后列"状相接"者一人；
> 第九笔，记一人买"二斗酒价三斗大麦"，后列"状相接"者一人；
> 第十笔，记一人买"二斗酒价三斗大麦"，后列"状相接"者一人；
> ……

这类记账占绝大多数。据此类各笔买酒量和价钱计算，每斗酒的价格皆为 1 斗 5 升杂粮。每笔后皆有"'状相接'者"。"'状相接'者"是西夏契约中的一个术语，即与立契者同担契约责任者，类似担保人。此文书中有的卖酒数量大者，还需要更多的"'状相接'者"（担保人），如第十九笔葛犬小狗慧等买 1 石 6 斗酒，价 2 石 4 斗大麦，有那征祥等 4 人做担保人。

此外还有一类，如：

[①]《俄藏黑水城文献》第 13 册，第 248—251 页。原与前号名称"光定申年贷粮契"颠倒，应为"酒价账"。

　　　第二笔，记一人买"二斗酒价现二斗杂"，下记"二斗杂现已给"；

　　　第二十二笔，记一人买"二斗酒价二斗现"，下记"二斗大麦现给"；

　　　第二十三笔，记一人买"三斗酒价三斗现"，下记"三斗大麦现给"。

按此类买酒量和价钱计算，每斗酒的价格为 1 斗杂粮。后记的"现给"即现付买酒的粮食。

　　两类记账相互对照就豁然明了了，原来买酒时只要现交粮食，即为 1 斗酒价 1 斗杂粮；若是赊账，则酒价提高到 1 斗酒价 1 斗 5 升杂粮，赊账的需要记明担保人。若从当时物价来看，酒的真实价格应是后者，即 1 斗酒价 1 斗杂粮。前已知黑水城地区每升杂粮价 15—20 钱，依此可推算出每斗酒约合 150—200 钱。

　　文书中记录了大量买酒的人名，其中有党项族姓，如讹移、嵬名、嵬移、恶恶、麻则等；也有很多汉族姓，如赵、段、刘、贾、张、曹、李等。无论是党项族还是汉族都喜欢饮酒。甚至是没有现成粮食换酒的人，高价赊账也要饮酒，可见当时嗜酒风气之一斑。

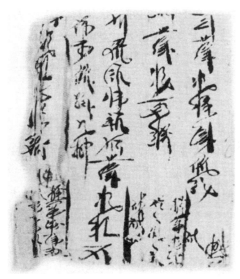

　　　此外，俄 Инв.No.1366-6 至 1366-9 有 4 纸酒价钱账（见图 6-12、6-13、6-14、6-15），皆为写本，麻纸，草书残页，有涂抹。俄 Инв.No.1366-6，高 13.6 厘米，宽 12.5 厘米，西夏文 5 行，小字 7 行。俄 Инв.No.1366-7，高 13.6 厘米，宽 12.5 厘米，西夏文大字 8 行，小字 5 行。俄 Инв.No.1366-8，高 18.7 厘米，宽 29.3 厘米，西夏文 14 行。俄 Инв.No.1366-9，高 25.4 厘米，宽 25.2 厘米，西夏文 15 行、16 行，有画押。原账每笔前皆记购酒人名，但残页中有的已经残失。①

图 6-12　俄 Инв. No. 1366-6　酒价钱账

　　① 《俄藏黑水城文献》第 12 册，第 241—243 页。

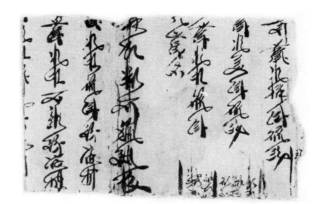

图 6-13　俄 Инв. No.1366-7
　　　　　酒价钱账

图 6-14　俄 Инв. No.1366-8
　　　　　酒价钱账

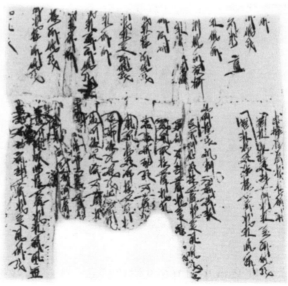

图 6-15　俄 Инв. No.1366-9
　　　　　酒价钱账

其中俄 Инв.No.1366-6 酒价钱账前 3 行译文为：

　　……一斗酒二百五十
　　……四斗酒一贯
　　……犬？ 山等四斗酒价一贯

俄 Инв.No.1366-7 酒价钱账译文为：

　　……一斗酒二百五十
　　……三斗酒七百五十
　　……二斗酒价五百
　　……二日一瓷已卖
　　……斗酒价五百钱现交
　　……斗酒价一贯钱现交
　　……

俄 Инв.No.1366-8 酒价钱账第 3 至 8 行上部残断，第 1、2 行和第 9 行后译文为：

　　……子阿爸等三斗酒七百五十
　　……二斗酒价五百钱
　　……
　　……山十二斗酒价三贯钱
　　……阿吉子七斗酒价一贯七百五十钱交
　　……酉乐二斗酒价五百钱
　　……盛五斗酒一贯二百五十钱交
　　……屎山六斗酒价一贯五百
　　……

俄 Инв.No.1366-9 酒价钱账，上下两残纸也都是类似的账目，下部第 4

行有"九月二十九日一瓮酒已卖"记载。

不难看出，这些酒账皆是直接以酒售钱，每斗价 250 钱，比上述以粮换酒价稍高一些。每斗酒的价钱大大高于每斗杂粮的价钱，而相当于每斗麦的价钱，可见酒的价格之高和酿酒业利润之丰厚。

西夏对酒的专卖主要是对酒曲专卖的控制。曲是制酒的重要原料，西夏造曲完全由国家控制，《天盛律令》中有"杂曲门"分条规定对曲、酒的管理，明确规定不准私自造曲：

> 诸人不许私造曲。若违律时，当量先后造曲若干斤。一缗以内，造意十三杖，从犯十杖。……八缗以上至十缗，造意徒四年，从犯徒三年。……二十缗以上一律造意无期徒刑，从犯徒十二年。买者知晓，则当比从犯减一等。若买者不知，勿治罪。[①]

酒曲当是官卖。酒户买到官曲可以制酒，国家从中收税。《天盛律令》规定了酒曲的价格：

> 诸处踏曲者，大麦、麦二斗当以十五斤计，一斤当计三百钱卖之。[②]

可知当时的酒曲价格 1 斗曲 15 斤，为 4 贯 500 钱，价格昂贵。

四　其他物品买卖账和价格

（一）卖绢帛账和绢帛价

西夏初期与宋朝战争频仍，汉文文献记载："贼（指西夏）亦困弊，不得耕牧休息，虏中匹布至十余千。"[③] 西夏前期财物乏困之时，一匹布价高至十余贯。

黑水城出土的西夏文文书中有俄 Инв.No.3858-1 物价账残页（见图 6-16），写本，麻纸，护封衬纸残片粘贴，高 33.8 厘米，宽 31 厘米，西夏文

---

① 《天盛改旧新定律令》第十八"杂曲门"，第 565—566 页。
② 《天盛改旧新定律令》第十八"盐池开闭门"，第 566 页。
③ （宋）苏轼：《东坡全集》卷 88《张文定公墓志铭》。

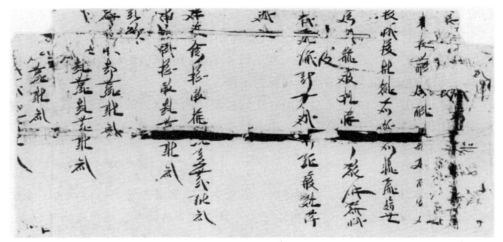

图 6-16　俄 Инв. No.3858-1　物价账（上部）

草书，上部 14 行为物价账。[①]

其中第 6 行记有"绢一尺二斗七升数杂"。其后也是绢帛布匹的物价账，但物品名称缺残。按上述每斗杂粮在 150—200 钱，每尺绢价约为 400—540 钱。当时每匹绢四丈合四十尺，每匹绢价推算约在 16—21 贯，价钱比较昂贵。绢是贵重的织物，在西夏，一般贫民难以享用。

宋代绢价前后差异很大。北宋时期绢价较低，在每匹 500 文至 1 贯钱；南宋时期增高，绢价每匹在 2 贯至 8 贯。[②] 但西夏的绢价比南宋还要高得多。

黑水城出土文献又有俄 Инв.No.625 买卖物价账残页，上记有日期，有绢、价钱等，但因每行存文字太少，难以计算出其价格。

（二）卖油账

黑水城文书中有俄 Инв.No.5808 为卖油账（见图 6-17、6-18），系汉文、西夏文合璧，十分少见。该文书为写本，麻纸，残，高 18.5 厘米，宽 51.6 厘米，始有汉文 2 行，后有西夏文草书 19 行，有画押，有勾勒。[③]

①　《俄藏黑水城文献》第 13 册，第 173 页。
②　漆侠：《中国经济通史》（下），经济日报出版社 1999 年版，第 1242—1243 页。
③　《俄藏黑水城文献》第 14 册，第 52 页。

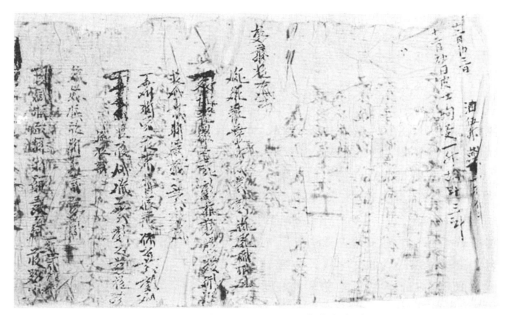

图 6-17　俄Инв. No.5808　卖油账（1）

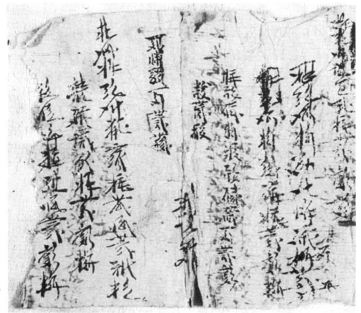

图 6-18　俄Инв. No.5808
卖油账（2）

右部有两行汉字：

十二月初三日　　油伍斤……
十二月初日皮士？？一升，胡？三斗

隔约五、六行后以西夏文书写 19 行，可惜字迹十分不清，难以尽解。将已识别出的文意摘译、解释如下。

首行为题目，对译为"油酥卖单子"，应译为"卖油酥单子"。可知此文书系卖出油酥的账单，但系何人、何部门所卖，并未指明。以下各行为一笔笔卖油账目。每笔账有的首记时间，有的首记人名，如第 1 行记"嵬移般若？五升油　嵬移祥瑞……"，即名为嵬移般若？的买 5 升油，后面人名"嵬移祥瑞"后的文字残失。第 4 行记"腊月十五日众驮一升油分"，"众驮"似非一人名，或许是驼队人共同买油。第 8 行仍有众驮买油记载。第 11、12 行分别记"二十四日张老房犬一升半油"、"二十四日史角二升油买"。

特别值得注意的是第 13、14 行记："二十五日曹十月犬一升油　三斗杂"。名为曹十月犬的买 1 升油，后面的"三斗杂"是否为给付的价钱，很难断定。如果 1 升油价值 3 斗杂粮，油粮的价格比显得过高。

第 16 行为"讹山盛一升持"，即名为讹山盛的人，取走 1 升，应即是买 1升意。

第 17 行为"腊月二十六上始二斗五升数卖"，此行顶格书写，较其他行高，应是此后若干行的总和，所以数量较大，为 2 斗 5 升。次行为"驿犬匠院二升油买"，不知"驿犬匠院"为何机构。

第 19 行记"耶和心喜盛二升油买"，此人系党项人。

卖油账十分少见，属稀缺文书。上述文书虽残缺不全，也提供了一些有价值的资料。卖油者这样详细的记账表明当时卖普通商品的管理很细致，商业运行比较规范。

（三）其他买卖账

西夏牧业发达，毡作为厚实的毛织品，是防寒防潮的重要生活用品，也是西夏的特产。西夏与宋贸易中以驼马、牛羊、玉、毡毯、甘草为其交易的特产。① 俄藏黑水城出土西夏文文书中有毡的价钱账。俄 Инв.No.1219-3 买卖物价账（见图6-19），写本，麻纸，两残片粘贴，高36.9厘米，宽13.4厘米，西夏文草书7行。②

　　其中第1、2行有毡的价钱。西夏文毡为氎，毡垫之意。该文书第12行译文为"卷番毡各二石数十二石""六卷白毡各一石五斗数共九石"。此处番毡的番不是作为党项族的羖，在西夏常用来音译印度梵语、梵文的儞，此处也许是借用此音表示党项族的番。由此知两种毡的价格，番毡一卷2石粮食，白毡一卷1石5斗粮。

　　有的买卖账残页未记买卖物品种类，但可计算出物品价格。如俄 Инв.No.7885 买卖价钱账（见图6-20、6-21）。该物价账，写本，麻纸，残卷，高23.5厘米，宽55.8厘米，西夏文草书20行，有画押。③

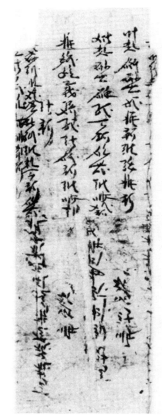

图6-19　俄 Инв. No.1219-3
价钱账

　　此件译文如下：

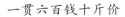

　　　　……

　　　　一贯六百钱十斤价

　　　　一贯六百钱十斤价

　　　　二贯四百钱十五斤价

---

① 《宋史》卷186《食货志八·互市舶法》。
② 《俄藏黑水城文献》第14册，第52页。
③ 《俄藏黑水城文献》第14册，第199、200页。

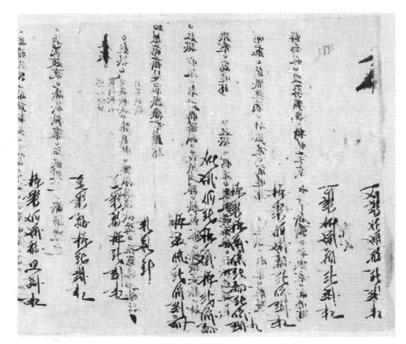

图 6-20　俄 Инв. No.7885　买卖价钱账（1）

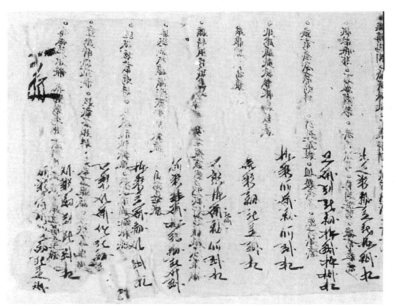

图 6-21　俄 Инв. No.7885　买卖价钱账（2）

二贯二百十五钱十五斤价

六百四十二百二十五钱

二千五十五斤？

价？为

七贯钱二十斤价

七贯钱二十斤价

二贯四百钱八斤价

十八贯钱七十二斤价

八百三十钱二斤二两价

二贯四百钱四斤价

五贯钱十七斤价

……

上述有的是单笔账，有的是总和账，如第 5、6、7 行即为总和账。现将每笔买卖账的价钱、斤数计算出每斤的价格，列表 6-3。

表 6-3　俄 Инв.No.7885 买卖价钱账前四笔统计

	价钱	斤数	每斤价格
第一笔	一贯六百钱	十	160 钱
第二笔	一贯六百钱	十	160 钱
第三笔	二贯四百钱	十五	160 钱
第四笔	二贯二百十五钱	十五	148 钱

此文书有每一笔的价钱，有斤两数，可以算出每斤的单价。前四笔似为一段，后七笔为一段，可惜无买卖物品的名称，不知所售何物。前四笔价格在每斤 148—160 钱。后七笔每斤多在 300 钱左右，仅有第六笔为每斤 600 钱。两笔之间有一总计，钱数遗一"贯"字，共"六百四十二（贯）百二十五钱，二千五十五斤"，均价每斤 316 钱，接近后七笔的价格，估计为后七笔的总和。

由上述酒、牲畜、绢的买卖可知，西夏有些地区买卖时不使用钱，而是实行物物交换。这一方面是西夏的商品经济尚欠发达的表现，另一方面也是西夏地区缺少铜铁矿藏，宋、金朝又对西夏实行铜铁禁运的结果。在西夏晚期社会动乱之时，使用物物交换更为盛行。

西夏文《碎金》中有"成色虽迷惑，价钱参差明"，[①] 说明西夏的货物成色各不相同，物价也随货物的质量而高低参差不等。

以上西夏的物价和同时代的宋朝相比，大体相当。这和两朝相邻，生活、生产基本相似，且同时使用宋钱都有很大关系。

西夏物品多样，商品繁杂，以上探讨只是西夏部分重要商品的物价，但也可以从中了解西夏人当时的社会生活状况。

第二节　买卖税账

西夏王朝行政的运转和官吏的俸禄、军队的建设和官兵的给养，以及对文化、宗教发展的投入，都仰仗税收，除农业税收外，商业税收是一大宗。西夏文《碎金》有 庞㥾㧟㙠㲩，译为"诸城收商税"，其中的"商税"，西夏文对译是"卖税"，即出售物品时征收的税。证明商税主要在商贸市场集中的城镇收缴。[②]

《天盛律令》卷十八有"缴买卖税门"。"买卖税"西夏文为 㗱㥾㲩。此门共有 19 条：

> 隐买卖税
>
> 开铺者等先后纳税法
>
> 免税开铺
>
> 地方不同处纳税
>
> 告奏索税
>
> 官买本物行过法
>
> 船上畜税
>
> 卖价取量不纳税
>
> 地界以外不纳税

---

① 聂鸿音、史金波：《西夏文本〈碎金〉研究》，《宁夏大学学报》1995 年第 2 期。

② 聂鸿音、史金波：《西夏文本〈碎金〉研究》，《宁夏大学学报》1995 年第 2 期。

　　与敌大使买卖

　　诸边商人过京师

　　重复出卖免税

　　畜物逼换

　　因典当等量取物

　　媒人弃妻价不纳税

　　寻求免税供上虚谎量取

　　税谁管未语共著

　　能定领簿纳租

　　官验等买卖 ①

从中可以知道，西夏有店铺，买卖、开铺要纳税，不能隐税，地方不同纳税不同，有时可以免税。

　　西夏的买卖皆收取税，西夏的税收量在过去的汉文和西夏文文献中都没有记载，由于《天盛律令》有关税收条文的残失也难得其详。不过其他一些条款中也记载了一些西夏税收的情况。其大项，如盐池卖盐要收取盐税，《天盛律令》规定：

　　　　诸人卖盐，池中乌池之盐者，一斗一百五十钱，其余各池一斗一百钱，当计税实抽纳，不许随意偷税。倘若违律时，偷税几何，当计其税，所逃之税数以偷盗法判断。②

这是以货币计算缴税。盐池有池税院，其负责人与盐池巡检共监护盐池。③

　　黑水城出土不少买卖税账，虽皆为残页，但这些文书表明西夏商贸买卖要缴纳买卖税，根据所买物的不同品类和数量缴纳不同的税额，增添了有关西夏买卖税的重要内容，是了解西夏征收买卖税最重要的文书，文献价值很高。

　　通过这些并不完整的买卖税账，可知黑水城所记买卖税账多为每一笔一

---

① 《天盛改旧新定律令》"名略下卷"，第 96—97 页。
② 《天盛改旧新定律令》第十八 "盐池开闭门"，第 566 页。
③ 《天盛改旧新定律令》第十七 "库局分转派门"，第 535 页。

行，个别内容多的用两行。每笔首记买者姓名，再记所买物品，有的还记有所买物品的数量，最后记缴纳税的数量，皆为实物粮食税，有的用大麦，有的用麦。买不同的物品所缴税比率不同。

所见买卖物品多种多样，有的买布，有的买羊，有的买牛，有的买马，还有的买金，甚至有的买人。有的品种目前还难以翻译，如俄 Инв.No. 4790-2 买［田壁］，税收比率很低，仅收麦1升，不知为何物。有的写所买物品和数量，只是记录了税收的数量。

俄 Инв.No. 4790 有买卖税账4残页，皆为草书写本，麻纸，俄 Инв.No. 4790-2（见图6-22），高19.3厘米，宽11.2厘米，西夏文5行。俄 Инв.No. 4790-3（见图6-23），高19.3厘米，宽11.2厘米，西夏文5行。俄 Инв.No.

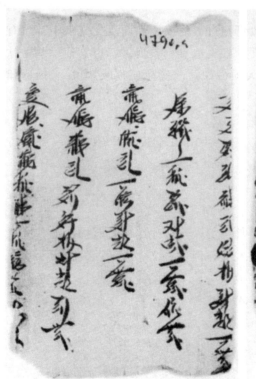 

图 6-22　俄 Инв.No.4790-2　买卖税账　　图 6-23　俄 Инв.No.4790-3　买卖税账

4790-4（见图 6-24），高 19.3 厘米，宽 11.2 厘米，西夏文 5 行，有朱印。俄
Инв.No. 4790-5（见图 6-25），高 19.3 厘米，宽 11.2 厘米，西夏文 4 行，有
朱印。①

图 6-24　俄 Инв.No. 4790-4　买卖税账　　　图 6-25　俄 Инв.No. 4790-5　买卖税账

　　以上 4 件买卖税残页皆分行记录每笔买卖纳税数额，但多未记买卖物
品的数量，有的尚难译出其物品名称。以下就已知物品名称和交税数量略
加分析。

　　俄 Инв.No. 4790-3 买卖税账，5 行都是买物品交税，物品名称不易知晓，
但前 4 行税收量清楚，分别是麦 1 升、1 斗 5 升、麦 1 斗、麦 1 升。

　　俄 Инв.No. 4790-3 买卖税账，第 2—3 行有"高吉祥犬买人税一石三

---

①　《俄藏黑水城文献》第 14 册，第 288—289 页。

斗及……白绢帛交",第4行有"高？？山买骆驼税麦三斗"。俄 Инв.No.
4790-4 买卖税账,第2行有"？？善山买布税一升"。西夏有买卖人口现象,
买者要缴纳买卖税。[①] 在可见的数笔买卖中,人口买卖纳税量最大,其次是
买骆驼,再次是买绢帛。

俄 Инв.No. 4790-4 买卖税账中有一方印,印文为西夏文篆书,四字,从
字形和内容推测,或是 𘕿𗣼𘝵𘔭(买卖税院)四字。有一种买卖税院的印章见
于卖地契中,系较大型的长方印。俄 Инв.No. 4790-5 买卖税账有与上件相同
的右半幅印文。

另有俄 Инв.No. 5943 买卖税账也为4残页,皆为草书写本残页,俄 Инв.
No. 5943-1(见图6-26),高20.5厘米,宽11.3厘米,西夏文6行。俄 Инв.
No. 5943-2(见图6-27),高20.5厘米,宽11.3厘米,西夏文5行。俄 Инв.No.

图6-26 俄 Инв.No.5943-1
买卖税账

图6-27 俄 Инв.No.5943-2
买卖税账

① 关于西夏的人口买卖,详见后卖人口契部分。

5943-3（见图 6-28），高 20.5 厘米，宽 11.3 厘米，西夏文 5 行。俄 Инв.No.
5943-4（见图 6-29），高 20.5 厘米，宽 11.3 厘米，西夏文 4 行，有朱印、签署、
画押。[①]

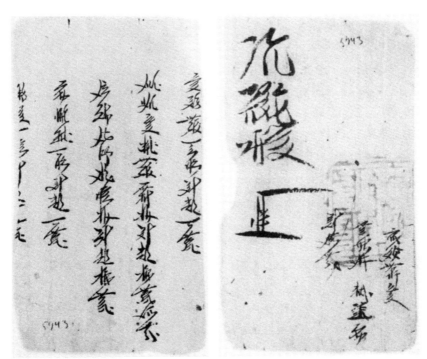

图 6-28　俄 Инв.No.5943-3　买卖税账　图 6-29　俄 Инв.No.5943-4　买卖税账

　　俄 Инв.No.5943-1 第 4 行有"浪啰显？奴买地税大麦二石四斗"。俄
Инв.No. 5943-3 第 2 行有"嵬名李家德买金税麦二斗四升"。俄 Инв.No.
5943-4 为买卖税账末尾，最后有 3 大字，第 1、3 字皆为常用译音字，第 1 字
𦤞，音［居、脚］；第 2 字𫚉，音［考］，有巧、善意；第 3 字𫟃，音［灌、
管］等。3 字暂译为"缴课官"。

　　俄 Инв.No.6377-13 和 14 是重要的买卖税账，皆为草书写本残页。俄
Инв.No.6377-13（图 6-30），高 19.8 厘米，宽 36.5 厘米，西夏文 21 行，有

---

① 《俄藏黑水城文献》第 15 册，第 65 页。

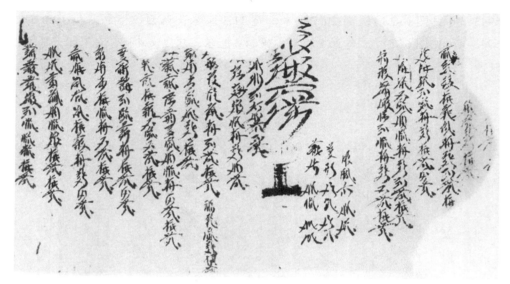

图 6-30　俄 Инв. No.6377-13　买卖税账

西夏文买卖税院朱印，有签署、画押。俄 Инв.No. 6377-14 ，高 19.8 厘米，宽 23.2 厘米，西夏文 14 行，有签署、画押。[1]

俄 Инв.No.6377-13 前后皆残，上部稍残，有的行次缺第一字。第 1、2 行文字不清。从第 3 行至第 21 行的译文知，每行记一次交易，有买者人名、买货品种、数量、缴税数量。缴税是实物粮食，而不是货币。第 3—6 行是前一天的买卖税，第 7—8 行是当日记账的人名，第 10 行是大字签署及画押；第 11 行记某月六日共收税数，为 3 石 4 斗 1 升；第 12—21 行为六日买卖税收单项账。译文如下。

　　……

　　女？思买二匹布税一斗二升

　　老房盛买三羊税二斗八升

①《俄藏黑水城文献》第 14 册，第 144 页。

老房？买一羊四羖税三斗二升

酪布？力山买一羊税一斗二升

　　　　主簿者蒐移

　　　？借　？？

　　　库监　蒐名　？？

……官者大人（大字）（画押）

……六日三石四斗一升

……？？？花买羖税四斗

……奴？买牛三斗二升　朱？羊税二斗

张奴子羊税二斗

契丹金刚王成买七羊四羖八斗二升

？？儿二转一羊一斗二升

李梵茂买三羊转二斗八升

张奴子买二羖一斗二升

大石？？？买二转税八升

蒐移？令四母羊二斗二升

使军铁乐三羖幼羊二斗

……

文书中的"转"可能指已死的羊。由上可知，买一匹布要缴税1斗6升。买一只羊要缴税6—9升多。前述每只大母羊价1石5斗，大羊价1石，小羊价7斗，买卖税约为羊价的5%—10%。买一头牛要缴税3斗2升。前述牛价每头4石杂粮，买卖税约为8%。买一只羖缴税4—6升；买一只死羊要缴税4升。由此可见，西夏的买卖税较高。俄 Инв.No.6377–13 有西夏文买卖税院朱印，有签署、画押，特别还有库监的署名和画押，证明此文书系官文书，税收要纳入官库。

以下将可以释读的买卖税账中各项资料列表6–4（编号皆为俄 Инв. No.）。

表6-4　买卖税账统计

编号	所买物品	数量	纳税数	单位纳税数
4790-3	人		一石三斗？及白绢帛	
4790-3	骆驼		麦三斗	
4790-4	布		麦一斗	
5943-1	地		大麦二石四斗	
5943-3	金		麦二斗四升	
6377-13	布	二匹	一斗二升	6升
同上	羊	三羊	二斗八升	9升多
同上	羊	一羊四羖	三斗二升	
同上	羊	三羖	一斗二升	4升
同上	羊	一	一斗二升	
同上	羊	七羊四羖	八斗二升	
同上	羊	三羊转	二斗八升	
同上	羊	四母羊	二斗二升	
同上	羊	三羖幼羊	二斗	

　　这几件买卖税账只是西夏黑水城地区买卖税账残存的一小部分，从中仍可以看到买卖物品种类较多，除布匹、羊以外，还有土地、黄金，甚至还包括人口买卖。

　　此外，国家图书馆藏黑水城文献封皮衬纸有3件西夏文税账残片（见图6-31、6-32、6-33），黄麻纸，草书，上下皆残。

图6-31　国家图书馆藏125号（7.17X-43）税账

图 6-32　国家图书馆藏 126 号（7.17X-44）税账

其中，125 号（7.17X-43）号记载"买一牛？税二斗四（升）""增一骆驼税三斗"。127号（7.17X-45）号记载"一人金？万牛肉税一斗八升杂，一人洪罗金铁买牛骆驼皮税一斗二升杂"。这一文书也证明在西夏买牲畜、买肉、买牲畜皮等都要缴税。

126 号（7.17X-44）还记载人口的买卖也要缴税："买奴仆税六斗"。这反映出西夏买卖奴仆的事实和纳税的真实情况。在西夏人口买卖交易完成后，和买卖牲畜一样要缴纳税，只不过所缴税款要比牲畜买卖高，因为一般来说在西夏人口的价格要比牲畜高。[①]

由上可得出以下几点。

第一，买卖纳税的品类包括日用品布帛等，牲畜更是重要交易项目，包括羊、骆驼、牛、马等，贵重物品黄金也在买卖和缴纳买卖税之列。

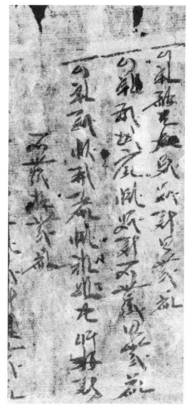

图 6-33　国家图书馆藏 127 号（7.17X-45）税账

---

① 史金波：《国家图书馆藏西夏文社会文书残页考》，《文献》2004 年第 2 期。

第二，土地作为固定资产买卖时也要缴纳税，人口作为特殊商品也可买卖，被卖人仅限于使军和奴仆，但要缴纳买卖税。人口买卖和土地买卖纳税量大。

第三，买卖牲畜纳税，同一品种要依大小、品质不同缴纳不同的买卖税。

第四，买卖所纳税多是实物粮食。西夏有自己的货币，也使用宋朝钱币。这些以粮食缴纳买卖税的做法，反映出西夏货币的流通范围远不如中原王朝广泛，至少在黑水城一些地区缴纳的是实物税。

第五，纵观以上各种买卖税文书，可以看到西夏的买卖税基本是按成交额的数量大小征收。

西夏管理国家财政的机构有三司，掌财用大计，又有都转运司、转运司均调租税，以供国家支用。这些机构皆仿宋朝制度设置。西夏另设有受纳司，为西夏独创机构，具体掌管仓储保管和收支等项；自西夏初期设置，一直延续至后期；受纳司属中等司，设四正职、四承旨、三都案、四案头。[①]

具体管理收税的有中兴府税院、大都督府税院。中兴府税院设一案头、四司吏、二小监、二出纳。大都督府税院即灵武郡税院，设二司吏、二小监、二出纳。此外有诸卖曲税院共十八种，一律设二小监、二出纳。[②] 由此可见西夏对酒曲的税收很重视。

第三节　贷钱物利账

黑水城出土文书中有一类贷钱物利账，证实西夏有贷钱物的行业，并提供了关于西夏贷钱物的具体信息，这也是以前未曾见到的重要资料。

有一类贷钱物利账，俄 Инв.No.23–10 和俄 Инв.No.23–11（见图 6-34、6-35），皆为写本草书残页。俄 Инв.No.23–10，高 15 厘米，宽 32 厘米，西夏文 19 行，有勾勒，末有军抄账残片。俄 Инв.No.23–11，高 15 厘米，宽 32 厘米，西夏文 19 行。两件中每笔多用两行文字表示，一行大字记贷钱物日期、贷钱物者姓名、贷钱物本数量，右旁用小字记利息。如俄 Инв.No.23–10 第二笔"……十八日？旺老房铁钱本二贯……"，右部记"利四百钱来"；又如俄 Инв.

---

① 《天盛改旧新定律令》第十"司序行文门"，第 368 页。

② 《天盛改旧新定律令》第十七"库局分转派门"，第 529、532 页。

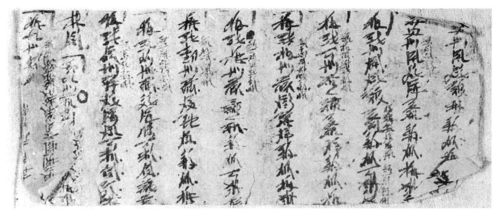

图 6-34 俄 Инв. No.23-10 贷钱利账

图 6-35 俄 Инв. No.23-11 贷钱利账

No.23-11 第四笔"……二十一日都啰有盛钱本五百……",右部记"利一百钱来"。第二例"五百"后应遗"钱"字。这样大约可计算出利率为 20%。[①]

贷钱利账中也有超过 20% 的利率,如俄 Инв.No.23-11 第五笔本钱 3 贯多,利钱 850 钱,达到 35%。也有的低于 20% 利率,如俄 Инв.No.23-10 第三笔本钱 1 贯或 1 贯多,利钱仅 100 钱,等于或低于 10%。

---

① 《俄藏黑水城文献》第 12 册,第 6、7 页。

我们尚未见到借钱的时间，不知是月息，还是年息。根据黑水城出土的多件贷粮契，可知贷粮的一般利率为50%，高的利率是100%，而月利率为20%，日利率为1%。以此为参照，大约这些贷钱契为月息。

借钱人有党项族人，如姓麻则、都啰者，有的为汉族，如姓张者。证明此种贷钱的经济活动为当时党项、汉族参与。

除借钱外，还有的借布，还利息时也为钱。如俄 Инв.No.23-10 第八、九两笔都是借一块布，需要分别还利钱 150 钱、30 钱。

另有一类贷钱物利账所记更为详细。如俄 Инв.No.1576-2 贷钱利账（见图 6-36），为佛经封套衬纸，两残片粘贴，草书写本，高 24.8 厘米，宽 31.8 厘米，上下两纸，皆残，各有西夏文 13 行、10 行，有勾勒。上部一纸较大，

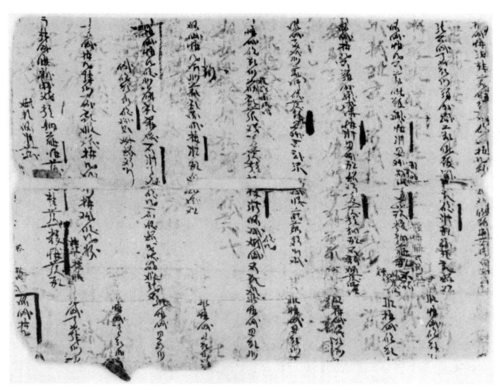

图 6-36　俄 Инв.No.1576-2　贷钱利账

内容较多，共十笔账。① 因字形较小，字迹潦草，有些字尚难以释读。每笔账首记日期，因上部残，缺年份，从月份排列顺序看，先后有二月、十一月、四月、四月、正月、二月、四月、二月、七月、三月，应不是一年的账目。又第八笔中有二月借账，亥年十一月还债，这些账大约在亥年前后，但难以断定是哪一亥年。

　　每笔账在人名下记所借钱粮数，再记利息数或当还钱粮数。以下就相关数字完整、已识读出的做初步分析。

　　如第三笔、第四笔记两人分别"借二贯八百钱，利七斗麦豆，当还一石四斗来"。本利各 7 斗，利率应是 100%。第七笔比较简单，一罗氏女子，借 2 贯钱，还 3 贯钱，合 50% 的利率。又据上述关于西夏粮价的分析，2 贯 800 钱按 7 斗粮食来计算，麦豆价格每斗为 400 钱，前述已知西夏杂粮每斗价 200 钱左右、小麦每斗价 250 钱左右，而这里的 400 钱比当时粮价要高很多。

　　还有一种贷钱文书介于借贷契约和计账之间。俄 Инв.No.1523-24 为一贷钱文书（见图 6-37），前后皆残，高 20.8 厘米，宽 33.7 厘米，西夏文草书 17 行。②

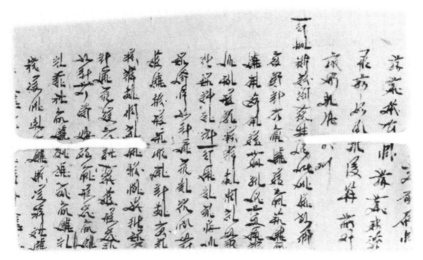

图 6-37　俄 Инв. No.1523-24　贷钱文书

① 《俄藏黑水城文献》第 12 册，第 273 页。
② 《俄藏黑水城文献》第 12 册，第 265 页。

图 6-38 　俄 Инв. No.7893-15 　计账

此文书系分条记录，每一条第 1 行顶格书写，自第 2 行后降两格。此文书存一条的后 4 行，从第 5 行后开始下一条。此条首记"一条乾祐壬辰三年六月五日文状为者大石？？"，"乾祐壬辰三年"为西夏仁宗乾祐三年（1172 年），"文状为者"为立契者，"大石"为姓，可能为大食人，便以大石为姓，像鲜卑人以鲜卑为姓、契丹人以契丹为姓一样。

文书记此人借 700 贯本钱，每日每贯 8 钱的利息，一百日当还本利，日利率 0.8%。算来每贯一百日利钱为 800 钱，利率为 80%，应是利率很高的高利贷。本钱 700 贯，百日后的利钱为 560 贯，本利共 1260 贯。

文书又记过期不还时，自过期日始，每日每贯要罚不超过 5 钱的利钱。这 0.5% 的罚钱也不是小数目，若迟交 10 日则需多交 35 贯钱。

前残条中有以契丹为姓的两人名，后条中借贷者为姓"大石"者。从后条可知这是大宗现金借贷，利率很高，不是普通借贷，而可能是商业借贷。历史上大食人善商贾，也许这一文书反映了西夏时期大食人在西夏经营商业的一些信息。

还有一种文书残页涉及银两，十分少见。俄 Инв.No.7893-15 系写本残片（见图 6-38），高 19 厘米，宽 22.2 厘米，西夏文草书 5 行，有涂改。[①]

此文书前 3 行记 6 人账，后 2 行为总计。简译如下。

> 祥瑞乐四十　　腊月金三十
> 小狗乐十三　　祥瑞成四十
> 祥瑞乐二十　　宝盛二十
> 种物　一百五十两银

---

① 《俄藏黑水城文献》第 14 册，第 216 页。

　　先昔 ^① 一全十两有

6 人账目相加共为 163 两银，而后记 150 两银，又记前已有 10 两银，为 160 两，与 6 人账目之和少 3 两。此文书为银两记账，在黑水城发现的文书中涉及银两的很少，这也反映出当地也使用银两。疑此件为银两借贷账。

第四节　贷粮账、欠粮账

　　黑水城出土的文书不仅有前述众多的贷粮契，还有贷粮账以及欠粮账。已发现的贷粮账皆为佛经封套裱糊衬纸，都是残页。欠粮账有的呈单页形式，相对完整。这些文书往往是贷粮的总计籍账，与贷粮契约有密切联系，又有贷粮契所难以显示的集中性和总括性。

一　贷粮账

　　黑水城出土文书不仅有众多的贷粮契，还有记录贷粮的账目。俄 Инв.No.2176 有两纸残页，俄 Инв.No.2176-1 为乾祐壬寅年贷粮账（见图 6-39），写本，为护封衬纸，两纸残片粘贴，高 18.9 厘米，宽 16.4 厘米，西夏文草书 10 行、8 行，上部首行有"乾祐壬寅年三月一日"（1182 年）年款。俄 Инв.No.2176-2 系同样写本（见图 6-40），护封衬纸，两纸残片粘贴，高 19.4 厘米，宽 15.7 厘米，西夏文 11 行、9 行。^② 这是一件时代相对较早的贷粮账。

　　俄 Инв.No.2176-1 贷粮账上部上下较完整，左部残。上部 1 行有题目，顶格书写，译为"乾祐壬寅年三月一日粮食"，"粮食"二字为西夏文薾翍，《番汉合时掌中珠》译为"斛豆"^③，即粮食的总称。此文书记西夏仁宗乾祐壬寅十三年（1182 年）贷粮本利数目，每笔以"一人"开头，下记贷粮人名，再记借粮的品种和数量。后记 5 笔账。

① 似为西夏文魏虓二字，第 1 字"前"意，第 2 字"昔"意。
② 《俄藏黑水城文献》第 13 册，第 64 页。
③ 《番汉合时掌中珠》，第 15 页。

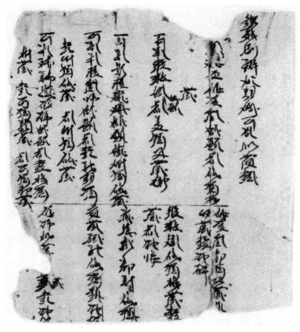

图6-39 俄Инв. No.2176-1 乾祐
壬寅年贷粮账

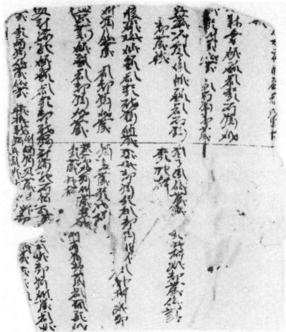

图6-40 俄Инв. No.2176-2
贷粮账

乾祐壬寅年三月一日粮食

　　一人讹五那征乐本利杂五石二

　　　斗

　　一人曹阿乐杂七斗八升？

　　一人？普犬母本利大麦六石五斗

　　一人耶和乐山本利杂麦十三石

　　　麦六石五斗　杂六石五斗

　　一人？六？？吉乐本利杂麦二石

　　　六斗　麦一石三斗　杂一石三斗

　　……

下部也有 5 笔贷粮账，上下皆残。俄 Инв.No.2176-2 系同类贷粮账，也由上下两残页组成。由此类账目可知，西夏借贷不仅双方要签订契约，还有记账。这种记账可能是出贷者依据借贷契约所记借出粮食的统计账。

俄 Инв.No. 7892-2 V 也是一贷粮账残页（见图 6-41），写本，残片，高 22.3 厘米，宽 12 厘米，西夏文草书 4 行，有的与背面文字相互叠交，不易识别。[①]

译文为：

　　五月十一日麻啰奴犬五斗一升糜借二斗二升……

　　　　　借者奴犬

　　五月十八日使军奴犬三斗糜借六斗？？ 上？？

　　　　　借者奴犬？？？？

　　五月十八日梁？？宝一石？？？借二石……

这是一件类似简单贷粮契约的账目，有借贷时间、借贷者、借贷谷物品种、数量以及还贷数量，还有一行写借贷者的名字。但未见借贷者的画押，似为贷粮账目。

---

① 《俄藏黑水城文献》第 14 册，第 204 页。原书记为"告牒"，应为贷粮账。

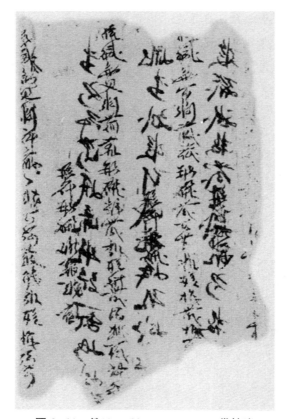

图 6-41　俄 Инв. No.7892-2 V　贷粮账

　　近年在国家图书馆善本部的组织下，对馆藏西夏文文献重新整理并进行修复时，在黑水城出土佛经的一些封面、封底以及背面裱糊的纸张中发现了一些新的西夏文文献残页，共有 170 多纸；其中有贷粮账十多纸，大多是同一账簿中的残页，皆西夏文草书，记载了放贷主的名字、借贷粮食的品类、原本数量以及利息等项。这类账目可能是经营放贷的质贷铺的底账。大约一些有余粮的放贷主将粮食放到质贷铺之类的放贷场所，然后统一对外放贷。从残账页可见，无论是何种粮食：麦、大麦、荜豆、豌豆，无论贷粮多少，利率都是 50%。[①] 贷粮契约也可与这些贷粮账对照研究。贷粮契约的主体是借贷者，以借贷者的名义立契，并需签字画押，反映了借贷者和债权人的关系；上述贷

────────────

① 　史金波：《西夏户籍初探——4 件西夏文草书户籍文书译释研究》，《民族研究》2004 年第 5 期。

粮账则记载债权人及其放贷行为，反映出债权人和中介者的关系。中介者会在50%利率基础上增加利率出借，做不用本粮的借贷生意，以牟取利润。

这些贷粮账十多纸，大多是同一账簿中的残页，薄麻纸，草书，两面书写，有的残下部，有的残上部。

就内容较多者翻译如下。国家图书馆藏042号（7.10X-8）（见图6-42），残存7行。

图6-42　国家图书馆藏042号（7.10X-8）贷粮账

译文：

蒐名老房大麦本五（石）……

利二石……

麦本二（石）……

利一石……

刘山狗大麦本三（石）……

利一石

麦……

043 号（7.10X-8），残存 6 行，译文为：

利五斗，

麦本五斗……

利二斗五

觅名氏双宝大麦本一石五……

麦本一石五斗，

利杂一石……

045 号（7.13X-1），残存 2 行，译文为：

董正月狗麦本五斗，

利二斗五升。

051 号（7.13X-2），残存 5 行，译文为：

刘阿双麦本七斗，

利三斗五升。

朱腊月乐麦本五斗，

利二斗五升。

没赏鹿擒麦五斗，

……

061 号（7.13X-8）（见图 6-43），残存 7 行。

译文：

利三斗……

西禅定吉麦一斗，

利五升；

图6-43 国家图书馆藏061号（7.13X-8）贷粮账

波年正月犬糜本一石五斗，

利七斗五升；

麦本一石，

利五斗。

062号（7.13X-8B）（见图6-44），残存7行。

译文为：

赵阿富豌豆本五斗，

利二斗五升；

麦本五斗，

利二斗五升；

命屈那征铁大麦本一石，

利五斗；

麦本二石……

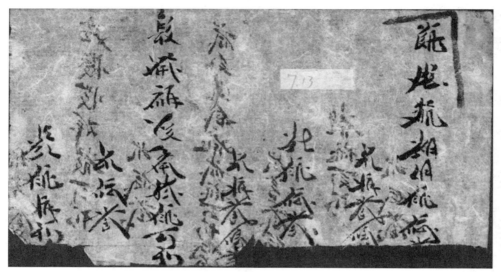

图 6-44 国家图书馆藏 062 号（7.13X-8B） 贷粮账

055 号（7.13X-4），残存 5 行，译文为：

……? 城？？
……大麦本一石五斗，
　　　利七斗五升，
　　麦三石五斗，
　　荜豆一石一斗　荜豆一石四斗……

056 号（7.13X-4B），残存 6 行，译文为：

……黑大麦一石五斗，麦一石，
　　　利七斗五升；
　　麦本一石，麦一石三斗，
　　利五斗；
　　大麦本二石，大麦二石二斗，
　　利……

039（7.10X–5），残存 5 行，译文为：

> 本……本三百五十
> ……麦豆共　五斗糜　二斗麦借
> 　……月一日　　十五捆草
> ……利有　三斗？大麦本借，四斗五……
> ……钱？一百五十

（其他图版见附录）

同类的还有 048、049、050、051、052、053、054、057、058、059 等号。由上可以看出，这是一种借贷粮食的账目，记载了放贷主的名字、借贷粮食的品类、原本数量以及利息等项。它既不是借贷契约，也不是借贷契约的誊录账目，似乎是着重记录各放贷主及其放贷粮食的账目。这类账目可能是经营放贷的质贷铺的底账。可能是存粮的放贷主将粮食放到质贷铺之类的放贷场所，然后统一对外放贷。从借贷主的姓名看有党项人，其中不乏名门望族，如有两人是西夏皇族嵬名氏，有后族野利氏，有望族骨勒氏；此外还有播盉、口命屈、噶尚、波年等姓氏，汉族则有赵、刘、朱、董等。这些人都是有余粮可贷的富裕户。

更为重要的是，从中可以了解当时的贷粮利息。比较完整的本利账有 043 号"麦本五斗……利二斗五"；045 号"董正月狗麦本五斗，利二斗五升"；055 号"大麦本一石五斗，利七斗五升"；051 号"刘阿双麦本七斗，利三斗五升"；051 号"朱腊月乐麦本五斗，利二斗五升"；061 号"西禅定吉麦一斗，利五升"；061 号"波年正月犬糜本一石五斗，利七斗五升；麦本一石，利五斗"；062 号"赵阿富豌豆本五斗，利二斗五升；麦本五斗，利二斗五升""命屈那征铁大麦本一石，利五斗"；056 号"大麦一石五斗""利七斗五升"；"麦本一石""利五斗"。可见，无论是何种粮食：麦、大麦、荜豆、豌豆，无论贷粮多少，都是 50% 的利率。这里没有指明借贷的时间。根据俄罗斯所藏黑水城出土的西夏文贷粮契可知，西夏的粮食借贷时间一般是在每年青黄不接的二月，还本利时间是秋后的八月，借期基本上是半年。半年的利率是 50%，可谓不折不扣的高利贷。借贷的贫困农民每年秋收后除缴纳地租外，还需要偿还春天借贷粮食的本利。他们维持一年生活的粮食总量将大打折扣，其生活贫困、艰难的状况可想而知。

又 043 号有"麦本一石五斗，利杂一石"。看来借细粮可以还杂粮，但须增加利息。按上述利率麦本 1 石 5 斗利息应是麦 7 斗 5 升，但借贷者还的不是麦，而是杂粮，利息不少于 1 石，依此推算，借细粮还杂粮要增加不少于 1/3 的利息。

二　欠粮账

一种欠粮账除记欠粮当事人外，还需要记录担保人，并画押，又可称欠粮担保账，是西夏籍账中很有特点的一种。农民欠粮未还，需要他人担保。这可能是西夏对税粮管理的一种措施。

黑水城出土俄 Инв.No.866 欠粮担保账（见图 6–45、6–46），系写本残卷，高 21.7 厘米，宽 61.4 厘米，西夏文草书 26 行，有画押。[①]

此件为一残卷，西夏文 26 行，是一里溜中 4 户的欠粮账目。开始第 1、2 行记溜统（里正）之名荈絥夏（柯那征）和里溜之名，并有画押；后分户记

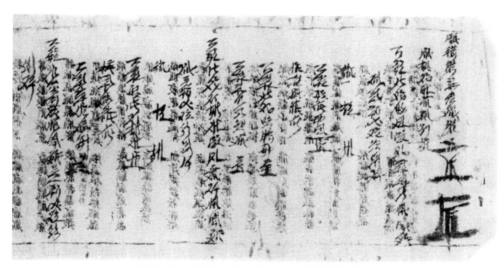

图 6–45　俄 Инв. No.866　欠粮担保账（1）

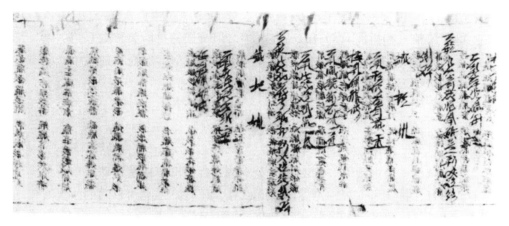

图 6-46　俄 Инв. No.866　欠粮担保账（2）

账，写明欠粮数、借粮人并画押；再记担保人并画押。如第 1 户第 1、2 行记
繠訛訛（移讹奴乐）有接某渠撒 10 石（种子）的湿地（訞訞）；第 3 行写
谷、大麦、麦三种粮食类别；第 4 行为"一人欠者奴乐"，即第 1 行户主的名
字和画押；第 5 行为"二人担保者"，第 6、7 行为两担保者的姓名和画押。
此后 3 户都是这种书写格式，只不过户主（欠粮者）、土地数、担保者不同。

又有俄 Инв.No. 4760 欠粮担保账（图 6-47），是一长 3 米多的残卷，记
有 20 户的欠粮账目。该文书写本，长卷，前后残，高 19.7 厘米，宽 303.5 厘

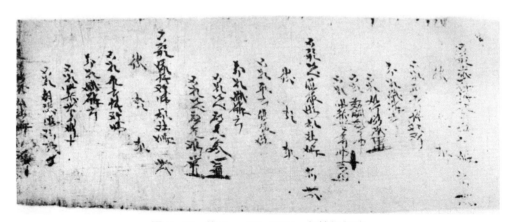

图 6-47　俄 Инв. No.4760　欠粮担保账

米，西夏文草书 138 行，有署名、画押。①

　　每户欠粮人和担保人都有人名和画押，但奇怪的是所欠粮数只记"杂、细
共　石斗"，粮食数字是空缺。也许其所欠粮食为全部应缴耕地税粮，早有定
数，可省略不记，但欠者和担保者仍然需要画押。

第五节　卖地账

　　黑水城出土文书中有一批西夏文卖地契，展示出西夏黑水城地区土地买卖
的丰富内容，将在后面集中论述。除此以外，还有不是契约形式的西夏文卖地
文书，从另外的角度诠释了西夏的土地买卖状况。

　　俄 Инв.No.2156-2 为天庆年卖地账（见图 6-48），写本残页，护封衬纸，
高 23.1 厘米、宽 30 厘米，存西夏文草书 11 行。②

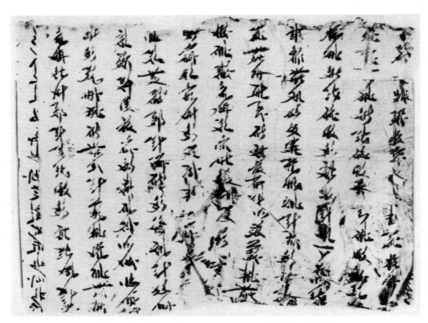

图 6-48　俄 Инв. No.2156-2　天庆年卖地账

---

①《俄藏黑水城文献》第 13 册，第 258—262 页。

②《俄藏黑水城文献》第 13 册，第 30 页。原书记为"告牒"，应为卖地账。

此件虽残，且字迹难辨，但仍可寻找到有关土地买卖的有价值的资料。以下将此件重要部分（前4行）摘译如下：

> ……天庆年……各年……
> ? 长一百六十五尺宽一百尺？块……
> 二百六十五尺地已卖为，价一百四十？
> 贯钱已付。……文书已做，钱、地……
> ……

这里记载了所卖地的长、宽和价钱，是土地买卖很重要的数据。西夏文《文海》对"亩"字有过解释"一边各五十尺，四边二百尺算一亩"。① 西夏每亩为2500平方尺，25平方丈，100方步。按上述推测的西夏1寸合3.12厘米计算，每亩约合243平方米。唐宋亩制以240方步为1亩，约为600平方米。因此宋朝一亩约为西夏2.4亩，是知西夏亩比宋亩小。依此计算，上述文书中的所卖土地面积，长165尺，宽100尺，为16500平方尺，合6.6西夏亩。但文书中又记已卖"二百六十五尺地"，此数字系将长、宽相加所得，不知是如何计算的。若按总钱数140贯计算，每亩合21贯左右，这样显得地价很高，也许这不是普通耕地。

同类文书还有俄Инв.No.2156-4（见图6-49），也是写本残片，护封衬纸，高11.3厘米，宽28.8厘米，西夏文草书10行。②

译文：

> ……
> ……天盛庚寅二十……
> ……月二十五上……
> ……
> ……地大石寂吉及……

---

① 史金波、白滨、黄振华：《文海研究》，中国社会科学出版社1983年版，第316、534页。
② 《俄藏黑水城文献》第13册，第31页。原书记为"告牒"，应为卖地账。

图 6-49　俄Инв.No.2156-4　卖地账

> ……处已买为地四……
> ……三百十贯钱已
> ……

因残损过甚，数据不全，难以做进一步分析，但可知与前述卖地账为同类文书，并且有年款"天盛庚寅二十……"，可推知具体时间为天盛庚寅二十二年（1170 年）。

第六节　商贸文书特点

存世的西夏商贸文书种类很多，虽多残损，但所涉经济领域广泛，内容丰富，价值不菲，值得珍视。

第一，西夏文商贸文书涉及西夏经济的多方面内容，如人们生活中须臾不能或缺的基本生活用品粮食、布匹、绢帛等，也有当时各民族喜好的酒，更有既是生产资料又是生活资料的大小牲畜，还有作为重要生产资料的土地和生产力中的人。

第二，这些商贸账目连接生产和消费，不仅记载了西夏时期商贸活动的实际情况，还通过对这些文书的计算、研究，发现当时很多重要的经济信息。比如，通过买卖账计算出重要物品的价格，其中包括各种粮食、多种牲畜、酒的价格等。这对于深入解析西夏社会经济自然是异常重要的。

第三，在前述租税文书研究中，了解西夏农业的租税问题。这些商贸文书又展现了农业以外的商业部门的税收情形。通过买卖税账，可以看到西夏政府在流通领域实施管理和征税的记录。买卖纳税时，无论是布帛、牲畜、黄金、土地、人口，都要缴纳买卖税，其中人口买卖和土地买卖纳税量大。这些税收对西夏政府，特别是地方政府是一项重要的财政收入。

第四，通过西夏文贷钱利账、贷粮账、欠粮账等文书看，西夏的借贷也很流行，无论是粮食还是钱，都有借贷。西夏的借贷、买卖行为，除有契约外，还反映在账籍中。契约一般是一笔一契，而这些借贷账往往是多笔集中记在一起，更可以看到借贷、买卖的规模，利息的比率等，显示出更多、更集中的经济信息。

第五，商贸文书中的纳税多是实物粮食，如买卖税账等。但也有不少文书反映在贸易中使用货币，如卖粮账、钱粮账等。而在卖酒账中，有的用粮食计价，有的用货币计价。在牲畜、布帛买卖中使用粮食，这时粮食起到了货币的作用。西夏有自己的钱币，也使用宋朝钱币。西夏时期，黑水城地区应是粮食和钱币都作为货币的地区。

第 七 章
契约文书研究

契约是双方或多方依法共同协议订立的有关买卖、抵押、租赁等关系的文书、条款，是双方权利、义务和社会地位的一种社会协议形式，属于私文书之类。在中国古代社会，契约几乎统摄着私法领域，从而形成了"官有政法，民有私契"的公私法并行的局面。中国古代的契约多产生于经济较为发达的汉族地区，中古时期少数民族和少数民族地区留下的契约文书稀少，特别是少数民族文字的契约更为罕见。

西夏法典《天盛律令》规定，承认契约的效力。特别重要的契约，如大宗土地买卖、牲畜买卖、人口买卖往往有官府买卖税院的朱印，更为郑重其事。

出土的西夏契约真实而深刻地反映出西夏时期的商业、贸易等社会上经常发生的经济行为，是了解西夏社会经济至关重要的原始资料，文献价值很高。

每一件契约都有时间、人物、事件、情节，每一件契约都是一件真实的历史故事。从这些重要契约中，似乎看到了西夏借贷、买卖、典当、雇佣、互助的实际、生动场面，复原了西夏社会中人们经济往来的情景。这些契约的发现和研究，将推动西夏社会经济的研究，加深对西夏基层社会的认识。

第一节　西夏契约的种类和形制

黑水城出土的西夏文社会文书中，以契约数量最大、品类多，有150余号，内有契约400多件。这些契约在现存唐宋时期契约（包括敦煌石室所出契约）中所占比重最大。西夏出土契约，不仅数量很多，类别也不少。

一　西夏契约的种类

俄藏黑水城出土西夏文契约文书与其他契约一样，识别比较容易，即它们都有签名、画押，但不是所有带有签名、画押的文书都是契约。比如，西夏文文书中特有的军籍文书，后面也有签署、画押，但不属于契约类。另外，西夏文契约的识别和统计也并不容易。因为在西夏文文书中，一幅单页纸的、完整的契约只占契约的一小部分，多数契约是残卷或残页，有的残失了签署和画押；还有的将契约文书装订成书册，背面书写佛经；有的残卷中包含了多个契约。

经过统计后，有契约的文献，包括小号超过 200 个号。因为有的文书一个号中有多件契约，所以目前共统计有 400 多件保存程度不同的契约。

（一）借贷契

借贷契主要是贷粮契，共 110 多号 320 多件，在西夏文契约中数量最大，形式也多种多样，其中有长卷，有书册，有单页，有残片。有的契约是单页，内容丰富，首尾完俱；有的是卷装式，一卷中有很多契约，有的 4、5 件，有的 8 件或 10 件，有的有更多契约。最多的俄 Инв.No. 4696-6 光定申年贷粮契，包括 24 件契约，长 288 厘米，有西夏文 190 行。有的贷粮契仅有一行字，借贷数量较小。此外，有还贷契 1 件。贷钱契较少，仅发现 2 件。

（二）买卖契

出土的西夏买卖契分为卖地契、卖畜契和卖人口契。卖地契 13 件，其中有单页，有残卷，多相对完整；卖畜契有 20 多件；卖人口契 3 件，十分稀见。一契约长卷俄 Инв.No.5124，包括西夏天庆寅年（1194 年）正月末至二月初的 23 件契约，有卖地契、租地契、卖畜契、雇畜契以及贷粮契，其中卖地契 8 件。因西夏买卖契属绝卖性质，一般交易量较大，契约显得更为复杂、完善，内容也更为丰富。

（三）租赁契

出土的租赁契包括租地契和租畜契。租地契有 3 个编号，8 件契约。在敦煌吐鲁番文书中租种耕地称为"夏田"或"佃田"，租地契约称为"夏田券""夏田契"或"佃田契"。① 黑水城出土的契约中称耕地租佃为𠱥（包），系

---

① 韩国磐：《从〈吐鲁番出土文书〉中夏田券契来谈高昌租佃的几个问题》，韩国磐主编《敦煌吐鲁番出土经济文书研究》，厦门大学出版社 1986 年版，第 199—224 页；杨际平：《麴氏高昌与唐代西州、沙州租佃制研究》，韩国磐主编《敦煌吐鲁番出土经济文书研究》，第 225—292 页。

从汉语中借来。这些契约也可称为"包租地契"。

此外，还有贷粮典畜契 8 个编号，14 件契约。另有双方交换牲畜、由一方对另一方进行补偿的换畜契。

（四）雇佣契

出土的西夏文契约中，雇佣契包括雇工契和雇畜契。雇工契仅发现 1 件，可谓凤毛麟角，至为珍贵。另有典工契 1 件，载明立契者自愿为他人典工。雇畜契有多件，往往是卖掉牲畜者不得已而向买主再行租赁所需牲畜。此外，还有贷粮雇畜押地契 2 件。

（五）众会契

众会契即社条。仅发现 2 件，为西夏时期民间互助组成"众会"的契约，这是中国古代 12—13 世纪新的社邑资料，表明西夏时期社会基层存在民间互助的结社组织。

还有一些契约残损程度高，剩余文字少，难以确定是何种契约；有的只是知道为买卖、借贷契约，但契约中有关买卖、借贷的物品缺损或不详。

除此之外，英国国家图书馆藏斯坦因从黑水城掘走的西夏文文献中，也有部分契约残件，中国国家图书馆所藏西夏文文献中，也有少量西夏文契约。甘肃和内蒙古近些年新发现的西夏文文献中也有一些契约。特别应该提到的是，20 世纪 80 年代末在甘肃武威缠山村发现了一批西夏遗物，其中也有 1 件西夏借贷文书。①

另外，还有一些西夏时期的汉文契约，也很有价值，受到学术界的重视，并已有很好的研究成果。

二　西夏契约的形制

西夏文契约多写在略带泛黄色的白色麻纸上，若一纸只写 1 件契约，一般高约 20 厘米，宽约 30 厘米。如俄 Инв.No.5227 天庆丑年贷粮典当契，高 19.3 厘米，宽 30.5 厘米。有的比较窄小，如俄 Инв.No.2996-3 典畜契，高 18.7 厘米，宽 13.4 厘米。也有不少西夏契约是一纸书写多件契约，有的长卷多达几十件契约，形成连在一起的契约籍账。如俄 Инв.No.4596

---

① 孙寿岭：《西夏乾定申年典糜契约》，《中国文物报》1993 年第 5 期。

光定丑年贷粮契，高 19.5 厘米，宽 152 厘米，共有 8 件契约；俄 Инв.No.4696 光定申年贷粮契，虽断为数节，但原为粘连在一起的长卷，长 500 多厘米，共 50 多件契约。这些契约往往纸质较差，加之年代久远，多有残破，特别是卷首、卷尾残损居多。

　　每一件契约都顶格书写，皆墨书，大部分为西夏文草体，也有少部分行书或行楷。契约有比较固定的格式，开始记立契约时间，完整的包括年号、甲子、年数、月、日，在表示日期的后"日"下，还往往有一个在西夏文中表示白天的𘟓"日"字；有的立契时间简化，前面有具体年代的可简记成"寅年"等只有地支的纪年；有的跟在前一契约后面，可记成"同日"。立契时间后记立契约者，西夏文为𘝞𘄑𘕰𘓐"文状为者"，即立契者。然后记契约主要内容，这是契约主体，一般很详细，如数量、价钱、利率、利息、支付、偿还等。再后记违约处罚，有处罚数量，也记载详细，后还有立契者表示对契约认可的"心服"态度。最后是另行降格记立契者的名字和画押；其后另行记同立契者，西夏文为𘝞𘏨𘕿𘓐"状相接者"的名字和画押；再另行书写证人，西夏文为𘓐𘃝"知人"的名字和画押。契尾当事人和关系人签字画押皆降格书写，底部大约与正文齐。签字人名的上方，有的以算码、符号和文字的形式再次标写买卖、借贷等项数量和种类。

　　西夏出土的重要契约，特别是大宗的绝卖契中，有买卖税院的朱印。朱印形制较大，呈长方形，下托仰莲花，上覆倒荷叶，印上部有自右而左横写的西夏文𘝞𘏨𘕰𘓐 4 字，译为"买卖税院"。押有这种印者，表明该次交易是经过政府买卖税院的许可，并缴纳了买卖税，是为红契。

　　有的契约则比较简单，基本上是数量不大的非买卖契，如少量的粮食借贷等。有的只有一行字，简明记载借贷者的人名、借贷数量、还粮数量以及当事人画押即可。

　　众会契是契约中的一个特殊类别。契约首有总叙，开始照例记时间，后分条列𘓐𘃝（众会）条规。每条前有𘘧𘏨（一条）二字。条中记众会的活动为𘓐𘃝（会、聚，即"聚会"意），参加众会的成员称为𘘧𘓐（大、众，即"大众"或可译为"会众"）。最后有每位与会人的署名和画押。

　　由上可见，西夏契约形制大体继承了中原王朝的形制，基本上包含了传统契约的各种要素。有的内容和名称用语则表现出西夏契约的特色。

第二节　借贷契

西夏的借贷契数量最多，其中以贷粮契为主。粮食借贷是西夏社会底层经常发生、影响很大的经济活动，它涉及西夏社会的方方面面。

敦煌发现的社会文书中粮食借贷契约有 70 余件，称为"便麦契""便粟契"等。[①] 新发现的黑水城出土的粮食借贷契约，数倍于敦煌粮食借贷契约。这些新发现的契约使西夏成为明清以前各代留存契约最多的朝代。

过去介绍、研究西夏的契约文章屈指可数，始有 15 件汉文典当残契刊布和陈国灿先生的考证 [②]。20 世纪 80 年代末在甘肃武威缠山村发现了一批西夏遗物，其中也有 1 件西夏粮食借贷文书，由孙寿岭先生初步介绍。[③]

一　贷粮契

（一）贷粮契的制定

西夏《天盛律令》将有关借贷的问题纳入法律规定，特别是卷第三的"催索债利门"共 15 条，集中规定了有关债务问题。在西夏王朝法典中专辟"催索债利门"，可知西夏政府对债权人的保护和催索债利的重视，表明西夏政府保护富者的放债利益、动用法律对贫者催索债利的明确立场。

《天盛律令》"催索债利门"对订立契约有规定：

> 诸人买卖及借债，以及其他类似与别人有各种事牵连时，各自自愿，可立文据，上有相关语，于买价、钱量及语情等当计量，自相等数至全部所定为多少，官私交取者当令明白，记于文书上。以后有悔语者时，罚交于官有名则当交官，交私人有名则当交私人取。变者有官罚马一，庶人十三杖。[④]

---

① 唐耕耦、陆宏基编《敦煌社会经济文献真迹释录》，全国图书馆文献缩微复制中心 1990 年版，第 76—147 页。

② 陈国灿：《西夏天庆间典当残契的复原》，《中国史研究》1980 年第 1 期，第 143—150 页。

③ 孙寿岭：《西夏乾定申年典糜契约》，《中国文物报》1993 年第 5 期。

④ 《天盛改旧新定律令》第三"催索债利门"，第 189—190 页。

西夏法律提倡买卖、借贷等民事订立"文据"，即契约，这样不仅可以保护债权人的利益，同时也能起到规范民间经济事务、避免民事纠纷、保持社会稳定的作用。法律还规定了契约的主要项目，并强调对违约者给予处罚。有些罚粮要交给官府，有些罚粮要交给私人，即债权人。

黑水城发现的大批借贷契约证实，西夏政府关于订立契约的规定得到贯彻实行，就连远在西北部的黑水城的农村也普遍实行。

所见西夏借贷契约很多是一纸书写多件契约，有的长卷多达几十件契约，形成连在一起的契约籍账。同一文书长卷中的多种契约借贷者不同，但往往出借者即债权人相同，实际上是保存在债权人手中的借贷契约账册。如前述俄 Инв.No.4696 贷粮契，原为粘连在一起的长卷，有 50 多件契约。

契约不仅具有证明作用，还具有法律效力，在社会经济生活中有重要地位。西夏的贷粮契是一种消费借贷合同，也是具有法律效力的契约。

（二）贷粮契的种类和译释

黑水城出土的西夏文贷粮契多为多件契约连在一起的卷子，极少有一契一纸的单页契约；而在土地买卖、牲畜买卖、人口买卖、牲畜租典等契约中，却不乏单页契约。单页契约记录的往往是标的物更为重要、价值更大的契约行为。贷粮契属于一般物品的借贷，往往多件契约连记。

西夏贷粮契有多种不同类型，为对西夏粮食借贷契约形制和内容做进一步的了解，以下拣选繁简不同类型的西夏文契约翻译如下。

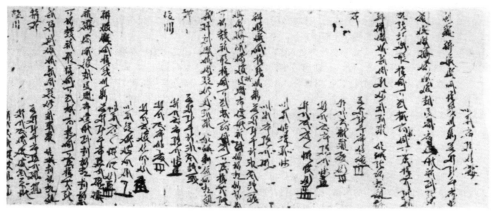

图 7-1　俄 Инв. No.4762-6（1）　天庆寅年（1194 年）贷粮契卷首

1. 俄 Инв.No.4762-6（1）天庆寅年（1194年）贷粮契（见图7-1），写本，麻纸，卷子，残，高20.6厘米，宽52厘米，西夏文草书31行，多件契约连写。[①]

译文[②]：

> 天庆寅年正月二十九日立契约者[③] 梁功
> 铁，今从普渡寺[④] 中持粮人[⑤] 梁任麻等处借[⑥] 十石
> 麦、十石大麦，自二月一日始，一月有一斗二升利，
> 至本利相等时还，日期过时按官法[⑦] 罚交十石麦，心服。
>> 立契约者功铁（押）
>> 同立契[⑧] 子般若善（押）
>> 同立契梁生？（押）
>> 同立契口恧口恧禅定善（押）
>> 知人[⑨] 平尚讹山（押）
>> 知人梁生？（押）

2. 俄 Инв.No.6377-16（1）光定卯年（1219年）贷粮契（见图7-2），写本，麻纸，残页，高20.6厘米，宽53.7厘米。西夏文草书28行。[⑩]

---

① 《俄藏黑水城文献》第13册，第279—280页。圆圈内小号如①、②等，为长卷中契约顺序号。

② 第一行为上一契约残存，不译。

③ 在西夏文借贷、买卖等契约中贷入者、卖者等立契人，西夏文为"𗱕𗣼𗢤𗷗"，对译为"文状为者"。"文状"，即"契约"；"为"，动词，"做""制""立"意。"文状为者"，译为"立契者"。

④ 西夏文为"𗼊𗸜𗃛𗜓𗸐"，对译为"普亥众宫寺"。𗸜（亥）与𗸐（渡）字形相近，𗼊𗸜或为𗼊𗸐（普渡）。"𗃛𗜓"（众宫）是"寺庙"意，"𗸐"音［中、众］，也是"寺庙"意。此寺译为"普渡寺"，为西夏时期黑水城的一寺庙。

⑤ 西夏文为"𗵆𗫸𗵊"，对译为"谷手有"，译为"持粮者"，即寺庙中掌管粮食及其借贷者。

⑥ 西夏文为"𗣼"，意为"取"，译为"借"。

⑦ 西夏文为"𗧒𗤗"，对译为"官依"，即"依官"之意，译为"按官法"。

⑧ 西夏文为"𗫸𗱕𗷗"，对译为"状接相"，即"相接文状（契约）"之意，译为"同立契"。此种人可接续立契者完成契约中的承诺，多为立契者的家人、近亲。

⑨ 西夏文为"𗜓𗫸"，对译为"知人"，译为"证人"。

⑩ 《俄藏黑水城文献》第14册，第145—146页。

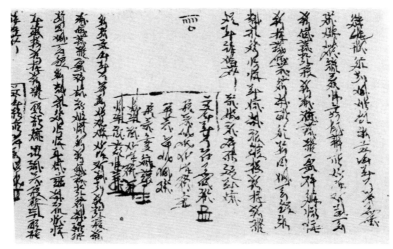

图 7-2　俄 6377-16（1）　光定卯年（1219 年）贷粮契

译文：

光定卯年三月六日立契约者梁十月

狗，今于兀尚般若山自本持者 ① 老房势处借

一石五斗麦，每石有五斗利，共算为二

石二斗五升，期限同年八月一日

当聚集粮数来。日过时，一石还二石。

本心服。　　文书上所载 ② 当还。

　　　立契约者梁十月狗（押）

　　　同借（者）③ 兀尚老房狗（押）

　　　同借（者）梁九月狗

　　　同借（者）李满德（押）

　　　知人杨老房狗（押）

　　　知人杨神山（押）

① 西夏文为"𗼩𘂤𗟲"，对译为"本持者"，即持本粮放债者，译为"持本者"。
② 西夏文为"𗟻𗷅𘈩𗻓"，对译为"入柄上有"。"入柄"为"文书"意，即"文书上所载"。
③ 西夏文为"𗟲𘂝"，对译为"借相"，译为"同借（者）"。

　　以上是两种相对标准的借贷契约。俄 Инв.No.7741、4762–6 和 7、5870、8005 等也是同类型的西夏文贷粮契。① 可以见到西夏契约与中原汉族地区的契约形式相同，包括立契约时间、立契约者即借贷人姓名、出借者即债权人姓名、借贷粮食种类和数额、偿付期限及利率、违约处罚、书证人姓名、画押等主要内容。

　　3. 俄 Инв.No.4526（2）贷粮契（见图 7–3），写本，麻纸，残，高 18.6 厘米，宽 65 厘米。西夏文草书 27 行，5 契相连。②

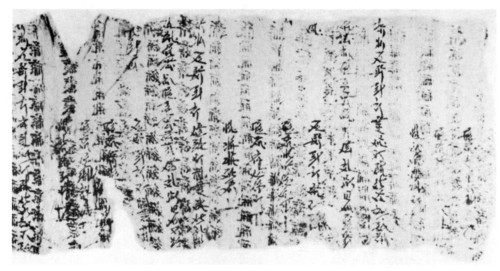

图 7–3　俄 Инв.No.4526（2）贷粮契

　　此件为前一契约末尾，第 4—9 行为一见面契约，译文如下：

　　　　同日立契约者李百吉先从移讹？盛处借
　　　　五石杂粮，变为③ 七石五升，限期八月一日当
　　　　还。

　　　　　　　　立契约者百吉（押）

　　① 《俄藏黑水城文献》第 14 册，第 188—191 页；第 13 册，第 279—280 页；第 14 册，第 57—61 页；第 14 册，第 250—252 页。
　　② 《俄藏黑水城文献》第 13 册，第 217—218 页。
　　③　西夏文为"𗧟"，此字为"变为"之意。

相借□□□□□（押）

相借者梁□吉祥（押）

知 ① 浑小狗铁（押）

这件契约共6行，契约正文仅有2行零一个字。尽管这样，其中仍有立契日期、立契者、出借者、借粮数、利息、还期等要素。契末也有立契者、相借者以及证人的签署和画押。但省略了违约处罚等内容。

4. 俄 Инв.No.7892-7 贷粮契（见图7-4），写本，麻纸，残页，高20.7厘米，宽21.4厘米，西夏文草书15行。② 此件内的契约为更加简略的借贷契约，有的3行，有的仅2行。

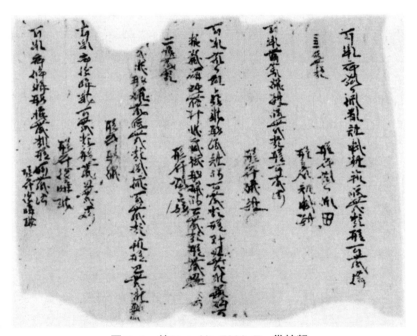

图7-4　俄 Инв. No.7892-7　贷粮契

① 西夏文为"旐"，意为"知"，为"知人"的简化，即"证人"意。

② 《俄藏黑水城文献》第14册，第206页。

译前三笔契约如下：

一人梁氏？？及子巧盛等五升麦借，一斗为。

（算码）　五升麦　　　　　借者梁？？

相借子巧盛

一人使军狗盛借五斗麦，为一石。

借者狗盛

一人恶恶舅舅双，向浪奴乐借一斗麦，有八升数利，一

支剑现已押贷。又向顷啰借一斗麦，变为一斗八升

（算码）二斗麦　　　　　借者舅舅

以上两件契约文字简约，但契约要素多已具备。第一件有 3 行，有立契约者和同借者姓名、贷粮数量、利息、借贷者和证人姓名、画押，只是缺少立契约时间，没有违约处罚条款；第二件契约仅 2 行，最简单，正文只有 1 行，存立契约者姓名，贷粮数量和种类，以及本利数量。这种简略的契约，一般借贷粮食数量很少。第一个契约仅借 5 升麦，第二件契约借的较多，也只有 5 斗。

5. 武威 G31·004［6728］乾定申年（1224 年）贷粮契（见图 7-5），写本，

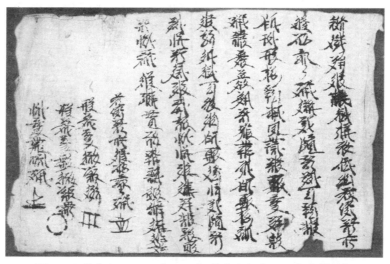

图 7-5　武威 G31·004［6728］乾定申年（1224 年）贷粮契

白麻纸，变浅黄色，高 18 厘米，宽 27 厘米，西夏文行书 11 行。[①] 这是一件完整的粮食借贷单页契约，内容全面，叙述详细，十分稀见。

译文：

乾定申年二月二十五日立契约者

没水隐藏犬，今于讹国师处已借一

石糜本，一石有八斗利[②]，自命

屈般若铁处取持。全本利一齐于

同年九月一日本利聚集，当还讹国师

处，若[③] 过期不还来时，先有糜数偿还

以外，依官法罚交七十贯钱，本[④] 心服。

立契约者没水隐藏犬（押）

相借者李祥和善（押）

相借者李氏祥和金（押）[⑤]

知人李显令犬（押）

这一契约共 250 余字，内容包括立契具体时间（年号、地支、月、日）、立契者人名、出借者人名、借贷粮食和品种、利率、取粮处、还贷时间、还贷处、过期不还的处罚等，后为立契者、相借者二人和证人的签署、画押。此契约借粮不是很多，但契约内容很完善，程式标准，书写规范，是贷粮契中的典型。

内蒙古文物考古研究所也存有黑水城出土的西夏文贷粮契，编号 M21.003〔F135：W75/2026〕，高 27 厘米，宽 20 厘米，为乙亥年（1215 年？）借麦契。[⑥]

---

① 《中国藏西夏文献》，第 16 册，第 389 页。

② 原文西夏文 "利" 有涂抹痕迹，下为西夏姓氏 "李"。

③ 此字原为 "冣"，"品""等" 意。据此字的位置，与同类契约相比，可能为 "㝵"（"若" 意）的误写。两字字形相近，第一字为第二字的下部。

④ 此字原为 "繍"，"姓" 意。据此字的位置，与同类契约相比，可能为 "㠯"（"本" 意）的误写。两字字形相近，第一字与第二字的右部相同。

⑤ 此画押为一圆圈，不似手写，而像以笔帽或其他管状物的一端押捺上去。这种画押形式少见，也可能是印押的雏形。

⑥ 《中国藏西夏文献》第 17 册，第 153 页。

形式与一般贷粮契相近，唯契尾立契者标明𗟲𘝯𗢦𘝯𗢦，即"借麦立契者"，明确了借贷行为和借贷粮食种类。

（三）立契约时间

每一件西夏粮食借贷契约，首先书写立契约时间。保存完好的契约，时间记载具体、细致，包括年号、干支、纪年、月、日。立契约时间不仅标明契约具体存在的时间，而且在很多契约中，特别是以时间计算利息的契约，立契约时间成为计息的关键。

西夏粮食借贷契约虽数量很多，但时间集中在西夏后期的50多年内。最早的如俄 Инв.No.4079，记"乾祐壬辰年"（月、日残），为西夏仁宗嵬名仁孝乾祐三年（1172年）。俄 Инв.No.1570，记"（乾）祐戌年五月十二日"，其中干支中省略天干，只有地支，而仁宗乾祐有24年，戌年有二，一为乾祐戊戌九年（1178年），一为乾祐庚戌二十一年（1190年）。这里推测第一戌年的可能性较大。因为如果是第二戌年，则已知前有一戌年，当会避免误解而写完整的干支。又俄 Инв.No.5949-28[①]，记"乾祐子年十月二十五日"，乾祐子年也有二，一为乾祐庚子十一年（1180年），一为乾祐壬子二十三年（1192年）。这里也推测第一子年的可能性较大。

一部分借贷契约记载简单，或部分残失，要经过分析才能考定确切时间。如俄 Инв.No.5949-22，有4件契约，皆无具体日期，只有第三件记有"卯年闰三月一日"。查西夏时期卯年且闰三月的只有光定己卯九年（1219年），这样不仅可以确定这一件契约的具体时间，在同一文献上的其他三件文书的时间也可以推定。同样，俄 Инв.No.5949-27有5件契约，皆无具体日期，只有第二件记有"同年闰三月二日"，据上可推测这5件契约都是光定己卯九年（1219年）。

有的契约纪年只有地支而无天干，其年号又有两个相同的地支年，则难以遽定其为哪一年；其中有些亦可通过考证确定。如俄 Инв.No.5949-18，记为"光定未年三月二十九日"。西夏光定年号共有十三年（1211—1223年），其中恰巧有两个未年，即光定辛未元年（1211年）和光定癸未十三年（1223年）。西夏神宗遵顼废襄宗安全在辛未年七月，后改元光定。[②] 可知该年七月

---

① 史金波:《西夏粮食借贷契约研究》。文中文书编号中的小号在后来出版的《俄藏黑水城文献》部分重新做了调整。

② 《宋史》卷486《西夏传下》。

以前尚无光定年号，应推定光定未年三月的契约是第二未年，即光定癸未十三年（1223 年）。由此，还可连带认知同页的两件契约也是该年所立。

西夏文贷粮契时间集中在西夏后期，桓宗和神宗两代为多，仁宗时代较少。其中以桓宗天庆和神宗光定两年号居多。西夏桓宗嵬名纯祐只有天庆年号，共十二年（1194—1205 年），神宗嵬名遵顼也只有光定年号，共十三年（1211—1224 年）。现将契约中有天庆和光定年号者举例如下。

天庆甲寅元年（1194 年）有俄 Инв.No.3586（见图 7-6）、4384-7、4762-6、5870、7741。

图 7-6　俄Инв.No.3586　天庆甲寅元年（1194 年）贷粮契

天庆卯年（1195 年）有俄 Инв.No.4696-1。

天庆未年（1199 年）有俄 Инв.No.7892-3。

天庆癸亥年（1203 年）有俄 Инв.No.7889、7892-4、7892-5。

天庆甲子年（1204 年）有俄 Инв.No.4978-1。

天庆丑年（1205 年）有俄 Инв.No.5227、7910-3。

光定未年（1211 年）有俄 Инв.No.5949-18。

光定申年（1212 年）有俄 Инв.No.4696-2、4696-3、4696-4、4696-5、4696-6、4696-7[①]、5949-19-21。

---

① 《俄藏黑水城文献》第 13 册，第 237—247 页。俄 Инв.No.4696-6 "光定申年贷粮契" 与后俄 Инв.No.4696-8 "酒价账" 名称误印颠倒。

光定丑年（1217 年）有俄 Инв.No.4596。

光定戊寅年（1218 年）有俄 Инв.No.8005–1、8005–2。

光定卯年（1219 年）有俄 Инв.No.5949–22、6377–16。

光定庚辰年、巳年（1220、1221 年）有俄 Инв.No.986–1。

光定巳年（1221 年）有俄 Инв.No.2955、5949–23。

光 定 午 年（1222 年 ）有 俄 Инв.No.4783–6、5147–1、5147–2、5147–3、
5147–4、5949–23、6377–17。

光定未年（1223 年）有俄 Инв.No. 5223–3（见图 7–7）、5949–18、7893–5。

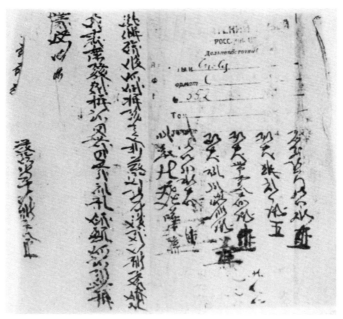

图 7–7　俄 Инв．No.5223–3　光定未年（1223 年）贷粮契

最晚的立契约时间为光定未年（1223 年），距西夏灭亡仅有 4 年，距黑
水城被蒙古军队攻占只有 2 年的时间。

有的契约在其前面的契约中已记有具体时间时，借贷时间可以省略部分
文字。若与前面契约同年可省略年号、干支，写成"同年×月×日"；若与
前面契约同年同月，则可写"同月×日"；若与前面契约同年同月同日，则
径直写"同日"。有时以"同日"为开头的契约竟连续多达数件，说明在同

一天内有多人在同一处借贷粮食。可以想象在存粮大户内前来借贷者络绎不绝的情景。这种省略时间的契约，书写时省时便利；但若前面有具体时间参照的契约残失，则难以确定时间。这时，也可以后面有具体的契约时间作为参考。

借贷时间大多集中在春夏。西夏黑水城地区是典型的大陆性气候，纬度较高，气候寒冷，春种秋收。春夏之际在两个收获季节中间，正是青黄不接时期。最早的借贷粮食契约是在腊月，一般从二月至五月借贷粮食者为多。

（四）借贷者的身份

立契约者，在契约中的西夏文对译为"文状为者"。一件同是黑水城出土的汉文契约俄 Инв.No.7779A 天盛十五年王受贷钱契中，有立契约的签字，为"立文字人浪纳"，看来"文状为者"也可译成"立文字人"。

贷粮契中立契约者是主动提出契约行为的人，实际上是缺乏种子或口粮不得已而举债的贫困者。他们的名字在契约文书中大多出现两次，第一次出现在契约开始部分，在立契时间之后便是立契约者名字；第二次出现在契尾部分，契约正文写完后要借贷者签字画押，借贷者的名字再一次出现，但这里的名字可省略姓氏。

粮食借贷者的民族成分并不单一，其中有党项族。党项族是西夏的主体民族，自称为"弥"，译成汉字为"番"。党项姓多是二字复姓（二音节）。[①] 党项族借贷者，如俄 Инв.No.4079-6 ②的只移奴兰，俄 Инв.No.4384-7 ②的命泥三山，俄 Инв.No.4762-6 ②的酪布氏子导，俄 Инв.No.5147-1 ①的契罗寿长势（见图 7-8），俄 Инв.No.5870 ①的积立禅势，俄 Инв.No.5870 ⑬平尚讹山，俄 Инв.No.5870 ⑯的嵬立势功宝，俄 Инв.No.5870 ⑰的西玉功吉，俄 Инв.No.5949-27 ②的耶普小狗，俄 Инв.No.5949-28 ②的耶和大力盛，俄 Инв.No.5949-23 ①的啰铺祥和西，俄 Инв.No.7741-1 ③的嵬移? 女虎，俄 Инв.No.7741-2 ①的积力善犬，俄 Инв.No.8005/1 ②的骨宁老房乐等。武威借贷契约 G31·004［6728］中的借贷者姓没水，也是党项族姓。

---

① 《俄藏黑水城文献》第 6 册，第 137—138 页；第 10 册，第 39—69 页。史金波：《西夏汉文本（杂字）初探》，《中国民族史研究》第二集，中央民族学院出版社 1989 年版；聂鸿音、史金波：《西夏文〈三才杂字〉考》，《中央民族大学学报》1995 年第 6 期，第 81—88 页；李范文、中岛干起编著《电脑处理西夏文杂字研究》，日本东京外国语大学国立亚非语言文化研究所，1997 年版，第 82—83、117—125 页。

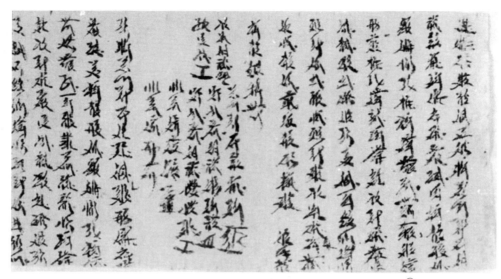

图 7-8　俄 Инв. No.5147-1　光定午年（1222 年）贷粮契 ①

借贷者也有汉族，如俄 Инв.No.4526 ②的李百吉，俄 Инв.No.4696-3 ②的杨谦谦犬，俄 Инв.No.4696-3 ⑤的曹肃州，俄 Инв.No.5820 ①的吴显令，Инв.No.5949-18 ①的浑十月盛，俄 Инв.No.6377-20 ②的罗五月宝，俄 Инв.No.7893-20V 的徐五斤等。李、杨、曹、吴、浑、罗、徐都是汉族姓。西夏统治地区，在党项族入住前就有很多汉族居住，西夏时期境内有很多汉族，多从事农业。也有一些汉族在西夏政府中为官。在编辑出版的西夏文《杂字》和汉文《杂字》中都列有"番姓"和"汉姓"。不同的是，西夏文《杂字》中"番姓"在前，"汉姓"在后；在汉文《杂字》中"汉姓"在前，"番姓"在后。通过上述的汉姓人名可见，有的突破了一字、二字的格式，出现了三字的形式，如谦谦犬、那征麻、五月宝等。这可能受到党项族名字的影响，过去见到的西夏的名字中有贺兰势、吉祥山、河水乐等。

在同一文献的诸多契约中，借贷者既有番人，也有汉人。他们向同一出借者借贷，证明番人、汉人杂居一处，共同生活在同一社区，有着密切的经济关系和社会往来。

① 《俄藏黑水城文献》第 14 册，第 22 页。俄 Инв.No.5147-1 光定午年贷粮契，在书中仅印了图版局部，特补此全图。

俄 Инв.No.7741–3 ②的借贷者名字为遪遪嫰"回鹘后"。遪遪"回鹘"是民族名称，西夏时期一部分回鹘是西夏境内的居民，另一部分是西夏西部的近邻。在西夏文《杂字》中，回鹘又是番姓中的一种。这里的"回鹘后"原来的民族成分应是回鹘族。证明西夏时期的黑水城地区也有回鹘人居住。

俄 Инв.No.8005–2 ②首行残，末尾签署处借贷者姓氏省略，但保留其名字蒹虅飏"契丹张"。契丹也是民族名称。此名为"契丹张"的人应是与契丹族有关。证明西夏时期的黑水城地区也有契丹人居住。

从西夏的契约中，我们可以看到西夏黑水城地区是多民族杂居的地区。

从有的契约中，还可以看到借贷者和同借者是夫妻关系，两人一个是汉族，一个是党项族。如俄 Инв.No.4696–3 ⑤立契约者是曹肃州，相借者（接状者）是妻子讹七氏西宝。"讹七"是党项族姓。西夏文书人名中凡姓氏后加"氏"者，皆为女性。前者是汉族，后者是党项族。证明当地党项族和汉族相互通婚。

在借贷者中，梁姓占很大比重。如俄 Инв.No. 4596–1 ②的梁那征？，俄 Инв.No.4762–6 ①的梁功铁，俄 Инв.No.5147–1 ③的梁吉祥势，俄 Инв.No.5870–2 ②的梁月？宝及梁盛狗，俄 Инв.No.5870–2 ③的梁氏小狗母，俄 Инв.No.5870–4 ②的梁十月盛，俄 Инв.No.6377–6 ①梁十月犬，俄 Инв.No.6377–16 ②梁势功宝等。梁姓本为汉族姓氏，但西夏历史上惠宗、毅宗两朝曾有姑侄两位梁氏皇太后垂帘听政，她们的兄弟子侄把持朝权，并大力提倡"番礼"，而排斥"汉礼"。① 在西夏文《碎金》中，梁氏属于西夏番姓范围。② 这两位梁氏家族应是党项族。因此西夏梁姓的族属有汉族，也有党项族。

借贷者多为男性，因为西夏的家庭是以男性为主的父系家庭。借贷者中也有个别女性。如俄 Инв.No.4762–6 ②的鬶糚斀謲匥酩布氏子导（见图 7–9），俄 Инв.No.5870–2 ③的胖斀嵧殘燉梁氏小狗母，俄 Инв.No.7889 ①的飏斀菍？謲张氏母？男。西夏有以妇女为户主的家庭。在前述黑水城出土的户籍文书中，俄 Инв.No.6342 户籍账中的第二户、第五户、第十三户都是无丈夫的成年妇女带有孩子的单亲家庭，其中 2 户明确指出女户主是寡妇。③ 契约中的酩布氏子导、梁氏小狗母也是女性户主，她们可能也是家中无男性的寡妇。

---

① 《宋史》卷 486《西夏传下》。

② 聂鸿音、史金波：《西夏文本〈碎金〉研究》，《宁夏大学学报》1995 年第 2 期。

③ 史金波：《西夏户籍初探——4 件西夏文草书户籍文书译释研究》，《民族研究》2004 年第 5 期。

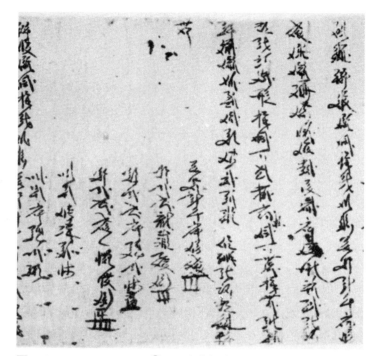

图 7–9　Инв. No. 4762–6 ②　天庆寅年（1294 年）贷粮契　女子酩
布氏子导为立契者

　　借贷者一般只写姓名，不标明身份，但也有个别借契在借贷者名字前注明
身份。如俄 Инв.No.4079–13 ②记文状为者是𗇊𗅢𗵹𗗙𗟲使军贾凡犬黑，俄
Инв.No.7892–2V ②借贷者为𗇊𗵹𗟲使军三犬，俄 Инв.No.7892–8 ①借贷者
为𗊬𗜓𗥔𗦲奴仆雨金（见图 7–10）。

　　使军和奴仆是西夏社会中的特殊阶层，他们构成西夏社会的最底层，比普
通的"庶民"地位还要低。使军虽有一定财产，可单独立户，但又依附主人，
没有完全的人身自由，处于奴隶或半奴隶状态。

　　敦煌所出 8—10 世纪契约中往往在借贷者后写出借贷的理由，如"为无
种子年粮""为少粮用""为无斛斗"（即无粮食）、"为负债"等。12—13 世纪
黑水城的借贷契约中只记载借贷者的名字，并不写借贷的理由。贷粮食当然是
缺少粮食，书写借贷理由似乎成为程序化的赘语。随着时间的推移，借贷理由

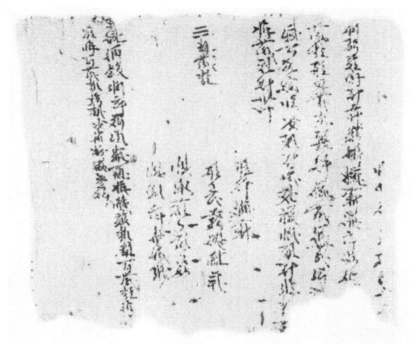

图 7-10　俄 Инв. No. 7892-8　贷粮账　借贷者为奴仆雨金

渐渐显得不重要了，重要的是借贷事实本身。不过可以根据借贷的时间分析借贷原因：一般头年腊月至一、二、三月准备播种或播种时期，借粮既可能是缺乏种子，也可能是缺少口粮；而四、五月借粮，已经过了当地的播种期，应该只是缺少口粮。

（五）出贷者身份

在青黄不接时尚有粮食外借的自然是殷实的富户。借贷契约在立契约者后多用"今（于）×××处借"的形式，"处"前是出借粮食所有者即债权人的姓名。其中主要是党项人，如俄 Инв.No. 5223-3 的ﾒﾒ移讹金刚王盛（见图 7-11），俄 Инв.No.1570-2 的ﾒﾒ移讹成宝，此外还有俄 Инв.No.4079-6 ②的千明奴小狗，俄 Инв.No.4526 ②的移讹? 盛，俄 Инв.No.4783-6 ②的罗名吉祥忠，俄 Инв.No.5949-18 ①的耶和梁善随，俄 Инв.No.5949-23 ②的罗名吉祥白，俄 Инв.No.6377-16 ①的兀尚般若山，俄 Инв.No.8005-1 ②、俄 Инв.No.8005-2 ②的嵬名佛护成等。移讹、千明、罗名、耶和、兀尚、嵬名都是党

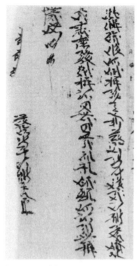

图7-11 俄Инв.No.5223-3
光定未年（1223
年）贷粮契 出贷
者移讹金刚王盛

项族姓，其中嵬名是皇族姓氏。黑水城地区粮食的借贷者、出贷者都有党项族人，说明原只从事牧业的党项人在西夏后期除部分仍从事传统牧业外，其他人已融入西夏农业社会。武威出土借贷契约中的债权人讹国师，也是党项族人。

梁姓是出贷的大户，如俄Инв.No.4696-1中的9件贷粮契以及俄Инв.No.4696-2、3、4、5、6几十件贷粮契，乃至俄Инв.No.7892-4、5的贷粮契，都是𦎡𦎡梁善盛为出借者；俄Инв.No.5147-1的3件契约，俄Инв.No.5147-2的3件契约，俄Инв.No.5147-3的1件契约，俄Инв.No.5147-4的2件契约，都是梁狗铁为出贷者。他们出借的次数多，出贷的粮食多；他们也出借给同姓梁氏，虽然是同族，但利息同样很高。奇怪的是，梁善盛是一个出贷的大户，在天庆卯年（1195年）、天庆未年（1199年）、天庆亥年（1203年）先后出借数十石粮食，但在俄Инв.No.7741号⑲中却是于天庆寅年（1194年）借粮4石的借贷者。不知借贷者梁善盛和出借者梁善盛是否为同一人？若是同一人，他又是怎样从前一年的借贷者变成后一年贷出大批粮食的出借者的？

更引人注目的是，寺庙在从事大规模的借贷活动。如俄Инв.No.4384-7、4762-6、5870-1⑲等数十件贷粮契的出贷者都是普渡寺的梁喇嘛、梁那征茂。两人前的用语是"谷手有者"。"手有"在西夏法典《天盛律令》中多次出现，表示"拿取"意。可见两人同为经手出贷者，出借者前明确表明寺庙名称，应是强调粮食所有者是寺庙，而梁喇嘛、梁那征茂都是出借的经手者。寺庙贷粮由来已久，渊源有自。敦煌借贷文书中不少是寺庙出贷粮食，如永寿寺、永康寺、灵图寺等。武威出土的借贷契约中债权人是讹国师，国师是西夏僧人的上层，一般都做国家功德司的长官。① 讹国师不仅放贷，而且利率很高，可见当时僧人盘剥百姓与佛教大慈大悲的理念已背道而驰。

西夏境内佛教是主要宗教信仰，由皇室提倡，大力推行，形成塔寺林立、

---

① 史金波：《西夏佛教史略》，宁夏人民出版社1988年版，第143—146页。

僧人广布的局面。西夏僧人可蠲免租税，寺庙可占有土地和农户。由于出家者日众，政府不得不用限制僧人度牒的方法来控制僧人的数量。① 根据现存契约统计，寺庙是放贷的主力。黑水城寺庙的大量放贷，可见当地寺庙和僧人趁粮荒之机参与了剥削贫困百姓的高利贷活动。

　　有的契约中的放贷者竟是"使军"。契约中多处见到自使军手中借出粮食，在俄 Инв.No.4696-3 中 38 件贷粮契皆由"使军兀黑成"出借。另俄 Инв.No.6377-20 ②字迹虽不清晰，其出贷者似也是"使军兀黑成"。前已提到，使军社会地位低下，生活困苦，他们怎么会有大批粮食借出呢？俄 Инв.No.4696-6 光定申年（1212 年）贷粮契揭开了这一疑问（见图 7-12）。原来在这一契约长卷中的一件贷粮契记录的出借人就明确写为"梁善盛之库本持者使

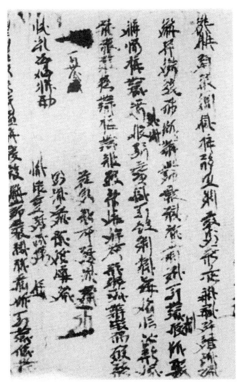

图 7-12　俄 Инв.No.4696-6　光定申年（1212 年）贷粮契　有主人梁善盛和使军兀黑成

军兀黑成"，使军兀黑成是负责管理梁善盛粮库的人，以他的名义出借粮食，实际上粮食仍是梁善盛所有，使军兀黑成是梁善盛出借粮食的经手人。可知梁善盛是兀黑成的主人。

　　而在俄 Инв.No.4696-1 的 9 件借契中全用梁善盛自己的名字出借。同样俄 Инв.No.6377-16 ①中记"在兀尚般若山自本持者老房势处借一石五斗麦"，粮本所有者为兀尚般若山，而老房势只记经手者；在俄 Инв.No.6377-16 ③光定卯年（1218 年）贷粮契中又记"在使军老房势处借二石麦"（见图 7-13），标明了老房势的身份是使军。武威借贷契约"持"者命屈般若铁也是借贷的经手人。

　　① 《天盛改旧新定律令》第十一"为僧道修寺庙门"，第 407—410 页。

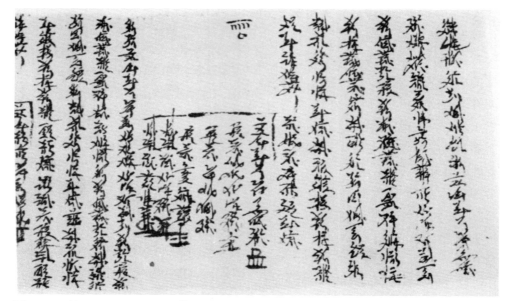

图7-13　俄Инв.No.6377-16③　光定卯年（1218年）贷粮契　出贷者主人兀尚般若山和
经手者老房势

　　还有部分契约记载简单，只有借贷者，未记出贷者。这大概是当时此类
契约都属单方契约，只有一份，由出贷者持有保存。持有契约者是当然的债
权人，也可不写出名字。如俄 Инв.No.5949-22、5949-27①、5949-27②等，
就是这种无出借者名字的契约。

（六）借贷粮食的品种和数量

　　黑水城出土的贷粮契中所借粮食主要是"叔"（麦）"秫"（杂），麦即小
麦，杂即杂粮。西夏的粮食品种主要是麦、大麦、谷、糜、粟、豆、稻等。黑
水城地区除缺少稻类外，其他作物都有。当时粮食主要分小麦和杂粮两类。从黑
水城地区的农业税账中可以看出，缴纳的土地税也区分为麦和杂粮，有时则记
为"叔"（麦）和䵃（大麦），如俄 Инв.No.4808。借贷契约中，以借麦、杂者为
多，也有一些记为借大麦、糜或粟。如俄 Инв.No.5870-2①借粟（图7-14），俄
Инв.No.7741-2②、俄 Инв.No.7741-6③借粟，俄 Инв.No.7741-2③、俄 Инв.
No.7741-6②、俄 Инв.No.7741-7①借糜，俄 Инв.No.4762-6④借3石麦、3石
杂、1石粟，俄 Инв.No.5870-2①借6石杂、1石麦、1石粟，俄 Инв.No.7741-

2③借4石麦、4石杂、2石粟，这里杂与粟并提，可见杂粮中不包括粟。又俄 Инв.No.7741-1③中记"借三石麦、七石杂"，而在契尾用文字和算码重新标示粮种和数量时是6石大麦、1石糜、3石麦，可见杂中包含大麦和糜。从现有契约看，借杂和借大麦、糜从未在同一契约中出现，也可证明所谓"杂"指大麦和糜。契约中也可分别具体写明大麦和糜，而不写笼统的"杂"，如俄 Инв.No.4762-6③、④契约文字中分别记载借4石麦、4石大麦、1石糜和3石麦、3石大麦、1石糜。又俄 Инв.No.3586残契中，借出谷、麦等

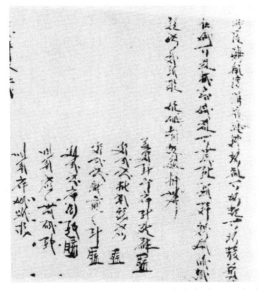

图7-14　俄Инв.No.5870-2　天庆寅年（1194年）贷粮契

粮，还"杂细六石三斗"，可见谷在杂粮之列，麦又称为"细"，即细粮。

俄 Инв.No.5949-22①粮本3石杂、2石麦，本利共7石5斗，这里未把杂、麦分别记载，推测还粮时仍要分别还杂和麦，因为两种粮食价格不同。

在各种借粮契约中所借粮食多寡不等，少则1斗或几斗，甚至只有几升；多则几石，有的甚至多达十几石。俄 Инв.No.4696-5所存5件契约分别借3斗、2斗、3斗、5斗5升、5斗5升杂粮，俄 Инв.No.4696-6共存23件贷粮契，分别借3斗5升、1斗、1斗5升、1斗5升、1石5斗、3斗、1石5斗、1斗5升、2斗5升、7斗5升、3斗5升、7斗、3斗5升、3斗、5斗、1斗5升、2斗5升、4斗5升、3斗5升、1斗5升、1斗、5斗5升、4斗5升杂粮，最少的只有1斗，多数不超过6斗，只有两件超过1石，大多属于小额借贷。

有的借贷数量很大，俄 Инв.No.4596驴子尼借出8笔，共借粮29石7斗。俄 Инв.No.4696（1—5）梁善盛也是借出8笔粮，共借出43石5斗；俄 Инв.No.4696（6—7）24笔共借出15石6斗3升；俄 Инв.No.7892-7①—⑥多为简明契约，也是梁善盛为出借者，共21件契约，写明借粮数的有19笔，共借出8石6斗8升，最少的每笔只借1斗、5升，如俄 Инв.No.7892-7、8。梁

善盛所借 48 次共借出 67 石 8 斗 1 升，平均每笔借出 1 石 4 斗。梁善盛是否僧人还有待考证。

从现存契约看，以寺庙贷粮为最多。如俄 Инв.No.5870 ①普渡寺借 10 石麦、4 石大麦，19 件契约共借粮 129 石 9 斗 5 升，平均每人借粮 6 石 8 斗多，最多的一人借 15 石麦、16 石杂，共 31 石粮，最少的借 1 石粮。借粮 31 石的名梁那征，二月一日借贷，有缺乏种子和口粮两种可能性，他的家庭应是有较多耕地和人口的大家庭。俄 Инв.No.7741 中 20 件契约也是普渡寺出借，共借粮 147 石。俄 Инв.No.4384-7 也是普渡寺出借，只有 2 件，共借出粮食 6 石。3 个编号 41 件都是普渡寺在同一年即天庆寅年（1194 年）出借粮食，共借出 282 石 9 斗 5 升。这仅仅是保存下来的契约，普渡寺在当年共借出多少粮食就不得而知了。这里每笔借出的量相对较多，平均每笔借出 6 石 9 升，是上述梁善盛每笔的借出量约 5 倍。

少数寺庙和富人大批借粮，意味着有大量贫困户缺粮。宋代的文献记载了西夏人民缺少食物的情况：

> 西北少五谷，军兴，粮馈止于大麦、荜豆、青麻之类。其民则春食鼓子蔓、碱蓬子，夏食苁蓉苗、小芜荑，秋食席鸡子、地黄叶、登厢草，冬则畜沙葱、野韭、拒霜、灰苋子、白蒿、碱松子，以为岁计。①

这里形容西夏百姓一年四季都吃野菜度日，或许稍有夸张。但结合西夏黑水城粮食借贷情形分析，西夏确有很多农民春夏断炊，度日艰辛，生活水平低下。

（七）借贷粮食的利息和利率

西夏借贷契约中都是有息借贷，明确本、利数量，多数还明确记载到期应还的本利总和。敦煌的贷粮契约中多数未提及利息，只强调到期归还，若到期不还要加倍偿还。而 7 世纪西域的契约明确规定了利息，与黑水城的借贷契约类似。②

黑水城粮食借贷契约不仅全是有息借贷，而且大都是高额利息。所有借贷都以本粮数为基础，但计息方式不同，大致可分为三种。

---

① （宋）曾巩：《隆平集》卷 20《夷狄传·夏国》，文渊阁四库全书本。

② 参见〔法〕童丕《敦煌的借贷：中国中古时代的物质生活和社会》，余欣、陈建伟译，中华书局 2003 年版，第 12—13 页。

1. 总和计息

一般借粮三四个月，利息是本粮的一半。有的契约中记为"半变"，即变为增加一半，并将本利共计粮数写明，至七或八月一次付清，这是 50% 的利率。如俄 Инв.No.4596-1 ①借 2 石麦，还 3 石；③借 1 石麦及 1 石杂，还 3 石；俄 Инв.No.4526 ②借 5 石杂，还 7 石 5 升；俄 Инв.No.5147-1 ③借 1 石麦，本利共还 1 石 5 斗；俄 Инв.No.5223-4 ②借杂粮 2 石 8 斗 8 升，还本利 4 石 3 斗 2 升；俄 Инв.No.5949-41 ①借 8 斗杂粮，还 1 石 2 斗；俄 Инв.No.8005-3 ②借 1 石 5 斗麦，本利共还 2 石 2 斗 5 升等，皆属此类。短短的三四个月，利率达 50%，实属高利贷性质。

还有比这更高的利率，如俄 Инв.No.2158 借贷契约残页中有借 2 石麦，每石 6 斗利，共还 3 石 2 斗麦，利率 60%；又俄 Инв.No.7889 号①借麦 6 斗，每斗 8 升利，本利共还 1 石 8 升，利率 80%；武威讹国师放贷 1 石有 8 斗利，利率也是 80%。

最高的利率是 100%，相当于中原宋朝高利贷的"倍称之息"。如俄 Инв.No.4696-1 ①天庆卯年（1195 年）贷粮契借 8 石麦（见图 7-15），本利共还 16 石麦，利息高达本粮一倍，利率 100%；又如俄 Инв.No.4696-3 ⑧四月二十五日借 1 石杂粮，还 2 石，又借 2 斗杂粮，还 4 斗，还期是七月一日，借期仅仅两个月零几天，利率高达 100%；俄 Инв.No.5949-19 ③借 4 石 2 斗 5 升麦、10 石 4 斗杂粮，还 29 石 2 斗 2 升，利率接近 100%。若是 100% 的利率应还 29 石 3 斗，其中有 8 升误差，不知是计算有误，还是细粮、杂粮换算的结果。

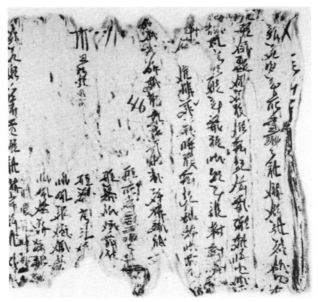

图 7-15　俄 Инв. No.4696-1　天庆卯年（1195 年）贷粮契

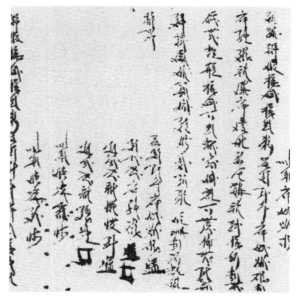

图7-16　俄 Инв. No.5870-2 ②　天庆寅年（1194年）贷粮契

有的借粮利率是50%，但借期很短，实际上利率很高。如俄 Инв.No.5949-16 ① 五月二十九日借杂粮8斗，七月一日还本利1石2斗，一个月的利息是50%。若按这种利率多借一个月，利率将是100%。

2. 按月计息

在本粮的基础上，每月按比例计息，利率可达100%，这是又一种"倍称之息"。如俄 Инв.No.4762-6 ① 借10石麦、10石大麦，正月二十九日立契，二月一日始算，每月1斗中有2升利，即月利率20%。契约中记有"乃至本利头已为"，即达本利相等时还本息。虽未写具体还息时间，实际上至七月一日共五个月，利率可达100%，到时还20石麦、20石大麦。又俄 Инв.No.5870-2 ②二月二日立契（见图7-16），借2石3斗5升麦，自二月一日计息，每月1斗有2升利，月利率20%，至七月一日利率可达100%。

内蒙古考古所在黑水城出土的文书中也有借贷文书，其中一件（84H.F135：W75/2026）乙亥年二月五日贷粮契，借贷利率很高：每月1石中有1斗半利，即月利率15%，如借半年即高达90%，至八月偿还本利就要2石8斗5升，差不多翻了一番，这是典型的高利息。按月计息时利率也可达100%。

俄 Инв.No.5870 借粮31石的名梁那征，他二月借粮，月利率20%，七月还本利，利率达到100%，届时要还62石。

3. 按日计息

在本粮的基础上，以日按比例计息。俄 Инв.No.5812-3 ①借粮1石5斗（见图7-17），𘝨𗆄𘃽𗗿𘟣𗢍"石上每日一升利"，即借1石粮每日1升利，合日利

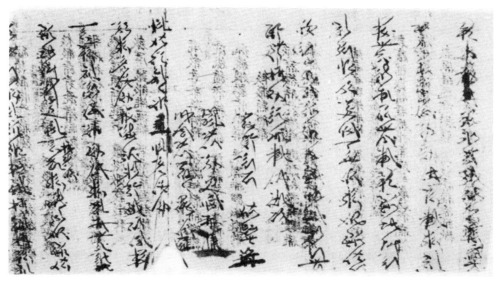

图 7-17　俄Инв. No.5812-3 ① 贷粮契

率 1%，100 天利率可达 100%。俄 Инв.No.5812②借粮 1 石杂，"五日中有半升利"，即借 1 斗粮五日半升利，合日利率 1%，100 天利率也可达 100%。

有的利率超过 100%，如俄 Инв.No.7892-8 ③中记"借七斗麦有八斗利"，利率达到 114%。

《天盛律令》规定：

> 全国中诸人放官私钱、粮食本者，一缗收利五钱以下，及一斛收利一斛以下等，依情愿使有利，不准比其增加。①

其中"一缗收利五钱以下"应是一缗每日收利 5 钱，日利率 0.5%，月利率 15%。"一斛（即一石）收利一斛以下"应是指全部利息。这种对放贷钱、粮利率加以限制的规定，使放贷者不能无限制地盘剥，相对有利于借贷者。

---

① 《天盛改旧新定律令》第三"催索债利门"，第 188—189 页。

西夏法典还规定：

> 前述放钱、谷物本而得利之法明以外，日交钱、月交钱、年交钱、执谷物本年年交利等，本利相等以后，不允取超额。若违律得多利时，有官罚马一，庶人十三杖。所超取利多少，当归还属者。[①]

这里规定了西夏借粮收取利息分按日、按月、按年等多种交利息形式，也规定债主取利止于本利相等，即获利不得超过一倍，利率不能高于 100%。这一规定由多种不同类型的契约所证实。实际上，契约中收取利息的情况远比法律规定复杂。有的契约利率已经超过 100%，说明仍有违反法律、超额取利的现象，也证明此种法律规定并非无的放矢。这里不仅再一次明确规定对利率加以限制，而且还对超额收利者给予处罚，并退还超收的利息，在一定程度上照顾到借贷者的利益。

放贷者追逐高额利息，利用贫困人缺粮不得不借贷进行盘剥，而贫困借贷者为求得生存，不得不冒着高额利息的宰割去忍痛借贷粮食，凄苦无奈的处境显而易见。这种借贷虽缓解了贫困缺粮者免成饿殍的命运，但借粮者不仅是提前消费，秋后还要面对变本加厉的境况，收成中的相当部分要归放贷者所有，属于自己的粮食大打折扣，会走上更贫困的道路。若遇灾荒，稼禾不稔，处境更为凄惨。倘若借贷者粮食不够种子和食用，第二年春夏难免走上再行借贷的老路，形成年复一年借贷的恶性循环。高利贷，对借贷者无异于饮鸩止渴，往往走向破产，最后不得已出卖土地、房屋；对社会造成贫富更加悬殊，容易引起社会动荡。西夏谚语有"二月三月，不吃借食，十一腊月，不穿贷衣"，就是害怕高利贷盘剥的真实写照。[②]

（八）偿付期限及违约处罚

西夏黑水城地区一季种植，七八月收获，因此粮食借贷契约所记偿还期也是七八月。偿还日期记载具体，一般是七月一日或八月一日。如俄 **Инв.** **No.5820-2** 记明"日限同年八月一日当全部现谷聚集偿还来"，"日限"即偿还

---

①　《天盛改旧新定律令》第三"催索债利门"，第 189 页。

②　陈炳应：《西夏谚语——新集锦成对谚语》，山西人民出版社 1993 年版，第 13—14 页。

期限。又俄 Инв.No.5949-
16 记明"日限所至七月一
日谷数聚集偿还"。借粮契
约中在规定偿还日期后，随
后写明对过期不还的处罚。
有两种处罚方法。

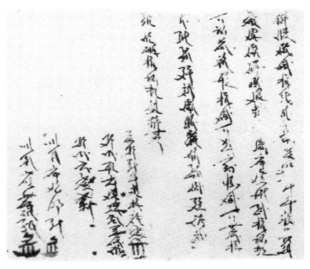

图 7-18　俄 Инв. No.4384-7 ①　天庆寅年（1194 年）
贷粮契

　　一种处罚的方法是根
据借粮多寡，罚以不等的
粮食。如俄 Инв.No.4384-
7 ①借 2 石麦（见图 7-18），
1 石杂，契约规定"日过
时依官罚交二石麦，服"，
即过偿还日期仍不偿还时，
按官法罚交 2 石麦，借贷
者心服同意。

　　这种处罚是放贷者倚仗粮食所有权的优势和官府的法律保护而规定的，
借贷者只有"服"的选择。又如俄 Инв.No.4384-9 ②借 2 石大麦、1 石杂，
契约规定"日过时依官罚交一石麦，服"；俄 Инв.No.5870 ①借 10 石麦、4
石大麦，契约规定"日过时依官罚交十石麦，服"等，都属这种类型，是一
种定量的处罚。

　　另一种处罚的方法是按比例罚粮。如俄 Инв.No.4596-4 ③规定"日过不
还来时，一石还二石，没有，谁已得人分别偿还，本心服"，意即到期不还，
则要受到加倍偿还处罚，1 石还 2 石，如果没有粮食，需要所谓"谁已得人"
即相与借贷者偿还，对此规定本人心服。俄 Инв.No.5949-18 等契约也有类
似的规定。

　　纵观《天盛律令》"催索债利门"中的法律条文，主要是保护出借者的本
利，维护债主的权益。第一条开宗明义，直接规定对负债人要强力逼债：

　　　诸人对负债人当催索，不还则告局分处，当以强力搜取问讯。因负债
不还给，十缗以下有官罚五缗钱，庶人十杖，十缗以上有官罚马一，庶人

十三杖，债依法当索还。其中不准赖债。若违律时，使与不还债相同判断，当归还原物，债依法当还给。①

"局分处"即政府有关当局。到时不还债，债主要将负债者告到官府，强力搜寻审问，并要罚款。所谓"有官人"是有官位的人，相对于普通百姓的"庶人"是有特权的人。②对负债的"有官人"和"庶人"处罚不同：对"有官人"主要是罚款、罚马，对"庶人"则是打10杖或13杖，处罚后仍然要还债。

《天盛律令》规定订立买卖、借贷契约后对违约者给予处罚：

> 以后有悔语者时，罚交于官名下则当交官，交私人名下则当交私人取。变者有官罚马一，庶人十三杖。③

"催索债利门"第二条则对负债者网开一面，对无力还债者留有余地，规定：

> 诸人因负债不还，承罪以后，无所还债，则当依地程远近限量，给二三次限期，当使设法还债，以工力当分担。一次次超期不还债时，当计量依高低当使受杖。已给三次宽限，不送还债，则不准再宽限，依律令实行。④

无力还债者可出工抵债，屡次超期不还债时再量情行杖。宽限期不能超过三次。这种法律的通融似乎对负债者有所照顾，但最终还是最大限度地保证债主能收回本利。

不难看出，契约中"日过时依官罚交"，并非虚声恫吓，而是有明确的王朝法律处罚作为强力支撑。

所见西夏文贷粮契约中未见借贷粮食可以工抵债的记载。法典中有关借债

---

① 《天盛改旧新定律令》第三"催索债利门"，第189—190页。
② 史金波：《西夏的职官制度》，《历史研究》1994年第2期。第62—71页。
③ 《天盛改旧新定律令》第三"催索债利门"，第189—190页。
④ 《天盛改旧新定律令》第三"催索债利门"，第188页。

者无力还债以工抵债的通融规定，在契约中并没有实际反映。

敦煌契约中往往规定借贷到期不还，则加倍偿还，"仍任掣夺家资，用充粟直""任掣夺家资杂物，用充麦直""任牵掣家资杂物牛畜等"。① 债务到期不还，债权人掣夺借贷人家资时，怎样折合钱粮，掣夺多少，都容易产生纠纷。特别是这种行为由谁裁定实行，没有说明，若债权人和借贷人自行解决，也容易发生冲突。西夏的借贷契约与敦煌契约不同，没有这种难以操作的规定。

《天盛律令》中也没有债务到期，债权人掣夺借贷人家资的条款。西夏借贷契约有的是抵押牲畜、人口的内容，对质典物的种类、数量、品相规定很具体，过期不还，债权人收取契约规定的质典物，这类带有典押性质的借贷契约将在后面讨论。这种带有明确典押物的规定比笼统地提出"任掣夺家资"要规范得多。同时也可透视出随着社会经济的发展，契约之类的经济合同也在不断地规范和完善。

《天盛律令》还规定：

> 同去借者亦不能还，则不允其二种人之妻子、媳、未嫁女等还债价，可令出力典债。②

意思是借贷者不能还债时，不许以借贷者和同借者的妻子、儿媳和未嫁女抵债，但可以让她们出工抵债。在妇女地位低下的封建社会，妇女遭受变相买卖并不鲜见。西夏这一法律规定，明确不允许变相买卖妇女，但也证实西夏社会还存在这种现象，不得不以法律形式加以制止。

（九）契尾当事人和相关人签名、画押

契约末尾当事人和相关人的签字画押十分重要，它标志着契约的正式确立和法律效力的形成，是履行契约的保证。没有签字画押的契约视为无效，黑水城借贷契约中有个别的无签字画押，可能是契约草稿。

---

① 《敦煌社会经济文献真迹释录》第二辑，第 76—147 页。
② 《天盛改旧新定律令》第三"催索债利门"，第 189 页。

图 7-19 俄 Инв. No.162-12 贷粮契

1. 契尾第一个签字画押的是借贷者

所有粮食借贷契约的契尾第一个签名的是借贷者，与契约开头一样，写"立契约者×××"。姓名可以是全名，也可以只用名而省略姓。有时不写"立契约者"，而是写"谷还者"，即"还谷者"，如俄 Инв.No.162-12 贷粮契残页（见图 7-19）。还有的写"借者"，如俄 Инв.No.4696-1 ①、② 等。而在俄 Инв.No.1570-2 和俄 Инв.No.7977-7 的契尾借贷者被写成"借正"（取正），也就是正式的借贷者，其儿子是相借者。

2. 契尾第二种签字画押的是借贷连带责任人

为了保证本利的归还，债主除要求借贷者本人签字画押外，还要家属或至亲签字画押。签字名义是"相接状借者""接状借者""接状者""相借者""接状贷入手"等，实际上是同借者。这些同借者类似担保人，当直接借贷者发生无力还债、死亡、逃亡等意外时，负有借贷连带责任，负责偿还。

同借者可以是一个人，也可以是两个人或两个人以上。同借者往往是包括妻子、儿子在内的家属。俄 Инв.No.4596 ①光定丑年（1217 年）贷粮契在契尾的立契约者后有𘟂𗩉𗇃𗣼𗵘𗢳𘝯□□，即"相借妻子移讹氏□□"（见图 7-20）。此外，俄 Инв.No.5870（13）契尾的立契约者后有"状相接妻子梁氏宝善乐"等都是妻子做相借者的例证。特别是俄 Инв.No.7741 ④、⑥、⑧、⑨、⑩、（11）、（12）、（13）、（14）、（15）、（16）等契约的契尾都有注明妻子身份的状相接者的签字画押。

有的贷粮契中契尾相接状者虽未注明"妻子"二字，但很可能是借贷者的妻子身份，如俄 Инв.No.954 契尾有"接状贷入手梁氏善月宝"，梁氏善月宝应是借贷者移讹小狗山的妻子。同样，俄 Инв.No.4384-7 契尾有"接状借者西

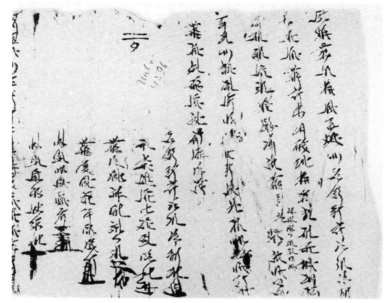

图 7-20 俄 Инв.No.4596 ① 光定丑年（1217 年）贷粮契

上氏七月宝"，俄 Инв.No.7741 ⑱有"相接状每纳氏宝？"，俄 Инв.No.7741 有
① "相接状名？氏兄导"，也是借贷者的妻子。敦煌借贷契约中有父、子、兄、
弟作保人者，但尚未见有妻子作保人者。西夏借贷契约中往往以借贷者的妻子
做担保人，反映出西夏妇女在西夏经济生活中有较高的地位，家庭主妇可以承
担偿付债务的责任。这种现象与中原地区不同，与唐代的敦煌地区也不同。它
可能是西夏主体民族党项族妇女地位相对较高的表现。

　　俄 Инв.No.5949-23 ①光定巳年（1221 年）贷粮契契尾的立契约者后有𗋽𗥃𘈐
𗪉𗟻𗰖𗙴，即"状相（接）儿子罗没宝"（见图 7-21），明确指出同借者的身份是
借者的儿子，但他的姓氏没有像他父亲那样写成"罗名"，而是只写了"罗"字。
当父亲的债务不能偿还时，儿子是当然的还债者，这也符合的"父债子还"的法律
规定和封建社会的传统。

　　俄 Инв.No.4762-6 ①契尾的立契约者签字画押后有签字画押，为"相接状
子般若善"，明确记出同借者般若善的身份是借贷者的"子"。因父子同姓，般
若善之父名梁功铁，这里般若善的姓氏"梁"被省略了。俄 Инв.No.4762-6 ③

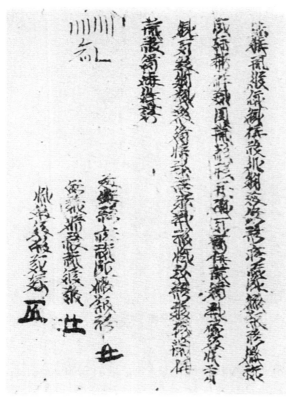

图 7-21　俄 Инв. No.5949-23 ①　光定巳年
（1221 年）贷粮契

契尾的立契约者梁羌处犬签字画押后有同借者禅定宝的签字画押，为"相接状子禅定宝"，明确记出其身份是借贷者的"子"。同样因父子同姓，禅定宝之父名梁羌处犬，这里省略了禅定宝的姓氏"梁"。引人注意的是，在契尾的立契约者梁羌处犬后，"相接状子禅定宝"前还有第一位相接状者的签字画押，即"相接状妻子苏氏五乐"。可见在西夏的农村的一些家庭中，男主人妻子的经济地位高于儿子。

有的"相接状者"似乎不一定是家人，可能是至近亲朋。如俄 Инв.No.5147-1-3 ①在契尾立契约者后有"相接状契罗阿势子、相接状契罗禅定宝"。借贷者名梁寿长势，相接状者姓契罗，不是他的本家兄弟子侄，也不像借贷者的妻子。

分析俄 Инв.No.7741 天庆寅年（1194 年）贷粮契的契尾还可以见到一种引人注目的现象（见图 7-22），即一个契约中的借贷者，在另一个契约中又成为担保人即相接状者。如 7741 号⑩的借贷者是 𦵸褟虔𤲄"梁那征犬"，在同号（11）中成为借贷者积力般若的担保人，他又是同号（12）借贷者梁那征的担保人，又是同号（13）借贷者积力善犬的担保人，也是同号（16）借贷者梁那征宝的担保人。同样 7741（11）借贷者积力般若在同号⑩、（12）、（13）、（16）成为担保人；7741（12）借贷者梁那征在同号⑩、（11）、（13）中成为担保人。这里梁那征犬、积力善犬、梁那征互为担保人。他们的借贷日期是同年的正月三十日和二月一日连续两天。这三人应是互相熟悉、互相信任的亲戚或挚友，

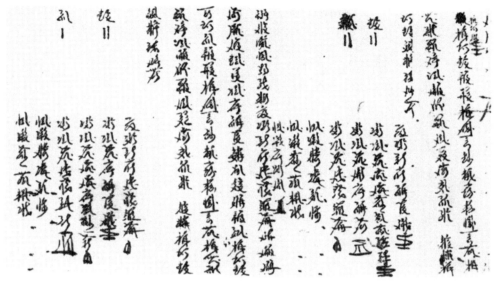

图7-22　俄Инв. No.7741（4）（11）（12）　天庆寅年（1194年）贷粮契

共同承担着借贷粮食的担保责任。

敦煌借贷契约的借贷者和保人在契尾签名下一般还要书写年龄，而在黑水城借贷契约无记录年龄者。

债权人借贷后唯一的希望是要借贷者按期归还本利。《天盛律令》完全满足了债权人的愿望，不但有上述强制办法，还特别规定"借债者不能还时，当催促同去借者"。① 实际上同借者类似担保人，当直接借贷者发生无力还债、死亡、逃亡等意外时有借贷连带责任，负责偿还。这样进一步使债权人的利益得到保障。

《天盛律令》还规定：

> 同居饮食中家长父母、兄弟等不知，子、女、媳、孙、兄弟擅自借贷官私畜、谷、钱、物有利息时，不应做时而做，使毁散无有时，家长同意负担则当还，不同意则可不还。借债者自当负担。②

---

① 《天盛改旧新定律令》第三"催索债利门"，第189页。
② 《天盛改旧新定律令》第三"催索债利门"，第190—191页。

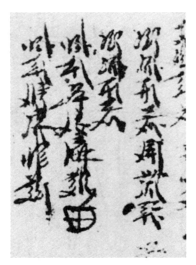

图7-23　俄 Инв. No. 4696-3
（6）①　光定申年
（1212 年）贷粮契　第
一证人梁老房宝

图7-24　俄 Инв. No. 4696-3（5）
光定申年 （1212 年）贷
粮契　第一证人梁老房宝

共居的一家人中，不通过家长、不告知兄弟而
去借债，若不能还债时，家长可还，也可以
不还，即没有必然的连带义务。但又规定同去
借者应负担还债。从这里可以体验到契约的法
律效力。家长和借贷者虽同为一家人，因不知
情，当然也未签字画押，就不负连带法律责任；
而借贷者的同借人，尽管他可能不是借贷者的
家人，但因在契约上签字画押，而负有法律连
带责任，需要为借贷者还债。

3. 契尾第三种关系人是见证人

在契约中一般用两个西夏文字𗡅𘉋表示，
译成汉字为"知人"。"知人"往往有二人或二
人以上，多的可以达到六人。有的人可以在多
笔借贷契约中做证明人。如俄 Инв.No.4696-3
（6）①中的知人𗤉𗟲𘉋𗢤"梁老房宝"（见图
7-23、7-24），在②、⑥、⑦、⑧、⑨、（16）、
（17）、（18）、（19）、（35）等十多笔借粮中分
别做见证人。同样俄 Инв.No.4696-7㉝号①中
的知人平尚山势，在②、⑥、（15）等三笔借粮
中分别做见证人。证明人，即知人在契约上签字
画押与同借者签字画押在性质上有本质不同。证
明人仅仅是证明契约行为，而不负契约实施的连
带责任，而相借者有时要履行实质性、连带性的
担保人责任。

4. 签署和画押

为证明对契约的认可，需要有当事人和关
系人的签名和画押。契约当事人和关系人在名
字下画押由来已久，西夏契约也继承了这个传统。画押是在契约名字下写画出
表示认可、特殊的专用文字或符号。署名和画押是相互连带的，通过画押表明
契约相关人员的郑重承诺。因契约中的署名为他人代笔，当事人的画押便成为

表示信用的唯一凭据。契约当事人和关系人签署名字的笔体往往相互一致，且与契约正文笔体也相雷同，应是同一书写者一人的手笔。看来契尾各种签字系由书手包办，或许当地能用西夏文书写自己名字的人是少数。

画押分符号和画指两种。黑水城出土的西夏文贷粮契中两种画押并存。

符号画押是当事人在自己的名字下画上代表自己的特有符号，写画时尽量保持同一形状。不同人有不同的画押符号。如俄 Инв.No.4762-6（1）

图 7-25　俄 Инв. No.4762-6（1）①　天庆寅年（1194年）贷粮契　前 4 人画押，后 2 人指押

①天庆寅年贷粮契的立契者和同立契者 4 人皆为符号画押（见图 7-25）。西夏契约中的画押形形色色，多在名字下画一个繁简不同的符号，简单地用一横，类似汉字的"一"，有的类似汉字的"二""工""天"；有的则形体复杂，难以描绘；也有的在名字旁边点上墨点代表画押。上述梁老房宝的画押类方形，中间画十字或一竖。如俄 Инв.No.4696-3（1）①中类似汉字"田"字（见图 7-23），⑥、⑧、（16）、（17）、（18）中类汉字"日"字，⑨中类汉字"井"字，⑦中则见不到画押。

画指也叫作画指模，就是在契约中自己的名下或名旁比对手指，在指尖和两节指节位置画上横线，以为标记，表示契约由自己签署。中国传统画指一般取男左女右，以画中、食指指节为最多，画两节或三节。西夏契约中的画指多为三节四画。如俄 Инв.No.4762-6（1）①天庆寅年贷粮契的两个证人就是此种画指。

值得注意的是，在黑水城借贷契约中契尾都没有出借者即债权人的签字画押，这反映了债权人在合同中的优势地位和单方合同的性质。因为契约的保存者就是出借的债权人，他没有必要签字画押。唐末债权人的名字还出现在契尾，在 8、9 世纪西域一带的契约中，契尾尚提及债权人，不过只书写"麦主""粟主""豆主""钱主"等，而不写名字。至 10 世纪，债权人及其代称不再出现于契尾。西夏契约契尾中没有债权人正是时代发展的结果。①

（十）算码

中国古代计数符号分为算码和数字两种系统。算码通过算筹的排列来表示数字，算筹原是用竹、木、骨等制作表示数字的小棍子。用算筹表示数字时，有横竖两种方式，横法：个、百、万等用横表示，十、千、十万等用竖表示；竖法：个、百、万等用竖表示，十、千、十万等用横表示。数字中的零用空位表示。把算筹记数法用于文书的计数就是算码。

西夏粮食借贷契约中的计数算码，记在契尾书证人签字的上方，用以表示借贷粮食数量。在契约中使用算码，将记载在契约中的借贷粮食数量和种类重复记载，以另一种方式确认，以免发生误解。特别是用于书写契约的西夏文多是草书，笔画草率简约，难以识别，更需要另一种明确的记载。另外，算码很形象，很直观，不懂西夏文字的人也能一目了然，更可直接了解契约主要内容，避免发生歧义。

西夏的算码和中原地区一脉相承，也是以横竖表示数字。从黑水城借贷契约看，使用算码的很多，但并不是每个契约都必须使用，横竖用法也不统一。可能不同的出借者各有自己的使用习惯。

有的用一横"一"表示 1 石，两横表示 2 石，以此类推；一竖"｜"表示 1 斗，二竖表示 2 斗，以此类推。10 石时则以十字"十"表示。如俄 Инв.No.4783-7 ②的算码十字下画六横线表示 16 石，十字下画七横线表示 17 石（见图 7-26）。如俄 Инв.No.4596（5）算码三横下有二竖表示 3 石 2 斗（见图 7-27）。

有的以大横表示十石，竖表示石，小横表示斗，如俄 Инв.No.5949-27(1) ②以一横右边一竖"一｜"表示 11 石；以一竖右边五小横表示 1 石 5 斗。

对于数字五的表示也有两种不同的方法。有的在表示五或超过五的数字时，利用简化的方法，即不用画五横或五竖，而是用一横或一竖表示。若以

---

① 《敦煌社会经济文献真迹释录》第二辑，第 76—147 页。参见〔法〕童丕《敦煌的借贷：中国中古时代的物质生活和社会》，第 12—13 页。

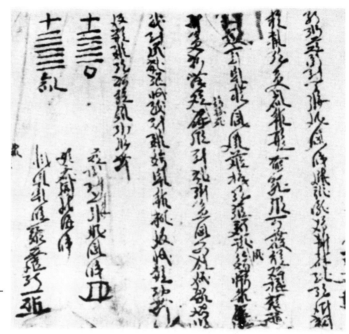

图 7-26 俄Инв.No.4783-
7② 贷粮契
左上角是算码

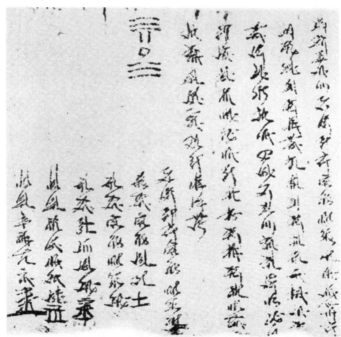

图 7-27 俄Инв. No.4596
（5） 光定丑年
（1217 年）贷粮
契 上部有算码

横表示五时，其下画一竖"丁"表示六，再画一竖"ㄒ"表示七。这种往往是以横表示5石。这里横竖线必须相接，若不相接，则可误解为1石1斗、1石2斗。如俄 Инв.No.4696-1 ①借8石，以一横下画三竖表示。俄 Инв.No.4696-1（1）②一大横下画四竖，表示9石，左边又三小横，表示3斗，更左边又有更小的五竖，表示5升，合起来表示9石3斗5升，下注小号西夏字"九石三斗五升麦"。又如俄 Инв.No.5949-22（2）④借杂粮27石，以二大横右边一横下画二竖表示"〓ㄒ"。若以竖表示五时，其下画一横"⊥"表示六，其下再画一横"≛"表示七。如俄 Инв.No.4696-2（1）借6斗杂粮用"⊥"表示，7892-6 ③借7斗麦用"≛"表示。这种往往以竖表示5斗。也有的不用上述简化方法，而是五就画五横，六就画六横。如俄 Инв.No.7741（3）⑨借7石大麦用七竖表示，俄 Инв.No.5949-23 ①借8斗杂粮用八竖表示，俄 Инв.No.5949-19 ①借8石5斗以八横下画五竖表示。

有时算码上下还用西夏文字麦、杂、大麦、糜、粟等标明粮食种类，有时则在粮食下面用符号注明粮食种类，以小圆圈"o"表示麦，没有粮食符号的则是杂粮。如俄 Инв.No.4596-1 ①契尾上部有两横，下有小圆圈，表示借2石麦。俄 Инв.No.4596-1 ⑤契尾上部有两横，下有五竖，再下有小圆圈，表示借2石5斗麦；其下又有二横，表示又借2石杂。也可以在表示杂粮的算码下加西夏文"杂"字，如俄 Инв.No.4783-6(2)（见图7-28），借粮1石麦、1石杂粮，一横下画一小圆圈表示1石麦，一横下写一西夏文祆字，表示1石杂粮。如俄 Инв.No.4783-7 ②的算码有两列，一列是十字下画6横线，再下画一小圆圈表示借麦16石；另一列是十字下画7横线，再下写西夏文

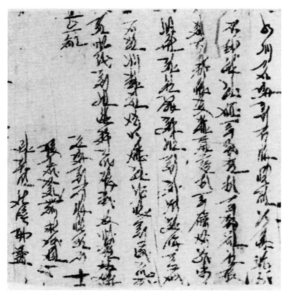

图7-28　俄 Инв. No.4783-6（2）　光定午年
（1222年）贷粮契

"杂"字，表示借杂粮 17 石。(见图 7-26)

有的契约，正文残损，不知借粮数，但契尾保存，通过契尾上部的算码可知借粮数。如俄 Инв.No.5949-31 文书首残，残存契尾，上有算码：四横下有二竖，二竖右有一小横，下又有一小圆圈；再下有一十字，下有四竖。知借 4 石 2 斗 1 升麦，10 石 4 斗杂粮。

从以上对黑水城粮食借贷契约分项介绍可知，西夏借贷契约种类多样，内容丰富，繁简不一。一般借贷数量大，借贷关系复杂的契约，文书项目齐全，书写格式规范。

西夏法典《天盛律令》的有关条文，规定了西夏借贷的法律依据及订立契约的原则，而出土的契约又提供了从未见到的、多种类型的契约原件，揭示出粮食借贷的过程和细节，展示出鲜活、生动的社会基层借贷真实图景。法典和契约对照分析更能深刻地透视西夏社会基层的民族居处、经济状况、农产类别、生活水准、贫富差距等诸多方面，使我们认识到西夏粮食借贷契约内容之丰富及其不可替代的学术价值。

（十一）粮食借贷契约的特点

对黑水城出土的西夏文贷粮契约综合研究后，可以归纳出以下特点。

1. 黑水城出土的粮食借贷契约数量最多，有 110 多号，300 多件，约占全部契约的 2/3；不仅数量大，类型也多，比敦煌石室所出粮食借贷契约多。

2. 西夏借贷契约多数书写规范。很多是一纸书写多件契约，有的长卷多达几十件契约，形成连在一起的籍账。单页贷粮契很少。

3. 贷粮契不记贷粮原因。借贷时间大多集中在春季，为青黄不接时期。借贷者既有党项族，也有汉族；有的还注明身份为"使军"或"奴仆"，这些人是西夏社会中的奴隶或半奴隶阶层。放贷者除余粮甚多的地主外，还有寺庙。

4. 西夏粮食借贷皆为有息借贷，而且大都是高额利息。所有借贷都以本粮数为基础，计息方式大致可分为三种：总和计息、按月计息、按日计息。无论何种利息，一般在三四个月期间利率高达 50%，有的高达 80%，甚至达到 100%，有的还超过政府限制的"倍息"。这些契约是西夏贫困农民受高利贷盘剥的真实写照。

5. 契约中都规定了对过时不能返还本利的借贷者要给予处罚，并要签字画押予以保障，体现了契约维护放贷者权利的特性。

6. 一部分粮食借贷契约中，除在契约文字中记明借贷粮食的品种和数量外，还在契末用计数算码表示借贷粮食数量。证明在以少数民族为主体、用西夏文书写的契约中，也继承了中原地区传统的计数方法，从一个侧面表明中原地区的传统文化对西夏的影响。

二 贷钱契

在已发现的借贷契约中货币借贷比较少见。黑水城出土的西夏文贷钱文书俄 Инв.No.986-1 为光定庚辰十年（1220 年）贷钱契与巳年（1221 年）贷钱契（见图 7-29），写本，麻纸，残页，高 22.2 厘米，宽 31.2 厘米，西夏文草书 11 行。首行有"光定庚辰十年"（1220 年）年款，第 8 行有"巳年正月七日"（1221 年）年款。有署名、画押。[①]

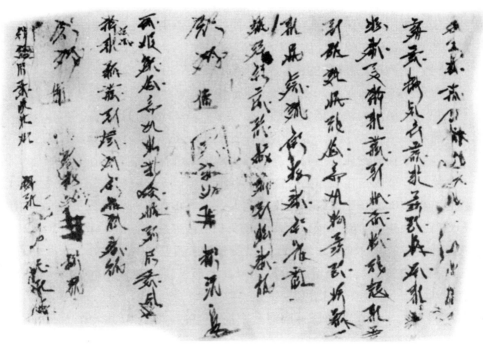

图 7-29　俄 Инв.No.986-1　光定庚辰十年（1220 年）贷钱契

---

① 《俄藏黑水城文献》第 12 册，第 156 页。

此残页中包含 2 件契约，下部残损，草字书写，其中不少字迹模糊不清。从可释文字得知，第一件契约于光定庚辰十年某月日某人以二百件物品，贷 7 贯钱以及 10 卷其他物品，十月十日将钱交来，所记是实，若反悔时，依文书所定实行，后有签署画押。第二件契约更为简单，记巳年（前一件契约的第二年）正月十日某人借贷？贯 500 钱，所记是实，

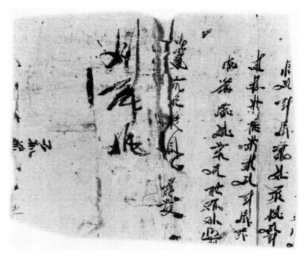

图 7–30　俄 Инв. No.1523–23 乾祐辰年贷钱文书

实行。虽然此二契约内容仍有不清晰之处，但已明确显示出西夏黑水城地区贷钱的事实，为西夏契约增添了新的种类，具有重要价值。

另有俄 Инв.No.1523–23 文书（见图 7–30），写本，护封衬纸，两残片粘贴，高 23.1 厘米，宽 25.8 厘米，西夏文草书 5 行，第 4 行有“乾祐辰年腊月”（1172 或 1185 年）年款，有签署。①

此件记残，但内容有“若日过不还时，一贯当还两贯”。这虽不是一件契约，但显然与贷钱有密切关系，说明当地确有贷钱现象。

前述俄 Инв.No.1523–24 贷钱账记有“一条乾祐壬辰三年（1172 年）六月五日立契人大石？？等，先自一人借钱七百贯，每日一缗利息八文钱，借一百日为限，届时本利一齐还清”（见图 6–35），这又见证了西夏货币借贷的事实。

三　贷物契

在已发现的西夏文契约中，贷物契很少。此俄 Инв.No.955 光定巳年（1221 年）贷物契（见图 7–31），为一单页契约，写本，麻纸，残卷，高 19.9

---

① 《俄藏黑水城文献》第 12 册，第 265 页。

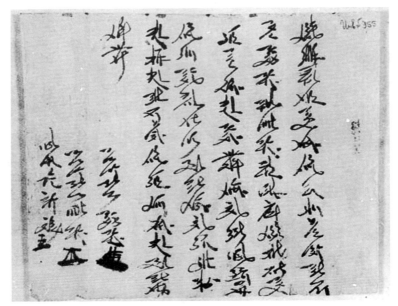

图 7-31 俄 Инв. No.955 光定巳年（1221 年）贷物契

厘米，宽23.3厘米，西夏文草书9行。首行有"光定巳年七月五日"（1221年）年款，有署名、画押。[①]

译文：

> 光定巳年七月五日，立契者
> 李？？、？？？等，今向梁善宝
> 借贷七千七百卷［计］，期限同月十
> 五日当聚集还。过期时一［计］
> 还二计数，共还一万五千四百卷，本
> 心服。
>
> 　　　　立契者？？（押）
> 　　　　立契者？？（押）
> 　　　　证人？？？（押）

---

① 《俄藏黑水城文献》第 12 册，第 146 页。

此契约中，借贷物品西夏文为蠢诬蠢绳骸蘵，汉文"七千七百卷［计］"，只知所借物为蘵（计）音，这种物品以骸（卷）计量。目前尚不知这种发音为［计］、以卷计量的物品为何物。在契约中未记借贷这种物品需要计利息，只记届时当还。也许这种物品并无耗损。但契约仍然规定到期不还要加倍赔偿，要还 15400 卷。

第三节　买卖契

买卖是最重要的一种商业行为，买卖契是私法领域里最重要、最基本的契约，往往也是最为正规的契约形式。出土的西夏买卖契反映了西夏经济的重要内容。

一　卖地契

耕地买卖是农业社会生活中最为重要的经济活动，特别是在古代以农业为主的封建王朝中，显得更为突出。黑水城出土的文书中有一批西夏文卖地契，真实地反映出西夏时期的耕地买卖状况。

1972 年，苏联西夏学专家克恰诺夫从大批黑水城文献中找到 1 件行书体西夏文天盛庚寅二十二年（1170 年）土地买卖契约，并做了译释、研究。[①] 这是第一次刊布西夏社会文书，对研究西夏土地买卖乃至土地状况具有重要意义。这件完整的卖地契包含立契时间、立契人、卖地数量及附带院舍、卖主、价格（以牲畜抵价）、保证语、违约处罚、土地四至，最后有卖者、担保人和知证人的签字画押。这件契约过去作为唯一的一件土地买卖实物资料，引起了中外西夏研究者的重视，又因其为识别有一定难度的行书，致使一些专家不断进行译释和研究。[②]

为出版《俄藏黑水城文献》整理俄藏西夏文文献过程中，在新发现的社会

---

①　参见 Е.И. Кычанов Тангутский документ 1170г. о продаже земли, "Письменные памятника Востока.Ежгодник. 1971", М., 1974.196—203。

②　参见黄振华《西夏天盛二十二年卖地文契考释》，《西夏史论文集》，宁夏人民出版社 1984 年版，第 313—319 页；陈炳应：《西夏文物研究》，宁夏人民出版社 1985 年版，第 275—279 页；史金波：《西夏社会》，第 72—73 页；松泽博：《武威西夏博物馆藏亥母洞出土西夏文契约文书》，《东洋史苑》第 75 号，2010 年版，第 21—64 页。

文书内，关于耕地买卖的契约有 11 件。连同原来发表的 1 件，共有 12 件。这些七八百年前的土地买卖契约，保存了西夏时期黑水城地区土地买卖的原始资料。宋、辽、金三朝有关土地买卖的契约保存至今的仅有屈指可数的几件，且多不完整；而西夏一朝却保存着这样多土地买卖契约，多首尾完具，是研究西夏经济的第一手资料。多件西夏文土地买卖契约，内容丰富，信息量大，是研究西夏黑水城地区土地买卖十分重要的资料，弥足珍贵。

（一）卖地契译释

出土于黑水城的西夏文土地买卖契约，有的为单页，也有系多件契约连在一起。前述俄 Инв.No.5010 天盛庚寅二十二年寡妇耶和氏宝引等卖地契，即为单张契约，写本，麻纸，高 22.5 厘米，宽 49.6 厘米，西夏文行书 19 行。[①]其他新发现的单张契约，有俄 Инв.No.4199 西夏天庆丙辰年（1196 年）六月十六日梁善因熊鸣卖地房契、俄 Инв.No.4193 天庆戊午五年（1198 年）正月五日麻则犬父子卖地契、俄 Инв.No.4194 天庆庚申年（1200 年）小石通判卖地房契。第一件为写本，草书，麻纸，高 23.5 厘米，宽 45 厘米；第二件为写本，草书，麻纸，高 23.2 厘米，宽 43.1 厘米；第三件写本，麻纸草书，高 22.9厘米，宽 57.1 厘米。[②]另新发现一契约长卷俄 Инв.No.5124，是西夏天庆寅年（1194 年）正月末至二月初的 23 件契约，有卖地契、租地契、卖畜契、雇畜契以及贷粮契，此契约长卷为多纸横向粘接而成，分为 3 段，高 20.5 厘米，宽分别为 55、175、260 厘米，其中卖地契 8 件。[③]以上共见土地买卖契约 12 件，除原已公布的 1 件是行书体西夏文外，其余皆是更难以识别的西夏文草书。因卖地契的重要和稀缺，以下按契约时间顺序将 12 件契约全部翻译如下。

1. 俄 Инв.No.5010 天盛二十二年（1170）寡妇耶和氏宝引等卖地契（见图 7–32），单页契约，麻纸，高 22 厘米，宽 48.5 厘米，西夏文草书 19 行，有签署画押，有朱印。[④]

---

① 《俄藏黑水城文献》第 14 册，彩图一，又见第 2 页。
② 《俄藏黑水城文献》第 13 册，第 199、194 页。
③ 《俄藏黑水城文献》第 14 册，13—22 页。此契约长卷为多纸横向粘接而成，因年代久远，有的粘连处分开，共摄成 18 拍照片。经按契约时间和内容整理，实际为 3 段。各段顺序为：第一段：2、3 拍；第二段（前残）：1、6 左、7、8、9、10、11 左拍；第三段：4、5、6 右、11 右、12、15、13、14、16、17、18 拍。
④ 《俄藏黑水城文献》第 14 册，彩图一，又见第 2 页。

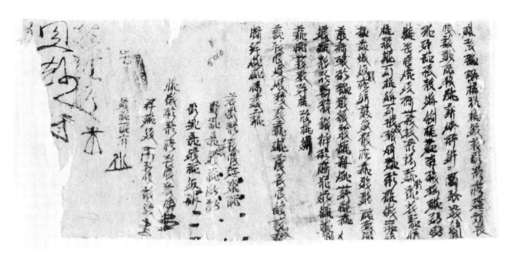

图 7-32　俄 Инв. No.5010　天盛庚寅二十二年（1170 年）寡妇耶和氏宝引等卖地契

译文：

天盛庚寅二十二年[①]，立契者寡妇耶
和氏宝引等，今将自属撒二石熟生地一
块[②]，连同院落三间草房、二株树等一并
自愿卖与耶和米千，议定全价二足齿骆驼、
一二齿[③]、一老牛，共四头。[④] 此后其地上[⑤]
诸人不得有争讼[⑥]，若有争讼者时，宝引等管[⑦]。

---

① "天盛"为西夏仁宗年号，共 21 年（1149—1169 年）。天盛庚寅二十二年（1170 年），改元乾祐；是年八月西夏仁宗诛杀权臣任得敬，或于是时改元。若此，则此契约应在当年八月之前。

② 𘂤"石"字前原文为两竖点。"石"前一字似应为数字，两竖点可能为"二"。"二石撒处地"与后面的"二十二亩"，也大体相合。

③ 原文为𘂤𘝣"二有"（"有"表竖直之"有"），可能指长出二颗牙齿的牲畜，表明牲畜的年龄。

④ 全价为四头大牲畜。

⑤ 西夏文原文𘁣𘝣𘃡，译为"其地上"，意为"对此地"。以下同。

⑥ 西夏文原文为𘄒𘍷，对译为"口缚"，意译为"争议""诉讼"。

⑦ 西夏文原文为𘒣，音［管］，为汉语借词。这里是"管""负责"之意。

若有反悔^① 时，不仅^② 依《律令》^③ 承罪，

还依官^④ 罚交三十石麦，情状^⑤ 依文据^⑥ 实行。

界司堂下有二十二亩。

北与耶和回鹘盛为界，东、南与耶和写？为界，

西与梁蒐名山为界

立契者耶和氏宝引（画指）

同立契^⑦ 子没啰哥张（画指）

同立契没啰口鞭（画指）

知人说合者^⑧ 耶和铁？（押）

梁犬千（押）耶和舅盛（押）

没啰树铁（押）

税已交（押）

八？（押）^⑨

2. 俄 Инв.No.5124-2 天庆寅年（1194 年）正月二十四日邱娱犬卖地契（见图 7-33），有西夏文草书 20 行。契尾有签署、画押。^⑩

译文：

天庆⬚^⑪ 寅年正月二十四日，立契者邱娱

犬等将自属渠尾左渠接熟生二十石撒处地一

块，及宅舍院全四舍房等，全部自愿卖与普渡寺内

---

① 西夏文原文为𗏁𗖍，对译为"语变"，意为"反悔"。

② 西夏文原文为𗋽𗆪，对译为"不纯"，置于两分句之间，意为"不仅"。

③ 西夏文原文为𗐧𗖻，意为"律令"，应指西夏法典《天盛改旧新定律令》等。

④ 西夏文原文为𗋡𗖰，对译为"官依"，即"按官府规定"意。

⑤ 西夏文原文为𗏁𗗜，对译为"语体"，意为"情由""情状"。

⑥ 西夏文原文为𗖿𗣼，对译为"入柄"，意为"文据""契约"。

⑦ 西夏文原文为𗓦𗩳𗭒，对译"状接相"，即"相接状"意，实指与卖者同来卖地，译为"同立契"。

⑧ 西夏文原文为𗏁𗲍𗩈，对译"语为者"，可能是为买卖双方说合者。他在立契约时又为知证人。

⑨ 西夏文原文为大字草书𗣼𗢝𗩬，意为"税已交"；下行为大字草书"八？"。

⑩《俄藏黑水城文献》第 14 册，第 13—14 页。

⑪ 此字𗆪"甲"，残，与下字"寅"为天庆年号干支。西夏天庆寅年有二，为甲寅元年、壬寅十三年。此处残字所余部分是西夏文"甲"字的一部分，而不是"壬"的一部分。因此可以认定此件为甲寅年。

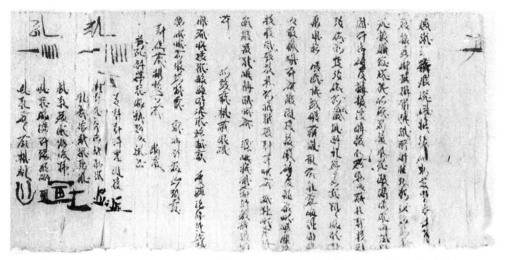

图7-33　俄Инв.No.5124-2　天庆寅年（1194年）正月二十四日邱娱犬卖地契

粮食经手者梁那征茂及喇嘛等，卖价杂粮

十五石、麦十五石，价、地两无悬欠①，

若其地有官私二种转贷② 及诸人同抄③ 子弟等

追争诉讼④ 者时，娱犬等管，那征茂等不管，不仅

以原取地价数一石付二石，服，且反悔者

按《律令》承责，依官罚交二两金，本心

服。四至⑤ 界上已令明

东接小狗黑及苏？汗黑地　　南接吴老房子地

西接鬼名有宝地　　北接梁势？地

　税五斗中麦一斗有　日水

① 西夏文原文为𗙴𗏹𗤋𗦴𗵒𗧓，对译为"价地差异已连"，指地和价已对应，并无参差。依汉文契约，相应内容译为"价、地两无悬欠"。

② 西夏文原文为𗤻𗤻𗌮𗤊𗵒𗧁，意为"官私二种转贷"。西夏的典当有官、私二种。此契约签署达成买卖后，不能再行官、私二种转贷。

③ 西夏文原文为𗅫𗥃，对译"抄共"，即"同抄"意。西夏基层军事组织和行政社会组织往往合二为一。西夏以"抄"为基层军事单位，同抄人不仅在军事上有密切关系，在平时社会经济生活中也密不可分。

④ 西夏文原文为𗧁𗾔𗄼𗐼，对译为"口缚追争"，意为"追争诉讼"。

⑤ 西夏文原文为𗥃𗵽，意为"四合"，即"四至"意。

全部情状依文书所载实行

　　　　立契者邱娱犬（押）

　　　　同立契者子奴黑（押）

　　　　同卖者 ① 子犬红（押）

　　　　知人多移众水？吉（押）

　　　　知写文书 ② 者翟宝胜（押）

　　　　知人恶恶显啰岁（押）

　　3. 俄 Инв.No.5124-1、5124-3（3）天庆寅年（1194年）正月二十九日梁老房酉等卖地舍契（见图7-34），由俄 Инв.No. 5124-1 和 5124-3 第3图的第7—13行拼合而成，有西夏文草书20行。契尾有签署、画押。③

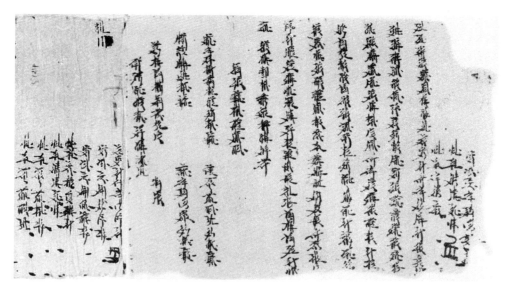

图7-34　俄 Инв. No.5124-1、5124-3（3）　天庆寅年（1194年）正月二十九日梁老房酉
等卖地舍契

---

① 西夏文原文为𗾒𗫫，对译"卖相"，即"相卖"意，译为"同卖"。

② 西夏文原文为𗦲𘘦𗏹，对译"入柄书"，即"写文书"意。此人书写文书并为知证人。

③ 《俄藏黑水城文献》第14册，第13、15页。

译文：

　　天庆寅年正月二十九日 ①　立契人梁老房酉等，将自

属渠尾左渠灌撒十五石 ②　种子地，及院舍并树石墓？等，一

并卖与普渡寺内粮食经手者梁喇嘛等，议定 ③　价

六石麦及十石杂粮，价、地两无悬欠。若其地

有官私二种转贷，及诸同抄子弟争讼时，老房

酉管，喇嘛不管。不仅要依原何价数一石付二石，

还要依官府规定罚交三两金。本心服。

　　　　四至 ④　界所已明确

东与梁吉祥成及官地接　　南与恶恶显盛令地接

西与普刀渠上接　　北与梁势乐娛地上接

　　　有税二石，其中有四斗麦 日水

　　　　情状按文据所列实行

　　　　　　　　立契者梁老房酉（押）

　　　　　　　　同立契弟老房宝（画指）

　　　　　　　　同立契弟五部宝（画指）

　　　　　　　　同知人子征吴酉（画指）

　　　　　　　　知人平尚讹山（画指）

　　　　　　　　知人恶恶现处宝（画指）

　　　　　　　　知人恶恶显盛令（画指）

　　4. 俄 Инв.No.5124-3（4、5）天庆寅年（1194 年）正月二十九日恶恶显令盛卖地契（见图 7-35），在契约长卷俄 Инв.No.5124-3 中，由第 4 图的第 4 行开始的大部分，与第 5 图开始的契尾部分组成，共有西夏文草书 18 行。契尾有签署、画押。⑤

---

①　原文遗㵀"日"字。
②　原文遗䫨"石"字。
③　西夏文原文为䖆䘤，对译为"已说"，即双方已议定。
④　西夏文原意为"四合"，即"四至"意。
⑤　《俄藏黑水城文献》第 14 册，第 16 页。

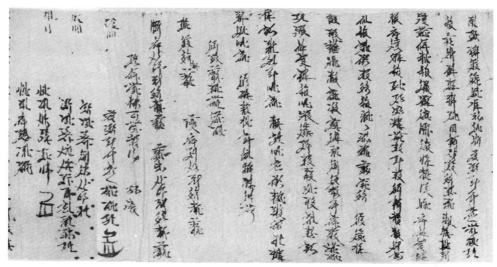

图 7-35　俄Инв.No.5124-3（4、5）　天庆寅年（1194年）正月二十九日恧恧显令盛卖地契

译文：

天庆寅年正月二十九日文状为者恧恧显令盛

等，将自属渠尾左渠灌撒八石种子地一块，及二间

房、活树五棵等，自愿卖与普渡寺中粮食经手者梁那

征茂及梁喇嘛等，议定价四石麦及六石杂粮，

价、地两无悬欠。若其地有官私二种转贷，

及诸人同抄子弟争议时，显令盛管，

那征茂等不管，不仅依原何价所取数一石还

二石，何人反悔变更时，不仅依《律令》

承罪，还依官府规定罚交一两金，本心服。

　　　四至界处已令明

东与官地为界　　　南与梁势乐酉地为界

西与梁老房酉为界　　北与小老房酉地为界

　　有税五斗，其中一斗麦　　　细水

　　　　立契者恧恧显令盛（押）

　　　同立契弟小老房子（画指）

　　　同立契妻子计盃氏子答盛（画指）

　　知人平尚讹山（押）

　　知人梁枝绕犬

　　5. 俄 Инв.No.5124-3（6、7）（天庆）寅年（1194年）二月一日梁势乐酉卖地契（见图7-36），在契约长卷俄 Инв.No.5124-3 中，由第 6 图的后部与第 7 图前部组成，共有西夏文草书 18 行。契尾有签署、画押。①

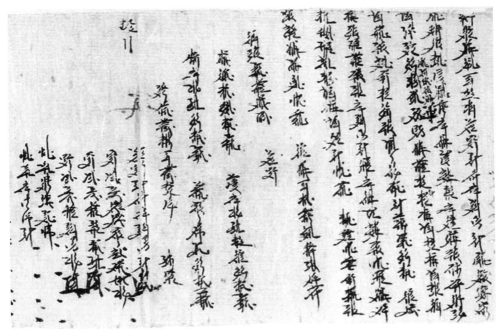

图7-36　俄 Инв.No.5124-3（6、7）（天庆）寅年（1194年）二月一日梁势乐酉卖地契

　　译文：

_____

① 《俄藏黑水城文献》第 14 册，第 17 页。

寅年二月一日立状者梁势乐酉，今向普渡寺

属寺粮食经手者梁那征茂及梁喇嘛等将熟生十

石撒处地一块，有房舍、墙等，自愿出卖，议定价二石麦、二石糜、

四石谷。价、地并无参差。若其地上有官私

二种转贷时，梁势乐酉管，梁那征茂等不管，不仅

需依原有价数一石还二石，谁改口变更时，

不仅依《律令》承罪，还由官府罚一两金。本心服。

　　四至界已令明　　　契约 ①

　　　　东与觅移江为界　　　南与梁宝盛及官地为界

　　　　西与梁宝盛地为界　　北与恧恧吉讹地为界

　　　　有税五斗，其中一斗麦　细水

　　　　　　立契者梁势乐酉（押）

　　　　　　同立契妻子恧恧氏犬母宝（画指）

　　　　　　同立契子寿长盛（押）

　　　　　　同立契子势乐宝（押）

　　　　　　知人平尚讹山（画指）

　　　　　　知人梁老房酉（画指）

　　6. 俄 Инв.No.5124-3（1）1 天庆寅年（1194 年）二月一日庆现罗成卖地契（见图 7-37），共有西夏文草书 17 行。契尾有签署、画押。②

　　译文：

寅年二月一日立契者庆现罗成，向普渡寺

属寺粮食经手者梁那征茂及梁喇嘛等全部

卖掉撒十石熟生地一块，及大小房舍、牛具、

石笆门、五枙分、树园等，议价十石麦、十石杂粮、

十石糜，价、地等并无参差。若彼及其余诸人、

---

① 前两字似多余。可能原想在此写契尾的责任人，但写完两字后发现尚未写四至及税粮，于是先写四至。
② 《俄藏黑水城文献》第 14 册，第 14 页。

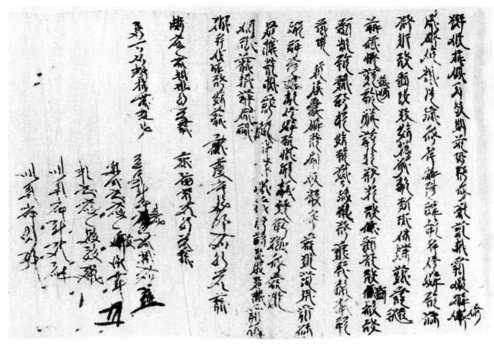

图7-37 俄Инв.No.5124-3（1）1 天庆寅年（1194年）二月一日庆现罗成卖地契

官私同抄子弟有争讼者时，由现罗成管，

那征茂及喇嘛等不管，谁人欲改变时，不仅

按官府规定，罚交三两金，服，还按情节依文据施行。

四面界上已令明

东界梁老房酉地　　南界梁老房有地

西界恶恶现罗宝地　北界翟师狗地

税一石中有二斗麦

立契者庆现罗成（押）

同立契者恶恶兰往金（押）

同卖恶恶花美犬（画指）

知人梁酉犬白（画指）

知人梁善盛（画指）

7. 俄 Инв.No.5124-3（2、3）、5124-4（1）（天庆）寅年（1194 年）二月二日梁势乐娱卖地契（见图 7-38），系契约长卷，在《俄藏黑水城文献》第 14 册中，由俄 Инв.No.5124-3 第 2 图的后部、第 3 图的前部，再加上 5124-4 第 1 图的前 6 行组成，共有西夏文草书 16 行。契尾有签署、画押。[①]

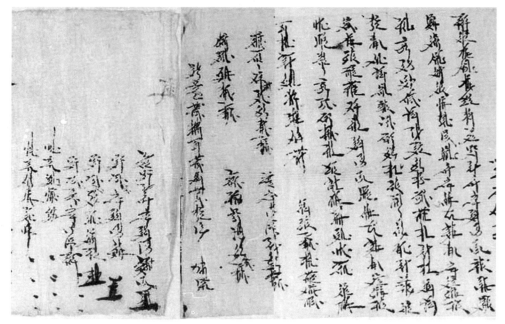

图 7-38　俄 Инв. No.5124-3（2、3）、5124-4（1）（天庆）寅年（1194 年）二月二日梁势乐娱卖地契

译文：

寅年二月二日立契者梁势乐娱等，今自愿向普
渡寺属寺中粮食经手者梁那征茂及梁喇嘛等
将五石撒处地一块出卖，价议定四石
麦及九石杂粮，价、地并无参差。若官
私两处有转贷时，由势乐娱负责，那征茂及喇嘛

① 《俄藏黑水城文献》第 14 册，第 15、18 页。

等不管。谁人违约不仅按律承罪，还依官府
罚交一两金。本心服。 四至界处已令明：

东与恖恖吉祥讹地交界 南与梁老房酉地交界
西与灌渠为界 北与翟师犬地交界
有税七斗，其中一斗四升麦 细水
立契者梁势乐娱（押）
同立契梁势乐茂（押）
同立契每乃宣主（押）
同立契梁老房虎（画指）
知人陈盐双（画指）
知人平尚讹山（画指）

8. 俄 Инв.No.5124-4（2、3）（天庆）寅年（1194 年）二月二日每乃宣主
卖地契（见图 7-39），此契约长卷，在《俄藏黑水城文献》第 14 册中，由俄
Инв.No.5124-4 第 2 图的后部与第 3 图的前部组成。共有西夏文草书 16 行。
契尾有签署、画押。①

译文：

寅年二月二日立契约者每乃宣主等，今
向普渡寺属寺中粮食经手者梁那征茂及梁喇
嘛等自愿出卖五石撒处地一块，议定价
六石杂粮及一石麦，价地等并无参差。
若其地上有官私二种转贷时，由宣主等管，那征茂
等不管。若何方违约时，不仅依《律令》承罪，
还应罚交一两金。本心服。 四至界上已令明
东与官地为界 南与官地为界
西与灌渠为界 北与鲁？？麻铁地为界
有税五斗，其中一斗麦 细水

---

① 《俄藏黑水城文献》第 14 册，第 19 页。

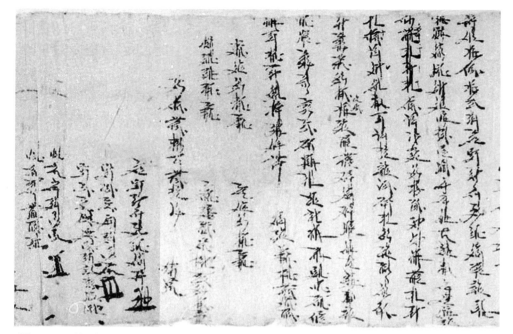

图 7-39　俄 Инв. No.5124-4（2、3）（天庆）寅年（1194 年）二月二日每乃宣主卖地契

立契者每乃宣主（押）

同立契弟势乐铁（押）

同立契妻子薉浞氏？？（画指）

知人梁势乐娱（押）

知人恧恧显盛令（画指）

　　9. 俄 Инв.No.5124-4（6）天庆寅年（1194 年）二月六日平尚岁岁有卖地契（见图 7-40），共有西夏文草书 14 行。契尾有签署、画押。[①]

　　译文：

　　　　天庆寅年二月六日，立契者平尚岁岁

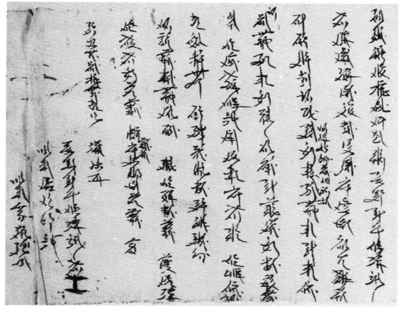

图7-40 俄Инв.No.5124-4（6） 天庆寅年（1194年）二月六日平尚岁岁有卖地契

有向普渡寺粮食经手者梁喇嘛、那征茂等
将熟生三石撒处地一块及四间老房等出卖，价五
石杂粮已付，价、地并无参差。若其地上任何人，
官、私同抄子弟有争议者时，依官法罚交五石
麦，心服。按情节依文据所载实行。
四至界上已令明 东与官渠为界 南与息尚
氏惩有地接 西北等与梁驴子母接 北 ①
有税八斗杂粮、二斗麦 半细水
  立契者平尚岁岁有（押）
  知人息尚老房子（画指）
  知人邱犬羌乐（画指）

_____

① 此字未写完，可能是衍字。

10. 俄 Инв.No.4199 天庆丙辰年（1196 年）六月十六日梁善因熊鸣[1] 卖地契，系一单页契约，写本，麻纸，高 23.5 厘米，宽 45 厘米，西夏文草书 15 行。首行有"天庆丙辰年六月十六日"（1196 年）年款。[2]

图 7-41　俄 Инв. No.4199　天庆丙辰年（1196 年）六月十六日梁善因熊鸣卖地契

译文：

天庆丙辰年六月十六日，立契者 梁 [3]
善因熊鸣等，今将地四井坡渠灌熟生 地
十石撒处七十亩自愿卖与梁守护 铁，
价五石杂粮，自各？？买，
其地上租役草 [4] 等三种，守护 铁
承担以外，先？其地上诸同抄
子弟余诸人力争有诉讼者时，？依原
地官私转系？因转贷及？谁？？

———————

① 以上 4 字为人名，字迹难识，暂译如此。
② 《俄藏黑水城文献》第 13 册，第 199 页。
③ 此契约下部残，有些行缺 1 字，可据西夏契约程式和上下文补，如梁、地、铁、铁。
④ 史金波：《西夏农业租税考》，《历史研究》2005 年第 1 期。

等时，不仅依官罚交十石杂粮，还以先

所取价数，亦一石还二石。本心服。

依情状按文书所载实行。四至界上

已令明，？柱有：

　　东与平尚母秋地？？为界

　　南与曹铁？为界

　　西与嵬名盛有娱为界

　　……①

11. 俄 Инв.No.4193 天庆戊午五年（1198年）正月五日麻则犬父子卖地房契（见图7-42），为单页契约，写本，麻纸，高23.2厘米，宽43.1厘米，西夏文草书12行。首行有"天庆戊午五年正月五日"（1198年）年款。末有署名、画押，画押上有土地四至，中有押捺印章，上覆荷叶、下托莲花，高22厘米，宽7厘米。②

图7-42　俄Инв.No.4193　天庆戊午五年（1198年）正月五日麻则犬父子卖地房契

---

① 此契约尾部残，缺土地四至中的北至，以及立契者及其他当事人的签名画押。
② 《俄藏黑水城文献》第13册，第194页。

译文：

天庆戊午五年正月五日，立契者麻则[犬]

父子等，今将自属酪布坡渠灌渠二十三亩[①]

及院落一并卖与梁守护铁，价八石杂粮已付，

地、价并无参差。此后其地有官私人

诉讼者及何人反悔时，不仅按已取价数

一石还二[②] 石，还据情状按文书所载实行。

（上部）

四至界明

东？？？？宝

南渠坡上

西麻则显令

北浑？犬黑

（下部）

卖者犬父子（押）

同卖弟显令（押）

同卖梁税梁（押）

知人梁真盛（押）

知人？？波法铁（押）

知人？？？？宝（押）

12. 俄 Инв.No.4194 天庆庚申年（1200 年）小石通判卖地房契（见图 7–43），为单页契约，写本，麻纸，高 22.9 厘米，宽 57.1 厘米，有西夏文草书 19 行。首行有"天庆庚申年二月二十二日"（1200 年）年款。末有署名、画押。画押上有土地四至，押捺上覆荷叶、下托莲花、西夏文买卖税院的朱印 3 方，高22 厘米，宽 7 厘米。[③]

---

①　此字应为"顷"，西夏文顷（𗄽）、亩（𗄼）字形相近，在草书中更易相混。根据土地价格的比例，此字为"亩"的可能性较大。

②　此处遗一"石"字。

③　《俄藏黑水城文献》第 13 册，第 194 页。

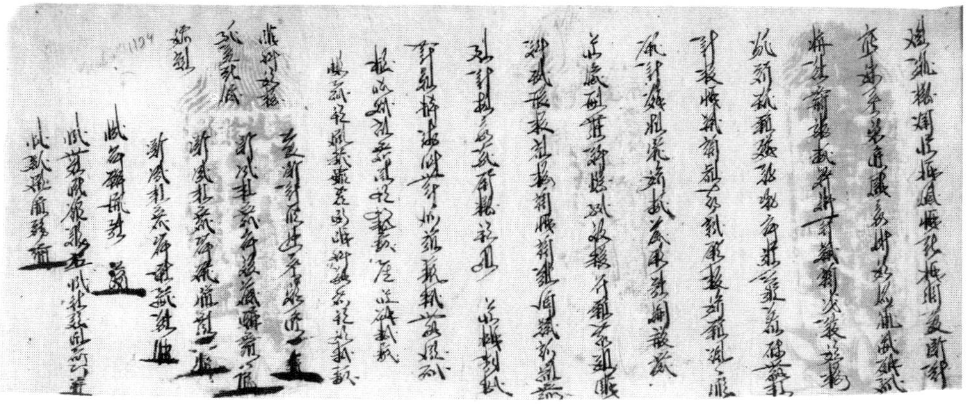

图 7-43　俄 Инв. No. 4194　天庆庚申年（1200 年）小石通判卖地房契

译文：

天庆庚申年二月二十二日立契
者小石通判，今将自属地四井坡渠灌
浑女木成边上熟生一百石撒处地一块，
院舍等全，自愿卖与梁守护铁，议定
价二百石杂粮，价、地等并无参
差，此后其地上诸人子弟有
任何官私转贷、乱争诉讼者时，按原
已给价一石偿还二石，返还四百
石，若有人反悔时，依官罚三两
金。本心服。　四至界上已令明：
东与不变桔？数求学？？上界　南与官渠为界
西北与与律移般若善原有盛有等地为界
（上部）
先有地一
块是七十五
亩
（下部）

　　　　立契者小石通判（押）

　　　　同立契卖者梁千父内凉（押）

　　　　同立契卖者梁犬羊舅（押）

　　　　同立契卖者梁麻则盛（押）

　　　知人梁虎孵子（押）

　　　知人曹庵斡宝（押）　知人移合讹花？势（押）

　　　知人陈犬羊双（押）

　　由以上 12 件契约可知，西夏文土地买卖契约继承了中原王朝的形制，包含了传统契约的各种要素。分析这些契约，可以对西夏土地买卖乃至西夏社会有更深入的了解。

（二）卖地原因和买卖者身份

　　对于这样一批珍贵的卖地契，可以综合起来进行分析，能了解西夏土地买卖，乃至于西夏经济、西夏社会很多前所未知的情况，获得比单一的契约更多、更有价值的认识。

1. 土地买卖的时间和原因

　　黑水城位于巴丹吉林沙漠的北端，内陆河黑水下游北岸。西夏时期得益于黑水灌溉之利，农业兴盛。这批土地买卖契约反映了当地土地买卖状况。

　　12 件契约中最早的 1 件是西夏天盛二十二年（1170 年），其次是俄 Инв.No.5124 号契约长卷中的 8 件，皆为天庆元年（1194 年），其余 3 件分别为天庆三年、五年和七年。

　　西夏立国凡 190 年（1038—1227 年），这些土地买卖契约时间皆在西夏晚期，时间跨度 31 年。除 1 件属于仁宗时期，其余 11 件皆在桓宗前期的 7 年时间内，最后一件距西夏灭亡仅有 28 年，显然反映的是西夏晚期黑水城地区土地买卖和当地社会生活状况。

　　这些卖地契约都未记卖主卖地的原因，但通过卖地时间可以分析卖地原因。长卷中的 8 个卖地契有具体时间，都在正月、二月；4 件单页卖地契第 1 件只有年份，未记月、日具体时间，这在契约中很少见；另 3 件有具体时间，其中 2 件分别为正月、二月，1 件是六月。在有具体日期的 11 件契约中，10 件都发生在正月、二月，正是农村青黄不接的时期。这些卖地契约反映出一部分生活困难、缺乏口粮度日的贫民只能靠出卖土地换取口粮。土地是农民赖以生存的基本生产资料，除非万不得已，不会轻易出卖。

发生在六月的卖地契约是西夏天庆丙辰年（1196 年）六月十六日，立契者梁善因熊鸣。他出卖土地 70 亩。根据他出卖土地的时间、数量，推断他出卖土地的原因不像其他卖地者那样是生计所迫，而可能另有缘由。

目前所能见到的黑水城土地买卖契约应该仅是此类契约的一小部分，即便是比较集中的契约长卷也仅是一个寺庙存留的天庆元年正月二十四日至二月二十日不到一个月的契约。在这样小的范围（一个寺庙）、这样短的时间内有这样多的卖地者，可以推想当地农民生活严重贫困的状况。黑水城地区耕地较多，又有黑水灌溉之利，粮食生产有一定保障。而这些卖地契显示出当地在一二月份便有不少农户乏粮。也可能在前一年有特殊的天灾等异常情况发生，使粮食减产，从而导致农民秋收后不到半年便断粮，不得已卖地换粮。黑水城出土的西夏文贷粮契也多在西夏天庆、光定年间，其中土地买卖契约集中的天庆元年借贷契约也很集中，[①] 这从另一侧面增加了当地贫困农民乏粮的证据。然而，由于西夏王朝未入正史，对西夏自然灾害的记载非常缺乏，特别是有关西夏黑水城地区自然灾害情况几乎从未见记录。

2. 卖地者和卖地数量

早期的党项族专营畜牧业，不习农业，因而缺乏粮食。当党项族逐步建成比较强大而地域稳定的政权时，如在夏州政权或西夏建国前，一批原来从事畜牧业的党项族人，在宜于耕作的地区逐步转而从事农业。这对一个民族来说，是历史性的转变，这种转变造就了一批党项族农民。黑水城出土的土地买卖契约应是这批农民的后代所立。卖地者及证人都是当地农民，从他们的姓名看多数是番族（即党项族），如耶和、没啰、恶恶、讹劳、平尚、每乃、貌淀、息尚、麻则等；但也有汉族，如契约中的邱、曹、陈等姓。如前所述，梁姓本为汉姓，但西夏第二、三代皇后为梁氏，先后掌政 30 多年，大兴番礼，应为番族。黑水城卖地的农民中的梁姓属汉族还是番族不得而知。党项族农民的祖先由牧转农时，多是占有土地的自耕农；他们依靠西夏政府得到土地，自种自收，只给国家缴税。而从这些卖地契可以见到，至西夏末期，他们后代当中的很多人由于生活所迫，口粮不济，不得不出卖祖先经营的土地。

---

① 史金波:《西夏粮食借贷契约研究》，第 186—204 页。

俄 Инв.No.5124 的 8 件卖地契中卖地者姓名和卖地数量为：（1）邱娛犬卖 20 石撒处地及宅舍，（2）梁老房酉卖 15 石撒处地及房屋，（3）恧恧显盛令卖 8 石撒处地以及房、树，（4）梁势乐酉卖 10 石撒处地及房舍，（5）庆现罗成卖 10 石撒处地及房屋和农具、树园等，（6）梁势乐娛卖 5 石撒处地，（7）每乃宜主卖 5 石撒处地，（8）平尚岁岁有卖 3 石撒处地及房舍。其他 4 件契约中的卖主和卖地数量为：（9）寡妇耶和氏宝引卖 2 石撒处地连同院落 3 间草房、2 株树，（10）梁善因熊鸣卖四井坡渠灌 10 石撒处 70 亩地，（11）麻则犬父子卖 23 亩及院落，（12）小石通判卖 100 石撒处地。卖土地者都是耕地所有者，一般是农户的户主，多为男性，仅有 1 例女性为寡妇耶和氏宝引。

从契约看，各家卖地数量不等，多不直接写顷、亩数，而是写撒多少石（种子）的地。耶和氏宝引卖 2 石撒处地，契约后记为 22 亩，每石撒处地比 10 亩略多；梁善因熊鸣卖地记 10 石撒处 70 亩地，比每石撒处地 10 亩为少。看来这种统计地亩的数量仅是一个约数，也证明原来对撒 1 石种子为 10 亩左右的推算大体正确。

在契约长卷中的 8 个卖地契中所卖土地的数量分别为 20 石、15 石、8 石、10 石、10 石、5 石、5 石、3 石撒处，也即分别约为 200、150、80、100、100、50、50、30 西夏亩左右，合 7.5 宋亩到 50 宋亩不等。这表明西夏农业家庭耕地面积较大。黑水城地区地处西北，地旷人稀，耕地较多是正常现象。在几件单页契约中卖地数量差距较大，耶和氏宝引卖 22 亩地，小石通判卖 100 石撒处地，合千亩（250 宋亩）左右，这可以说是卖地的一个特例。

3. 买地者和买地数量

在契约长卷 8 件卖地契中，买地者皆为普渡寺粮食经手者𗊟𗤒𗄭𘞽、𗊟𗙤𘝴，即梁那征茂和梁喇嘛，两人同为寺庙以粮食买土地的经手者。梁那征茂和梁喇嘛可能都是寺庙中的僧人。"喇嘛"一词是藏传佛教中对学佛法人的称呼，本为藏传佛教中长老、上座、高僧之称号，但后来对一般僧侣亦称喇嘛。西夏藏传佛教兴盛，黑水城地区的普渡寺可能是藏传佛教寺庙，这一黑水城寺庙未见于汉文文献。当时具体管理粮食和土地买卖的僧人称为喇嘛，或许西夏时期喇嘛已经成为普通僧人的称呼。

契约长卷表明，西夏后期黑水城地区普渡寺在天庆元年春不到一个月的时间就买进了 760 亩土地，约合 190 宋亩。

4 件单页契约中，第 1 件是寡妇耶和氏宝引将 22 亩土地卖给党项人耶和米千，其余 3 件都是将土地卖给梁守护铁，分别为 10 石撒处 70 亩、23 亩和 100 石撒处，约合 1000 亩左右。这是一笔大的土地交易。卖主小石通判应不是普通农民，而可能是地主。买主梁守护铁在 5 年中先后购进这么多耕地，财力充裕，是存粮大户。黑水城有一件俄 Инв.No.5949-2 军溜告牒文书，有"守护铁"之名，为军溜首领，或与上述契约买地者为同一人。[①]

（三）耕地和灌溉

1. 耕地和院落

在这些卖地契中有一种现象值得注意，即多数出卖的土地带有房屋院落等。如耶和氏宝引卖地连同院落 3 间草房、2 株树，邱娱犬卖地连同宅舍院，老房西卖地连同院舍并树，恶恶显盛令卖地连同 2 间房、活树 5 棵，梁势乐酉卖地连同房舍、墙等，庆现罗成连同大小房屋、树园等，平尚岁岁有卖地连同 4 间老房，麻则犬父子卖地连同院落，小石通判卖地连同院舍。12 件契约中有 9 件将土地连同房屋一同出卖；另外 3 件中有 2 件出卖土地数量很少，梁势乐娱和每乃宣主皆出卖 5 石撒处地，还有 1 件是出卖 70 亩地。

西夏黑水城地区的耕地中多数有农民的住房，使人联想到黑水城地区农民居住格局不同于传统的农村社区。中原地区的农村是农民聚居在一个村落，耕地分处村落四周；而黑水城地区农户的住房可能是星罗棋布地分散在各自的耕地上。这一特殊现象，对进一步深刻认识西夏黑水城地区的农业社区和农业管理很有助益。

西夏党项族原是单纯的游牧民族，逐水草而居，放牧牲畜需要大片牧地，常以一家一户为单位设帐篷居住。西夏黑水城地区的农户特别是党项族农户，尽管已改营农业，但仍然延续了分散居住的习俗；此外，他们虽以农业为主业，但仍是农牧业兼营，每户都有多少不等的牲畜。如前述一件俄 Инв.No.8203 户籍记载，此户有 3 峰骆驼、10 头牛、80 只羊；另一俄 Инв.No.7893-9 户籍记载，有 3 匹马、32 峰骆驼。卖地契中耶和氏宝引卖掉土地换来的是牲畜，也说明了当地农牧业的关系。分散居住适合兼营畜牧业的产业结构。西夏黑水城地区农户耕地相对较多，居住在自己的耕地上也便于耕作管理。

卖地契中耕地连带房屋院落一并出售，一方面厘清了原土地所有者和这块土地的关系，另一方面也便于新的土地所有者全权处置管理，包括出租土地时

---

① 《俄藏黑水城文献》第 14 册，第 72 页。

图 7-44　俄Инв. No.4193　天庆戊午五年
（1198 年）卖地契中的四至

连同住房一并出租。

2. 耕地的四至和相关成片耕地

所见西夏土地买卖契约中皆在契约正文后标明土地四至（如图 7-44），以明确土地的方位和范围，其用语一般为 綛菠虦虥薮縦祇，译为"四至界上已令明"；或綛狨虦虥薮縦祇，译为"四至界上已令明"。后面再记具体耕地的东、南、西、北四至，有的记相邻某人耕地，有的记旁边的某水渠。如寡妇耶和氏宝引卖地契记："北与耶和回鹘盛为界，东、南与耶和写？为界，西与梁嵬名山为界。"

翟师犬	翟师犬	灌渠 普刀渠	翟师犬	
			梁势乐娱卖地	恶恶吉祥讹
	梁老房有		梁老房西卖地	梁吉祥成
庆现罗成卖地				
	梁老房西		恶恶显盛令卖地	官地
			恶恶吉讹	
梁老房有			梁势乐西卖地	嵬移
	梁宝盛		梁宝盛	官地

图 7-45　土地方位图

特别引人注意的是，在契约长卷中的 8 件土地买卖契中，竟有几件地界相连，可以大致看到几个地块的方位与灌渠的位置。图 7-45 是根据相关的 5 件契约绘制的大致土地方位图。

上图只是示意图，当时的耕地不大可能这样方正、整齐。除农户的个人土地外，还有官地。从其他契约的四至看，还有寺地。

应该说，古代土地买卖契约存世的非常稀见，能有多块相互连接的土地买卖契约将土地系连成片，将私地、官地、灌渠等展示出来，更显其珍贵。

3. 灌渠和给水

在卖地契中，特别是在契约的四至中，涉及一些当地灌渠的名称。这为研究当时的水利设施提供了具体资料。契约中记载的水渠名称有：渠尾左灌渠、普刀渠、灌渠、官渠、四井坡灌渠、酩布坡渠灌渠、南渠等。通过这些渠名可以看到：当地的水渠体系比较复杂，有官渠，也有以族姓命名的渠道，如普刀、酩布皆是党项族姓。这些以族姓命名的渠道是否不同于官渠而属于家族所有，尚待考证。有的以方位称呼，如南渠。渠尾左灌渠、四井坡灌渠具有什么含义都有待考察。前述黑水城出土的户籍手实中也有水渠名称，如新渠、律移渠、习判渠、阳渠、道砾渠等。

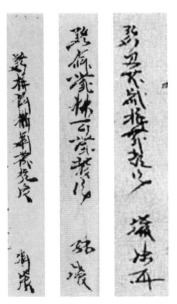

图 7-46　俄Инв. No.5124　不同卖地契中纳税文字下记载的日水、细水、半细水

在契约长卷中的 8 件卖地契中，有 7 件于契约后部记载土地税数额一行字的下方，写有 2 或 3 个西夏字，似与上下文并不搭界，易被忽略（见图 7-46）。如邱娱犬、梁老房酉卖地契中记𗾞𗗙"日水" 2 字，恶恶显盛令、梁势乐酉、梁势乐娱、每乃宣主卖地契皆记𗾞𗗙"细水" 2 字，平尚岁岁有卖地契记𗾞𗾞𗴺"细水半" 3 字，可译为"半细水"。[①]

这些应是记录此块地的灌溉给水状况。结合各契约卖地数额看给水状况，也许是有意义的：

---

① 　西夏文𗾞𗾞𗴺，对译为"水细半"，意为"半细水"。

邱娱犬卖撒 20 石种子的地、梁老房酉卖撒 15 石种子的地，用"日水"；恶恶显盛令卖撒 8 石种子的地、梁势乐酉卖撒 10 石种子的地、梁势乐娱卖撒 5 石种子的地、每乃宣主卖撒 15 石种子的地，用"细水"；平尚岁岁有卖撒 5 石种子的地，用"半细水"。上述的数字可以发现一个规律：土地数量大，或许在撒 10 石种子以上的地给"日水"；土地数量中等，撒 5 至 10 石种子之间的地给"细水"；土地数量小，或许在撒 5 石种子以下的地给"半细水"。这些在卖地契约中关于给水的简短记载，证明这些土地都是水浇地，并且可推定黑水城当地依据耕地数量的多寡给水。

《天盛律令》第十五中在"春开渠事门""养草监水门""渠水门""地水杂罪门"中都有关于渠水灌溉的条款，其中"养草监水门"中的 5 条全部遗失。现在所能见到的条款多是关于灌溉管理，未见上述依据土地数量分类放水的规定，也未见"日水""细水""半细水"等术语。这种给水的管理方法和特殊术语只是在这些卖地契约中首次见到。

4. 官地、私地

西夏的土地分官地和私地。所谓官地当指皇室、农田司所领属的土地，有牧场和农田两种。官地农田由农户耕种，收获后交租粮；私地是在私人名下占有的土地，可以自己经营，也可以出租，自己经营者要向国家缴纳耕地税，租地者要向地主缴纳地租，农业税由地主向国家缴纳。《天盛律令》多次提及"官私地"，并强调"官私地界当分离""不许官私地相混"，不能互相调换。①

上述卖地契也反映出当地存在官地和私地。卖地契中往往载明，若其地"有官、私二种转贷"时，由卖主负责，买主不负责任。这是为防止卖地者将不属于自己的或转租来的官地和私地出卖，而引起争讼。此外，在契约的四至中也直书"官地"，如梁老房酉所卖地东与梁吉祥成及官地接，恶恶显盛令所卖地东与官地为界，梁势乐酉所卖地南与梁宝盛及官地为界，每乃宣主所卖地东与官地为界、南与官地为界。

卖地契所卖耕地应皆是私地，原来的地主人是卖主，出卖后地主人分别是

---

① 《天盛改旧新定律令》卷十五"春开渠事门""养草监水门""渠水门""地水杂罪门"，第 496—509 页。

耶和米千（1块）、普渡寺（8块）、梁守护铁（3块），新的私地主人要负责向政府缴纳农业税。

5. 熟地、生地

西夏有所谓"熟地""生地"之别。熟地指早已开垦耕种的地，《天盛律令》还特别提出新开渠时不要妨碍熟地。[①]生地指未开垦的生荒闲地，不属官地，也不属私地。西夏政府鼓励开垦生地，三年内免税。《天盛律令》规定：

> 诸人无力种租地而弃之，三年已过，无为租役草者，及有不属官私之生地等，诸人有曰愿持而种之者，当告转运司，并当问邻界相接地之家主等，仔细推察审视，于弃地主人处明之，是实言则当予耕种谕文，著之簿册而当种之。三年已毕，当再遣人量之，当据苗情及相邻地之租法测度，一亩之地优劣依次应为五等租之高低何等，当为其一种，令依纳地租杂细次第法纳租。该年内于前地册当注册，租役草当依边等法承之。[②]

宋朝则以熟地和草地相区分，《续资治通鉴长编》载："宥州牒：去城十里作熟地，外十里两不耕，作草地。"[③] 当时宥州为宋、夏边界之地。

黑水城出土12件卖地契中，有6件在所卖耕地数量前冠写"熟生"二字，西夏文䐗猕［叔生］，显然为音译字，是借词。党项族过去不从事农业，当然无"熟地""生地"的概念，只是当他们一部分人进入农业社会后，才从汉语中借用"熟""生"二字来表示耕地。这些地明确记有缴纳农业税的数量，显然不是未开垦的生地，也不是刚刚开垦、尚未纳农业税的地。将所卖地记为"熟生"有可能是这些地已开垦3年以上，已经纳税，但产量又不太高的次等地，也有可能是买家对耕地质量一种惯用的褒贬术语，并不一定专指耕地质量。

（四）耕地价格

在私有制社会中，耕地价格是物价中最重要的一种，涉及社会的方方面

① 《天盛改旧新定律令》卷十五"渠水门"，第502页。
② 《天盛改旧新定律令》卷十五"取闲地门"，第492页。
③ 《续资治通鉴长编》卷436，哲宗元祐四年（1089年）十二月甲子条。

面。耕地税是西夏的主要税收，涉及国家的收入和农民的负担。然而，在汉文史料中，没有见到有关西夏耕地价格和耕地税的任何记载。因此，西夏土地买卖中所反映的耕地价格和耕地税对研究西夏社会具有重要意义。

从西夏卖地契看，这些交易都不是货币交换，而是以物买地；其中除一件（寡妇耶和氏宝引卖地契）以牲畜换土地外，其余皆以粮食买地。卖地契上有所卖土地的数量和卖出的粮价，按理计算出每亩的售价并非难事。但由于所卖地多带有不等的房屋、树木乃至农具等财物，计算起来比较复杂；加之土地优劣不一，灌溉取水的差异，更增加了价格的复杂性。影响计算土地价格的另一个重要因素是所售土地数量多以撒种子数量计量，地亩数颇具弹性，并不十分准确。

没有附带财物的土地买卖比较单纯。以下，以所卖没有附带财物的土地作为对象，来分析土地价格。

契约长卷中 8 个卖地契有 2 件只有耕地、没有附带财物，可以作为分析地价的基础。寅年二月二日梁势乐娱卖地契卖地 5 石撒处（约 50 亩），售价 4 石麦及 9 石杂；寅年二月二日每乃宣主卖地契卖地 5 石撒处（约 50 亩），售价 6 石杂及 1 石麦。前文依据黑水城所出西夏文卖粮账残页，推算出当地每斗小麦价为 200—250 钱，每斗糜（杂粮）价为 150—200 钱之间。[1] 也即杂粮价格相当于小麦价格的 75%—80%。如果第一件将 4 石麦合成杂粮为 5 石多，售价共计 14 石多杂粮，每亩售价 2.8 斗杂粮；第二件将 1 石麦合成杂粮为 1 石 3 斗左右，售价共计 7 石 3 斗左右杂粮，每亩售价 1.46 斗杂粮。两块土地每亩售价一为 2.8 斗杂粮，一为 1.46 斗杂粮，面积相同的地，售价差距比较大，接近 50%。再看两块地的位置，梁势乐娱地东与恶恶吉讹地交界，南与梁老房酉地交界，西与灌渠为界，北与翟师犬地交界；每乃宣主地东与官地为界，南与官地为界，西与灌渠为界，北与鲁？？麻铁地为界。两地西部皆与灌区相邻，只是价格便宜者东、南部皆与官地为界。

4 件单页卖地契约中有 2 件未写任何附带财物：天庆丙辰年梁善因熊鸣卖地房契，卖 70 亩地，价 5 石杂粮，每亩售价仅有 0.7 斗杂粮，价格最低；西夏天庆庚申年小石通判卖地房契，卖地 100 石撒处地，合 1000 亩左右，价

① 史金波：《西夏的物价、买卖税和货币借贷》。

200 石杂粮，每亩价 2 斗杂粮。

　　契约长卷中另有 4 件卖地契皆有房院等附带财物。因这些附带财物的附加值难以确定，耕地价格也很难推算。若都不计算附属财物，大体价格为：天庆寅年正月二十四日邱娱犬卖地契，卖 20 石撒处地及宅舍院全四舍房等，价杂 15 石、麦 15 石，共计杂粮 34 石左右，不算房院等每亩 1.7 斗左右；天庆寅年正月二十九日梁老房酉等卖地契，卖 15 石撒处地及房屋并树石墓等，价 6 石麦及 10 石杂，共计杂粮 18 石左右，不算房院等每亩 1.2 斗左右；天庆寅年正月二十九日恶恶显盛令卖地契，卖 8 石撒处地及二架房、活树五棵，价 4 石麦及 6 石，共计杂粮 11 石左右，不算房院等每亩 1.37 斗左右；寅年二月一日梁势乐酉卖地契，卖熟生 10 石撒处地房舍墙等，价 2 石麦 2 石糜 4 石谷，共计杂粮 8.6 石左右，不算房院等每亩 0.86 斗左右。另有一件附带财产比较多，总体价格较高：天庆寅年二月一日庆现罗成卖地契卖 10 石撒处地及大小房屋、牛具、石笆门、五枙分、树园等，价 15 石麦 10 石杂 10 石糜，约合杂粮 40 石左右。若按每亩 2.5 斗杂粮计算，也只有 25 石的价。看来，除土地外其余财产，也即人工增值占相当比重。

　　天盛二十二年寡妇耶和氏宝引卖地契与其他以粮食购买土地的契约不同，是以牲畜交换土地，因此不知土地的粮食价格。前文依据《天盛律令》和黑水城出土的卖畜契约考证过西夏牲畜的价格，知 1 峰骆驼大约价 6 石杂粮，1 头牛大约价 4 石杂粮。[①] 耶和氏宝引卖地价为 2 足齿骆驼、1 二齿、1 老牛。2 骆驼价约 12 石杂粮，若把二齿理解为牛，则 2 牛价约为 8 石杂粮，4 牲畜共价 20 石杂粮。根据黑水城出土的其他卖地契可知，一般对违约反悔处罚数额是成交数额的两倍。此契约对违约罚交 30 石麦，其成交价折合成粮价似应为 15 石麦，可折合 20 石左右杂粮。两者正可互相印证。所卖地 22 亩及房屋、树木等附加财产，除附加财产外，每亩土地近 1 石杂粮。也许土地附带财产价值较高，也可能 20 多年前的天盛年间土地价格较高。另一件单页天庆五年（1198 年）麻则犬父子卖地房契，卖 23 亩地及院落，价 8 石杂粮，若仅按耕地计算，每亩地价接近 3.5 斗，价格偏高。同样，其中院落也占了相当的价钱。表 7-1 是 12 件卖地契的卖地数与价值表（编号皆为俄 Инв.No.）。

---

　　① 史金波：《西夏的物价、买卖税和货币借贷》。

表 7-1　所见卖地契中卖地数与价值统计

序号	编号	时间	卖地者	卖地数	价值	附带物
1	5010	天盛庚寅二十二年	耶和氏宝引	撒二石熟生地	二足齿骆驼、一二齿、一老牛	院落三间草房、二株树等
2	5124-2	天庆寅年正月二十四	邱娱犬	熟生二十石撒处	杂粮十五石、麦十五石	宅舍院全四舍房
3	5124-1	天庆寅年正月二十九日	梁老房西	撒十五石种子地	六石麦及十石杂粮	院舍并树石墓?等
4	5124-7、8	正月二十九日	恶恶显盛令	撒八石种子地	二间房、活树五棵	二间房、活树五棵
5	5124-9、10	寅年二月一日	梁势乐西	熟生十石撒处地	二石麦、二石糜、四石谷	房舍、墙
6	5124-4	寅年二月一日	庆现罗成	撒十石熟生地	十石麦、十石杂粮、十石糜	大小房舍、牛具、石笆门、五椇分、树园
7	5124-5、6、1	寅年二月二日	梁势乐娱	五石撒处地	四石麦及九石杂粮	
8	5124-12、13	寅年二月二日	每乃宣主	五石撒处地	六石杂粮及一石麦	
9	5124-16	天庆寅年二月六日	平尚岁岁有	熟生三石撒处地	五石杂粮	四间老房
10	4199	天庆丙辰年六月十六日	梁善因熊鸣	熟生地十石撒处（七十亩）	五石杂粮	
11	4193	天庆戊午五年正月五日	麻则犬父子	二十三亩	八石杂粮	院落
12	4194	天庆庚申年二月二十二日	小石通判	熟生一百石撒处地	二百石杂粮	院舍等全

注：原文为"二有"（表示竖直之"有"），可能指长出两颗牙齿的牲畜，表明牲畜的年龄。

通过上述土地买卖价格的计算可知，西夏后期黑水城地区土地价格低廉，一般在每亩 2 斗杂粮上下。上述契约多是卖主缺乏口粮时急于卖地，买主自然会借机压价，卖主在价格方面处于劣势。

（五）耕地税

1. 契约中的耕地税

西夏耕地所有者要依法缴税。契约长卷中 8 件卖地契都在契约后面附记了应缴耕地税的数量。契约中记载纳税时往往用"有税 × 斗，其中麦 × 斗 × 升"的形式。西夏文中动词置于宾语之后，"有"在最后。西夏文中存在动词"有"

有类别范畴，即表示不同类型的"有"用不同的动词。如表示珍贵存在、内部存在、附带存在、并列存在、归属存在、竖直存在、固定存在要用不同的"有"。契约中表示耕地税的"有"用了表示固定存在的𘓺"有"，意味着此块土地的耕地税是固定的，属国家规定，不因物主的改变而变化。8 件契约中税额如下：邱娱犬卖地有税 5 斗，其中 1 斗麦、4 斗杂粮；梁老房酉卖地有税 2 石，其中有 4 斗麦；恶恶显盛令卖地有税 5 斗，其中 1 斗麦；梁势乐酉卖地有税 5 斗，其中 1 斗麦；庆现罗成卖地有税 1 石，其中 2 斗麦；梁势乐娱卖地有税 7 斗，其中 1 斗 4 升麦；每乃宣主有税 5 斗，其中 1 斗麦；平尚岁岁有有税 8 斗杂粮、2 斗麦。

除契约长卷以外的 4 件契约皆未见记纳税数量。但其中天庆丙辰年六月十六日卖地契中有"其地上租役草等三种由守护铁承担"，明确表示土地买卖成交后，国家依征收的租税、劳力和草都由土地的新主人负担。

西夏《天盛律令》有不少关于农业租税的内容，第十五卷集中了农业租税条款，各门的标题有催缴租门、催租罪功门等。其中规定了有耕地的纳税农户，要纳多种租税，应登录于册，按数缴纳。纳税迟缓要受法律制裁。[①]

官府之所以做这样细致的规定，主要是为了保证国家税收。土地无论是买卖还是包租，都不能影响国家的农业税收。上述多数卖地契中的一项重要内容便是明确记录这块土地应缴纳的国家农业税的数量，包括总量和其中细粮的数量。黑水城普渡寺土地买卖契约都记明缴纳农业税的数量，表明在土地过户的同时，纳税的义务人也随之转移，并明确所应缴纳耕地税的数目。

《天盛律令》又有如下规定：

> 僧人、道士、诸大小臣僚等，因公索求农田司所属耕地及寺院中地、节亲主所属地等，诸人买时，自买日始一年之内当告转运司，于地册上注册，依法为租役草事。[②]

这一条款可以理解为，僧人、道士、诸大小臣僚等，因公索求农田司所属耕地

---

① 《天盛改旧新定律令》第十五"地水杂罪门"，第 508 页。
② 《天盛改旧新定律令》第十五"地水杂罪门"，第 496 页。

及寺院中地、节亲主所属地是不缴纳土地租税的，但其他人买后，要注册，要按规定依法承担租、役、草，也即要向国家缴纳租税。

西夏在一些地方，特别是边远地区设置地方转运司，以农田、修渠、收租、转运粮食为要务。黑水城是设置地方转运司的地区之一。[①]

西夏法典中未见规定农民要缴纳多少税，据前述黑水城出土的多种纳税粮账中的农户地亩数和纳粮数，可以推算出其税率，即每亩地纳税杂粮 0.1 斗，即 1 升，缴纳小麦 0.025 斗，即 0.25 升。[②] 可见西夏有以耕地多少缴纳农业税的制度，是一种固定税制。以耕地面积课税是中国历史上一种重要税法，西夏继承了这种税制。黑水城出土的契约显示出西夏耕地主人缴纳耕地税的真实情况。

2. 契约与赋税文书中的地税差异

由于从其他黑水城出土的纳税粮账中已知耕地纳税的税率，所以，从契约长卷中 8 件卖地契不仅可知各买卖土地的缴税数量，还可以从卖地契中的纳税数量进一步探讨土地的数量。邱娱犬卖地契中载明耕地税 5 斗粮，依据前述耕地和纳税的比例应是 50 亩耕地的税，但契约记载是 20 石撒处地，合 200 亩左右耕地，两相比较，出入较大。梁老房西等卖地舍契中载明耕地税为 2 石，应是 200 亩耕地的税，契约记载是 15 石撒处地，合 150 亩左右，二者虽较接近，但也有一定出入。恶恶显盛令卖地契记载耕地税 5 斗，应是 50 亩地的税，契约记有 8 石撒处地，合 80 亩地左右，也有出入。梁势乐西卖地契记载耕地税为 5 斗，应是 50 亩地的税，契约记 10 石撒处地，合 100 亩左右，相差一倍。庆现罗成卖地契记载耕地税为 1 石谷，应是 100 亩地的税，契约记 10 石撒处地，合 100 亩地，正与纳税量相合。梁势乐娱卖地契记载耕地税为 7 斗，应是 70 亩地的税，契约记为 5 石撒处地，合 50 亩地，有一定出入。每乃宣主卖地契记载耕地税为 5 斗，应是 50 亩地的税，契约记为 5 石撒处地，合 50 亩地左右，也正与纳税量相合。平尚岁岁有卖地契记载耕地税有 8 斗杂粮、2 斗麦，共为 1 石粮，应是 100 亩耕地的税，但契约仅记 3 石撒处地，合 30 亩地左右，出入很大。

以上 8 件契约中，记载的土地数量与纳税量折合的土地数量相符合的只有两件，其余皆有出入，有的差距很大。之所以出现这种现象，可能是西夏黑水

---

① 《天盛改旧新定律令》第十"司序行文门"，第 368—375 页。

② 参见史金波《西夏农业租税考》，《历史研究》2005 年第 1 期。

城地区耕地较多，不一定都有精准的丈量，土地数量往往以撒多少石种子来统计，实际上是一种大约估算。8 件契约中以撒种数计量土地时，最小单位是石，没有斗，也即以 10 亩左右为单位，可证明这种统计方法是一种粗略估量。黑水城地区即便在户籍手实中对各农户耕地数量的登录也用撒多少石种子来统计。如前述黑水城出土的一件户籍记一户的耕地共有 4 块地，皆以撒多少种子来表示面积。这种不准确的统计，也不能作为缴纳耕地税的依据。然而，土地生熟质量不一，灌溉情况不等，可能使撒种量与收获量比例形成差距，纳税量不是与撒种量挂钩，而是以收获量为准。前述《天盛律令》有关自愿种他人无力种的租地的规定中，提到"一亩之地优劣依次应为五等租之高低何等，当为其一种，令依纳地租杂细次第法纳租"。① 原来，西夏的土地纳税不仅依据土地的数量，还有根据土地的优劣确定租税的高低，分成五等。因此可以设想，或许黑水城地区的耕地，依据上述原则，有的耕地面积虽大，但因其并非上乘好地，纳税会比较少。这就不难理解以耕地税来计算土地数量会产生出入的情况。前述《天盛律令》具体规定："京师畿内所辖七个郡县租户家主，依地优劣，一亩：上一斗，次八升，中六升，下五升，末三升等五等。"② 京师一带每亩耕地依据不同等次分别缴纳 3 升至 1 斗的租税，多少相差三倍多。黑水城地区因土地不抵京师河套地区土地肥沃，纳税量降低，但仍然还会有土地的优劣之分，从而影响纳税的数量。

从前述黑水城出土的纳粮税账中也能看到耕地与纳税完全符合的情况，如俄 Инв.No.1178 号文书有一顷五十亩耕地，纳税 1 石 8 斗 7 升半，其中杂 1 石 5 斗、麦 3 斗 7 升半；一顷四十三亩耕地，纳税 1 石 7 斗 8 升 7 合半。③ 可能这些土地同处于一种等次。按西夏黑水城出土的纳粮账计算，耕地税杂粮和小麦的比例为 4：1，卖地契中的耕地税杂粮和小麦的比例正与此相合。

（六）契约的保证

1. 违约处罚，契约的法律效力

买卖契约是交易双方当事人都认可、必须执行的共同约定，具有法律效

---

① 《天盛改旧新定律令》第十五"地水杂罪门"，第 492 页。
② 《俄藏黑水城文献》第 8 册，第 300、307、301 页。潘洁：《〈天盛改旧新定律令·催缴租门〉一段西夏文缀合》，《宁夏社会科学》2012 年第 6 期。
③ 参见史金波《西夏农业租税考》，《历史研究》2005 年第 1 期。

力。土地买卖属重要交易行为，因此契约中为防止违约的规定比借贷、租赁更为细致、严格，对违约行为处罚更为具体、严厉。所见黑水城出土土地买卖契约中无一例外的都有对违约处罚的规定，这些规定写在双方议定价格之后。

最早的一件天盛二十二年寡妇耶和氏宝引卖地契中规定："此后其地上诸人不得有争讼，若有争讼者时，宝引等管。若有反悔时，不仅依《律令》承罪，还依官罚交（三十）石麦，情状依文据实行。"规定首先强调有口角争讼时的责任，责任方是卖者耶和氏宝引；又明确若反悔不仅承担法律责任，还要罚交30石麦。

长卷契约卖地契对处罚的规定更为细致，如天庆寅年正月二十四日邱娱犬卖地契在议定价格后规定："价、地两无悬欠，若其地有官、私二种转贷及诸人同抄子弟等争讼者时，娱犬等管，那征茂等不管，不仅以原取地价数一石付二石，服，且反悔者按律令承责，依官罚交二两金，本心服。"在议定价格后双方再次确认所付价钱和所卖土地并无差误，接着强调出现其他人争讼时的责任方，明确若有争讼，是卖主的责任，与买主无关；并且具体指出争讼出现的主要方面，即"官、私二种转贷"和"诸人同抄子弟等争讼者"。前者表明土地不属于卖主自己，而是从官地或私人租赁而来，这种土地本不能出卖；后者强调卖主同宗近亲的同抄子弟往往因共有财产而在土地等方面容易发生纠葛，出现争讼。若出现上述亲邻权的争议情况当然是卖主的责任，处罚方法首先要按地价加倍罚赔。多数契约的末尾写上"本心服"，表示立契约的卖主对契约内容的认可，对违约处罚心服的承诺。这是买主依仗掌握卖主急需粮食的困境和法律保护而规定的。对连口粮都难以为继的贫困卖主来说，这种处罚是难以承担的。其目的显然是要杜绝土地买卖中的纠纷。此后是对"反悔"的处罚，从字面上看应是指买卖双方。但因这种交易地价被压得很低，吃亏、后悔的往往是卖方，因此这种处罚也可看成是对卖方的约束。这种对毁约的罚金不是以粮食计算，也不是以普通货币计算，而是以更为昂贵的黄金计算。

各卖地契对违约的处罚规定与上述契约大同小异，有的只有对出现争讼者及反悔者的加倍处罚而无对反悔者的罚金。在契约长卷中的8件土地买卖契中，7件有罚金，仅有1件无罚金，其土地价格最少，仅为5石杂粮。罚金多少与成交量的多寡有关，但并不是严格按比例实行。如庆现罗成地售价较高，价 15 石麦、10 石杂、10 石糜，若违约罚 3 两金；邱娱犬卖地价 15 石杂、15 石麦，罚 2 两金；梁势乐酉卖地售价较少，为 2 石麦、2 石糜、4 石谷，罚 1 两金；每乃宣主卖地契售价更少，为 6 石杂、1 石麦，罚 1 两金。但梁老房西等卖地舍契，售价并不算高，为 6 石麦、10 石杂，而罚金却高达 3 两金。

在单页契约中小石通判卖地房售价高达 200 石杂，罚 3 两金，或许罚金最高为 3 两金。单页契约中梁善因熊鸣卖地房价 5 石杂，罚金不是黄金，而是罚交 10 石杂粮。据前罚金情况可知，罚 1 两金时售价为七八石粮食，而处罚是加倍的，因此或可推算出 1 两黄金约值 15 石粮以上、30 石粮以下。买卖毁约时罚以黄金，不自西夏始，敦煌所出买卖契约中就有罚没黄金的记录。西夏契约中惩罚反悔措施未见杖刑等对人身肉体惩罚（参表 7-2）。

表 7-2　卖地契违约处罚

序号	卖地者	卖土地数量	价值	卖地有争讼时处罚	反悔时处罚
第 1 件	耶和氏宝引	撒二石种子地	二足齿骆驼、一二齿、一老牛	一石付二石	罚交三十石麦
第 2 件	苏老房子	撒二十石种子地	杂粮十五石、麦十五石	一石付二石	罚交二两金
第 3 件	梁老房势	撒十五石种子地	六石麦及十石杂粮，	一石付二石	罚交三两金
第 3 件	梁老房西	撒八石种子地	二间房、活树五棵	一石付二石	罚交一两金
第 5 件	梁老房茂	撒十石种子地	二石麦、二石糜、四石谷	一石付二石	罚交一两金
第 6 件	麻则羌德盛	撒十石种子地	十石麦、十石杂粮、十石糜	无	罚交三两金
第 7 件	梁老房茂	撒五石种子地	四石麦及九石杂粮	无	罚交一两金
第 8 件	梁势乐茂	撒五石种子地	六石杂粮及一石麦	无	罚交一两金
第 9 件	梁小善麻	撒五石种子地	五石杂粮	罚交五石麦	
第 10 件	梁善因熊鸣	撒十石种子地七十亩	五石杂粮	罚交十石杂粮，还以先所取价数，一石还二石	
第 11 件	麻则犬父子	二十三亩	八石杂粮	一石还二石	
第 12 件	小石通判	一百石撒处地	二百石杂粮	一石偿还二石	罚三两金

此外，西夏法典《天盛律令》还明确规定对买卖土地等改口、赖账等行为给予处罚：

> 诸人将使军、奴仆、田地、房舍等典当、出卖于他处时，当为契约。未取典偿价而典卖者改口时，有官罚马一，庶人十三杖。若典偿价等多少已取，然谓不曾取而变者，所取数依取债钱而改变法判断。若使买典未成而谓已买典，谋之，亦已受买典价而谓未受，则与前述变债罪相同。①

这也是交易双方履行承诺、执行契约的法律保证。

2. 签署和画押

为确保契约真实、可靠，在契约中签字画押是必要的程序，标志着契约的正式确立和法律效力的形成，是履行契约的保证。没有签字画押的契约视为无效。

西夏契约和中国传统契约一样，一般在契尾靠下方签字、画押，多数为每人占一行，个别契约中证人有两人占一行者。所见土地买卖契约后部首先签字画押的是卖主，其次签字画押的是同卖连带责任人，最后是证人。连带责任人和证人可以多到两人或两人以上。每个契约的署名文字，无论是卖主还是责任人、证人，都与契约正文的文字同为一个人的笔迹，多数都是书法流利的草书，有的堪称草书的精品。看来这些人名的签署与贷粮契一样，并非当事人自己所写，而是由书写契约的写字人捉刀代笔。在邱娱犬卖地契中尾部的签署人中有𗂂𗕑𗖴𗔀𗏵𗙤𗱈𗱱，译为"知写文书者翟宝胜"。"知"字表明此人是该文书的证人之一；同时还写明他的另一种身份，即"写文书者"，即为立契约人代笔者。这是契约长卷的第一份契约，长卷契约皆为连写，各契约笔迹基本相同，看来长卷契约皆出自翟宝胜之手。此长卷契约都是普渡寺买地、租地等事，而寺庙因有诵经、写经等功课，有熟悉西夏文字的僧人，翟宝胜很可能就是普渡寺的一名僧人，"宝胜"也像僧人的名字。

契约的形成是在当事人都在场的情况下，即卖者、买者以及同卖者、证人面对面的场合下进行的。纵观这些契约，大体上是所卖地多，同卖者和证人要多些；

---

① 《天盛改旧新定律令》第十一"出典工门"，第390页。

相反，所卖地少，同卖者和
证人较少。买卖土地的数量
决定了契约的手续繁简、知
见人的多寡。如小石通判卖
地契卖地最多，为撒 100 石
种子的地，签署画押的除卖地
者外，还有同卖者 3 人、证人
4 人，多达 8 人（见图 7–47）。
平尚岁岁有卖地最少，为撒
3 石种子的地，签署画押的
有卖地者，没有同卖者，有
证人 2 人，仅有 3 人。

西夏的契约绝大多数
属于单契形式。单契不是

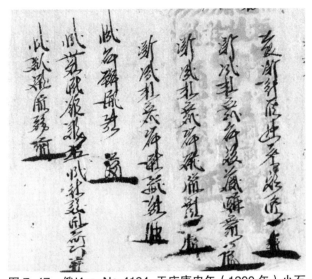

图 7–47　俄Инв. No. 4194　天庆庚申年（1200 年）小石
通判卖地房契签署、画押

立契双方各持一份的合同契约，而是契约双方只有一份契约。契约文字的口吻
是卖主或借贷者（即请求方）。执契约者为买入者或债权人，买主或债主（即
被请求方）不在契约上签字画押。这类契约除使用于绝卖关系外，还用于抵
押、典当、租赁、借贷等活动中。这种契约突出了买入者或债权人经济优势体
现出的权利优势，成为权利的一方；也反映了出卖者或债务人因经济劣势导致
的权利劣势，成为尽义务的一方。这种契约为片面义务制契约。

单契意味着不合券，为保证契约的真实、可靠，立契人必须署名、画押。
这种契约看似是合同契约，其实是沿用了旧时合同契约的程式套语。契后实际
署名的，只有原业主一方，此外便是与原业主有关的连带责任人等。

在西夏文契约中，卖主签署的形式一般开始为𗥤𘑨𗩴𗩈，对译为"文状为
者"，翻译为"立契者"；有的直接写𗩴𗩈，译为"卖者"。后面写立契者的
具体人名，如耶和氏宝引卖地契署名"立契人寡妇耶和氏宝引"，不似契约正
文中叙及责任方时，卖主可以只写名字而略去姓氏。

连带责任人签署的文字形式为𗩈𘑨𗱀，对译为"状接相"，翻译为"同立
契人"；有的写成𗩈𘑨𗩴𗱀，对译为"状接卖相"，译为"同立契卖者"；也
有的直接写𗩴𗱀，对译为"卖相"，即"相卖"意，译为"同卖者"。在梁老

房西等卖地舍契中，在立契者、同立契者之后还列有𗧓𗫔𗴢，译为“同知人”，为立契者的儿子。连带责任人往往是卖主家人中的重要成员，如儿子、妻子、兄弟等，这是为了确认出卖土地不仅是卖主个人行为，而是与家庭重要成员共同所为。这种添加连带责任人的方式，增加了契约的约束力和证明价值，从而使之变得更加有效。敦煌石室发现的买卖契约中早有这样的先例。①

如所卖土地出现争议，同立契人负有连带责任，假若卖主死亡、逃亡，连带责任人要承担契约的主要责任。在12件卖地契中，1件缺契约末尾部分，其余11件中10件有两名或两名以上同立契人，没有同立契人的是卖地最少的平尚岁岁有卖撒3石种子地的契约。对同立契人有时要标识出与立契者的关系，如耶和氏宝引的第一同立契人为“子没啰哥张”。没啰哥张是耶和氏宝引的儿子，“没啰”是党项族姓，可知耶和氏宝引死去的丈夫姓没啰，党项人；第二个同立契人为“没啰口鞭”，似为没啰哥张的叔伯或兄弟，为同宗至亲。又如麻则犬父子同卖者为“弟显令”，即麻则犬父子的弟弟麻则显令，因其弟与其同姓，故姓氏省略；第二个同卖者为“梁税梁”，未注明其与卖主的关系，此人并不与卖主同姓，也许是姻亲。其他，如立契者邱娱犬的同卖者为子黑奴、红犬，梁老房酉的同立契人为弟老房宝、弟五部宝，立契者恧恧显盛令的同立契人为弟小老房子、妻子讹劳氏子答盛，立契者梁势乐酉的同立契人为妻子恧恧氏犬母宝、子寿长盛、子势乐宝。

证人的签署形式为𗧓𗫔，译为“知人”，也可译为“证人”。或简写成一个字𗧓（知），也是“证人”意。在契末签署部分还发现立契者和同立契人首字平行，而证人往往高出一字或半字。这大约是为了区分两者性质不同，立契者和同立契人对契约负有实质性责任，而证人只是知情者、见证者，如出现问题并不负有实质性责任。证人都在两人以上，有的多达四人。有时一个证人可在不同的契约中多次担任证人。如平尚讹山在梁老房酉、恧恧显盛令、梁势乐酉、梁势乐娱卖地契中均为证人；还3次任租地契约的证人，又在梁公铁贷粮契中担任证人。② 有时契约当事人卖主也可在其

---

① 参见〔法〕谢和耐《敦煌买卖与专卖制度》，原载法国《通报》1957年第4—5期，耿昇译本见郑炳林主编《法国敦煌学精粹》，甘肃人民出版社2011年版，第3—68页。

② 参见史金波《西夏粮食借贷契约研究》，第201—202页。

他契约中做证人，如梁老房酉是卖地者，但他在梁势乐酉卖地契中以证人身份签署画押。

署名和画押是相互连带的。西夏契约的画押在他人代为签署姓名的下方。画押也称花押，是契约中特有的一项重要内容，通过画押表明契约相关人员的郑重承诺。西夏无论是买卖、租赁、借贷契约都有画押。从上述土地买卖契约可以看到，画押者首先是出卖土地者，其次是连带责任者，最后是证人。画押是画写简单的符号代表自身，借以表示信用。因上述契约后的署名皆为他人代笔，当事人的画押便成为表示信用的唯一凭据。

如前所述，西夏契约中符号和画指两种画押并存。西夏卖地契是最为重要的契约，不仅签署者多，画押也较为郑重。西夏卖地契中也是画指与符号画押并用。符号画押是当事人在自己的名字下画上代表自己的特有符号，写画时尽量保持同一形状。不同人有不同的画押符号。如平尚讹山的画押为𬽧。西夏土地买卖契约中的画指多为三节四画。有时在同一卖地契中包含了两种画押方式。最早的一件卖地契约，天盛庚寅二十二年卖地契中卖地者和同卖者三人为画指，证人为符号画押。

而在后来的卖地契中卖地者皆不用画指，画指这种画押形式只出现在同卖者或证人之下，而多以证人为主，这大约是当时已经认为画指不如符号画押更具有凭信力。如长卷中梁老房酉卖地契中只有卖地者为符号画押，其余同立契人、证人六人皆为画指；梁势乐娱卖地契同立契梁老房虎、证人陈盐双、证人平尚讹山用画指；每乃宣主卖地契后三人同立契妻子貌浞氏？？、证人梁势乐娱、证人恶恶显盛令用画指；恶恶显盛令卖地契中同卖者弟小老房子、同卖者妻子讹劳氏子答盛用画指；恶恶显盛令在梁老房酉卖地契中作为证人时用画指，但在他自己的卖地契中却用了符号画押。

也有个别的没有画押，如恶恶显盛令卖地契中最后一个证人梁枝绕犬即没有画押，可能是疏忽漏掉了。

西夏也有押印。押印是刻于印章上、代表当事人的小符号。如在俄 Инв. No.2157-4 骑账、俄 Инв.No. 5522-3 户纳粮账中都出现了押印。这种押印避免了临时手写符号的随意性，能以更准确、一致的符号表示信誉。

黑水城出土的汉文社会文书有不少是属于元代。有的元代契约中除符号画押外，还出现了黑墨押印，可见当时"签押"和"印押"同时并用。西夏时期尚在使用的画指已见不到。①

3. 白契和红契

从前述《天盛律令》规定可知，西夏政府对土地买卖的政策是不干预土地买卖，只要买卖双方认可，即可成交，政府只是从中收取买卖税。在天盛庚寅二十二年卖地契中，甚至还要在契约的尾部记载"税已交"，并在其下画押，可能是收税者所画。

中国传统契约中有所谓白契和红契。白契是一般契约，契约上未加盖官府朱印；红契是契约上由政府有关部门认可、并压盖朱印的契约。西夏也有白契和红契之分，上述单页契约中俄 Инв.No.5010 天盛二十二年寡妇耶和氏宝引等卖地契、俄 Инв.No.4193 天庆戊午五年正月五日麻则犬父子卖地房契等 3 件加盖朱印，应是红契。

这些契约上加盖的朱印并非当地政府的印章，而是当地买卖税院的收税印章。这种印章形制较大，呈长方形，下托仰莲花，上覆倒荷叶，高 23.2 厘米，宽 7.3 厘米。在一般的契约纸上，几乎与纸等高。印上部有自右而左横写的西夏文𘈩𘉋𗝌𗵘 4 字，译为"买卖税院"；其下有 4 竖行文字，前 3 行小字多漫漶不清，第 4 行 3 字较大𗑣𘗽𗵂，第一字是注音字，音［居或脚］，第二字意"巧、善"，音［考］，第三字也做音译字，音［官］，常作"灌""罐""灌"解，现尚难解此 3 字的确切含义。下有画押符号。第二行下也有画押符号。这方买卖税院的印，在契约上钤印后使契约成为红契，一方面表示有司认可，另一方面证明已经缴纳买卖税。

这种买卖税印不仅用于土地买卖契约，而且用于其他文书，如俄 Инв.No.6377–13 买卖税账、俄 Инв.No.7630–2 光定酉年卖畜契都押有买卖税院的印。

一般来说，无官印的白契为不合法契约，意味着逃税。上述土地买卖契约中普渡寺的所有契约，签字、画押一应俱全，应是正式契约，但都没有买卖税院的印章，看来属于白契之类。然而契约中对违约行为的处罚，明确指出不仅依《律令》承罪，还要由官府罚金，因此这种契约还不能说是与政府法律无关的纯个人行为。可以说这种买卖契约既符合当时的习惯法，又与政府的法典相协调。

---

① 参见塔拉、杜建录、高国祥主编《中国藏黑水城汉文文献》第 6 册，国家图书馆出版社 2008 年版，第 1237—1263 页。

红契的一项职责是收税，防止偷漏税。后世为防止经手契约的官僚胥吏中饱私囊，规定缴纳契税的收据要粘连在契约之后，产生了"契尾"。特别是土地买卖关系中，契尾十分普遍。西夏时期包括土地买卖在内的契约尚未出现契尾。

（七）土地兼并和贫富分化的加剧

西夏农牧业并重。耕地，特别是所谓"膏腴之地"，关系到西夏国库的丰盈、军队的供给、社会的安定。黑水城一带虽地处边远，干旱少雨，但因有发源于祁连山、有冰川融水补给的黑水流经此处，可灌溉田地，这里仍然是西夏重要的农业地区。

西夏境内可耕土地相对较少，因此西夏政府对土地格外重视，对境内土地管理在借鉴中原地区土地管理经验的基础上，也形成了一套严格的制度。西夏《天盛律令》规定农户耕地要进行详细登记注册。[①]

西夏土地可自由买卖。西夏《天盛律令》第十六中有关于土地买卖的规定，虽因此卷完全缺失，无法见到西夏土地买卖的具体条文，但在其他章节如第十五中有关于买地注册、买地丈量等，仍可看到西夏法律对土地买卖的相关规定。

> 诸人互相买租地时，卖者地名中注销，买者曰"我求自己名下注册"，则当告转运司注册，买者当依租役草法为之。倘若卖处地中注销，买者自地中不注册时，租役草计价，以偷盗法判断。[②]

西夏土地买卖要买者注册、卖者注销，若买者不注册而瞒交赋役租役草，以偷盗法判罪，可见管理之严格。

卖地的农民一旦失掉土地，便失掉了赖以生存的基础。上述卖地者，一种可能是有多块土地，卖掉一块，还有其他耕地可以耕种，但耕地毕竟减少了，对生活有影响；另一种可能是卖掉土地后成为无地农户，再租种土地耕种。契约长卷中就有卖掉土地的农民再从买主手中租种土地的契约，有的租种的土地就是别人刚刚卖掉的土地。如梁老房西卖掉了自己撒 15 石种子的地，当天便从普渡寺租种了撒 8 石种子的地，新租的地可能是恧恧

---

① 《天盛改旧新定律令》第十五"纳领谷派遣计量小监门"，第 514 页。
② 《天盛改旧新定律令》第十五"地水杂罪"，第 509 页。

显盛令当日卖给普渡寺的；而梁老房酉卖掉的地也于同日被梁老房成从普渡寺承租。

　　将耕地卖掉又不得不租种土地的农户由自耕农变为佃农，他们在卖地、租地过程中受到两次盘剥。卖地时因缺粮处于不利地位，一般会受到买主的压价；而租地时地主又会抬高租价。通过卖地和租地契约可知，有的不到两年的租地租金，比这块耕地的卖价还要高。

　　上述契约长卷表明，黑水城地区的普渡寺在西夏末期趁冬春青黄不接之时，大量兼并土地。契约长卷系残卷，原卷还有多少土地买卖契约不得而知。普渡寺除天庆元年外，其他年份购进多少土地也属未知。但可以推想，上述普渡寺买进的土地应该仅是西夏后期该寺购进土地的一部分。寺庙收买土地由来已久，敦煌石室发现的文书中不少是寺庙买入土地的文书。另3件契约中土地都是卖给梁守护铁，数量也很大。说明当时已形成寺庙和地主的土地兼并，而且兼并的速度很快。兼并土地越来越多的寺庙和地主，依仗土地资本的优势，使不少自耕农破产变成佃农，对佃农进行更残酷的盘剥，造成贫富距离拉大。佃农要给地主缴纳沉重的地租，贫困程度加剧，社会地位下降，社会稳定程度减弱。

　　党项族是西夏军队的主力。当西夏末期蒙古军攻打西夏时，虽有一些激烈战斗，但总的看西夏强烈抵抗的不多。西夏晚期社会不稳，人民对政府的向心力减弱，他们对政府缺乏依靠感，当然不会为之卖力作战。

（八）西夏土地买卖契约的特点

1. 为中国契约学增添了新的重要资料

　　新发现的西夏黑水城出土土地买卖契约，不仅为西夏社会经济研究提供了真实而具体的资料，也为中国契约学增添了新的重要资料。过去发表的1件契约和这次新公布的11件契约，每一件都是难得的珍贵史料，将这些契约综合起来分析，更能凸显时代价值。

2. 反映了当地土地买卖和社会生活状况

　　从这些契约可以看到，西夏晚期黑水城地区，相当一部分农民生活困苦，一二月即乏粮，难以度日，不得不出卖土地换取口粮，并导致寺庙和地主兼并土地的现象。中国历史上这种现象往往出现在王朝没落时期，西夏也不例外。

3. 反映了当地土地及其管理状况

　　通过对契约以及相关资料的分析，可以了解到西夏黑水城地区官地和私地、农民土地占有、土地管理、土地买卖以及土地价格等重要的社会经济状况，对西夏社会经济有了更深刻的理解。特别是一些土地有连带关系的契约，还可据以大致地勾画出部分土地和灌渠的分布情况，十分难得。

4. 反映了当地农民居住的民族和地方特色

很多契约记载黑水城地区的耕地中有农民的住房，反映出黑水城农区有农户分散居住在各自耕地上的特点。这种居住格局可能既有原党项民族游牧习俗的影响，也有黑水城地区耕地较多的地方特色。

5. 反映了当地水利及其管理的状况

黑水城地区历来极度干旱缺雨，黑水及其渠道的灌溉是当地农业的命脉。土地买卖契约中有关渠道、给水等方面的记录反映了当地农业的这一特点，与西夏法典《天盛律令》相互补充印证，丰富了对当时水利及其管理的认识。

6. 揭示出西夏的耕地价格

这些契约第一次揭示出西夏的耕地价格，对西夏经济研究具有重要意义。契约中有关耕地税的资料反映了西夏政府对农业税收的重视，一方面以具体实例验证了西夏耕地税的税率，另一方面也透视出西夏缴纳耕地税的复杂情况，补充了《天盛律令》在税收方面的缺漏。

7. 表明历史上各民族之间在产业结构上的影响

契约反映出原从事游牧的一部分党项族向汉族等民族学习，早已经营农业。表明中国历史上各民族之间在产业结构上的影响和互动，体现出各民族在经济上的相互借鉴、吸收和融合，形成中华民族大家庭内互学互补、血肉相连的社会经济结构。

8. 反映了西夏在土地买卖方面对传统的继承和发展

西夏土地买卖契约继承了中国传统契约的形式，同时也形成了自己的风格。契约首记形成时间，不直接写出卖土地原因，严格违约惩罚措施，记载纳税额度，明确土地四至，保留两种形式的画押，红契、白契并存。有些形式是唐宋契约和元代契约的一种过渡形式。

二　卖畜契

黑水城出土的西夏文契约中，有 20 多件卖畜契。这些契约在中古时期牲畜买卖和牲畜租雇契约中所占比例很大，价值很高。此外，甘肃省武威的亥母洞遗址也发现了西夏文卖畜契。这些契约对研究西夏的商业、农牧业经济和社会生活具有重要价值。

（一）卖畜契译释

黑水城出土的卖畜契，有的是单页契约形式，有的夹杂在契约长卷中；还有的是废弃不用的契约被装订成书册，在其背面抄写佛经，往往不完整，或仅余半纸，或上下两端被裁剪掉一两行字。这些契约也大多以西夏文草书书写。以下先对黑水城出土较为完整，保留着所卖牲畜品种、数量和价格的 11 件卖畜契，依时间顺序进行译释；最后将武威出土的 2 件卖畜契进行译释。

1. 俄 Инв.No. 5124–3（5、6）天庆寅年（1194 年）卖畜契（见图 7–48），出自契约长卷俄 Инв.No.5124–3 中，有西夏文草书 12 行，第 1 行可能因写错，自第 2 行重新开始。契尾有签署、画押，画押皆为画指。①

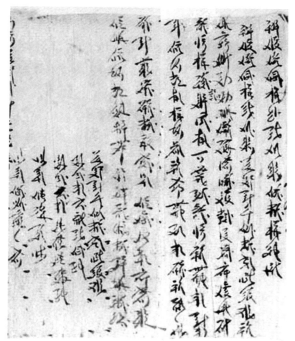

图 7–48　俄 Инв. No.5124–3（5、6）　天庆寅年
（1194 年）卖畜契

① 《俄藏黑水城文献》第 14 册，第 16、17 页。

译文：

寅年正月二十九日，立契者鬼移氏祥瑞宝等，
今自愿向普渡寺寺庙粮食经手者梁喇嘛将自属
全齿二牛？生所及一全齿黑牛等出卖，价
五石麦及二石杂粮，实已给，价畜等并无参
差。若其畜有其他诸人官私诉讼者时，
依官罚交五石麦，服。情状按文书上实行。

　　　　　　立契者鬼移祥瑞宝（押）
　　　　　　同立契卖者子十月盛（押）
　　　　　　同立契卖者尼积力息玉盛（押）
　　　　　　证人平尚讹山（押）
　　　　　　证人鬼名隐藏有（押）

　　2. 俄 Инв.No. 5124–4（4）天庆寅年（1194 年）卖畜契（见图 7–49），出自契约长卷俄 Инв.No.5124–4 中，有西夏文草书 9 行。契尾有签署、画押。[①]

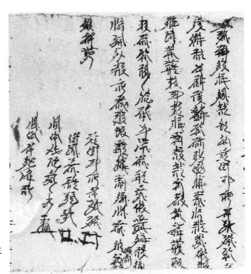

图 7–49　俄 Инв. No.5124–4（4）天庆寅年
　　　　　（1194 年）卖畜契

　　① 《俄藏黑水城文献》第 14 册，第 20 页。

译文：

天庆寅年二月三日，立契者梁盛犬等，向梁

喇嘛及梁那征茂等自愿出卖全齿母骆驼及

一马，价二石麦、三石杂等实已付，

价畜等并无参差。若其畜有其他诸人、同抄子弟

追争诉讼者时，不仅按《律令》承罪，还依官罚交三

石麦，服。　　　　　　　立契者梁盛犬（押）

同立契子打子（押）

知人积力隐藏子（押）

知人梁老房酉（押）

3. 俄 Инв.No. 5124-4（5）天庆寅年（1194 年）卖畜契（见图 7-50），出自契约长卷俄 Инв.No.5124-4 中，有西夏文草书 9 行。契尾有签署、画押。[1]

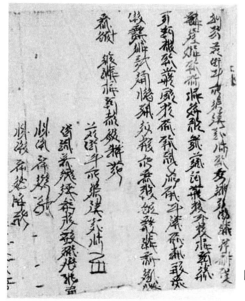

图 7-50　俄 Инв. No.5124-4（5）天庆寅年（1194）卖畜契

---

[1] 《俄藏黑水城文献》第 14 册，第 20 页。

译文：

同日^①　立契者平尚讹山等，自愿向梁那征茂、
喇嘛等出卖自属一二齿公骆驼，价二石大麦
一石糜等已付，价畜等并无参差。其畜有其他
诸人、同抄子弟追争诉讼者时，不仅按《律令》
承罪，还依官罚交二石杂粮

立契者平尚讹山（押）

同立契妻子酪布氏母犬宝（押）

知人梁善盛（画指）

知人梁老房酉（画指）

　　4. 俄 Инв.No.2546-2、3 天庆亥年（1203 年）卖畜契（见图 7-51）。
2546-2 写本，麻纸，西夏文草书，高 19.6 厘米，宽 34.5 厘米。从纸张和立文
人看两纸应是同一文契。2546-3 写本，麻纸，高 19.6 厘米，宽 34.5 厘米，有
西夏文草书 12 行。^②

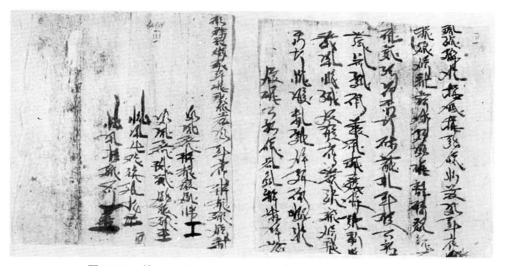

图 7-51　俄 Инв.No.2546-2、3　天庆亥年（1203 年）卖畜契

① 此契约前面记具体时间的为"天庆寅年二月三日"，同日即为此日。
② 《俄藏黑水城文献》第 13 册，第 84 页。

译文：

> 天庆亥年二月二十五日，立契者左
> 移犬孩子，自愿将自属一三齿短？
> 一红马，卖与梁讹吉，价一石？
> 斗杂粮议定。若其马有同抄子弟
> 诸人追争诉讼者时，犬孩子管，
> 讹吉不管，有心悔反悔时，
> 　　依官罚交一石五斗杂粮。本心服，
> 并据实情按文书所载实行。
>
> 　　　　　　立契者左移？承山（押）
> 　　　　　　同立契？祥瑞犬（押）
> 　　　　知人口移讹小狗宝（押）
> 　　　　　知人卜犬有（押）

5. 俄 Инв.No.2546-1 天庆亥年（1203 年）卖畜契（见图 7-52），为单页

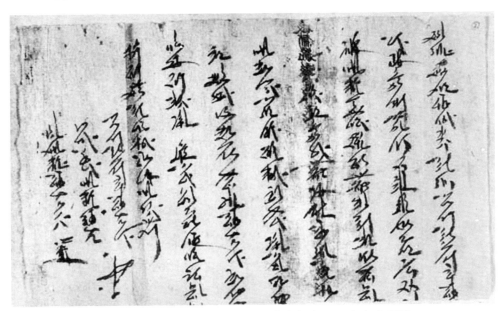

图 7-52　俄 Инв. No.2546-1　天庆亥年（1203 年）卖畜契

契约，写本，麻纸，高20厘米，宽31.2厘米，有西夏文草书11行。首行有"天庆亥年"（1203年）年款。有署名、画押。①

　　译文：

　　　　天庆亥年二月三十日，立契者梁那征

　　　　讹今将自属一全齿母骆驼？自愿

　　　　卖与寇移十月犬，价六石杂粮。

　　　　今？畜等自各〈　〉买转？？另？？

　　　　寇移讹，若其畜有诸人同抄子弟

　　　　等追争诉讼者时，那征讹管。若有

　　　　心悔反悔者，依官罚五石杂粮，

　　　　并据实情按文书所载实行。

　　　　　　　　　　立契者梁那征讹（押）

　　　　　　　　　　同立契寇移？（押）

　　　　　　　　　　知人寇移那征讹（押）

　　6. 俄 Инв.No. 5404-8、9 天庆甲子年（1204年）卖畜契（见图7-53），为写本，麻纸，在一缝缋装佛经中，佛经以废弃契约档案等装订成书，背面抄写佛经。高19.6厘米，宽27厘米。据同页两面中的立契者、字体、字距、行距等内容和形式判断，第1面4行和第2面5行为不同契约的前后段。第1面首行有"天庆甲子年十一月十五日"（1204年）年款，第2面有署名、画押。而第1面与俄 Инв.No. 5404-9 的第2面从立契者、字体、字距、行距等内容和形式判断，应为同一契约，西夏文草书10行；第2面与 No. 5404-9 的第1面应是同一契约。契尾有署名、画押。②

　　译文：

　　　　天庆甲子年十一月十五日，文状为者

---

① 《俄藏黑水城文献》第13册，第84页。
② 《俄藏黑水城文献》第14册，第34、35页。

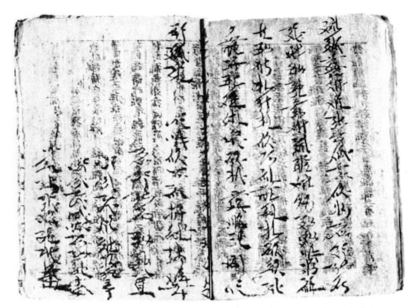

图 7-53　俄Инв.No.5404-8、9 天庆甲子年（1204年）卖畜契

讹七？盛，自愿将一有辔母马卖与郝那

征奴，价五石杂已付，价畜等并无

参差，此后其畜有同抄子弟、官私

……

反悔时　依官罚交五石杂粮，本心服。

　　　　　　　立契者？盛（押）

　　　　　　　同立契……（押）

　　　　　　　同立契……（押）

　　　　　　知人？？盛宝（押）

　　7. 俄 Инв.No. 5404-10 、5404-7 天庆子年（1204年）卖畜契（见图7-54），为俄 Инв.No. 5404-10 的右面与 Инв.No. 5404-7 的左面合成，西夏文草书12行。契尾有署名、画押。[1]

———————————

　① 《俄藏黑水城文献》第14册，第34、35页。

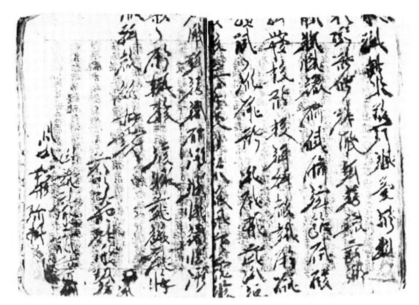

图 7-54　俄Инв.No.5404-10、5404-7　天庆子年（1204 年）卖畜契

译文：

天庆子年十一月十六日，
立契者白清势功水，将自属
畜卖给麁名水，为五齿可用粟马，
价四石杂已议定，畜价
并无参差，其马若有诸人诉
讼……日过不还？时
白清势功水管，麁名水不管。
若何人反悔时，按官法罚贪令中
罚交五石杂粮，心服。
立契者白清势功水（押）
同立契？金刚（押）
知人燕吉祥（押）

8. 俄 Инв.No.2858-1 天庆丑年（1205 年）卖畜契（见图 7-55），写本，麻纸，在一缝缋装佛经中，佛经以废弃契约档案等装订成书，背面抄写佛经，页高 19.8 厘米，宽 25.7 厘米，右 4 行西夏文草书为卖畜契；又见俄 Инв.No.2858-12 的右部 4 行为一契约的尾部，据残存第一行文字为俄 Инв.No.2858-1 立契人的名字的左部。可以认定两者为同一契约。①

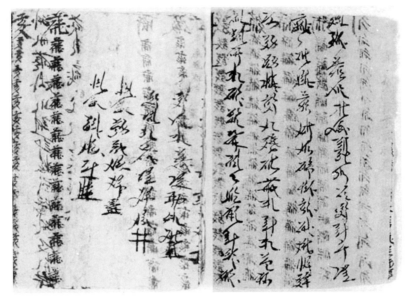

图 7-55　俄 Инв.No.2858-1　天庆丑年（1205 年）卖畜契

译文：

  天庆丑年腊月三十日，立契者郝

  隐藏宝，今将自属四齿能用红母马

  自愿卖与涂千犬，价七石

  杂粮议定，并无参差，其畜

  ……

①《俄藏黑水城文献》第 13 册，第 119 页。

立契者隐藏宝（押）

同立契郝吉乐（押）

知人？子住吉（押）

知人？阿酉（押）

9. 俄 Инв.No. 7630-2 光定酉年（1213 年）卖畜契（见图7-56），为单页契约，写本，麻纸，高 19.7 厘米，宽 39.5 厘米，西夏文草书 7 行，首行有"光定酉年五月十三日"（1213 年）年款，有买卖税院朱印，后有署名、画押。[①]

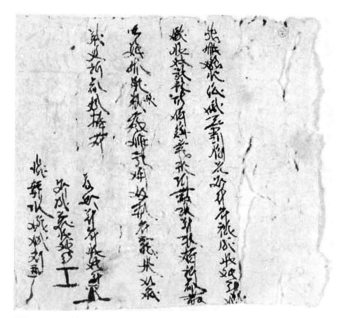

图 7-56 俄 Инв. No.7630-2 光定酉年（1213 年）卖畜契

译文：

光定酉年五月三十日，文状为者啰铺小狗酉向
觅移小狗子等卖一四竖生牛，价四石杂粮议定。

① 《俄藏黑水城文献》第 14 册，第 187 页。

此后其畜有同抄子弟诉讼者时，卖者管。

并罚交八石杂粮，服。

　　　　　立契者小狗酉（押）

　　　　　立契梁小狗子（押）

　　　　　知人酪布正月吉（押）

10. 俄 Инв.No. 7994-14 光定亥年（1215 年）卖畜契（见图 7-57），写本，麻纸，高 17.7 厘米，宽 37.9 厘米，西夏文草书 8 行，首行有"光定亥年三月二十七日"（1215 年）年款，有涂改，后缺签署画押。①

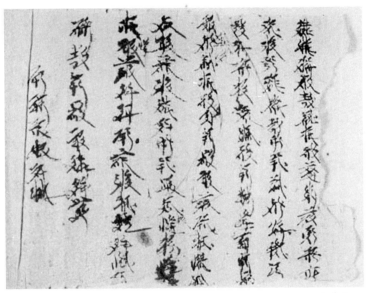

图 7-57　俄 Инв. No. 7994-14　光定亥年（1215 年）卖畜契

译文：

　　光定亥年三月二十七日，立契者

①　《俄藏黑水城文献》第 14 册，第 243 页。

啰铺博士，今从张顺利处买一六

竖牛，时价十石，其中实付一石，

六月二十日付八石杂粮。若其畜有

追争诉讼时，前述顺利当管，并追罚

一石付二石。若心悔反悔，给不反悔

者三石杂粮。本心服

11. 俄 Инв.No. 6377–15 光定子年（1216 年）卖畜契（见图 7–58），为单页契约，写本，麻纸，高 19.5 厘米，宽 21.1 厘米。西夏文草书 11 行。首行有"光定子年五月十六日"（1216 年）年款，后有署名、画押。①

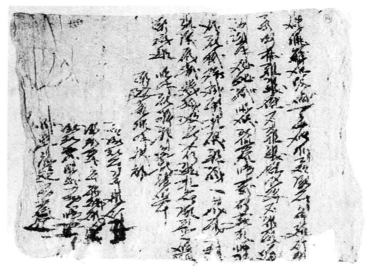

图 7–58　俄Инв.No.6377–15 光定子年（1216 年）卖畜契

译文：

光定子年五月十六日，文状为者梁犬势？，

---

① 《俄藏黑水城文献》第 14 册，第 145 页。

将自属一二竖母骆驼、六母骆驼母、一竖、一栗色马，

自愿卖与依丑移？、鬼移？？山，共价

九十两银已议定，价畜等并无参差。

其马若有追争诉讼者时，卖者管。若？

反悔时，依官罚交十贯钱，本心服。

按情状依文书实行

立契者梁犬势（押）

同立契梁？？母（押）

同立契梁？？隐藏山（押）

知人药乜綏？（押）

12. 武威亥母洞出土 G31·003 ［6727］1–2 乾定酉年（1225 年）卖牛契（见图 7-59），此契约原件甘肃省武威亥母洞出土，今藏武威市博物馆。麻纸，高 30 厘米，宽 44 厘米，西夏文草书 9 行。首行有"乾定酉年九月"（1225 年）年款。左下角黏附一小纸，西夏文草书 3 行，多数字迹不清。[1]

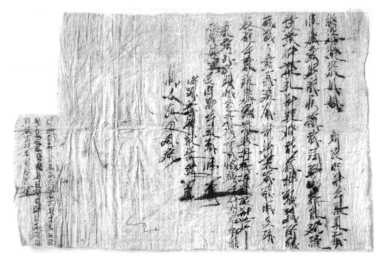

图 7-59　武威 G31·003 ［6727］1–2　乾定酉年（1225 年）卖牛契

---

① 《中国藏西夏文献》第 16 册，第 387—388 页。

译文：

乾定酉年九月　日，立契者 尼则 寿长

山，今将自属一全齿黑牛自愿卖与命屈

般若铁，价六十五贯钱议定，钱

畜两不悬欠，若其畜有相争诉讼

者时，先钱数一贯付二贯数，服。

若个人反悔不实时，反悔者当向不反悔者付

三十贯钱。

立契者寿长山（押）

同立契者吴茂（押）

知人赵八月犬（画指）

13. 武威亥母洞出土 G31·002［6726］乾定戌年（1226 年）卖驴契（见图 7–60），此契约写本，高 17 厘米，宽 55 厘米。西夏文草书 12 行。契末未写完全，后无签字、画押，而杂缀不属契约的文字，可能为文书的草稿或练习纸。[1]

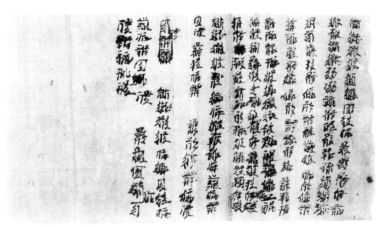

图 7–60　武威 G31·002［6726］　乾定戌年（1226 年）卖驴契

[1]《中国藏西夏文献》第 16 册，第 386 页。

译文：

乾定戌年四月八日，二文状为者移
祥瑞善，今自愿向提佛鸠出卖一麻
黄驴子，付五十贯钱，当实付二十
五贯，五十贯已议定。其有盗欺
行为，有官私常往等处转贷，同抄
子弟有人争论诉讼者时，卖者管，
买者不管。若自反悔时，反悔者者
……

另有俄 Инв.No. 5404-9、5404-8（天）庆未年十月卖畜契，系由俄 Инв. No.5404-9 的右部与 5404-8 的左部拼合而成，写本，麻纸，西夏文草书 9 行。首行有"（天）庆未年十月二十五日"（1199 年）年款。有署名、画押。文字极草，加之背书写佛经，透墨浸涸，部分文字不清。①

（二）卖畜契的形制和内容

西夏文牲畜买卖契约也具有西夏契约的一般形制。每件契约首列立契时间，然后记立契者姓名，接着记卖畜者姓名、所卖牲畜品种和数量、卖价，以及过期不还或反悔的处罚。最后是立契者、同立契者及证人的签名画押。

1. 立契时间、立契者和买畜者

所录黑水城出土 11 件卖畜契中最早的是天庆寅年正月二十九日（1194 年），最晚的是光定子年五月十六日（1216 年），皆属西夏晚期。这些卖畜契主要集中在腊月至三月，但它不像贷粮契和卖地契那样，全部集中在这段时间，卖畜契中还有五月 2 件、十一月 2 件。在契约长卷中，立契时间往往简化，记为"寅年"某月某日。"寅年"即为天庆甲寅年（1194 年）。与贷粮契一样，有时一契约前面的契约记明了具体时间，该契约与之同一天，便可省略为"同日"。两件武威出土的卖畜契为乾定酉年和戌年，为西夏末期，距西夏灭亡仅一二年时间。

西夏卖畜契和其他契约一样，在立契时间后紧接着写立契者的姓名。13

---

① 《俄藏黑水城文献》第 14 册，第 35、34 页。

件卖畜契的卖主有嵬移氏祥瑞宝、梁盛犬、平尚讹山、左移犬孩子、梁那征讹、讹七？盛、白清势功水、郝隐藏宝、啰铺小狗酉、张顺利、梁犬势？、则寿长山、移祥瑞善等。

其中有典型的双音节党项族姓氏，如嵬移、平尚、左移、讹七、啰铺等。另有梁姓 4 人，虽是汉姓，但不能断定他们是党项族还是汉族。另有汉姓白、郝、张等。

俄 Инв.No.7994-14 卖畜契比较特殊，首记立契者不是出卖牲畜的人，而是买牲畜的人。可惜此契约后部残失，无法知道契末签名者是谁。若是买牲畜者，那就出现了另一种形式：即契约是以买入者订立的。俄 Инв.No.2851-1 卖畜契也有类似情况。

13 件契约的买主分别是梁喇嘛及梁那征茂、嵬移十月犬、梁讹吉、鲁卧显吴、药乜心喜势、郝那征奴、涂千犬、？小狗子、啰铺博士、依丑移？、嵬移？？山、命屈般若铁、提佛鸠等。其中也有典型的党项族双音节姓氏，如嵬移、啰铺、命屈等，也有梁氏，还有汉姓鲁、郝、涂等。

特别应提及的是普渡寺经手者为梁那征茂及梁喇嘛。此二人在契约长卷中的卖地契中是普渡寺收买农民土地的经手者，这里也是收购牲畜的经手者，又是将这些收购的土地和牲畜再转租出去的经手者。梁那征茂及梁喇嘛是普渡寺土地、牲畜买卖和出租代理人、经营者。

2. 卖大牲畜的原因

牲畜既是生产资料，又是生活资料。但大牲畜在西夏主要用来耕种、驮载，是农牧业生产和军事作战不可或缺的重要物资。尽管西夏盛产牲畜，但由于大牲畜在农耕和军事上的重要作用，禁止随意屠宰大牲畜，西夏政府对屠宰大牲畜做了极为严格的限制。《天盛律令》规定：

> 诸人杀自属牛、骆驼、马时，不论大小，杀一个徒四年，杀二个徒五年，杀三个以上一律徒六年。①

西夏的农牧民牧养大牲畜一是可为自家使用，二是多余可以出卖。因此，

---

① 《天盛改旧新定律令》第二"盗杀牛骆驼马门"，第 154 页。

大牲畜买卖的目的与农民出卖土地不同。一般农民出卖土地是为生活所迫，不得已而出卖赖以为生的耕地。西夏卖地契表明出卖土地的时间多为青黄不接的春季，更证明了这一点。黑水城出土的贷粮契很多，也多出在每年的春季，而还贷的时间为当年的秋季。牲畜买卖则比这些更复杂。出卖牲畜可以有两种不同的目的，一种是生活困难，缺乏口粮，特别是在春天口粮不济时，不得已出卖牲畜换取急需的粮食；一种是因牲畜的生产繁育，有了多余的牲畜可以出卖，换取粮食或现金。上述卖畜契表明这两种卖畜的目的都存在。

俄 Инв.No.5404-8、9 卖地契是天庆甲子年十一月十五日讹七？盛卖一母马，得到五石杂粮；俄 Инв.No.5404-10 卖地契是天庆子年十一月十六日白清势功水卖一马，得到四石杂粮；俄 Инв.No.6377-15 卖地契是光定子年五月十六日梁犬势？卖骆驼、马共九匹，得到九十两银。前两件皆为秋收过不太久的十一月份，也许不属于为口粮卖牲畜之类。第三件一起卖牲畜较多，所得为银两，也不应是为生活所迫而卖牲畜。看来这三件都是一般的牲畜买卖，是正常的交易行为。

当然，更多的出卖牲畜是在青黄不接的春天发生，如俄 Инв.No.5124 三个卖畜契，俄 Инв.No.2546 两个卖畜契，俄 Инв.No.2858 卖畜契，俄 Инв.No.7994 卖畜契等。特别是俄 Инв.No. 5124 三个卖畜契，不仅是在春荒之际普渡寺借机收购农民的重要生产资料大牲畜，还立即将这些牲畜转租出去，形成更深层次的经济关系，加重了对农民的剥削和掠夺。

3. 所卖牲畜的品种和数量

在 13 件契约中所卖牲畜为骆驼、马、牛。西夏法典《天盛律令》载明，西夏牲畜有四大种群：骆驼、马、牛和羊。[①] 已见到卖畜契中之所以只有卖骆驼、马、牛的契约，而无卖羊的契约，其原因可能是只有大牲畜的买卖才有契约，羊属于小牲畜，其买卖不必立契。

西夏畜牧业发达，是党项民族的传统产业。值得指出的是，黑水城地区处在西夏北部，是骆驼养殖最集中、最发达的地区。至今那里仍然是著名的骆驼产地。黑水城地区自然条件恶劣，风沙大，水源少，冬天酷寒，而骆驼抗拒风沙、高寒、耐饥渴的特性适于在那里生存、繁衍。骆驼除有驮载的功能外，还

---

① 《天盛改旧新定律令》第十九"贫牧逃避无续门"，第 599 页。

可骑乘、挽曳（耕地、挽车、抽水），当然其毛和肉也有很高的经济价值。

契约中对牲畜的种类除载明骆驼、马、牛大的类属外，还要记载牲畜的特点，如骆驼有全齿母骆驼、二齿公骆驼、全齿黑公骆驼、二竖公骆驼、三年能用骆驼，马有母马、五齿可用栗马、四齿能用红母马、栗色马，牛有全齿牛、全齿黑牛、四竖生牛、六竖牛等。以上用牲畜的牙齿记其年龄，相当于中原地区的"岁口"。用牲畜的牙齿不仅可以了解其大致年龄，还可直接判断牙齿的咀嚼能力和役用能力。这种方法结合牲畜的生产力，简单易记。比如，一般马2岁半时，乳齿开始脱落，永久齿出现；5岁时，永久门齿、中齿、隅齿全部长成，公马犬齿长成。其方法主要是看下切齿。下永久门齿长齐叫两颗牙，下永久中间齿长齐叫四颗牙，下隅齿长齐叫"齐口"。牛牙齿没有上切齿，下切齿共有4对。中间的一对叫作钳齿，永久钳齿在1.5—2岁时长出；接着钳齿的一对叫内中间齿，永久内中间齿长出在2—2.5岁；靠内中间齿的一对叫外中间齿，永久外中间齿长出在3—3.5岁；两侧最外面的一对叫作隅齿，永久隅齿长出在4—4.5岁。永久隅齿长到与其他切齿等高时为5岁，正当壮年。

牧业是西夏，特别是党项族的长项。西夏对牲畜的认识和区分很细致，有的名称可能有民族和地域的特点，在翻译时难度很大，有的名称尚待进一步考察。西夏文卖畜契中，基本是以牲畜的牙齿来标明牲畜的品质。但有些术语难以准确翻译。如"二竖"的"竖"，西夏文原意是竖直的存在之意，即"竖直的有"。表示地上有树，即用此词。这里似乎表明有竖长的牙齿，主要指牛，有"二竖""四竖""六竖"之别，是否分别与上述牛下切齿中的钳齿、中间齿、隅齿相对应，还有待考察。另有"三年能用骆驼""五齿可用栗马"，可能是以其可用的能力表示牲畜的特点和价值，这也许是西夏牲畜买卖的一个特点。有的记载了牲畜的颜色，主要是突出其特点，以免混淆。

还有一件俄 Инв.No.840-3 卖畜契残页，为佛经封面衬纸，上下两纸，上部为卖畜契。据所存文字知所卖牲畜品种和数量都很多，其中有羊、骆驼、马、牛、驴等，共价98石6斗5升杂粮。可惜此件前后皆残，不知其立契时间，也不知立契者。①

---

① 《俄藏黑水城文献》第12册，第141页。

4. 牲畜价

卖畜契中，牲畜价是契约的核心内容，无疑是最重要的。黑水城出土的11件卖畜契中有10件以实物粮食支付，1件大宗的牲畜买卖以钱币支付。粮食支付中，有的契约用两种粮食混搭支付。现依契约形成时间的先后将所卖牲畜、畜价列表于下。为便于比较和计算，还依据以前研究推算的小麦、杂粮价格比价 [①]，推算出混搭支付两种粮食折合成杂粮的数目（见表7-3）。

表7-3　黑水城出土卖畜契一览表

编号	卖畜时间	卖畜	畜价	折合杂粮价
俄 Инв.No.5124-3（5、6）	天庆寅年（1194年）正月二十九日	生用全齿红二牛及一全齿黑牛	五石麦及二石杂	约8.6石杂粮
俄 Инв.No. 5124-4（4）	天庆寅年（1194年）二月三日	全齿母骆驼及一马	二石麦、三石杂	约5.7石杂粮
俄 Инв.No.5124-4（5）	天庆寅年（1194年）二月三日	一二齿公骆驼	二石大麦、一石糜	3石杂粮
俄 Инв.No.2546-2、3	天庆亥年（1203年）二月二十五日	一三齿短红马	一石？斗杂	1石？斗杂粮
俄 Инв.No.2546-1	天庆亥年（1203年）二月三十日	一全齿母骆驼	六石杂	6石杂粮
俄 Инв.No.5404-8、9	天庆甲子年（1204年）十一月十五日	有鬐母马	五石杂	5石杂粮
俄 Инв.No.5404-10	天庆子年（1204年）十一月十六日	一五齿可用栗马	四石杂	4石杂粮
俄 Инв.No.2858-1	天庆丑年（1206年）腊月三十日	四齿能用红母马	七石杂	7石杂粮
俄 Инв.No.7630-2	光定酉年（1213年）五月三十日	一四齿生牛	四石杂	4石杂粮
俄 Инв.No. 7994-14	光定亥年（1215年）三月二十七日	一六齿牛	十石（实付一石，六月再给八石）	10石
俄 Инв.No.6377-15	光定子年（1216年）五月十六日	一二竖母骆驼、六母骆驼母、一竖、一栗色马	九十两银	10贯钱

---

① 史金波：《西夏的物价、买卖税和货币借贷》。

武威出土的两件卖畜契都是以钱币支付，现将所卖牲畜和畜价列表7-4。

表 7-4　武威出土卖畜契

编号	卖畜时间	卖畜	畜价
G31·003［6727］1-2	乾定酉年（1225年）九月 日	一全齿黑牛	六十五贯钱
G31·002［6726］	乾定戌年（1226年）四月八日	一麻黄驴子	五十贯钱

卖畜契不仅真实地反映了西夏晚期黑水城地区的牲畜买卖的实际状况，还可通过分析了解当时当地的大牲畜价格和买牲畜的缘由。过去笔者曾根据部分卖畜契对西夏大牲畜价格做过初步分析，[①] 现在掌握了更多的卖畜契，可以进一步解析西夏大牲畜价格和牲畜买卖过程中的深层次的经济内涵，得到新的认识。

卖畜契是了解牲畜价格最直接、最有效的途径。然而，牲畜不仅是不同的品类有不同的价格，同一种类的牲畜还会依据其年龄、雌雄、强弱区分不同的价格，比粮食等物品的价格要复杂得多。此外，不同的时间、不同的地区价格也会不同。卖畜契还表明有时几种不同的品类的牲畜一起打捆出卖，其价钱中并未区分出每一牲畜的单价，而是只有总的价钱，这给计算牲畜价格带来困难。卖畜契多数以实物粮食支付，有时支付的粮食也非一种，而是麦和杂粮混搭支付，这样只有折合成一种粮食才好计算和分析。

以上13件卖畜契中，有部分契约只出售一种牲畜，品种单一，这便于直观地了解牲畜价格。契约中单卖骆驼、马、牛的都不止一件。如俄 Инв.No. 5124-4（5）卖1峰二齿公骆驼价3石杂粮，俄 Инв.No.2546-1 卖1峰一全齿母骆驼价6石杂粮；俄 Инв.No. 5404-8、9 卖1匹母马价5石杂粮，俄 Инв. No.5404-10 卖1匹五齿可用栗马价4石杂粮，俄 Инв.No.2858-1 卖1匹四齿能用红母马7石杂粮；俄 Инв.No.7630-2 卖1头四齿生牛价4石杂粮，俄 Инв.No.7994-14 买1头六齿牛，价10石粮。若根据这些资料做简单分析，可知1峰骆驼价格在3石至6石杂粮之间，母骆驼要比公骆驼价格高；1匹马的价格在4石至7石杂粮之间，也是母马价格高；一件卖牛契显示1头牛4石杂粮。但另件卖牛契俄 Инв.No.7994-14 比较特殊，首先他不是卖者立契，而是

---

① 史金波：《西夏的物价、买卖税和货币借贷》。

买主立契；其次价格过高，分期付粮，买 1 头六齿牛价 10 石粮，仅先付 1 石，六月再给 8 石；最后两次付粮共 9 石，与议定价 10 石有出入。此契约原件只有契约的前半部分，后部也不是缺残，而是未书写文字的空白，当然也无当事人的签署和画押。因此可以看作是一件未完成的、无效的契约稿。再根据其不是卖者立契而是唯一的以买者立契、价钱前后矛盾等十分特殊的情况，其所书 1 头牛价 10 石粮的过高价格也令人生疑，难以置信。在正常情况下 1 头牛的价格要比骆驼、马的价格略低，大约在 3 至 5 石杂粮之间。

　　以上述骆驼、马、牛价格为基础，再进一步分析其余打捆卖牲畜的价格。俄 Инв.No. 5124-3（5、6）卖全齿二牛及一全齿黑牛，共三牛，价五石麦及二石杂，折合应是 8.6 石多杂粮，每头牛约合 3 石杂粮。俄 Инв.No.5124-4（4）卖全齿母骆驼及一马，价二石麦、三石杂，约合 5.7 石，每头大牲畜不足 3 石杂粮。如果将前述骆驼、马、牛的单价代入这三件契约中，其价钱偏低。原来这两件卖畜契不是市场交易，而是普渡寺乘农民春荒缺粮时买进牲畜，压低了价格。

　　卖畜契中也有个别直接将牲畜交换成银两，如俄 Инв.No. 6377-15 卖一二竖母骆驼、六母骆驼母、一竖、一栗色马，共九匹牲畜，价为九十两银，平均每头大牲畜 10 两银。如果平均每一头大牲畜 5 石杂粮计算，那么一石杂粮相当于 2 两银。

　　武威的两件卖畜契都是以钱币支付。G31·003［6727］1-2 契约卖一牛，价 65 贯钱；G31·002［6726］契约卖一驴子，价 50 贯钱。黑水城出土的买卖契约等经济文书多使用粮食，而不是以钱币计算，实际上是一种以物易物的交换形式。而武威牲畜买卖以钱币为价，显示出黑水城和武威两地经济生活中的不同特点。武威在西夏时期是仅次于首都中兴府的第二等城市，商贸比地处北部边疆的黑水城发达，以货币为中介的贸易兴盛。在武威小西沟岘发现的汉文欠款条残存两行汉字："李伴初欠钱叁吊伍佰文""刘的的欠钱贰吊贰佰伍拾文"[1]，所欠为钱币。当然也不能说黑水城地区不使用钱币，如同是黑水城出土的 3 件西夏卖人口契俄 Инв.No.5949-29、4597 和 7903，皆使用钱币交易。

　　为了进一步了解武威 2 件卖畜契的牲畜价，可以根据过去的考证，将钱币数

---

　　①　甘肃省博物馆：《甘肃武威发现一批西夏遗物》，《考古》1974 年第 3 期。

和粮食价对比。前述对西夏的粮价做过探讨，每斗杂粮价在150—200钱左右。[①]
一石杂粮应为1.5—2贯。第一件契约一牛价65贯钱，可以合成32石至43石杂
粮，显得价格太高，于理不合。如果从特殊时期的物价来分析，或可有比较合理
的解释。一个社会在比较安定的时期，物价比较稳定；相反在动乱时期，物价会
上涨，形成通货膨胀。西夏时期也如此。比如，西夏大庆三年（1142年）九月
"西夏饥，民间升米百钱"，[②]1斗米价1贯，1石米价10贯。由于缺粮，西夏粮
价大幅度上涨，几乎高出原来的4—5倍。前述北宋仁宗时期米每石600—700钱，
后增至1贯250文，南宋时每石上涨到2贯左右，甚至1石米高达10贯钱。

武威卖畜契一为乾定酉年（1225年），一为乾定戌年（1226年），时在
西夏末期，距西夏灭亡（1227年）仅剩一两年时间。此时河西走廊早已受到
蒙古军的威胁和进攻。西夏晚期与蒙古、金朝不断征战，在武威G31·003
［6727］1–2卖畜契的1225年，蒙古再次决定进攻西夏；次年二月，成吉思汗
率10万侵入西夏，先攻入西夏黑水城、兀拉海城，再攻下沙州；五月下肃州，
六月攻入甘州，七月攻破西凉府（甘肃省武威市），其兵锋锐不可当，西夏献
宗惊悸而死。武威G31·002［6726］卖畜契时在当年，正是武威北部黑水城、
沙州被蒙古包围攻占之时，离武威的陷落还差三个月，是西夏社会，特别是河
西走廊地区最动荡不安的时期。这时当然会发生通货膨胀，货币贬值，无论是
粮食还是牲畜价格都会大涨，以货易货尚可维持原来比例，若以货币支付则显
得物价很高，钱不值钱了。在这种情况下，一头牛卖65贯钱就不难理解了。
如果一头牛仍定位在3至5石粮，那么当时1石粮食约合13贯至20贯钱。这
比临安大饥之年的粮价还要高。

（三）契约的保证

1. 违约处罚

多数卖畜契规定了若对所卖牲畜出现异议引起争讼的处理和对契约反悔的
处罚。因牲畜作为一种重要的财产，有可能引起家庭、亲属的争议，特别是同
一军抄的人员往往有密切的亲属和经济关系。为防止出现此种亲邻权的纠纷和
纠纷出现后的处理，契约往往对此做出明确规定。一种是明确指出责任方，规

---

① 史金波：《西夏的物价、买卖税和货币借贷》。
② 《西夏书事》卷35。

定由卖者管，买者不管；有的契约还规定对卖者罚交粮或钱，一般罚交数目比售价低；另一种是按售价加倍偿还，如粮食一石还二石。有的契约中的规定同时包含上述内容，有的规定只有其中一种。此外，对契约反悔者要给予处罚，这项规定应是对买卖双方的规定，但实际上可能更多的是对卖者反悔行为的约束。现将黑水城出土 13 件卖畜契对两项处罚列表 7–5。因其处罚数额与牲畜售价关系很大，所以同时将售价列出，以便比较。

表 7–5　所见卖畜契违约处罚一览表

编号	畜价	折合杂粮价	牲畜出现争议时对卖主的处罚	对反悔者的处罚
俄 Инв.No. 5124–3（5、6）	五石麦及二石杂	约 8.6 石杂粮	罚交五石麦	
俄 Инв.No.5124–4（4）	二石麦、三石杂	约 5.7 石杂粮	按《律令》承罪，并罚交三石麦	
俄 Инв.No.5124–4（5）	二石大麦、一石糜	3 石杂粮	按《律令》承罪，并罚交二石杂粮	
俄 Инв.No.2546–2、3	一石？斗杂	1 石？斗杂粮	卖者管	罚五石杂粮
俄 Инв.No.2546–1	六石杂	6 石杂粮	卖者管	罚交一石五斗杂粮
俄 Инв.No. 5404–8、9	五石杂	5 石杂粮	（似残失）	罚交五石杂粮
俄 Инв.No.5404–10	四石杂	4 石杂粮	（残失）	（残失）
俄 Инв.No.2858–1	七石杂	7 石杂粮	卖者管	（残失）
俄 Инв.No.7630–2	四石杂	4 石杂粮	卖者管，罚交八石杂粮	
俄 Инв.No.7994–14	十石（实付一石，6 月再给八石）	10 石	卖者管，一石罚付二石	三石杂粮
俄 Инв.No.6377–15	九十两银		卖者管	罚交十贯钱
武威 G31·003［6727］1–2	六十五贯钱		一贯付二贯数	付三十贯钱
武威 G31·002［6726］	五十贯钱		卖者管	

通过表 7–5 可以看到，多数契约规定在牲畜出现争议时由卖者管；有的虽然未明确提出卖者管，但对卖者进行处罚，实际上也明确了责任方为卖者。经济处罚中有的比售价低，在俄 Инв.No. 5124 契约长卷中处罚数额显然低于售价，而俄 Инв.No.7630–2、俄 Инв.No.7994–14、G31·003［6727］1–2 都是

一比二的赔偿法，即售价中 1 石罚 2 石、1 贯罚 2 贯。对反悔者的处罚，有的并未规定，如俄 Инв.No. 5124 契约长卷；另一些契约明确写入对反悔者的经济处罚，一般都低于售价，少数等于售价，但有一件俄 Инв.No.2546-2、3 售价很低，对反悔者罚价高出很多。

在末尾完整的卖畜契中，多数契约的末尾写上"服""本心服"，表示立契约的卖主对契约内容的认可，对违约处罚心服的承诺。

将卖畜契的违约处罚与贷粮契、卖地契的违约处罚进行比较可以看到，卖畜契比贷粮契的违约处罚规定要复杂，比卖地契要简单；处罚力度比贷粮契要大，比卖地契要小。这与契约涉及的性质和标的物有直接关系。贷粮契是借贷关系，而卖地契与卖畜契都是绝卖性质；在后两种契约中，耕地这种标的物比牲畜更为重要，违约处罚更重，对反悔者甚至要给予罚金两的处罚，这在卖畜契中尚未见到。

2. 签字画押和铃印

西夏的卖畜契也属于单契形式，即契约双方只有一份契约，由买者存留。为证明对契约的认可，契末需要有立契者即卖畜者、同卖者和证人的签名和画押。卖畜契与卖地契、租地契一样，在契末靠下方签字、画押，每人占一行。首先签字画押的是立契者（卖畜者），其次签字画押的是同卖者，最后是证人。

署名和画押是相互连带的，通过画押表明契约相关人员的郑重承诺。因契约中的署名为他人代笔，当事人的画押便成为表示信用的唯一凭据。卖畜契中画押也分符号和画指两种，而以符号画押为主。

俄 Инв.No. 5124-3（6、7）卖畜契 5 人署名，4 人画指，1 同卖人漏画；俄 Инв.No. 5124-4（4）卖畜契 4 人署名，3 人符号画押，1 证人漏画；俄 Инв.No. 5124-4（5）卖畜契 4 人署名，2 人符号画押，1 人画指，1 证人漏画；俄 Инв.No.2546-2、3 卖畜契 4 人署名，皆为符号画押；俄 Инв.No.2546-1 卖畜契 3 人署名，2 人符号画押，1 人画指；俄 Инв.No. 5404-8、9 卖畜契 4 人署名，皆为符号画押；俄 Инв.No. 5404-10、7 卖畜契 3 人署名，下部残，似皆为符号画押；俄 Инв.No.2858-1 卖畜契，中残，似 5 人署名，皆符号画押；俄 Инв.No. 7630-2 卖畜契 3 人署名，皆符号画押；俄 Инв.No. 7994-14 卖畜契，署名、画押残失；俄 Инв.No. 6377-15 卖畜契 4 人署名，皆为符号画押；武威 G31·003〔6727〕1-2 卖牛契 3 人署名，2 人符号画押，1 人漏画；武威 G31·002〔6726〕卖驴契，无署名画押。俄 Инв.No. 4195 换畜契 5 人署名，皆为符号画押。

俄 Инв.No. 7630-2 光定酉年（1213 年）卖畜契，卖一四齿生牛，契中押有买卖税院朱印。此种红契在西夏文契约中较少，在前述 12 件土地买卖契约中只有俄 Инв.No.5010 天盛二十二年寡妇耶和氏宝引卖地契押有这种印章。买卖税院印形制较大，呈长方形，下托仰莲花，上覆倒荷叶，高 23.2 厘米，宽 7.3 厘米，印上部有自右而左横写的西夏文羖羖𣎴 4 字，译为"买卖税院"。押有这种印者，表明该次交易是经过政府买卖税院的许可并缴纳了买卖税。

（四）卖畜契的特点

已出土的西夏文卖畜契数量较多，这些契约反映了西夏牲畜买卖的具体情况。以上将 13 件基本完整或保留有主要内容的卖畜契以及部分典畜契译成汉文，对卖畜契进行了初步考释、研究，论述了这些契约的形式和内容，对契约的时间、卖畜者、买畜者、所卖牲畜品种和数量、牲畜价钱、违约处罚以及契末的签字、画押做了阐释，为学界提供可供参考的新资料，对研究西夏经济和社会有重要价值。通过上述对出土的西夏文卖畜契进行翻译、考释和论证，可以有以下认识。

1. 通过卖畜契探讨了西夏不同大牲畜骆驼、马、牛的价格，具体分析了不同契约价格出入的原因，并对黑水城和武威使用粮食和钱币买牲畜的不同特点进行了分析，认为武威地区的货币经济比较发达。

2. 从西夏末年的卖畜契可透视出西夏晚期的牲畜价暴涨，反映出当时蒙古入侵、社会动乱、物价不稳、通货膨胀的情景。

3. 通过对西夏牲畜买卖原因的分析，可以看到一部分牲畜买卖属正常的贸易，另外相当一部分牲畜买卖则是贫苦农民在缺乏口粮时不得不卖掉牲畜以换取粮食。

4. 通过典畜契分析并与卖畜契进行对比研究，指出黑水城的普渡寺在农民乏粮时低价购买大牲畜，立即转手以较高的力价出租给需要畜力的农民，往返盘剥，获利很大，一两年即可剥夺农民的牲畜。普渡寺这样的寺庙不仅通过青黄不接时掠夺农民的土地，也通过这样的手段掠夺那么多大牲畜，使农民逐渐走上赤贫的道路。

三　卖人口契

在黑水城出土的契约中，还发现有 3 件西夏文卖人口契。在以往的社会文书中，卖人口契十分罕见。新发现的西夏卖人口契反映出西夏社会中存在的一种特殊的社会现象——人口买卖，这对研究西夏社会性质和社会生活具有十分重要的价值。

（一）卖人口契译释

3件卖人口契分别为俄Инв.No.5949-29、4597和7903，皆为西夏文草书，现将西夏文意译并注释如下。

1. 俄Инв.No. 5949-29乾祐甲辰二十七年卖使军奴仆契（见图7-61），为单页契约，写本，麻纸，残，高20.3厘米，宽55.2厘米，西夏文草书20行。首行有“乾祐甲辰二十七年三月二十日”年款，后有署名、画押。[①]

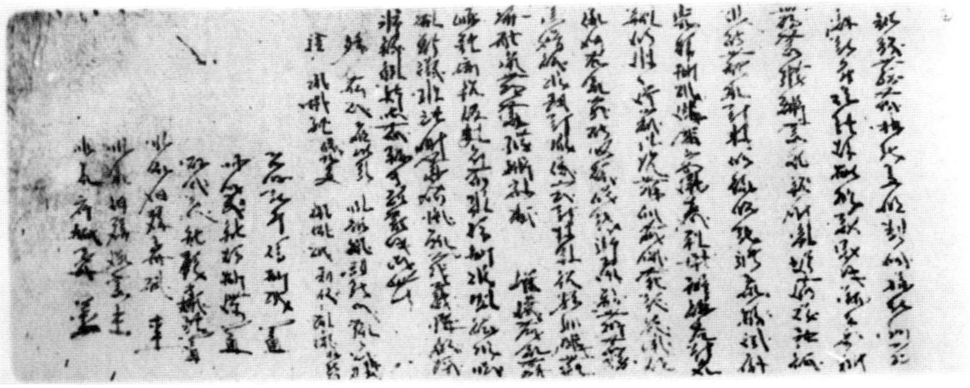

图7-61　俄Инв. No. 5949-29　乾祐甲辰二十七年卖使军奴仆契

译文：

乾祐甲辰二十七年三月二十四日，立
契者讹一[②] 吉祥宝，自愿今将自属
使军、奴仆、军讹[③] 六人，卖与讹移法

① 《俄藏黑水城文献》第14册，第91页。

② [illegible]译为“讹一”，党项族姓氏。西夏党项族姓氏中有“讹一”“讹二”……“讹八”八个姓氏。参见史金波《西夏文化》，吉林教育出版社1986年版，第185页。

③ [illegible]六个西夏字译为“使军奴仆军讹”，前两字“使军”意，中间二字“奴仆”意，最后二字中之第一字“军”意，第二字音［讹］，两字组成一词，与使军、奴仆并列。

宝 ①，价四百五十贯铁钱 ② 已说定。

其吉祥宝原先自领项主麻勒 ③ 那征酉为与

无中？衣服手入告？仅？入？

常？？人自四百五十贯铁钱持，正军

手择法宝被检视。价、人等即日先已

互转。其各使军、奴仆若有官私诸人同抄

子弟等争讼者时，吉祥宝管，法宝不

管。反悔时，所属监军司判断，不仅罚交

五百贯钱，其罪还按《律令》判，心服。

　　男：成讹，年六十；觅？犬，三十九；？？，二十八

　　女：犬母盛，五十七；犬妞宝，三十五；增犬 二十三

　　　　　立契者吉祥宝（押）

　　　　　同立契子吉祥大（押）

　　　　　同立契子？？盛（押）

　　　　知人每埪慧聪（押）

　　　　知人每埪乐军（押）

　　　　知人梁晓慧（押）

2. 俄 Инв.No.4597 天庆未年（1199 年）卖使军契（见图 7-62），为单页契约，麻纸，高 20.4 厘米，宽 57.8 厘米，西夏文草书 19 行，字迹浅淡模糊，背面写有佛经，两面文字相互叠加干扰，更加不易识读。首行有"天庆未年三月二十九日"（1217 年）年款，有署名、画押。④

译文：

　　天庆未年三月二十四日，立契者

　　觅移软成有，今自属使军五月犬

---

① 莀戁瓥懃译为"讹移法宝"。"讹移"党项族姓，"法宝"为名字，此人或为寺庙僧人

② 燡㬟译为"铁钱"。西夏钱币有铜钱和铁钱两种，铜钱价值高，铁钱价值低。

③ 燅䰗译为"麻勒"，党项族姓氏。

④ 《俄藏黑水城文献》第 13 册，第 223 页。

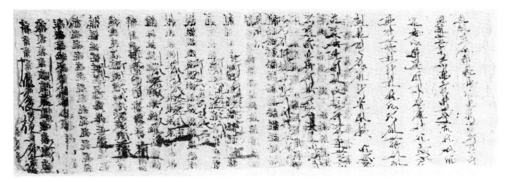

图 7-62　俄 Инв.No.4597　天庆未年（1199 年）卖使军契

等二老幼，按文书语，自愿卖与移合讹金
刚盛，价五十石杂粮已付，人、
谷并无参差，若其人有官私诸
同抄子弟等他人争讼者时，软成
有当管，有出言反悔时，按官法依罚交
三十石杂粮，心服^①，依情状按文书
施行。

　　　　　　立契者觅移软成有（押）

　　　　　　同立契觅移软？？

　　　　　　同立契觅移有子盛（押）

　　　　　　　知人药乜？？乐（押）

　　　　　　　知人牛离？？（押）

　　　　　文书写者？翟宝胜（押）

　　　　　　同立契觅移女易养（押）

　　　　　　　知人？？？水？（押）

　　3. 俄 Инв.No.7903 皇建午年（1210 年）苏？？ 卖使军契（见图 7-63），
写本，麻纸，残卷，高 18 厘米，宽 44.8 厘米，西夏文草书 16 行。背面有文
字浸透，首行有年款，初识为"皇建午年二月三日"（1210 年），后有签署、

---

① 絴叕茟，对译为"心口服"，即"心服"之意。

图 7-63　俄 Инв. No.7903　皇建午年（1210 年）苏？？卖使军契

画押，有涂改。契尾上部有汉文小字 3 行。[1]

译文：

> 皇建午年二月三日，立契者
> 地勿苏足？？，今将自属使军
> 择价显乐乐？？外地美、
> 子九月乐、正月成等共四人卖
> 与同抄讹七金刚酉，价
> 一百贯钱已议定。若各人有官
> 私争讼者，或有反悔者等时，
> 依卖价不仅一贯付二贯，
> 还依官法罚交五十贯钱，
> 本心服，依情状按文书施行。

（上方有汉字小字 3 行，较大字汉文 1 行）

> 苏足说？私人一户
> 四人？转王？和由

价钱一百贯

杨贺好？？？？

（下部仍为西夏文字署名、画押）

立契者苏？？（押）

同立契妻子俯好（画指）

知人、写文书者？？？？（押）

知人？？蒐名？（押）

（二）卖人口契的形制和内容

西夏文卖人口契具有西夏契约的一般形制。每契另行顶格书写，首列立契时间，然后记立契者姓名，接着写卖人口的姓名、被卖人口及数量、契价与交割、亲邻权的处理、法律责任，最后是双方当事人与保人署名画押。

1. 立契时间

三件卖人口契，第一件俄 Инв.No.5949-29，时间为乾祐甲辰二十七年三月二十四日。此契约时间记载有误。西夏乾祐仅 24 年，无 27 年。乾祐甲辰为乾祐十五年（1184 年）。若将乾祐二十四年顺延三年至所谓的"乾祐二十七年"，则为天庆丙辰三年（1196 年）。第二件俄 Инв. No.4597，时间为天庆未年三月二十四日，时为天庆己未六年（1199 年）。第三件俄 Инв. No.7903，时间为皇建午年二月三日，时为皇建庚午元年（1210 年）。三件契约皆为西夏晚期，最晚的距西夏灭亡仅 17 年。

三件契约皆在春天二三月间，与绝大多数贷粮契、卖地契等差不多都在春季青黄不接之时。

2. 卖人口者、买人口者

西夏法典《天盛律令》规定了买卖使军、奴仆要立契约：

诸人将使军、奴仆、田地、房舍等典当、出卖于他处时，当为契约。[①]

① 《天盛改旧新定律令》第十一"出典工门"，第 390 页。

《天盛律令》将卖使军、奴仆与卖田地、房舍同等看待，也即主人把使军、奴仆看作自己的私有财产。西夏文卖人口契约中，在立契时间后记契者的姓名。立契者即卖人口者，也即被卖人口的主人。3 件卖人口契的主人分别是讹一吉祥宝、嵬移软成有、苏？？。其中两人为党项姓，一人苏姓。他们应是被卖使军、奴仆的主人。

三件契约中的买主分别为：讹移法宝、金刚盛、金刚酉。讹移为党项姓，名字"法宝"似为僧人法号。金刚盛、金刚酉二人均记姓氏，而名字中的"金刚"带有明显的佛教色彩。他们也是可以占有使军、奴仆的主人。

3. 卖出人口、数量及价钱

卖人口契的标的物很特殊，不是一般的物，而是人。黑水城所出卖人口契记述了所卖人口的情况和数量，但未记卖人口原因。敦煌石室所出卖人口契约有的写明了卖人口原因，如丙子年（916 年）阿吴卖儿契记："为缘夫主早亡，男女碎小，无人求（济）供急（给）衣食，债负深圹（广）。"[①] 有的则不记卖人口原因。

黑水城所出卖人口契文字不清，加之草书的难识，有的名字不清。俄 Инв. No.5949-29 卖人口契共卖使军奴仆 6 人。其中，男 3 人，一名成讹，年六十岁，一名嵬？犬，年三十九岁，另一名名字不清，年二十八岁；女 3 人，一名犬母盛，年五十七岁，2 人名字不清，一名三十五岁，一名二十三岁。他们是一家人，还是三对夫妻，或是并无亲姻关系的人，不得而知。俄 Инв.No.4597 卖人口契中，所卖使军可能为 2 人，一名五月犬，另外文字不清，未知男女。俄 Инв.No.7903 卖人口契中，记所卖使军处字迹十分模糊，可能是包括使军及儿子九月乐、正月成共 4 人，皆未记年龄。好在契末有小字汉文，可知卖使军为一户四人。以上被卖的使军、奴仆因地位低下，多不记姓氏，只记名字。

被卖者价钱为：第一件契约卖 6 人，价 450 贯铁钱；第二件契约卖 2 人，价 50 石杂粮；第三件契约卖 4 人，价 100 贯钱。

（三）契约的保证

1. 违约处罚

西夏法典《天盛律令》明确规定买卖使军、奴仆等不能反悔，并规定了对

---

① 《敦煌社会经济文献真迹释录》第二辑，第 47—49 页。

不同阶段的反悔给予不同的处罚：

> 诸人将使军、奴仆、田地、房舍等典当、出卖于他处时，当为契约。未取典偿价而典卖者改口时，有官罚马一，庶人十三杖。若典偿价等多少已取，然谓不曾取而变者，所取数依取债钱而改变法判断。若使买典未成而谓已买典，谋之，亦已受买典价而谓未受，则与前述变债罪相同。[①]

契约规定若出现争讼时责任由出卖人口方负责，并规定若反悔时，第一件罚交500贯钱，还要按《律令》判罪；第二件罚交30石杂粮，还要依情状承责；第三件按价钱，1贯罚2贯，还要依官罚交50贯钱。契约的末尾写上"心服"，表示立契约的卖主对契约内容的认可，对违约处罚心服的承诺。

2. 签字画押

最后是立契者、同立契者和证人的签名和画押。卖人口契同其他契约一样，在契尾靠下方签字、画押，每人占一行。首先签字画押的立契者，也即卖人口者；其次签字画押的是同卖者；最后是证人。卖人口契和卖地契一样，在契约中属于重要的契约，为绝卖契的一种，同卖者和证人较多、可以为两人或两人以上。第一件契约同卖人2人，证人3人；第二件同卖者3人，证人3人；第三件契约同卖人1人，证人2人。

署名和画押是相互连带的，通过画押表明契约相关人员的郑重承诺。因上述契约后的署名皆为他人代笔，当事人的画押便成为表示信用的唯一凭据。此三件卖人口契的署名文字与契约正文同样字迹，应不是当事人自己所写。三件卖人口契中的画押全部使用较为正规的符号画押。唯第三件契约的同立契者是立契者的妻子，未画押。

（四）西夏人口买卖分析

一般来说，历史上的人口买卖主要发生在有人身占有的奴隶社会。在奴隶社会中，奴隶主占有奴隶的人身，并对其实行超经济奴役，奴隶无人身自由，

[①] 《天盛改旧新定律令》第十一"出典工门"，第390页。

是奴隶主的私人财产，因此奴隶主可以买卖奴隶。在中国封建社会中，占有少量耕地的大量自耕农、半自耕农与地主的人身依附关系较弱。所以，法律一般禁止人口买卖。然而，封建社会是阶级社会，存在着严格的等级；买卖人口作为一种特殊的社会现象，也长期存在。

人口买卖的前提是卖人口者对被卖者的人身具有所有权。封建社会中往往存在着一些无人身自由的人，如部曲、奴婢等，他们往往成为买卖的对象。此外，乱世之中，社会混乱，民不聊生，生活在底层社会的人基本生活得不到保障时，也会发生人口买卖现象。有的人或卖自身，或卖妻子儿女，以达到自救或救亲人的目的。唐宋时期，禁止以暴力手段、欺诈方法买卖人口，如《唐律》《宋刑统》都规定了不许"略卖良贱"[①]，但不禁限和卖人口，并且违反法律的略卖人口也不断发生。[②]

1. 西夏法典关于买卖人口的规定

西夏法典《天盛律令》明令禁止对亲属的买卖，因为亲属往往成为可以支配的人，有可能出现买卖行为。《天盛律令》严格规定对买卖亲属的处罚。如规定：

> 节下人卖节上中祖父、祖母、父、母等者，造意以剑斩，从犯无期徒刑。[③]

又规定了对卖其他亲属的处罚：

> 一节下人略卖其节上人中亲祖父母、父母者，其罪状另明以外，略卖丧服以内节上亲者，一律造意当绞杀，从犯徒十二年。
> 　节上亲略卖节下亲时：
> 　一等略卖当服丧三个月者，造意徒十二年，从犯徒十年。
> 　一等略卖当服丧五个月者，造意徒十年，从犯徒八年。

---

① （唐）长孙无忌等撰、刘俊文点校《唐律疏议》，法律出版社 1999 年版，第 399—406 页；（宋）窦仪等撰、薛梅卿点校《宋刑统》，法律出版社 1998 年版，第 356—362 页。

② 余贵林：《宋代买卖妇女现象初探》，《中国史研究》2000 年第 3 期，第 102—112 页。

③ 《天盛改旧新定律令》第一"不睦门"，第 128 页。西夏亲属中的"节"约相当于"辈分"，以自身为分界，自身的诸上辈皆为"节上"，自身的诸下辈皆为"节下"。

一等略卖当服丧九个月者，造意徒八年，从犯徒六年。

一等略卖当服丧一年者，造意徒六年，从犯徒五年。

一等略卖当服丧三年者，造意徒五年，从犯徒四年。

一前述节上人略卖节下亲者，若所卖者乐从，则略卖人比前罪依次当各减一等。

一诸人略卖自妻子者，若妻子不乐从则徒六年，乐从则徒五年。其妻及父、兄弟及其他人举告，则妇人当往所愿处，举告赏依举告杂罪赏法得之。若妻丈夫悔而告者，则当释罪，妻及价钱当互还。①

然而，从《天盛律令》的一些条款看，在西夏可以进行人口买卖，但买卖对象为使军、奴仆。

前述《天盛律令》将卖使军、奴仆与卖田地、房舍同等看待，也即主人把使军、奴仆看作自己的私有财产。西夏社会中的使军、奴仆是一个特殊的社会阶层。使军大约相当于唐宋时期的部曲。使军、奴仆来源多种，有犯罪被发配到边远地区的人，有战俘或通过战争掠夺来的人员。《天盛律令》中有：

我方人将敌人强力捕获已为使军、奴仆，后彼之节亲亲戚向番国投诚，与强力被捕人确为同亲，可自愿团聚。②

使军还可能包括破产的农奴。《天盛律令》多次出现使军、奴仆，特别是使军出现更多。

使军、奴仆的主人，在《天盛律令》中一般称为𬉞𬨨，可译为"头监"，也可译为"主人"。由《天盛律令》的很多条款可知，西夏文中"头监"含义较宽，政府、军队、寺庙中皆有"头监"。《天盛律令》的一些条款中，"头监"专指使军、奴仆的属有者，他们对自己属下的使军、奴仆有着特殊的权力，包括对使军、奴仆本人及其家属的人身占有。使军没有人身自由，社会地位低下，他们不仅自身属于主人，连自己的家属事务也要由主人决定。《天盛律令》

---

① 《天盛改旧新定律令》第六"节上下对他人等互卖门"，第258—259页。

② 《天盛改旧新定律令》第七"为投诚者安置门"，第273—274页。

规定：

> 一诸人所属使军不问头监，不取契据，不许将子女、媳、姑、姐妹妇人等
> 自行卖与他人。若违律卖时，当比偷盗钱财罪减一等。买者知则科以
> 从犯法，不知罪勿治。若卖者未提卖语，买者造意曰买之，增价而买
> 之，则判断与卖者同，其中已卖妇人所生之子女当一律还属者。前所
> 予钱价，卖者能自予则当自予，不能则当罚买者。为买卖中介者，知
> 则徒六个月，不知罪勿治。
> 一使军未问所属头监，不取契据，不许送女、姐妹、姑等与诸人为婚，违
> 律为婚时徒四年，妇人所生之子女当一律还属者。前已予价，为婚之
> 使军能自予则当自予，不能则当罚主人。
> 一前述往使军已问所属头监，乐意给予契据，则允许将子女、媳、姑、姐
> 妹妇人等卖与他人，及与诸人为婚。①

可见，在西夏，使军得不到主人的文字许可，不许将自己的子女、媳、
姑、姐妹妇人等自行卖与他人，也不许使女、姐妹、姑等与他人结婚；相反，
如果得到主人的许可，使军可以将自己的子女、媳、姑、姐妹妇人等自行出卖
或结婚。看来西夏不仅主人可以出卖使军，使军若得到主人的文字许可，也可
以出卖自家的妇女。

《天盛律令》又规定：

> 诸人女、子、妻子、媳、使军、奴仆等与父母、丈夫、头监等言语不
> 和而被打时，失误动手而伤眼、断耳鼻、伤手脚、断筋等，有官罚马一，
> 庶人十三杖，若死则徒六个月。其中以刀剑伤眼、伤断耳、鼻、脚、手、
> 断筋及致彼死等之罪，依下条所定判断。②

《天盛律令》中另外的条款中有"杀亲高祖、祖父母、父母、庶母等，媳

---

① 《天盛改旧新定律令》第十二"无理注销诈言门"，第417页。
② 《天盛改旧新定律令》第八"相伤门"，第296—297页。

杀公公婆母、妻子杀丈夫、使军奴仆杀头监等"，^① 可见头监对使军、奴仆，犹如父母对子女、丈夫对妻子。

西夏社会存在着没有人身自由、可以被出卖的使军、奴仆，当然也存在着占有使军、奴仆，剥夺使军、奴仆人身自由，可以任意买卖他们的主人、头监。

上述西夏三件卖人口契中的标的物都是使军或奴仆。在第三件契约的契尾部分还用汉字着重记录了标的物即出卖人口的情况，其中记"私人一户四人""价钱一百贯"。契约中所记出卖的"使军"，在汉文中用"私人"表述。在《天盛律令》的一些条款中有关于"私人"的规定。

> 大小官员诸人等不允在官人中索要私人，及求有重罪已释死罪，应送边城入农牧主中之人为私人。^②

所谓"官人"，属于官家无人身自由的人，类似官奴；而"私人"应是属于私家没有人身自由的人，类似私家的奴隶。上述条款规定，官员既不允许借重权势将"官人"索要为自己的私奴，也不可以将犯有重罪，但已免死罪，并已发配到边远地区给农牧主做私人的人索要为自己的私人。此外还有一些关于官、私人逃跑的规定。^③ 可见私人是地位很低、没有人身自由的人，等同使军、奴仆。奴仆即奴婢，也是没有人身自由的人。

仁宗去世后三年，即天庆三年（1196年）皇太后罗氏宫下应有私人尽皆舍放并作官人，散囚五十二次，设贫六十五次，放生羊七万七百九十口，大赦一次。^④

2. 卖人口契中的人口价格分析

第一件卖使军、奴仆共6人，契末还记明性别、人名和年龄，其中男3人，女3人，年龄分五六十岁、三十多岁、二十多岁三个层次。第二件卖使军2人，未记性别、年龄。第三件卖使军4人，汉文记为"私人一户四人"。也许西夏的人口买卖多以使军、奴仆户为单位。

---

① 《天盛改旧新定律令》第十三"许举不许举门"，第447页。
② 《天盛改旧新定律令》第六"军人使亲礼门"，第254—255页。
③ 《天盛改旧新定律令》第七"番人叛逃门"，第275—281页。
④ 《俄藏黑水城文献》第2册，第372—373页。

买人口的目的是使之创造尽可能多的劳动价值，一般老弱价低，青壮年价高，有生育能力的女性因可以生产新的劳动力而价格更高。第一件卖人口契共 6 人，价 450 贯铁钱，平均每人售价 75 贯铁钱；其中青壮年 4 人，约计每人的价格在 80 贯铁钱。第二件出卖 2 人，价 50 石杂粮。前述依据黑水城所出西夏文卖粮账残页推算出当地每斗糜（杂粮）价为 150—200 钱；50 石杂粮约合 75 贯至 100 贯，每人的价格为 35 至 50 贯。第三件卖 4 人，价 100 贯钱，平均每人售价 25 贯。

这三件契约皆发现于黑水城地区，应是反映了黑水城一带的人口买卖情况。但可以看到三件卖人口契中所显示的人口价格差距较大。通过分析三个契约的立契时间也许对解释这一差距有所帮助。

第一件契约时间记载有误，但无论按乾祐十五年（1184 年）还是按"乾祐二十七年"顺延至天庆丙辰三年（1196 年），在三件文书中都是最早的。第二件契约天庆己未六年（1199 年）距乾祐甲辰年已过了 15 年。第三件契约为皇建庚午元年（1210 年）距第二件契约又过了 11 年，已至西夏末期。参见表 7-6。

表 7-6　卖人口契一览表

编号	立契时间	卖出人口	价钱	平均价格
俄 Инв. No.15949-29	乾祐甲辰二十七年	6 人	450 贯铁钱	75 多贯
俄 Инв. No.4597	天庆己未六年（1199）	2 人	50 石杂粮	35 至 50 贯
俄 Инв. No.7903	皇建庚午元年（1210）	4 人	100 贯钱	25 贯

从上表可以清楚地看到，时间越晚，人口价格越低。一般来说，社会越是安定，劳动力价格越高；反之，社会越动乱，劳动力价格越低。乾祐年间是西夏仁宗时期，社会经济、文化处于发展时期，社会相对稳定。仁宗去世之后，桓宗即位，西夏开始走下坡路，但尚可勉强支撑。最后的 22 年，4 位皇帝先后登基，内忧外患加剧，社会动荡不安，人们生活更加困苦。在这种情势下，人口价格肯定会大幅度下滑。这就造成上述契约反映的随着时间的推移，人口价格越来越低的现象。

还有一个需要考虑的问题是，第一件契约明确记载是 450 贯"铁钱"。因为无论是在中原王朝还是在西夏，铁钱的价值都比铜钱的价值低。

西夏因缺铜，金朝又实行铜禁，不得不使用宋朝钱币。其实宋朝早就实行铜铁钱并用。宋朝为防止铜钱大量流入西夏，便制作铁钱，在邻近西夏的陕西、河东铜铁钱兼用区使用。而西夏人便利用宋朝两种钱币通用的机会，大肆以铁钱兑换铜钱。宋哲宗时期就感到问题的严重：

> 陕府系铜铁钱交界之处，西人之来，必须换易铜钱，方能东去。即今民间以铁钱千七百，始能换铜钱一千，遂致铁钱愈轻，铜钱愈重，百物随贵，为害最深。①

所谓"西人"即西夏人。西夏人兑换钱币，使铁钱贬值，影响到宋朝的物价。宋朝为此采取了具体措施，兑钱时以西夏人所纳税钱为限，十分许兑换二分，每名不得超过五千；另在陕州并硖石镇两驿站兑换铜钱者，每铁钱一千兑换铜钱八百。

西夏使用铜铁钱还有地区的不同。《天盛律令》规定：

> 诸人不允将南院黑铁钱运来京师，及京师铜钱运往南院等，若违律时，多寡一律徒二年，举告赏当按杂罪举告得赏。②

据凉州重修护国寺感通塔碑铭知，西夏文铭文中的"南院"即汉文铭文的"右厢"。③ 所谓"南院"应指凉州一带。实际上西夏的铁钱的使用范围很宽，"南院等"大约包括了西夏西北部地区，黑水城地区也应是使用铁钱的范围。三件契约中只有一件契约明确指出买人价钱为铁钱，第三件契约未明确指出所说的钱是铁钱还是铜钱。根据上述规定来看，很有可能也是使用铁钱。即便不是铁钱，按铁钱折合铜钱的80%算，第一件契约的人口平均价也是最高的。

历史上买卖人口的现象并不鲜见，但卖人口的原始契约却如凤毛麟角，十分稀见。敦煌文书中也有三件卖人口契，都属于10世纪。分别是丙子年（916年）阿吴卖儿契，卖一7岁儿子，价30石；贞明九年（923年）曹留住卖人

---

① 《续资治通鉴长编》卷457，哲宗元祐六年（1091年）四月甲午条。
② 《天盛改旧新定律令》第七"敕禁门"，第287页。
③ 史金波：《西夏佛教史略》，第249、253页。

契，卖 10 岁子，价生绢？匹半；宋淳化二年（991 年）卖妮子契，卖一 28 岁妮子，价生熟绢 5 匹（生绢 3 匹，熟绢 2 匹）。[①] 可以将这三件契约与西夏黑水城卖人口契做些简单的比较。

黑水城出土三件卖人口契中，第一件平均每人价格约 75 贯，黑水城地区的杂粮每斗价格在 150—200 钱，折合粮食为 37 石至 50 石；第二件以粮支付，平均每人价格 25 石；第三件每人平均 13 至 17 石粮。敦煌第一件卖一人价 30 石；第二件契约卖价不完整，难以比较；第三件卖一 28 岁妮子，价生熟绢 5 匹（生绢 3 匹，熟绢 2 匹），若按西夏物价比较，当时每匹绢价推算在 16—21 贯钱，再折合成粮食每匹绢 8—10 石，若是 5 匹绢（忽略生熟绢区别），就是 40—50 石。尽管时间相差两三个世纪，每个被卖人口的具体情况又有差别，但若以实物粮食对比，被卖人口的价格大抵相差不远。

3. 买卖人口所反映的西夏社会问题

西夏的三件珍贵的卖人口契，具体地显示出西夏人口买卖这一典型的社会现实，突出地反映了西夏晚期社会的经济和生活状况，揭露出西夏阶级社会残酷压迫、剥削的面貌。

西夏在建国前就已经进入封建社会，以西夏皇室为核心的地主、牧主阶级构成了西夏社会的权力中心，西夏社会的普通农民和牧民，以及手工业工匠，构成社会人口的大多数。但社会中还保留着带有奴隶性质的使军和奴仆，这些人受着超经济的压迫，不但要从事最繁重的劳动，还失掉了人身自由和人的起码的尊严，被当作物品一样买卖。这样一种残酷的不合理的社会现象，竟然被载之西夏国家法典，成为合理合法的行为。

早期的党项族社会保留着更多的奴隶制。当时奴隶来源有多种：一俘掠奴隶，二买卖奴隶，三债务奴隶，四犯罪奴隶。[②] 如《宋史》记载："庚寅，禁陕西缘边诸州阑出生口。""秋七月己亥，诏陕西缘边诸州，饥民鬻男女入近界部落者，官赎之。"[③]

在已发现的西夏社会文书中，有大量契约，其中绝大多数为粮食借贷契约，属于买卖的较少。前述土地买卖契约目前仅发现 12 件，而在不多的

---

① 《敦煌社会经济文献真迹释录》第二辑，第 47–49 页。

② 参见吴天墀《西夏史稿》，商务印书馆 2010 年版，第 136—137 页。

③ 《宋史》卷 2《太宗纪二》。

买卖契约中竟发现了 3 件卖人口契，这可能说明西夏的人口买卖并非个别现象。

黑水城出土的这 3 件卖人口契，属于 12、13 世纪，填补了中国这一时期的人口买卖契约的空白，增添了关于西夏社会经济的重要原始资料，显得更为可贵。

第四节　租赁契

租赁关系也是社会生活中常见的经济关系之一。中国古代社会中，土地为国家所有，所有种地农民都要向国家缴纳租税。还有一种租地则是地多者（地主）向无地或少地与农民出租土地，收取地租的租佃关系。西夏的租地契属于后者。

一　租地契

黑水城出土的社会文书中包含不少耕地租赁契约。在契约长卷俄 Инв. No.5124 中共有 23 件契约，除卖地契、卖畜契、雇畜契及贷粮契外，还有 8 件租地契，对研究当地的农业经济和社会生活具有重要价值。[①] 以下就这些租地契进行译释和研究。

（一）租地契译释

黑水城出土租地契杂陈于契约长卷中，往往在卖地契之下接着签订该块耕地的租地契。这些契约与卖地契一样，几乎都是以不易释读的西夏文草书书写。现将这些租地契约依序译释如下。

1. 俄 Инв.No. 5124–2（2）（天庆）寅年（1194 年）正月二十四日苏老房子包租地契（见图 7–64），在契约长卷中，西夏文草书 9 行。首有"寅年正月二十四日"年款，契末有签署画押。[②]

译文：

---

① 《俄藏黑水城文献》第 14 册，第 13—22 页。

② 《俄藏黑水城文献》第 14 册，第 14 页。系契约卷子，其前一契约年款记为𘓧𘝞𗣜𗤁。因此契约应是天庆甲寅年（1194 年）立。

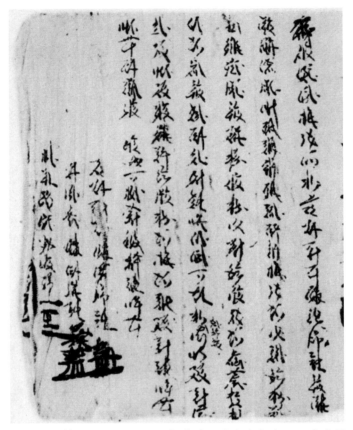

图 7-64　俄Инв. No.5124-2（2）（天庆）寅年（1194 年）正
月二十四日苏老房子包租地契

寅年正月二十四日，立契者苏老房子等今
普渡寺属渠尾左渠接熟生二十石撒处地一块，
院宅院舍等全，一年包租 ①，地租 ② 十石五斗麦及
五石杂粮等已议定，日限九月一日当备好偿还。
日过不还时，先有地租一石还二石。实心服

① 西夏文原文为 𗈁𗏹（已、包），第一字为表示完成体的动词前缀，第二字音［包］，系汉语借词，这里为"包租"耕地意。
② 西夏文原文为 𗉺𗏵（地、毛），此词为租种耕地者缴纳给耕地主人的地租。

不服反悔时，依官罚交一两金，实心服。

　　　　立契者苏老房子（押）

　　　　同立契者苏泉源盛（押）

　　　　知人

　　　　……

2. 俄 Инв.No. 5124-3（3）（天庆）寅年（1194 年）正月二十九日梁老房势等包租契（见图 7-65），在契约长卷中，西夏文草书 8 行。首有"寅年正月二十九日"年款，契末有签署画押。①

译文：

寅年正月二十九日立契人梁老房势等，今将

普渡寺梁喇嘛属十五石撒处地一块② 一年包租，

地租议定六石杂粮和四石二斗麦，日限八月

一日③ 当还，过期不还时，一石还二石还为。本心服。

　　　　立契者梁老房成（押）

　　　　同立契子势乐茂（押）

　　　　知人觅名铁犬（押）

　　　　知人？？？？盛（押）

3. 俄 Инв.No. 5124-3（5）（天庆）寅年（1194 年）正月二十九日梁老房酉等租地契（见图 7-66），在契约长卷中，西夏文草书 8 行。首有"寅年正月二十九日"年款，契末有签署画押。④

译文：

寅年正月二十九日立契人梁老房酉等，今将

---

① 《俄藏黑水城文献》第 14 册，第 15 页。

② 此包租地可能是梁老房酉当日所卖 15 石撒处地。

③ 原文此处缺𘝰（日）字。

④ 《俄藏黑水城文献》第 14 册，第 16 页。

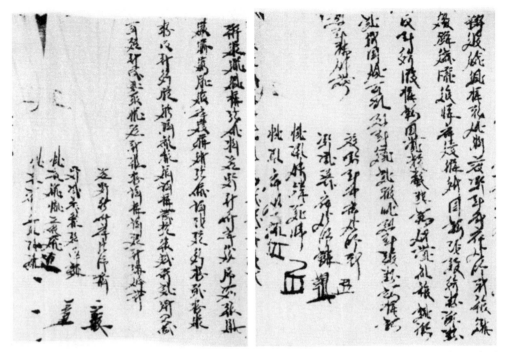

图 7-65 俄 Инв. No.5124-3（3）（天庆） 图 7-66 俄 Инв. No.5124-3（5）（天庆）
寅年（1194 年）正月二十九日梁 寅年（1194 年）正月二十九日梁老
老房势等包租契 房酉等租地契

普渡寺中梁喇嘛属八石撒处地一块包租，

地租二石八斗麦及三石六斗杂粮等议定，

日限八月一日当还。日过不还为时，一石还二石。

本心服。　　　　立契人梁老房酉（押）

　　　　　　　同立契人梁老房茂（押）

　　　　　　知人平尚讹山（押）

　　　　　　知人梁老房？（押）

4. 俄 Инв.No. 5124-3（8）（天庆）寅年（1194 年）二月一日梁老房茂租
地契（见图 7-67），在契约长卷中，西夏文草书 9 行。首有"同一日"年款。

其前一契约为"寅年二月一日"，此契约也应是当年二月一日立契。契末有签署画押。①

译文：

同一日 ②　文状立契约者梁老房茂，今自寺庙粮食经手者

梁那征茂包租地一块，议定地租三石六斗杂粮及

一石四斗麦，日限八月一日当备齐现粮还

清，日过时一石还二石。本心服。

　　　　　　　　立契约者梁老房茂（押）

　　　　　　　相接契梁觅名宝（押）

　　　　　　　相接契梁势乐茂（押）

　　　　　　　　知人平尚讹山（画指）

　　　　　　　　知人梁老房酉（画指）

5. 俄 Инв.No. 5124-3（2）（天庆）寅年（1194 年）二月一日日麻则羌移盛包租地契（见图 7-68），在契约长卷中，西夏文草书 8 行。首有"寅年二月一日"年款。契末有签署画押。③

译文：

寅年二月一日麻则羌德盛，今普渡寺

粮食经手者喇嘛和那征茂属地一块包租，地租议定

七石麦、十二石谷。日限九月一日谷、地付清。服。

　　　　　　　　立契者麻则丑移盛（押）

　　　　　　　包租者平尚讹山（押）

　　　　　　　知人梁酉犬白（画指）

　　　　　　　　知人梁善盛（画指）

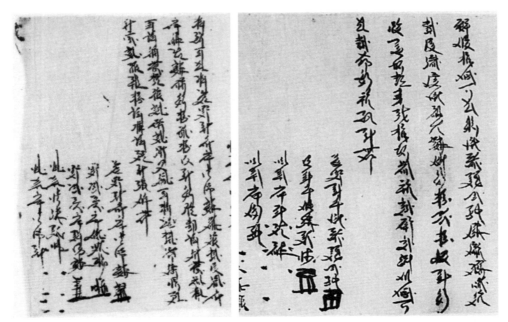

图 7-67　俄 Инв. No.5124-3（8）（天庆）　图 7-68　俄 Инв.No.5124-3（2）（天庆）寅年（1194年）
寅年（1194年）二月一日梁老房　　　　　　二月一日麻则羌移盛包租地契
茂租地契

6. 俄 Инв.No.5124-4（1、2）（天庆）寅年（1194年）二月二日梁老房茂
包租地契（见图7-69），在契约长卷中，西夏文草书9行。首有"同日二月
一日"年款。其契末有签署画押。[①]

译文：

同日二月二日 [②] 　立契者梁老房茂等向普渡寺
属寺中粮食经手者梁那征茂及梁喇嘛等，包租五
石撒处地一块，议定地租二石八斗麦及五石
四斗杂粮，日限八月一日当备齐还租，日

过不还时，不仅依律令承罪，还应一石还二石。

本心服。

　　　　文状为者梁老房茂（押）

　　　　接状相梁势乐酉

　　　知人梁盛铁（押）

　　　知人梁吉？？（押）

7. 俄 Инв.No. 5124-4（3）（天庆）寅年（1194年）二月二日梁势乐茂包租地契（见图7-70），在契约长卷中，西夏文草书9行。首有"同日二月二日"年款。其契末有签署画押。①

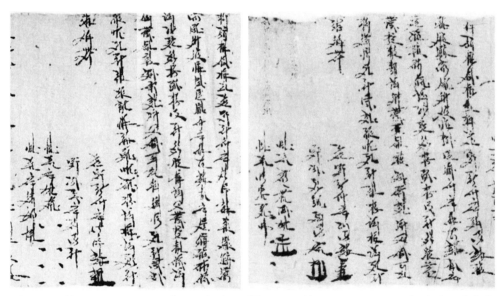

图7-69　俄 Инв. No.5124-4（1、2）（天　　图7-70　俄 Инв. No.5124-4（3）（天庆）寅
　庆）寅年（1194年）二月二日梁　　　　　年（1194年）二月二日梁势乐茂包
　　老房茂包租地契　　　　　　　　　　　　租地契

---

① 《俄藏黑水城文献》第14册，第18、19页。

译文：

同日二月二日立契约者梁势乐茂等，
今自普渡寺属寺中粮食经手者梁那征茂及梁
喇嘛等处包种五石撒处地一块，地租七
斗麦及三石六斗杂粮等已议定，日限八月一
日当备齐偿还，过期不还时，一石还二石。
本心服。　　　立契约者梁势乐茂（押）
　　　　　　　同立契人每乃势乐铁（押）
　　　　　　　知人人恧恧显显盛令（押）
　　　　　　　知人平尚讹山（押）

8. 俄 Инв.No. 5124-4（7）天庆寅年（1194 年）二月六日梁小善麻等包租
地契（见图 7-71），在契约长卷中，西夏文草书 8 行。首有"同日二月六日"

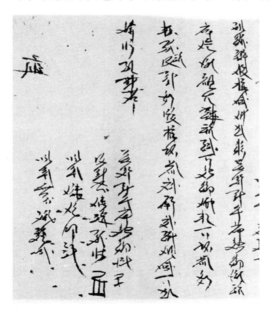

图 7-71　俄俄 Инв. No.5124-4（7）　天庆寅
年（1194 年）二月六日梁小善麻等
包租地契

年款。其契末有签署画押。^①

译文：

> 同日二月六日立契约者梁小善麻等，
> 今自普渡寺属寺中粮食经手者梁那征茂及梁
> 喇嘛等处包种五石撒处地一块，地租七
> 斗麦及三石六斗杂粮等已议定，日限八月一日
> 日当备齐偿还，过期不还时，一石还二石。
> 本心服。
>
> > 文状为者梁小善麻（押）
> > 相包租者平尚讹山（押）
> > 知人？老房盛（画指）
> > 知人邱犬羌乐（画指）

（二）租地契的形制和内容

1. 包租地契的形制

由上各西夏文租地契可见，他们具有西夏契约的一般形制。每契另行顶格书写，首列立契时间，然后记立契者姓名，接着是地主姓名、租地的数量、地租的数量、交租的期限，以及过期不还的处罚。最后是立契者、同租者及证人的签名画押。

在此西夏文契约长卷中，表示承租的"租"西夏文为动词𩑳，此字音［包］，系汉语借词，为"包租"耕地意。看来西夏党项语中过去并没有承包租种的概念，只是在由单纯的畜牧业生产扩大成农牧业兼营以后，特别是耕地有了租佃形式以后，才从汉语中借来此词。在契约中，𩑳字前还有一表示完成体的动词前缀，表明包租行为已经完成。

因为西夏文租地契在契约长卷前面中往往有一卖地契，租地契所租耕地正是前一卖地契中的土地，所以契约中的立契时间往往简化，记为"寅年"某月某日。"寅年"即为天庆甲寅年（1194年）。年后要记明具体日期，如第一件

---

① 《俄藏黑水城文献》第14册，第21页。

记"正月二十四日",但有时前面的契约记明了具体时间,本契约与之同一天,便可省略为"同日"。

在西夏文契约中,一般在立契时间后为立契者,西夏文为□□□□,在租地契中的立契者的西夏文也是这四个字,指承租土地者。

西夏的契约绝大多数不是立契双方各持一份的合同契约,而是契约双方只有一份的单契形式。租地契也是单契。契约文字的口吻是承租土地者(即请求方)所述;执契约者为土地所有者,他不在契约上签字画押。这种契约突出了土地占有者的经济优势体现出的权利优势,也反映了包租人因经济劣势导致的权利劣势,成为尽义务的一方。这种包租土地契约也为片面义务制契约。

2. 立契时间和出租者

因租地契是对前面卖地的包租,耕地买卖成交后,买主立即将其包租出去,所以包租地契形成的时间与卖地契一致。这8件包租地契与卖地契一样,都发生在正月、二月两月。

这段时间正是农村青黄不接、缺粮度日的贫苦农民纷纷贷粮或卖地的时间。卖地后得到了用以糊口的粮食,可以勉强度日,但为了此后的生计,还需要租种土地。土地包租后就要着手准备春天的整地、播种事宜,开始当年的农事。

此契约长卷中有8件卖地契约,相应的也有8件租地契约。前述8件卖地契显示,从农民手中购买土地者为当地的普渡寺,经手人为普渡寺的梁喇嘛和梁那征茂。看来当时寺庙已成为利用农民贫困乏粮之机,集中购买农民土地的大买家,事实上普渡寺已是当地占有大量土地的地主。寺庙购买、占有的土地自己并不直接经营,而是转手出租给无地、少地农民,从他们手中收取地租,进行再次剥削。

3. 租地契和卖地契

此长卷的租地契与卖地契相比,相对简单,不仅对土地的描述没有卖地契中那样详细,有的甚至寺庙土地经手人也被省略,对契约的保证也相对简约,土地的四至也都付诸阙如;契末的签署人员也相对减少,如同立契者一般只需一人,证人也没有卖地契那么多。比较同一块地的卖地契和租地契可以明显地看到,卖地契的文字要比租地契的文字多一倍。如卖地契中俄 Инв. No. 5124-2 天庆寅年正月二十四日邱娱犬卖地契有 270 多字,而俄 Инв.No. 5124-3 寅年正月二十四日苏老房子包租此地的契约仅有 130 多字,相当于同一块地卖地契文字的一半。其中连出租土地数量也未记,因为前面的卖地契中已经有了记载：撒 20 石种子的地一块；出租地的寺庙土地经手人也被省略，对契约的保证也相对简约，土地的四至也被略而不记；契尾的签署人员也简化，如同立契者只需一人，证人也没有卖地契那么多。

这主要是因为：卖地契在契约中属于绝卖性质，使被卖品的属者发生了改变；而租地契不属于绝卖契约，被卖品的属者没有发生变化，只不过是一种租佃关系。当然与此相联系的是卖地的地价比包租地的地租要高。因而卖地契和包租地契的文字繁简不同，就连违约的罚金也相对减少，由卖地契的二两金变为租地契的一两金。

4. 承租者和租地数量

此长卷中的租地者当为需要耕地的农民，他们或无地，或少地，需要靠租种他人的土地取得收成，希望秋收后交完地租能有所剩余，以维持生计。8 件租地契中的承租者和他们的包租土地的数量列表 7-7 表示。

表 7-7　8 件租地契一览表

序号	包租契时间	包租者	包租土地
第 1 件	寅年正月二十四日	苏老房子	撒 20 石种子地
第 2 件	寅年正月二十九日	梁老房势	撒 15 石种子地
第 3 件	寅年正月二十九日	梁老房酉	撒 8 石种子地
第 4 件	同日（寅年二月一日）	梁老房茂	撒 10 石种子地
第 5 件	寅年二月一日	麻则羌德盛	撒 10 石种子地
第 6 件	同日二月二日	梁老房茂	撒 5 石种子地
第 7 件	同日二月二日	梁势乐茂	撒 5 石种子地
第 8 件	天庆寅年二月六日	梁小善麻	撒 5 石种子地

8 件租地契中有党项人麻则羌德盛，有汉姓苏老房子，更多的是梁姓。第 3 件梁老房酉于寅年正月二十九日包租了普渡寺中撒 8 石种子的一块地，而在卖地契中他于当日刚刚将自己的撒 15 石种子地卖与普渡寺，得到了 6 石麦及 10 石杂粮；同时他新包租撒 8 石种子的一块地，秋后要缴纳 2 石 8 斗麦及 3 石 6 斗杂粮。第 4 件和第 6 件梁老房茂在前后两天内包租耕地，一次是包租撒 10 石种子地，第二次是包租撒 5 石种子地；他又是梁老房酉包租土地的同立契人。一般同立契人应是立契人的家属或近亲，根据梁老房茂、梁老房酉两人

的姓名看，他们应是关系很密切的人，也可能是兄弟俩。同样，第7件包租契中，梁势乐茂为包租人，而他又是第4件梁老房茂包租契中的同立契人，梁势乐茂和梁老房茂也是关系很近的人。

（三）地租

1. 地租的计算

包租地契有的明确记载了出租土地的数量，以撒多少石种子来计算；有的没有直接记明出租土地的数量，所租地的数量实指前一卖地契中的土地数。包租契中所载地租数量多数是小麦和杂粮混交，要计算地租的平均数，首先需要将地租的粮食折合成一种粮食，方好计算。过去曾依据黑水城所出西夏文卖粮账残页推算出当地每斗小麦价为200—250钱，每斗糜（杂粮）价为150—200钱。[①] 也即杂粮价格相当于小麦价格的75%—80%。这样可以计算出将地租折合成杂粮，然后再计算撒1石种子的地需要缴纳多少租粮。表7-8为8件契约有关价格的统计。

表7-8　8件租地契地租统计

序号	包租者	包租土地	地租（地毛）	折合杂粮	平均撒1石种子地地租
第1件	苏老房子	撒20石种子地	10石5斗麦及5石杂粮	19石	0.95石
第2件	梁老房势	撒15石种子地	6石杂粮及4石2斗麦	12石	0.8石
第3件	梁老房西	撒8石种子地	2石8斗麦及3石6斗杂粮	7.3石	0.91石
第4件	梁老房茂	撒10石种子地	3石6斗杂粮及1石4斗麦	5.5石	0.55石
第5件	麻则羌德盛	撒10石种子地	7石麦、12石	21.3石	2.13石
第6件	梁老房茂	撒5石种子地	2石8斗麦及5石4斗杂粮	9石	1.8石
第7件	梁势乐茂	撒5石种子地	7斗麦及3石5斗杂粮	4.4石	0.88石
第8件	梁小善麻	撒5石种子地	2石杂粮	2石	0.4石

以上8件契约中1、2、3、7件价格相近，平均撒1石种子地地租都在0.8石至1石；5、6两件偏高，接近或超过2石；4、8两件偏低，为0.55石和0.4石。如果列出这8块地的卖地价格，也许对租地价的差异有所理解（见表7-9）。

---

① 史金波：《西夏的物价、买卖税和货币借贷》。

表7-9　8件租地契所租地原卖地价格

序号	卖地者	卖地数	价值	折合杂粮	平均撒1石种子地地价	附带物
第1件	邱娱犬	熟生二十石撒处	杂粮十五石、麦十五石	35石	1.75石	宅舍院全四舍房
第2件	梁老房酉	撒十五石种子地	六石麦及十石杂粮	18石	1.2石	院舍并树石墓？等
第3件	恶恶显盛令	撒八石种子地	四石麦及六石杂粮	11.3石	1.4石	二间房、活树五棵
第4件	梁势乐酉	熟生十石撒处地	二石麦、二石糜、四石谷	8.7石	0.87石	房舍、墙
第5件	庆现罗成	撒十石熟生地	十石麦、十石杂粮、十石糜	33.3石	3.33石	大小房舍、牛具、石笆门、五栀分、树园
第6件	梁势乐娱	五石撒处地	四石麦及九石杂粮	14.3石	2.86石	
第7件	每乃宣主	五石撒处地	六石杂粮及一石麦	7.3石	1.46石	
第8件	平尚岁岁有	熟生三石撒处地	五石杂粮	5石	1石	四间老房

不难看出，5、6两件地租偏高，原来这两块地的售价也高；4、8两件偏低，原来这两块地的售价也低。土地售价、租价高低的原因可能有两个：一是土地上的附属物多，价值高，如第5件的附属物有大小房舍、牛具、石笆门、五栀分、树园，是所有出售地块中附属物最多的；二是土地好，或灌溉条件好，可能会得到较高的产量。

2. 地租和卖地的价格比

通过前述12件卖地契可以看到，黑水城地区土地价格低廉，一般在每亩2斗杂粮上下。这是因为契约多是卖主缺乏口粮时急于卖地，买主自然会借机压价，卖主在价格方面处于劣势。从卖地契约看，买地的一般是缺粮季节的存粮大户，是寺庙和地主。他们利用贫困农民缺粮时机压价购地，使自己在买地这一轮交易中取得最大的利益，使贫困农民在失去土地过程中遭到盘剥。

在购入土地后，新的地主人（寺庙、地主）以最快的速度将土地转包出去，又利用无地、失地或少地的农民对耕种土地的急需，抬高了租金。根据上表的对照分析，可以看到，差不多一年的租地价格就是买地价的一半左右，也即新的地主人若将所买地连续出租两年，即可捞回甚至超出卖地的成本。土地就这样廉价地转到地主手中。看来，西夏末期土地兼并的速度是十分惊人的。

比如俄 Инв.No. 5124-3（3）卖地契中普渡寺梁喇嘛等用 6 石麦和 10 石杂粮购买梁老房西撒 15 石种子地，他转手出租当年便获得 6 石杂粮和 4 石 2 斗麦，即当年收租粮便收回了买地粮的近 2/3。又如俄 Инв.No. 5124-3（4、5）卖地契中普渡寺梁喇嘛等用 4 石麦及 6 石杂粮购买了恶恶显盛令卖撒 8 石种子地一块，转包出租后当年收租 2 石 8 斗麦及 3 石 6 斗杂粮，也收回了买地粮的近 2/3。租地地租与卖地地价相比显得很高，凸显了寺庙、地主对缺粮贫困农民的压榨之甚。

（四）契约的保证

土地包租是一种交易行为。为保证这种交易的有效实施，在包租耕地契约中对违约行为也要规定处罚。违约处罚的规定写在租地价格之后。

1. 违约处罚，契约的法律效力

将包租地契与卖地契比较后可以看到，包租地契对违约者的处罚不像土地买卖契约中那样细致、严格，处罚的力度没有土地买卖那样大。现将包租土地不按时还付、反悔处罚与同一块地卖地时有争讼、反悔处罚情况列表 7-10 于下。

表 7-10　8 件租地契与卖地契违约处罚比较

序号	包租者	包租土地	包租不按时还	包租反悔	卖地有争讼	卖地反悔
第 1 件	苏老房子	撒 20 石种子地	一石还二石	罚交一两金	一石还二石	罚交二两金
第 2 件	梁老房势	撒 15 石种子地	一石还二石		一石还二石	罚交三两金
第 3 件	梁老房西	撒 8 石种子地	一石还二石		一石还二石	罚交一两金
第 4 件	梁老房茂	撒 10 石种子地	一石还二石		一石还二石	罚交一两金
第 5 件	麻则羌德盛	撒 10 石种子地	无		无	罚交三两金
第 6 件	梁老房茂	撒 5 石种子地	一石还二石		无	罚交一两金
第 7 件	梁势乐茂	撒 5 石种子地	一石还二石		无	罚交一两金
第 8 件	梁小善麻	撒 5 石种子地	无		罚交五石麦	

买地时买主重视的是对所买土地的产权有无问题，从契约来看，反悔、毁约是对产权的质疑或否定。因此契约规定了对有争讼产权者，一方面明确责任方为卖主，另一方面还有卖主交罚金，一般是以卖地价为准，一石罚二石。如

有反悔，另罚金处置。依据地亩数量和质量，一般罚一至三两金。对包租契来说，重视的当然不是土地的产权问题，而是能否按时交纳地租问题，当然也有是否反悔问题。因此其契约中的处罚内容为两项，一为过时不交纳地租，一为反悔。对过时不交纳地租的处罚与卖地契相似，以租地价为准，一石罚交二石。由于租地价少于售地价，当然处罚力度要小。对于反悔者，除第一件包租地契约明确提出罚一两金外，其余契约都未提及反悔处罚问题，大约土地属有者认为反悔的可能性不大，所以在契约中忽略不计。

2. 签署和画押

黑水城出土的包租土地契约和贷粮契、卖地契一样，一般在契末靠下方签字、画押，多数为每人占一行。契约后部首先签字画押的是立契人（承租者），其次签字画押的是同立契者（连带责任人），最后是证人。立契人为一人，同立契者和证人可以为多人。同立契者多为1人，有两件为2人；而卖地契同立契者多数为2人，两件为3人；一件不知是因为土地很少还是遗忘，未写同立契者。证人的人数；租地契为1—2人，而卖地契为2—3人。总之，无论是同立契者的人数，还是证人的人数，租地契要比卖地契少，这与两种契约的绝卖、非绝卖性质有关。租地契是非绝卖契约，卖地契是绝卖契约。此外与二者的交易额（租地地租与卖地价值）有关，租地契地租较低，卖地契地价较高，后者差不多是前者的2倍甚至接近2/3。表7-11为包租土地和卖地契署名和画押的对比。

表7-11　8件租地契和卖地契署名画押比较

序号	立契者	同立契者人数	画押形式	证人人数	画押形式	卖地同立契者人数	画押形式	卖地证人人数	画押形式
第1件	苏老房子	1	押	1（后残）	押	2	画押	3	画押
第2件	梁老房势	1	押	2	画指	3	画指	3	画指
第3件	梁老房酉	1	押	2	画压	2	画指	2	押
第4件	梁老房茂	2	押	2	画指	3	画指、押	2	画指
第5件	麻则羌德盛	1	押	2	画指	2	押、画指	2	画指
第6件	梁老房茂	2	押	2	画指	3	押、画指	2	画指
第7件	梁势乐茂	1	押	2	押、画指	2	押、画指	2	押、画指
第8件	梁小善麻	1	押	2	画指	0		2	画指

　　租地契的署名文字与卖地契一样，无论是卖主还是责任人、证人，都与契约正文的文字同为一个人的笔迹，多数都是书法流利的草书，是由书写契约的写字人捉刀代笔。

　　连带责任人签署的文字形式仍多为𗋴𗥦𗈜，对译为"状接相"，翻译为"同立契人"。但在第5件契约中，立契者后的签名者，不是𗋴𗥦𗈜（同立契人）而是𗄊𗪙𗫤，对译为"包为者"，可译为"同包者"。此人名为平尚讹山，他署名的位置与"同立契人"相当，也起着连带责任人的作用。在出现诸如不按时缴租或反悔等情况时，同立契人负有连带责任。假若卖主死亡、逃亡，连带责任人要承担契约的主要责任。在同立契者一项，未发现像卖地契常见的立契人最近的家属妻子、儿子的称谓，由此也可看出租地契与卖地契的分量是不相同的。

　　证人的签署形式为也是𗤛𗋒，译为"知人"或"证人"；有时简写成一个字𗤛（知），也译成"知人"或"证人"。在契末签署部分还发现立契者和同立契人首字平行，而证人也往往高出一字或半字。这也是为了区分两者性质不同，立契者和同立契人对契约负有实质性责任，而证人只是知情者、见证者，如出现问题并不负有实质性责任。

　　包租地契约契末署名下的画押也分符号和画指两种。一般租地契中立契人和同立契人都是符号画押，而证人有的是符号画押，有的是画指。如俄 Инв. No. 5124-3（3）梁老房势等包租地契立契者、同立契者和一名证人是符号画押，另一名证人是画指。俄 Инв.No. 5124-3（5）梁老房酉等包租地契的立契者、同立契者和证人全部是符号画押。而俄 Инв.No. 5124-3（2）麻则羌移盛包租地契的立契者、同立契者是符号画押，两名证人则是画指。

（五）西夏土地包租契约的特点

　　黑水城出土的包租土地契约与卖地契约一样，也是反映西夏社会经济生活十分重要的文献，真实地显示出西夏基层农村土地经营的一个重要方面，有其突出价值和特点。

　　1. 为西夏经济研究提供了新的资料

　　黑水城出土的西夏土地包租契约为西夏经济研究提供了新的、真实而具体的重要资料，也为中国中古时期的契约提供了新的重要文本。这些契约使学术界第一次了解到西夏租赁耕地的情况。由于新发现的不是一件，而是一组契约，因此对过去不了解的租赁土地这一交易形式有可能做较为深入研究和梳理。对这些契约综合起来分析，更能挖掘其文献价值。

2. 直接反映当地社会经济、生活状况

这些契约不仅直接反映了西夏晚期黑水城地区的土地租赁状况，也反映出当地社会生活状况。这些契约证明，西夏晚期黑水城地区一部分农民缺少耕地，不得不租赁土地耕种。他们饱受土地占有者的盘剥，以高额的租金为代价，取得经营土地的机会，希望在交租之余能有剩余粮食维持生计。他们冒着产量并不稳定的风险，博弈着今后的生活。在黑水城这样原来人口并不稠密、耕地并不紧张的地区，有这样多人要租赁耕地，反映了当地农民失掉土地的严重性。

3. 真实地反映了寺庙地主对兼并土地的经营

土地买卖契约证明了黑水城地区寺庙兼并土地的情况，而这些租赁土地契约证实黑水城地区普渡寺将这些廉价购买的耕地，又转手以高价包租给无地、少地的农民；通过这两重的交易，进行残酷剥削，从中获得巨大经济利益。这些租赁耕地契约内容表明，土地占有者，即寺庙将购买的耕地租赁两年即可收回成本，可见其租赁耕地的价格之高。

4. 土地租赁契约比卖地契约简略

这些包租耕地契约，在契约长卷中都在卖地契后，包租的土地即前一卖地契约中的土地，这样便于从形式和内容上与卖地契进行比较。租赁契约形式上文字数量少，一方面是前面卖地契中有的内容已经叙述，无须重复。如对包租的土地描述简单，土地的纳税、给水情况和四至皆省略不录。另一方面是因包租耕地契约并非绝卖契，因此违约处罚相对简略，同立契人和证人也比卖地契减少。这些都反映了西夏契约的灵活性和实用性。

二　押畜租地契

西夏黑水城的农民有的为了租得耕地，还要抵押自己的牲畜，这比单纯的租地缴纳地租又复杂一些。这种契约很少见，目前仅见一件。

俄 Инв.No. 5949–30 应天辰年（1208 年）押牲畜等租耕地契（见图 7–72），原件为单页契约，写本，麻纸，高 21.1 厘米，宽 45.5 厘米，西夏文草书 15 行。首行有"应天辰年腊月二十一日"（1197 年）年款。有签署、画押。[①]

---

① 《俄藏黑水城文献》第 14 册，第 92 页。

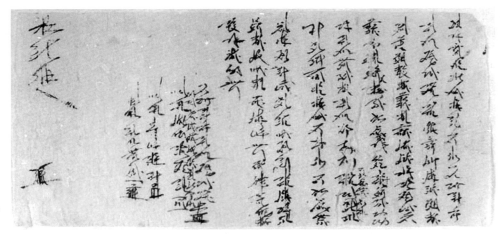

图 7-72　俄 Инв. No.5949-30 应天辰年（1208 年）押牲畜等租耕地契

　　此契约是更为省笔简化、更为难以释读的西夏文草书。首行第 1、2 字为年号，第 1 字当为藏（天），第 2 字潦草模糊，由一笔连写，判断为藏（依、应）。西夏第一字为藏（天）的两字年号有藏藏（天盛）、藏藏（天庆）、藏藏（应天）、藏藏（皇建），此年号应是藏藏（应天）。此契约的第 9 行第 2 字，与此字相同，正好也应是藏（依、应）字，可佐证此年号不误。在《俄藏黑水城文献》中译为"天庆"，可改正。立契时间为"应天辰年腊月二十一日"（1209 年）。

　　此契约部分草字难以忖度识别，但主要内容尚可译释。其立契时间为"应天辰年腊月二十一日"（1208 年），为西夏末期，据西夏灭亡不足 20 年。立契者为藏藏藏藏藏"耶和羌令狗"，他将自属的牲畜驴子等典押，租用一块撒 1 石 5 斗种子的耕地，还要向地主人耶和显令等缴纳 1 石 5 斗杂粮，第二年的二月一日到期还付，逾期不还要进行处罚。

　　这种契约是比较重要契约，它牵涉牲畜、土地等重要生产资料；契文内容较为复杂，字数也较多；契约形式也很规范，中规中矩。契尾签署后都用画押，而不用简单地画指。契末有三个墨书大字藏藏？，似为日期，下有画押，据其他契约程式比对，此处应是地位更高的人签署、画押。契末的当事人签署中，显见在立契者后面的一行"同立契妻子讹移氏老房乐"是后来用较小的字加上的。开始未写此同立契人，但在出租者看来，同立契者的签署不是可有可无，因此可能在出租者的要求下按重要契约规矩后加上同立契者，即立契者的妻子，这样使契约的实施更有保障。当然这又一次显示出当时西夏的女性，特别是家庭的女主人在社会经济生活中占有重要地位。

契约涉及的相关人员无论是租地者耶和羌令狗，同立契者讹移氏老房乐，证人嵬移般若盛、梁心喜酉、证人耶和显令，多是党项族人，只有梁姓有可能是党项人，也可能是汉人。这不仅说明党项人中很多从事农业，而且其中有较为富裕的出租地者，也有较为穷困的租地者。

此契约类型稀少，内容重要，解读难度大，还有进一步研究的空间。

第五节　雇佣契

西夏的雇佣契包括雇工契和雇畜契。雇工契是受雇者向雇主提供劳动力从事某种工作，由对方提供劳动条件和劳动报酬的契约。雇畜契是缺乏畜力的人向牲畜主人租雇牲畜的契约。在西夏社会文书中这两种契约都存在，是研究西夏社会经济中雇佣关系的重要资料。

一　雇工契

雇工契对于研究西夏劳动者身份地位以及雇佣关系十分重要。在黑水城出土的大量西夏文文献中，目前仅发现较为完整的一件雇工契，可谓凤毛麟角。从更大范围看，包括辽、宋、夏、金几个王朝，这件西夏文雇工契也是硕果仅存，它填补了中国历史上 11 至 13 世纪雇工契的空白，具有重要的文献和学术价值。

（一）西夏文雇工契的译释

俄 Инв.No. 5949–32 光定卯年（1220 年）腊月雇工契（见图 7–73），为单页契约，写本，高 19.8 厘米，宽 47.9 厘米，西夏文草书 15 行，兼有行楷，首行有"光定卯年腊月五日"（1220 年）年款，后有契约署名、画押。[①]

---

① 《俄藏黑水城文献》第 14 册，第 94 页。

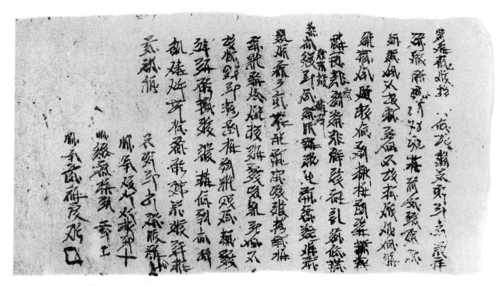

图7-73 俄Инв.No.5949-32 光定卯年（1220年）腊月雇工契

译文：

光定辰年腊月五日，立契者播盃犬
粪茂，今自愿到为宁离青？处，自
正月一日起至十月一日九个月出雇
工，力价五石中二石现付，秋上
三石，夏衣三丈白布。自己种五斗
二升杂粮、三斗麦，明确有。犬粪茂当努力出工。
其无谎诈、推诿，若任意往行，忙日旷工时，一日
当还二日。工价末所剩遗数十月一日
不还给，一石当还二石。谁反悔改口时，
按官法罚交五石杂粮，不仅本
心服，还依情节按文书所
记实行。　　立契者犬粪茂（押）
　　　　　知人千玉吉祥酉（押）

知人麻则犬男（押）

知人杨那证增（押）

（二）契约基本内容诠释

这件重要契约包括了立契时间、立契人（雇工）、雇主、雇佣时间、工价、雇工要求、违约和反悔处罚，以及立契人和证人的签名和画押，具有完整的契约形式，真实地反映出西夏时期雇工的丰富内涵。

从此件契约可知，立契时间是西夏光定卯年，光定是西夏神宗年号，此年号有 13 年，其中卯年只有 1 年，知立契时间为己卯年十二月（1219 年）。时为西夏晚期，距西夏灭亡仅有 8 年时间。

与其他契约一样，立契者西夏文仍是孩嬲脩疼，即"做文状者"。立契者为播盃犬粪茂。在西夏文《三才杂字》和《新集碎金置掌文》的番族（党项族）姓中，都列有豥羿（播盃）一姓。[1] 敦煌莫高窟第 61 窟甬道南壁炽盛光佛后绘有 1 身供养比丘尼像，供养像旁有西夏文和汉文对照榜题文字，记其名号。榜题汉文为"扫洒尼姑播盃氏愿月明"，西夏文为"豥巍辂羸脩豥羿豰辂蘜疡"，直译成汉文为"燃灯发愿者播盃氏愿成明"。[2] 此尼姑当为党项人。西夏文文书和首领印中也有此姓。此雇工契的受雇者，姓播盃氏，为西夏党项族；其名犬粪茂，也显示出西夏名字的特点。西夏人起名字的立意具有多样性。有的名字带有祈福、祥和的气氛，有的带有时间月份，有的则带有佛教色彩，还有一些人名带有低等人或动物的称呼，如善月奴、奴宝、瑞犬、老房犬、驴子有、雨鸟等，取这种名字可能与好养活的习俗有关。本契约的人名"犬粪茂"当属此类。黑水城出土的一件还贷契中的证人名羍嬲佷，译为梁犬粪，与此同类。[3] 西夏文雇主姓名 5 字，有的字迹模糊，不能全解，暂译"为宁离青？"，也应是党项人。

契约载明立契时间是光定卯年腊月，雇工时间是从来年也即光定庚辰年（1220 年）的正月一日起至十月一日，共 9 个月，囊括春、夏、秋 3 个季度，从春种的准备时期到秋收完毕。

---

① 《俄藏黑水城文献》第 10 册，第 49 页上、110 页上。
② 史金波、白滨：《莫高窟、榆林窟西夏文题记研究》，《考古学报》1982 年第 3 期。
③ 《俄藏黑水城文献》第 13 册，第 318 页。

契约中用西夏文表示出典工的行为动词为繖鑀絒，对译"力施出"，即"出典工"或"出雇工"。西夏文《天盛律令》中的"出典工门"，即蘿繖鑀鞖，对译"典力施门"，中间"力施"二字与契约中的"力施"二字相同。

雇工的工价是 5 石粮食，明确指出其中 2 石是立契时现付，至秋天再付余下的 3 石。除粮食外，雇主还给雇工夏衣，西夏文为鑀鼆，对译"热衣"，即"热天穿的衣服"，译为"夏衣"。其后的"三丈白布"应是做夏衣的布料。另外雇主还允许雇工自己种撒 5 斗 2 升杂粮和 3 斗麦种子的地，由雇工出力，并获得这些地的收获。前述西夏除以顷、亩计量土地面积外，还有一种计量土地的方法，就是依据种子计算土地的面积。根据推算，撒 1 石种子的地为 4 宋亩，约合 10 西夏亩。此契约除所付粮食外，另给雇工种 8 斗多种子的地，约合 3 宋亩多。

契约中雇主要求雇工努力出工，西夏文为鄄骹靴絉鑀，汉文对译"勤力日当投"，疑絉鑀二字倒置。此即"当努力投入出力日的工作"，也即"努力出工"之意。契约要求雇工老实无欺诈，不能私自出行误工，特别强调若耽误忙时出工，1 日罚 2 日。西夏文骹靴甿，汉文对译"强日头"，应即"忙日"或"忙时"。西夏文骹靴甿絉，汉文对译"强日头遗"，即"忙时旷工""忙时抛工"之意。

契约还规定雇工价尚未付足的所剩粮数，也即秋后应还的 3 石粮，至十月一日若不还给，1 石当还 2 石。双方若谁反悔改口时，按西夏官府的法律罚交 5 石杂粮。不仅本心服，还依情节按文书所记实行。此契约不仅规定了对雇工误工的处罚，也规定了雇主届时不按时付剩余工价的处罚。

契约末尾是立契者和证人的签字画押。因立契者在契约的开始即记明姓氏播盉，故在契尾省略姓氏，仅留名字犬粪茂。证人有 3 人，第一人姓千玉，第二人姓麻则，都是党项人；第三人姓杨，应是汉族。4 人签名字体相同，与契约正文字体也如出一辙，应是写文书者代签。签名后皆有画押。前已论述西夏文契约画押有两种，一种是符号画押，一种是画指。符号画押显得更郑重些，多使用在立契者和同立契者名下，而画指一般使用于证人名下。这件雇工契作为重要契约，画押全部使用较为正规的符号画押。

（三）契约反映的西夏雇工经济

雇工是社会经济生活中一个重要问题。中国的雇工由来已久，但在传统的历史文献中，几乎没有记载古代的雇工契。留存于世的古代雇工契都是近代出土的文书，如汉简中保存的汉代雇工契约，新疆吐鲁番出土的魏晋南北朝时期的高昌雇工契，吐鲁番和敦煌出土的唐、五代时期的雇工契，敦煌出土宋代前期雇工契等。[①] 西夏的这一雇工契也是出土文献，系敦煌东北方向的黑水城遗址出土的西夏时期的雇工契。

西夏雇工契的立契者是党项人。原来从事畜牧业的党项族人，后来在宜于耕作的地区转而从事农业，从而有了党项族农民。这件雇工契不仅雇工是党项族，雇主和两位证人也是党项族，反映出部分党项族经过两个世纪，已经成为可以被雇佣的、可以熟练从事农业的农民。

雇工契反映出受雇人与雇主之间的雇佣关系，即指受雇人要向雇主提供劳务，而雇主支付相应报酬，形成二者之间的权利和义务关系。这种雇佣关系是雇主和受雇人在双方自愿达成契约的基础上形成的。对这种雇佣关系，西夏法典《天盛律令》专设"出典工门"做了详细规定：

> 使军之外，诸人自有妻、子及辅主之妻、子等、官人妇、男，使典押他人处共（同）居及本人情愿等，因官私语，允许使典押。[②]

即西夏法律规定，对劳动力典押，是合乎当时的法律的。此门条款中的"典押出力人"的"出力"二字，即雇工契中的繿繊二字。

此契约雇主的家境如何？雇工的原因为何？是由于一般农户家中缺乏劳动力，还是因土地太多需雇工劳动，在契约中并没有反映出来，不得而知。此雇工契定雇工时间为 9 个月的长工，基本上为全年雇工，因为冬天 3 个月天寒地冻，基本无农活可做。

此雇工契的雇工工价主要以粮食计算，为 5 石粮食。据考订，西夏每升小麦的重量接近现在的 1 市斤，1 石粮食合近 100 斤。此外雇主还让雇工种 3 宋亩多地。当时耕地产量较低，一般每亩地只有几斗，不会超过 1 石，即便每亩地按 1 石产量计算，也不会超过 4 石。这样工价合 8 石多粮食，每月合将近 1 石粮食的工价。此外，还给雇工夏衣。这些衣服经一年强力劳动的磨损，也应消耗差不多了。

---

① 张传玺：《中国历代契约粹编》（上册），北京大学出版社 2014 年版，第 72—73、175—177、369—388、613—619 页。

② 《天盛改旧新定律令》第十一"出典工门"，第 388 页。

　　一个成年人每年的食用粮食大约在 5 石左右，如果雇工在雇工期间雇主家管吃饭，雇工每年所得可以再养活一大一小两口人。前述西夏贷粮契显示，在西夏晚期，黑水城地区不少农民生活贫困，春季青黄不接之际，往往不得已借贷高利贷粮食，或出卖土地或者牲畜换取急需的口粮。除需要口粮外，若农民有自己的土地，还需要相当数量的种子。此雇工整年在外务工，不能再经营自家土地。他或是无地农民，或是家中有土地，另有其他劳动力耕种。如果他是无地农民，且家有妻小，又缺粮食，春天得到的 2 石粮食也难坚持到秋收，生活相当逼仄窘迫；若家中劳力富余，此雇工所挣工值 8 石多粮食可补充家用。

　　雇工契约强调雇工要"努力出工"，不能耽误，忙时误工 1 天罚 2 天。在约 270 天中，无论身体状况、天气情况，天天劳动，强度是很大的。因此看似双方平等协商的合同，雇主显然占有主导性，受雇人与雇佣人间存在一定的从属关系。契约提到违反契约要按"官法"处罚。所谓官法，大抵指西夏法典的规定。其实在西夏法典中，有多款明确保护雇主的利益、对受雇雇工不平等的条款，如：

　　　　典押出力人已行仆役，不做活业者，击打等而致打死者徒一年，执械器而拷打逼迫致死者徒三年。其中故意杀者，依诸人故意杀法判断。[1]

也即典押人（雇工），不做工者被雇主打死，仅判雇主 1 年徒刑；执械器而拷打致死者，判雇主 3 年徒刑。西夏法典是封建社会注重等级的法律，比如，规定下级杀、伤上级，要加罪；而上级杀、伤下级要减罪。[2] 法典中上述对雇工和雇主的刑罚就类似上级对下级的不平等的处罚关系。西夏法典还规定：

　　　　典押人奸淫押处主人之妻子、女、媳、姑、姊妹等时，当比第八卷上往他人妻处罪加三等。出力处人侵凌典押女时，比第九卷上当事人受人逼迫、未施枷索而在边司上为局分大小侵凌之罪情当减一等。
　　　　诸典押出力人不许殴打、对抗、辱骂押处主人。若违律时，押处主人

---

　　① 《天盛改旧新定律令》第十一"出典工门"，第 388—389 页。
　　② 《天盛改旧新定律令》第八"相伤门"，第 296—297 页。

是庶人，则当面辱骂相争十三杖，殴打则徒一年，伤者当比他人殴打争斗相伤罪加三等，死亡则当绞杀。对有官人辱骂相争时徒一年，殴打则徒二年，伤时当比诸人殴打争斗相伤罪加五等，死则以剑斩。宽宥后，不许因辱骂相争取状寻问。[①]

雇工对主人家属犯奸淫罪比一般人犯罪加三等，殴打、对抗、辱骂押处主人也比普通人加重处罚，雇主和雇工的关系带有主人和仆人的不平等关系。《天盛律令》还规定：

> 　　使军、奴仆、典人等盗自抵押文券、他人典当、买入文字等时，原本已买、典当，□债□取时，无知证，则视文券上有何物数量，依偷盗法判断。若有知证，则依盗窃法从犯判断。[②]

西夏的使军为从事生产的半奴隶，而奴仆则是私家奴隶，他们都从属于自己的主人，其地位相当于唐宋时期的部曲和奴婢。[③] 这里直接把在西夏属于半奴隶和奴隶地位的使军、奴仆与典人放在一个层次论述，显示出雇工的地位低下。

　　契约也规定若雇主到期未还给所遗 3 石工价，1 石当还 2 石。此样的规定一般来说对雇主不会造成执行的困难和强制性压力。然而，这种对雇主、雇工双方责任的要求，与前述贷粮契、卖地契、卖畜契等基本上仅对立契者单方面的要求有所不同。这反映了雇工双方地位权利与义务的一定平衡，不似其他契约那样显示双方地位的悬殊。

　　在契约末尾立契者和证人的签字画押中，还可以看到黑水城地区农村中，有不同民族杂居。雇主、雇工和第一、第二个证人都是党项族，而第三个证人姓杨，是汉族。此人既为立契者证人，应与雇工有密切关系。这与黑水城出土的粮食借贷契、土地买卖契所反映的当地党项族、汉族密切的民族关系是一致的。

---

① 《天盛改旧新定律令》第十一 "出典工门"，第 389 页。
② 《天盛改旧新定律令》第三 "杂盗门"，第 167 页。
③ 史金波：《西夏社会》（上），第 221—227 页。

（四）与唐宋雇工契约的比较

近代敦煌石室出土的一批社会文书中，有一些雇工契。其中唐、五代、宋初时期的务农雇工契十分稀少，记有年款、比较完整的或保存主要内容的仅有 15 件。西夏雇工契比上述雇工契稍晚，在时间上有接续性；它们都出土于西北地区，出土唐宋雇工契的敦煌和出土西夏雇工契的黑水城，纬度仅相差 1 度，皆属内陆干燥气候，干旱少雨，冬季寒冷，现在的年平均气温也仅相差 1 度。农业生产的地理、气候环境相似，在地域上有更强的可比性。

将西夏雇工契与以上 15 件契约比较后得知，契约总的形制和内容基本类似，首记立契日期，再记立契者人名、雇工时限、工值、对雇工的要求、误工的补偿、违约的处罚，最后是当事人的签署画押。尽管西夏雇工契立契人属党项族，契约用记录党项语的西夏文书写，但仍然继承、仿效中国传统契约的形式和内涵，表现出中原地区农业经济生活对原来从事畜牧业的党项族的强大影响。

为进一步分析西夏雇工契的特点，以下将唐代至宋初（9—10 世纪）的 15 件长期务农雇工契与西夏雇工契的主要内容列表 7-12，以便比较。[①]

表 7-12　唐至宋初雇工契与西夏雇工契一览表

编号	名称	立契时间	受雇人	雇主	雇工时间	雇值	衣物	误工处罚
1	敦煌令狐安定雇工契	戊戌年（878 年？）	百姓龙聪儿	百姓令狐安定	正月至九月末	每月5 斗	春衣壹对，汗衫、慢裆并鞋壹两	1 日 1 斗
2	张纳鸡雇工契	甲寅年（894 年）	百姓就慜儿	百姓张纳鸡	正月至九月	月卖粟 1 驮	春衣、汗衫……	（缺）
3	敦煌康保住雇工契	壬午年（922 年？）	百姓赵紧匠男	百姓康保住	正月至九月末	每月1 驮	春衣一对，汗衫一领，褡裆一腰，皮鞋一两	（缺）
4	敦煌阴厶甲受雇契	后梁龙德四年（924 年）	百姓阴厶甲	百姓张厶甲	二月至九月末	逐月1 驮	春衣一对，长袖并裈，皮鞋一两	1 日 2 斗

---

① 《敦煌社会经济文献真迹释录》第 2 辑，第 55—71 页。有的契约仅有甲子而无年号，具体时间尚难确定。又见《中国历代契约粹编》（上册），第 376—382、613—620 页。

编号	名称	立契时间	受雇人	雇主	雇工时间	雇值	衣物	误工处罚
5	敦煌韩壮儿受雇契	甲申年（924年？）	百姓韩壮儿	百姓苏流奴	正月至九月末	共麦粟6硕	（缺）	（缺）
6	敦煌邓仵子受雇契	乙酉年（925年？）	百姓邓仵子	乾元寺僧宝香	二月十二日起八个月	每月1驮	春衣长袖一并，襴裤一腰，皮鞋一两	忙月1日5斗，闲月1斗
7	敦煌姚文清雇工契	后晋天福四年（939年）	百姓程议深男	百姓姚文清	正月一日	每月1驮	春衣一对，长袖一领，汗衫一领，褐裤一腰，皮鞋一两	1日2斗
8	敦煌李员昌雇彭章三契	戊申年（948年）	百姓彭章三	百姓李员昌	正月至九月末	每月1驮	春衣，汗衫一领，（衤曼）裆长袖衣襴，皮鞋一两	忙时1日2斗，闲日1斗
9	敦煌马盈德受雇契	乙卯年（955年？）	百姓马盈德	百姓孟亚定	正月至九月末	每月8斗	春衣，汗衫，皮鞋一两	忙日1日2斗，闲日1斗
10	敦煌贺保定雇工契	丁巳年（957年？）	百姓龙员定男	百姓贺保定	一周年	每月1驮	春衣一对，汗衫一领，长袖衣襴，慢裆一腰，皮鞋一两	1日2斗
11	敦煌李继昌雇吴住儿契	辛酉年（961年？）	百姓吴住儿	百姓李继昌	九个月	每月1驮	（缺）	（缺）
12	敦煌窦跛蹄雇邓延受契	甲戌年（974年？）	邓延受	百姓窦跛蹄	九个月	每月1驮	春衣一对，汗衫一领，慢裆一腰，皮鞋一两	忙时1日2斗，闲日1斗
13	敦煌樊再昇雇氾再员契	癸未年（983年？）	百姓氾再员	百姓贤者樊再昇	正月至九月末	每月1驮	春衣一对，汗衫一领，慢裆一腰，皮鞋一两	忙时1日2斗（下缺）
14	邓憨多雇工契	丁亥年（987年）	百姓耿憨多	百姓邓憨多	一周年	每月1驮	春衣……	
15	敦煌史氾三雇杜愿长契	戊子年（988年？）	百姓杜愿长	梁户史氾三	（缺）	每月8斗7升？	春衣、汗衫一领	忙时1日2斗，闲时1斗
16	播盃犬粪茂雇工契	光定辰年腊月五日	播盃犬粪茂	宁离青？	正月至十月一日九个月	5石另种8斗2升粮地	夏衣三丈白布	1日还2日

雇工者当然是因为缺少劳力才雇工。唐宋雇工契中，多载明雇工原因，如"缘家内欠阙人力""为少人力""伏缘家中欠少人力"等，而西夏雇工契不记这类话语。大约这类程式性文字，无关契约内容，为使契约更加简洁，可以省略。不惟雇工契，西夏的土地买卖契、粮食借贷契等也不书写这类词语。

此外，唐宋雇工契中多记载雇工和雇主所在的具体地址，如敦煌令狐安定雇工契记雇工家住"龙勒乡"，雇主家住"洪润乡"。当时契约记载双方的地址从雇佣关系看，对雇佣双方都比较稳妥，这种地址对研究当时经济关系发生的地望、进而了解当时的乡村地理都有裨益。西夏的雇工契没有雇工和雇主居住地的记载，缺少了这方面的信息。此外，唐宋雇工契中往往记载雇工和雇主的身份，如敦煌令狐安定雇工契记雇工为"百姓龙聪儿"，雇主为"百姓令狐安定"；敦煌邓仵子受雇契记雇工"百姓邓仵子"，雇主为"乾元寺僧宝香"；敦煌樊再昇雇氾再员契记雇工"百姓氾再员"，雇主为"百姓贤者樊再昇"。而西夏雇工契中则对雇工和雇主都没有记载任何身份标志。

敦煌所出唐、五代、宋初雇工契多为正月、二月立契，雇工期限为 8 或 9 个月。只有两件雇工契记载时间是一周年：丁巳年（957 年？）敦煌贺保定雇工契是四月七日立契，记为"造作壹周年"，即雇工至来年四月。丁亥年（987 年）邓憨多雇工契正月二十三日立契，"造作壹周年"。西夏雇工契是头年腊月五日立契，自正月一日起至十月一日整 9 个月，从大年初一即开始做工。

唐宋雇工契的工值中，唐代戊戌年契"价直每月五斗"，工值最低；其他契约多为每月 1 驮，1 驮即 1 石；也有的记为 1 硕，也是 1 石之意；有的稍少，工值每月 8 斗或 8 斗多，仅有 2 件。西夏雇工契的工值为 5 石粮食，另允许雇工自己种 5 斗 2 升杂粮、3 斗麦的地，收获为 3 石多，共计不足 9 石。黑水城地区属于耕地相对较多，而单位面积产量较低的地方。雇工自种地收获并不稳定，1 亩地很难达到 1 石的产量，其自种的耕地收获带有不确定性。此外，雇主所给衣物也较少。相比而言，西夏雇工契的工值偏低。西夏晚期，政权不稳，同时与金朝频频开战，加之蒙古军队多次入侵；西夏值多事之秋，战乱不已，而位于北部的黑水城一带首当其冲。在此契约订立的前 10 年，蒙古军队已经攻破了西夏的黑水城，并由此南下进围西夏首都中兴府；此契约订立 5 年后的 1225 年，黑水城再次被蒙古军队占领，拉开了蒙古最后殄灭西夏的序幕，可见当时黑水城地区的动乱情况。[①] 一般在社会动乱时期，土地价格、人力价格下降，而人们生活须臾离不开的粮食价格飙升。西夏晚期土地价格走低已由西夏卖地契所证实。西夏晚期社会劳动力价格偏低，或可用此件雇工契佐证。

唐宋时期的雇工契约在预防性规定方面，对雇工的要求比较具体，误工处理比较严厉，对损坏农具的规定也比较细致。如戊戌年（878 年？）敦煌令狐安定雇工契规定：

> 其人立契，便任入作，不得抛功，一日，勒物一斗。忽有死生宽容三日，然后则需驱驱。所有农具什物等，并分付与聪儿，不得非理打损牛畜，违打倍（赔）在作人身。[②]

又如乙酉年（925 年？）敦煌邓仵子受雇契：

> 从入雇以后，便须逐月逐日驱驱入作，不得抛却作功，如若忙月抛一日，勒勿（物）5 斗；闲月抛一日，勒勿（物）壹斗。仵子手内所把陇具一勿（物）已上，忽然路上违（遗）失，畔上睡卧，明明不与主人失却，一仰雇人祇（支）当。如若有病患者，许五日将理，余日算价。[③]

再如乙卯年（955 年？）敦煌马盈德受雇契规定：

> 所用锄镬，主人并付与盈德者，失却仰盈德祇当。若到家内付与主人者，不忏盈德之事。若盈德抛掷，忙日抛却一日，勒物二斗，闲日勒物一斗。[④]

---

① 《西夏史稿》，商务印书馆 2010 年版，第 111—124 页。
② 《敦煌社会经济文献真迹释录》第二辑，第 55 页；《中国历代契约粹编》（上册），第 377 页。
③ 《敦煌社会经济文献真迹释录》第二辑，第 70 页；《中国历代契约粹编》（上册），第 381—382 页。
④ 《敦煌社会经济文献真迹释录》第二辑，第 70 页；《中国历代契约粹编》（上册），第 387 页。

而西夏契约在这方面的记载相对简单，仅有"犬粪茂当努力出工。其无谎诈、推诿，若任意往行，忙日旷工时，一日当还二日"。这里没有对工具损坏、丢失的责任记载，也没有对病患的规定。特别是对雇工病患，没有像前述契约那样"宽容三日"或"许五日将理"的记载；雇工一旦生病，便按误工处理，则不利于雇工权益的保障。相较而言，西夏误工的补偿是比较低的。前述契约有的不分忙闲，有的区分忙闲，多数是忙日 2 斗，闲日 1 斗，个别忙时 5 斗（敦煌邓仵子受雇契）。西夏仅是忙"一日还二日"，即忙时误工 1 日，将来补 2 工；大约闲时误 1 日补 1 日即可。若每月按 1 石工值计算，罚 1 斗便是 3 日的工值，罚 2 斗便是 6 日的工值，罚 5 斗则高达半个月的工值。而西夏雇工契计算，忙时误工 1 天补罚 2 日，比前述契约处罚规定要轻得多。

　　每个契约都有关于对毁约的处罚。敦煌令狐安定雇工契规定"如先（悔）者，罚羊一口，充入不悔人"。敦煌韩壮儿受雇契规定"如若先悔者，罚青麦两驮，充入不悔人"。敦煌邓仵子受雇契规定"如悔者，罚麦五硕，充入不悔之人"。看来对反悔的处罚越来越严厉。西夏雇工契对反悔者的处罚也很严厉："谁反悔改口时，按官法罚交五石杂。"罚交 5 石杂粮是很重的处罚。契约中明确提出"按官法罚交"确有法律依据。《天盛律令》规定：

　　　　诸人买卖及借债，以及其他类似与别人有各种事牵连时，各自自愿，可立文据，上有相关语，于买价、钱量及语情等当计量，自相等数至全部所定为多少，官私交取者当令明白，记于文书上。以后有悔语者时，罚交于官有名则当交官，交私人有名则当交私人取。[①]

这一规定自然将雇工契包括在"其他类似与别人有各种事牵连"的事物中，其对"悔语者"的处罚有官、私两种，雇工契应属于私人范围，所罚粮食也应入于不反悔的私人中。

　　契约最后是当事人画押，但主要是雇工的画押，雇主并不签名、画押。根据前述《天盛律令》中处罚典人盗窃自抵押文券的规定来看，这类契约都掌

---

　　① 《天盛改旧新定律令》第三"催索债利门"，第 189—190 页。

握在雇主手中。上述唐宋雇工契大概同样存在这样的现象。这等于是雇工对雇主的单方的承诺保证，由此看雇佣契约关系，是存在着一些事实上不平等的因素。[①]

总之，西夏雇工契作为 11—13 世纪唯一一件雇工契，反映出西夏时期雇工情况，披露出很多与雇工相关的经济细节，从一个侧面折射出西夏农业经济的部分运行特点，由此可以了解这一时期农业的一些基本面貌。西夏雇工契约在主要继承传统契约的基础上，显示出内容和形式简化、雇主与雇工有明显的主从关系、雇工报酬较低、劳动强度较大的特点，这可能与西夏晚期社会不稳定有关。[②]

二　雇畜契

在中国经济史中，雇畜契也是一类重要的契种。雇畜契存世极少，唐宋时期的雇畜契仅见敦煌石室出土的雇驼契、雇牛契、雇驴契寥寥 6 件，至为珍贵。现已发现黑水城出土西夏文雇畜契 5 件。一件是俄 Инв.No.2996-3，系一契约长卷的末尾；有三件在俄 Инв.No. 5124 契约长卷中，这三个雇畜契前面都各有一件卖畜契，雇畜契所租雇的牲畜正是刚刚从贫困缺粮的农民手上购买来的大牲畜；另一件俄 Инв.No.19-2 为一残契，但保留契约的主要内容。西夏文雇畜契中表示雇佣行为的动词为 𗣼，音［雇］，与前述包租土地的［包］一样，也系从汉语中借来。原来在党项族的社会生活中没有这种雇佣关系，在语言中也就没有表示雇佣的词。党项族北迁后，受到中原地区经济的影响，生产力有了很大发展，生产关系也有了新的变化，产生了雇佣关系，就直接从汉语中借词。

（一）雇畜契的译释

雇畜契的形制也与西夏时期的其他契约大体相同，但因其不似卖地契和卖畜契是绝卖契约，而属于雇租性质，因此契约在时间的叙述、违约处罚的规定等方面往往简化。现将 5 件西夏文草书雇畜契按时间先后顺序加以介绍并译成汉文。

① 乜小红：《再论敦煌农业雇工契中的雇佣关系》，《中国经济史研究》2011 年第 4 期。
② 史金波：《黑水城出土西夏文雇工契研究》，《中国经济史研究》2016 年第 4 期。

1. 俄 Инв.No.2996-3 十八年雇畜契（见图 7-74），写本，护封衬纸，残页，高 18.7 厘米，宽 13.4 厘米，西夏文草书 8 行，上下皆稍残，上部每行约缺二三字。其前应有其他契约，残卷第 1 行为前一契约最后一行，系证人签署画押。第 2 行为此雇畜契的开始，有"十八年二月二十八日"年款。西夏有十八年的年号包括天盛、乾祐，可知为天盛丙戌十八年（1166 年）或乾祐丁未十八年（1187 年），上部所缺文字，有的可据契约程式补充，契末有署名、画押。①

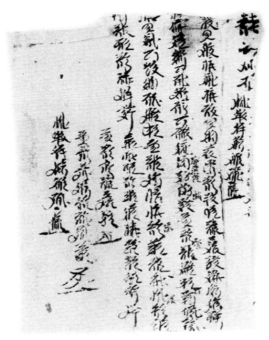

图 7-74　俄 Инв.No.2996-3　十八年雇畜契

译文：

　　□□十八年二月二十八日，立契者耶和般若盛今将通判

①　《俄藏黑水城文献》第 13 册，第 162 页。

？？ 小狗属一母马骡、一可用牛自愿雇租，力价一石五斗。

日期 八月一日畜和雇力价当聚集来付。若日过不来时，

一石 付二石。本心服。若不付时，依官贷麦罚交。服。

> 立契者般若盛（押）
>
> 同立契儿子？头铁盛（押）
>
> 知人梁善戌犬（押）

2. 俄 Инв.No. 5124–3（6）天庆寅年（1194 年）雇畜契（见图 7–75），在契约长卷中，同卷还有 3 件雇畜契。此为其中之一，西夏文草书 10 行。契尾有签署、画押。①

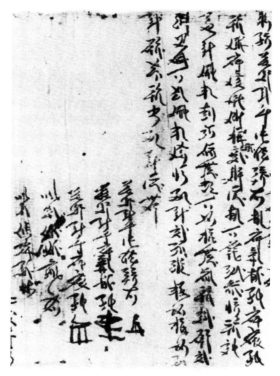

图 7–75　俄 Инв. No.5124–3（6）　天 庆 寅 年
（1194 年）雇畜契

---

① 《俄藏黑水城文献》第 14 册，第 17 页。

译文：

　　同日，立契者尼积力仁有及梁铁盛
　　等，今将梁喇嘛属生用二牛及一全齿黑牛等
　　雇用，力价三石五斗麦及一石二斗杂已议定，日
　　期八月一日聚集力价给付。日过时一石付二石，
　　原畜等亦当付。服。
　　　　　　　　立契者积力仁有（押）
　　　　　　　　立契者梁长寿盛（押）
　　　　　　　　立契者梁铁盛（押）
　　　　　　　　知人鬼名隐藏有（画指）
　　　　　　　　知人平尚讹山（画指）

　　3. 俄 Инв.No. 5124–4（4）天庆寅年（1194 年）雇畜契（见图 7–76），为契约长卷中的第二件雇畜契，有西夏文草书 7 行。首记"同日"，其前一契约为天庆寅年二月三日卖畜契，此契应是同一日立契。[①]

译文：

　　同日，文状为者平尚讹山自梁那征茂梁喇嘛等处
　　租雇一母马，力价一石四斗麦及一石八斗杂粮
　　议定，日期九月一日原畜和力价等还付。服。
　　　　　　　　　立契者平尚讹山（押）
　　　　　　　　　同立契梁驴子母（押）
　　　　　　　　　知人梁善盛（画押）
　　　　　　　　　知人梁老房酉（画押）

　　4. 俄 Инв.No. 5124–4（5）天庆寅年（1194 年）雇畜契（见图 7–77），此为契约长卷中的第三件雇畜契，西夏文草书 8 行。首记"同日"，其前两契约都记

---

①　《俄藏黑水城文献》第 14 册，第 20 页。

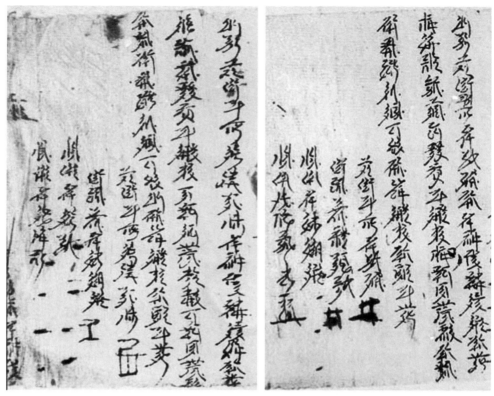

图 7-76　俄 Инв. No.5124-4（4）　天庆寅年（1194 年）雇畜契

图 7-77　俄 Инв. No.5124-4（5）　天庆寅年（1194 年）雇畜契

"同日"，再前一契约为天庆寅年二月三日卖畜契，此契应是同一日立契。[①]

译文：

　　同日，文状为者梁盛犬等，自梁那征茂、喇嘛等处
　　租雇一二齿公骆驼，力价一石八斗杂粮。
　　议定日期九月一日付原畜和力价等。服。
　　　　　　　立契者梁盛犬（押）
　　　　　　　同立契子羌子（画指）

[①]《俄藏黑水城文献》第 14 册，第 20 页。

知人梁驴子母（押）

知人积力仁有（押）

　　以上三件雇畜契都未记具体立契时间，都写"同日"，实际是指其前一个卖畜契的时日。第一件卖畜契时间是天庆寅年正月二十九日，第二、三件契约时间皆为天庆寅年二月三日。

　　5. 俄 Инв.No. 19–2 雇畜契（见图 7–78），为一残页，写本，麻纸，高24.2 厘米，宽13 厘米，西夏文草书 5 行，下部和后部皆残。其中个别草字难以识读。[①]

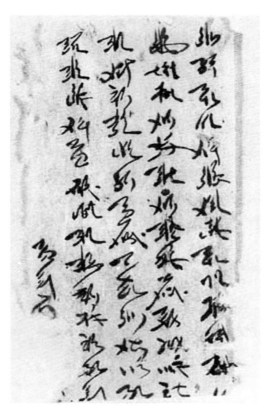

图 7-78　俄Инв. No.19-2　雇畜契

---

① 《俄藏黑水城文献》第12册，第1页。

译文：

> 日同耶和心喜乐，今耶和？？处母骆
>
> 驼及四竖数四公??，自愿……雇
>
> 价六石麦，同年七月一日聚集。日
>
> 过时，先有雇畜价付价一石还付二石。
>
> 雇者……

（二）雇畜契与卖畜契的关系

从俄 Инв.No. 5124 长卷可以看到，雇畜契中的雇畜者，先已卖掉了牲畜的农民不是不需要畜力而卖掉牲畜，而是急需口粮不得不卖掉牲畜，所需畜力再行租赁。这样虽可暂时解决口粮的燃眉之急，也可补偿畜力的不足，但这一卖、一租，使自己在经济上受到很大损失，丧失了牲畜的所有权。

如俄 Инв.No. 5124-4（4）卖畜契中梁盛犬卖掉一骆驼、一马，得到 2 石麦、3 石杂粮，约合 5.6 石杂粮，此后他立即自普渡寺梁那征茂、梁喇嘛等处租雇 1 峰二齿公骆驼，力价 1 石 8 斗杂粮，当年九月一日还付原畜和力价。证明梁盛犬需要畜力，但在青黄不接时只能向普渡寺卖掉两头牲畜，先得到口粮，然后再租雇 1 峰骆驼，秋季再支付 1 石 8 斗杂粮的力价。这样梁盛犬失掉了两头大牲畜，除去偿还力价外，他得到的粮食仅为 3.8 石杂粮，每头牲畜不足 2 石杂粮。这一卖、一租，他往复受到盘剥，损失很大。有类似情况的是俄 Инв.No. 5124-4（5）卖地契，平尚讹山将自己的 1 峰二齿公骆驼卖与普渡寺的梁那征茂、梁喇嘛，得到 2 石大麦、1 石糜，共 3 石杂粮。他也立即向普渡寺梁那征茂、梁喇嘛处租雇一母马，力价 1 石 4 斗麦及 1 石 8 斗杂粮，约合 3.7 石杂粮，秋收后还租雇的牲畜和力价。平尚讹山也失掉了自己的骆驼，他为此还要多支出近 7 斗杂粮。平尚讹山所雇母马正是梁盛犬卖给普渡寺的牲畜之一，而梁盛犬所雇的骆驼也正是平尚讹山卖与普渡寺的骆驼。同样尼积力仁有及梁铁盛所雇的 3 头牛系当日嵬移氏祥瑞宝卖与普渡寺的 3 头牛。

现将 5 件雇畜契的力价和卖畜契的卖价列表 7–13，如粮价中有两种粮食也折合成杂粮，以便比较（编号皆为俄 Инв.No.）。

表 7-13　5 件雇畜契力价和卖畜契畜价比较表

编号	时间	雇者	畜属者	雇畜	力价	折杂粮	原卖价	折杂粮
2996-3	十八年二月二十八日	耶和般若盛	通判?? 小狗	一母马骒、一可用牛	一石五斗			
5124-3（6）	同日（天庆寅年正月二十九日）（1194 年）	尼积力仁有及梁铁盛	梁喇嘛	生用二牛及一全齿黑牛	三石五斗麦及一石二斗杂粮	约 6 石	五石麦及二石杂	8.7 石
5124-4（4）	天庆寅年二月三日（1194 年）	平尚讹山	梁那征茂、喇嘛等	一母马	一石四斗麦及一石八斗杂粮	约 3.7 石	原卖一骆驼及一马，价二石麦、三石杂	约 5.7 石
5124-4（5）	同日（天庆二月三日）（1194 年）	梁盛犬	梁那征茂、喇嘛	二齿公骆驼	一石八斗杂粮	1.8 石	二石大麦一石糜	3 石
19-2	同日（不清）	耶和心喜乐	耶和??	母骆驼及四竖数四公??	六石麦	约 8.5 石杂		

　　由上俄 Инв.No.5124 的三件雇畜契不难看出，租赁大牲畜从春至秋的力价高于卖价的一半，也即所卖牲畜经过普渡寺一倒手转租，不到两年即可收回卖价。普渡寺利用贫困农民急需粮食之机，低价购买农民的牲畜，然后转手回租给农民，在购买和出租牲畜两个回合的过程中，取得最大利益，在两年内，甚至当年即可无偿得到农民的牲畜。这类卖畜契深刻地揭示出寺庙借机盘剥农民的手段和操作内幕。普渡寺作为黑水城的一座寺庙，它深深地涉足当地的经济，成为兼并当地农民土地、牲畜的大地主，而贫困农民逐步走上破产和进一步贫困化的道路。

第六节　交换契和抵押契

　　交换契在历史社会文书中比较少见。黑水城出土的交换契有的是单页形式，有的作为废纸被装订成书册，于其背面书写佛经。而贷粮押畜契则有单页形式和多种契约书写在一纸上的卷子形式。两类契约都是关系较为复杂的契约种类。

一　交换契

西夏文契约中还有一类是两人将自己的牲畜与对方互换，差价由粮食等补足。这类契约中，在俄 Инв.No. 4195 表达交易方式的动词用鼗（换）字，补给粮食的动词用麲（增）或厩（付）字。也有的契约对自己处分的牲畜用析"卖"或秚"买"字，但实质是双方互相交换牲畜，并在价钱中明确载明牲畜质量较差的一方需要补偿对方的粮食等物。这类换畜契也可归入卖畜契一类，但比单纯的卖畜契要复杂。以下将 4 件所换牲畜及其价格相对完整的契约翻译如下。

（一）换畜契的译释

1. 俄 Инв.No. 4195 天庆午年（1198 年）换畜契（见图 7-79），为单页契约，写本，麻纸，高 23 厘米，宽 37.6 厘米，西夏文草书 12 行。押捺有上覆荷叶、下托莲花的西夏文买卖税院朱印，印高 22 厘米，宽 7 厘米。①

图 7-79　俄 Инв. No. 4195　天庆午年（1198 年）换畜契

① 《俄藏黑水城文献》第 13 册，第 195 页。

译文：

天庆午年正月十日，立契者没移铁
乐，将原自属一全齿花牛与梁守护铁讹
一全齿白牛互换，白牛增加一石杂
粮。畜谷各自并无悬欠。若畜谷有
官私同抄子弟其余诸人等诉讼者
时，铁乐管。个人有反悔不实时，
罚交二石杂粮。本心服。

　　　　　立契者铁乐（押）
　　　　　同立契儿子盛铁（押）
　　　　　同立契儿子显令（押）
　　　　知人吴隐藏山（押）
　　　　知人移契老房（押）

2. 俄 Инв.No.2851-1 天庆亥年（1203 年）换畜契（见图 7-80），在册页书中。该书以废弃契约文书装订成书，背面抄写佛经。高 19.8 厘米，宽 25.7厘米。麻纸，写本，西夏文行书 5 行，后残。[①]

译文：

天 庆亥年正月十九日，立契者梁……
　？ 今买鲁卧显令畜之一马、一骡……
价 一粟马加一石杂粮已付，其畜等（并无）悬欠
　……及诸人同抄子弟等，追争（有时）……
　？？ 当管，此后个人心悔，反悔时向不
悔 者（赔偿）三石……

① 《俄藏黑水城文献》第 13 册，第 119 页。

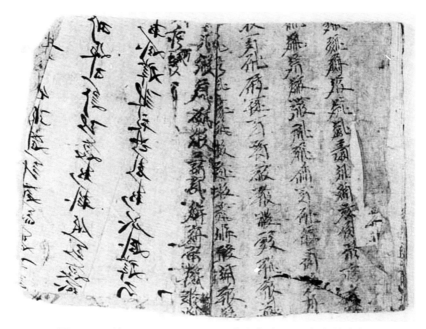

图 7-80　俄Инв.No.2851-1　天庆亥年（1203 年）换畜契

3. 俄 Инв.No.2851-33 天庆亥年（1203 年）换畜契（见图 7-81），也在同一册页书中。麻纸，高 19.8 厘米，宽 25.7 厘米，写本，存西夏文草书 5 行，后缺失，左为其他文书告牒。[①]

译文：

天庆亥年二月十八日，立契者？

？ 母蛙等，今将自属一全齿黑公骆驼

自愿卖与药乜心喜势，价一全

齿公驴子、一度花褐布、一石五

斗杂粮等。同日各自并无悬欠。若其骆驼

……

_____

① 《俄藏黑水城文献》第 13 册，第 135 页。

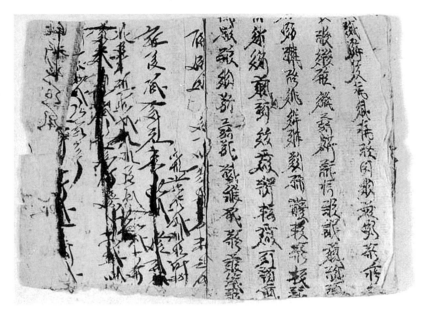

图 7-81 俄 Инв. No.2851-33 天庆亥年（1203 年）换畜契

4. 俄 Инв.No. 5120-2 天庆子年（1204 年）换畜契（见图 7-82），为一单页契约，写本，麻纸，高 24.3 厘米，宽 39.3 厘米。西夏文草书 14 行。首行有"天庆子年二月二十四日"（1204 年）年款，有签署、画押。[①]

译文：

> 天庆子年二月二十四日，立契者酪布驴
> 子盛等将自属一齿马与律移？铁
> 善自属一骆驼贷换，上增？
> 铁善养，取五石杂粮。其马若有诸
> 人同抄子弟争议争讼者，及差异心悔
> 反悔时，依官罚交十石麦。本心服。
> 情状亦依文书实行
> 　　立契者酪布驴子盛

---

① 《俄藏黑水城文献》第 14 册，第 8 页。

同立契者酪布翁大盛

同立契酪布？？犬

证人萧替十月讹

证人萧替寿长讹

证人浑吉祥宝

证人耶和乐宝

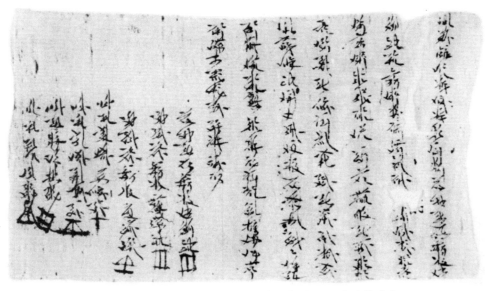

图 7-82　俄Инв. No.5120-2　天庆子年（1204 年）换畜契

上述 4 件换畜契中第一件完整，字迹也较清晰，第二、三两件后部皆残，第四件也较完整，但中间有缺字，有的字迹模糊不清。

（二）换畜契内容分析

换畜契与卖畜契相比，在形式和内容上的区别主要是换畜契当事人双方将自属的牲畜交换，其差价需以粮食等补足。当事人换畜的原因以及换畜的补差价就是需要关注的重点。

如第一件换畜契，俄 Инв.No. 4195 没移铁乐将原自属一头全齿花牛与梁守护铁讹一全齿白牛互换，白牛需增加 1 石杂粮。虽双方都是全齿牛，但价格不同，后者比前者差 1 石杂粮的价，自然前者的质量要高于后者，这是契约双方的共同认识。前述大牲畜不能随意宰杀，除非死亡，否则不能作为肉食。因此换畜的一方是需要得到更好的役力，而愿意将质量好的牲畜换出的另一方则是需要补差的粮食。他没有简单地将牲畜卖掉，说明他也需要牲畜，尽管所换回的牲畜质量较差、役力较弱。考虑到几件换畜契形成的时间也是开春后青黄不接的季节，可能缺粮成为换畜的主要原因。这种换畜契反映的应是民间一种自愿的经济调剂行为，能各取所需，达到互利互补的效果。当然，其中也可能有不平等交易的色彩。

然而这种牲畜互换只能在私人之间进行，即以私畜换私畜。绝不能以私畜换官畜。对此《天盛律令》有严格的规定：

> 诸人不许自相调换优劣二种官畜。倘若违律调换时，以调换当时之价值几何，当计量二者，畜价值等，则记名人、调换者等一律徒一年。若畜计价高低不同，则计所超之价，当比偷盗之罪减一等，若受贿则与枉法贪赃罪比较，从重者判断。其中有相议，则依次当减一等，原畜依旧彼此交还。[①]

可见，以私畜调换官畜要判徒刑一年，有差价的还要按差价数量比盗罪减一等判罪。将 4 件换畜契的有关资料，特别是所换牲畜和换畜价开列于表 7-14，以便比较（编号为俄 Инв.No.）。

表 7-14　4 件换畜契一览表

序号	编号	时间	换畜者	换畜对方	所换牲畜	换畜价	赔偿价
1	4195	天庆午年（1198年）	没移铁乐	梁守护铁讹	一全齿花牛	一全齿白牛加一石杂粮	2 石杂
2	2851-1	天庆亥年正月十九日（1203年）	梁……	鲁卧显令·	一马、一骡……	一栗马加一石杂粮	3 石
3	2851-33	天庆亥年二月十八日（1203年）	？？母蛙	药乜心喜势	全齿黑公骆驼一	全齿公驴子一、花褐布一庹、一石五斗杂粮	
4	5120-2	天庆子年二月二十四日（1204年）	酩布驴子盛	律移？铁善	一齿马	一骆驼、五石杂粮	10 石麦

---

① 《天盛改旧新定律令》第十九"官私畜调换门"，第584页。

　　牲畜交换与买卖、借贷相比是一种较为少见的经济行为，牲畜交换还要订立契约的就更不多见。目前仅发现 2 件古代牲畜交换契。一件是新疆阿斯塔纳 39 号墓出土的前凉升平十一年（367 年）高昌王念卖驼契，实际是一换畜契，其原文为：

> 升平十一年四月十五日，王念以兹驼
> 与朱越，还得嘉驼，不相贩移，左来
> 右去，二主各了。若还悔者，罚毯十张
> 贡献。时人樗显丰，书券李道伯，共
> ……（后残）①

此契约两当事人各以自己的骆驼与对方交换，并无其他补偿。这是一件早于西夏 670 多年的换畜契。另一件是前述敦煌石室出土牲畜交换契，为报恩寺常住用驴博牛契，原文为：

> 黄犍牛壹头，捌岁（无印　买□）（下残）
> 寅年正月十八日，报恩寺常住为无牛驱使，寺主僧
> □如今将青草驴壹头，柒岁，更贴细布壹疋，博
> 换□□□驿户□□恭（紫犍牛）。其牛及驴布等
> ……（后残）②

内容是将一头七岁青草驴贴加细布一匹博换一头牛。这是一件早于西夏换畜契 370 多年的换畜契。

　　在西夏以前的古代，目前仅见上述 2 件换畜契，西夏以后的七八百年中，也少见类似契约，而西夏竟保存 4 件换畜契，可见其珍稀。

　　三个时期的 6 件换畜契，都发现于西北地区。看来，在畜牧业比较兴盛的西北地区一带有交换牲畜的传统。

---

① 《中国历代契约粹编》（上册），第 88 页。
② 《敦煌社会经济文献真迹释录》（第二辑），第 35 页；《中国历代契约粹编》（上册），第 207 页；《英藏敦煌文献》编委会：《英藏敦煌文献》第 10 册，四川人民出版社 1994 年版，第 208 页。

二　贷粮押畜契

黑水城出土的西夏文契约显示，还有的农民为了得到所需粮食，在借贷粮食的同时，抵押自己的牲畜，实际是比贷粮契约更为复杂的借贷抵押行为。契约规定，若秋后不能按时还付借粮和利息，则以抵押牲畜抵债。这样的贷粮押畜契在黑水城出土文献中至少有 8 件，其中又有多种不同的类型。就部分贷粮押畜契译释如下。

（一）贷粮押畜契译释

这类契约有俄 Инв.No.2996-1、Инв.No.4079-1、Инв.No.4079-2、Инв.No.4079-3 等。

1. 俄 Инв.No.2996-1 未年贷粮押畜契（见图 7-83），系一单页契约，写本，麻纸，护封衬纸，高 19 厘米，宽 23.5 厘米，存西夏文草书 11 行。上部残，首行有"未年腊月二十九日"年款，第一字存半字，应是年号的第二字，据其所遗下部与西夏年号第二字对照分析，很可能是骁（盛），这样此年号很可能是藏骁（天盛）。西夏天盛年间有两个未年，一是天盛辛未三年（1151 年），一是天盛癸未十五年（1163 年）。契约末有署名、画押。①

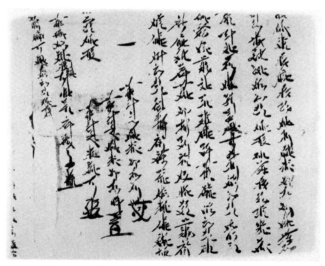

图 7-83　俄 Инв. No.2996-1 未年贷粮押畜契

---

① 《俄藏黑水城文献》第 13 册，第 161 页。

译文：

> 天盛 未年二月二十九日，律移吉祥势今自？
>
> ？ 小狗处因借四石麦本，抵押二齿公骆驼
>
> 日限为同年七月一日聚齐，当还付六石麦
>
> ？？ 若日过时，以先抵押牲畜顶六石麦
>
> ？？ 吉祥势等认可。若 政口
>
> 时，依官法罚交六石麦，按情势依文书施行。
>
> > 贷者律移吉祥势
> >
> > 贷者律移吉祥山势
> >
> > 贷者卜？有
> >
> > 知人梁……

2. 俄 Инв.No.4079-1 贷粮押畜契（见图 7-84），为写本，麻纸，前残，失去立契时间和立契者，但立契者的名字在后部的当事人签署中可以看到。此件高 21.8 厘米，宽 22 厘米，存西夏文草书 9 行，有签署，全部为指押。[1]

译文：

> ……
>
> ？？ 五石麦十一石杂已借贷，同时将全齿
>
> 公母骆驼二及一？齿母牛抵押，
>
> 中人贾老黑等经手，敌人持夺时
>
> 贾老黑等管。反悔时依官罚交十五
>
> 石杂粮。
>
> > 立契者贾老黑
> >
> > 同立契嵬移心喜铁
> >
> > 同立契使军犬父
> >
> > 证人梁？辰戊

---

① 《俄藏黑水城文献》第 13 册，第 181 页。

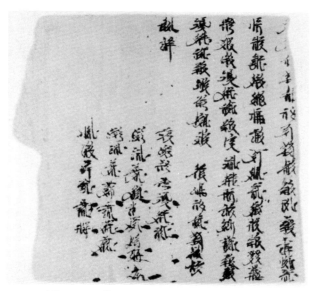

图 7-84　俄 Инв. No.4079-1　贷粮押畜契

3. 俄 Инв.No.4079-2 贷粮押畜契（见图 7-85），为单页契约，写本，麻纸，高 22
厘米，宽 23 厘米，西夏文草书 10 行，首行有"腊月三日"年款，有署名、画押。[①]

译文：

> 腊月三日，立契者卜小狗势先？？
> 自梁势功宝处借贷五石麦十一石杂
> 共十六石，二全齿公母骆驼、一？
> 齿母骆驼抵押。日期定为九月一日
> 还付。日过不付时，先有抵押
> 骆驼数债实取，无异议。有争议反悔时
> 依官罚交杂粮、麦十五石。
> 　　　　立契者卜小狗势
> 　　　　同立契梁回鹘泥
> 　　　证人梁？辰戊

---

① 《俄藏黑水城文献》第 13 册，第 182 页。

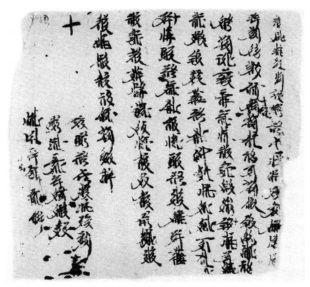

图 7-85　俄 Инв. No.4079-2　贷粮押畜契

4. 俄 Инв.No.4079-3 贷粮押畜契（见图 7-86），为多件契约相连的卷子，写本，麻纸，高 22 厘米，宽 23 厘米，西夏文草书 15 行。可见 3 件契约，有署名、画押。画押皆为画指。[①]

第 1 件契约前残，第 2、3 件契约完整，现将第 2 件翻译如下。

> 　同日，没藏吉人借本麦一石，变为一石
> 　五斗，以一卷毡、一羊抵贷，日期议定
> 　八月以内当还付。若不还付时，先有抵债
> 　内持取，无异议。
> 　　　　　　贷者没藏吉人
> 　　　　　　证人潘军？势

此契的抵押物不仅有牲畜，还有一卷毡。

---

① 《俄藏黑水城文献》第 13 册，第 182 页。

图 7-86　俄 Инв. No.4079-3　贷粮押畜契

5. 俄 Инв.No.4079-4 贷粮押畜契（见图 7-87），写本，麻纸，残页，高 22.2

图 7-87　俄 Инв. No.4079-4　贷粮押畜契

厘米，宽 23 厘米，西夏文草书 7 行。两件契约相连，前 3 行为前一契约末尾的签署，后 4 行为一契约的前半部分，其中最后 1 行仅有部分文字的右部。[①]

译文：

> 同日立契者只移酉长，今因从官员梁势功处？
> 实借五石麦、十石杂粮，将一全齿母骆驼、一
> 二竖母骆驼、一调伏公骆驼已典押。日期？
> ……

此外，俄 Инв.No.4079-5、4079-6 等也都是此类贷粮押畜契。

还有一件更为特殊、复杂的贷粮典押契，为英 or.12380-0023（K.K. Ⅱ 0283. t）贷粮契（见图 7-88），白麻纸，高 19 厘米，宽 18.5 厘米，西夏文草书 11 行。[②]贷粮者为讹显令，他借贷粮食 7 石麦、4 石大麦、4 石糜，贷粮时不仅典押骆驼等

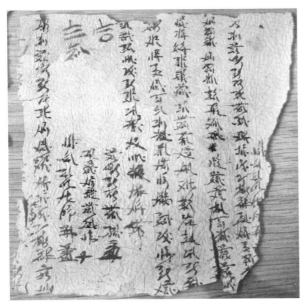

图 7-88　英 Or.12380-0023（K.K. Ⅱ 0283.t）　贷粮押畜人契

①《俄藏黑水城文献》第 13 册，第 182 页。
②《英藏黑水城文献》第 1 册，第 11 页。

牲畜，同时还典押使军西？宝。当年七月一日还清，若不还时，将收抵押人、物。这是目前所见唯一一件贷粮押牲畜和人契约，是中国典押人口契约少有的实物契约。

（二）贷粮押畜契内容分析

贷粮押畜契与单纯的贷粮契比较，相同的是都要有利息。贷粮契到期要收回本利粮食，但若到期收不回本利，则要罚粮；如果贷粮者当时真的拿不出粮食，罚粮也难以交出。而贷粮押畜契不同于单纯的贷粮契，因为贷粮押畜契在立契约时，就已经由贷粮者抵押了牲畜或其他物品，若到时借贷者不能还付，则可以契约规定的抵押物偿还借贷主人。这种有抵押的借贷对借贷主人届时收回本息有了切实的保障。如俄 Инв.No.2996-1 未年贷粮押畜契借 4 石麦抵押二齿公骆驼，秋后交付 6 石麦，这与一般粮食借贷一样是五分利；若不能按时交纳则以契约载明的抵押骆驼抵债。契约也规定了悔约的处罚，此契约为 6 石麦。

俄 Инв.No.4079-1 贷粮押畜契首行残失，不知立契时间和立契者，但从契末签署可知立契者为贾老黑，此人借贷 5 石麦、11 石杂粮，抵押二骆驼、一牛。参从契约看，抵押物骆驼和牛仍有借贷者管养，因为契约提到若抵押牲畜死亡或被敌人抢去，由借贷者贾老黑负责。同样，也规定了悔约时罚交 15 石粮食。

这里还透露出一个其他契约少见的问题，即契约提及抵押牲畜被敌人抢去如何处理。这显示出当时的牲畜有被敌人抢走的可能，若在和平时期契约中不会规定这样的内容，只有敌人抢掠牲畜已成为现实可能时，才会有这样具体的规定。虽然契约未载明立契时间，根据这种记账，可以判断契约应是在西夏，特别是黑水城被蒙古军不断侵扰的西夏末期。

在契末签署中，同立契者有使军犬父，这里特意标明了其身份为"使军"，前述已知使军为一社会地位低下、可以任主人买卖的特殊阶层。而在此契约中却能作为同立契者出现，显示其有一定地位，是否表明在西夏有的使军已经取得了类似平民的经济地位，但他们低下的社会身份还是不能抹去。

俄 Инв.No.4079-3 贷粮押畜契，立契借贷者为卜小狗势，出借者为梁势功宝，借贷 5 石麦、11 石杂粮，抵押 3 峰骆驼，日过不付时，以抵押骆驼偿还，若反悔时罚交 15 石粮食。契末除立契者卜小狗势外，还有两名同立契者，一名梁回鹘泥。回鹘是民族名称，西夏时期一部分回鹘是西夏境内的居民，另一部分是西夏西部的近邻。在西夏文《杂字》中，回鹘又是番姓中的一种。这里的梁姓"回鹘泥"，其民族成分可能与回鹘族有一定渊源。

为直观了解西夏贷粮押畜契的有关情况和数据，列表 7-15 如下（编号皆为俄 Инв.No.）。

表 7-15　贷粮押畜契一览表

编号	时间	抵押者	贷粮者	抵押牲畜	贷粮	不能按时偿还	违约处罚
2996-1	未年贷粮典畜契	律移吉祥势	？？小狗	二齿公骆驼	六石麦	贷畜顶六石麦	罚交六石麦
4079-1				二全齿公母骆驼及一？齿母牛	五石麦十一石杂		罚交十五石杂粮
4079-2	腊月三日贷粮典畜契	卜小狗势	梁势功宝	二全齿公母骆驼、一？齿母牛	五石麦十一石杂	抵押骆驼数	罚交杂粮、麦十五石
4079-3	同日贷粮典畜契	没藏吉人		一牛、一羊抵贷	麦一石交一石五斗	抵债内持取	
4079-4	同日贷粮典畜契	只移西长	梁势功	全齿母骆驼、一二竖母骆驼、一公骆驼	五石麦、十石杂粮		

第七节　众会契（社条）

社邑（社）是中国古代民间基层结社的一种社会组织，由来已久。早在先秦时期已有这类组织，至唐、五代、宋朝达到兴盛阶段。社邑文书反映了历史上民间结社的具体活动内容，真实而生动，具有重要的研究价值。敦煌石室发现的文书中有一批社邑文书资料，敦煌学家已对其做了系统、详备的录文和研究。[①] 其中有 20 多件社条，即社邑组织和活动规约，内中有实用件 10 余件，其他为文样、抄件、模仿件等。实用件中多为残件，完整者较少。在黑水城出土的西夏文社会文书中，就有比较完整的实用社邑文书，非常珍贵。

一　众会契的形制和内容

目前发现的黑水城出土的西夏社会文书中，有 2 件社邑文书（社条），在西夏文中被称为"众会"。这样的文书实际上是一种地方社邑组织和活动的规

---

① 宁可、郝春文：《敦煌社邑文书辑校》，江苏古籍出版社 1997 年版。

约，带有契约性质，也可称为"众会契"。

（一）众会契的译释

2 件西夏文众会契为俄 Инв.No. 5949–31 光定寅年（1218 年）众会契和俄 Инв.No. 7879 众会契。两众会契皆为西夏文草书，加之字迹模糊，准确的释读尚无把握，译文中多留有疑问，有待以后解读。俄 Инв.No. 7879 众会契残损较多，字迹更为不清，有的部分难以连读成句，故暂对译。

1. 俄 Инв.No. 5949–31 光定寅年（1218 年）众会契（见图 7–89、7–90、7–91），为一长卷，写本，麻纸，高 19.4 厘米，宽 90.2 厘米，西夏文草书 40 行。首行有"光定寅年十一月十五日"（1218 年）年款。有署名、画押，有涂改。[①] 此件西夏文书写草甚，中有加行书写小字，更为模糊不清。

译文：

> 光定寅年十一月十五日，众会一种中自愿于
> 每月十五日当有聚会，已议定，其首祭？
> 者有时依条下依施行：
> 　　一条十五日会聚者，除有疾病、远行等
> 　　　　以外，有懈怠不来聚会中者时，
> 　　　　不仅罚交五斗，大众？做善往？
> 　　　　处司几等共实过？应？施行。
> 　　一条大众中有疾病严重者则到其处
> 　　　　看望。十日以内不来，则当送病药米
> 　　　　谷一升。若其不送时，罚交一斗。
> 　　一条有死者，时众会皆送。其中有
> 　　　　不来者时，罚交一石杂粮。
> 　　一条有往诸司论事、问罪状事者
> 　　　　时，罚一斗杂粮。若有其数不付者，
> 　　　　缴五斗杂粮。
> 　　一条众会聚中，有流失者时，罚交一石麦。

---

① 《俄藏黑水城文献》第 14 册，第 92—93 页。

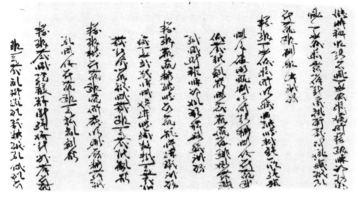

图 7-89 俄 Инв. No.5979-31 光定寅年（1218 年）众会契（1）

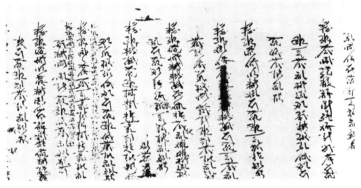

图 7-90 俄 Инв. No.5979-31 光定寅年（1218 年）众会契（2）

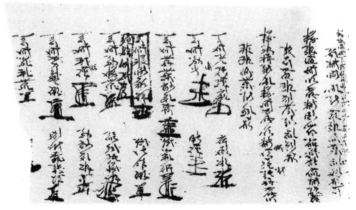

图 7-91 俄 Инв. No.5949-31 光定寅年（1218 年）众会契（3）

一条有妻子死办丧事者，当送一斗杂
　　粮。若其不送时，罚交三斗杂粮。

一条众会中因死丧者二斗数杂粮早先？，其
　　有超者付？？超时罚交一石杂粮。①

一条有死办丧事时，付米谷二升三卷 弁 ，
　　若有其超不付者时，罚交五斗杂粮。

一条众会……

一条每月聚会送一升米谷、二升杂粮，
　　其中有不送时，罚交五斗杂粮，服。

一条众会一？无？人无？？不来有五斗数罚交。

一条众会聚集送中善往积？？有众中？？，
　　有卖者时，罚交三斗杂粮。

一条二人来聚会中为不实事时，子聚集
　　时，罚交五斗数杂粮。

一会？？狗铁（押）梁善宝（押）

一会明子（押）　？狗（押）

一会契丹？？？金（押）杨洛生（押）

一会卜？？吉（押）② 杨老房？（押）

多善？犬（押）

一会张阿德（押）葛？男巧宝（押）

一会王明狗（押）张？？宝（押）

一会庄何何犬（押）？？宝（押）

一会？金德（押） ？？（押）

　　2. 俄 Инв.No. 7879 众会契（见图 7-92），写本，麻纸，残，高 19 厘米，
宽 48 厘米，西夏文草书 19 行。③ 因残损较多，且字迹浅淡，背面书写经文，
两面文字相互叠压，很多字不能识别，故只做汉文对译。

图7-92　俄Инв.No.7879　众会契

对译：

　　……一斗杂……

　　……？甲中有身转者有时尸置上一泊？？？

　　令音唇以？其日先如不来与二斗？

　　不仅库置中甲中三石布施上？〈　〉施一？

　　？忧四类？小为当

一条聚日上？处一斗杂施供养为缘因

一条显甲会已置日不聚日过时五斗杂？

　　？？缴当

　　一条显甲中已入中大众不议过时一？？

　　日？众？？不议因　官依一石麦缴服

　　一会……（押）　　一会……（押）

　　　……　　　　　　……（押）

　　一会……　　　　　一会……（押）

　　　……（押）　　　　……

　　一会……（押）　　一会……（押）

　　　……（押）　　　　……

　　一会……　　　　　一会……（押）

　　　……（押）　　　　……

（二）众会契的内容

新见两件西夏社邑组织和活动的规约，以西夏文草书书写，文中条款中称此种组织为꾆꾂（众会），文末有在会者的签字画押，具有条约的内容和形式，因此也被称为"众会条约"，可归入契约一类。

敦煌石室发现较多的社邑文书，为 10 世纪的遗存。此两件西夏文众会契为西夏时期的文书，是继敦煌文书后的重要社邑文书，填补了 12 世纪社邑文书的空白。特别是其中一件保存基本完整，十分稀见，有很重要的文献价值。

俄 Инв.No. 5949-31 西夏光定寅年众会契基本完整，尾稍残，可以据之考察西夏众会契的具体形制和内容。

此件以流利的西夏文草书写于白麻纸上，首有总叙，第一行有"光定寅年十一月十五日"（1218 年）年款；其后记载名称为꾆꾂（众会）。此文书内共记꾆꾂 7 次之多。后列条规 11 条，中间又以小字加添 2 条，共 13 条，间有涂改；每条前有꽳꾞（一条）二字。条中记众会的活动为꾂꾶（会、聚，即"聚会"意），文中出现 3 次；参加众会的成员称为꾟꾆（大、众，即"大众"，或可译为"会众"），也出现 3 次。最后有每位与会人的署名和画押，因后残难以知晓全会共有多少人。

此众会契具有一般契约的属性，又有其特点，是一种特殊的契约。作为西夏黑水城地区社邑组织和活动的规约，它不像一般经济契约如买卖、抵押、借贷、租赁契约那样主要是证明当事人双方某项经济关系的文书，而是一种多人共同遵守的互助保证书契，是民间结社组织及其运行的条规。

从众会契的总叙可知，众会的成员是自愿参加的，并规定于每月十五日聚会。这是一个每月定期聚会的会社。会社要求众会成员实行其下规定的条款。

第一条就规定每月十五日会聚时，除有疾病、远行等不能前来者外，都要聚会，无故不来者要罚交 5 斗粮。虽是民间自愿组成的会社，一旦入社，便要遵守规矩，对不聚会者采取强制惩罚性措施。看来这种众会社邑组织比较严密，管理比较严格。

从具体条规看，此众会以互助为主要目的。如第二条规定会众有得严重疾病者要求其他会众看望，并具体规定"十日以内不来，则当送病药米谷一升。若其不送时，罚交一斗"。第三条规定会众中有死者时，其他人都要前来送葬，"有不来者时，罚交一石杂粮"。第六条规定会众妻子死亡办丧事时，其他会众应送 1 斗杂粮，"若其不送时，罚交三斗杂粮"。第七条、第八条也是有关人员死亡、发丧时，要求其他会众给予关怀和物质帮助的条款。人有疾病，众人前来看望、安慰，对病人是一种精神上的抚慰，有利于治疗和休养；人有死亡，同为会众，应前来送葬吊唁，怀念死者，安慰家属，甚至要伸出援手，补贴一些粮食。这实际上是会社内部的一种人文、精神上的互相关怀。这种关怀是在提倡邻里、亲朋之间的友爱、互助，体现出当时社会公德的教化，有利于社会的和谐。这种关怀在参加众会的人中，不是一种可做可不做的一般道德要求，而是一种必须要切实执行、不能违反，若要违反则要给予经济处罚的集体规定。

第四条中有的字尚难释读，但可以大体了解其文义。它可能指会众若惹上官司，被诸司问罪，这时要对当事会众罚 1 斗杂粮，若有不付者，缴 5 斗杂粮。这样的规定旨在要求会众不要做违反法律的事，若作奸犯科，在会社中也要受处罚。这在客观上是为政府维护社会秩序，做政府的辅助工作。社会以道德和法律规范民众行为。一个时代的道德和法律有一个时代的标准，封建社会的法律是维护封建统治者的利益、维护当时社会秩序的工具。西夏王朝有法典，政府依照法律维持西夏统治者的权力和利益、规范民众的社会行为。西夏的众会契表明，众会对违法的人给予处罚是以民间社团的形式对违法会众的处分，也是对所有会众的警告和约束，成了维护封建法制的助手，起到了稳定当时封建社会秩序的作用。

众会契第十条规定每月聚会时，要送 1 升米谷、2 升杂粮，并指出若不送时，罚交 5 斗杂粮。表明此会社每月聚会时，不是空手前来，而是要送 3 升粮食，这是入会参加活动的条件。

最后的署名、画押，表明此文书的契约性质。在契约前面的总叙中没有记录会首的名字，也许契尾签字的第一人就是会首。从书法看，每人名字和众会契的正文是同一字体，也即书写正文者同时书写了各会众的名字。而每个人名后的画押却是各不相同的符号画押。画押表明契约的正式成立，具有了约束效力。

因契后部残失，署名画押者可能不全。可见署名、画押者 8 行共 17 人，第 4 行第 1 人被勾画，左旁加一人名，为第 5 行；其余各行均为 2 人，上下各 1 人，在上部第 1 人上皆有𗍫𗆤（一、会）二字，可能是"一名众会成员"之意，而下部第 2 人并无此二字。显然这是一件实用众会条规。

另一西夏文众会契，即俄 Инв.No. 7879 众会契残损过甚，文字模糊，但从可识读文字仍可见到一些基本信息。其中第7行在起始"一条"后有薮揪𦝼三字，第一字音［社］，第二字音［甲］或［家］，第三字"会"意；第9行"一条"后仍有薮揪（社甲）二字。疑此会称为"社甲会"或"社家会"。

此社条又规定"聚日上？处，交一斗杂供养"，大约是规定聚会时交1斗杂粮。而在前述俄 Инв.No. 5949–31 众会契中，每月聚会送3升杂粮，俄 Инв. No. 7879 众会契纳粮较多。又俄 Инв.No. 7879 众会契显示不参加聚会时，罚5斗杂粮，这与俄 Инв.No. 5949–31 众会契聚会不来处罚相同。

二　众会契和西夏社会

社邑是中国民间不少地区流行的基层社会结社组织，对当地有重要影响。敦煌石室出土的文献表明，唐、五代、宋初在敦煌一带广泛流行社邑。黑水城出土的西夏文众会契（社条）证明西夏时期也有社邑组织，甚至远在北部的黑水城地区也有社邑（众会）存在。这些新发现的文献为了解西夏基层社会增添了新的资料，提供了新的认识。

西夏文众会契与敦煌文书中的社邑条规属一类文书。社邑条规称为社条，又称社案、条流等，是社邑文书中重要的、基础性文献。敦煌文书的社条详略不同，一般首部为总则，叙述结社目的、立条缘由，然后规定组织、活动内容、处罚规则等具体条款。在叙述结社宗旨时，一般写在儒家礼法或佛教教义指导下，从事朋友间的互助教育、集体祭祀和生活互助，主要是营办丧葬以及春秋二次社祭和三长月斋会等；组织、活动、罚则的具体条款往往分条书写，每条前有"一"字，类似当时的法律条文的书写，也有的社条条款不明确分条。参加社邑者称为众社或社众，主事者是社长、社官和录事（或社老），总称为三官。社众集体推举三官，根据社条与约定，在三官组织领导下进行社邑的各种活动。

西夏的众会契与敦煌文书中的社条一样，是民间互助性的社条。从其总叙和各条内容看，没有铺陈结社目的和立条缘由，没有道德伦理的说教，而主要是明确的、具体的要求，即规定应做哪些事，若不做或违反规定将要受到什么样的处罚。而敦煌文书中的社条往往会有较多的教化的语句。如英藏敦煌文书 S.6537V3–5 拾伍人结社社条（文样）记：

窃闻敦煌胜境，凭三宝以为基；风化人伦，藉明贤而共佐。……人民安泰，恩义大行。家家不失于尊卑，坊巷礼传于孝义。恐时侥伐之薄，人情与往日不同，互生纷然，后怕各生己见。所以某乙等壹拾伍人，从前结契，心意一般。大者同父母之情，长时供奉；少者一如赤子，必不改张。

……

济危救死，益死荣生，割己从他，不生吝惜，所以上下商量，人心莫逐时改转。因兹众意一般，乃立文案。结为邑义。世代追崇。①

又如俄藏敦煌文书 Д11038 索望社社条记载：

今有仑之索望骨肉，敦煌极传英豪，索静弇为一脉，渐渐异息为房，见此逐物意移，绝无尊卑之礼，长幼各不忍见，恐辱先代名宗。②

从所见西夏文众会契看，继承了中原王朝社条的维护封建法制、民间互助的传统，弱化了伦理纲常的说教，而趋向于简约、实用。

从社条条款的数量看，较完整的俄 Инв.No. 5949-31 光定寅年众会契有 13 条。而敦煌所出社条条款较少。如 P.3544 大中九年（855 年）九月二十九日社长王武等再立条件存 2 条，后残；S.2041 大中年间（847—860 年）儒风坊西巷社社条，续立 3 次，共存 7 条；P.3989 景福三年（894 年）五月十日敦煌某社社条不分条。即便是内容很多的 S.6537V3-5 拾伍人结社社条（文样），也只有 7 条。③ 检视已见到的敦煌所出社条，皆不如西夏众会契的条款多。

敦煌文书所见社邑性质多样，有以经济和生活互助为主的，也有以从事佛教活动为主的。已发现的两件西夏文众会契都属于经济和生活互助类型。主要内容可归纳为四项。

1. 定期聚会，每月一次，通过聚会可联络感情，交流各社户情况。

---

① 宁可、郝春文：《敦煌社邑文书辑校》，第 49—50 页。
② 乜小红：《论唐五代敦煌的民间社邑——对俄藏敦煌 Дx11038 号文书研究之一》，《武汉大学学报》（人文科学版）2008 年第 6 期。
③ 宁可、郝春文：《敦煌社邑文书辑校》，第 1—66 页。

2. 对有危困者给予精神上的抚慰，会众生病、死亡时，其他人前往看望，以示关怀。这种专列条款强调精神关怀的做法，显示出西夏众会组织不仅是物质方面的帮衬，更注重亲情的交流、感情的慰藉。

3. 对有困难者给予物质上的帮助，特别是会众家中妻子死亡、本人死亡，其他会众要分别送 1 斗、2 斗杂粮。家有丧事，不但心情悲痛，筹办丧事还要一笔花销。此时能得到会众的粮食补助，不仅感到心灵的安慰，而且丧葬的开销上也能得到补贴。以俄 Инв.No. 5949–31 光定寅年众会契为例，妻子死亡至少能得到 1 石 7 斗杂粮，会众本人死亡至少能得到 3 石 4 斗杂粮。

4. 众会中的成员有违法犯罪时，从众会的角度给予惩罚，令其缴纳一定数量的粮食。这种措施不仅是罚粮，而且是通过给违法者的处罚在众会中起到警示作用。这种以政府的法律为准则的处事原则，无疑使这种民间的结社组织具有了辅助政府维护封建社会秩序的功能。

以上这些内容反映了会众权利与义务的构成。

从敦煌社邑文书可知，社邑的主事者三官根据社条与约定组织领导社邑的各种活动。三官由社众推举选出，但三官往往由当地有权势的大族担任。不少社邑受到官府、寺院、贵族、官僚、富户的控制，为之提供变相的赋敛和力役。两件西夏的众会契没有提供这方面的直接资料。

西夏众会契中由会众每月缴纳的聚会粮食（每人每月 3 升），17 人一年缴纳 6 石多粮食，此外还有罚交的粮食。这些由会众缴纳的粮食是归会首所有，还是作为众会的公用积粮，成为义聚，未予明载，不得而知，也不能完全排除会首通过众会聚敛财物的可能性。

从众会契后的签字画押看，条约是会众成员全体制定的，表明其内容是共同制定、共同遵守、共同负责，也表明对于条约来说会众之间是平等的。西夏的众会条约和敦煌社邑的社条一样，都具有这种性质。①

从俄 Инв.No. 5949–31 光定寅年众会契文书末尾 17 人签名中已能识别的姓名看，没有典型的党项族姓，较多的是汉姓，如杨姓 2 人，张姓 2 人，还有王、葛、梁等姓，此外还有 1 名契丹人。或许当时入会者以汉人为主，因为汉

---

① 孟宪实：《论唐宋时期敦煌民间结社的社条》，季羡林、饶宗颐主编《敦煌吐鲁番研究》第九卷，中华书局 2006 年版，第 317—337 页。

族早有民间结社的传统。从有契丹人来看，或许当时西夏的众会突破民族的界限，融入多民族成分。从民族间交往的角度来看，西夏会众契给中国社邑研究增添了新的、多民族的元素。

第八节 契约文书的特点

西夏文的社会文书，特别是在黑水城出土的社会文书中，以契约文书最引人瞩目。契约文书数量最大，种类最多，内容最为丰富，各种契约都有自己的特点。

西夏的契约有大体一致的形式：首先载明立契时间，然后写明立契人，再写契约内容，后面往往有关于亲邻纠纷的防止和违约的处罚，最后是当事人和证人的签署、画押。没有以往其他朝代关于立契原因的叙述。这种顺序形成一种定式，表明西夏时期契约得到规范，比较成熟。

西夏的契约明显地继承了汉族地区订立契约的传统，与敦煌石室所出的契约也是一脉相承。西夏的契约尽管多用西夏文书写，但其契约精神仍充分地显示出中国特色，是中华传统文化的组成部分。

西夏文契约种类繁多，揭示出西夏多种多样的经济生活。

贷粮契的立契时间大多集中在春季青黄不接时期，皆为高额利息，利率达到 50%，甚至高达 80%、100%，有的还超过"倍息"，是西夏贫困农民受高利贷盘剥的真实写照。不少契约中在契末用计数算码表示借贷粮食数量，表明中原地区传统文化对西夏的影响。

卖地契反映西夏晚期黑水城地区部分农民生活困苦，不得不出卖土地换取口粮的情况，并揭示了寺庙和地主兼并土地的现象。中国历史上这种现象往往出现在王朝没落时期，西夏的卖地契也证实了这一规律。契约反映出西夏的官地和私地、农民土地占有、土地管理、土地买卖以及土地价格等前所未知的重要社会经济状况。根据一些土地有连带关系的契约，可大致勾画出土地和灌渠的分布情况，十分难得。出卖的耕地中有农民的住房，反映出黑水城农区有农户分散居住在各自耕地上的民族和地方特色。有关渠道、给水等方面的记录反映了当地农业水利灌溉的特点。契约第一次揭示出西夏的耕地价格，对西夏经济研究具有重要意义。原从事游牧的一部分党项族经营农业，表明中国历史上各民族之间在产业结构上的影响和互动。

　　租地契表现的在黑水城这样人口并不稠密、耕地并不紧张的地区，有这样多人要租赁耕地的现象，反映出当地农民失掉土地、寺庙兼并土地转手出租的社会严重问题。寺庙将购买的耕地出租两年即可收回成本，可见其地租之高，证实缺地农民在租地过程中饱受盘剥的状况。

　　对卖畜契的分析、研究可知西夏大牲畜骆驼、马、牛的价格，这些重要物价对了解当时西夏社会经济很重要。通过对黑水城和武威地区分别使用粮食和钱币买牲畜的不同特点，得出武威地区的货币经济比黑水城发达的观点。卖畜契表明西夏晚期的牲畜价暴涨，反映出当时蒙古入侵、社会动乱、物价不稳、通货膨胀的背景。

　　卖人口契填补了12、13世纪人口买卖契约的空白。契约标的都是西夏社会身份低下的使军或奴仆，证实西夏社会存在着没有人身自由、可以被出卖的被奴役阶层，也存在着占有并剥夺使军、奴仆人身自由，可以任意买卖他们的主人、头监；揭露了西夏阶级社会对下层人民的残酷压迫、剥削和奴役，表明西夏社会是带有奴隶制残余的封建社会。契约表明越到西夏晚期，人口价格越低，反映西夏最后20多年内忧外患加剧、社会动荡不安的情况。

　　西夏雇工契作为11—13世纪唯一一件雇工契，在主要继承中国的契约传统的基础上，显示出内容和形式的简化。雇主与雇工有明显的主从关系，雇工报酬较低、劳动强度较大，这可能体现出西夏晚期社会不稳定。雇畜契则反映了贫困农民在缺乏口粮时，不得不向寺庙卖掉自己的牲畜，再去从寺庙雇租牲畜。寺庙通过低价购买、高价出租牲畜，往返盘剥，获利很大，而贫困农民则逐渐走上更加贫困的道路。

　　换畜契也是存世契约中较为珍稀的契种，反映的是民间自愿调剂畜力的经济行为，达到互利互补的效果。贷粮押畜契不同于单纯的贷粮契，通过贷粮者抵押牲畜或其他物品，对借贷主人届时收回本息提供了切实的保障。

　　两件西夏文众会契（社邑社条）是继敦煌文书后的重要社邑文书，填补了12世纪社邑文书的空白，为了解西夏基层社会增添了新的资料，提供了新的认识。西夏文众会契是经济和生活互助类型，继承了中原王朝社邑社条维护封建法制、民间互助的传统，趋向于简约、实用，减少了伦理纲常的说教。众会契入会者以汉人为主，继承了汉族民间结社的传统。会众中的个别契丹人，表明西夏的众会契出现了多民族成分，促进了各民族间在社会生活中的交流、交往、交融。

西夏契约依据内容的重要程度，各有不同的形式。在文字内容上有多寡不同，内容越重要文字数量越多；在亲邻纠纷的防范上有详略之分，标的物越重要叙述越详细，标的物不重要的可以不写；在违约处罚上轻重不一，价值越大处罚越重；在签署画押上有繁简之别，涉及标的物越重要就越繁复，签署人员越多，画押形式越规范。有时看到一个契约的外表，即可大体判断契约的重要程度。有的只有两行字，可能是一种仅仅借贷几斗几升粮食的简单契约；有时看到一份数十行、数百字的契约，后面签署画押人较多，甚至押上印章，无疑是一件十分重要的契约。

西夏契约多领域、多层次、多角度地反映西夏的社会经济生活，真实地再现了西夏社会历史的方方面面，具有珍贵的史料价值。西夏能存留这样多的契约文书，实在是西夏历史的幸运。

此外，西夏民间还有为解决临时困难，请人集钱入会的互助借贷方式。武威小西沟岘山洞出土一份西夏文钱会单，译文为："天庆寅年正月七五日，于讹命犬宝处汇集，集出者数：讹劳娘娘出一百五十钱，袜墨阿辛记出一百，令介小屋玉出一百五十，讹命小狗宝出五十，苏小狗铁出五十，酩布小屋宝出五十，讹六氏舅金出五十，讹劳氏舅导出五十，吴氏狗牛宝出五十，讹命娘娘出五十，共计七百五十钱，入众钱中。"① 西夏天庆寅年（1194 年）为西夏晚期。钱会单显示所集钱数不多，于入会人来说负担不重，也反映了西夏民间经济互助的一个侧面。

---

① 史金波：《〈甘肃武威发现的西夏文考释〉质疑》，《考古》1974 年第 3 期。

第 八 章

汉文经济文书

　　1908—1909 年俄国科兹洛夫探险队在黑水城掘获的文献中，除有大量西夏文社会文书外，还有不少汉文社会文书，其中有一些关于西夏经济的文书。这些文书刊布于《俄藏黑水城文献》的汉文部分。在英国斯坦因掘获的黑水城文书中，也有少量西夏时期的汉文经济文书。这些西夏时期的汉文经济文书也多是残卷、残页，已有专家对这些文书进行过很好的整理和研究，本书为使读者全面了解西夏经济文书面貌，也对西夏汉文经济文书进行介绍，并尽可能与同类的西夏文文书进行比较考证。

第一节　榷场、材料和马匹草料文书

　　榷场是中国历史上宋、辽、夏、金、元时期，在相邻边境所设的互市贸易市场。榷场内贸易由官吏主持。除官营贸易外，商人须纳税，交牙钱，领取证明文件后方能交易。出土的西夏汉文文书就有榷场贸易方面的重要资料。

一　榷场文书

　　西夏榷场文书为西夏文刻本《大方广佛华严经》封套裱纸，共 12 件。[①]在做裱糊衬纸时，文书上下被各裁去一部分，皆为残页。

　　（一）形制与内容

　　现以俄 Инв.No.307 南边榷场使一件文书为例（见图 8-1、8-2）。此件两

---

　　① 《俄藏黑水城文献》第 6 册，第 279—286 页。

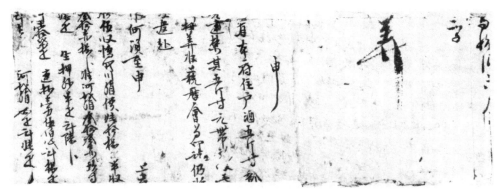

图 8-1　俄 Инв. No.307　南边榷场使申银牌安排官状为本府住户酒五斤等博买货物扭算收税事

图 8-2　俄 Инв. No.307　西夏南边榷场使申银牌安排官状为镇东住户某等博买货物扭算收税事

面裱糊在一起，皆为同类文书。高 13.2 厘米，宽 35 厘米，一面存汉字 14 行，上下被裁去；一面存汉字 9 行。[①]

　　孙继民教授等将两面分别定名为"西夏南边榷场使申银牌安排官状为镇东住户某等博买货物扭算收税事"和"南边榷场使申银牌安排官状为本府住户酒五斤等博买货物扭算收税事"。[②] 录文于下：

　　① 《俄藏黑水城文献》第 6 册，第 279 页。
　　② 孙继民等《俄藏黑水城汉文非佛教文献整理与研究》（中册），北京师范大学出版社 2012 年版，第 676-700 页。定名和录文皆采用该书。

（一）

……

……高

……算

……　　　申

……有本府住户酒五斤等部……

……无违禁，其五斤等元带褐段、毛……

……扭算，收上税历，会为印记，仍将……

……发遣，赴

……何　须至申　　　　　　　　上者……

……伍段，博买川绢价肆拾捌疋半，收……

……叁拾赤捌分，准河北绢叁拾叁赤玖寸……

……肆疋，生押纱半疋计陆分。

……壹拾柒疋，连抄壹万伍伯钱，计捌疋……

……计壹疋，河北绢贰疋，计肆疋……

……

（二）

……

……使　　　申

……排官头官子：所有镇东住户……

……依法搜检，并无违禁，其何……

……回货依例扭算，收上税历，会……

……下项□□发遣赴

……照会作何，须至申

……黄褐伍拾捌段，白褐叁段，毛罗……

……价叁伯壹拾壹疋，收税川绢……

……准河北绢贰疋柒赤柒寸……

……

此外，尚有俄 Инв.No.308、313、315（1）、315（2）、315（3）、316、

347、351、352A、352B、353、354。

通过这些榷场文书，可部分地了解西夏和中原王朝之间的贸易。各文书记载了不同的贸易物品。

丝织品有川绢（四川出产的绢）、河北绢（河北路出产的绢）、捍纱（纱的一种）、川绵（四川出产的有花纹的丝织品）、小絁绵（丝绸的一种）、小晕绵（丝绸的一种）、小晕绵（丝绸的一种）、大纱（纱的一种）、小绫（轻细有纹的丝织品）、中罗绵（带有花纹的罗）、小绢子（丝织品的一种）、紫绮（平底起花的紫色丝织品）、黄捍纱（黄色的捍纱）、紫捍纱（紫色的捍纱）。

皮毛制品褐（毛布）、黄褐、白褐、毛罗、小（毼）、白缨、水獭皮。

调味品姜、椒、蜜和茶叶等。

纸张、笔、墨及其他，包括速抄、墨、笔以及鹿射箭等。

由上可见，榷场交易的货物以丝织品和皮毛制品种类最多。俄 Инв.No.308 记载"贰拾玖段，白褐陆段，博买川绢"，俄 Инв.No.313 记载"黄褐壹拾陆段，博买川绢"，俄 Инв.No.353 "褐肆拾段，白褐肆段，博买川绢"。很明显，在宋、夏贸易的榷场上，西夏人用自己的特产皮毛制品博易宋朝的川绢、河北绢等丝织品。姜、椒、茶、笔、墨、纸张也当是从宋朝进口。[①]

汉文史书中也记载了西夏与邻国宋、辽、金之间的榷场贸易。宋景德四年（1007 年），应夏国王赵德明的请求，宋朝在保安军（今属陕西省志丹县）置榷场，从此双方开始了大规模的榷场贸易。宋朝以"缯帛、罗绮易驼、马、牛、羊、玉、毡毯、甘草，以香药、瓷漆器、姜桂等物易蜜蜡、麝脐、毛褐、羱羚角、硇砂、柴胡、苁蓉、红花、翎毛"。在榷场上，双方政府官市结束后，还"听与民交易"[②]。夏天授礼法延祚九年（1046 年）夏宋议和，除恢复保安军置榷场外，又在镇戎军（今宁夏固原）高平寨新设置了一处榷场。宋室南迁后，西夏对外贸易的对象换成入主中原的金朝，夏大庆二年（1141 年），应夏仁宗请求，金熙宗在云中西北过腰带上石楞坡、天德、云内、银瓮诸处置

---

① 杜建录、史金波：《西夏社会文书研究》，第 22—30 页。
② 《宋史》卷 186《食货志八·互市舶法》。

场互市，这一地区曾是夏辽榷场所在，在夏辽的基础上，夏金恢复和扩大了贸易。同时，夏金还在兰州、保安、绥德三处开设榷场。

　　为掌握对外贸易的控制权，宋、金两国都把榷场设在自己境内，由沿边长吏和专门机构负责管理。西夏方面专门设置管勾和市与榷场指挥使。[①] 榷场设有税务负责征税，征税的方式为"官中（宋朝）止量收汉人税钱，西界自收番客税利"[②]。金朝代北宋后，亦大体维持这种征税方式。在上述西夏汉文榷场文书中，就有西夏征收"番客税利"的具体记录。

　　从文书内容可知，交易在榷场使的指挥下进行，交易完成后，榷场使开具"照会"文书，上报相关机构或部门。这种"照会"文书是以榷场使的名义发出的，开头署"榷场使"或"南边榷场使"，其后书"申"字，表明是"榷场使"的照会。随后书"准银牌安排官头子"或"准安排官头子"，对番客交易的货物按验收税，包括番客住址、姓名、携带货物与交易的"回货"有无违禁，以及"扭算收上税，历会当印迄""一就发遣赴"。文书的后半段是博易货物与收税清单，最后是年款与画押。

　　文书前半部分结束时，书写"伏乞照会，作何须至申"。"伏乞照会"是点明文书的性质，"须至申"是宋夏时期"照会"文书常用的格式。

（二）文书所见榷场地点

　　榷场文书多次出现镇夷郡与西凉府。西夏在地方上设州置郡，以肃州（今甘肃省酒泉）为蕃和郡，甘州（今甘肃省张掖）为镇夷郡。[③] 这条资料源自《西夏书事》，由于该书未注明史料来源，为史家所疑。在张掖发现的黑水建桥碑中有"镇夷郡"，已证明《西夏书事》所记不虚，此类榷场文书中再次记载"镇夷郡"更能坐实此事。

　　西凉府为凉州（今甘肃省武威），宋初置西凉府，后为吐蕃所居，西夏攻占河西走廊后，仍以西凉为名，有时也称凉州，如著名的"凉州重修护国寺感应塔碑"汉文碑额就首记"凉州"二字。

　　历史文献中未见在河西走廊地区设置榷场，上述凉州榷场文书可补史籍缺佚。俄 Инв.No.347，尾署"榷场使兼拘榷西凉府签判"，俄 Инв.No.352B 尾

---

①《续资治通鉴长编》卷 436，仁宗嘉祐二年（1057 年）二月壬戌条。
②　文彦博：《潞公文集》卷 19《奏西夏誓诏事》，《四库全书》影印本页。
③《西夏书事》卷 12。

署"榷场使兼拘榷官西凉府签判"。前一件载明"拘榷"的范围是"西凉府"，后一个表明"拘榷官"是"西凉府签判"，两者都与西凉府有关。由此可以推定，俄 Инв.No.315 与俄 Инв.No.354 文书中"南边榷场"的南边与西夏法典《天盛律令》中的"南院"有关。西夏的诸监军司中有南院监军司，应在凉州。凉州重修护国寺感应塔碑铭知，西夏文铭文中的"南院"即汉文铭文的"右厢"。① 凉州榷场可能即著名的兰州榷场。史载西夏前期与北宋贸易榷场设在保安军与镇戎军高平寨，西夏后期与金朝的榷场范围有所扩大，除保安、绥德等地外，还增加了河西走廊东端的兰州，而当时的兰州应在西夏南院即凉州的管辖之下。

前述西夏文经济文书中，涉及贸易的都是西夏境内的买卖文书，而汉文文书中却保留了这样一批西夏对外贸易的文书，两者正好相互补充。对外贸易涉及双方，若用西夏文书写文书，则不便双方交往。汉文不仅是宋朝，也是西夏和金朝的通用文字，用汉文作为双方经贸文书则十分方便，这也许是至今未发现西夏文的榷场文书的原因。这些文书涉及对外贸易时，用汉文比较方便。这证明了汉文在当时民族政权分立时期依然起着通用文字的作用，这种作用是其他民族文字不可替代的。

这些凉州榷场文书怎样到了黑水城，也是一个值得探讨的问题。这些文书多是裱糊在一部刻本西夏文《大方广佛华严经》佛经封套的衬纸。有可能黑水城出土的这部《大方广佛华严经》来自凉州，在凉州制作了此经的封套。在制作封套时要以多层纸张一起形成硬纸板，这就需要很多纸张。西夏纸张并不富裕，在裱糊封套时便使用了凉州过期废弃不用的文书卷子。因此，这批文书中便出现了反映西夏时期凉州榷场的文书。还有一种可能是在黑水城制作佛经封套，将凉州榷场的废弃文书运到黑水城裱糊佛经封套。黑水城当时也应属于以凉州为中心的西北经略司管辖。后一种可能性较小。

二 材料文书

在编纂《俄藏黑水城文献》时，将西夏乾祐二年的文书，定名为"材植

---

① 《西夏佛教史略》，第 249、253 页；史金波：《西夏时期的武威》，《西夏学》第七辑，上海古籍出版社 2011 年版。

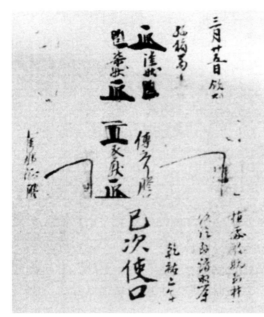

图 8-3　俄Дх2828 乾祐二年（1171 年）付库司文书为材植交纳施行事（一）

账"，即关于木材的账目。但后来发现这些账目中除木外，还有其他材料，故称之为材料账或材料文书。

（一）材料文书的形制与内容

西夏乾祐二年材料文书，包括俄罗斯科学院东方文献研究所藏 B61、Дх2828（见图 8-3）及 Дх10279。[①] 第一件文书 8 个残片，第二件文书 18 个残片，第三件文书 4 个残片。

现将文字、内容保留较多的 Дх2828 号文书中的（一）（八）（十二）（十五）（十六）（十八）以及 Дх10279（一）转录如下[②]：

（一）

......

......（签押）式驮（签押）......

......王勤来漫土......

......（签押）式驮（签押）......

......（签押）式驮（签押）历，会......

......傅丑奴漫土......

......（签押）式驮（签押）......

①　《俄藏黑水城文献》第 6 册，第 60、150—159 页。

②　《俄藏黑水城汉文文献非佛教文献整理与研究》（中册），第 638—641、662—671、673—674 页。定名和录文皆采用该书。该书将前两种文书定题为"西夏乾祐二年（1171）付库司文书为材植交纳施行事"，将后一种文书定题为"西夏乾祐二年（1171）付库司文书为交纳胶泥土事"。

……（签押）壹驮（签押）……

……催那正漫土……

……（签押）肆驮（签押）……

……（签押）肆驮（签押）……

……

（八）

正面：

……

……于怀远县割……

……脚弍只，各重肆……

……仟

……各长壹拾肆尺

……长陆尺，阔壹尺……

……月十四日……

……

背面（在正面第 3、4 行之间书写）：

……收领手承人大杨阿喜……

（十二）

正面：

……

……□□长壹拾肆尺……

……叁尺寸板弍片，各长六尺……

……寸。

……五材式片□，壹片长壹拾……

……□伍尺寸板肆片，各长……

……□材式片，各长壹拾肆尺……

……长伍尺，阔壹尺伍寸……

……式片……

……

背面（在正面第 4、5 行之间书写）

……十五日领材手人白伴狗

（十五）

正面：

……

今有脚户李财……

解割处般拽材……

□四片赴修建……

去将纳依数究……

壹驮

柒伍材式片……

寸板肆片内……

式片……

壹片长……

……

背面：（在正面第 1—3 行之间书写）

其所与孟阿永……

只染……

（十六）

正面：

　　……

　　……右脚户李猪儿……

　　……割材板叁驮，各重……

　　……代李库司送纳……

　　……驮，七五材并板计……

　　……七五材式片，内壹片长……

　　　　　　　　　　长壹拾伍尺

　　……材板式片，各长陆尺……

　　……驮，七五材式片，内……

　　……壹片长壹拾伍尺

　　　　　　　　肆片

　　……

背面：（在正面第2—3行之间书写）

　　……（签押）二月十二日领……

（十八）

正面：

　　……

　　右请库司依前项两驮……

　　材植交纳施行。乾祐二年……

　　二月十七日

　　……

　　Дx 10279（一）录文：

　　……

……玖驮

伍驮（签押）伍驮……

……⬜上⬜叁丸

……示般驮塑匠胶……

……壹驮（签押）壹驮（签押）壹……

……⬜上⬜叁丸

……驮胶泥土……

……

B61 和 Дx 2828 两种文书显示的年代均为夏仁宗乾祐二年（1171 年），其中 B61 是乾祐二年三月二十五日，Дx 2828 包括乾祐二年二月、四月、五月、六月等。两件文书都提到怀远县。B61、Дx 2828 以及 Дx 10279 文书的书写格式与涉及的年代、人名、地名等都证明它们是一类文书。这些文书是给库司的"呈领状"，请求库司依数将所需材植交付，由材植发运处官吏写明材料的质地、数量、尺寸并画押。运材人（脚户或服劳役者）在背面画押并书"依数领""领讫""已领讫"，发运人与承运人签字画押，因而被视为"合同"。

Дx 10279"漫土"与"胶泥土"可能由承运人自己采取，所以不在账页背面画押与手书"领讫"。无论哪类账册，都与核算运费或计算劳役量有关。

（二）材料文书反映的西夏运输经济

俄 B61 残片（六）提到"于怀远县"，俄 Дx 2828 残片（八）记载"于怀远县割"。怀远设县很早，唐朝时属灵州管辖，宋初废为怀远镇，李德明时期"城怀远镇为兴州以居"[①]，李元昊时改称兴庆府，建为都城。但"怀远"一名并没有废止，而是在京畿附近保存下来，成为西夏时期一个重要县。《天盛律令》卷十《司序行文门》将定远、怀远、临河、保静四县与灵武郡、甘州城司等同列为下等司。[②] 两种运送木材的文书都提到怀远县。所运木材均为加工过的熟材和板材，它们尺寸各异，有"七五材""四五材""寸板""三尺寸板""五尺寸板"等，有的"六尺阔"，有的"壹拾伍

---

① 《宋史》卷485《夏国传上》。

② 《天盛改旧新定律令》第十"司序行文门"，第363页。

尺长"，有的"长陆尺，阔壹尺"等。经过初步加工后的木材减轻了不少重量，便于运输。文书出土于黑水城，很可能黑水城当地有特殊木材，在西夏政府进行建筑时，需要将黑水城经过初步加工的材植运到西夏京畿地区的怀远县，以备建筑使用。

俄 Дx 2828 多次提到"脚户"或"脚家"，即运输赶脚的人或人户，五代、宋、元史书均有记载，有的称脚户，有的称车脚户，有的称脚人[1]。文书中的姓氏有孙、傅、崔、王、杨、李、贺、梁、田、白、孟等，反映了当时从事长途运输的主要是汉族。

大概正是由于这些脚人是汉族，所以文书采用因人因事制宜的方法，用汉文书写文书，这样便于与汉族脚人交流和签字画押，不会发生语言文字方面的障碍。

三　马匹草料文书

英藏黑水城文书中，也有一些西夏的经济文书，其中马匹草料文书有 4 件，反映了西夏时期的马匹草料供给问题，值得重视。

（一）马匹草料文书的形制与内容

英藏 4 件马匹草料文书，也都出自黑水城遗址，在 or.12380–3178 多纸残页中。[2]

1. 英 or.12380–3178a（K.K.）马匹草料文书（见图 8–4）

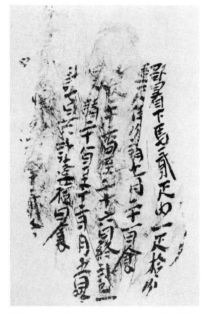

图 8–4　英 or.12380–3178a(K.K.)
马匹草料文书

……

部署（署）下马贰匹，内一匹拾分
□一匹伍分，□十一月二十一日食
从二十六日至二十六日终，计一

① 《旧五代史》卷 146《食货志》，《宋史》卷 271《郭廷谓传》，《元史》卷 93《食货志》。

② 西北第二民族学院、上海古籍出版社、英国国家图书馆编纂，谢玉杰、吴苏思主编《英藏黑水城文献》第 4 册，上海古籍出版社 2005 年版，第 33、34 页。

……请二十八日至十二月月五日终

计七日，共计□拾日食

……□□石……

……

2. 英 or.12380-3178b（K.K.）马匹草料文书（见图 8-5）

图 8-5　英 or.12380-3178b（K.K.）马匹草料文书

……

……束

……□四匹

……至廿八日终

……□束

……二十九日至

……柒日食

…………

……捌斗……

3. 英 or.12380-3178c（K.K.）　马匹草料文书（见图 8-6、8-7）

（一）

陆分支□□□□草

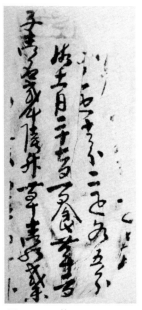

图8-6　英or.12380-
3178c（K.K.）　马匹
草料文书（一）

图8-7　英or.12380-
3178c（K.K.）　马匹草
料文书（二）

马壹拾陆匹，各支十一日……

三日，准二十日食

……

（二）

……一匹十分，二匹各五分，

（于）十一月二十七日，一日食草，二日

子一石二斗陆升，草壹拾贰束

……

4. 英 or.12380-3179（K.K.）　马匹草料文书（见图8-8）

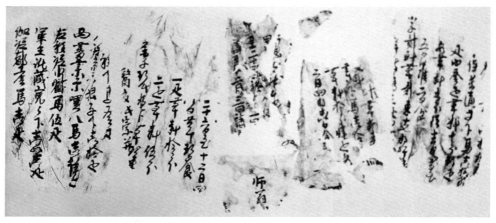

图 8-8　英 or.12380-3179（K.K.）马匹草料文书

……

……保□通等下马壹拾贰

匹，内叁匹草料十分，玖匹

各草料五分，须十二月四日至

五日，□准二日食

□（糜）子贰斗，草贰束，支□□□……

……□□［马三匹］………

□草捌束……

……草，□马壹拾……

……草料，拾肆匹，各……

二月四日，壹日食

……

至二十日……

请，至十二月三日请……

二十六日至十二月四……

八日草九日食

一匹草料十分

二匹草料五分

糜子九斗□□，草玖束

………

□□马叁匹

□□□□子下壹拾匹

西□□示罗八，马壹拾陆匹

左移泥巾腻马五匹

军主讹藏嵬名下壹拾壹匹

伽泥都□马一匹

……

（二）马匹草料文书分析

以上文书中英 or.12380-3179（K.K.）内容最多，其中还记有"左移泥巾腻马五匹""军主讹藏嵬名下壹拾壹匹""伽泥都□马一匹"等，提供了当事人的职务和人名。汉文史书多次记载西夏有"军主"，军主是西夏武官的一种职务。[1] 文书当事人姓名为"讹藏嵬名""左移泥巾腻""伽泥都□"等，"嵬名"是西夏的皇姓，"讹藏"也是西夏大姓，"左移""泥巾"都是西夏党项族姓，从姓名也可佐证这些文书的年代应是西夏时期。

从上述不完整的资料可以看到，当时对马匹有具体的区分，有的给草料十分，有的则只给五分。草料的供给按时间的长短发放，有的 7 日，有的 20 日，有的 3 日，有的 2 日，有的仅 1 日。这似乎是给出差官员马匹提供的草料。这种文书可与《天盛律令》对出差官员及其马匹的禄食规定进行比较。西夏朝廷派出官员乘马到国有牧场校验官畜时：

> 诸牧场，京师大人往校者，案头、司吏、随从、僮仆等之人马食粮，当自官方领取。于牧场中取时，计其价，以枉法贪赃罪法判断。
>
> 大校七日一屠，每日米面四升，其中有米一升。二马食中一七升，一五升。一僮仆米一升。
>
> 案头、司吏二人共十五日一屠，各自每日米一升。一马食五升。

---

① 《宋史》卷 5《太宗纪二》，卷 485《夏国传》，卷 7《真宗纪二》，卷 491《党项传》。

一人行杖者每日米一升。

一人检视十五日一屠，每日米面二升。一马五升。①

西夏朝廷派官员到地方问难磨勘，官员及所乘马匹的禄食也有具体规定：

问难磨勘者等局分大小有禄食次第：

大人十日一屠，每日米谷四升，二马中一马七升，一马五升，一童子米一升。

□监司写者等一律各自十五日一屠，每日米一升，一马食五升，童子一人每日米一升。

案头、司吏二人共二十日一屠，各自每日米一升，共一童子及行杖者一人，各自米一升。

大校验畜者大小局分之有禄食次第一律：

大人七日一屠，每日米谷四升，中有米一升。四马食：一马七升，三马五升，三童子每日米一升。

□监司写者等一律各十五日一屠，每日米一升，一马食五升，童子一人每日米一升。

二人案头、司吏共十五日一屠，各自一马食五升。每日各自米一升，其一童子，米一升。

二人各自每日米一升：

一人行杖者。

一人执器械者。②

《天盛律令》规定了不同出差官员及随员到地方后每日的肉食、粮食以及马匹的粮食供给，十分细致。而上述汉文文书则一方面印证了西夏官员出差要按日给予禄食，另一方面又有《天盛律令》所未载的具体资料，如所供给的草料要经过核准，要分别按马的等级、时日记账，每笔账都有总计，十分仔细。只是文书中仅有马的草料供给，未见人员的禄食供给。

① 《天盛改旧新定律令》第十九"校畜磨勘门"，第585页。
② 《天盛改旧新定律令》第二"罪则不同门"，第613、614页。

第二节　契约文书

西夏时期的汉文契约文书数量没有西夏文契约那样多，但也有多种类型，是研究西夏经济不可多得的资料。

一　贷粮契

黑水城出土的汉文文献中有多件贷粮契，分别为科兹洛夫和斯坦因所得。这些系佛经裱褙残纸，典当商人名裴松寿。1953 年法国马伯乐在伦敦出版《斯坦因在中亚细亚第三次探险所获中国古文书考释》，公布英藏西夏天庆年间典粮文契，1961 年中国社会科学院历史研究所编辑的《敦煌资料》第一辑收录了该文契。[①] 1980 年陈国灿先生根据《敦煌资料》第一辑中公布的材料，发表《西夏天庆间典当残契的复原》一文，对英国国家图书馆藏西夏天庆年间15 件典粮契做了详细的考释。[②]

俄藏西夏天庆年间贷粮文契藏于俄罗斯科学院东方文献研究所，直到 20 世纪 90 年代中俄两国整理出版《俄藏黑水城文献》时，才在第二册公布了影印件。[③] 英、俄两国所藏的西夏典粮契虽都出于西夏天庆年间，是同一个出贷者裴松寿，但贷出的粮食与利率却不相同。

英藏 15 件文书中贷粮典物数目可识者 11 件，第一件提供了较多的线索，现录文如下：

> 天庆十一年五月 初三日立文人兀女浪粟今……
> ……□袄子裘一领，于裴处……
> ……斗加三利，小麦五斗加四利，共本利大麦……
> ……斗五升，其典不充，限至来八月……
> 任出卖，不词。
>
> 　　　　　　　　　　立文人兀女浪粟（押）

---

① 原件见《敦煌资料》第一辑，中华书局 1961 年版。
② 陈国灿：《西夏天庆间典当残契的复原》，《中国史研究》1980 年第 1 期。
③ 《俄藏黑水城文献》第 2 册，第 37、38 页。

知见人□□（押）

此件经陈国灿先生与其余 14 件文书比较，并据内容推算研究，补充了不少缺
字，使内容更加完整，内容如下：

天庆十一年五月初三日立文人兀女浪粟今将自己□□袄子裘一领，
于裴处典到大麦五斗，加三利，小麦五斗加四利，共本利大麦一石三斗
五升，其典不充，限至来八月一日不赎来时，一任出卖，不词。

立文人兀女浪粟（押）

知见人讹静（押）

由上述契约可知，缺粮人不得已抵押物品（以裘衣、毯毡为主）典贷食粮，三
个月的利息达 30% 或 40%，加上抵押物品被低估的因素，利率应在 50% 左右，
这与前述西夏文贷粮契的利率不相上下。

俄藏黑水城文献中有 12 残纸，编号 TK49P（见图 8-9），是天庆年间贷
粮人到裴松寿处贷粮的契约。其中借贷数目可识者 5 件。

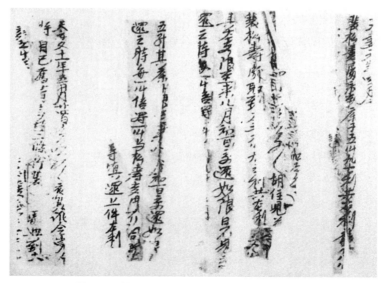

图 8-9　俄 TK49P　天庆年间裴松寿处典麦契

其中 1 件（图右 2）录文为：

> 天庆六年四月十六日立文人胡住儿□……
> 裴松寿处取到大麦六斗加五利，共本利 九斗 ，
> 其大麦限至来八月初一日交还。如限日不见交
> 还时，每一斗倍罚一斗。……

此件当物不清，当值 6 斗大麦，"加五利"即 50% 的利息。统计同年 5 月 1 日至 9 日 11 件文书典出的大小麦，有 14 石之多。裴松寿的典当至少从天庆六年（1199 年）到十一年（1204 年），有 6 年的时间，收利很高，天庆六年加五利，天庆十一年加三或四利，都是高利贷性质。每年四五月份，旧粮吃尽，新粮未熟，只好典当因已过寒冬而暂时不用的冬衣等物。收割后加利赎回，穷人所受盘剥之苦、高利贷商人获利之多，于此可见。这些文书还证明，西夏黑水城地区长期活跃着裴松寿这样专门从事借贷的商人。[①] 他们收抵押物贷粮，从中牟利，成为西夏社会经济领域的一个特殊行业。

裴松寿典粮契是多件契约连写在一张纸上。前述黑水城出土西夏文契约也常有这种情况。[②] 与西夏文契约一样，虽然多件契约连写，但是由于每件契约都有借贷者和知见人的签署画押，所以仍然是契约的性质。

二　贷钱契

西夏汉文贷钱文契共有 3 件，也是黑水城出土，藏于俄罗斯科学院东方文献研究所，分别为俄 Инв.No.7779A（见图 8-10），俄 Инв.No.7779B，俄 Инв.No.7779E，3 件均为契约残页，系西夏文佛经《种咒孔雀明王经》封套裱纸。[③]7779A 被切割成两块残片，各高 9.6 厘米，宽 29.7 厘米，残片结合部约缺半字，有立契时间"□盛癸未十五年"，应为天盛癸未十五年（1163 年）。文契背面为收支钱账。7779B 文契有三块残片：（1）高 11.2 厘米，宽 7 厘米，有"天盛癸未十五年"等字样；（2）高 19.1 厘米，宽 4.6 厘米，有"八日收，现有钱伍

---

① 杜建录：《黑城出土的几件汉文西夏文书考释》，《中国史研究》2008 年第 4 期。
② 史金波：《西夏粮食借贷契约研究》。
③ 《俄藏黑水城文献》第 6 册，第 321、322、325 页。

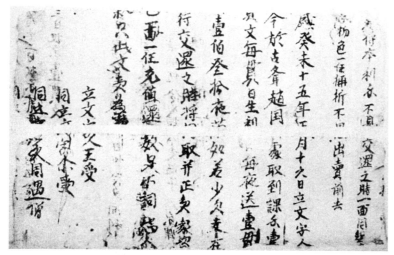

图 8–10　俄 Инв. No.7779A　天盛十五年（1163 年）王受贷钱契

贯文"等字样；（3）高 19.3 厘米，宽 5.8 厘米，有"立文人"等字样。7779E 文
契高 9.6 厘米，宽 7.8 厘米，有"贰拾文，限陆拾伍夜为满"等字样。

　　俄 Инв.No.7779A 大体保存完整，现将文书录记如下（自第 3 行始为此
契约）：

　　　　……□将本利钱不见交还之时，一面同□……

　　　　……□物色一任称折，不恩出买前去

　　　　……天盛癸未十五年正月十六日，立文字人……

　　　　……今于古齐赵国□处取到课钱壹……

　　　　……贯文，每贯日生利□，每夜送壹贯……

　　　　……壹佰叁拾夜满，如差少欠交，在……

　　　　……行交还之时，将同取并正契、家资……

　　　　……一任充值，还数足，不词。恐人……

　　　　……只此文责为凭

　　　　　　　　　　立文字人王受

　　　　　　　　　　同立文字人小受

同立文字人周遇僧

……①

俄 Инв.No.7779A 有立文字时间、借贷人、放贷人、贷钱数额、期限、利息以及到期还不上的处罚，最后是立文字人（借贷人）与同立文字人（担保人），但无画押。此件前两行是前一契约的末尾，似未写完，更无契尾人名。加之借贷处为"古齐赵国"，所贷钱数很大，利钱"每夜送壹贯"，皆甚为可疑，应不是正式的契约，或许是一种以契约为形式的有特殊用途的文书。

三 租赁契

俄藏黑水城文献中，有光定十二年正月李春狗等赁租饼房契，编号俄Дx18993（见图8–11），原未定名。原来该文书被误置于俄藏敦煌文献中，在编辑《俄藏敦煌文献》时被收入第十七册第310页。② 光定十二年（1222年）是夏神宗李遵顼年号，属于西夏末年。

图8–11 俄Дx18993 光定十二年（1222年）正月李春狗等赁租饼房契

---

① 录文参见孙继民等《俄藏黑水城汉文非佛教文献整理与研究》（中册），第749页。
② 俄罗斯科学院东方研究所圣彼得堡分所、俄罗斯科学出版社东方文学部、上海古籍出版社编《俄藏敦煌文献》第17册，上海古籍出版社、俄罗斯科学出版社东方文学部2001年版，第310页。

录文：

光定十二年正月廿一日立文字人李春狗、刘

番家等，今于王元受处扑到面北烧饼房

舍一位，里九五行动用等全，下项内

炉鏊一富，重四十斤，无底。大小铮二口，重廿十五斤。

铁匙一张，馏饼划一张，大小槛二个，大小

岸三面，升房斗二面，大小口袋二个，里九

小麦本柒石伍斗。　　　每月行价赁杂

壹石伍斗，恒月系送纳。每月不送纳，每一石倍

罚一石与元受用。扑限至伍拾日，如限满日，其

五行动用，小麦七石五斗，回与王元受。如限日不

回还之时，其五行动用、小罚本每一石倍罚

一石；五行动用每一件倍罚一件与元受用。如本

人不回与不辨之时，一面契内有名人当管

填还数足，不词。只此文契为凭。

　　　　立文字人李春狗〔押〕

　　　　同立文字人李来狗

　　　　同立文字人郝老生〔押〕

　　　　立文字人刘番家〔押〕

　　　　同立文字人王号义〔押〕

　　　　同立文字人李喜狗

　　　　知见人王三宝

　　　　知见人郝黑见

　　这是一件少见的十分完整的契约，也是一件难得的契约品类——租赁烧饼房契。它是目前所见西夏王朝唯一一件租赁烧饼房契，大概在古代中国这样的契约也属凤毛麟角。

　　契约中的"小麦本柒石伍斗"可能是将店铺和用具折合成的本金。然后依此计算利息，"每月行价赁杂壹石伍斗"即是在小麦本 7 石 5 斗的基础上得出

的月息数量，计算后应是月息 20%。如果租赁五个月，利息达到 100%；如果租赁一年，则利息高达 240%。西夏的借贷契很多，尤以贷粮契最多，据前述对西夏文贷粮契研究，知贷粮契的利息一般在 50% 左右，也有利率更高的契约，有的达到 100%。一般借粮时间是春借秋还，借期 3 个月至半年。这样看来此租赁烧饼房契利率较高。这大概是因为租赁烧饼房是要盈利赚钱，会以此不断增加收入，与单纯借贷粮食糊口不同，因此利息会比贷粮契要高。[①]

四　卖地契

20 世纪 90 年代敦煌研究院的专家们对莫高窟北区石窟进行系统清理，发现一批西夏时期的文献，其中既有西夏文文献，又有汉文文献。在汉文文献中，有 G11·031［B59∶1］嵬名法宝达卖地契一件（见图 8–12）。[②] 该契约高 18.8 厘米，宽 22.7 厘米，残存文字 11 行。钤朱印 4 方，其中 2 方完整。

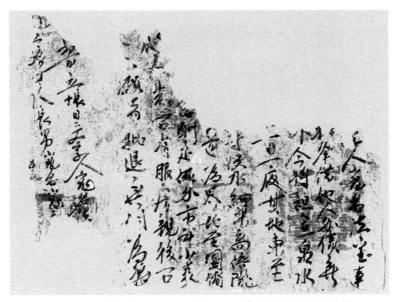

图 8–12　莫高窟 G11·031［B59∶1］嵬名法宝达卖地契

① 杜建录、史金波：《西夏社会文书研究》，《西夏文献研究丛刊》，上海古籍出版社 2010 年版，第 42—48 页。
② 《中国藏西夏文献》第 16 册，第 46 页。

现将文书录文如下 ① ：

……………………… 年立账目文字 人嵬名法宝达

………………… 因生活困顿？ 举借他人钱债，无

物填还？ …………………… □今将祖□直泉水

……………………………… 一日一夜，其地东至

……………………………… □使水细渠高倍陇

…………………… 道为界，比（北）至园场

…………………………… □酬定价钱市斗小麦

… 其地未卖？ 他人，先问有服房亲，后问

邻人，不 愿者批退，□□为□

……… 初一日立账目文字人嵬名法［宝达］

……………… 同立 账目人长男嵬名嵬□

……

这件出卖田地的残契钤有 4 方朱印。 卖地人，即"立账目文字人"是嵬名法宝达。嵬名是西夏党项族姓，更是西夏皇族大姓。卖地的目的是偿还"举借他人钱债"。西夏盛行高利贷 ② ，封建政权保护债权人的利益，法律规定"诸人对负债人当催索，不还则告局分处，当以强力搜取问讯"。 ③ 西夏占领敦煌后，继承了唐五代以来的水利灌溉事业，残契在记述出售田地四至时提及的"泉水""细渠"等，证明这一带的土地有水利灌溉。文书中的"先问有服房亲，后问 邻人 "，证明此文书遵循传统的亲邻权。

这件文书虽是残页，但受到多位专家的关注和考证，对其定名、性质和时间都有不同见解。有的专家依据此文书中没有买受人出现，缺省违约责任条款，文书用语是"账"而不是"契"将此文书定性为卖地账，定名为"嵬名法宝达卖地账"。通过对契约格式等方面的分析，认为此契约不是西夏时期的契约，而是元代西夏遗民党项人卖地的契约。 ④

---

① 录文参考罗海山《"嵬名法宝达卖地文书"考辨》，载沈之北编著《3 个 U 集：霍存福教授从教三十年纪念文集》，知识产权出版社 2015 年版。

② 杜建录：《西夏高利贷初探》，《民族研究》1999 年第 2 期；史金波：《西夏粮食借贷契约研究》。

③ 史金波、聂鸿音、白滨译《天盛律令》卷三《催索债利门》。

④ 罗海山：《"嵬名法宝达卖地文书"研究》（未刊稿）。

结　　语

在历史研究中，社会经济是最重要、最基本的内容之一。揭示历史上的经济实践、经济管理、经济政策、经济法律，努力寻求规律性认识，具有重要的学术价值和现实意义。

本书研究的对象基本上都是新挖掘、新整理、新刊布的有关西夏的经济文书，是12—13世纪珍贵的西夏档案文书，属第一手原始材料，是前人没有利用过的新材料，有很高的学术价值。当我在俄罗斯圣彼得堡东方学研究所发现这一大批新资料时，就给了我很大的惊喜。现在通过本书请同行们和我一起分享这份西夏文化遗产，得以一睹其庐山真面目，我感到由衷的高兴，觉得做了一件有意义的事。

本书是第一次集中利用这批资料做比较系统的西夏经济研究。此项研究对西夏经济、社会有了新的、深入的认识。

第一，户籍是确定自然人作为民事主体法律地位的基本法律文件，对社会经济研究至为重要。在对西夏户籍文书研究中，证明西夏有完善的户籍编制制度，有多种类型的户籍类籍账。户籍和手实记载内容丰富。通过户籍资料可分析西夏黑水城户口类型的比例、户口的民族属性、人口姓名的特点，揭示出西夏基层异族通婚、党项族姑舅表婚和一夫多妻现象，填补了很多认识上的空白。

第二，在对西夏税收文书研究中，证实西夏有以耕地多少缴纳实物粮食的固定税制，西夏农业地区的税收包括租、役、草三种。纳粮收据、增缴草捆收据、收缴以人头为标准的人口税是其税收的一大特点。水税文书是因灌溉耕地而缴纳的特殊税种。特别是人口税和水税文书，是中国历史上非常罕见的原始资料，有重要文献、文物价值。

第三，通过物品账可以了解西夏用品的名称。由于对西夏生活、生产用品了解的有限，所以出土文献中所记的这些物品名称，有助于增加对西夏物品的认识，进而可以深入地解析西夏的社会生活。其他的粮物计账也增加了一些分析西夏社会可资参考的新资料，有的是以前不知的、带有标识性的物品。如有的文书中有"番布""汉布"，说明党项人在进入汉地之前已有自己的纺织业，可以织出有本民族特点的番布，也证明党项族进入西北地区后，并未用汉布代替番布，而是两者共存共用。这改变了过去认为党项族没有自己纺织业的认识，同时也证明党项族进入西北地区后，吸收中原地区的"汉布"，印证了多民族文化的密切交融。

第四，商贸文书不仅反映了西夏买卖实际情况，也是分析、了解西夏物价的最重要资料，可以揭示出如粮食、牲畜、绢帛、酒等重要生产、生活资料的物价，即生产价格。此外，西夏文书中各种买卖税的收缴也是西夏经济生活中重要的内容。

第五，元代以前的契约，件件俱是珍品。西夏文社会文书中以契约文书数量大、品类多，有150余号，内有契约500多件，在现存唐宋时期契约（包括敦煌石室所出契约）中所占比重最大。西夏契约涵盖面宽，包括买卖、抵押、借贷、租赁、雇佣、交换等领域。体现出"官有政法，民有私契"的社会实际，为中国契约学增添了大量新的重要资料。西夏契约的形式是唐宋契约和元代契约的一种过渡形式。

第六，西夏经济文书中发现了两种印本填空的文书，即纳粮收据、增缴草捆收据。这两件文书说明西夏在一些使用量很大、形式固定的文书领域，采用印本填空的形式，将文书结构固定化、用语格式化，使用快捷、省事，便于操作管理，避免差误。这是古代经济文书中最早的印本收据，是将印刷术应用于常用文书的成功范例，是经济文书史和印刷史上的一大进步，有特别的文献和文物价值。

用西夏文经济文书研究西夏经济，是西夏研究的一个新的领域。将西夏经济文书中的户籍、账册、契约等与西夏法典《天盛律令》对照研究，可以证实《天盛律令》是贯彻到西夏社会基层的实用法典，其内容足可凭信，具有不可替代的历史文献价值。

包括西夏经济文书在内的西夏社会文书，绝大多数是西夏文文献，其中又以更为难以释读的西夏文草书为主。西夏文是一种记录历史上党项族语言的文字，随着历史的变迁，党项族早已消亡，西夏文成为无人可识的死文字。经过一个世纪的研究，少数专家对西夏文文献基本可以解读，但仍有难度。然而西夏文草书文献龙飞凤舞，不拘一格，勾画极简，随意纵横，识别极难。加之不少文书是残页，或字迹不清，有的正、背两面皆书写文字，笔画透墨，相互叠压，模糊不清，更加难以辨认。"工欲善其事，必先利其器"。西夏文社会文书的巨大科学价值，是决心破译西夏文草书的动力。在得到这批草书文献后，反复阅览这些文书，不断识认、揣度，对比西夏文楷书和草书的字形，日积月累，寻求西夏文由楷书嬗变为草书的规律，探索西夏文草书笔画和结构的特点，识别西夏文草书的能力逐渐提高。前后经过近 20 年，基本破解了类似天书般的西夏文草书。经过十多年的不间断的摸索，在逐步释读西夏文草体文书的过程中，探讨西夏文草书特点和规律，慢慢将上百件西夏文草书经济文献转录成西夏文楷书，并加以译释。面对被铅笔、圆珠笔写画得凌乱、模糊，翻阅得发旧、泛黄的西夏文经济文书复印件或照片，感慨良多。笔者在它们身上倾注了十多年的心血，它们就像我养育了多年的孩子，不知被我抚摸过多少次，感到十分亲切。西夏文草书释读是西夏文研究，乃至西夏学的一个制高点。

这些难以识读、难以理解的文书，像是历史的哑儿，经过多年的抚养和调理，现在终于能开口说话，讲述着过去闻所未闻的西夏经济故事。

复原历史实践，距离真理越近。通过西夏经济文书的解读和研究，可以再现西夏黑水城地区经济生活方方面面的鲜活场景，西夏的经济生活将以新的面貌跃入人们的眼帘。

通过本书似乎可以看到，800 年前在黑水城一带的西夏农民生活在黑水河畔，这里居住着番族（党项族）、汉族、羌族（藏族）、回鹘、契丹人，甚至还有远道而来的大食人。他们耕种着水浇地，种植着麦、谷、大麦、糜、秋、豆类等；他们居住在自己耕地的房院中，养畜着马、牛、骆驼、羊等家畜，过着半农半牧的生活。穿着不同民族服饰的人，络绎往来，随处可见。一般人穿着番布和汉布做的衣服，有钱人则有绢帛可穿。当地农民耕地不少，春种秋收。他们要向政府缴纳耕地租税，计量小监在收粮库门口收租粮，旁边有检视官员监察；收完租粮要付给缴粮农民收据。此外农民还要负担役工、缴纳草捆，特别是还要缴纳数量不菲的人头税，种水浇地要缴纳耕地水税。秋收以后，农民完粮纳税，车载畜驮，来往于途。农民平时尚可温饱，但一遇荒旱便食粮紧缺。特别是贫困农民在青黄不接的春季，因乏食，一些贫困人家不得不以高利贷借粮，利率超过五分，甚至达到倍利；有的不得不出卖自己的土地或牲畜，以换取度日口粮，走上更加贫困的道路。当地的地主和寺庙则乘机盘剥，大肆兼并土地。在寺庙中贷粮、卖地、租地、卖牲畜、租牲畜的农民等候着书写契约，准备在契约的当事人或证人的见证下无奈画押。更有甚者，生活在社会最底层的奴隶、半奴隶状态的使军、奴仆无人身自由，被主人像牲畜一样买卖，孤苦无告。这里往往是以物易物进行交易，也使用铁钱和铜钱，金、银也是流通的货币。交易之后有买卖税院的官吏收缴买卖税，登记钤印。这里基层有里甲组织，与军事组织溜、抄相结合。汉族地区民间互助的社邑组织也在这里存在，被称作"众会"。家有疾病、丧事，会众带来粮食前来慰问。这里一直到西夏末期都处于西夏政府有效管辖之下，形成了数量可观的官、私文书。熟悉西夏文的先生忙着书写各种文据。我们所能看到存留至今的西夏社会文书恐怕只是当时文书的一小部分。总之，这些文书使黑水城乃至西夏的经济生活不再空白、不再枯燥，变得鲜活、实在，使我们看到西夏社会真实而生动的场面。

从历史实践出发，使西夏经济文书研究成果真正成为推动西夏经济史、社会史研究的新的基础，为揭开西夏神秘的面纱起到关键作用。

本书的附录将150余件西夏文草书经济文书转录成西夏文楷书，并加以译释，可以作为学习西夏文草书的参考。这不仅为学术界提供了新的资料，还在西夏文字学方面有了新的突破，有助于释读大量存世的其他西夏文草书文献，从而为西夏研究提供新的研究手段和资料。

本书对出土的西夏文经济文书分门别类地做了翻译、阐述和研究，这些只能说是初步的成果。一方面翻译和探讨的西夏经济文书并非全部，还有不少文书尚待翻译、解读、研究；另一方面已经初步翻译、研究的文书还存在一些未解的文字和需要探讨的问题；另外，将西夏经济文书与同时代乃至前代、后代的文书进行比较研究还有很大空间。这批珍贵文献的开发和利用仅仅是开始，本书只能算是引玉之砖，西夏的经济研究任重道远。

附　录

西夏文经济文书录文、对译和意译

凡　例

1. 附录中文书标题首为收藏地，如"俄"表示藏于俄罗斯科学院东方文献研究所，"英"表示藏于英国国家图书馆，"国图"表示藏于中国国家图书馆，"武威"表示藏于甘肃省武威市博物馆，"内蒙古"表示藏于内蒙古文物考古研究所。后为编号，再后为文书名称。如"俄 Инв.No. 4991-4　户籍账"。同时在注释中注明其在出版物中的出处和页码。

2. 附录中每一文书首先列出文书原件图版，以便读者更直观地了解西夏文经济文书，并可与其下的录文、译文对照。

3. 附录包括西夏文经济文书的录文、汉文对译和意译。由于西夏文经济文书多为难以识读的草书，在本附录中将文书中的西夏文转录为楷书，并对各西夏文字做出相应的汉文的对译，最后再依据西夏语语法意译成文。文字简单不必再意译的，或难以意译成文的只用对译。

4. 录文和汉文对译的行次，依照文书原件文字行次。意译时大体保持相应行次。

5. 录文中文字缺失处，若知具体所缺字数，以□代表；若不知所缺字数，则以……代表。所拟补空字或残字，将所补字外加□，如翊。不能识别字以？代表。被涂抹的字为□，若被涂抹的字尚可识读则于方框内加填底纹，如翊。

6. 录文中的遗字、衍字以及其他需要说明的问题，加注释说明。

7. 汉文对译时，如该字有多义项，仅用其在此文书中的字义。其中不便简单对译的西夏文虚字用〈 〉代表，有的需要做出说明的加注释。

8. 意译时，对字词需要做出说明的加注释。

目 录

第一 户籍文书

第二 租税文书

3. 俄 Инв.No.8372　户耕地租役草账

4. 英 Or.12380–2349（k.k.）　天盛二十年纳粮收据

5. 武威 G31·05［6730］　乾定酉年增纳草捆文书

三　人口税账

1. 俄 Инв.No.4991–5　里溜人口税账

2. 俄 Инв.No.4991–6　里溜人口税账

3. 俄 Инв.No.4991–8　里溜人口税账

4. 俄 Инв.No.5223–2　人口税

5. 英 Or.12380–0324（k.k. Ⅱ.0285b）　人口税账

6. 英 Or.12380–0344（k.k.）　人口税账

四　耕地水税账

1. 俄 Инв.No.1454–2V　耕地水税账

2. 俄 Инв.No.1781–1　耕地水税账

第三　粮物计账文书

一　粮账

1. 俄 Инв.No.4762–4　里溜粮账

2. 俄 Инв.No.6569–1　差役供给粮账

二　物品账

1. 俄藏 Инв.No.4761–11　钱物账

2. 俄 No.4761–15V　牲畜账

3. 俄 Инв.No.345　畜物账

三　杂物账

俄 Инв.No.7892-9　酉年物品账

第四　商贸文书

一　买卖账

1. 俄 Инв.No.1167-1　卖粮账

2. 俄 Инв.No.1167-2　粮价账

3. 俄 Инв.No.1167-3　粮价账

4. 俄 Инв.No.2042-2　钱粮账

5. 国图 010 号（7.04X-1）　卖粮账

6. 俄 Инв.No.1219-1　买卖物价账

7. 俄 Инв.No.1219-3　买卖物价账

8. 俄 No.1763　马价钱账

9. 俄 Инв.No.4696-8　酒价钱账

10. 俄 Инв.No.1366-6　酒价钱账

11. 俄 Инв.No.1366-7　酒价钱账

12. 俄 Инв.No.1366-8　酒价钱账

13. 俄 Инв.No.7885　买卖价钱账

二　买卖税账

1. 俄 Инв.No.4790-2　买卖税账

2. 俄 Инв.No.4790-3　买卖税账

3. 俄 Инв.No.4790-4　买卖税账

4. 俄 Инв.No.4790-5　买卖税账

5. 俄 Инв.No.6377-13　买卖税账

三　贷钱物利账

1. 俄 Инв.No.1576-2　贷钱利账

2. 俄 Инв.No. 7893–15　计账

四　贷粮账、欠粮账

（一）贷粮账

1. 俄 Инв.No.2176–1　乾祐壬寅年贷粮账

2. 俄 Инв.No. 7892–2 V　贷粮账

3. 国图 042 号（7.10X–8）　贷粮账

4. 国图 043 号（7.10X–8）　贷粮账

5. 国图 045 号（7.13X–1）　贷粮账

6. 国图 051 号（7.13X–2）　贷粮账

7. 国图 061 号（7.13X–8）　贷粮账

8. 国图 062 号（7.13X–8B）　贷粮账

9. 国图 055 号（7.13X–4）　贷粮账

10. 国图 056 号（7.13X–4B）　贷粮账

11. 国图 039（7.10X–5）　贷粮账

（二）欠粮账

俄 Инв.No.866　欠粮担保账

五　卖地账

1. 俄 Инв.No.2156–2　卖地账

2. 俄 Инв.No. 2156–4　卖地账

第五　契约文书

一　借贷契

（一）贷粮契

1. 俄 Инв.No.4762–6（1、2）　天庆寅年（1194 年）贷粮契
①②③

2. 俄 Инв.No.6377–16（1、2、3）　光定卯年（1219 年）贷粮契
①②③

3. 俄 Инв.No.7741　天庆寅年（1194 年）贷粮契

①②③

4. 俄 Инв.No.4762-7　贷粮契

①②

5. 俄 Инв.No.5870-1　天庆寅年（1194 年）贷粮契

6. 俄 Инв.No.5870-2　天庆寅年（1194 年）贷粮契

①②③

7. 俄 Инв.No.8005-1　光定戊寅年（1218 年）贷粮契

8. 俄 Инв.No.4526（1）　贷粮契

①②

9. 俄 Инв.No.7892-7　贷粮契

①②③

10. 武威 G31·004［6728］　乾定申年（1224 年）没瑞隐隐狗贷粮契

11. 内蒙古 M21.003［F135：W75/2026］乙亥年（1215 年？）贷粮契

（二）贷钱契

俄 Инв.No.986-1　光定庚辰十年（1220 年）贷钱契

①②

（三）贷物契

俄 Инв.No. 955　光定巳年（1221 年）贷物契

二　买卖契

（一）卖地契

1. 俄 Инв.No.5010　天盛二十二年（1170 年）寡妇耶和氏宝引等卖地契

2. 俄 Инв.No.5124-2　天庆寅年（1194 年）正月二十四日邱娱犬卖地契

3. 俄 Инв.No.5124-1　天庆寅年（1194 年）梁老房酉等卖地舍契

4. 俄 Инв.No.5124-3（4、5）　天庆寅年（1194 年）正月二十九日恶恶显盛令卖地契

5. 俄 Инв.No.5124-3（6、7）　天庆寅年（1194 年）二月一日梁势乐酉卖地契

6. 俄 Инв.No. 5124-3（1）1　天庆寅年（1194 年）二月一日庆现罗成卖

地契

7. 俄 Инв.No.5124-3（2、3），5124-4（1）　天庆寅年（1194 年）二月二日梁势乐娱卖地契

8. 俄 Инв.No.5124-4（2、3）　天庆寅年（1194 年）二月二日每乃宣主卖地契

9. 俄 Инв.No. 5124-4（6）　天庆寅年（1194 年）二月六日平尚岁岁有卖地契

10. 俄 Инв.No.4199　天庆丙辰年（1196 年）六月十六日梁善因熊鸣卖地房契

11. 俄 Инв.No.4193　天庆戊午五年（1198 年）正月五日麻则犬父子卖地房契

12. 俄 Инв.No.4194　天庆庚申年（1200 年）卖地房契

（二）卖畜契

1. 俄 Инв.No. 5124-3（5、6）　天庆寅年（1194 年）卖畜契

2. 俄 Инв.No. 5124-4（4）　天庆寅年（1194 年）二月卖畜契

3. 俄 Инв.No. 5124-4（5）　天庆寅年（1194 年）卖畜契

4. 俄 Инв.No.2546-2、2546-3　天庆亥年（1203 年）卖畜契

5. 俄 Инв.No.2546-1　天庆亥年（1203 年）卖畜契

6. 俄 Инв.No. 5404-8、9　天庆甲子年（1204 年）卖畜契

7. 俄 Инв.No. 5404-10、5404-7　天庆子年（1204 年）卖畜契

8. 俄 Инв.No.2858-1　天庆丑年卖畜契

9. 俄 Инв.No. 7630-2　光定酉年（1213 年）卖畜契

10. 俄 Инв.No. 7994-14　光定亥年（1215 年）卖畜契

11. 俄 Инв.No. 6377-15　光定子年（1216 年）卖畜契

12. 武威 G31·003［6727］1-2　乾定酉年（1225 年）卖牛契

13. 武威亥母洞出土 G31·002［6726］　乾定戌年（1225 年）卖驴契

14. 俄 Инв.No.840-3　卖畜契等

15. 俄 Инв.No. 5404-9、5404-8　天庆未年（1199 年）卖畜契

（三）卖人口契

1. 俄 Инв.No. 5949-29　乾祐甲辰二十七年卖使军奴仆契

2. 俄 Инв.No.4597　　天庆未年卖使军契

3. 俄 Инв.No.7903　　皇建午年苏？？卖使军契

三　租赁契

（一）租地契

1. 俄 Инв.No.5124-2（2）　天庆寅年（1194 年）正月二十四日苏老房子包租地契

2. 俄 Инв.No.5124-3（3）　天庆寅年（1194 年）正月二十九日梁老房势等包租契

3. 俄 Инв.No.5124-3（5）　天庆寅年（1194 年）正月二十九日梁老房酉等租地契

4. 俄 Инв.No.5124-3（8）　天庆寅年（1194 年）二月一日（同日）梁老房茂租地契

5. 俄 Инв.No.5124-3（2）　天庆寅年（1194 年）二月一日日麻则羌移盛包租地契

6. 俄 Инв.No.5124-4（1、2）　天庆寅年（1194 年）二月二日梁老房茂包租地契

7. 俄 Инв.No.5124-4（3）　天庆寅年（1194 年）二月二日梁势乐茂包租地契

8. 俄 Инв.No.5124-4（7）　天庆寅年（1194 年）二月六日梁小善麻等包租地契

（二）押畜租地契

俄 Инв.No.5949-30　应天辰年（1208 年）押畜租地契

四　雇佣契

（一）雇工契

俄 Инв.No.5949-32　光定卯年（1220 年）腊月雇工契

（二）雇畜契

1. 俄 Инв.No.2996-3　十八年雇畜契

2. 俄 Инв.No.5124-3（6）　天庆寅年（1194 年）雇畜契

第一　户籍文书

一　户籍账

1. 俄 Инв.No.4991-4　户籍账 [①]

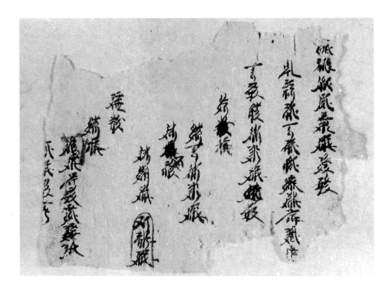

录文：

𗾖𗀔𗰖𗴮𗰖𗴮𗾔𘄄
𘀈𘕾 [②]　𗫷𘋨𗱈𗆧𗯨𘉒？𗆧？
𘋨𗿷𗱈𗾰𗴮𗰖𘕃 [③]　𘊱
　𘊱𗱤 [④]　𗵒
　　𗴮𘋨𗾰𗴮𗰖
　𘊱𗵒 [⑤]　𘋨𘄄

𘓄𗢳𗗘　𗥔𗣼𗫡 ①

𗦸𗲲

𗲲𘂝

𗣼𗧓𗤋𗣼𘄒𗦸𗳒

𗫡□□□

𘓄𗖻

……

对译：

里溜嵬移铁明局分

　人贫黑一畜不有先？陈？

　一户乃福增犬五口

　　男二

　　　大一福增犬

　　　小一子

　　　　小驴明　吉祥犬

　　女三

　　　大二

　　　　妻子梁氏母娘盛

　　　女□□□

　　小一

　　……

意译：

　里溜嵬移铁明局分 ②：

---

　① 第 11 行 4 字，皆残存右部半字，第一字似为西夏文𗤁（女）字右部，后 3 字为人名。

　② 西夏文𘄒𗦸，在《番汉合时掌中珠》中为"局分"意。依据多种西夏文文书，其意为"管辖"。见《俄藏黑水城文献》第 10 册，第 15 页。

黑贫[1] 人一，无有畜，先？陈？

一户乃福增犬，五口

男二

大一，福增犬

小一，子

小驴明 吉祥犬

女三

大二

妻子梁氏母娘盛

女□□□[2]

小一

……

2. 俄 Инв.No.6342-1 户籍账[3]

录文：

……

[illegible]……

[illegible]

[illegible] [illegible]

[illegible]

[illegible]

[illegible]

[illegible]

[illegible]？[illegible]

① 此字原文[illegible]（贫）或[illegible]（孤），左部字形与前者更为相近，但在户籍中似以后者字义更为合理。

② 第 11 行 4 字，皆残存右部半字，第一字似为西夏文[illegible]（女）字右部，后 3 字为人名。以下残失，依例下一行应为“小一”，再下一行为次女名字。

③ 《俄藏黑水城文献》第 14 册，第 118—123 页。

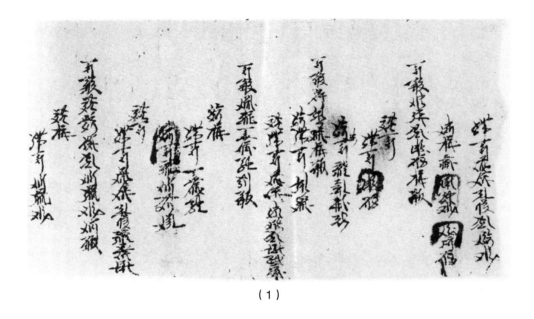

（1）

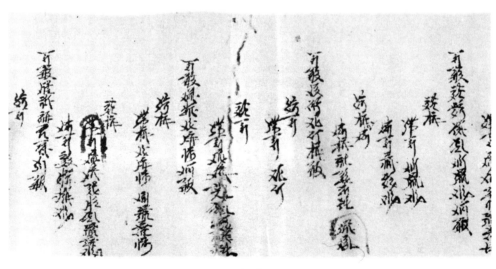

（2）

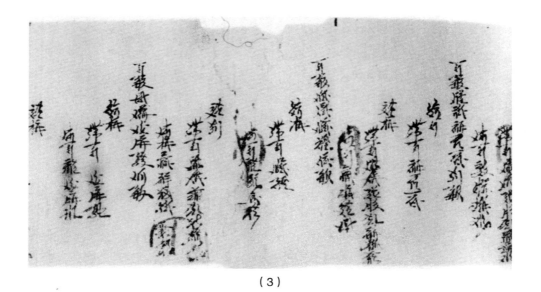

（3）

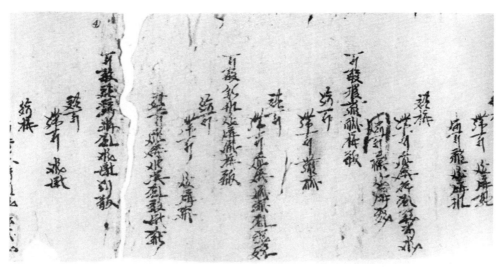

（4）

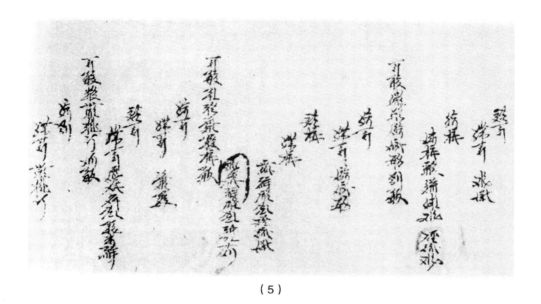

（5）

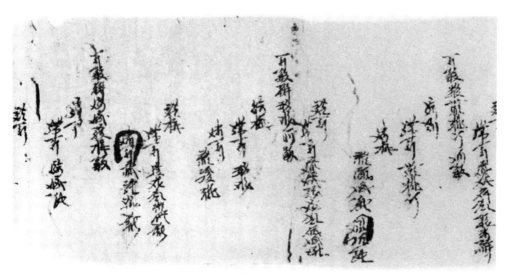

（6）

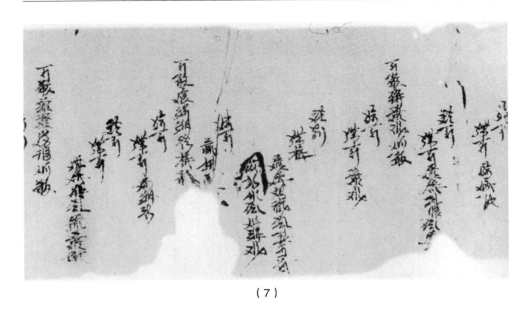

（7）

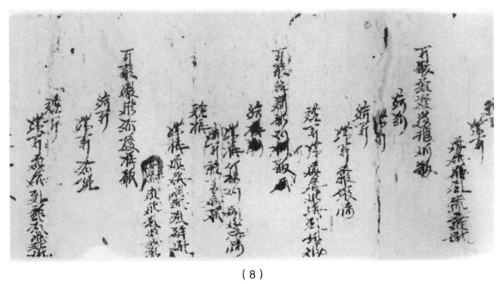

（8）

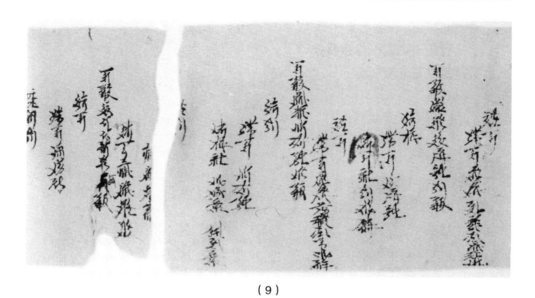

（9）

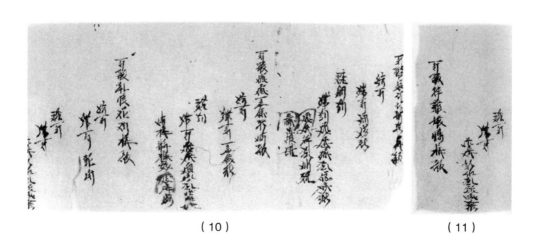

（10）　　　　　　　　　　　　（11）

𘓐𗱕𗥫？𗏇

𘊝𗱕𗥫𗢯𗥫𘁔𗤋𘈈𘅝𗏇

𗥫𘍞𘃡𗣼𗊱𗕿𘅝𘈩𘊟

𘓐𘟣

𗱕𗥫　𗊱𗕿𘅝

𗰔𗥫𘐀𗦻𗧀𗢯

𘊝𗥫

𗱕𗥫𗢯𗥫𗦤𗧯𗰜𘈈𗢯

𘓐𘍞𘊝𘕿𘗎𘉂𗦻𗧀𘈈𗬩𗏇

𘊝𘟣

𗱕𗥫　𗦻𗧀𘈈

𗰔𗥫𗥃𘘥𘈈

𘓐𘟣𗰔

𗰔𘟣𘐀𘍞𘖑𘈈𗏇𗢯

𘓐𘍞𘊣𘊙𗭪𗰔𘟣𗏇

𘓐𗥫

𗱕𗥫　𘊙𗭪

𘊝𗥫

𗱕𗥫𗢯𗥫𘈡𘈈？？？

𘓐𘍞𘃡𗣼𘊣𘊟𗠁𘟣𗬩𗏇

𘓐𘟣

𗱕𘟣𘊣𘊟𗠁　𘋪𘐀𘈡𗠁

𘊝𘟣

𗱕𗥫𗢯𗥫𘏞𘐹𘈈𘐀𘈡𗢯

𗰔𗥫𘅈𘗡𘊜𗢯

𘓐𘍞𘊬𘖑𘏁𗴴𘆿𘈩𗏇

𘓐𗥫

𗱕𗥫𘏁𗴴𘆿

𘊝𘟣

𗱕𗥫𗢯𗥫𘏞𘐹𘈈𘋉𘊦𗱴

𘝞𗣼𗤁𘜶𘊲𘓄

𗣼𗊱𗤗𗤦𘃜𘘭𗰖𘊁

　　𗤁𗣓

　　　𘋉𗣼𘃐𘘭

　　　𘝞𗣼𘊲𗤗𘉞𗤄

　　𘜶𘊱

　　　𘋉𗣼𗤼𗤦𘜶𘊱𗤄𘝆

　　　𘝞𗣓𘜶𗭄𗤦𗥃

𗣼𗊱𘊲𘎣𗤼𘏨𘟥𘗽𘊁

　　𗤁𗣓

　　　𘋉𗣓𗤼𘏨𘟥

　　　𘝞𗣼𘉞𗤼𘏨𘊲

　　𘜶𗣓

　　　𘋉𗣼𗤼𗤦𘏑𗤦𘙽𗁨𘊲

　　　𘝞𗣼𘜶𗤼𘏨𘃗

𗣼𗊱𗧓𘜷𘅇𗣓𘊁

　　𗤁𗣼

　　　𘋉𗣼　𘜷𘅇

　　𘜶𗣼

　　　𘋉𗣼𘉞𗤼𘃐𗸖𗤦？𘟛

𗣼𗊱𗧭𗧓𘝆𗤼𘏨𘈾𗣓𘊁

　　𗤁𗣼

　　　𘋉𗣼　𘝆𗤼𘏨

　　𘜶𗣼

　　　𘋉𗣼𘉞𗤼𘐓𘝌𗤦𗤊𘉞𘍱

𗣼𗊱𘜶𗧭𘁜𗤦𘊲𘊲𘊲𘊁

　　𘜶𗣼

　　　𘋉𗣼　𘊲𘊲

　　𗤁𗣓

　　　𘝞𗣓𗤼𘋉𘊲𘊲　𘊱𘕪𘊲

𘜶𘆅𘓣𘓞𘕀�,𗋽𘋩

　　𗹬𘜶

　　　𘊬𘜶𘕀𘙣𘆳

　　𗍊𘊢

　　　𘊬𘊢

　　　　𘂤𘅲𘎑𗓈𘃀𘓣

　　　　𘓶𘃀𘅲𗓈𗓈𗩽𗿷

𘜶𘆅𗄊𘓞𘎬𘓞𘊦𗋽

　　𗹬𘜶

　　　𘊬𘜶　𘎬𘓞

　　𗍊𘜶

　　　𘊬𘜶𘓶𘃀𘂤𗓈𘜶𗩽�

𘜶𘆅�v𘉌𘏑𘊬𘕢𗋽

　　𗹬�v

　　　𘊬𘜶𘉌𘏑𘊬

　　　�𗩽

　　　𘚡�𘕀𗩽　𗪲𗋽𗩽

　　𗍊𘜶

　　　𘊬𘜶𘓶�𗍝𗩽𗓈𗴟��

𘜶𘆅𘉒𘙣𘉌𘕢𗋽

　　𗹬�

　　　𘊬𘜶𘙣𘉌

　　　𗹬�𘚡𘋭𘑿

　　𗍊�

　　　𘊬𘜶𘚡𗍝𗩽𘉌𘠑𘖼

　　　𗹬𘜶𘔑𘉌𗍝𘉌𘖼

𘜶𘆅𘉒𘕀�,𗩽�𗋽

　　𗹬𘜶

　　　𘊬𘜶𘕀�,𗩽

　　𗍊𘜶

　　　　𗣼𗣼𗶷𗣼𗣼……
𗣼𗗯𗣼𗣼𗣼𗣼𗣼
　　　𗣼𗣼
　　　　𗣼𗣼𗣼𗣼
　　　𗣼𗣼
　　　　𗣼𗣼
　　　　　𗣼𗣼𗣼𗣼𗣼𗣼𗣼𗣼
　　　　　𗣼𗣼𗣼𗣼𗣼𗣼𗣼
　　　　　𗣼𗣼𗣼？𗣼……
𗣼𗗯𗣼𗣼𗣼𗣼𗣼𗣼
　　　𗣼𗣼
　　　　𗣼𗣼　𗣼𗣼𗣼
　　　𗣼𗣼
　　　　𗣼𗣼
　　　　　𗣼𗣼𗣼𗣼𗣼𗣼𗣼
𗣼𗗯𗣼𗣼𗣼𗣼𗣼𗣼
　　　𗣼𗣼
　　　　𗣼𗣼……
　　　　……
　　　　𗣼𗣼
　　　　……
　　　　𗣼𗣼
　　　　……
　　　　……

𗣼𗗯……𗣼𗣼𗣼𗣼𗣼
　　　𗣼𗣼
　　　　𗣼𗣼　𗣼𗣼𗣼
　　　𗣼𗣼𗣼𗣼𗣼𗣼𗣼？𗣼
𗣼𗗯𗣼𗣼𗣼𗣼𗣼𗣼[1]　𗣼

---

① 𗣼（四）被涂掉，在𗣼（口）后加一𗣼（五），并用颠倒符号√表示后加的"五"应置于"口"的前面。

𗼇𘙛 ①

𘔞𘙛𗄊𘆄𗰕　𗍫𘈈𗰗𗇁

𗇁𘄡𘄄𘝵𘈩𘊜

𗍶𘙛

𘔞𘙛𗿒𗧧𗗙𘓓𘈷𗱸𗰪

𗿒𗧧𗈵𘕿𘈷𘈨𘈩𘈽

𘄡𘉑𗈵𘕿𗡮𘅝𘙛𗤋

𗼇𘄡

𘔞𘄡　𗡮𘅝

𗍶𘄡

𘔞𘄡𗿒𗧧𘅢𗮕𘈷𗇐𗒀𘅘

𘄡𘉑𗈵𘕿𘈩𗗗𗒀𗥽𗤋

𗼇𘙛

𘔞𘙛

𘔞𘄡𘈩𗗗𗒀

𗇁𘄡𘄄𗤋𘈽𗸮

𗍶𘄡

𘔞𘄡𗿒𗧧𘌞𗣙𘈷𘝵𘈽𗱸

𘄡𘉑𘕿𘓓𘙔𗡮𘅝𗧧𗤋

𗼇𗤋

𘔞𘄡𘙔𗡮𘅝

𗇁𘙛𘄄　𘌡𘈩𗤵　𘍠𘅝𗤵

𗍶𗤋

𘔞𘙛 ……

𗿒𗧧 ……

……

……

𘈲 ……

———————————————

① 𘙛（二）和其下一字被涂掉。应为𗤋（三）字。

𘝣𗁛𗤁𘈇𗏆𗏋
𗁛�喀𗤁𗣼𗥃𗋽𗱸
　𗄈𗁛
　　𗤁�ﾗ𗥃𗋽𗱸
　𗲵𘏞
　　𗤁𘏞𗵽𘈷𗧈𗏋𗥦𗧓𗩈
　　　𘈦𘈷𗤀𗏋𗁅𘐣
　　　𗤁𗤄𘈇
𗁛�喀𘟣𗵧𘅆𗏋𗥃𗋽𗱸
　𗄈𗁛
　　𗤁�ﾗ𗤊𗥦𗏋
　𗲵𘏞
　　𗤁𗁛𘈷𗧈𗤄𘈇𗏋𘓿𘋢𘈇
　　𘝣�ﾗ𘊐𘌠𘈷　𘓿𘋢𗥩
𗁛�喀𗈁𘄄𗼟𗏆�ﾗ𗱸
　𗄈𗁛
　　𗤁𗁛　𘄄𗏆
　𗲵𗁛
　　𗤁𗁛
　　　𘈷𗧈𗼓𗋽𗏋𗧈𗥦𗧓𗩈
𗁛�喀𗁅𘈇𗊬𗤁�ﾗ𗱸
　……

对译：

（一户……）（1）
　　大一妻子耶和氏善宝
　　　小二女母乐盛宝　老房明
一户平尚氏阿明二口（2）
　　女一

　　　　　大一阿明

　　　　　男小一子寿长有

一户梁夜犬二口（3）

　　　　　男大一　夜犬

　　　　　女大一　妻子　居地氏乐盛犬

一户律移十月盛三口（4）

　　　　　男二

　　　　　　　大一　十月盛

　　　　　　　小一　子福有乐

　　　　　女一

　　　　　　　大一　妻子耶和般若乐

一户寡妇杨氏福有宝四口（5）

　　　　　女二

　　　　　　　大一　福有宝

　　　　　　　小一　女兄弟宝

　　　　　男二小

　　　　　　　小二子　美子盛　犬乐

一户千叔讹吉二口（6）

　　　　　男一

　　　　　　　大一　讹吉

　　　　　女一

　　　　　　　大一妻子焦氏？？？

一户律移老家山四口（7）

　　　　　男二

　　　　　　　大二　老家山　弟般若山

　　　　　女二

　　　　　　　大一　妻子讹名氏般若宝

　　　　　　　小一　妹瑞象宝

一户没罗那征胜三口（8）

　　　　　男一

大一　　那征胜

女二

大一　　妻子俄名氏窝变金

小一　　女喜女乐（小狗乐　误）

一户嵬移雨鸟五口（9）

男二

大一　　鱼鸟

小一　　子正月有

女三

大一　　妻子罗氏有有

小二　　女白前黑　　金？

一户明祖老家盛四口（10）（新姓？）

男二

大一　　老家盛

小一　　子老房宝（兄弟不排行，父子不避讳）

女二

大一　　妻子梁氏姐小宝（与下梁氏姐小白是姐妹）

小一　　女老房兄弟

一户卜显令二口（11）

男一

大一　　显令

女一

大一　　妻子律移氏？赞

一户酪布老房犬二口（12）

男一

大一　　老房犬

女一

大一妻子平尚氏美母金

一户寡妇浑氏宝乐三口（13）

女一

　　　　大一　宝乐

　　男二

　　　　小二　子塔后宝　羌接（额）宝

一户居地善月奴三口（14）

　　男一

　　　　大一　善月奴

　　女二

　　　　大二　母庞清氏额母（乐）（母女同姓）

　　　　　　妻子庞清氏盛有

一户耶酉铁盛二口（15）

　　男一

　　　　大一　铁盛

　　女一

　　　　大一

　　　　　　妻子梁氏白小姐

一户韩显（闪）家吉四口（16）

　　男三

　　　　大一显家吉

　　　　小二

　　　　　子正月盛　祥瑞盛

　　女一

　　　　大一　妻子讹一氏五月母

一户勒奴宝四口（17）（是否骨勒？）

　　男二

　　　　大一　奴宝

　　　　小一

　　　子黑鸭

　　女二

　　　　大一　移合讹氏禅定金

　　　　小一　女男宝金

一户勒善月盛二口（18）

　　男一

　　　　大一善月盛

　　　　女一

　　　　大一　妻子耶和氏……

一户勒铁宝四口（19）

　　男一

　　　　大一　铁宝

　　　　女三

　　　　大二

　　　　　　妻子兀罗氏小姐胜

　　　　　　母你勒氏心喜宝

　　　　小一

　　　　　　女……

一户潘驴子有二口（20）

　　男一

　　　　大一　驴子有

　　　　女一

　　　　大一

　　　　　　妻子　令氏般若母（改动）

一户罗盛功长四口（21，推导男女人数）

　　男三

　　　　大一（盛功长）

　　　　（小二……）

　　　　女一　大一妻子……

　　　　　　……

一户河水山二口

　　男一

　　　　大一　河水山

　　　　女一大　妻子平尚氏瑞宝

一户梁吉祥势五口

　　　　男三（二改）

　　　　　大二　吉祥势　弟老房山

　　　　　小一　子七月犬

　　　　男二

　　　　　大二　妻子移律氏白乐

　　　　　　妻子居地氏善明金（核对照片）

一户居地有盛二口（24）

　　　　男一

　　　　　大一　有盛

　　　　女一

　　　　　大一　妻子年那氏小狗母（年那，新姓氏）

一户居地老房男三口（25）

　　　　男二

　　　　　大一　老房男

　　　　　小一　子三宝茂

　　　　女一

　　　　　大一　妻子依易氏七宝白（依易，新姓氏？）

一户律移福有盛六口（26）

　　　　男三

　　　　　大一福有盛

　　　　　小二子　九月铁　瑞助铁

　　　　女三

　　　　　大二　妻子……

　　　　　　女犬百金

　　　　　小一　女犬母宝

一户千玉吉祥有四口（27）

　　　　男一

　　　　　大一吉功［祥］有

　　　　女三

　　　　　大三妻子瞿氏五月金

妻子梁氏福犬（事）

女铁母

一户嵬移十月有四口（28）

男一

大一　十月有

女三

大一　妻子令宁氏老房乐

小二　巢变兄　老房善

一户耶和讹势二口（29）

男一

大一　讹势

女一

大一妻子酪布氏正月金

一户梁河水山二口（30）

……

二　户籍计账

俄 Инв.No.6342-2　户籍计账 [①]

（1）

① 《俄藏黑水城文献》第 14 册，第 123 — 124 页。

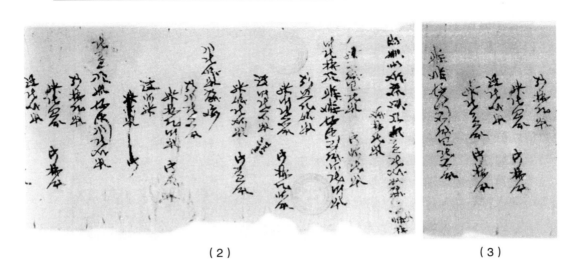

（2）　　　　　　　　　　（3）

录文：

……

梳馲刃（大字）（画押）

𗰖𗾟𗤁𗭑𘃸𘄡𘓝𗑗𗅆𘃸�199𗦲𘂔嬲？𘉦梳
　　　　𗅆梳馲𗦀
　𘄡刃𗅆𘃸𗦲　𗟲𘄡𗦲
𗤁𗦀梳𗤻𘓖𘏽𘄡𗟲刃𗅆𘄡𗦲𗤁𗦀
　　𗤻𘃸𘀄𗦀𘄡
　　　𘄡𗤁𗦀刃𗦲　𗟲梳𗦀𘄡𗦲
　　𗧫𗤁𗦀刃𗦲
　　　𘄡𘀄𗦀𗟲𗦲　𗟲𘓝𗦲
𗦲𗦀𘀄𗦲𘓖𗵞
　　𗤻𗦲𗦀刃𗦲
　　　𘄡梳𗦀𗤁𗦲　𗟲𘀄𗦲
　𗧫𗟲𗵞

𗾔𗱕𗙴𗦜𘕿�314𗾔𘊛�
　　𗦝�176𗾔�
　　　𘕿��　��
　　𘓄𗾔𘊛�
　　　𘕿𗾔𗱕�　��
𗴡𘟪𘕿�177𘊛𗙴𗦜��

对译：

……
二十一（大字，下有画押）
里溜饶尚般百局分七十九户？？ 共二
　　　　　百二十人
　大一百八十人　小四十人
六十二户原先大小一百四十六人
　　　　男八十五人
　　　　　大六十一人　小二十四人
　　　　女六十一人
　　　　　大五十四人　小七人
三十五人单身
　　　　男三十一人
　　　　　大二十六人　小五人
　　　　女四大
十七户？ 大小四十九人
　　　　男二十人
　　　　　大十八人　小二人
　　　　女十九人
　　　　　大十七人　小二人
原先大小一百八十一人

三　户籍手实

1. 俄 Инв.No. 7629–1　户籍手实 [1]

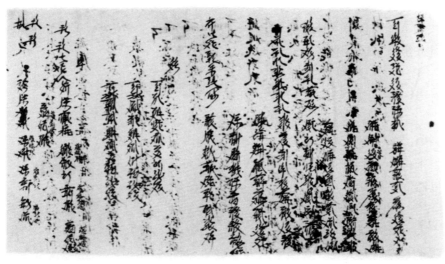

（1）

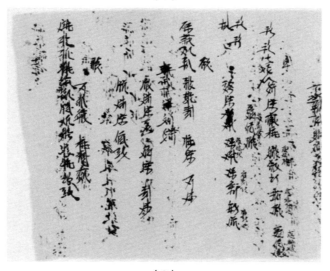

（2）

2. 俄 Инв.No. 8203　户籍手实 ①

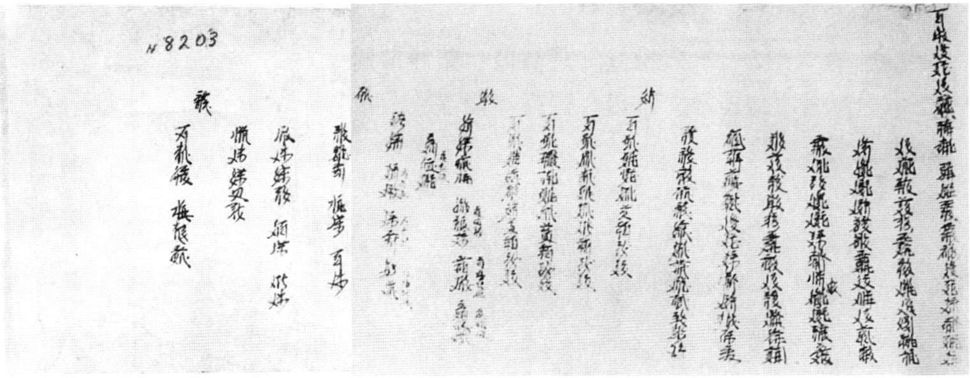

录文：

[illegible]

[illegible]

[illegible]

[illegible]

[illegible]

[illegible]

[illegible]

[illegible]

[illegible]

[illegible]

[illegible]

[illegible]

[illegible]

[illegible]　[illegible]　[illegible]

① 《俄藏黑水城文献》第 14 册，第 256—257 页。

𔐀𔘆𔓐𔒒　𔑾𔐀𔐀　𔒮𔖙　𔖊𔖈𔐀

　𔖙𔖊𔖈

　𔖊𔖈𔖙

　𔖙𔖈𔓐　𔖙𔖊𔓐　𔖙𔒒𔓐𔐀

𔒮𔐀　𔐀𔖙　𔐀𔖈　𔑾𔖈

𔒒

　𔒮𔒮𔒒　𔒒𔐀　𔓐𔘆

　𔖈𔐀𔐀𔓐　𔒮𔐀　𔒮𔐀

　𔘆𔐀𔐀𔐀𔓐

𔒒

　𔓐𔖈𔓐　𔒒𔖈𔖊

对译：

一人移讹千男本上前内侍军正移讹吉祥犬兄
　　　　千父等与一抄是先赢弱因行
　　　　监嵬移善盛下抄旧共千父及
　　　　军首领嵬移吉祥山下嵬移般若
　　　　宝与三人一抄是千男今现叔
　　　　法执运能移讹吉祥善死〈　〉养
　　　　儿子是畜物有〈　〉〈　〉明令下列有
地
　　　　一块渠新接接七石撒处
　　　　一块渠律移接六石撒处
　　　　一块渠习判接七石撒处
　　　　一块场口杂地七石撒处
人
　　　　　　年四十　年二十五　年五岁
　　　男大幼二　祥和吉　成犬　七月乐
　　　　年三岁

　　　　　　十月犬

　　　女大

　　　　　　年五十　年三十　年二十五

　　　　　　吉妇　吉金　三姐

　　　畜

　　　　骆驼三　二大　一小

　　　　牛大小十　四大　六小

　　　　羊大小八十

　　　物

　　　　一条毯　二卷纤 ①

意译:

一人移讹千男原本与前内侍正军移合讹吉祥犬兄

　　　　　千父等是一抄，先因羸弱，在行

　　　　　监嵬移善盛下共旧抄，千父及

　　　　　军首领嵬移吉祥山下嵬移般若

　　　　　宝三人为一抄，千男现今叔

　　　　　执法转运移合讹吉祥山死之养

　　　　　儿子。所有畜物已明，如下列:

　　　地

　　　　一块接新渠撒七石处

　　　　一块接律移渠撒六石处

　　　　一块接习判渠撒七石处

　　　　一块场口杂地撒七石处

　　　人

　　　　　　年四十　年二十五　年五岁

────────────

　　① 此字𗋽［郁］音，暂译"纤"。俄罗斯圣彼得堡东方学研究所手稿部藏黑水城文献俄 Инв.No. 8203。

　　　　男大幼二　祥和吉　成犬　七月乐
　　　　　　　年三岁
　　　　　　　十月犬
　　　　女大
　　　　　　年五十　年三十　年二十五
　　　　　　吉妇　吉金　三姐
　　　畜
　　　　骆驼三　二大　一小
　　　　牛大小十　四大　六小
　　　　羊大小八十
　　　物
　　　　一条毯　二卷纤 [①]

3. 俄 Инв.No. 7893–9　户籍手实 [②]

---

①　纖［郁］音，暂译"纤"。
②　《俄藏黑水城文献》第 14 册，第 213 页。

录文：

𗧢𗰖𘄞𗇋𗔽𘓺𗪯𗓰𗱕𗓰𘕿𘝞�é

　　　𘋅𗤀𗇋

𗆟𘋋𗓰

　　𗧢𗄼𗆟𘍦�é𗄭𗤈𗣼𗵒𘎥　𘋅𘈷𗇋𘙂�)

　　　　𘊊𗙤�é

　　𗧢𗄼𘎳𗆟𘍦�é𗤈𗢳𗣼𗵒𘎥　𗇋𘈹

　　　　𘈿𘊊𗙤�é

　　𗧢𗄼𘚢𗊷𘍦�é𗤈𗣼𗵒𘎥　𘋙𗰖

　　　　𗤀𗧘𘊊𗙤�é

　　𗧢𗄼𘄒𗤀𘍦�é𘄒𗣼𗵒𘎥　𗇋

　　　　𘊊？𘓺𘊊𗙤�é

�é　𘈷𗱕𘕜

　　□□□□

　　　　　𗧢𗱕𘋋𗵒𘔧𘄞　𗧢𗱕𘊩𘏨　𘋋𘔧

　　　　　𗧢𗱕𗤈

　　𘈻𘍚𘈷𗤈𗵒　𘒓𗵒𗤈𘏐　𗆟𘏐

𘋅𗆟𘓯𗤈𘙃𘕜

　　𗆟𗤈　𘋙𘙂�é　𘈷𗤈𗢳　𘕿𘍦�é　𘈷𗤈

　　　𘎧𘄿　𘔧𗤈　𘐒𘘓𗱕　𗢳𗤈　𘕜𘕷𘕿　𘈷𗤈

　　　𘕞𘀆𘄿　𗤈𗵒　𘕿𘍦�é　𘔧𗥻　𘕿𘍦𘄿

　　　𘔧𘍦𘓺　𗵒𗥻　𘕜𘕷𘄿　𗤈𗢳

　　𘓯𘕜　𘄿𘚣𘕿　𘏐𗤈　𘈼𘕿　𗢳𗤈

……

对译：

一户行监梁？？有属畜品昔〈　〉明令

　　　以下有

地四块

　　一块阳渠螺丑二十石撒处　耶和心喜盛
　　　　　与边接
　　一块道砾渠接十五石撒处　梁界
　　　　　乐与边接
　　一块律移渠接十石撒处　移讹
　　　　　姐小盛与边接
　　一块七户渠接七石撒处　梁
　　　　　年？有与边接

畜三马中

　　　　一马公二齿俱　一马母骡　四齿
　　　　一幼马
　　　骆驼三十二　大二十六　小六

人男女十八中

　　男十　心喜犬　三十五　正月犬　三十
　　　铁吉　四十　势汉金　五十　祥瑞乐　三十
　　　小狗吉　十二　月月犬四岁　正月吉
　　　四月盛　二岁　祥行吉　十五
　　女八　吉祥乐　六十　水护　五十
　　……

意译：

一户行监梁？？有属畜品业已令明，
　　列如下：
　地四块
　　一块接阳渠撒二十石处，与耶和心喜盛
　　　　（地）边接
　　一块接道砾渠撒十五石处，与梁界
　　　　乐（地）边接

一块接律移渠撒十石处，与移合讹

　　　　小姐盛（地）边接

一块接七户渠撒七石处，与梁

　　　　年尼有（地）边接

畜三马中

　　一公马有二齿　一母马骡四齿

　　　　　　一幼马

　　　　骆驼三十二　大二十六　小六

　　　　人男女十八中

　　　　男十　心喜犬　三十五　正月犬　三十

　　　　　　铁吉　四十　势汉金　五十　祥瑞（行）乐　三十

　　　　　　小狗吉　十二　月月犬四岁　正月吉

　　　　　　四月盛　二岁　祥行吉　十五

　　　　女八　吉祥乐　六十　水护　五十

　　……

第二　租税文书

一　耕地税账

1. 俄 Инв.No. 4808（6）户租粮账 [①]

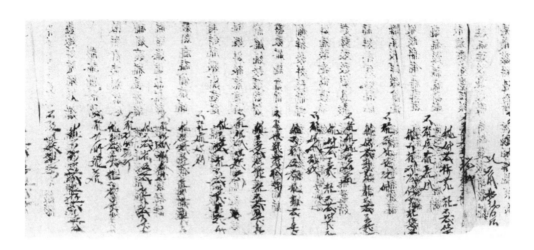

录文：前 5 户（自图版 6 行—15 行）纳粮账

刻穀綾禮羲羰

　絥刻翍刻藬傓薍　叔梎藬夒薍贪芛兏

刻穀稊羲斶夋？羧？

　絥綗藬敊薍　叔刻藬贪芛兏

刻穀？獙繵斶羲

　絥綯藬贪薍　叔刻藬綯薍兏

刻穀獙斌？羧

　絥刻藬傓薍　叔敊薍贪芛兏

刻穀羰薍藜？絑

---

① 《俄藏黑水城文献》第 13 册，第 293 页。

𘞤𘜒𘉊𗣼𘟪　𗧤𗏴𘉊𘑊𘟪𗣼𗑱𘏍

对译：

一户柔般若乐（1）

　　大麦一石一斗五升　麦二斗 八升七合半

一户正首领？盛曼？（2）

　　大麦四斗三升　麦一斗七合 半

一户叔莵西九铁（3）

　　大麦六斗七升　麦一斗六升半

一户莵移？茂（4）

　　大麦一斗五升　麦三升七 合半

一户麻则金？吉（5）

　　大麦六斗七升　麦一斗八升七 合半

2. 俄 Инв.No.1178-2　户耕地租粮账 [①]

---

① 《俄藏黑水城文献》第 12 册，第 211 页。

录文：

……

……

对译：

……

杂一石五斗　麦三斗七升半（1）

……乐一顷四十八亩税一石斗（2）

五升

杂一石四斗八升　麦三斗七升……

……死续子般若盛一顷四十三（3）

亩税一石七斗八升七合半

杂一石四斗三升　麦三斗三升二

……吉二十八亩税三斗五升（4）

杂二斗八升　麦七升

---

① 以下框内补字系据地亩数和应纳粮数推算得出。

……有七十二亩税九 斗 （5）

杂七 斗二升　麦一斗八升

……

3. 俄 Инв.No.1755-4　户耕地租粮账 [①]

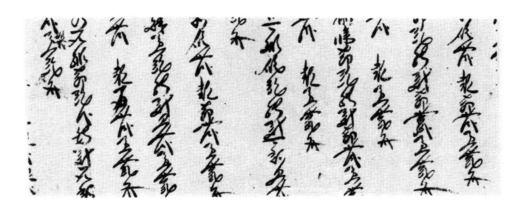

录文：

……俒薡　叔散薡资蒊毛

……蒏婼鹙散薡资蒊毛

……薡　叔资蒊毛

……怖散蒏婼鹙散薡资蒊毛

……薡　叔资蒊毛

……刭婳俒蒏婼鹙刭翱叐薡

资蒊 毛

……翱俒薡　叔散薡资蒊毛

……蒏资蒏婼鹙叐薡资蒊毛

……薡　叔刭薡资蒊毛

……刭婳散蒏蚘婼鹙刭翱

① 《俄藏黑水城文献》第 12 册，第 306 页。

……𗗥𗼃𗗙𗦻𗃛

对译：

……五斗　麦三斗七升半（1）

……十亩税三斗七升半（2）

……斗　麦七升半

……山三十亩税三斗七升半（3）

……斗　麦七升半

……一顷五十亩税一石八斗（4）

七升半

……石五斗　麦三斗七升半

……吉七十亩税八斗七升半（5）

……斗　麦一斗七升半

……一顷三十九亩税一石（6）

……斗三升七合半

据税率推算出残缺的地亩和粮税数目，可补足为：

一顷五十亩税一石八斗七升半（1）

杂一石五斗　麦三斗七升半

……三十亩税三斗七升半（2）

杂三斗　麦七升半

……山三十亩税三斗七升半（3）

杂三斗　麦三七升半

……一顷五十亩税一石八斗（4）

七升半

杂一石五斗　麦三斗七升半

……吉七十亩税八斗七升半（5）

杂七斗　麦一斗七升半

……一顷三十九亩税一石（6）

七斗三升七合半

杂一石三斗九升　　麦三斗四升七合半

4. 俄 Инв.No. 4808（9）（10）　户租纳粮账[①]

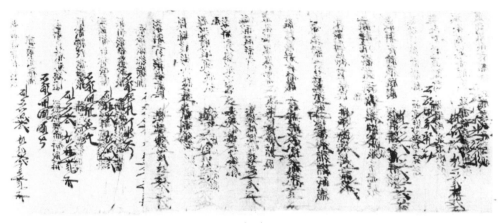

（1）

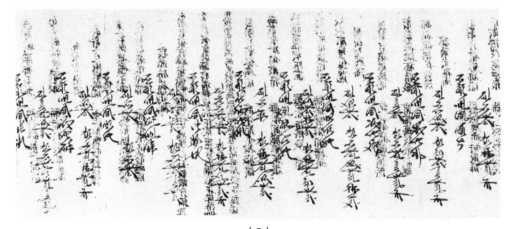

（2）

① 《俄藏黑水城文献》第 13 册，第 295 页。

录文：第四段前 5 户的纳粮账，从图（1）倒数第 6 行至图（2）第 7 行

刁叙鏒쌅쌅靿菥
　　鮫梎薞　叙煗荙

刁叙蠿駬鑻叕
　　鮫刁薞　叙梎荙毛

刁叙蠿绖鄸峀
　　鮫刁翍煗薞　叙散薞餈荙毛

刁叙蠿绖 ?? 叕
　　鮫餈薞　叙散薞餈荙毛

刁叙蠿绖 ?? 绖
　　鮫鏒薞　叙刁薞煗荙梎茫

对译：

一户地宁吉祥有
　　杂二斗　麦五升
一户蒐口移丑盛
　　杂一斗　麦二升半
一户蒐移驴子
　　杂一石五斗　麦三斗七升半
一户蒐移容颜戏
　　杂七斗　麦一斗七升半
一户蒐移容颜丑
　　杂六斗　麦一斗五升二合

二　租役草税账

1. 俄 Инв.No.4067　户耕地租役草税账 [1]

---

[1]《俄藏黑水城文献》第 13 册，第 180 页。

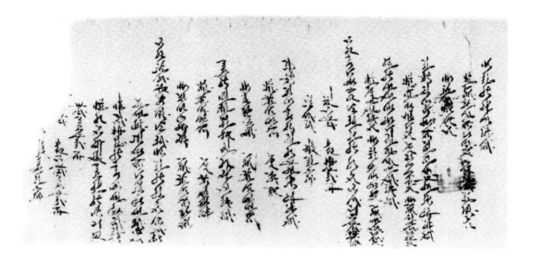

录文（8—10行）：

……

刻毅祥絪辭蔬？絀弥絪嫜？？？ 参刻薪楒蘫瓾
　　　　敧刻薪　叙楒蘫瓾
　　　　發愧後　緱弥

……

对译：

……

一户梁吉祥有？上十亩地？？？税一斗二升半
　　　　杂一斗　麦二升半
　　　　役五日　草十捆

……

2. 俄 Инв.No.5067 户耕地租役草账[①]

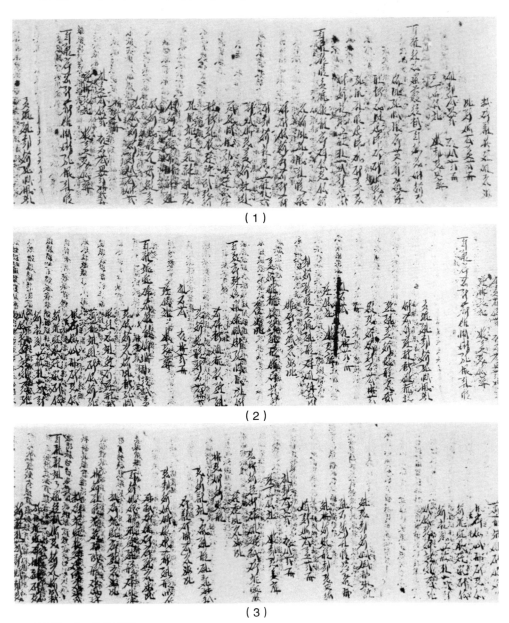

（1）

（2）

（3）

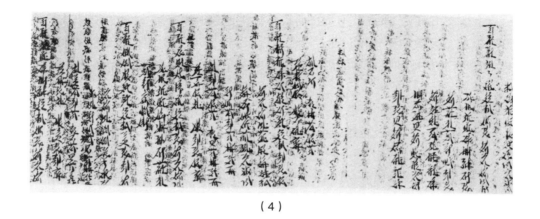

（4）

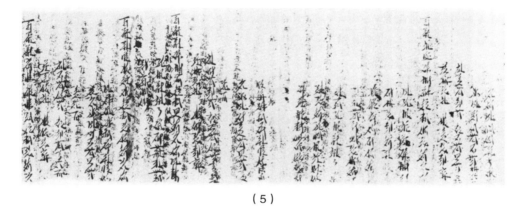

（5）

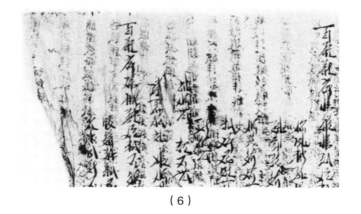

（6）

上述文书可见 14 户，第 1 户前残，缺耕地数，又有第 2、9、12 户 3 户将土地出卖，无缴纳租役草记录。余第 3、4、5、6、7、8、10、11、13、14 户共 10 户有关耕地和租役草的内容较全，现摘译各户耕地和服役天数如下：

录文：

　　　𘟪𗂧……𘞂𗥃𗴒𗢳……（3）
　　　　�叕𗋽𗥃𗵘………
　　　𘟪𗂧……𗥃𗢳……（4）
　　　　�叕𗴒𗵘………
　　　𘟪𗂧……𗥃𗢳……（5）
　　　　�叕𗴒𗵘
　　　𘟪𗂧……𗤶𗥃𗰜𗢳……（6）
　　　　�叕𗥃𗴒𗵘
　　　𘟪𗂧……𗥃𗢳……（7）
　　　　�叕𗴒𗵘
　　　𘟪𗂧……𗤶𗥃𗴒𗢳……（8）
　　　　�叕𗥃𗴒𗢳
　　　𘟪𗂧……𘞂𗥃𗤶𗢳……（10）
　　　　�叕𗋽𗥃𗵘………
　　　𘟪𗂧……𘊝𗥃𗢳、𗋽𗥃𗤶𗢳……（11）
　　　　�叕𗋽𗥃𗵘………
　　　𘟪𗂧……𗥃𗴒𗢳……（13）
　　　　�叕𗥃𗴒𗵘………
　　　𘟪𗂧……𗥃𗢳、𗤶𗥃𗢳……（14）
　　　　�叕𗥃𗴒𗵘…

对译：

　　　一户……七十五亩……（3）
　　　　役二十日

一户……十亩……（4）

　　役五日

一户……十亩……（5）

　　役五日

一户……三十八亩……（6）

　　役十五日

一户……十亩……（7）

　　役五日

一户……三十五亩……（8）

　　役十五日

一户……七十五亩……（10）

　　役二十日

一户……四十亩、二十三……（11）

　　役二十日

一户……十五亩……（5）

　　役十五日

一户……十亩、三十……（11）

　　役十五日

3. 俄 Инв.No. 8372　户耕地租役草账 [①]

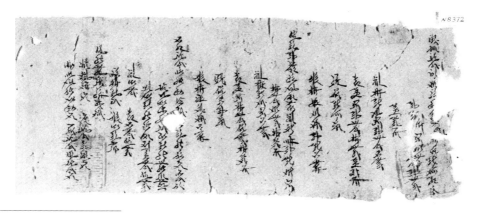

录文：

    𗼼𗤋𗣼？𗾈？𗤻𗫞𗥃𗭼𗤔𗣔
           𗤏𗥃𗯙𗫤𗯙𗗟𗤏𗧐
            𗕿𗆧𗗆
      𗤔𗒴𗥃𗤕𗫤𗤏𗗟𗥍𗧐
      𗗉𗕿𗫤𗤏𗗟𗒴𗧐𗕿𗆧𗗆
      𗤗𗫞𗥃𗭼𗣔
      𗴮𗒴𗤸𗤕𗫡𗤏𗥃𗥍𗒟
    𗫞𗥃𗤏𗣔𗤗？𗫡𗨁𗤔𗦲𗤻𗤏𗥃𗯙𗫤
            𗒴𗗟𗯙𗗟𗒴𗆧𗗆
      𗤔𗒴𗥃𗤕𗫤𗥍𗗟
      𗗉𗕿𗫤𗒴𗗟𗫞𗗟𗒴𗆧𗗆
      𗤗𗫞𗥃𗤏𗣔
      𗴮𗒴𗤸𗤕𗫡𗥍𗒟
    𗥍𗤔𗤗？𗾈𗨁𗒳 𗽔𗫡𗥃𗯟𗔆𗤗𗭼？𗒶
         ？？𗯟𗒲？𗴮𗥃𗯟𗗠
        𗫞𗫤𗥃𗯟𗤗𗨻𗣙𗣔𗕿𗗟𗫞𗗠
      𗤔𗫤𗗟 𗗉𗥍𗗟𗫞𗗠
      𗤗𗒴𗥃𗒟 𗴮𗫤𗥃𗒟
  𗫞𗯟？？𗱊𗲲
    𗘂𗲜𗱊𗥃   𗧇？？？𗥃
    𗾝𗫤𗲲𗥃𗱕𗭷𗥃 𗗟𗥃？𗾈𗆧𗲲𗥃

对译：

里溜吾移？宝共五十四户税
      三十六石六斗三升
      七合半
    杂二十九石三斗一升

　　　　　　麦七石三斗二升七合半

　　　　　　役五十四人

　　　　　　草二千九百三十一捆

　　五十三户农？人有杂细共三十六石

　　　　　　　　　二斗六升二合半

　　　　　　杂二十九石一斗

　　　　　　麦七石二斗五升二合半

　　　　　　役五十三人

　　　　　　草二千九百一捆

　　一户吾移？奴册上有 六 十亩地与？？全

　　　　　　　　　？？还大小？之十亩已

　　　　　　　　　又六十亩已留，税七斗五升

　　　　　　杂六斗　麦一斗五升

　　　　　　佣二十日　草六十捆

　　五亩　渠接

　　　　东与鸟？（接）　　　　南与……（接）

　　　　西与六月盛？？（接）　　北与吾移？讹（接）

4. 英 Or.12380–2349（k.k.）天盛二十年纳粮收据[1]

―――――――――

[1]　《英藏黑水城文献》第 3 册，第 80 页。原定名为"木印章"，现改为"纳粮收据"。

录文：

（左面）

𘊟𘜄……
???　𗘁𗋽𘝣……
　　　𗤻𗵭𘄒𗵭……
　　　　𗹏𘊟𗭧𗼃……

（右面印文）

𘊟𗷉𘝣𗲲（画押）

对译：

（左面）

今自……
???　利限大麦……
　　　天盛二十……
　　　　司吏耶和……

（右面印文）
量面头监（画押）

意译：

（左面）

今自……
???　利限大麦……
　　　天盛二十……
　　　　司吏耶和……

（右面印文）

计量小监（画押）

5.武威 G31·05［6730］ 乾定酉年增纳草捆文书"官"字号（正面、背面）①

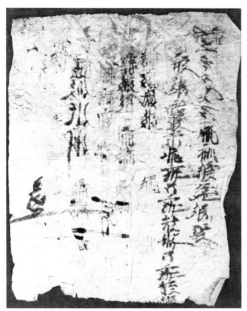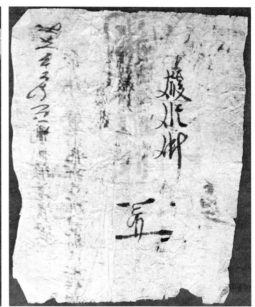

录文（始有两行手写西夏文草书）：

𗾓𗙴 ②　𗋽𘋒𗼻𗙴 ③

𗧀𗫻𗥃𗋽𗬩𗫼𘋶𗆄𗀝𗧀𗆄𗀆𗩾𗧀𗆄𗏸𗩾

𘜶𗫻𗧺𗫼　　𗫼　　𗫼

𗼻𗫻𗤋 ④　　𗥃𗫻　　𗥃𗫻　　𗥃𗫻

𗋽𗌭𗥃𗯆　　𗫼

𗥃𗫻 ⑤　　𗥃𗫻　　�𗫻

---

①　《中国藏西夏文献》，第 16 册，第 390—393 页。

②　𗾓𗙴，"迁条、迁溜、里溜"。迁，相当于汉文中里甲的里。里溜，是西夏最基层的组织。

③　𗋽𘋒𗼻𗙴，𗋽𘋒音"没细"，番姓；𗼻𗙴，"苗盛"，人名。

④　𗤋，音［郝］，汉姓。

⑤　𗥃𗫻，音［大石］，应是人名，此库监名郝大石。

𗰖𗇃　　𗰣𗇔

对译：

里溜头领没细苗盛
一户折学戏 [①]　增二捆一捆麦草一捆粟草
乾定酉年　　月　　日
库守郝　大石　大石　大石
做官簿者　钟
□□　　大石　　大石　　大石
库监　大石

三　人口税账

1. 俄 Инв.No. 4991-5　里溜人口税账 [②]

---

① 此三字为人名，第一字姓氏𗰖，音译为折，二、三字草书，文字不清，据形体暂录为"𗧀𗤶"，译为"学戏"。

② 《俄藏黑水城文献》第 13 册，第 322 页。

录文：

······

　　　楄疆　　綑蕱儏蕣

　　　　刻蕱繼绲饳皾叐蘃散蕱

　　　　刻绪叕叕蕠刻蕱儏蕣······

刻敔熊義?絣綑皈刻翓儏蕱

　　　结刻熊義?絣散蕱

　　　疆散斊蕱儏蕣

　　　楄蕱缪蕱

　　　幾诋皾筬　莇皾義？筬

　　　刻绪熊皾義蕠刻蕱

　　　　　儏蕣······

刻敔絥绖蘱彡发散皈斊蕱儏蕣

　　结楄綑蕱儏蕣

　　刻蕱蘱彡发散蕱

　　刻绪散叕豣刻蕱儏蕣

　　疆蕱彶皾蕤祝散蕱

······

对译：

······

　　二女四斗五升

　　　一大妻子梁氏**兄弟**金三斗

　　　一小舅舅金一斗五升

一户高铁？圆四口一石五斗

　　男一高铁？圆三斗

　　女三七斗五升

　　　二大六斗

没啰氏铁男　张氏铁？男

一小高氏铁金一斗

五升

一户嵬移成酉男三口七斗五升

男二四斗五升

一大成酉男三斗

一小三宝犬一斗五升

女大卜氏显令三斗

……

意译：

……

女二四斗五升

一大，妻子梁氏兄弟金三斗

一小，舅舅金一斗五升

一户高铁？圆，四口，一石五斗

男一，高铁？圆三斗

女三，七斗五升

二大，六斗

没啰氏铁男、张氏铁？男

一小，高氏铁金一斗

五升

一户嵬移成酉男，三口，七斗五升

男二，四斗五升

一大，成酉男三斗

一小，三宝犬一斗五升

女大，卜氏显令三斗

……

2. 俄 Инв.No. 4991-6　里溜人口税账 ①

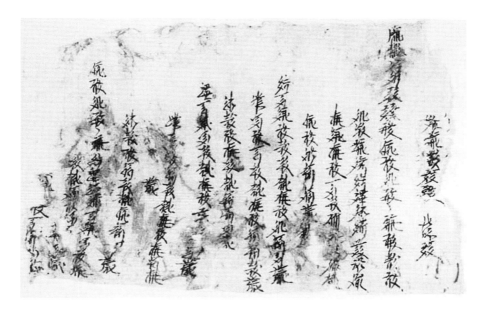

录文：

……

$\qquad$ 𘜶𘊝𘝞𗤒𗸐　𗤒𘈷𗸐

𗾃𘜶𘕣𘉒𗸐𗤒𗭼𗲲𗴷𘋽 ②　𗤬𘙤𗭴𘈷𗤒

$\qquad$ 𘋽𗸐𘜀𗆀𘊯𘈗𗨙𘄑𗸐𘈘𘃆𘓨

$\qquad$ 𘄻𗕑𘄻𗤒𗾟𗲲𗸼𗰛？？

$\qquad$ 𗲲𗤒𘊖𘇚𘌭𗟻？

$\qquad$ 𘉒𗾟𘄻𗤒𘈷𗲲𘇚𘄻𗤒𗭼𘌭𗾟𘈩

$\qquad$ 𘓨𘐀𗤒𗾟𗲲𘇚𘄻𗤒𘄑𘌭𘈷𘈩

$\qquad$ 𘉒𘈷𗤒𘄻𗲲𘇚𘄑𘌭𘐀𘈩

$\qquad$ 𗴷𗾟𘄻𘐀𗲲𘇚𘄻𗤒𗧾𘌭𘈷𘈩

① 《俄藏黑水城文献》第 13 册，第 323 页。
② 𘉒（户）后有一重复号，后应再有一𘉒字。

𗧘⟦𗵍𗉮𗏋⟧𗧊𗤋𗙟𗧊𗙟𗟨𗙟
𗜓
𘙟𘝋𗧊𗏋𗧊𗤋𘉐𗟨⟦𗬀⟧𗜓
𘉐𗧊𘜶𘄄𘄄𘓺𘙟𘜷𘙟𗧘⟦𗬀⟧𗓱𘞿𗧊𗙟
𗧊𗤋𗏋𗧊𗏋⟦𗟨𗵍⟧𗜓
𘙟𘙟𗧘𘞿𗧊𗵍𗧊𗙟𗧊⟦𗬀𘝺⟧𗜓

……

对译：

……

迁溜梁肃寂局分五十九户全户及三十
        九人单身男女大与小总计
        二百二十一人之？税粮食
        五十六石四斗数
        男一百十三人谷二十九石一斗
        大八十一人谷二十四石三斗
        小三十二人谷四石八斗
        女一百八人谷二十⟦石三⟧斗
        大七十四人谷二十二石二
        斗
        小三十四人谷五石⟦一⟧斗
五十九户全户男女大小一百八十二
        人谷四十⟦四石七⟧斗
⟦男大小八十七人谷二⟧十一石⟦三⟧斗
……

3. 俄 Инв.No. 4991–8 里溜人口税账 [①]

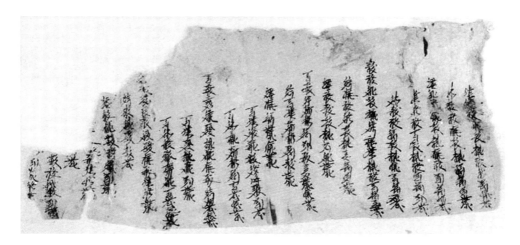

录文：

……

   𗼨𗽀𗱕𗾟𗾘𗱕𗰖𘃩𗽀𘝞

   𘊢𗾔𗱕𗜓𗱕𗾟𗽜𘃩𗟲𘝞

   𗰔𗿊𗱕𗾟𗽀𗾟𗜓𗱕𗾔𘃩𗽜𘝞

    𗼨𗰖𗱕𗫂𗾟𗾘𗽀𗟲𘃩𗾔𘝞

    𘊢𗾔𗱕𗽜�t𗾘𗽀𗫂 [②] 𘃩𗫂𘝞

 𗾔𗱕𗿊�t𗫊𘊏𗫉𗼨�t𗱕𗫂𘃩𘓞𘝞

   𘊏𗜓𗱕𗰖�t�t𘓞𘃩𗟲𘝞

   𗰔𗱕�t�t�t [③] 𘃩𗿊𘝞

  𗫂𗄃𗨁𘓲𗮅𘔿�t𗴢𘓞𘝞𗽀𘓬

   𘊏𗫂𗼨𘓲𗮅𘔿�t𘝞

   𗰔𗜓𗟲𘝞𗽀𘓬

---

① 《俄藏黑水城文献》第 13 册，第 324 页。
② 此处衍𗫂（一）字。
③ 此处遗�t（三）字。

𘕿𗱊𗤁𗄭𗳦𗤁𗴺𗫂𗾔

𘕿𗴮𗤒𗴮𗤎𗫵𘕿𗾔𗢺𗫂

𘕿𘏚𗉛𗤁𗈪𗕑𗔀𘏚𗢧𘃎𗾔𗢺𗫂　野萼

𘕿𗱊𗈪𗕑𗔀𗳦𗾔

𘕿𗴮𗤖𗕸𗟭𗙏𘕿𗾔𗢺𗫂

𘕿𘏚？？𘏨𗤁𗼋𗉛𘏚𗼻𗾔

𗴮𘏨𗤁𗼋𗳦𗾔

𘋩𗳦𗙏𗤁𗣫𗲩𗳦𗾔

𘕿𘏚……？？？？

……𗾔

𘋩……𗤁𗼻𗤁𗼋𗳦𗾔

……

对译：

……

　　　　　　大 五十五 人谷十六石五斗

　　　　　　　　小三十二人谷四石八斗

　　　　女九十五人谷二十三石四斗

　　　　　大六十一人谷十八石三斗

　　　　　小三十四人谷五石一斗

　　三十九人单身皆大谷十一石七斗

　　　　男二十六人谷七石八斗

　　　　女十三人谷石四斗

　一户梁吉祥势三口七斗五升

　　　男一大吉祥势三斗

　　　女二四斗五升

　　　　一大麻则氏老房宝三斗

　　　　一小女吉祥势一斗五升

　一户依萼乌接犬二口男四斗五升

　　　　一大鸟接犬三斗

　　　　一小子天王犬一斗五升

　　 一户 ？？ 腊月盛二口大六斗

　　　　男腊月盛三斗

　　　　女？？ 氏？ 有三斗

　　 一户 ……？？？？

　　　　……斗

　　　　……氏十月宝三斗

……

4. 俄 Инв.No. 5223-2　　人口税 [①]

————————————

① 《俄藏黑水城文献》第14册，第27页。

录文：

……

（西夏文）

　　（西夏文）

　　　（西夏文）

　　（西夏文）

　　（西夏文）

　　（西夏文）

　　　（西夏文）

（西夏文）

　　（西夏文）

　　（西夏文）

　　（西夏文）

……

对译：

一户梁？？奴四口一石五斗

　　男三七斗五升

　　　？？奴　老房奴

　　　小？？奴一斗五升

　　女一

　　　大？？氏十月白三斗

一户普珠十月吉三口七斗五升

　　男二四斗五升

　　　大十月吉三斗

　　　小？？犬一斗五升

……

5. 英 Or.12380-0324（k.k. Ⅱ.0285b） 人口税账 [①]

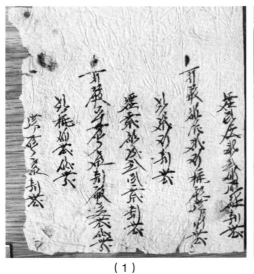 

（1）　　　　　　　　　　　　　　　　（2）

录文：

（1）

……

　　縬㢈縪羰歎綿㢏祥敊蘬

　㓜敊羰㲌㹨縇㭉敊蕭綵蘬

　　結㹨縇敊蘬

　　縬羸稨㲌歎㵷羸敊蘬

　㓜敊佯羕羕羮敊敤貧蘬傤甇

　　結㭉綱蘬傤甇

　　　蕭羕羕羮敊蘬

……

（2）

　……

① 《英藏黑水城文献》第 1 册，第 130 页。原定名为"亥年新法"，本书改为"人口税账"。

𗼨𗤋𘈣𘊢𗴭𗤋𗱲𗴮𘆟𘉞𗅋𗤋
　　𗴮𗤋𘎑𘊩𗴮
　　𘉏𘉞𗴭𗤋𗱲𗴮𗤋𗴮
　　𘈣𘉞𗳉𘉟𘊩𘉃𘈞𗴯𘎼𗤋
　　　　𗴮
𗼨𗤋𘈣𘊢𘉃𘊩𘈞𗴭𘉟𘉞𘊩𗴮
　　𘉏𘉞𘉃𘊩𘈞𗤋𗴮
……

对译：

……

　　女舍妻浪氏有青白三斗
一户浪酩犬吉二口大六斗
　　男犬吉三斗
　　女女葛玉氏乐？三斗
一户梁恶恶铁三口七斗五升
　　男二四斗五升
　　　大恶恶铁三斗
……
……
一户耶和沉矿宝二口大各三
　　　斗数共六斗
　　男大沉矿宝三斗
　　女大舍妻千玉氏福有三
　　　　斗
一户耶和势功山二口大六斗
　　男大势功山三斗
……

6. 英 Or.12380–0344（k.k.）人口税账 ①

录文：

……

……𗫸𗣼𗋽𘜶𗤁𗴺?

……

……𗫸𗢭𘜶𗤁𗴺𗣫𗧓

　　　　　　　𗢗𗧓

𗤁𗤋𗤁𘈟𗫸𗢭𗆧𗤁𗆧𗴺𗟲

　　𗧓𗢗𗧓

　𗫽𗤋𗤁𗣫𘈟𗐔𗣫𗧓𗣫𗫸

　　𗢭𗆧𗤁𗣼𗴺𘈟𗧓

　𗣠𗤋𘈟𗐔𗣼𗧓𗢗𗧓𗣫𗫸

　　　𘈟𗧓

① 《英藏黑水城文献》第 1 册，第 135 页。原定名为"草书写本"，本书改为"人口税账"。

〔西夏文〕

〔西夏文〕……

译文：

……

……共一百四十石

……共谷四十石三斗
　　　　　　　五升

男七十九人共谷二十二石八

斗五升

　　大七十三人各三斗数共

　　　谷二十一石九斗

　　小六人各一斗五升数共

　　　九斗

女六十三人共谷十七

　石……

四　耕地水税账

1. 俄 Инв.No.1454-2V 耕地水税账 [①]

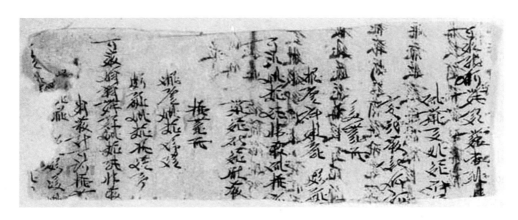

―――――――――

录文：

𗗙𗏁𗉁𗆧^①　𗏵𗏇𗏺𗬩𗏁𘓺𘓐……
　　　　𗏇𗏵𗄿𗔡𗾞𗏿……
　　　　？？𗏁𗣆𗆧𘃡？ 𗤋
　　　　𗡌𗏵𗣙
　　　𘓐𗵐𘆨？𗟲　𘀗𘝞……
𗗙𗏁𗏇𗘄𗏿𘄄𗏁𗏇𗳌𘃡𗏵𗏇
　　　　𗏵𘓺𗔡𘓺𗾞𗏁𗣙？ 𗤋
　　　　𗳌𗡌𗣙
　　　𘓐𗵐𗏇𗘄𗾞𗏿
　　　𘝞𗏇𗘄𗣳𗏿？
𗗙𗏁𗆧𘃡𗏵𗏇𗏇𗏇𗘄𗏿𘄄𗏁……
　　　　𗉁𗏁𗣙𗗙𘃡𗳌𗤋……
　　𗏵……　𘝞……
𗗙𗏁……
……

对译：

一处十四（石）往处……
　　　　灌 乙 单……
　　　　？？水税四石？ 斗
　　　　七升半
　　　东南梁？？　　西
一处嵬移狗山水灌二石往处
　　　　杠偏之偏青水税？斗
　　　　二升半

东南嵬移吉狗

西北嵬移小狗？

一处四石往处嵬移狗山水……

　　日水税一石二斗……

东……　　西……

……

2. 俄 Инв.No.1781-1　耕地水税账 [1]

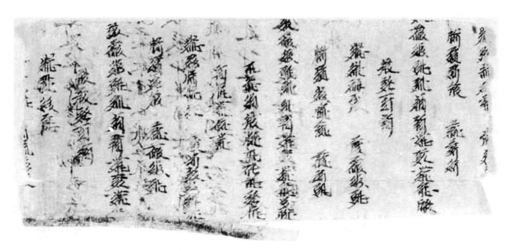

录文：

　　……

　　獙？？？？　莨？……

　　𗇀𗟠𗤋核　𗭽𗑱𗼎

　[�占]𗏹𗵘𗏫𗛈𗤋𗑱𗃌𗆧𗑷𗴲𗴣𗋽𗤒

　　　𗆱𗡜�占𗛈

　　獙𗝠�ʼ莨　莨𗵘𗏫𗑱

　　𗇀𗟠𗏫𗢎𗈼　𗵘𗏫𗑱

　[�占]𗵘𗵘𗏫𗑱𗃌𗃌𗛈𗤒𗆧𗑷𗴲𗋽𗠁𗏫

① 《俄藏黑水城文献》第12册，第313页。

𘜶𗗉𗴺𗩾𗤻𘜶𗴘𘜶𗤁𗏵

𘞪𗏵𘗽𗤻𗐟

𗩾𗤻𗀚？？　　𗾔？？？？？

𗒸𗌺？　𘝠𗤻　　𗙏𗗙𗴺𗄑

𗐠𗙏𗗙𗴺𗄑𗩾𗑠𗩿𘏨𗔽𘏼……

　　𗴺𗤻𗐠𗩿……

……

对译：

……

　　　东？？？？　　南？……

　　　西多斜北　　北自地

一处山穴渠灌四石往处 乙六青

　　　　水税一石

　　　东白那征　　南山穴渠

　　　西多阿名 乙 　北细渠

一处山穴渠灌九石往处 乙六 单？

　　　　半全日水及？？半税二

　　　　石二斗五升

　　　东聂山？？　南？？？

　　　西多？众（寺）北山穴渠

一处山穴渠灌四石往处 乙 ……

　　　　水税一石

　　　东……

　　　……

第三 粮物计账文书

一 粮账

1. 俄Инв.No.4762-4 里溜粮账 [①]

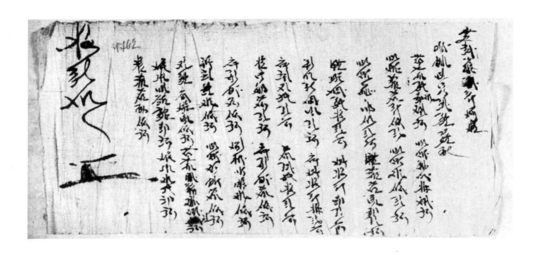

录文（人名略，录 10 户）：

贠靦 [②] ……綑纈
　峀貒……發骸
　……散絤翱　　……梠絤翱
　……倪彶翱　　……倪彶翱
　……緱彶翱　　……散彶翱
　……梠彶翱　　……散彶翱
　……彶翱　　　……梠彶翱

---

① 《俄藏黑水城文献》第 13 册，第 278 页。
② 贠靦（软谷），粮食，可能指细谷。

译文：

软谷……四力
　里溜……局分
　　　……300 石　　　……200 石
　　　……50 石　　　……50 石
　　　……60 石　　　……30 石
　　　……20 石　　　……30 石
　　　……10 石　　　……20 石

2. 俄 Инв.No. 6569-1　差役供给粮账 [①]

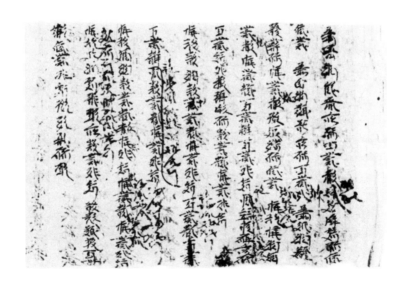

译文：

𘟙𗦻𗵘𗋽𗱕𗐱𗤋𘟛𗱽𗤻？𗾖𗜓𗥑𗋽�？
𗱕𗱽　𘟙𗠅𗦺𗞞𗐱𗤋𘟛𗱽𗥑　𘟙𗿦𗦺𗄃

---

① 《俄藏黑水城文献》第 14 册，第 157 页。

𗾟𗴺𗵆𗄓𦍋𗟲𗗙𦵂𗕣𗵆𗫨𗄤𗴺　𗄓𦱻𗄓𗒻

𗴺𗟲𗄓𗾟𗴺𗁬𗴺𗎼𗁬𗴺𗲉𗆫　𗫬𗒭𗙮𗭆𗕂𗵆

𗁬𗴺𗲉𗆫𗟲𗟤𗶞𗵆𗟲𗴺𗄤𗄓𗴺𗲉𗆫

𗄓𗒻𗟲𦱻𗟲𗴺𗄤𗄓𗴺𗲉𗆫𗁬𗴺𗄤

𗁬𗴺𗎼 ①　𗫬𗟲𗴺𗄤𗄓𗴺𗲉𗆫

𗄓𗒻𗛽𦱻𗟲𗴺𗄤𗟲𗄓𗴺𗲉𗆫 ②　𗄓𗴺𗄤𗄓𗴺𗲉𗆫

𗄓 ③　𗒻𗶺𦱻? 𗔿𗟲𗊱𗟲𗴺𗲉𗆫　𗒻𗛕𗦳𦒤𗁬（弦或暖）

𗟲𗫬𗴺𗲉𗆫𗟲𗟲𗄡𗵆𗦳

对译：

十七日驮？者〈　〉一升及？老房吉〈　〉五？

五升　十八日谁为者〈　〉一斗糜　十九日禽

鸟执〈　〉二升面及［续都］大人〈　〉五升面　二十二日

升及二斗面一斗米一斗糁子 ④　　又酪布那征〈　〉

一斗糁子及使人〈　〉三升面二斗糁子

二十三日三升面二升糁子一斗面

一斗米　又三升面二升糁子

二十四日三升面及二升糁子二斗面二斗糁子

二十六日？青缓者三升糁子　十卷［局］价一（斗或升）

及五斗糁子［许五斤］〈　〉给

意译：

十七日，给驮？者一升及给？老房吉五？

<hr>

① 此处旁加一行字，草书浅淡不清。
② 此处旁加一行字，草书浅淡不清。
③ 此处旁加一行字，草书浅淡不清。
④ 𗴺𗲉𗆫，西夏文《音同》收此词（24.112）。据此文书，知为一种食粮，不似一般米、面，暂译为"糁子"。西夏汉文《杂字》"斛斗部"中有此词。

五升。 十八日，给谁做者一斗糜。 十九日给
执禽鸟者二升面及给续都大人五升面。 二十二日
升及二斗面、一斗米、一斗糁子。 又给酪布那征
一斗糁子，及给使人三升面、二斗糁子。
二十三日，给三升、面二升糁子、一斗面、
一斗米，又三升面、二升糁子。
二十四日，三升面及二升糁子、二斗面、二斗糁子。
二十六日给？青缓者三升糁子 十卷局价一（斗或升）
及五斗糁子给许五斤。

二 物品账

1. 俄藏 Инв.No. 4761-11 钱物账 ①

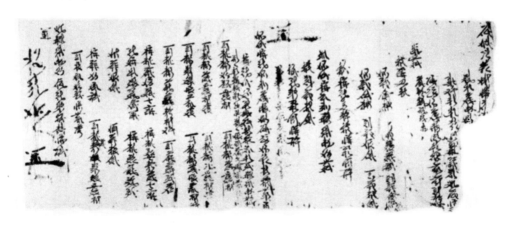

录文（6—8行）：

縠絺夊毵
　靴僉耧　刭靴銕銵讖　散靴僉？
　緺靴伮耧　散靴绤伮　刭靴毿伮

———————
① 《俄藏黑水城文献》第13册，第271页。

对译：

物实八种
　　四匹绢中　　一匹胭脂缬　　三匹绢？？
　　四匹布中　　三匹番布　　　一匹汉布

意译：

实物八种
　　四匹绢中　　一匹胭脂缬　　三匹绢？？
　　四匹布中　　三匹番布　　　一匹汉布

2. 俄 No.4761-15V　牲畜账 [①]

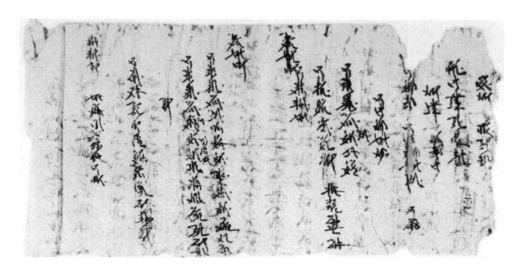

录文（前6行）：

　　……

---

① 《俄藏黑水城文献》第 13 册，第 273 页。

𗢳𗸦　𗦻𗤁𘟂

𘄡𗸦𘝿𗤁？𘟂

𗸦𗿒　𗾫𗸦

𘃡𘚈𘟂　𗾱𗸦𘃡𘚈𗤒　𗾱𗤙

𗾱𗸦𘚈𗥦𘚈

𗾱𗧾𗥑……𗿈　𗁬𗣪𗖻

……

对译：

……

　　　　羊六　　羊（另一种）十三

牛大小十？种

　　　六大　　四小

驴子三　一小黑母驴　一骡

　　　　一小母驴

一骆驼……属　二毡垫白

一？？母

　　　　……

3. 俄 Инв.No. 345　畜物账 ①

录文：

　　　　……

　　　　　　　　𗤁𗾱𘃜𗢳　𘈜𗤒𗤙

　　　　　　　𗢳𗁬𗤒𗾫

　　𘄜𗢳𗤬？

　　　𗷮𗿈𗾱𘃜𗾫𗤒𗾱𗢳

―――――――――

① 《俄藏黑水城文献》第 12 册，第 103 页。

𗾝𗱽𗾈
𗽻𗫡𗾈𗫡　𗴿𗾈𗀔
？𘃬𗾚𘃬
……

对译：

……

    大一百五　幼十八
    羊二十四
千铺山？
 私属一百四十一羊
  畜四十
   大二十二　幼十八
 ？一百一

……

三　杂物账

俄 Инв.No.7892-9　酉年物品账 [①]

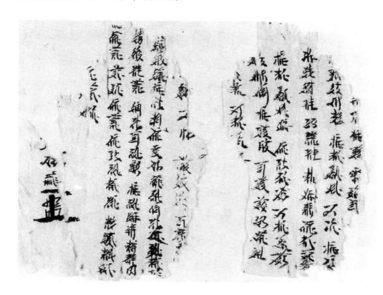

录文（右部残页 2—4 行）：

……

□𗗙𘝞𗐩𗏆　𗖴𗌦𗲲𘄄　𘊝𗑗
??𘊸𗏆　𗎆𗼋𗏆　𗏆　?𗰜
𗖴𗌦　𘃆𗥺　𗣼𗏆𗌦?　𘊝𗌦𗩱𘒣
……

对译：

……

□薄衣六卷　二只斧头　一?

——————————

① 《俄藏黑水城文献》第 14 册，第 207 页。

？？ 醋三　笊篱^① 三　糜 ？珠

二只斧头？　五十只？　一只铁？

录文（左部残页 2—4 行）：

……

……〇〇〇（獗）〇〇〇〇^② 麦？？？ 〇〇〇〇〇〇

……？？ 〇〇　〇〇〇〇〇　〇〇〇〇^③　〇〇〇……

……〇〇　〇？〇〇　〇〇〇〇〇〇　〇？〇〇……

签署画押（大字）

对译：

……

……酉年正月二十五日李？？？ 四十五斤秋米

……？？ 三升　四十一斤酥　二斤斗酢白米八……

……五升　更？五升　五十斤黑秋　三？黑谷

……

签署画押（大字）

---

① 西夏文为〇〇，第 1 字音［卓］，第 2 字音［离］，暂译"笊篱"。《番汉合时掌中珠》中有西夏文"笊篱"二字，与此不同。

② 原文为〇〇〇〇（二十五），写者笔误，日、五之间有颠倒符号√，据以改录为〇〇〇〇（二十五日）。

③ 西夏文为〇，音［左］，暂译"胙"。

第四　商贸文书

一　买卖账

1. 俄 Инв.No.1167-1　卖粮账 [①]

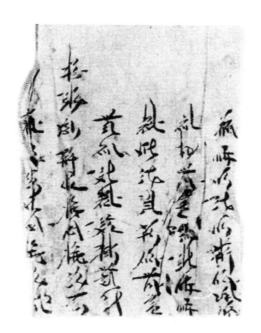

录文：

……

  𗣫𗭢𘝯𗯿𘝯𗾔𘅜𗓩𗣫

  𗆅𘄴𘒣𗋈𗯿𘎽𘊳𘝯

  𗭊𗼱𗯿𗱲𘎭𘅜𘒣𗋈

  𘓐𗆅𗿒𗭊𗴩𘐸？𘊳

𗆷𘏲𘓄𘊷𘏲�482𗽂�482𗯿𘀈

  ……

① 《俄藏黑水城文献》第12册，第193页。

对译：

……

　　　钱共四十四贯五百钱

　　　杂一斗七十数实共

　　　谷六十三石五斗七升杂

　　　税谷置中？为

一条壬寅年二月二十一

……

2. 俄 Инв.No.1167-2　粮价账 [①]

① 《俄藏黑水城文献》第 12 册，第 193 页。

录文：

……

杨𦝼𦝼𦞼𦞰……

　　梢𦝾……

　　𦝼𦝼𦞼𦞰？𦞰𦞼……

　　𦝾𦞼𦝾杨𦝼𦞼𦝾𦞼……

……

对译：

……

一条癸卯年……

　　十二……

　　六九甲辰不减中……

　　十贯杂一斗七十数……

……

3. 俄 Инв.No.1167-3　　粮价账 [①]

---

① 《俄藏黑水城文献》第 12 册，第 194 页。

录文：

......

  𛀃𛀃𛀃𛀃𛀃𛀃𛀃𛀃𛀃

  𛀃𛀃𛀃𛀃𛀃𛀃𛀃𛀃？

  𛀃𛀃𛀃𛀃𛀃？ 𛀃𛀃

  𛀃𛀃𛀃𛀃𛀃𛀃𛀃𛀃

  𛀃𛀃𛀃𛀃𛀃𛀃𛀃𛀃

  𛀃𛀃𛀃𛀃𛀃𛀃𛀃𛀃

......

对译：

......

  〈 〉六十日中一日〈 〉

  减不有实五十九日？

  日日五人数？钱共

  二十九贯五百钱杂

  一斗七十价实共 谷

  四十二石一斗四升

......

4. 俄 Инв.No.2042–2 钱粮账 [1]

---

① 《俄藏黑水城文献》第 13 册，第 17 页。

录文：

……𗾑𗰗𗹬𗂾……
……?? 𗰗𗾑　𗢭𗼾𗲲𗄻𗾑……
……𗼙𘜶𗆟𗼾𘝞𗊡　𗰗𗗙𗰗𗼾……
……𗢭𗾑𘇂𗰗𘕕𗹬　𘝞𘄄……
　　　　　𘋩𘃡𗼾𗢭𘕷
……𘗐?𘃡𗾑𗰗𘕕𗹬　𗢭𘃡𗾑……
……（不清）
……（不清）
……𘅍𗢨𗰗𗾑𘇂?𗊱𗄻𗾑𗢨?𗊱……
……𗊱𘗐𗾑𗢭𘄄𗾑𗢭𘉋𗄻𘄀……

对译：

……贯二十钱……
……？？二缣　五斗糜一贯……
……豆混九斗八升　二石二斗……
……五贯取二分数　八百……
　　　　　种四斗五升
……七？四贯二分数 又四贯……
……（不清）
……（不清）
……日来　又二贯取？价一贯来　价……
……价七贯五百钱五月一日……

5. 国图 010 号（7.04X–1）　卖粮账

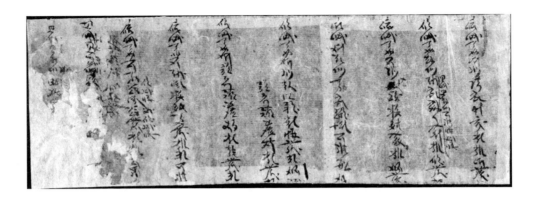

录文：

……

𗧓𗫂𗾷𗼩�𗼩𗾔𗊆？？𗔌𗭪𘉞𗔐…………

　　　　　𗣼𗫂𗣼𗕦𗼩𘃝𘊝𗄯𗾔𗨙

𗧓𗫂𗊨𗕦𗼩？𘊝𘊝𘊝𗺍𗭪𗧓𗔐……

𗧓𗫂𗊨𗿒𗼩𘑧𗊨𗾈𗭬？𗭪𘉞𗔐……

�𗫂𘉞𗕦𗼩𗍫𘊝𗺏𗿒𗄯𗼈……

𗧓𗫂𗊨�𗼩𘅤？𗚁𗔌𗄯𗔐𘃝𘉞𗆧……

　　　　　𗦺𗤋𗷅𘊊𘊝𗔌𗔐𘃝……

𗧓𗫂𗊨�𗦺𗤋𗷅𗺏𗔌𗭪𗔐𘃝……

𗧓𗫂𗊨𗿒𗧓𘈜𗾈𗭬𗍱𗔐𘃝𗿒𘑧……

　　　　𗧓𗾔𗼈　𗧓𗧓𗾔𗼈……

𗧓𗫂𗊨𗿒𘑧𗕦�𗼩�𘆄𗔌𗭪𗿒𘃋……

𗣼𗫂𗣼𗕦𗼩……

𗣼𗫂𗣼𗕦𗼩𘃝……

……

对译：

五月十六　日郝氏□□麦糜四斗……

八月八日一贯二百来

五月十日祁氏舅舅金糜五斗……

五月十一日西普小狗那糜四斗……

六月四日张氏犬乐一贯借九……

五月十六日贾鸟鸠麦二斗价四百……

播盃般若宝麦斗价……

五月十六播盃般若宝麦三斗价……

五月十一□□小狗七斗糜价一贯……

五百来　又五百来

五月十一张经乐、经斗麦糜一石……

八月八日阿……

八月八日……

……

6. 俄 Инв.No.1219-1 买卖物价账 [1]

---

① 《俄藏黑水城文献》第 12 册，第 222 页。

录文（上部2—4行）：

𗫂𗫡𗁲𗰭𗆞𗋕𗁲𗰭𗨙𗾟

　𗫂𗫐𗄻𗆞𗤶𗄻𗤋𗾟

　𗰜𗫡𗄻𗣨𗰭𗆞𗋕𗾟𗁲𗺌𗤌

对译：

　　羖𖿱一百共价一百九石

　　羖𖿱七十价六十四石

　　大五十皆母各一石 五斗 数

　　　　共 五十石

7. 俄 Инв.No.1219-3　买卖物价账 ①

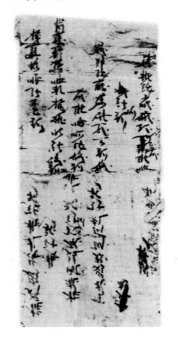

———————————

① 《俄藏黑水城文献》第12册，第223页。

录文（1—4行，接上件）：

> 緒梳骸虓醭䰄弜觉藬骹緗
>
> 梳緺矛翱
>
> 橄骹骸虓緔緻弜矛翱�680
>
> 藬骹緗緺骹僧翱

对译：

> 小二十皆公各七斗数共
>
> 二十四石
>
> 羊三十皆大母各一石五
>
> 斗数共四十五石

8. 俄 No.1763 马价钱账[①]

①《俄藏黑水城文献》第 12 册，第 311 页。

录文：

……

𗴮？ 𗾔𗫻𗫔 ①　𗀚𘂞𗤂𗋽𗴢𗄼𘃁𘘞

𗋽𗤋𗴢𗗙𘘞𗄎𘘞𗏹𗋽𗶼𗷲𗮡？

𗾔𘝑𘂞𗤂𗴢𗅋𘘞𗋽𗶼𗴢𗮡？

𘘞𗅢𗋽𘝑𗷲𗅉𘘞𗈜𗋽？？

𘝑𘂞𗤂𗴢𘘞𗋽𗶼𗴢𗮡𗾔

𗀚𗋽𗄎𗷲𗅋𘘞𗈜𗴢𗗙𗤂𗈜𘂞？

𗗙？ 𗄎𘏨𗶼𗴢 ②　𗅋𘘞𗄎𗋽𗉢𗷲𘘞𗴢？

……

对译：

……

？？ 三马量共铁钱四十？

贯铜钱上为十六贯四百及

？ 一马量计铁钱二十贯铜钱上

为七贯一百四十五钱？？

一马计铁钱十贯铜钱上

三贯六百二十五钱五马

共算铜钱二十六贯七百十钱

……

9. 俄 Инв.No.4696-8　酒价钱账 ③

---

① 𗫻𗫔（小大），旁加二字，意为"大小"。
② 𗶼𗴢（铜钱），旁加二字，意为"铜钱"。
③ 《俄藏黑水城文献》第 13 册，第 248—251 页。

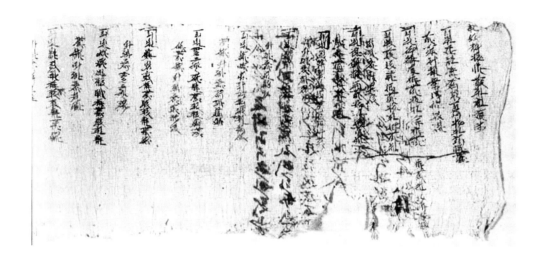

录文：

第一笔，𘝵𗗚𗗽𗤒𗗚𗤮𗇃（担保人略）

第三笔，𗮼𗇃𗗽𗤒𗏁𗇃𗣀（担保人略）

第四笔，𗮼𗇃𗗽𗤒𗏁𗇃𗣱（担保人略）

第五笔，𗮼𗇃𗗽𗤒𗏁𗇃𗣀（担保人略）

第六笔，𗮼𗇃𗗽𗤒𗏁𗇃𗣱（担保人略）

第七笔，𘝵𗗚𗗽𗤒𗗚𗤮𗣱（担保人略）

第八笔，𗏇𗗚𗗽𗤒𗮼𗇃𗤮𘅏𗣱（担保人略）

第九笔，𗢸𗗚𗗽𗤒𗏇𗇃𗣱（担保人略）

第十笔，𗢸𗗚𗗽𗤒𗏇𗇃𗣱（担保人略）

对译：

第一笔，记一人买"一石酒价石五斗"，后列两名担保人；

第三笔，记一人买"四斗酒价六斗杂"，后列"状相接"者一人；

第四笔，记一人买"四斗酒价六斗大麦"，后列"状相接"者一人；

第五笔，记一人买"四斗酒价六斗大麦"，后列"状相接"者一人；

第六笔，记一人买"四斗酒价六斗大麦"，后列"状相接"者一人；

第七笔，记一人买"一石酒价石五斗大麦"，后列"状相接"者一人；

第八笔，记一人买"三斗酒价四斗五升大麦"，后列"状相接"者一人；

第九笔，记一人买"二斗酒价三斗大麦"，后列"状相接"者一人；

第十笔，记一人买"二斗酒价三斗大麦"，后列"状相接"者一人。

10. 俄 Инв.No.1366-6　酒价钱账 [①]

录文（1—3行）：

  ……𗷀𗊱𗙫𗧾𘜒𗫤𗇩

  ……🔲𗊱𗙫𗷀𗪙

  ……𗒀？𗇋𗏹🔲𗊱𗙫𗏇𗷀🔲

对译：

  ……一斗酒二百五十

  ……四斗酒一贯

---

① 《俄藏黑水城文献》第12册，第241页。

……犬？山等四斗酒价一 贯

11. 俄 Инв.No.1366-7　酒价钱账 ①

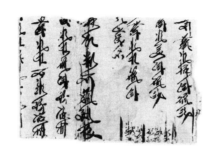

录文：

……刻 蕭叛 楠 繩 儼 孩
……蹤 蕭叛 簷 繩 儼 孩
…… 楠 蕭叛 儼 繩
……楠 後 繼 刻 蠟 觬 孩
…… 蕭 叛 孩 儼 繩 蘇 緣 幹
…… 蕭 叛 孩 儼 繩 蘇 緣 幹
……

对译：

……一斗酒二百五十
…… 三 斗酒七百五十
…… 二 斗酒价五百
……二日日一瓮已卖
…… 斗 酒价五百钱现交

---

① 《俄藏黑水城文献》第 12 册，第 242 页。

……斗酒价一贯钱现交

……

12. 俄 Инв.No.1366-8 酒价钱账[①]

录文（1、2行和9—13行）：

……�毛忍救薅忍眷乳倚救

……桅薅忍救倚乳毹

……

……常救桅薅忍救救鞘毹

……translit眷乳忍薅忍救刃鞘眷乳倚救毹鞘

……救毵桅薅忍救倚乳毹

……救倚薅忍刃鞘桅乳倚救毹鞘

……咸常毵薅忍救刃鞘倚乳

……

对译：

① 《俄藏黑水城文献》第12册，第243页。

……子阿爸等三斗酒七百五十

……二斗酒价五百钱

……

……山十二斗酒价三贯钱

……阿吉子七斗酒价一贯七百五十钱交

……酉乐二斗酒价五百钱

……盛五斗酒一贯二百五十钱交

……屎山六斗酒价一贯五百

……

13. 俄 Инв.No. 7885 买卖价钱账 [①]

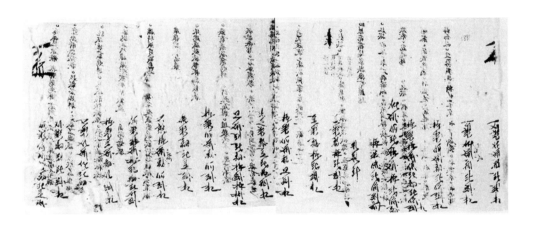

录文：

……

𗰔𗵯𗵗𗈇𗜓𗤋𗷌𘕯

𗰔𗵯𗵗𗈇𗜓𗤋𗷌𘕯

𗵸𗵯𘚓𗈇𗜓𗤋𗇊𗷌𘕯

𗵸𗵯𗵸𗈇𗤋𗇊𗜓𗤋𗇊𗷌𘕯

𗅢𗇋𗏵𗣼𗧛𗇋𗧛𗣼𗫶𗲲
　　𗧛𗏝𗫶𗣼𗫶𗲜？
　　𗎵？𗇋
　𗣷𗤶𗲲𗧛𗣼𗷛𗎵
　𗣷𗤶𗲲𗧛𗣼𗷛𗎵
　𗧛𗤶𗏵𗇋𗲲𗝠𗷛𗎵
　𗣼𗝠𗤶𗲲𗣷𗣼𗧛𗷛𗎵
　𗝠𗇋𗎼𗣼𗲲𗧛𗷛𗧛𗲜𗎵
　𗧛𗤶𗏵𗇋𗲲𗏵𗷛𗎵
　𗫶𗤶𗲲𗣼𗣷𗷛𗎵
……

对译：

……
　一贯六百钱十斤价
　一贯六百钱十斤价
　二贯四百钱十五斤价
　二贯二百十五钱十五斤价
六百四十二百二十五钱
　　二千五十五斤？
　价？为
七贯钱二十斤价
七贯钱二十斤价
二贯四百钱八斤价
十八贯钱七十二斤价
八百三十钱二斤二两价
二贯四百钱四斤价
五贯钱十七斤价
……

二　买卖税账

1. 俄 Инв.No. 4790–2　买卖税账 [①]

录文：

……

……𗗧𗤁𗟻𗜁𗤪

……𗤁？𗜁𗤪𗤓𗤪

……𗤁𗟻𗜁𗤪

……𗗧𗤁𗟻𗜁𗤪

……

对译：

① 《俄藏黑水城文献》第 14 册，第 288 页。

……

　　……买税麦一升

　　……税？一斗五升

　　……税麦三斗

　　……买税麦三升

……

2. 俄 Инв.No. 4790-3　买卖税账 [①]

录文（2—4行）：

　瓶綫䩱薞儀抴鏒揚翃㪚薾髪……

　　　　斅龛龛祥觲

　㵪㵪？？嶀敆薿抴鏒叔㪚㪚薞

①　《俄藏黑水城文献》第14册，第288页。

对译：

高吉祥犬买人税一石三斗及……
　　　　尺白绢帛交
高？？山买骆驼税麦三斗

3. 俄 Инв.No. 4790-4　买卖税账 [1]

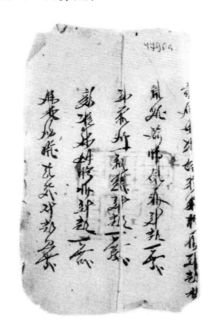

录文：

？？ 𗾾𗼨𗫴𘃸𗤁𗊱𗤀𗍂
𗢳𗨁𗋽𗤀𗫤? 𗤁𗊱𗤀𗍂
𗥃𗉺𘀄𗫮𘙲𗤁𗊱𗤀𗍂
？？ 𗤁𗎁𗤋𘕿𗰗𗤁𗊱𗢟𗍂

对译：

？？ 善山买布税一升
张真心一钱？ 税麦一斗
酩布驴子　税麦一斗
？？？ 犬木？　　税八斗

4. 俄 **Инв.No.** 4790–5 买卖税账 [①]

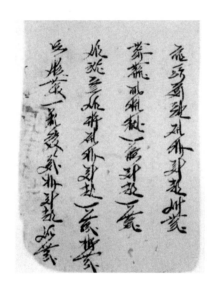

录文：

施祁？ 叕繖轷鋬叔絛蕰
蒜蘱秼？ 樾刃？ 鋬叔刃蕰
级祝变级讲繖轷鋬叔刃蕰栀蕰
同猕薮刃桅叕莚轷鋬叔绸蕰

① 《俄藏黑水城文献》第 14 册，第 289 页。

对译：

？？？盛？买税六升

契丹高？汉一？税麦一斗

番加？皮番？？买税麦一斗二升

？阿？一只？？买税麦一斗二升

5. 俄 Инв.No. 6377–13　买卖税账 [①]

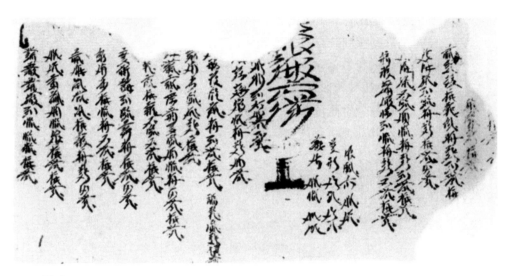

录文：

……

$$\text{（西夏文）}$$

赢？　终桅靴儿抨爹散薷桅

终浒爹散懒抨爹桅薷圆薨

终浒刃懒绷慌抨爹散薷桅薨

帮後？纖㟄散慌抨爹刃薷桅薨

假晚疹燬燬

① 《俄藏黑水城文献》第14册，第144页。

？𗊋……

𗂧𗘰　𗙏𗣼？？

（大字）……𗗩𗣛𗦻（画押）

……𗴡𗘰𗧻𗫧𗥃𗰗𗥃𗣦

……？？？𗘰𗣼𗁅𗘰𗥃𗣦

……𗌴？？𗣼𗁅𗘰𗧻𗴡𗣦𗙏？𗣼𗘰𗴡𗣦

𗌴𗲽𗁅𗣼？𗘰𗴡𗣦

𗄼𗣦𗘰𗴡𗌴𗙏𗣼𗣼𗘰𗮑𗁅𗥃𗣦𗴡𗣦

？？𗙏𗴡𗙏𗥃𗘰𗥃𗣦𗴡𗣦

𗙏𗁅𗴡𗘰𗙏𗁅𗴡𗣦𗥃𗣦

𗌴𗲽𗁅𗴡𗘰𗁅𗥃�66𗴡�63

𗙏𗣼？？？𗴡𗙏𗁅�6𗥃�63

�0�0�5𗁅𗘰�6�5𗴡�63𗴡�63

𗌴�0�0�5𗘰�6𗁅𗴡�6

……

对译：

……

女？思二匹布买税三斗二升

老房盛三羊买税二斗八升

老房？一羊四羖买税三斗二升

酪布？力山一羊买税一斗二升

主簿者嵬移

……借……

库监　嵬名　嵬移

（大字）……官者大人（画押）

……六日三石四斗一升

……？？？花羖买税四斗

……奴？牛买三斗二升　朱？羊税二斗

张奴子羊税二斗

契 丹金刚王成七羊四羖买八斗二升

？？儿二转一羊一斗二升

李梵茂三羊转买二斗八升

张奴子二羖买一斗二升

大石？？？二转买税八升

嵬移？令四羖母二斗二升

使军铁乐三羊羖羺二斗

……

三　贷钱物利账

1. 俄 Инв.No.1576-2　贷钱利账 [①]

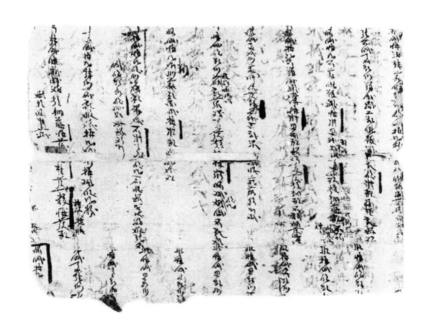

录文（第3、4、9行）：

① 《俄藏黑水城文献》第12册，第273页。

𗼉𗼷𗄑𗏵𗄑𗏵????𗄑𗥃𗯨𗤒𗤺𗫨𗗚𗭼? 𗴺𗫗𗥃𗀔𗆧𗤺𗏵𗌋𗤺𗭼𗦳

𗼉𗼷𗄑𗏵𗏵????𗄑𗥃𗯨𗤒𗤺𗫨𗗚 𗴺𗫗𗥃𗀔𗤺𗏵𗌋𗤺𗭼𗦳

𗤺𗼷𗄑𗏵𗤺𗼷𗥃𗫨𗤒𗼉𗄑𗥃𗏵𗄑𗥃𗥃

对译:

五月二十一日罗梅??? 二贯八百借利钱七斗麦豆合一石四斗来
五月二十一日???? 二贯八百借利钱七斗麦豆一石四斗来
四月二十四日罗氏乐知二贯借三贯还

2. 俄 Инв.No. 7893-15　计账 [1]

录文:

𗫗𗌋𗤒𗤺𗏵　𗄑𗼷𗩱𗏵𗏵

---

① 《俄藏黑水城文献》第 14 册, 第 216 页。

𗀁𗰖𗄻𗏣𘝦　𗣫𗏣𗡺𗱇𗏣

𗣫𗏣𗄻�purposely𗏣　𗉞𗹦𗭽𗏣

𗄌𗖿　𗤬𗏣�missing𗏣𗟲𗣫

𗤳𗬝① 𗭺𗯨𗏣𗟲𗣑

对译:

祥瑞乐四十　　腊月金三十

小狗乐十三　　祥瑞成四十

祥瑞乐二十　　宝盛二十

种物　一百五十两银

先昔一全十两有

四　贷粮账、欠粮账

1. 俄 Инв.No.2176-1　乾祐壬寅年贷粮账[2]

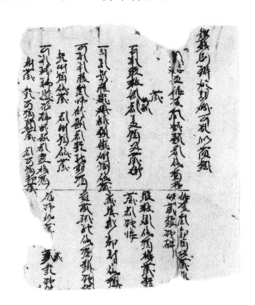

---

① 似为西夏文𗤳𗬝二字，第 1 字"前"意，第 2 字"昔"意。

② 《俄藏黑水城文献》第 13 册，第 64 页。

录文（上部）：

𗇋𗊱𗰗𗆀𗋽𗊨𗋽𗡪𗽈𗫂𗪺𗖨𗙭

　　𗳯𗫂𗰜 𗊱𗤁𗷟𗫤𗦮𗭪𗴺𗨁𗙭𗙲

　　　　𗴱

　　𗫂𗰜𗆀𗆅𗫤𗦮𗭪𗨁𗪁𗴱𗊱𗴺？

　　𗫂𗰜？ 𗦘𗯉𗫤𗦮𗭪𗙽𗨁𗴺𗙲

　　𗫂𗰜𗤘𗧹𗫤𗧨𗦮𗭪𗨁𗱆𗧹𗋽𗙽

　　　𗱆𗙽𗨁𗙲𗴱　𗭪𗙽𗨁𗙲𗴱

　　𗫂𗰜？𗙽？？𗰵𗫤𗦮𗭪𗨁𗱆𗖨𗙽

　　　𗙽𗴱　𗱆𗫂𗙭𗧹𗴱　𗭪𗫂𗙭𗧹𗴱

……

对译：

乾祐壬寅年三月一日粮食

　　一人讹五那征乐本利杂五石二

　　　　　　斗

　　一人曹阿乐杂七斗八升？

　　一人？普犬母本利大麦六石五斗

　　一人耶和乐山本利杂麦十三石

　　　麦六石五斗　杂六石五斗

　　一人？六？？吉乐本利杂麦二石

　　　六斗　麦一石三斗　杂一石三斗

……

2. 俄 Инв.No. 7892-2 V　贷粮账 [①]

---

① 《俄藏黑水城文献》第 14 册，第 204 页。原书记为"告牒"，应为贷粮账。

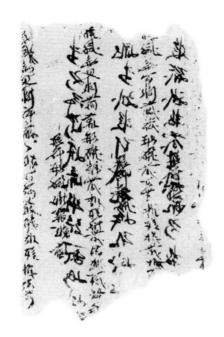

录文：

𮓋𮓒𭉞𫶫𫶪𫶫𮓒𮓒𮓒𮓒𮓒𮓒𮓒𮓒𮓒 𮓒
　　　　　　　𮓒𮓒𮓒𮓒
𮓋𮓒𮓒𮓒𫶪𫶫𫶪𮓒𮓒�█𮓒𮓒𮓒�？？ 𮓒？？
　　　　　　𮓒𮓒𮓒𮓒？？？？
𮓋𮓒𮓒𮓒�？？ 𮓒𮓒𮓒？？？ 𮓒𮓒𮓒……

对译：

五月十一日麻啰奴犬斗一升糜借二斗二 升……
　　　　　　借者奴犬
五月十八日使军奴犬三斗糜借六斗？？ 上？？
　　　　　　借者奴犬？？？？
五月十八日梁？？ 宝一石？？？ 借二石……

意译：

五月十一日麻啰奴犬借一斗一升糜，还二斗二升……
　　　　　　借者奴犬

五月十八日使军奴犬借三斗糜，还六斗？？上？？
　　　　　　借者奴犬？？？？

五月十八日梁？？宝借一石？？？，还二石……

3. 国图 042 号（7.10X-8） 贷粮账

录文：

獭愀縩帏縖龀院𗤟……
　　　𗤟楄翗……
　　敧龀楄𗤟……
　　　𗤟刃翗……
龀帏弸縩龀敧𗤟……
　　　𗤟刃翗……
　　敧……………
　　……

对译：

嵬名老房大麦本五（石）……

　　　　利二石……

　　　麦本二（石）……

　　　　　利一石……

刘山狗大麦本三（石）……

　　　　利一石

　　　麦……

4. 国图 043 号（7.10X-8）　贷粮账

录文：

……

　　　　𗙹𗤍𗭴

　　　𗩱𗱕𗤍𗭴……

　　　　𗙹𗤉𗭴𗤍……

𗋽𗱲𗙹𗷒𗱴𗱕𗊴𗴂𗤍……

　　　𗩱𗱕𗊴𗴂𗤍𗭴

　　　𗙹𗊴𗴂𗴂……

对译：

……

利五斗

麦本五斗……

利二斗五……

嵬名氏双宝大麦本一石五……

麦本一石五斗

利杂一石……

5. 国图 045 号（7.13X-1） 贷粮账

录文：

𗰗𗥤𗸰𗴩𗏁𘃎𗧗𘝯𗇊𗫂

𗢳𗡅𗫂𗇊𗰖

对译：

董正月狗麦本五斗

利二斗五升

6. 国图 051 号（7.13X-2）贷粮账

录文：

龭緣绦叔虓螽蘿
　　　　　鼗叙蘿傥蓁
羀孩飙缎叔虓傥蘿
　　　　　鼗桅蘿傥蓁
蔬绕筇胲叔虓傥蘿
……

对译：

刘阿双麦本七斗
　　　　　利三斗五升
朱腊月乐麦本五斗
　　　　　利二斗五升
没赏鹿擒麦五斗
……

7. 国图 061 号（7.13X-8）贷粮账

录文：

……
　　　　𘝵𘝿𗋤
𗊀𘝿𗙔𗫔𗤁𗄴𗸳𗋤西禅𗢭𘟇𗆼𘌊𗏁
　　　　𘝵𗆜𗏁
𘝣𗤁𘏂𘈷𘏊𗸈𗄴𗸈𘊫𗆜𗋤
　　　　𘝵𘆛𗋤𗆜𗏁𗱔𘉋𗏁𘃽𘀗
　　𗸈𗆜𗸈𘊫
　　　　𘝵𗆜𗋤

对译：

……
　　　　利三斗……
西禅定吉麦一斗
　　　　利五升
波年正月犬糜本一石五斗
　　　　利七斗五升
麦本一石

利五斗

8. 国图 062 号（7.13X-8B）贷粮账

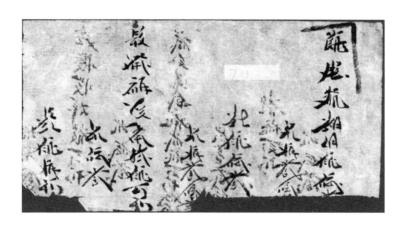

录文：

𗧾𗢏𗿒𗆧𗤫𗉝𗤫𗏵𗒀
　　　𗦖𗄊𗒀𗤫𗏵
　　𗆧𗤫𗏵𗤘
　　　𗦖𗄊𗒀𗤫𗏵
𗧾𗢏𗟶𗫂𗤘𗸷𗆧𗤫𗏵𗤘
　　　𗦖𗤫𗏵
　　𗆧𗤫𗄊𗤘
……

对译：

赵阿富豌豆本五斗
　　　利二斗五升
　　麦本五斗

　　　　　利二斗五升

命屈那征铁糜本一石

　　　　利五斗

　　麦本二石

……

9. 国图 055 号（7.13X–4）贷粮账

　　录文：

……? 𘎸??

　　　𗷭𘕢𗣼𘏫𘖀𘝤

　　　𗦤𗵦𘝤𘖀𘝠

　　　𗤢𘊱𘏫𘖀𘝤

　　　𗧪𗤻𗣼𘏫𗣼𘝤　　𗧪𗤻𗣼𘏫𗾳𘝤

　　对译：

……？城？？

       大麦本一石五斗

       利七斗五升

       麦三石五斗

       荜豆一石一斗　　荜豆一石四斗

10. 国图 056 号（7.13X–4B）　贷粮账

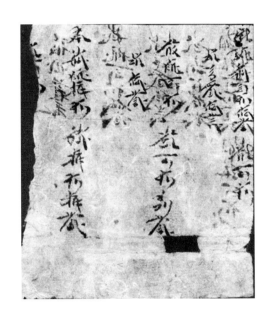

录文：

……？𘀋𘞭𗣼𘐞𗽽𗭩　𗼺𗣼𘐞

     𗾁𘝵𗭩𗽽𗭬

   𗼺𗾁𗣼𘐞　𗼺𘝊𘐞𗼺𗭩

    𘎴𗽽𗭩

……？𘀋𗾁𘒦𘐞　𘀋𘒦𘐞𘒦𗭩

    𘎴……

对译：

……？ 黑大麦一石五斗　麦一石

　　　　利七斗五升

　　　麦本一石　麦一石三斗

　　　　利五斗

……？ 大麦本二石　大麦二石二斗

　　　　利……

11. 国图 039（7.10X-5）贷粮账

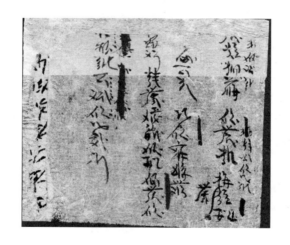

录文：

……? 𗫳𗫡?　? 𗰖𗫡𗫝𗆐𗰖

……𗆐𗏆𗊱　𗫝𗆛𗰖　𗄡𗆛𗆐𗆴

……𗫮𗾈𗆢　𗆐𗫝𗘢𗐱?

……𗭜𗾈　𗰖𗆛?　𗫴𗫳𗆴𗥀𗆛𗫝

……𗫲𗰖𗾈𗫡𗫝𗆐𗫳?

对译：

……? 本百?　　三百五十

……麦豆共　　五斗糜　二斗麦借

……月一日　十五捆草

……利有　三斗? 大麦本借四斗五……

……钱数一百五十日?

（二）欠粮账

1. 俄 Инв.No.866　欠粮担保账 [①]

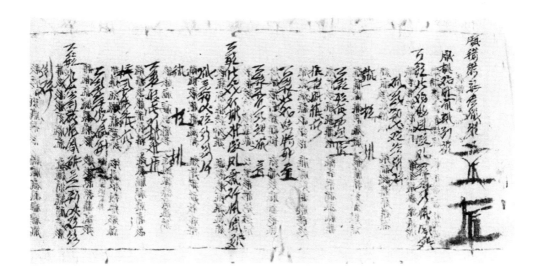

录文（卷首 9 行）：

𗴭𗏹𗍋𗗙𗤻𗇰? ?

　𗴭𗰖? ? 𗩾? 𗏴

　𗧤𗴾𗔅𗰖𗏭𗗅……𗲲

---

① 《俄藏黑水城文献》第 12 册，第 145 页。

𗼀𗤒𘕪𗣼𗤒𗼇𗴴𗂰

𗿒　𗿟　𗿜

𗟽𗄭𗘂𗤒𗤕𗵒

𘊟𗄭　𗤒

𗟽𗄭𗘂𗏴？𘜶𗤕

𗟽𗄭𗇝𗋽？𗾗？

……

对译：

溜统柯那征？？（画押）

　里溜？？甲？下

　一户移讹奴乐……渠

　　　　接十石撒处地湿缴

　　大麦　麦　谷

　一人借者奴乐（画押）

　二人担保者

　一人移讹？帐奴（画押）

　一人移耶和？驴？（画押）

……

五　卖地账

1. 俄 Инв.No.2156-2　卖地账 [①]

———————————

① 《俄藏黑水城文献》第 13 册，第 30 页。原书记为"告牒"，应为卖地账。

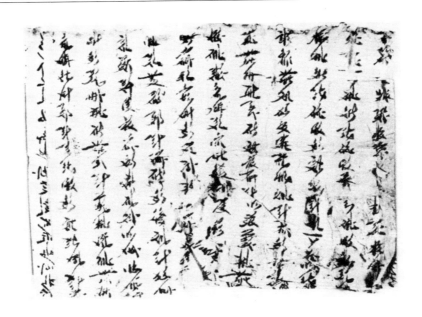

录文（前4行摘译）：

……𗙫𗫵𗁅𘝿……𗙫𗁅……

？ 𗣼𗥔𗫵𗫠𗣈𗤁𗧸𗥔𗫵𗤁？ 𗙏……

𗧢𗫵𗫠𗣈𗤁𗁅𗜰𗣊𗋀𗣊𗥔𗫵𗧚𗣈

𗫺𗢸𗤋𗤶？ 𘝿𗡸𗤟𗫎𗣊𗷨𗁅……

……

对译：

……天庆年……各年……

？ ⟦长⟧一百六十五尺宽一百尺？ 块……

二百六十五尺地已卖为价一百四十？

贯钱已付？……文书已做钱、地……

……

意译：

……天庆年……各年……

？ 长 一百六十五尺宽一百尺？ 块……

二百六十五尺地已卖，价一百四十？

贯钱已付。……文书已做，钱、地 两不悬欠

……

2. 俄 Инв.No. 2156-4 卖地账 [①]

录文：

……

……𗗦𗀚𗧘𗎍𗥔𗀚二十……

……𗧁𗥔𗀚𗈁𗭪……

……𗎮𗧓𗗙𗾖𗆟𘝼……

……𗁅𗧓𗾖𗀔𗵒𗏵……

① 《俄藏黑水城文献》第 13 册，第 31 页。原书记为"告牒"，应为卖地账。

……𗢳𗙏𗆐𗷢𗟭𗿒
……𗊋𗤶𗷟𗤈𗴫𗤨……
……𗄻𗤶𗤩𗱵𗤩……
……𗤈𗯉𗖻𗻰𘂲𗙲……
……

译文：

……
……天盛庚寅二十……
……月二十五上……
……四角大石食边……
……地大石寂吉及……
……处〈　〉买为地四……
……三百十贯钱〈　〉
……小狗盛手足……
……为我谓障角远……

第五　契约文书

一　借贷契

（一）贷粮契

1. 俄 Инв.No. 4762-6（1、2）　天庆寅年（1194 年）贷粮契 [①]

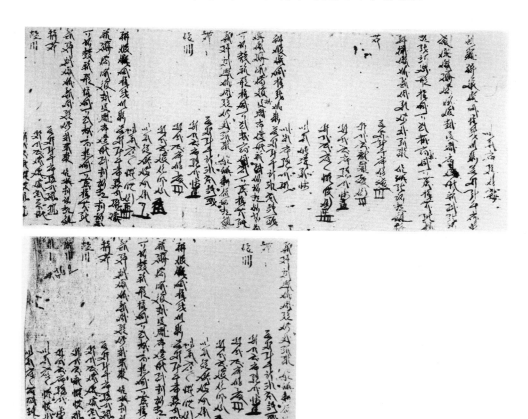

（共 3 件契约）

---

① 《俄藏黑水城文献》第 13 册，第 279—280 页。

录文:(1)

𗧓𗆕𗡞𗤋𗈜𗗙𗆧𗦴𗨁𗬧𗵧𗭴𗭽𗰖𗧀
𗫂𗭴𗤋𗰌𗦸𗼻𗢸𗆧𗋂𗭴𗵤𗙦𗞩𗈜𗒀
𗤁𗆧𗒀𗒀𗧗𗵧𗈜𗎁𗆧𗒉𗼺𗵧𗎁𗴮𗵧𗼦𗰌𗬧
𗰴𗆕𗤋𗼻𗧲𗀔𗒝𗛽𗈜𗈜   𗒀𗟨𗆧𗒀𗤁𗵜𗗙

蘇   𗨁𗬧𗵧𗭴𗭽𗰖𗫂(押)

                𗵧𗹞𗞅𗆧𗮔𗯿𗛽(押)

                𗵧𗹞𗞅𗵤𗱲𗼺𗤋(押)

                𗵧𗹞𗞅𗨁𗨁𗔾𗈷𗛽(押)

                𗼻𗈱𗮘𗘂𗤋𗼻(画指)

                𗼻𗈱𗵤𗱲? 𗿒(画指)

对译:

天庆寅年正月二十九日文状为者梁功

铁今普渡众宫中谷手入梁喇嘛等处十石

麦十石大麦借二月一日上始一月一斗二升数利

有乃至本利头处为日过时　官依十石麦罚交

服   文状为者梁功铁(押)

                状相接子般若善(押)

                状相接梁羌德山(押)

                状相接口恶口恶禅定善(押)

                知人平尚讹山(画指)

                知人梁? 羌犬(画指)

意译:

天庆寅年正月二十九日立契约者梁功

铁,今从普渡寺中持粮人梁喇嘛等处借十石

麦、十石大麦，自二月一日始，一月有一斗二升利，至本利相等时还，日期过时按官法罚交十石麦，心服。

立契约者梁功铁（押）
相接契子般若善（押）
相接契梁梁羌德山（押）
相接契口恧口恧禅定善（押）
知人平尚讹山（画指）
知人梁羌？犬（画指）

录文：（2）

[illegible]
[illegible][1] [illegible]
[illegible]
[illegible][2] [illegible]
[illegible]
[illegible]（押）
[illegible]（押）
[illegible]（押）
[illegible]（押）
[illegible]？[illegible]（押）
[illegible]（押）

对译：

寅年正月二十九日文状为者吉祥子引
今普渡众宫中谷手入梁喇嘛等处四石麦四石杂

① [illegible]（众）旁有上下颠倒符号，[illegible]应改为[illegible]。
② 疑遗一[illegible]（利）字。

一石粟等借二月一日上始月数一斗二升数

利有乃至本利头处为日过时 官依五石麦罚交

服　　　　　　　　文状为吉祥氏子引（押）

　　　　　　　　　状相接梁羌德山（押）

　　　　　　　　　状相接梁功铁（押）

　　　　　　　　　状相接钟老房乐（押）

　　　　　　　　　知人？？？？乐（押）

　　　　　　　　　知人▢恶▢恶禅定善（押）

意译：

寅年正月二十九日立契约者吉祥子引，

今从普渡寺中持粮人梁喇嘛等处借四石麦、四石

杂粮、一石粟，自二月一日始，每月有一斗二升利，

至本利相等时还，日期过时按官法罚交五石麦，心

服。　　　　　　　立契约者吉祥氏子引（押）

　　　　　　　　　相接契梁羌德山（押）

　　　　　　　　　相接契梁功铁（押）

　　　　　　　　　相接契钟老房乐（押）

　　　　　　　　　知人？？？？乐（押）

　　　　　　　　　知人口恶口恶禅定善（押）

录文：（3）

（西夏文）①（西夏文）

（西夏文）

（西夏文）

（西夏文）　（西夏文）

---

① 此字𗏵（等）可能未𗩈（普、至）。

解蘇　　　　　𗐆𗰒𗋽𗈪𗧘𗫷𗣼𗦻（押）

　　　　　　　𗰢𗾐�you1𗫷𗮔𗧘𗹮𗟰𗭴（画指）

　　　　　　　𗰢𗾐�𗎉𗆮𗦻𗣼（押）

　　　　　　　𗰢𗾐�𗋽𗫷𗣼𗉣（押）

　　　　　　　𗙴𗇋��𗆮𗦻𗫲（画指）

　　　　　　　𗙴𗇋��𗽝𗫷𗋽

对译：

寅年正月二十九日文状为者梁羌德犬今

普渡众宫中谷手入梁喇嘛等处三石麦三石杂

一石粟等借二月一日上始一月一斗二升数

利有乃至本利头处为日过时　官依三石麦罚

交服　　　　　　　文状为梁羌德犬（押）

　　　　　　　　　状相接妻子苏氏胜乐（画指）

　　　　　　　　　状相接子禅定宝（押）

　　　　　　　　　状相接𗋽𗫷𗣼𗉣（押）

　　　　　　　　　知人恶恶禅定善（画指）

　　　　　　　　　知人恶恶显令盛（押）

意译：

寅年正月二十九日立契约者梁羌德犬，

今从普渡寺中持粮人梁喇嘛等处借三石麦、三石

杂粮、一石粟，自二月一日始，每月有一斗二升利，

至本利相等时还，日期过时按官法罚交三石麦，

服。　　　　　　　立契约者梁羌德犬（押）

　　　　　　　　　相接契妻子苏氏胜乐（画指）

　　　　　　　　　相接契子禅定宝（押）

　　　　　　　　　相接契𗋽𗫷𗣼𗉣（押）

知人恶恶禅定善（画指）

知人恶恶显令盛（押）

2. 俄 Инв.No. 6377–16（1、2、3）光定卯年（1219 年）贷粮契 [①]

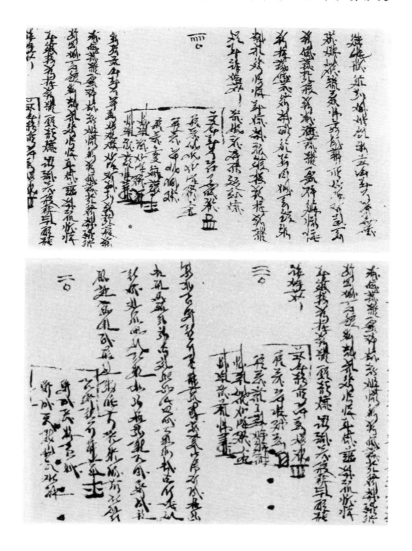

① 《俄藏黑水城文献》第 14 册，第 145—146 页。

录文:（1）

𗃫𗃬𗋽𗧤𗄁𗜈𗇋𗇋𗢏𗤁𗏵𗤁𗏵𗀔𗤗𗠅𗧠𗄼𗣔𗏵
𗎁𗃫𗇋𗧴𗦳𗄈𗾭𗊲𗑲𗣔𗠅𗇋𗈍𗏷𗏾𗏵
𗏷𗋽𗤙𗒘𗏶𗏷𗂇𗋽𗤙𗔇𗈍𗏵𗠅𗢆
𗏷𗋽𗤙𗋽𗤙𗔇𗾭𗈍𗄁𗧤𗁬𗏵𗈍𗇋𗇋𗾭
𗃫𗄁𗦳𗾭𗣔𗦳𗏶𗾭𗊋𗦳𗏷𗋽𗏷𗤙
𗀔𗣔𗐯𗄤𗀻　𗀔𗣔𗂇𗄁�

　　　　　　　　𗢏𗤁𗏵�1𗠅𗧠𗄼𗣔�1（押）
　　　　　　　　𗏷𗾭�‍𗧴�‍𗏷�1（押）
　　　　　　　　𗏷𗾭𗠅𗧴𗣔�1
　　　　　　　　𗏷𗾭𗂇𗃫𗣄（押）
　　　　　　　　𗃬𗊲𗋽�‍𗏷�1（押）
　　　　　　　　𗃬𗊲𗋽𗄈𗾭（押）

对译:

光定卯年三月六日日文状为者梁十月
狗今兀尚般若山自本持者老房势处一
石五斗麦借石上五斗数利有共算二
石二斗五升为日限同年八月一日日
谷数聚集来为当日过时一石二石数
还为本心服入柄处有之还为当
　　　　　　　文状为者梁十月狗（押）
　　　　　　　相借兀尚老房狗（押）
　　　　　　　相借梁九月犬
　　　　　　　相借李满德（押）
　　　　　　　知人杨老房狗（押）
　　　　　　　知人杨神山（押）

意译：

光定卯年三月六日立契约者梁十月
犬，今于兀尚般若山自本持者老房势处借
一石五斗麦，每石有五斗利，共算为二
石二斗五升，期限同年八月一日
当聚集粮数来。日过时，一石还二石。
本心服。　当按文书上所写还。
　　　　　　立契约者梁十月犬（押）
　　　　　　同借（者）兀尚老房犬（押）
　　　　　　同借（者）梁九月犬
　　　　　　同借（者）李满德（押）
　　　　　　知人杨老房犬（押）
　　　　　　知人杨罗山（押）

录文:（2）

𗹦𗟲𗡞𗥃𗤻𗯿𗤒𗢾𗑗𗧀𗱕𗴮𗱲𗭼𗰔𗯨𗱕
𗎉𗯌𗌖𗪚𗴺𗟥𗍲𗆑𗩱𗣙𗹦𗯨𗪚𗰔𗘅𗎉𗒇𗰜
𗟲𗟂𗒱𗉌𗦳𗹦𗏁𗰵𗫠𗒭𗥃𗣙𗒄𗑗𗎉𗤔𗎶𗤔
𗥃𗒀𗅬𗱕𗌇𗱕𗯌𗢯𗥃𗇜𗹬𗤸𗥃𗥈𗤒𗳕𗥃
𗘐𗌭𗹦　　𗡞𗥃𗤻𗯿𗤒𗢾𗑗（押）
　　　　　𗥃𗹬𗯿𗌖𗤸𗧀（押）
　　　　　𗥃𗹬𗡞𗡞𗎢𗌭𗭼𗯿（画指）
　　　　　𗎶𗤔𗹦𗥔𗑗𗱲𗳕（押）
　　　　　𗎶𗤔𗌇𗭼𗳕（押）

对译：

同日文状为者梁铁功宝今老房势处三石麦借石

上五斗数利有本利共算四石五斗麦为日限年
同八月一日日谷数聚集来为当若日过不来
为时一石二石数还为当状接相取办人还为
本心服　　文状为者梁铁功宝（押）
　　　　　借相梁小狗势（押）
　　　　　借相恶恶氏心喜白（画指）
　　　　　知人嵬移老房犬（押）
　　　　　知人杨罗山（押）

意译：

同日，立契者梁铁功宝，今向老房势处借三石麦，
每石有五斗利，本利共计为四石五斗麦，日期
同年八月一日当聚集粮食来，若日过不来
时，一石还二石数，使同借能还之人还。
本心服。　　立契者梁铁功宝（押）
　　　　　同借者梁小狗势（押）
　　　　　同借者恶恶氏心喜白（画指）
　　　　　证人嵬移老房犬（押）
　　　　　证人杨罗山（押）

录文：（3）

𗾗𘀄𗹅𗦴𗤁𗣿𘝾𗣼𗹤𗾗𗹤𗤁𗣾𗽲𘊟𗾈𘊟
𘓶𗼋𘐌𘓶𗥦𘜴𗼗𗾗𗢤𗤁𗤁𗱆𘊟𘐌𗼗𗦴𗾘𘈷𗦴𘈷𗹤
𗢤𘈷𗼗𘐌𗱆𗹤𗤁𗽲𘜴𗢤𘜴𗾈𗹤𗢤𗤁𘐌𘈵
𗤁𗽲𗢄𘐌𗼗𗹅�😘𗤁𘊟𘜴𘊑？𗪱𗹤𗢤
　　　　　　　𘀄𗹅𗦴𘝾𗣼（押）
　　　　　　　𘀄�𗼗𗣿𘜴（押）
　　　　　　　𘀄�𗼗𗣾𗽲𘈷𗦴（画指）

⿰虫我⿰⿰……

对译：

同日文状为者扇显今使军老房处二石
麦借本利三石为日限同年八月一日日谷聚集来还
为当若日过不还为时一石二石数还当状接等
何〈 〉办人接借还本心服入柄何？〈 〉还为

文状为者扇显（押）
借相浑七月（押）
借相丑须氏宝白（画指）
知人……

意译：

同日，立契者李扇显，今向使军老房处借二石
麦，本利为三石，期限同年八月一日当聚集粮食
来，若日过不来还时，一石当还二石数，使同借者
能还之人还。本心服。按文书所写还给。

立契者扇显（押）
同借者相浑七月（押）
同借者丑须氏宝白（画指）
知人……

3. 俄 Инв.No. 7741 天庆寅年（1194 年）贷粮契 ①

---

① 《俄藏黑水城文献》第 13 册，第 217—218 页。系一契约长卷，其中有的年款省略记为⿰虫我⿰虫我（寅
年），有的记为⿰虫我⿰虫我⿰虫我（⿰虫我⿰虫我寅年）。因此契约应全部是天庆甲寅年（1194 年）立。

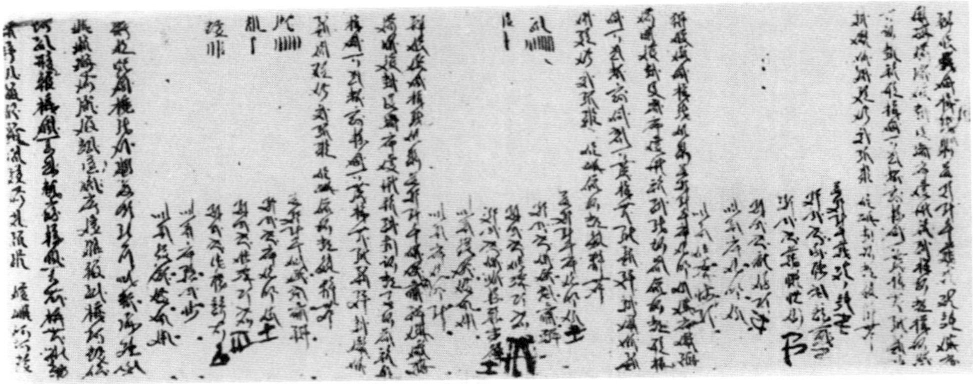

录文：(1)

[illegible] [1] [illegible]

[illegible]

[illegible]

[illegible]

[illegible])(押)

[illegible](押)

[illegible](押)

[illegible](押)

[illegible](画指)

[illegible] [2] (画指)

对译：

寅年正月二十九日日文状为者什或狗盛今始

今普渡众宫中谷手入者喇嘛等处二石麦二石大麦

一石糜等借二月一日上起一月一斗二升数利有

---

① 𗏁（九）字写于旁边。

② 泌薰（山讹）二字旁有一√，表示二字书写颠倒，应为薰泌（讹山）。

〈　〉到本利头等限日过时　官依三石麦罚交服
　　　　　　　文状为者什或狗盛（押）
　　　　　　　状相接铺力氏弟引（押）
　　　　　　　状相接史禅定善（押）
　　　　　　　状相接子岁吉（押）
　　　　　　　知人梁老房乐（画指）
　　　　　　　知人平尚讹山（画指）

意译：

寅年正月二十九日，立契者什或狗盛，今起
自普渡寺中粮食经手者喇嘛等处，借二石麦、二石谷、
一石糜等，从二月一日起，一月有一斗二升利，
及至本利相等，期限过时依官法罚交三石麦。服。
　　　　　　　立契者什或狗盛（押）
　　　　　　　同立契铺力氏弟引（押）
　　　　　　　同立契史禅定善（押）
　　　　　　　同立契子岁吉（押）
　　　　　　　知人梁老房乐（画指）
　　　　　　　知人平尚讹山（画指）

录文：（2）

鞯狠�橘祓豾刍纲荄潆胗疹详刍鬲缴缲详织鸈
缱鼐袚靓詨瓺疹刍媾鞍豿祓翗鮥傥翗敔脕橘
獙刂刍耗鼋獙豿刂巇橘荳脨魆详斻织铊鬷
纰豩绺靴祓殟　继獾傥翗敔鰺稦荮
　　　　　　荄潆胗疹详刍鬲缴（押）
　　　　　　潆荒靴獙绥魆飆鞯（押）
　　　　　　潆荒靴缚绻舒薭荒（押）

𗤻𗰔𗈪𗏇𗏷𗐩𗉵𘆫𗫂（押）
𗣼𗡶𗤰𗏇𗘂𗘂？（画指）
𗣼𗡶𗥩𗤰𗚈𗭠（画指）

对译：

寅年正月二十九日日文状为者梁老房乐今普渡
众宫中谷手人者喇嘛等处十石杂五石麦借二
月一日上起月数一斗二升数利有〈　〉到本利
头等为日过时　　官依五石麦罚交服
　　　　　　　　　文状为者梁老房乐（押）
　　　　　　　　　状相接嵬移氏女虎（押）
　　　　　　　　　状相接平尚吉有（押）
　　　　　　　　　状相接嵬移阿姊小白（押）
　　　　　　　　　知人只移回鹘？（画指）
　　　　　　　　　知人梁老房酉（画指）

意译：

寅年正月二十九日，立契者梁老房乐，今自普渡
寺中粮食经手者喇嘛等处，借十石杂粮、五石麦，
从二月一日起，一月有一斗二升利，及至本利
相等。期限过时，依官法罚交五石麦。服。
　　　　　　　　立契者梁老房乐（押）
　　　　　　　　同立契嵬移氏女虎（押）
　　　　　　　　同立契平尚吉有（押）
　　　　　　　　同立契子嵬移阿姊小白（押）
　　　　　　　　知人只移回鹘？（画指）
　　　　　　　　知人梁老房酉（画指）

录文:(3)

𗼻𗾔𘈩𗗅𗪅𗊋𘊵𗄛𘕿𘜶𗔻𗙈𗿷𗿦𗼷𗷟𗼻𘉒𗟲𗫤

𗫤𗆍𗧙𘆋𗷰𘜶𗶆𗱲𘟣𘇂𗊩𗫓𗭼𘎑𗫓𗫂𘟣𘆆

𗗅𘈩𘄒𘓁𗼑𗒹𗯯𘈩𘄒𗾷𗗅𗾑𗊌𘈕𗨁𘟷𘈩𗫤𘍱

𗊍𘈩𘜔�cz𗆱𗊌𘞘 𘓁𘝵𗝕𗫓𗫂𗊵𘞨𗑗

𗷟𘜶𗔻𗙈𗿷𗿦𗼷𗷟𗼻(指押)

𘜶𗿛𗫉𗨁𘜔𘈢𗷰(押)

𘜶𗿛𗫉𗮟𘛽𗧽𗉾(押)

𘜶𗿛𗫉𗅲𗤋𗜓𗉾(押)

𗊍𗰖𗫉𘃋𘈩𗟲(画指)

𗊍𗰖𘜔𘟣𘞧𘝎? (画指)

对译:

寅年正月二十九日文状为者嵬移氏女虎今普渡

众宫中谷手入者喇嘛等处三石麦七石杂等借

二月一日上起一月一斗二升数利有〈 〉到本

利头等为日过时　官依五石麦罚交服

　　　　　　　　文状为者嵬移氏女虎(指押)

　　　　　　　　状相接梁老房乐(押)

　　　　　　　　状相接平尚吉有(押)

　　　　　　　　状相接讹利犊有(押)

　　　　　　　　知人梁羌德山(画指)

　　　　　　　　知人只移回鹘? (画指)

意译:

寅年正月二十九日,立契者梁老房乐,今自普渡

寺中粮食经手者喇嘛等处,借十石杂粮、五石麦,

从二月一日起,一月有一斗二升利,及至本利

相等，期限过时，依官法罚交五石麦。服。

　　　　　　立契者嵬移氏女虎（指押）

　　　　　　同立契平尚吉有（押）

　　　　　　同立契平尚吉有（押）

　　　　　　同立讹利犊有（押）

　　　　　　知人梁羌德山（画指）

　　　　　　知人只移回鹘？（画指）

4. 俄 Инв.No. 4762-7　贷粮契 [1]

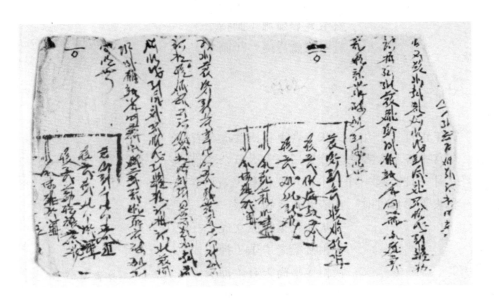

录文：（1）

　　……㮑翱㪚㤪㕑㲩㪚翱㪚繻靴繎圆

　　㲩刃㣁㼈綳㪚繇帍厵㳛綳靴㲈㤌厵㳛㹥㧵

　　翱㮑翱�骸㣁綳㣖綳�㣁㣁？？ 麤㥀？？

① 《俄藏黑水城文献》第 13 册，第 279—280 页。

𗱕𗩈？ 𗋒𗫂𗷸𗏹𗏾𗐩𗤀𗈫

　　　　　　𗷆𗋽𗏾𗫂𗤈𗋞𗊱（押）

　　　　　　𗜓𗿟𗷽𗱾𗊱𗷅（押）

　　　　　　𗜓𗷆 ?? 𗷅𗤊（画指）

　　　　　　𘝃𗾔𗤒𗾂𗱯？（押）

　　　　　　𘝃𗾔𘄒 ??（押）

对译：

……

……二石麦借本利三石麦为日限八

月一日日谷数聚集还为当日过不还为时一

石二石数文头状接谁〈　〉??? 办人??

入柄？持者〈　〉还为本心服

　　　　　　文状为者曹肃州（押）

　　　　　　借相麻则盛有（押）

　　　　　　借相?? 子宝（押）

　　　　　　知人杨罗九（押）

　　　　　　知人许?? （押）

意译：

……借二石麦，为利为三石麦，日限八

月一日聚集粮食当还，过期不还时，按一

石二石数算，据契约签署接状者能办者何人，

还给持此文书者。本心服。

　　　　　　立契者曹肃州（押）

　　　　　　相借者麻则盛有（押）

　　　　　　相借者?? 子宝（押）

　　　　　　知人杨罗九（押）

　　　　　　知人许？？（押）

录文：（2）

〔西夏文〕？
〔西夏文〕
〔西夏文〕
〔西夏文〕？？〔西夏文〕？？〔西夏文〕 [1]
〔西夏文〕
　　　　　　　　　〔西夏文〕（押）
　　　　　　　　　〔西夏文〕（押）
　　　　　　　　　〔西夏文〕（画指）
　　　　　　　　　〔西夏文〕？？（押）

对译：

同日文状为者梁老房有今使军老房？处一
石麦借本利一石五斗麦为日限八月一日日谷数
聚集还为当日过不还为时一石二石数文头
状接谁〈　〉现？得人？？入柄持者〈　〉还为
本心服
　　　　　　　　　文状为者老房有（押）
　　　　　　　　　借相杨老房犬（押）
　　　　　　　　　借相野利般若宝（画指）
　　　　　　　　　知人许？？（押）
　　　　　　　　　……（押）

_____

　　① 此处断开，缺立契者及其他相关人员的签字画押。据文书前的立契者人名和接口等可知应接图6
第7行。

意译：

同日，立契者梁老房有，今向使军老房？处借一
石麦，本利为一石五斗麦。日限八月一日当将粮食数
聚集还给。日过不还时，按一石二石数算，
据契约签署接状者能办者何人，还给持此
文书者。本心服。

　　　　　　　立契者老房有（押）
　　　　　　　相借者杨老房犬（押）
　　　　　　　相借者野利般若宝（押）
　　　　　　　知人许？？（押）

5. 俄 Инв.No.5870-1　天庆寅年（1194 年）贷粮契 [①]

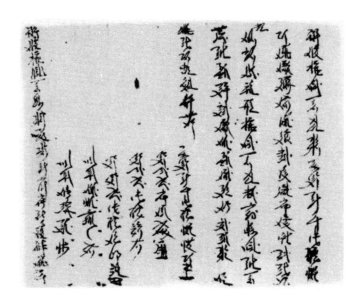

① 《俄藏黑水城文献》第 14 册，第 57 页。

录文：

𘊱𘌵𗫔𗫣𗭴𗅆𗴮𘃽𗫘𗒑𗆟𗎴𗰔𘟠
𗄹𘄿𗙼𗧉𘃜𗁆𗾺𗥄𗈁𗴮𗴨𗅺𗁜𗎴𗫘𘟑
𗤶𘌒𘟑𗥦𗍯𗰕𗫔𗫣𗭴𗅆𗫚𗏹𗫚𗍯𗥔𗅆
𗡢𗩾𗷫𗲟𗫥 ?? 𗨩𗫔𗟻𗗧𗳮𗏴𘉑　　𘈷
𘕿𗅆𘟑𗤅𘈮𗥏𗲟𗹬

　　　　　　　　𗅆𗫘𗒑𗆟𗎴𗰔𘟠𗄹（押）
　　　　　　　　𘃽𗱴𗯟𗥄𗫚𗧉（押）
　　　　　　　　𘃽𗱴𗯟𗎴𗰔𗤅𗱴
　　　　　　　　𘃽𗱴𗯟𗎴𗰔𗴨𗆠𗊱（押）
　　　　　　　　𘞔𗱴𗫔𗧉𗲟𗲟𗱴（画指）
　　　　　　　　𘞔𗱴𘄢𘊎𗎴𘏍（画指）

对译：

寅年二月一日日文状为者讹利禅
势今普渡众宫中谷手入者梁喇嘛处十石
麦四石谷等借二月一日上起一月数一
斗数利有〈 〉?? 利头还为日过时　官
依十石还罚心服

　　　　　　　　文状为者讹利禅势（押）
　　　　　　　　状相接梁乐铁（押）
　　　　　　　　状相接讹利犊有
　　　　　　　　状相接讹利老房盛（押）
　　　　　　　　知人嵬名　有（画指）
　　　　　　　　知人平尚讹山（画指）

意译：

寅年二月一日，立契者讹利禅

势，今自普渡寺中经手粮食者梁喇嘛处借

十石麦、四石谷等，自二月一日起，一月（一石）

有一斗一利，?? 利头还为。日过时依官

另罚十石。心服。

> 立契者讹利禅势（押）
>
> 相立契者梁乐铁（押）
>
> 相立契者讹利犊有
>
> 相立契者讹利老房盛（画指）
>
> 知人崽名　有（画指）

6. 俄 Инв.No.5870-2　天庆寅年（1194 年）贷粮契 ①

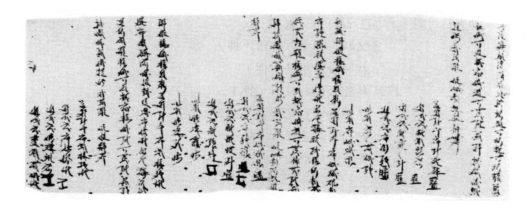

录文：（1）

鞣级桶狱引爹纲荄濒核烊核残祥纖烊

? 夏祷敕缓媥狱绲翔裰引翔叔引翔骏鞍核

桶狱引爹靴蒉杨狱骏引薅骏麸轩狱纖祇 ②　狱

---

① 《俄藏黑水城文献》第 14 册，第 57—61 页。

② 据前后契约知此处缺一鎐（利）字。

𗧃𗅆𗱈𗤫𗇁　𗧃𗗟𗄊 [1]　𘂤𘃨𗤋𗱈

　　　　　𗋽𗗟𗔇𗍳𗼇𗍳𗤢𗺉（押）

　　　　　𗋽𘄡𘂕𗼇𘉼𗏁（押）

　　　　　𗋽𘄡𘂕𗪺𗓟𗿒𗏁（押）

　　　　　𗋽𘄡𘂕𗪺𗓟𗄈𗒹𗋽（押）

　　　　　𘃢𗅆𗏆𘍳𘜼𘜼𗏁（画指）

　　　　　𘃢𗅆𘄡𘉅𗿒𘄄（画指）

对译：

寅年二月一日日文状为者梁酉狗白今梁

？那征及喇嘛处六石杂一石麦一石粟等借

二月一日上起一月数一斗数利有〈 〉本头

等为日过时　官依三石麦罚交服

　　　　　　文状为者梁酉狗白（押）

　　　　　　状相接梁乐铁（押）

　　　　　　状相接讹利犊有（押）

　　　　　　状相接讹利老房盛（押）

　　　　　　知人嵬名恶恶有（画指）

　　　　　　知人平尚讹山（画指）

意译：

寅年二月一日，立契者梁酉？白，今自

梁那证盛及喇嘛处借六石杂、一石麦、一石粟等，

自二月一日起，（一石）每一月有一斗利，至本利

相等。日过时，依官法罚三石麦。心服。

　　　　　　立契者梁酉狗白（押）

---

① 此处缺一𘝴（石）字。

相立契者梁乐铁（押）

相立契者讹利犊有（押）

相立契者讹利老房盛（押）

知人嵬名恶恶有（画指）

知人平尚讹山（画指）

录文：（2）

𘚤𗵾𗼷𘄊𗆀𘕿𗆀𗖊𘄄𘗍𗙏𗏇𗧁𘕕𘕿𘞃𗀱

𗏁𘞃𘓺𘚐𘊱𗏁𘓄𘒣𗩾𘔶𘚐𗪱𗆀𘏨𘕜𗎁

𗵶𘈦𗼋𗆀𘕿𘊻𘄄𗽀𘀈𘏿𘕿𘄄𘊻𗎺𗆀𘈦�)𘞠

𗏫𘚮𘓨𘏢𘞣𘚐𘄄𗳵𗄰𘞨𘞥　𘄑𘖀𗎻𗙏𘒆𘞨

𗆸𘖒　　　　𗖊𘄄𗙏𗀱𘕿�（押）

　　　　　　𘗍𘕍𘗏𗀱𘞃𘚐（押）

　　　　　　𘗍𘕍𘗏𘄊𗭪𘒀𗨳（押）

　　　　　　𘗍𘕍𘗏𘄊𘟀𘒣（押）

　　　　　　𘕜𘏨𗘌𗉶𘔶𘗇（画指）

　　　　　　𘕜𘏨𗘌𗉶𗨳𘗇（画指）

对译：

天庆寅年二月二日日文状为者梁五月宝及

梁盛犬等今梁喇嘛那征茂等处二石三斗

五升麦借二月一日上起一月数一斗二升数利

有〈　〉到本利头等限日过时　官依三石麦罚

交服　　　　　　文状为者梁五月宝（押）

　　　　　　　　状相接梁盛犬（押）

　　　　　　　　状相接子禅定酉（押）

　　　　　　　　状相接子羌盛（押）

　　　　　　　　知人平尚富山（画指）

知人平尚讹山（画指）

意译：

天庆寅年二月二日立契者梁五月宝及

梁盛犬等，今自梁喇嘛、那征茂等处借二石三斗

五升麦，自二月一日起，一月（一石）有一斗二升数

利，〈　〉头等为日过时　官依？还罚心服
　　　　　　　　　立契者梁五月宝（押）
　　　　　　　　　同立契者梁盛犬（押）
　　　　　　　　　同立契者子禅定酉（押）
　　　　　　　　　同立契者子羌盛（押）
　　　　　　　　　知人平尚富山（画指）
　　　　　　　　　知人平尚讹山（画指）

录文：（3）

𗧃𗭤𗋽𗿓𗋽𘃎𘓘𗥔𘎠𗉛𗩺𗴻𗋽𗏵𗿛
𗭴𗉛𗖟𗏵�097𗥷𗾒𗇋𗿓𘃓𗉛𗥔𘔼𘋩𘕿𘝞𗤙𗍁𗏵
𘄄𗋽𗭴𗭴�97𗭴�097𗍎𘉒𘄧𗿓𗭤𗍁𘏣𘉝𗭴
𗭴𗭴𗿛𘔼𗭴𘄧𘎗𗱢𘝾𘓉　𘓉①𗈪𗕿𘍦
　　　　　　�04�51�21𗁋𗏵�-� （画指）
　　　　　　�04𘔭�...（押）
　　　　　　�04𘔭�...（押）
　　　　　　�04𘔭�...（押）
　　　　　　�🔲（押）
　　　　　　�🔲（押）

---

① 据前后契约知此处遗一瞭（依）字。

对译：

寅年二月二日日文状为者梁氏二盛乐
今梁普渡众宫中谷手入者喇嘛那征茂等处
八石杂借二月一日上起一月数一斗数利有
〈　〉到本利头等限日过时　　官罚交服
　　　　　　　　　文状为者梁氏二盛乐（画指）
　　　　　　　　　状相接梁小鸟乐（押）
　　　　　　　　　状相接平尚？有（押）
　　　　　　　　　状相接李氏显令乐（押）
　　　　　　　　　知人梁崽名宝（押）
　　　　　　　　　知人酩布小狗有（押）

意译：

寅年二月二日日立契者梁氏二盛乐
今自普渡寺中粮食经手者梁喇嘛、那征茂等处
借八石杂粮，自二月一日起，一月有一斗二升利，
及至本利相等期限过时　　依官罚交。服。
　　　　　　　　　立契者梁氏二盛乐（画指）
　　　　　　　　　相立契者梁小鸟乐（押）
　　　　　　　　　相立契者平尚？有（押）
　　　　　　　　　相立契者子羌盛（押）
　　　　　　　　　知人李氏显令乐（押）
　　　　　　　　　知人酩布小狗有（押）

7. 俄 Инв.No.8005-1　光定戊寅年（1218 年）贷粮契 [①]

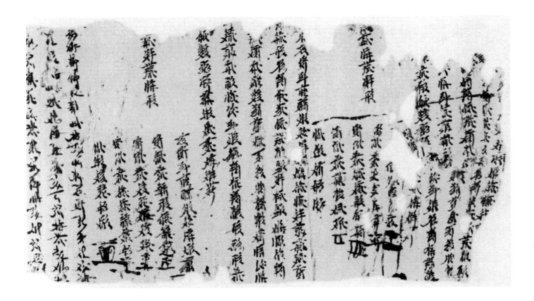

录文：（中间完整契约）

？ 𗢳𗥦𗑾𗩈𗣼𗤒𗭴𗤒𗂰𗧁 𗭴𗤒𗤒𗤒𗲍𗤒𗤒𗤒𗲍𗫤𗤒𗤒
𗭴𗤒𗤒𗤒𗤒𗂰𗤒𗤒𗲍𗤒𗤒𗤒𗤒𗂰𗲍𗩈𗂰𗤒𗤒
𗤒𗲍𗤒𗤒𗤒𗤒𗂰𗲍𗤒𗂰𗤒𗤒𗲍𗲍𗤒𗤒𗤒𗩈𗂰𗩈
𗤒𗤒𗲍𗂰𗩈𗂰𗤒𗲍𗤒𗤒𗲍𗲍𗂰𗲍𗲍𗤒𗤒𗤒𗤒𗲍
𗲿𗤒𗤒𗂰𗲍𗤒𗩈𗲍𗂰𗩈𗂰𗪢𗲍�╌

　　　　　　　𗥦𗑾𗩈𗣼𗤒𗤒𗭴𗤒𗂰𗲍（押）
　　　　　　　𗑾𗲍𗲍𗂰𗩈𗂰𗲍𗤒（指押）
　　　　　　　𗑾𗲍𗲍𗭴𗲍𗲍𗂰𗲍𗲍（押）
　　　　　　　𗑾𗲍𗲍𗲍𗲍𗲍𗲍𗂰（押）
　　　　　　　𗂰𗲍𗭴𗲍𗂰𗲍（押）

① 《俄藏黑水城文献》第 14 册，第 250—252 页。

契末上部有一行六字，上残一字：

? 蕤猍薍帰豥

对译：

同日文状为者骨宁老房花今嵬名佛护成处七
石大麦借一石连各五斗利有本利共算十石
五斗为日限年同八月一日日谷数聚集过来
当若日限过不过为时一石二石数取正取相
何〈　〉边近办人分离本心服
　　　　　　　　　文状为者骨宁老房花（押）
　　　　　　　　　状接相酩布五部金（押）
　　　　　　　　　状接相移讹小狗犬（押）
　　　　　　　　　状接相嵬名般若奴（押）
　　　　　　　　　知人讹移奴花（押）

意译：

同日立契者骨宁老房花，今自嵬名佛护成处借七
石大麦，相应每一石有五斗利，本利共计为十石
五斗。日期年同八月一日当将粮食数聚集过来。
若日期过，不过来时，一石还二石数，使谁与
正主最能办还粮处理。本心服
　　　　　　　　　立契者骨宁老房花（押）
　　　　　　　　　相立契者酩布五部金（押）
　　　　　　　　　相立契者移讹小狗犬（押）
　　　　　　　　　相立契者嵬名般若奴（押）
　　　　　　　　　知人讹移奴花（押）

8. 俄 Инв.No. 4526（1）贷粮契 [①]

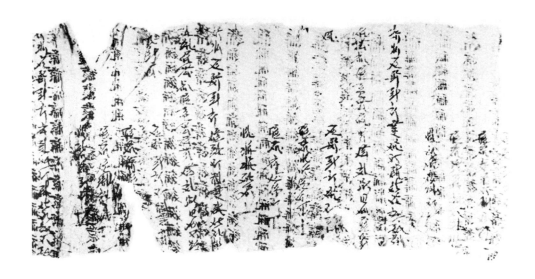

录文:（1）

𘓥𘓦𗡅𗴺𗣼𗍳𗏴𗏾𗏴𗴾𗏴𗍤? ? 𗣼𘎑
𗒹𗴖𗡅𗴺𗤒𗴖𗒹𘘥𗏴𘈈𗏴𘎑𗡤𗏴𗬩𗴖𗣼𗴺𗡅𗴺
𗏴

　　　　　　　𗣼𗴺𗏴𗍳𗏴𗏴（押）
　　　　　　　𗴾𗏴𗣼𗴖𗏴（押）
　　　　　　　𗴾𗏴𗴾𗣼𗏰𗏴（押）
　　　　　　　𗒹𗏴𗣼𗏴（押）

对译:

日同文状为者李百吉先移讹? 盛处

①《俄藏黑水城文献》第 13 册，第 217—218 页。背面为习字，正面贷粮契字迹不清。首 3 行为上
一契约残存，不译。

五石杂借七石五升为日限八月一日还为
当

　　　　　　　　文状为者百吉（押）
　　　　　　　　借相□□□□□（押）
　　　　　　　　借相者梁□吉祥（押）
　　　　　　　　知浑小狗铁（押）

意译：

同日立契约者李犬吉，今从移讹？盛处借
五石杂粮，变为七石五斗，限期八月一日当
还。
　　　　　　　　立契约者犬吉（押）
　　　　　　　　相借□□□□□（押）
　　　　　　　　相借者梁□吉祥（押）
　　　　　　　　知人浑小狗铁（押）

录文：（2）

𗾔𗵽𗥃𘕕𗣼𗂖𘜶𗧓𗏹𗤛𘝩𗴛𘝊𘉻？
𗳛𗈶𗧤𗤱𘓄𗁦𗧤𗧤𗴶𘚢𗍅𗁽𘆄𗩾𘉑
𘏿𗣼𗥃　　　　　　𗥃𗣼𗂖𗏹𗤛𘝩（押）
　　　　　　　　�3𘄡𗏻？？（押）
　　　　　　　　�3𘉻 ???（押）
　　　　　　　　𗶴 ???（押）

对译：

日同文状为者西移吉前累今移讹？
盛处五石杂借七斗五升为日限八月一日

还为当　　　　　文状为者吉前累（押）

借相酩布□□（押）

借相者西？？？（押）

知？？？（押）

意译：

同日立契约者西移吉前累，今从移讹？

盛处借五斗杂粮，变为七斗五升，限期八月一日

当还。

立契约者吉前累（押）

相借酩布□□□（押）

相借者西？？？（押）

知人？？？（押）

9. 俄 Инв.No. 7892-7　贷粮契 ①

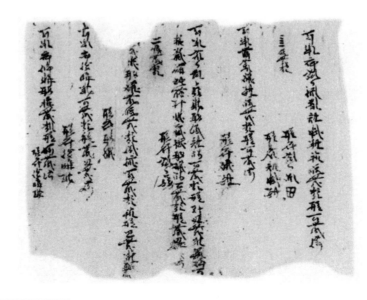

<hr />

① 《俄藏黑水城文献》第 14 册，第 206 页。

录文：（1）

𗣼𗌰𗏹𗂧𗂧𗮄𗥦𗋽𗏁𗆧𗹙𗣧𗆀𗥫𗩱𗬩𗣨𗣼𗢳𗸽
（算码）𗆀𗥫𗩱　　　　𗣨𗬠𗂧𗂧𗮄（押）
　　　　　　𗣨𗷡𗥦𗏁𗆧

对译：

一人梁舅舅右及子网盛等五升麦借一斗为
（算码）五升麦　　　借者舅舅右（押）
　　　　　　借相子网盛

意译：

一人梁舅舅君及子巧盛等，借五升麦还一斗。
　　　　　　　　借者舅舅君（押）
　　　　　　　　借者子巧盛
（上部）算码　五升麦

录文：（2）

𗣼𗌰𗤉𗤆𗬕𗆧𗆀𗬠𗥫𗣨𗣼𗢳𗸽
　　　　　　𗣨𗬠𗬕𗆧

对译：

一人使军狗盛五升（斗）麦借一斗（石）为
　　　　　　借者狗盛

意译：

一人使军犬盛借五升麦，还一斗。

借者狗盛

录文:（3）

⿰⿰⿰⿰⿰⿰⿰⿰⿰⿰⿰⿰⿰⿰⿰⿰⿰⿰⿰⿰⿰⿰⿰⿰⿰⿰⿰
⿰⿰⿰⿰⿰⿰⿰⿰⿰⿰⿰⿰⿰⿰⿰⿰ ⿴⿰
（算码）⿰⿰⿰　　　　⿰⿰⿰⿰⿰

对译:

一人□恶□恶舅舅双浪奴乐〈　〉一斗麦借为八升数有一
支剑实已？贷复尼顷啰〈　〉一斗麦借斗八升为
（算码）二斗麦　　　　　借者舅舅双

意译:

一人恶恶舅舅双，向浪奴乐盛借一斗麦，有八升利，已
抵押一支剑，另向顷啰借一斗麦，成一斗八升。

借者舅舅双

（上部）算码　二斗麦

10. 武威 G31·004［6728］　乾定申年（1224 年）没瑞隐隐狗贷粮契 ①

---

① 史金波、陈育宁主编《中国藏西夏文献》第 16 册，第 389 页。

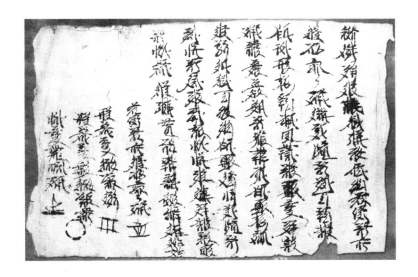

录文：

𗫂𗤶𗣼𗤴𗆔𗭴𗆔𗢸𗤵𗧺𗤉𗦜𗇋𗂼

𘜶𗭴𗤜𗤜𗦜𗇋𘃝𗆬𗣓𗭹𗯿𘖑𗦻

𗆔𗮔𗤵𘊝𗣓𗣕�蔱𗤉𗤁𗥃𗍺𗭸

𗦜𗤁𗤒𗤜𘖏𗤵𗥃蔱�》𗆔�𗥃𘉅

𗤴𘎤𗮔𗣺𗣓𗧿𗤶𗆔�𗤵�𗆬𗣓𗭹

𘖑𗫴𗤵�ঝ𗤴 ①　𗂼𗧺𗫴𗫴𗦔𗰸𗍺𗭸𗥂𗫦

𗤵𗫴��Ꮑ𗨨𗧺𘄷Ꮑ�ᝅ𗋽𗰸 ②　𘄷蔱

　　　𗧺𗤵𗧺𗤉𘜶𗭴𗤜𗤜𗦜（押）

　　　�𗰸𗣕𗮔𘅑𗫵（押）

　　　�𗰸𗣕𗗚𗮔𘅑𗱻（押）③

　　　𗂼𗣕蔱𗂆𗦜（押）

---

①　𗤴（品）据此字的位置，与类契约相比，以及字形比较，可能为𘌶（若）的误写。

②　�ᝅ，据此字的位置，与类契约相比，以及字形比较，可能为�ᝅ（本）的误写。

③　此画押为一圆圈，不似手写，而像以笔帽或其他管状物的一端押捺上去。这种画押形式少见，也可能是印押的雏形。

对译：

乾定申年二月二十五日文状为者
没瑞隐隐狗今讹国师处一石糜
本已借一石上八斗数利李？有命
屈般若铁行为已持全本利一顺
年同九月一日日本利聚集讹国师
处来为当品（若）日限不来时原有糜数付
为不仅　官依七十缗罚交本心服
　　　　　文状为者没瑞隐隐犬（押）
　　　　　相借李祥瑞善（押）
　　　　　相借李氏祥瑞金（押）
　　　　　知人李显令犬（押）

意译：

乾定申年二月二十五日，立契者
没瑞隐藏犬，今于讹国师处已借一
石糜本，一石有八斗利 [①]，由命
屈般若铁处取持。全本利一齐于
同年九月一日本利聚集，当还讹国师
处，若过期不还来时，先有糜数偿还
以外，依官法罚交七十缗钱，本心服。
　　　　　立契者没瑞隐藏犬（押）
　　　　　相借者李祥和善（押）
　　　　　相借者李氏祥和金（押）
　　　　　知人李显令犬（押）

---

① 　原文西夏文"利"有涂抹痕迹，下为西夏姓氏"李"。

11. 内蒙古 M21.003〔F135∶W75/2026〕　乙亥年（1215 年？）贷粮契 [①]

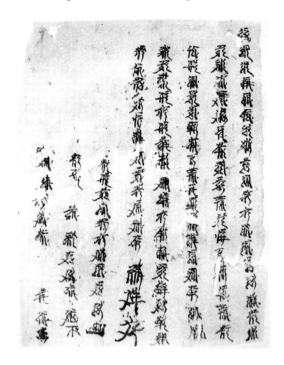

录文：

𗇜𗫨𗣼𗬩𗫴𗅤𗆘𗫲𗟻𗁲𗰜𗏹𗫯𗄉𗏹𗫨𗇋𗣩

　𗧚𗫨𗫯𗏹𗫇𗱈𗮫𗅤𗋽𗱞𗆘𗰜𗄼𗫤𗁲𗫲𗣩

　𗦴𗾔𗫨𗣼𗃸𗫤𗦱𗄼𗱞𗱈𗗙𗣴𗖊𗳡𗇋𗤁 ??

　𗣩𗆘 [②]　𗧉𗾔𗁲𗾔𗇐𗁲𗭒𗒟𗱼𗁲𗫤𗷤𗆘𗐊𗃆𗄰𗒀

𗁲𗖸𗁮𗷲𗻒𗑻 ?? 𗁲𗳡𗇋𗤁　𗖊𗒟𗒜

　　　　　𗣩𗾔𗆘𗫇𗱈𗮫𗅤𗆘𗰜（押）

　　　　　𗣩𗾔𗇐𗅤𗆘𗰜𗌭𗷲（押）

　　　　　𗭒𗒟𗁲𗮫𗗙𗷦𗱇（押）

①　《中国藏西夏文献》第 17 册，第 153 页。

②　此处疑遗一字"竟"。

对译：

乙亥年二月五日日文状为者嵬移乐意今麦需
要因嵬移阿俄等处自斗等中一石五斗麦
〈 〉借月数各石上一斗半利数往当〈 〉说？？？
需用时借者借相者及担保者等何〈 〉交应人行
为本超聚集依？？为当〈 〉说　本心服
　　　　　　　　麦借文契为者嵬移乐意（押）
　　　　　　　　麦相借子乐意狗疤（押）
　　　　　　　　担保者　律移慧照（押）

意译：

乙亥年二月五日，立契者嵬移乐意，今因需
要麦自嵬移阿俄等处以自平斗借一石五斗麦，
每月每石一斗半利数当还，已说？？，
需用完时，借者、相借者及担保者应交人当
聚集本利还，已说定。本心服
　　　　　　　　借麦立契者嵬移乐意（押）
　　　　　　　　相借麦　子乐意小？（押）
　　　　　　　　担保者　律移慧照（押）

（二）贷钱契
俄 Инв.No.986-1　光定庚辰十年（1220年）贷钱契 [①]

---

① 《俄藏黑水城文献》第12册，第156页。

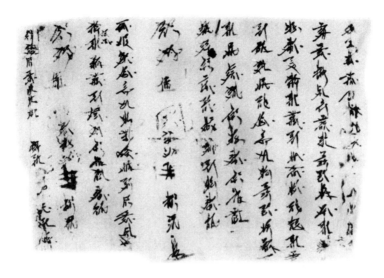

录文：（1）

妭㸁㪍蔬㳀㪚……
菥蕘鮓孩㦩蔬㳱嘉死㭪繈骸？
㺲㳻鰲鞯骸藬㣞㦚蔬㦚㳀㪼骸？
㣖㳺㣡㦞㳀㪍蠡㦫㳀㺲嘉死？㲝？
骸㦞繗㸁㸆㪦㻱㸆篛骸
妭㣿㸆？蘆婏㸁㣞繲㻱㼖
㸆？

　　　　　　　？䏦？（押）　　　㺮？（押）

对译：

光定庚辰十年……
友相中杂者有时自各二百数？
边顺七贯数贷为不仅复十卷数？
为此〈　〉来十月十五日日自各？利？
数来当〈　〉语〈　〉顺语实是

先有语？入柄〈　〉为交实行

师？

　　　　　　？奴？（押）　曹？（押）

意译：

光定庚辰十年……

朋友中杂者有时，自己以二百数？

边顺？贷七贯钱，此外又十卷数？

为，已得到。十月十五日自己将本？

利当还来，所语一律属实，

前所说已记于文书中，实行。

师？

　　　　　　？奴？（押）　曹？（押）

录文：（2）

𗿦𗾺𘃽𗼻𗷢𗫂𘊱𗽺？𗢛𘜶𗣼𗦲？……

𗋽𗫡𘄒 ①　𗹏𗸮𘈱𗣼𗫂𗣼𘕿𘆚𘃽𗷫

𗣼？　　　　？𗰜？（押）　　　𘗐？

对译：

巳年正月十日日大？共勒命相？……

贯五百数钱贷为当所语实是实行。

　　　　　　？奴？（押）曹？

意译：

---

① 𗫡𘄒（五百）系旁加小字。

巳年正月十日日，大？共勒命相？……

？贯五百钱贷，所言是实，实行行。

　　　　　　？奴？（押）曹？

（三）贷物契

俄 Инв.No. 955　光定巳年（1221 年）贷物契 [①]

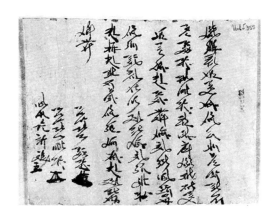

　　录文：

穊縼觑级燊獩傤狻絪莈潫豵穇

燅荔？？？？鞥獥佯鏉獥俙燊

叐燊絳憼毿薢？靴磢獩觗聶

傤絪毞莈絠悄廒穇綀靴皍亝扬

憼椨憼骹扬霿傤叐絪絳憼廒穇讘

絴荓

　　　　莈潫穇穇荔？（押）

　　　　莈潫穇穇？？？（押）

　　　　傃戝？？？（押）

① 《俄藏黑水城文献》第 12 册，第 146 页。

对译：

光定巳年七月五日日文状为者
李？？？？？等今梁善宝〈 〉七
千七百卷［计］债？日限月同十
五日计数聚集还为当日过时一
计二记数一万五千四百卷还为本
心服
            文状为者？？（押）
            文状为者？？（押）
            知人？？？（押）

意译：

光定巳年七月五日，立契者
李？？、？？？等，今向梁善宝
借贷七千七百卷［计］，期限同月十
五日当聚集还。过期时一［计］
还二计数，共还一万五千四百卷，本
心服。
            立契者？？（押）
            立契者？？（押）
            证人？？？（押）

二 买卖契

（一）卖地契

1. 俄 Инв.No.5010 西夏天盛二十二年（1170 年）寡妇耶和氏宝引等卖地契 [①]

---

① 《俄藏黑水城文献》第 14 册，彩图一，又见第 2 页。

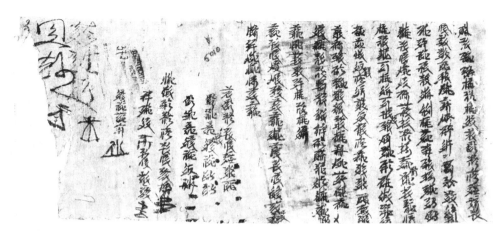

录文：

𗾟𗹢𗤒𗘟𗄈𗤄𗘟𗫂𗄈𗢸𗱠𗄈𗹢𗺍𗤒

𗅆𗜓𗫐𗳸𗄈𗺌𗉞𗥒𗋽𗥛𗘟 ①　𗺌𗄈𘝞𗾭𗐃

𗅳𗱄𗪚𗤋𗄈𗋽𗤒𗫂𗎆𗄈𗐃𗥻𗏹𗒴

𗡞𗄈𗅆𗳁𗤖𗃸𗡩𗄈𗐃𗐃𗥒𗏹𗮯𗀱𗱨𗩤

𗘟𗆑𗺣𗳓𗘟𗥶𗳓𗄈𗫂𗋽𗥒𗮯𗩤𗫉𗥢𗏹

𗮌𗪟𗹢𗤄𗤖𗥛𗷅𗤄𗤖𗢸𗺣𗳸𗤒𗅆

𗱠𗏹𗤄𗐃𗤒𗅆𗐃𗥻𗫢𗤏𗒵𗥋𗉞𗹢𗳸𗀷

𗥛𗱠𗤄𗄈𗤒𗉅𗦴𗄈𗺌𗰚𗢸𗥛𗫉𗹢𗖊

𗰚𗦴𗳓𗄈𗋽𗄴𗰚𗅳𗥛𗰚𗶲𗹖𗉞𗺌𗹢𗥛

𗤄𗄈𗅆�
...

�𗤄𗅆𗶲𗤖𗳓𗤄�𗹖𗤄𗄈𗅆𘀄𗳓？𗳓�

𗀹𗱄𗮯𗮮��

　　　　𗄈𗫂𗤄𗤒𗅆𗜓𗫐𗳸（画指）

　　　　𗫂𗹖�𗄈𗮯𗨁𗱨（画指）

　　　　𗫂𗹖�𗮯𗨁𗥻𗥻？（画指）

　　　𗉞𗄈𗱨𗤖𗄈�9𗅆�𗱠？（押）

　　　𗱄𗹖𗳓（押）�2𗅆𗮁𗳓（押）

<hr>

① 前字原文为两竖点。后字为闭（松泽博录为�）, 据此推知前一字似应为数字, 两竖点可能为"二"。"𗘟𗺌𗄈𘝞�"（二石撒处地）, 与后面的"二十二亩", 也大体相合。

𘝂𗦲𗗚�（押）

𗣼𗣼𗷨（押）

𗣴𗣼（押）

对译：

天盛庚寅二十二年文状为者寡妇耶

和氏宝导等今自属熟生二石撒处地一

块有院取三草房二树木等一顺乐意

依耶和［米千］〈 〉〈 〉卖为一周语全价齿俱

二骆驼一二有一顺牛体等四已语此后其地

上诸人口缚者无若口缚者有时宝引等管

若〈 〉等语变时律令依罪承服不仅

官依三十石麦罚交语体入柄依实行

界司堂下有二十二亩

北耶和回鹘盛与界 东南耶和写？与界

西梁嵬名山与界

文状为者耶和氏宝引（画指）

状接相子没啰哥张（画指）

状接相没啰口鞭（画指）

知人语为者耶和铁茂？（指）

梁犬千（押） 耶和舅盛（押）

没啰树［铁］（押）

税〈 〉交

八日

意译：

天盛庚寅二十二年，[①] 立契者寡妇耶

---

① "天盛"为西夏仁宗年号，共 21 年（1149—1169 年）。天盛庚寅二十二年（1170 年），改元乾祐。是年八月西夏仁宗诛杀权臣任得敬，或于是时改元。若此则此契约应在当年八月之前。

和氏宝引等，今将自属撒二石熟生地一

块，^①　连同院落三间草房、二株树等一并

自愿卖与耶和米千，议定全价二足齿骆驼、

一二齿、^②　一老牛，共四头。^③　此后其地上^④

诸人不得有争讼，^⑤　若有争讼者时，宝引等管。^⑥

若有反悔时，^⑦　不仅^⑧　依《律令》^⑨　承罪，

还依官^⑩　罚交三十石麦，情状^⑪　依文据^⑫　实行。

界司堂下有二十二亩。

北与耶和回鹘盛为界，东、南与耶和写？为界，

西与梁嵬名山为界

　　　　　　　　　　立契者耶和氏宝引（画指）

　　　　　　　　　　同立契^⑬　子没啰哥张（画指）

　　　　　　　　　　同立契没啰口鞭（画指）

　　　　　　　　　　知人说合者^⑭　耶和铁？（押）

　　　　　　　　　　梁犬千（押）耶和舅盛（押）

　　　　　　　　　　没啰树铁（押）

税已交（押）

八日（押）^⑮

---

　　① 靿"石"字前原文为两竖点。"石"前一字似应为数字，两竖点可能为"二"。"二石撒处地"与后面的"二十二亩"，也大体相合。

　　② 原文为槫绤（"有"为表竖直之"有"），可能指长出二颗牙齿的牲畜，表明牲畜的年龄。

　　③ 全价为四头大牲畜。

　　④ 西夏文原文羝斺耗，译为"其地上"，意为"对此地"。以下同。

　　⑤ 西夏文原文为缑毲，对译为"口缚"，意译为"争议""诉讼"。

　　⑥ 西夏文原文为藏，音［管］，为汉语借词。这里是"管""负责"之意。

　　⑦ 西夏文原文为觕藪，对译为"语变"，意为"反悔"。

　　⑧ 西夏文原文为帗爺，对译为"不纯"，置于两分句之间，意为"不仅"。

　　⑨ 西夏文原文为缑骸，意为"律令"，应指《天盛改旧新定律令》等西夏法典。

　　⑩ 西夏文原文为缎礵，对译为"官依"，即"按官府规定"意。

　　⑪ 西夏文原文为觕鬷，对译为"语体"，意为"情由""情状"。

　　⑫ 西夏文原文为龀絥，对译"入柄"，意为"文据""契约"。

　　⑬ 西夏文原文为缭瓵毨，对译"状接相"，即"相接状"意，实指与卖者同来卖地，译为"同立契"。

　　⑭ 西夏文原文为觕斱夌，对译"语为者"，可能是为买卖双方说合者。他在立契约时又为知证人。

　　⑮ 西夏文原文为大字草书缘毵鞯，意为"税已交"；下行为大字草书"八日"，可能是官员签署的日期。

2. 俄 Инв.No.5124–2 天庆寅年（1194 年）正月二十四日邱娛犬卖地契 ①

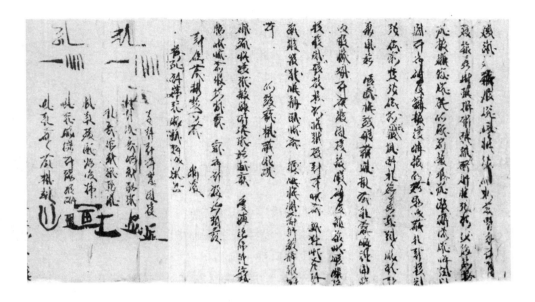

录文：

𗹢𗄈（𗼕）②　𘈈𗫂𗫔𘂝𗞞𗥃𗥼𗢳𗄈𗁬𗐬𗚩�鐵

𘒒𘓨𗩾𘕈𘏮𘈨𗫸𘆊𘏮𘅄𗥀𗞞𗥃𘉒𗐬𗰖𗄌𘄄𘕿

𗷝𘓮𗹬𗁅𗲢𘃀𗳮𗁅？𗐰？𘏽𘓨𗺢𗷝𘊣𘉶�쵏𗁅𘌠𗣠�段

𘜍𗐬𗹢𘃰𘐤𘈈𗁵𗫂�攅𗁮𗢳𗫔𗢳𗯦𘜌𘓤𘓩�段𗣠�紝

𗥃𗥼𗄈𗰔𗥃𗥼𗄈？③　𘓨𗫔𗱁𗣠𗰖𘒐�𗩾𘃀𘆺�朹

𘛃𗰥𗰖　�𘓴𗞞𘑻𗣂𘜀𘆊𗥃𗫂𗷝𘕆𗁓𘃰𗄈？④

𘗊𗣠𗂸𘃀⑤　𗚩𗠉𘍳𗄈𘒒𘈈𗐺𗪈𘑻𘈈𘄿𗄈𘊣𗰔�紝

---

①　《俄藏黑水城文献》第 14 册，第 13—14 页。

②　此字残，与下字𗼕（寅）为天庆年号干支。西夏天庆寅年有二，一为甲寅元年，二为壬寅十三年。壬寅十三年安全废桓宗自立，当年改元应天，一说在正月，一说在三月。此处残字所余部分是𘒒（甲）的一部分，而不是𘓨（壬）的一部分。因此可以认定此残字为𘒒（甲）字。

③　此处后加一小字，不清。

④　此处行末字残，或为𘈈。

⑤　此字不清，或为𘄿。

𗥃𗤒𘄄𗤻𗳔𗧯𗤐𘝾 ① 𘕣𘓨𗤓𘉦𘈩𗱕 𘗾𘘲𘈩𘀄𗤍
𘛛𗿒𗴽𗥬𘞗𘉼𗢤𘈩𗱕 𘇂𘘮𘝾𘊪𗸌𘅄𗤒𗥑𗨵𗴴
𘁅 𘍊𗸣𗧯𗤵𗥐𘄰𗢤

𘛛𘘯𗷖𘄄𗧉𗥃𗴲𘉼𗴲𗴴𘈩𗗜 𗳎 𗤴𘁨𘈆𗴸𘈩𗗜
𗂧𗴽𗷖𗱕�┌𗴴�┐ 𗥂𗸌𘉱𗐑𘄈�1�14�13

𘞚𘓋𗤒𗳔𗤓𘆄𗳔𗤓𗠁 𘗾𘟛

𗥃𘙂𗤌𘛆𗤵𘜼�13𘛛�11𗱕

　　　　　　　　　　　𗪚𘕿𗤓𗥃𘋤𘜼�12（押）
　　　　　　　　　　　𗥃𘕿𗷖�10𗥃𘞗𘀄�（押）
　　　　　　　　　　　𗥃�10𗥃𘞗𗷯𗥊（押）
　　　　　　　　　　　𗴲𗼛𗶔𘓋�2𗥊？�7（押）
　　　　　　　　　　　𗴲𘓿𘞗𘛮𗥃𘏥�9�5（押）
　　　　　　　　　　　𗴲𗼛𘜼𘜼�3𗧯𗥐（押）

对译：

天庆寅年正月二十四日文状为者邱娭
犬等自属渠中左渠灌熟生二十石撒处地一
块及宅舍院全四舍房等全部普渡众宫宫内谷手
入者梁那征茂及喇嘛等自愿意因〈　〉卖为价杂
十五石麦十五石？〈　〉语价地自各差异〈　〉连为
若其地　官私二种合？转贷有及诸人共抄子弟等
口缚纷（改为追）争者有时娭犬等管那征茂等不管原地
价〈　〉应取等数一石二数付为服不仅何所不实语
变时律令依罪承不仅　官依二两金生罚交本心
服。　　　四至界处已令明
东接小狗黑及苏？汗黑地上接　　南吴老房子地接
西㟁名有宝地接　　北梁势？地上接

---

① 此处似遗一𘝾字。

税五斗中麦一斗有　日水

一全语体入柄上有依实行

文状为者邱娱犬（押）

卖状接相者子奴黑（押）

卖相者子犬红（押）

知人多移众水？吉（押）

知入柄写者翟宝胜（押）

知人恶恶显［啰］［岁］（押）

意译：

天庆囯① 寅年正月二十四日，立契者邱娱

犬等将自属渠尾左渠接熟生二十石撒处地一

块，及宅舍院全四舍房等，全部自愿卖与普渡寺内

粮食经手者梁那征茂及喇嘛等，卖价杂粮

十五石、麦十五石，价、地两无悬欠②，

若其地有官私二种转贷③ 及诸人同抄④ 子弟等

追争诉讼⑤ 者时，娱犬等管，那征茂等不管，不仅

以原取地价数一石付二石，服，且反悔者

按《律令》承责，依官罚交二两金，本心

服。　　　　四至⑥ 界上已令明

东接小狗黑及苏？汗黑地　　南接吴老房子地

---

① 此字藉"甲"，残，与下字"寅"为天庆年号干支。西夏天庆寅年有二，为甲寅元年、壬寅十三年。此处残字所余部分是西夏文"甲"字的一部分，而不是"壬"的一部分。因此可以认定此件为甲寅年。

② 西夏文原文为𗂤𗟲𗤒𗟲𗵈𗟲，对译为"价地差异已连"，指地和价已对应，并无参差。依汉文契约相应内容译为"价、地两无悬欠"。

③ 西夏文原文为𗵒𗵒𗵈𗵒𗵈𗵈，意为"官私二种转贷"。西夏的典当有官、私二种。此契约签署达成买卖后，不能再行官、私二种转贷。

④ 西夏文原文为𗵈𗟲，对译"抄共"，即"同抄"意。西夏基层军事组织和行政社会组织往往合而为一。西夏以"抄"为基层军事单位，同抄人不仅在军事上有密切关系，在平时社会经济生活中也密不可分。

⑤ 西夏文原文为𗵈𗵈𗵈𗵈，对译为"口缚追争"，意为"追争诉讼"。

⑥ 西夏文原文为𗵈𗵈，意为即"四至"意。

西接嵬名有宝地　　北接梁势？地

税五斗中麦一斗有　日水

全部情状依文书所载实行

　　　　　　　立契者邱娱犬（押）

　　　　　　　同立契者子奴黑（押）

　　　　　　　同卖者 ① 子犬红（押）

　　　　　　　知人多移众水？吉（押）

　　　　　　　知写文书 ② 者翟宝胜（押）

　　　　　　　知人恶恶显啰岁（押）

3. 俄 .No.5124-1　天庆寅年梁老房酉等卖地舍契 ③

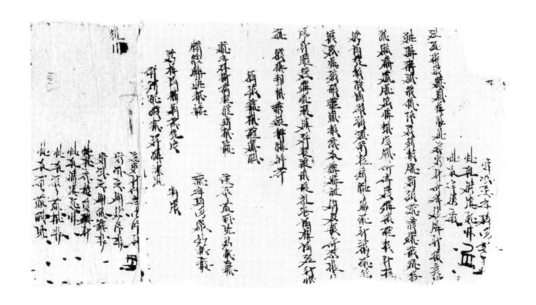

　　录文

_____

① 西夏文原文为𗜰𗢨，对译"卖相"，即"相卖"意，译为"同卖"。

② 西夏文原文为𗥦𘟀𗏧，对译"入柄书"，即"写文书"意。此人书写文书并为知证人。

③ 《俄藏黑水城文献》第 14 册，第 13、15 页。将 13 页上部的 5124-1 和 15 页 5124-3（3）的 7-13 行拼合。

[illegible] ① [illegible]（[illegible]）②
[illegible] ③ [illegible] ④ [illegible]
[illegible]
[illegible]
[illegible]
[illegible]
[illegible]
[illegible]
[illegible] [illegible]
[illegible] [illegible]？[illegible]
[illegible] [illegible]
[illegible] ⑤

[illegible]（押）
[illegible]（画指）
[illegible]（画指）
[illegible]？[illegible]（画指）
[illegible]（画指）
[illegible]（画指）
[illegible]（画指）

对译：

天庆寅年正月二十九文状为者梁老房酉等自（属）
渠尾左接十五（石）撒处地及房屋并树石墓等全一

① 遗[illegible]（日）字。
② 此字残，推想应为[illegible]字。
③ 遗[illegible]（石）字。
④ 此字不清，似为[illegible]，音“母”，有“墓”意，或为“墓”解。
⑤ 此处断开，缺立契者及其他相关人员的签字画押。据文书前的立契者人名和接口等可知应接图 6 第 7 行。

并普渡众宫寺内谷手有者梁喇嘛等〈 〉卖为价

六石麦及十石杂等〈 〉说价地差异〈 〉连为若其地

官私二种转贷有及诸人抄共子弟口缚者有时老

房酉管喇嘛不管先有价何〈 〉取数一石二石付为不

仅 官依三两金罚交本心服

四合界〈 〉〈 〉明令

东梁吉祥成及官地上接 南恶恶显盛令地上接

西漠倔北刀渠上接 北梁势乐娱地上接

租二石中四斗麦有 日水

语体入柄上有依实行

文状为者梁老房酉（押）

接状相弟老房宝（画指）

接状相弟五部宝（画指）

相知人子［征］?酉（画指）

知人平尚讹山（画指）

知人恶恶现［罗］宝（画指）

知人恶恶显令盛（画指）

意译：

天庆甲寅年正月二十四日，立契者邱娱

犬等将自属渠尾左渠接熟生二十石撒处地一

块，及宅舍院全四舍房等，全部自愿卖与普渡寺内

粮食经手者梁那征茂及喇嘛等，卖价杂粮

十五石、麦十五石，价、地两无悬欠，

若其地有官私二种转贷及诸人同抄子弟等

追争诉讼者时，娱犬等管，那征茂等不管，不仅

以原取地价数一石付二石，服，且反悔者

按《律令》承责，依官罚交二两金，本心

服。

　　　　四至界上已令明

　　东接小狗黑及苏？汗黑地　　　南接吴老房子地

　　西接嵬名有宝地　　　北接梁势？地

　　　税五斗中麦一斗有　　日水

　　　全部情状依文书所载实行

　　　　　　　　　立契者邱娱犬（押）

　　　　　　　　　同立契者子奴黑（画指）

　　　　　　　　　同卖者子犬红（画指）

　　　　　　　　　知人多移众水？吉（画指）

　　　　　　　　　知写文书者翟宝胜（画指）

　　　　　　　　　知人恶恶显啰岁（画指）

　　4. 俄 Инв.No. 5124–3（4、5）天庆寅年（1194 年）正月二十九日恶恶显盛令卖地契 [①]

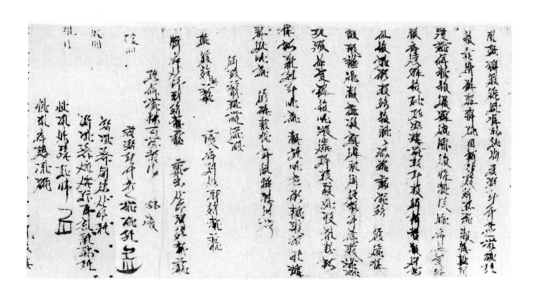

　　① 《俄藏黑水城文献》第 14 册，第 16 页。

录文：

（西夏文）

对译：

天庆寅年正月二十九日文状为者恶恶显令盛
等自属渠尾左接八石撒处地一块，及二间房、
活树五棵等，普渡众宫寺中谷手有梁那征茂
及梁喇嘛等处乐意依已卖为，价四石麦及六石
杂等说定，价地等差异已连。若其地 官私二
种转贷有，及诸人抄共子弟口缚者有时显令
盛管，那征茂等不管，先有价何当取数一石

二石数还为不仅，谁已不实语变更时，律令依
承罪不仅，官依一两金罚交，本心服。
　　　四至界处已令明
东官地为界　　　南梁势乐酉地上界
西梁老房酉为界　　北？老房酉地为界
　　租五斗中一斗麦有　　　细水
　　　　　　　文状为者恶恶显令盛（押）
　　　　　　　接状相弟小老房子（画指）
　　　　　　　接状相妻子讹劳氏子［答］盛（画指）
　　　　　　知人平尚讹山（押）
　　　　　　知人梁枝绕犬

意译：

天庆寅年正月二十九日文状为者恶恶显令盛
等，将自属渠尾左渠灌撒八石种子地一块，及二间
房、活树五棵等，自愿卖与普渡寺中粮食经手者梁那
征茂及梁喇嘛等，议定价四石麦及六石杂粮，
价、地两无悬欠。若其地有官私二种转贷，
及诸人同抄子弟争议时，显令盛管，
那征茂等不管，不仅依原何价所取数一石还
二石，何人反悔变更时，不仅依《律令》
承罪，还依官府规定罚交一两金，本心服。
　　　四至界处已令明
东与官地为界　　　南与梁势乐酉地为界
西与梁老房酉为界　北与小老房酉地为界
　　有税五斗，其中一斗麦　　细水
　　　　　　　立契者恶恶显令盛（押）
　　　　　　　同立契弟小老房子（画指）
　　　　　　　同立契妻子计盃氏子答盛（画指）

知人平尚讹山（押）

知人梁枝绕犬

5. 俄 Инв.No.5124-3（6、7）（天庆）寅年（1194 年）二月一日梁势乐酉卖地契 [①]

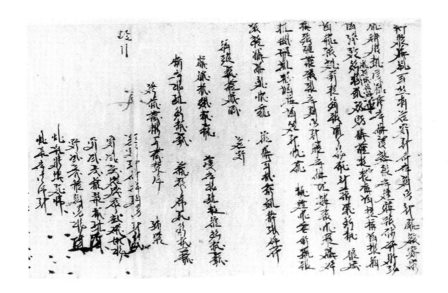

录文：

𘕿𗗙𗋽𗊒𗹙𗤁𗴺𗥃𗼮𘊳𗀔𗫉𗦫𗈁𘒣𗏵𗈗𘔼
𘓐𗢤𘈈𘑊𗉵𘊳𗀔𗸦𗥔𘕿𗊒𗀔𘕺𗹙𗥣𗑊𗣼𘊳𗏵
𗋽𗸦𗊕𘑝𗹙𘓐𗖻𗍄𗙻？ [②]　𗄈𘒣𗸦𗣼𗙯𗔄𗊒𗤁　[③]　𗊒𗹙𗋽𗣼𗹙𗣼�𗖑
𗋽𘑛𘑊𗥃𗊕𗊒𗤁��𗸦𗴺𗤁𗴺𗨁𗊕𘑝　𗤁𘈷
𗹙𗹟𗊕𘔼𗤁𗹙𗊒𗀔𘕺𗹙𗥣𗑊𘕺𗊒𗀼�𗥯𘊳𗈁
𗊒𘈈𗊕𗍏𗄈𗈁𗹙�6𗈁𗏵𘔚𗊒𗈁𗴺𗏵𗌅𗍏��

---

① 《俄藏黑水城文献》第 14 册，第 17 页。

② 以上五字为旁边后加字，加字后或为一符号。

③ 前字为后加字。

〇〇〇〇〇〇〇　〇〇〇〇〇〇〇〇〇〇

〇〇〇〇〇〇　〇〇 [1]

〇〇〇〇? 〇〇　〇〇〇〇〇〇〇〇

〇〇〇〇〇〇〇　〇〇〇〇〇〇〇〇

〇〇〇〇〇〇〇　〇〇

　　　　〇〇〇〇〇〇〇（押）

　　　　〇〇〇〇〇〇〇〇〇〇〇（画指）

　　　　〇〇〇〇〇〇〇（押）

　　　　〇〇〇〇〇〇〇（押）

　　　〇〇〇〇〇〇（画指）

　　　〇〇〇〇〇〇（画指）

对译：

寅年二月一日日文状为者梁势乐酉今普渡众
宫属寺谷手有者梁那征茂及梁喇嘛等〈　〉熟生十
石撒处地房舍墙等一块乐意依〈　〉卖为价二石麦二石糜四
石谷等〈　〉说价地等差异〈　〉连为若其地上　官私
二处〈　〉转贷等时梁势乐酉管梁那征茂等不管先有
价〈　〉取数一石二石数还为不仅谁〈　〉不实语变时
律令依罪承不仅　官依一两金罚交本心服
　四至界处〈　〉令明　　文状
　　东嵬移救? 上界　　南梁宝盛及官地上界
　　西梁宝盛地上界　北恶恶吉讹地上界
　　　税五斗中一斗麦有　　细水
　　　　　文状为者梁势乐酉（押）
　　　　　状接相妻子恶恶氏犬母宝（画指）

---

①　前两字似多余。可能原想在这里写契尾的责任人，但想到尚未写四至及税粮，于是放弃这二字。

状接相子寿长盛（押）

状接相子势乐宝（押）

知人平尚讹山（画指）

知人梁老房酉（画指）

意译：

寅年二月一日立状者梁势乐酉，今向普渡寺

属寺粮食经手者梁那征茂及梁喇嘛等将熟生十

石撒处地一块，有房舍、墙等，自愿出卖，议定价二石麦、二石糜、

四石谷。价、地并无参差。若其地上有官私

二种转贷时，梁势乐酉管，梁那征茂等不管，不仅

需依原有价数一石还二石，谁改口变更时，

不仅依《律令》承罪，还由官府罚一两金。本心服。

　　四至界已令明　　　契约

　　　东与巋移江为界　　　南与梁宝盛及官地为界

　　　西与梁宝盛地为界　　北与恶恶吉讹地为界

　　　有税五斗，其中一斗麦　　　细水

　　　　　立契者梁势乐酉（押）

　　　　　同立契妻子恶恶氏犬母宝（画指）

　　　　　同立契子寿长盛（押）

　　　　　同立契子势乐宝（押）

　　　　知人平尚讹山（画指）

　　　　知人梁老房酉（画指）

6. 俄 Инв.No. 5124–3（1）　天庆寅年（1194 年）二月一日庆现罗成卖地契 ①

---

① 《俄藏黑水城文献》第 14 册，第 14 页。

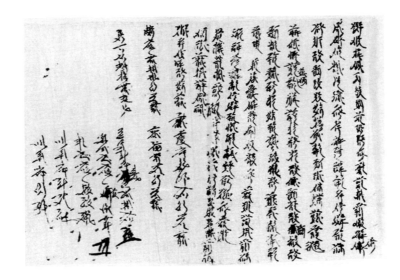

录文：

𗥔𗏹𗗟𗷖𗁬𗢭𗰖𗥻𗧠𗇃𗾔𗾺𗂲𗷾𗗙𗤓

𗍤𗥔𗴺𗠁𗹲𗇃𗀔𗗹𗤲𗤿𗥻𗆍𗮔𗡗

𗥯𗷹𗘂𗧗𗧘𗷫𗼨𗥘𗁬𗲠𗴻𗂲𗥻𗴟

𗁬𗉷𗆊𗦱𗂲𗢭 ① 𗤲𗽯𗏖𗴺𗅥𗤓𗤿𗄅𗷂𗤓𗷖𗤓𗄅

𗷖𗢻𗤲𗴺𗉬𗤲𗧘𗤲𗷫𗷹𗷹𗦴𗽷𗹳𗲖𗤙𗹲𗷫

𗾒𗤲 𗷹𗳼𗙻𗵘𗇃𗵑𗥔𗢭𗥻𗃛𗹲𗂲𗾺𗴟

𗹳𗀔𗆊𗮔𗷹𗥻𗥻𗆍�𗁬𗂲? 𗷹𗯬𗥻𗃛𗹳

𗷹𗼜𗉷𗋽𗥻𗅲𗷖�0𗃛𗯬𗟒�鹿𗆍𗤲𗰋𗾺𗋽

𗵘𗹲𗂲𗇃𗠁𗷹𗻿

𗴺𗀔𗷹𗃛𗥻𗄊𗂲 𗂲 ② 𗾁𗀔𗷹𗃛𗅥𗂲𗂲

𗥳𗂲𗂲𗂲𗇃𗜽𗅥𗂲𗂲 𗂲𗻥�𗻦𗅥𗂲𗂲

𗅥𗁬𗷫𗴺𗗟𗄯𗉤𗇤

　　　　　　𗢭𗥻𗥻𗂲𗇃��（押）

　　　　　　𗥻�𗂲𗂲𗂲 𗄊? 𗄊? 𗥻（押）

———————————

① 前二字为旁加小字，

② 前字勾掉。

[illegible]（画指）
[illegible]（画指）
[illegible]（画指）

对译：

寅年二月一日日文状为者庆？现［罗成］普渡众
宫属寺谷手有者梁那征茂及梁喇嘛等〈 〉
熟生十石撒处地一块及房屋大小树石笆
门五栀分树园等全〈 〉卖为价十五石麦十石杂十
石糜等〈 〉说价地等差异〈 〉连为若彼及上余
诸人 官私共抄子弟口缚者有时现［罗成］〈 〉
管那征茂及喇嘛等不管谁所问语变者有时
依官三两金罚交服不仅语体入柄等依，
四面界〈 〉〈 〉明令
东梁老房西地界　　　南梁老房有地与界
西恧恧现罗宝地与界　北翟师狗地与界
税一石谷二斗麦有

文状为者庆现［罗成］（押）
状接相恧恧 ［嘌］往金（押）
卖相恧恧花美犬（画指）
知人梁西犬白（画指）
知人梁善盛（画指）

意译：

寅年二月一日立契者庆现罗成，向普渡寺
属寺粮食经手者梁那征茂及梁喇嘛等全部
卖掉撒十石熟生地一块，及大小房舍、牛具、
石笆门、五栀分、树园等，议价十石麦、十石杂粮、

十石糜，价、地等并无参差。若彼及其余诸人、

官私同抄子弟有争讼者时，由现罗成管，

那征茂及喇嘛等不管，谁人欲改变时，不仅

按官府规定，罚交三两金，服，还按情节依文据施行。

四面界上已令明

东界梁老房酉地　　南界梁老房有地

西界恶恶现罗宝地　　北界翟师狗地

有税一石粮，[①]　二斗麦

立契者庆现罗成（押）

同立契者恶恶兰往金（押）

同卖恶恶花美犬（画指）

知人梁酉犬白（画指）

知人梁善盛（画指）

7. 俄 Инв.No.5124–3（2、3）、5124–4（1）（天庆）寅年（1194年）二月二日梁势乐娱卖地契[②]

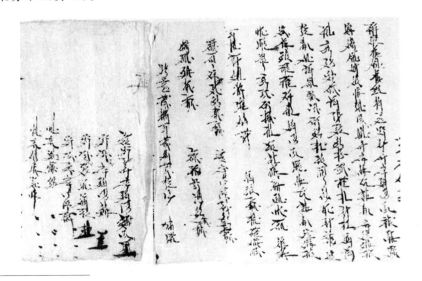

录文：

𘕿𗣫𗉫𗏨𗉫𗾔𗤁𗥤�201𗣼𗶊𗗙𗋽𗢳𗵘𗋽𗣫𗼓𗗙
𘜶𗸖𗩾𗣼𗊴𗤁𗏾𗄈𗖻𗢳𗋽𗈪𗒹𗔇𗹬𗋽𗖊𗵘𗣼
𗿇𗫸�𗨁𗀔𗨁�𗙌𗤌𗄈𗤍𗤁𗏾𗬛𗄈𗏾𗉫�

𗆧𗸕𗿳𗙌𗸕𗣫𘀋𘝵𘆕𗏾� ① 𗣫𗫸𗫸𗼕𗬛𗪘𗣕　𗫹

𘖑𗉫𗸖𗉅𘈗𗈪𘃜𗏾�𗤁𗾠𗖻𗒹𘊴𗣼𗗙𗵘𗣫

𗿇𗆧𗈍𗸕𗙢𗥾𗤍𘖝𘜶𗺯𗃽𘈄𘖯𗸐𗿇𗄈　𗫹𘜶

𘓔𗏨𘈗𗄊𗊴𗓑𗵘�>𗄈𘈗𘊼　𗘂𗴮𗼓𗺯𗗼𗷞𘊴

　𗸖𗴮𗴮𘗽𗷫𗏾𗵃𗈄　𗆌𗋽𗸮𗥾𗏾𗵃𗈄

𗪟? 𗅩𗵃𗈄　　　𗈄𗑗𗥾𗼸𗏾𗵃𗈄

𗤓𗸐𘗓𘗤𗘂𘗤𘃜𘗬𗆧𘝵　　𗲅𗪘

　　　　　　𗤁𗥤�201𗣼�8 ② 𘕿（押）

　　　　　　𗥤𗉅𗈄 ③ 𗋽𗈪𗒹𘘦（押）

　　　　　　𗥤𗉅𗈄???（押）

　　　　　　𗥤𗉅𗈄𗋽𗼸𗺯�（画指）

　　　　　𗿇𗸐???（画指）

　　　　　𗿇𗸐𗈫𘗮𘗽𗰕（画指）

对译：

寅年二月二日文状为者梁势乐娱等今普
渡众宫属寺中谷手入者梁那征茂及梁喇嘛等
其自乐意五石撒处地一块〈　〉卖为价四石
麦及九石杂等〈　〉说价地等差异〈　〉连为若　官
私两处转贷有时由势乐娱管那征茂及喇嘛等
不管为一一自各语变时律令依罪承不仅　官依

---

① 　此字旁有一小勾√，表示与前一字颠倒。
② 　此处原有一字，写错，旁打×，表示去掉。
③ 　此字遗漏，后以小字补于旁边。下行同。

　　一两金生罚交本心服　　　四至界〈　〉〈　〉明令
　　　东恶恶吉讹地上界　　　南梁老房酉地界
　　　　西？渠上界　　　　　北与翟师犬地为界
　　　　　租七斗中一斗四升麦有　　细水
　　　　　　　　　　　　　文状为者梁势乐娱（押）
　　　　　　　　　　　　　状接相梁势乐茂（押）
　　　　　　　　　　　　　状接相每乃宣主（押）
　　　　　　　　　　　　　接状相梁老房虎（画指）
　　　　　　　　　　　　　知人陈盐双（画指）
　　　　　　　　　　　　　知人平尚讹山（画指）

意译：

寅年二月二日立契者梁势乐娱等，今自愿向普
渡寺属寺中粮食经手者梁那征茂及梁喇嘛等
将五石撒处地一块出卖，价议定四石
麦及九石杂粮，价、地并无参差。若官
私两处有转贷时，由势乐娱负责，那征茂及喇嘛
等不管。谁人违约不仅按律承罪，还依官府
罚交一两金。本心服。　　　四至界处已令明：
　　东与恶恶吉祥讹地交界　　　南与梁老房酉地交界
　　　西与灌渠为界　　　　　　　北与翟师犬地交界
　　　　有税七斗，其中一斗四升麦　　细水
　　　　　　　　　立契者梁势乐娱（押）
　　　　　　　　　同立契梁势乐茂（押）
　　　　　　　　　同立契每乃宣主（押）
　　　　　　　　　同立契梁老房虎（画指）
　　　　　　　　　知人陈盐双（画指）
　　　　　　　　　知人平尚讹山（画指）

8. 俄 Инв.No.5124–4（2、3）（天庆）寅年（1194 年）二月二日每乃宣
主卖地契 ①

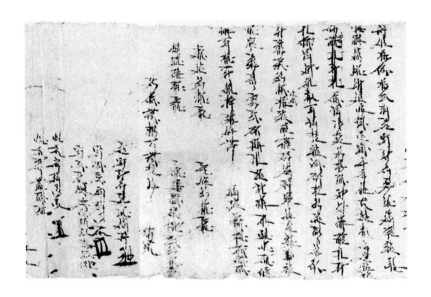

录文：

　　𗼻𗧤𗑓𗥔𗑓𗕦𗜓𗝫𗬊𗤋𗗿𗑱𘊮𗤋𗙏

　　𘎑𘃡𘎰𗖉𗫻𗤓𗀔𗢬𘊝𗤋𗾞𗤋𘊰𗫻𗾞𗅢𗞞𗤋

　　𗣼 ② 𗑢𘋤𗧓𘏨𗃀𗎩𘌞𗊱𘃽𘈷𗣼𗂌

　　𗞞𗑢 ③ 𘋤𘊪 ④ 𗃀𗃀𘀗𘋤𗞞𗤋𗍳𗣼𗂌𗤋𗩱𗩱𘊰𗃀

　　𗩢𗋽𗓫𘈷𗏁𘊮𘊛𗑓 ⑤ 𗖉𗓤𘃽𗭉𗝫𗤓𘉑𗾞𗅢𗞞𗤋

　　𘈸𘊛𗋽𗣼𗣼𗦻𗋽𗭉𘊇𘌬𗧄𘓶𘎹𘈸𗑱𘊝

　　𘋳𗍳𗩡𗤑𘊻𗘂𘃬𗅢𗕸　𗣆𘊝𘍠𘄒𘃽𘊵

————————

①　《俄藏黑水城文献》第 14 册，第 19 页。

②　后有 4 字被涂掉。

③　𗑢旁有 +，表示此字写错，应去掉。

④　𘊪旁有小勾，表示此字与前字倒置。

⑤　𘊛𗑓两字旁加两小字𘊰𘊛，应为𘊛𘊰𘊛𗑓。

[illegible]　　[illegible]
[illegible]　　[illegible]？[illegible]
[illegible]　　[illegible]
[illegible]？[illegible]？（押）
[illegible]（押）
[illegible]？？[illegible]？？（画指）
[illegible]（押）
[illegible]（画指）

对译：

寅年二月二日日文状为者每乃宣主？等今
普渡众宫属寺中谷手有者梁那征茂及梁喇嘛等
〈 〉五石撒处地一块乐意依〈 〉卖为
价五石六杂及一石麦等〈 〉说价地等差异已连
为若其地上官私二处转贷有宣主等管梁那征茂等
不管若一一自各语变时律令依罪承不仅官依
一两金罚交本心服　　四至界处〈 〉令明
　东官地上界　　南官地上界
　西灌渠上界　北与鲁　麻铁地上界
　　租五斗中一斗麦有　　细水
　　　　　　　　文状为者每乃宣主（押）
　　　　　　　　状接相弟势乐铁（押）
　　　　　　　　状接相妻子？？氏？？（画指）
　　　　　　　知人梁势乐娱（押）
　　　　　　　知人恧恧显令盛（画指）

意译：

寅年二月二日立契约者每乃宣主等，今

向普渡寺属寺中粮食经手者梁那征茂及梁喇

嘛等自愿出卖五石撒处地一块，议定价

六石杂粮及一石麦，价地等并无参差。

若其地上有官私二种转贷时，由宣主等管，那征茂

等不管。若何方违约时，不仅依《律令》承罪，

还应罚交一两金。本心服。　　　四至界上已令明

　　东与官地为界　　　南与官地为界

　　西与灌渠为界　　北与鲁？？麻铁地为界

　　　有税五斗，其中一斗麦　　　细水

　　　　　　立契者每乃宣主（押）

　　　　　　同立契弟势乐铁（押）

　　　　　　同立契妻子藐涅氏？？（画指）

　　　　　知人梁势乐娱（押）

　　　　　知人恶恶显盛令（画指）

9. 俄 Инв.No.5124–4（6）　天庆寅年（1194 年）二月六日平尚岁岁有卖地契 [①]

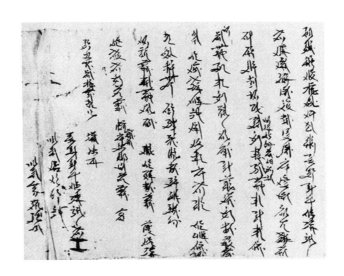

---

　①　原件图版应在《俄藏黑水城文献》第 14 册，第 21 页。但该页误为空白，现据原始图版补图于下。

录文：

〔西夏文〕①
〔西夏文〕
〔西夏文〕？？？〔西夏文〕②　〔西夏文〕
〔西夏文〕③　〔西夏文〕
〔西夏文〕　〔西夏文〕④
〔西夏文〕
〔西夏文〕　〔西夏文〕　〔西夏文〕
〔西夏文〕　〔西夏文〕　〔西夏文〕
〔西夏文〕　　〔西夏文〕
　　　　　　　　〔西夏文〕（押）
　　　　　　　　〔西夏文〕（画指）
　　　　　　　　　〔西夏文〕？（画指）

对译：

天庆寅年二月六日日文状为者平尚〔岁岁〕
有普渡众宫寺谷手有者梁喇嘛那征茂等
〈　〉熟生三石撒四间老院与？？等处地一块〈　〉卖为价五
石杂〈　〉付价地差异已连为若其地上何诸
人　官私抄共子弟口缚者有时　官依五石
麦罚交服　语体入柄上有依实行
四至界处已令明　东官渠上界　　南息尚
氏恶有地与接　西北等梁驴子母与接　　　北

----

① 〔西夏文〕字末笔拉得很长，可能有重复此字的功能。两字音〔岁岁〕。
② 前8字为旁后加小字。
③ 〔西夏文〕字系后加于旁边。
④ 此字残，应为〔西夏文〕字。

租八斗杂二斗麦有　　　水细半

文状为者平尚岁岁有

知人息尚老房子

知人邱犬羌乐

意译：

天庆寅年二月六日，立契者平尚岁岁

有向普渡寺粮食经手者梁喇嘛、那征茂等

将熟生三石撒处地一块及四间老房等出卖，价五

石杂粮已付，价、地并无参差。若其地上任何人，

官、私同抄子弟有争议者时，依官法罚交五石

麦，心服。按情节依文据所载实行。

四至界上已令明　东与官渠为界　　南与息尚

氏恶有地接　西北等与梁驴子母接　　北 ①

有税八斗杂粮、二斗麦　　半细水

立契者平尚岁岁有（押）

知人息尚老房子（画指）

知人邱犬羌乐（画指）

10. 俄 Инв.No.4199　天庆丙辰年（1196 年）六月十六日梁善因熊鸣卖地房契 ②

---

① 此字未写完，可能是衍字。
② 《俄藏黑水城文献》第 13 册，第 199 页。

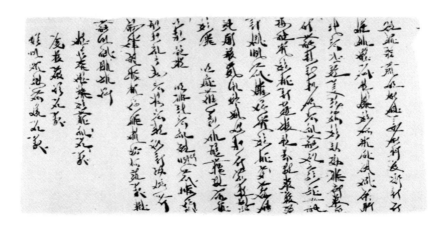

录文：

𗖰𗾞𗧘𗦣𗫡𗿷𗪊𘈷𗫊𘃻𗫊𗬫𗻆𗿥𗲖𘍚𗥾

𗫡𗫊？？ 𗕟𘕿𗾖𗣂𘓂𗆬𘔄𗸝𗥄（𗪖）

𗗷𗊬𗉛𗏣𘇰𗗷𗦄𗾖𗭧𘐊𘓐𗥾𗰜𘆨𗓁？

𗧫𘀣𘄒𗫢𘄒𗷁𗊬𗉬𗻱𗲡𗘔𗲡？

？ 𗴺𗾞𗣂𘈠𗫢？？ 𗕟𘈮𘄒𗸠𗰧𘆭

𗬫𘄥𘆨𗻆𗇟𗘊𗾞𗣂𘈠𗘘𘍗𗥊

𗗢𗖿𗀿𗜁𗮚𘃅𗧣𗦣𘈨𗬫𘋛？ 𗇟

𗣂𘓁　𗫡𘀜𗴺𘇲？ 𗫊𗴺𘋙𗉛？ 𘐱

？？ ① 𗕟𗸮　𗫡𘓁𗗷𘀣𗦄𘅳𗄛𗁟𗻆𗇟𘄒𗒘𘄩

𘇸𘄒𗊬 𗆂𗘔𘀣𗄉𘀣𗴺𘅳𗬫𘓘𗇟𘕿

𗤀𘄁𗲜𗌭𘀛𗇟𗆬𘃅𘃖𗏣𗬭𗻙𘄁

𗻱𘇰𗆥？？ 𗇟

�✏𘔥𗛈𗫻𘅃𗣂？？ 𗸇𗻙

𗰚𗰧𗥾？ 𗸇𗻙

𗜆𗫁𗾻？ 𘈷𗸇𗻙

······②

----

① 两字不清，可能是类似"反悔"（𗄉𘓻）之类的词语。

② 此契约尾部残，缺土地四至中的北至，以及立契者及其他当事人的签名画押。

对译：

天庆丙辰年六月十六日文状为者梁

？？？？ 等今地四井坡渠灌熟生

十石撒处七十亩地乐意依梁守护铁？

〈　〉〈　〉卖为价五石杂〈　〉给自各〈　〉

？ 转其地上为？？ 等三种守护铁

为承不仅先？ 其地上诸抄共

子弟余诸人力（改为追）争口缚者有时？ 先

地依　官私转系？ 因转贷及？ 谁

？？ 等时　官依十石杂罚交不仅先有〈　〉

取价数亦一石二石数还为本心服

语体入柄上有依顺行四至界〈　〉

〈　〉明令？？ 有

东平尚？？ 地？？ 与界

南曹铁？ 与界

西嵬名？ 有与界

……

意译：

天庆丙辰年六月十六日，立契者梁 [①]

善因熊鸣 [②] 等，今将地四井坡渠灌熟生地

十石撒处七十亩自愿卖与梁守护铁，

价五石杂粮，自各？？ 买，

其地上租役草 [③] 等三种，守护铁

---

①　此契约下部残，有些行缺 1 字，可据西夏契约程式和上下文补，如 1、2、3、5 行最后分别补梁、地、
铁、铁。

②　以上 4 字为人名，字迹难识，暂译如此。

③　史金波：《西夏农业租税考》，《历史研究》2005 年第 1 期。

承担以外，先？其地上诸同抄

子弟余诸人力争有诉讼者时，？依原

地官私转系？因转贷及？谁？？

等时，不仅依官罚交十石杂粮，还以先

所取价数，亦一石还二石。本心服。

依情状按文书所载实行。四至界上

已令明，？？有：

东与平尚母秋地？？为界

南与曹铁？为界

西与嵬名盛有娱为界

……①

11. 俄 Инв.No.4193　天庆戊午五年（1198 年）正月五日（1198 年）麻则犬父子卖地房契②

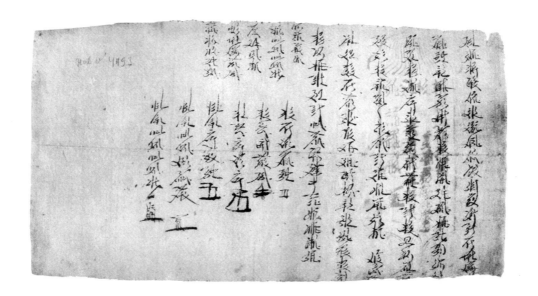

①　此契约尾部残，缺土地四至中的北至，以及立契者及其他当事人的签名画押。

②　《俄藏黑水城文献》第 13 册，第 194 页。

录文：

〔西夏文〕①　〔西夏文〕②

〔西夏文〕③

〔西夏文〕　　〔西夏文〕④

〔西夏文〕

〔西夏文〕⑤　〔西夏文〕

（上部）

〔西夏文〕

〔西夏文〕？〔西夏文〕？〔西夏文〕

〔西夏文〕

〔西夏文〕

〔西夏文〕

（下部）

〔西夏文〕（押）

〔西夏文〕（押）

〔西夏文〕？〔西夏文〕（押）

〔西夏文〕（押）

〔西夏文〕？？〔西夏文〕

〔西夏文〕？？？？〔西夏文〕（押）

---

　①　此字应为𗇤（顷），西夏文顷、亩字形相近，𗇤（亩），在草书中更有混乱的可能。根据土地价格的比例，此字为𗇤（亩）的可能性较大。

　②　此字残，仅存上部，推测为𗇤。

　③　此字残，仅存上部，推测为𗇤。

　④　此字残，仅存上部，推测为𗇤。

　⑤　此处遗一𗇤"石"字。

中有押捺印章，文字为：

耕扮㣥觏

对译：

天庆戊午五年正月五日日文状为者麻则犬
父子等今自属酩布井坡渠灌二十三顷地
院与一顺梁守护铁〈 〉〈 〉卖为价八石杂已
给地价等差异〈 〉连为此后其地 官私诸
人口缚者有时及悔变语变时〈 〉取价数
一石二数还为不仅语体亦入柄上有依实行

（上部）

四至界明
东？？？？宝
南渠坡上
西麻则显令
北浑？犬黑

（下部）

　　　　　　卖者犬父子（押）

　　　　　　相卖弟显令（押）

　　　　　　相卖梁？梁（押）

　　　　　　知人梁？盛（押）

　　　　　　知人梁善？铁（押）

押捺印章译文为：

买卖税印

意译：

天庆戊午五年正月五日，立契者麻则犬
父子等，今将自属酩布坡渠灌渠二十三亩
及院落一并卖与梁守护铁，价八石杂粮已付，
地、价并无参差。此后其地有官私人
诉讼者及何人反悔时，不仅按已取价数
一石还二石，还据情状按文书所载实行。

（上部）

四至界明
东？？？？宝
南渠坡上
西麻则显令
北浑？犬黑

（下部）

　　　　　　卖者犬父子（押）
　　　　　　同卖弟显令（押）
　　　　　　同卖梁税梁（押）
　　　　　　知人梁真盛（押）
　　　　　知人？？波法铁（押）
　　　　知人？？？？宝（押）

押捺印章译文为：

买卖税印

12. 俄 Инв.No.4194 天庆庚申年（1200 年）卖地房契 [1]

录文：

𗫡𗰭𗧯𗗲𗙼𗋒𗰚𗋒𗤋𗋒𗫻𗨛𗼕𗢴
𗢴𗰅𗣼𘃡𗙥𗫲𗱊𗫳𗈦𗰖𗰃𗱥𗰡
𗲊𗢴? 𗢴𗥃𗭼𗰆𗏵𗈦𗥉𗵲𗧦𗤏𗢤𗈦𗋽
𗯴𗈓𗘼𗝰𘃣𘟑𘟝𗲧𗗓𗠻𘓊𗈘
𗗳𗤋𗢤𗵲𗤏𗋊𘝀𗰖𗤋𗈦𗋊𗰘𗰘𗙥
𗯴𗗳𗰭𗰹𗧦𗈦𗭼𗧳𗢴𗈘𗈘𗈌𗣼𗰘
𗧝𘄿𗤚𗧋𗗵𗰏𗰭𗙼𗧳𗗔𗈦𗢴𗧿𘒚
𗗵𗰨�2�4𗙼𗗓𗋒𗗓𗰃𗈏𗏵𗗓𗳀𗗫
𘃙𗗳𗈞𗧹𗗩𗧯𗈘𗢴   𘃡𘙡𗣿𗘟
𗗕𘃡𗈤𗇷𗗂𘓉   𗈏𗢴𗫹𗀁𗁅𘖣𗰲
    𗮨𗸇𗢴? 𗈘𗥃𗬳?? 𗫞   𘚑𗫡𗬳𗰭𗫞
    𘝬𗫞𗗳𗭼𗰭𗳒𗫞𗟻𘖣𗗳𗕰𗀁𗗳𗰭𗫞

① 《俄藏黑水城文献》第 13 册，第 194 页。

（上部）

𗹼𘟀𗴺𗯨
𘑷𗝵𗥃𗝿
𗵧𗜓

（下部）

　　　　　𗦀𗕯𘎑𗣊𘊋𘈩𗖊𗕅（押）
　　　　𘐶𗤋𘈷𘄊𗴺𘆌𗤜𗫸𗩉（押）
　　　　𘐶𗤋𘈷𘄊𗴺𗤼𘑣𗜓（押）
　　　　𘐶𗤋𘈷𘄊𗴺𘂧𘁜𗤊（押）
　　　𗫸𗴺𗣱𗤼𗤊（押）
　　　𗫸𗴺𗵉𘃨𗴩𗤜（押）　𗫸𗤜𗷅𗤕？𗤈（押）
　　　𗫸𘑙？𘇰（押）

文书前中后部分别有西夏文朱印3方，荷叶下有横写西夏文4较大楷书字，
录文：

　　𗘺𗤋𗴕𘑷

对译：

天庆庚申年二月二十二日文状为
者娄？通判今自属地四井坡渠灌
浑［女］［木］成边上熟生一百石撒处地一
块舍墙等全乐意梁守护铁〈　〉〈　〉卖
为价二百石杂实〈　〉语价地等差异〈　〉
连为此后其地上诸人子弟何诸
官私转贷有劣（改为追）争口缚者等有时先
有〈　〉取价一石二石数四百石杂返

还为及自个语变时等时　官依三两

金罚交本心服　四至界〈 〉〈 〉明令

　　东不变［桔］? 数求学?? 上界　南官渠上界

　　西北主律移般若住先有盛有主地上界

（上部）

先有地一

块七十五

亩是

（下部）

　　　　　　文状为者娄? 通判（押）

　　　　　　状接卖相梁千父内［姑］凉［殊］（押）

　　　　　　状接卖相梁犬? 舅（押）

　　　　　　状接卖相梁麻则盛（押）

　　　　　　知梁虎孵子（押）

　　　　　　知曹庵斡宝（押）　知移合讹花势? （押）

　　　　　　知陈犬? 双（押）

西夏文朱印译文：

买卖税院

意译：

天庆庚申年二月二十二日立契

者小石通判，今将自属地四井坡渠灌

浑女木成边上熟生一百石撒处地一块，

院舍等全，自愿卖与梁守护铁，议定

价二百石杂粮，价、地等并无参

差，此后其地上诸人子弟有

任何官私转贷、乱争诉讼者时，按原

已给价一石偿还二石，返还四百

石，若有人反悔时，依官罚三两

金。本心服。 四至界上已令明：

　　东与不变桔？数求学？？上界　南与官渠为界

　　西北与与律移般若善原有盛有等地为界

（上部）

先有地一

块是七十五

亩

（下部）

　　　　　　立契者小石通判（押）

　　　　　　同立契卖者梁千父内凉（押）

　　　　　　同立契卖者梁犬羊舅（押）

　　　　　　同立契卖者梁麻则盛（押）

　　　　　　知人梁虎孵子（押）

　　　　　　知人曹庵斡宝（押）　知人移_合讹花？势（押）

　　　　　　知人陈犬羊双（押）

西夏文朱印译文：

买卖税院

（二）卖畜契

1. 俄 Инв.No. 5124-3（5、6） 天庆寅年（1194 年）卖畜契 [1]

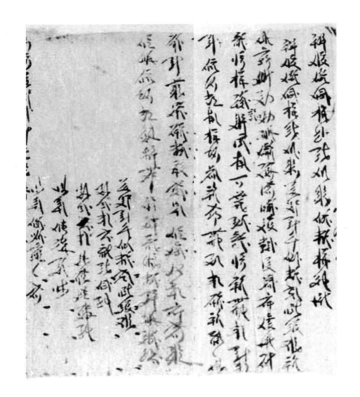

录文：

䋲䌈 [2]　䋲䌈䋲䌈䎃䋻䌈䌈䌈䌈䌈䌈 [3]
䋲䌈䋲䌈䋲䌈䎃䋻䋲䌈䋲䌈䋲䌈䋲䌈䋲䌈
䋲䌈䋲䌈䋲䌈䋲䌈䋲䌈䋲䌈䋲䌈䋲䌈
䋲䌈䋲䌈䋲䌈 [4]　䋲䌈䋲䌈䋲䌈䋲䌈䋲䌈

---

① 《俄藏黑水城文献》第 14 卷，第 16—17 页。
② 应为天庆寅年。
③ 此行为契约第一行，因写错，作废，以下重写。
④ 此处旁加一小字，似为䋲（红）字。

𗼇𗣛𗫉𗣫𗾔𗣛𗬜𗣦𗮺𘃽𘑗𗣦𗫽𗣦𗤘𗤘𘊝
𗂈𗣢𘋊𘏨𗫉𗳆𗣠𘀪𗨁　𘊝𘄴𘋞𗣦𗪉𗾃𘊭
𘊝𘀂𗼇𗣛𗫉𘋡𘋮𘎑　𗣡𘏤𗂈𘌵𗫉𗑇𘀂𘊛𘑗

　　　　　𘏠𘊣𗣠𘏤𘃩𗫾𗪯𘄴𘙔𘊝（画指）
　　　　　𘄴𘐊𗣦𘌏𗤐𘏠𘃩𘊝（画指）
　　　　　𘄴𘐊𘌏𗣦𗏹𘍤𘉒𗠟𘊝
　　　　　𗼌𗤙𘓱𗧸𘃹𘒁（画指）
　　　　　𗼌𗤙𘃩𗫃𘘹𘘹𘑗（画指）

对译：

寅年正月二十九日文状为者嵬移氏祥瑞宝等
今自属乐意依普度众宫寺谷手入者梁喇嘛〈　〉
齿俱二牛红生所及一牛黑齿俱等〈　〉卖为价
五石麦及二石杂等实〈　〉给价畜等差异〈　〉
连为若其畜上余诸人　官私口缚者有时
官依五石麦罚交服　语体入柄上有依实行
　　　　　文状为者嵬移祥瑞宝（画指）
　　　　　状接卖相子十月盛（画指）
　　　　　状接卖相积力息玉盛
　　　　　知人平尚讹山（画指）
　　　　　知人嵬名隐藏有（画指）

意译：

寅年正月二十九日，立契者嵬移氏祥瑞宝等，
今自愿向普渡寺寺庙粮食经手者梁喇嘛将自属
全齿二牛？生所及一全齿黑牛等出卖，价
五石麦及二石杂粮，实已给，价畜等并无参
差。若其畜有其他诸人官私诉讼者时，

依官罚交五石麦，服。情状按文书上实行。

立契者嵬移祥瑞宝（押）（画指）

同立契卖者子十月盛（押）（画指）

同立契卖者积力息玉盛（押）

知人平尚讹山（押）（画指）

知人嵬名隐藏有（押）（画指）

2. 俄 Инв.No. 5124–4（4） 天庆寅年（1194 年）二月卖畜契 [1]

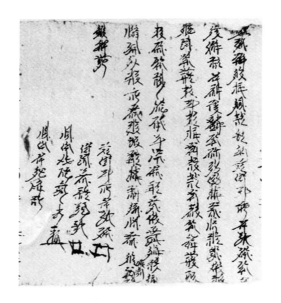

录文：

𗼨𗾔�287𗺔𗽍𗮀𗷦𗷉𗹦𗮠𗼃𗯤𗼎𗕜𗡞𗰛 [2]
𗾔𗲱𗰫𗡞𗼜𗉁𗒅𗡞𗽾𗉩𗼎𗠁𗏹𗺎𗼄𗷦𗒅
𗡞 [3] 𗷦𗷉𗺔𗼃𗨗𗒅𗷉𗼃𗙼𗺅𗺔

① 《俄藏黑水城文献》第 14 卷，第 20 页。

② 此字残，据同卷其他文书补。

③ 𗡞构字来源于𗉩（午、马），此词或为马的一种。𗡞𗾔，恩功意，音［屈女］。

𗼌𗼌𗧌𗧌𗧌𗧌𗧌𗧌𗧌𗧌𗧌𗧌𗧌𗧌𗧌𗧌𗧌𗧌
𗧌𗧌𗧌𗧌𗧌𗧌𗧌𗧌𗧌𗧌𗧌𗧌𗧌　𗧌𗧌𗧌𗧌𗧌
𗧌𗧌𗧌

　　　　　　𗧌𗧌𗧌𗧌𗧌𗧌（押）

　　　　　　𗧌𗧌𗧌𗧌𗧌𗧌（押）

　　　　　𗧌𗧌𗧌𗧌𗧌𗧌𗧌（押）

　　　　　𗧌𗧌𗧌𗧌𗧌𗧌

对译：

天庆寅年二月三日文状为者梁盛犬等梁
喇嘛及梁那征茂等〈　〉乐意依齿俱骆驼母及
马一〈　〉卖为价二石麦三石杂等实〈　〉给
价畜等差异〈　〉连为若其畜余诸人抄共子弟
追争口缚者有时律令依罪承不仅　官依三石麦
罚交服

　　　　　　　　文状为者梁盛犬（押）

　　　　　　　　状接相子打子（押）

　　　　　　　　知人积力隐藏子（押）

　　　　　　　　知人梁老房酉

意译：

天庆寅年二月三日，立契者梁盛犬等，向梁
喇嘛及梁那征茂等自愿出卖全齿母骆驼及
一马，价二石麦、三石杂等实已付，
价畜等并无参差。若其畜有其他诸人、同抄子弟
追争诉讼者时，不仅按《律令》承罪，还依官罚交三
石麦，服。

　　　　　　　　立契者梁盛犬（押）

同立契子打子（押）

知人积力隐藏子（押）

知人梁老房酉

3. 俄 Инв.No. 5124-4（5）　天庆寅年（1194 年）卖畜契 [1]

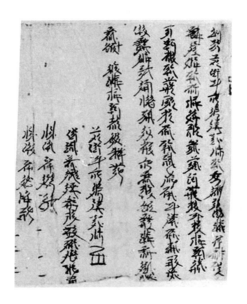

录文：

𦥑𦓐𥼽𥹖𥹃𥹗𥼆𥼽𥹃𥹌𥹗𥹃𥹗𥹃𥹗𥹃𥹗𥼆
𥹗𥹃𥹗𥹃𥹗𥹃𥹗𥹃𥹗𥹃𥹗𥹃𥹗𥹃𥼆
𥹃𥹗𥹃𥹗𥹃𥹗𥹃𥹗𥹃𥹗𥹃𥹗𥹃𥼆𥹗
𥹃𥹗𥹃𥹗𥹃𥹗𥹃𥹗𥹃𥹗𥹃𥹗𥹃𥼆
𥹗𥹃 [2]　𥹃𥹗𥹃𥹗𥹃𥹗𥹃
　　　𥹖𥹗𥹃𥹗𥹃𥹗𥹃𥼆（押）

---

① 《俄藏黑水城文献》第 14 卷，第 20 页。
② 此字旁有删除符号 +，应为衍字。

𗀚𗟫𗗚𗣼𗰭𗤁𗙸𗰖𗤁𗤋（押）
𗏖𗤋𗫂𗓱𗀚（画指）
𗏖𗤋𗫂𗤛𗿒𗤑（画指）

对译：

日同文状为者平尚讹山等自属乐意依梁那征
茂喇嘛等〈　〉二竖骆驼公一〈　〉卖为价二石大麦
一石糜等〈　〉给价畜等差异〈　〉连为其畜上余诸
人抄共子弟追争口缚者有时律令依罪承不
仅　官依二石杂罚交服

文状为者平尚讹山（押）
状接相妻子酪布氏母犬宝（押）
知人梁善盛（画指）
知人梁老房酉（画指）

意译：

同日 [1]　立契者平尚讹山等，自愿向梁那征茂、
喇嘛等出卖自属一二齿公骆驼，价二石大麦
一石糜等已付，价畜等并无参差。其畜有其他
诸人、同抄子弟追争诉讼者时，不仅按《律令》
承罪，还依官罚交二石杂粮

立契者平尚讹山（押）
同立契妻子酪布氏母犬宝（押）
知人梁善盛（画指）
知人梁老房酉（画指）

4. 俄 Инв.No.2546-2、2546-3　天庆亥年（1203 年）卖畜契 [2]

---

① 此契约前面记具体时间的为"天庆寅年二月三日"，同日即为此日。
② 《俄藏黑水城文献》第 13 册，第 84 页。

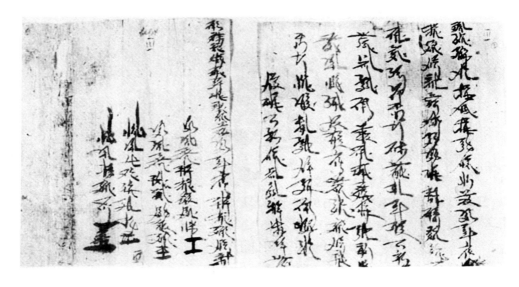

录文：

𘟩𘟙𗙼𗏇𗒓𗏇𘜶𗅋𗤺𘑘𗤲𘟙𗀽𗤲𗌭 ①
𗊢𘟙�549𗤺𘞪𘏽𗡪𘍦𗣼𗐖𘟛𘟛𗙼 ②
𗊢𘟬𗷸𗗚�549𗠣𗤺𘜼𘜿𗙼𗌿 ？
𗏁𗤺𘟙𘗽𘜾𗊢𗙳𘙯𗤺𗐖�\square ③
𘜶𗤺𗦱�10𗔼�10𗤺𗀽𗷸�10�549𗤺�10 ④
𗷸�549𗩳�10𘜾𗚯𘈫�xxx𗩋�10�10
　 𘜷𘍦𗌿𗌿𘗽𗤺𗤲𘊝𗤥𗠣�xx
𗰖𗦢𘞪𗷸𗊢�xx𗔼�10　𘜶𗤺�0𗤝𗒓�10�

　　　　　𘜶�10𘜷𗤝�10？𗥢𗟲（押）
　　　　　𘜶�10𘜷𗍁𗩸𗺶𗾈�10（押）
　　　　𗠣𗤥𘒂�10𘜷𗍂�10（押）
　　　　𗠣𗤥𗤺�10𗚿（押）

_____

① 𗌭，残，据契末签名人名补。
② 𗙼，残存上部，补。
③ 补。
④ 𗤥。

对译：

天庆亥年二月二十五日文状为者左
移犬孩子自属乐意依三齿短？一
马红一梁讹吉〈　〉〈　〉卖为价一石？
斗杂〈　〉说若马上抄共子弟余
诸人追争口缚者有时犬孩子管
讹吉不管及？心悔语变时
　　　官依一石五杂罚交本心服
语体入柄上有依实行
　　　　　　　　文状为者左移？承山（押）
　　　　　　　　状接相〈　〉差祥瑞犬（押）
　　　　　　　知人口移讹狗盛宝（押）
　　　　　　　知人卜犬有（押）

意译：

天庆亥年二月二十五日，立契者左
移犬孩子，自愿将自属一三齿短？
一红马，卖与梁讹吉，价一石？
斗杂粮议定。若其马有同抄子弟
诸人追争诉讼者时，犬孩子管，
讹吉不管，有心悔反悔时，
　　　依官罚交一石五斗杂粮。本心服，
并据实情按文书所载实行。
　　　　　　　　立契者左移？承山（押）
　　　　　　　　同立契？祥瑞犬（押）
　　　　　　　知人□移讹小狗宝（押）
　　　　　　　知人卜犬有（押）

5. 俄 Инв.No.2546-1　天庆亥年（1203 年）卖畜契 [①]

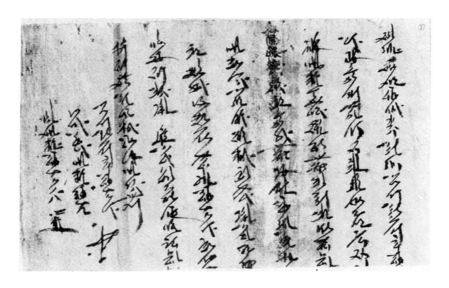

录文：

𗼷𗟲𗭪𗏹𘚕𗲽𗤊𗆬𗲽𗏁𗈈𗥃𗦳𗤭𗆻[夏] [②]
𗖵𗲶𗵢𗿒𗅉𗃛𗄻𗤊[?]𗙼𘈷[𗭪𗙼] [③]
𗳴𗲽𗭪𘀔𗲽𗘂𗜍𘝃𗎕𗦳𗈳𗲶𗼛𗤊□
𗲶? 𗝾𘃯𗙼𗣫𘛂𗍲𗆑? 𗩾??□
𗲽𗭪𗆻𘓄𘜶𗝾𗭪? 𘝯𘟀? 𗲽[𗑱]□
𘃯𗌭𗲽𗏹𗤫𗦳𗣠𘝼𗥃𗆻𗲶𗸦□
𗛖𘉞𗦳𗲶𗦇　𗏹𗆻𗏹𗤊𗳴𗆑𗎕𗤭[𗦇]
𗄱𗦳𘓃𗈈𗟤𗆬𗛖𗈇𗲽𗿳𗈊

　　　　　　𗲽𗥃𗦳𗤭𗆻𗦳𘟫（押）

　　　　　　𗥃𗼷𘓃𗲽𗆻? （画指）

　　　　　　𗸦𗲽𗆻𗦳𘟫（押）

―――――――――

[①]　《俄藏黑水城文献》第 13 册，第 84 页。
[②]　此件下部残，各行多残 1 字，此行残夏字，据契尾签字补。
[③]　此行下残𗭪字。

对译：

天庆亥年二月三十日文状为者梁那征

讹今自属齿俱一骆驼母？自乐意

依嵬移十月犬〈　〉〈　〉卖为价六石杂

今？畜等自处〈　〉买转？？另？？

嵬移讹若其畜上诸人抄共子弟

等追争口缚者有时那征讹管？

心悔语变人　官人？？依五石杂罚

交语体入柄上有实实行服

文状为者梁那征讹（押）

状接相嵬移？（押）

知嵬移那征讹（押）

意译：

天庆亥年二月三十日，立契者梁那征

讹今将自属一全齿母骆驼？自愿

卖与嵬移十月犬，价六石杂粮。

今？畜等自各〈　〉买转？？另？？

嵬移讹，若其畜有诸人同抄子弟

等追争诉讼者时，那征讹管。若有

心悔反悔者，依官罚五石杂粮，

并据实情按文书所载实行。

立契者梁那征讹（押）

同立契嵬移？（押）

知人嵬移那征讹（押）

6. 俄 Инв.No. 5404-8、9　天庆甲子年（1204 年）卖畜契 ①

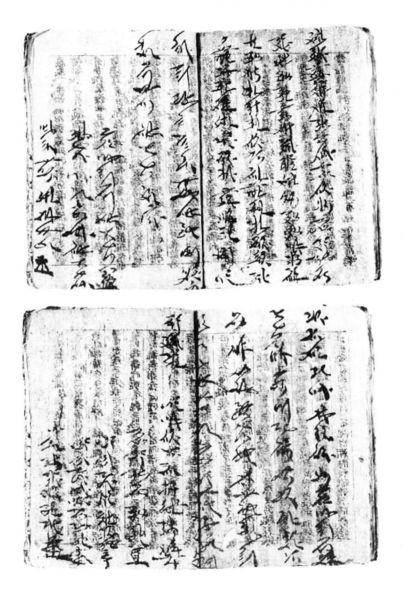

　　① 《俄藏黑水城文献》第 14 册，第 34、35 页。此契约第 1 面 4 行和第 2 面 5 行为不同契约的前后段。而第 1 面与俄 No. 5404-9 的第 2 面应为同一契约。第 2 面与 No. 5404-9 的第 1 面应是同一契约。

录文：

𗗰𗄈𗗟𗤣𗴓𗰣𗣸𗰱𗤘𗰊𗄈𗜓𗿒𗰣
𗸈𗥃？𗄈�星𗩾𗰱① 𗤣𗭪𗫂𗣸𗤘𗟻𗘂
𗼱𗫿𗯿𗐯𗰱𗥃𗰣𗜓𗄈𗤘𗘀𗐯�*𗼽𗤘
𗼱𗤘？𗐪？𗤣𗪺𗄈𗗟𗽗𗙑𗄈𗙼𗬦
……②

�勒𗤣� 𗤣𗫿𗿒𗜓𗰱𗤜𗋽𗟻𗣸𗴴
　　　　　　𗰣𗜓𗿒𗰣？𗄈（押）
　　　　　　𗜓𗰊𗏁……（押）
　　　　　　𗜓𗰊𗏁……（押）
　　　　　　𗼱𗬦𗥃𗄈𗄈……（押）
……

对译：

天庆甲子年十一月十五日文状为者
讹七？盛马辔母一乐意依郝那
征奴〈　〉〈　〉卖为价五石杂〈　〉给价畜等差
异〈　〉？连？后其畜上抄共子弟官
……
语变时　官依五石杂罚交本心服
　　　　　　文状为者？盛（押）
　　　　　　状相接……（押）
　　　　　　状相接……（押）
　　　　　　知人梁善盛……（押）

---

① 𗩾𗰱，"马辔"意，这里可能指带有辔鞍的马。
② 此处在两面之间，似有残失。

意译：

天庆甲子年十一月十五日，文状为者

讹七？盛，自愿将一有瞥母马卖与郝那

征奴，价五石杂已付，价畜等并无

参差，此后其畜有同抄子弟、官𨳝

……

反悔时　依官罚交五石杂粮，本心服。

立契者？盛（押）

同立契……（押）

同立契……（押）

知人？？盛宝（押）

7. 俄 Инв.No. 5404-10 、5404-7　天庆子年（1204 年）卖畜契 [①]

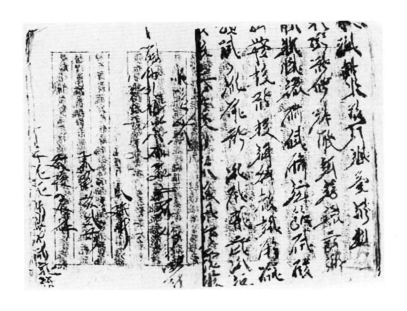

① 《俄藏黑水城文献》第 14 册，第 34、35 页。

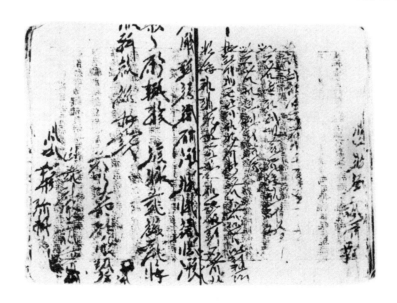

录文：

𗧑① 𗤓𗹼𗖨𗿵 𘉞𗹬𗤽𗤆𗤷

𗏵𘝞𗟻𗣣𗤭𗴺𗵜𘕘𗇋𗤘

𗭉𗸒𗴺𗘂𗦾𗤍𘃋𘏣𗤋𘕿

𗵀𘓨𗤪𗣮𗪤𘒀𗏽𘃋𗥾𘃟

𗣮𗤣𗤣𘛱𗤘𘟄 𗑠𘕿𗟻𗯩𗷶𗧟

𗦱???? 𘕓𘏣𗪹𗧑? 𘞂②

𗟻𗳺𗤭𗴺𗘂𗋽𗸒𗴺𗨙𘔠

??𘕡𗤓𗺓 𗤽𘑋𗸱𘕡𗆴𗪽

𘉞𘒀𗏽𘕡𗣨�列

　　　　𘝞𗟻𗤭𗳺𗤭𗴺𗵜𗸖（押）

　　　　𗟻𗷶𘏣𗾺𗤖（押）

　　　　𘃀𘛱𘞂𘉯𘈪（押）

---

①　此件上下皆残，𗧑字残存半字，今补。
②　此行各字仅剩右部半字，依据残存字形和契约程式补录翻译。

对译：

天庆子年十一月十六日
文状为者白清势？水自属
畜嵬名水〈 〉五齿为用马栗
一〈 〉〈 〉卖为价四石杂〈 〉说畜
价差异〈 〉连为 其马上诸人口
缚？？？？ 日过不还？时
白清势功水〈 〉管嵬名水不管。
？？ 语变时 官依贪罚令内
五斗杂罚交服。

     文状为者白清势功水（押）

     状相接金刚（押）

     知人燕吉祥（押）

意译：

天庆子年十一月十六日，
立契者白清势功水，将自属
畜卖给嵬名水，为五齿可用栗马，
价四石杂已议定，畜价
并无参差，其马若有诸人诉
讼……日过不还？时
白清势功水管，嵬名水不管。
若何人反悔时，按官法罚贪令中
罚交五石杂粮，心服。

     立契者白清势功水（押）

     同立契？金刚（押）

     知人燕吉祥（押）

8. 俄 Инв.No.2858–1　天庆丑年（1205 年）卖畜契 ①

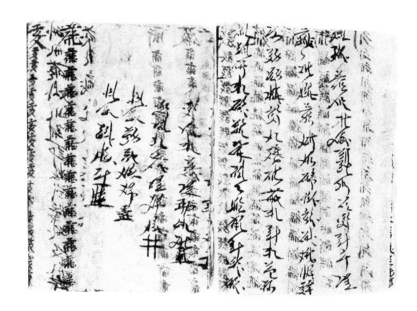

录文：

𗴮 ②　𗴃𗴎𗤁𗥃𗴔𗣏𗤻𗵸𗤏𗮼𗬐𗥫𗦳

𗴱𗴱𗴤𗴰𗥟𗮰𗤩𗲡𗧘𗷓𗱝𗤩𗴮𗷓

𗥱𗤻𗮼𗴅𗦝𗤏𗤥𗤩𗵒𗤔𗬐𗤔𗵒𗳱𗥱

𗤥𗴃𗦬𗤔𗴃𗲘𗤩𗥫𗥫𗴲𗬐𗥬𗴃

……

　　　　　𗤏𗮼𗬐𗥫𗴱𗴱�》（押）

　　　　　𗮼𗴃𗤔𗴅𗥫𗦳𗧩（押）

　　　　𗴮𗦬　𗤩𗵾𗥬（押）

　　　　𗴮𗦬 ? 𗤩𗥬（押）

① 《俄藏黑水城文献》第 13 册，第 119、141 页。由俄 Инв.No.2858–1 右 4 行与 2858–12 的右部 4 行拼合而成。

② 此件上下皆残，𗴮字残存半字，今补。

对译：

天庆丑年腊月三十日文状为者郝
隐藏宝今自属四齿为用母马系红
乐意依涂千犬〈　〉〈　〉卖为价七石
杂〈　〉说价畜差异〈　〉连为其畜
……

　　　　　　　立契者隐藏宝（押）
　　　　　　　同立契郝吉乐（押）
　　　　　知人？ 子住吉（押）
　　　　　知人？ 阿酉（押）

意译：

天庆丑年腊月三十日，立契者郝
隐藏宝，今将自属四齿能用红母马
自愿卖与涂千犬，价七石
杂粮议定，并无参差，其畜
……

　　　　　　　立契者隐藏宝（押）
　　　　　　　同立契郝吉乐（押）
　　　　　知人？ 子住吉（押）
　　　　　知人？ 阿酉（押）

9. 俄 Инв.No. 7630-2 光定酉年（1213 年）卖畜契 [①]

---

① 《俄藏黑水城文献》第 14 册，第 187 页。

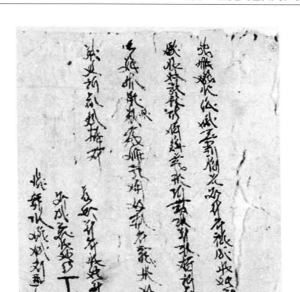

录文：

𗿤𗿶𗿷𗿸𗿹𗿺𗿻𗿼𗿽𗿾𗿿𘀀𘀁𘀂𘀃𘀄
𘀅𘀆𘀇𘀈𘀉𘀊𘀋𘀌𘀍𘀎𘀏𘀐𘀑𘀒𘀓𘀔
𘀕𘀖𘀗𘀘𘀙𘀚𘀛𘀜𘀝𘀞𘀟𘀠𘀡𘀢𘀣
𘀤𘀥𘀦𘀧𘀨𘀩𘀪

　　　　　　𘀫𘀬𘀭𘀮𘀯𘀰（押）

　　　　　　𘀱𘀲𘀳𘀴𘀵𘀶（押）

　　　　　　𘀷𘀸𘀹𘀺𘀻𘀼　酩布（押）

对译：

光定酉年五月三十日文状为者啰铺小狗西㘚

移小狗子等之四竖牛生一〈　〉卖为价四石杂〔　〕
说此后其畜上抄共子弟口缚者有时卖者管

八石杂罚交服。

文状为者小狗酉（押）

状相接梁小狗子（押）

知人酩布正月吉（押）

意译：

光定酉年五月三十日，文状为者啰铺小狗酉向

嵬移小狗子等卖一四竖生牛，价四石杂粮议定。

此后其畜有同抄子弟诉讼者时，卖者管。

并罚交八石杂粮，服。

立契者小狗酉（押）

同立契梁小狗子（押）

知人酩布正月吉（押）

10. 俄 Инв.No. 7994–14　光定亥年（1215 年）卖畜契 [①]

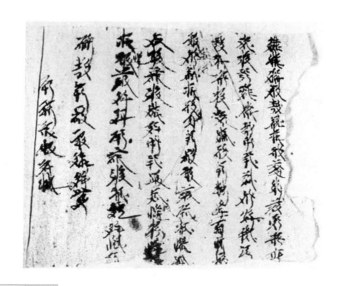

① 《俄藏黑水城文献》第 14 册，第 243 页。

录文：

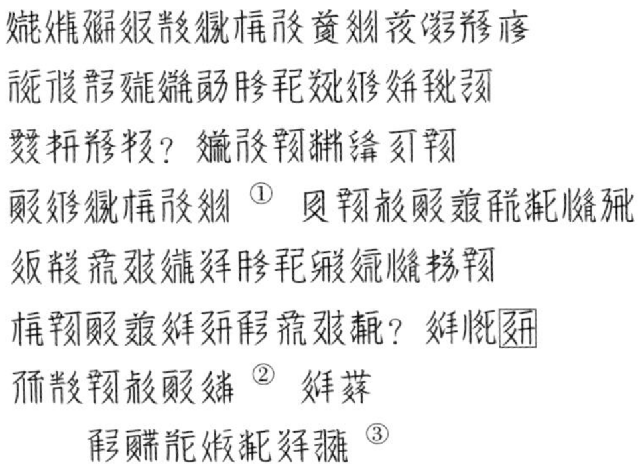

𘕥𘕉𗟏𗏁𗤎𘉞𘕳𗣼𘜔𗤁𘋶𘔽𗑠𗢈
𗻸𗡶𗤟𘜷𘕶𗜈𗑑𗤩𗘩𘜔𗫨𗣆𘆝
𘓂𗣉𘔽𘉜？𘕅𗣼𗫡𘓡𗈱𗓁𗫡
𘍣𘜔𘕦𘉞𘒷　①　𗧖𗫡𘍤𘍣𘓡𗈼𘃽𘍕𘐤
𘍨𗤎𘓟𘓈𘎂𘑛𘋶𗢈𘑤𘜔𘌉𘐤𘋮𗫡
𗏿𗫡𘍣𘍤𘌈𘍛𗙴𘓟𘓈𗢩？𗙴𘑟�巠
𗞔𗤎𗫡𘉜�3𘉞　②　𗙴𗢡
　　　𗤙𗅲𘊞𘁼𗈱𗙴𗦖　③

对译：

光定亥年三月二十七日文状为者
啰铺博士今张顺利处六竖牛一
〈　〉买为价？时十石中实一石
给六月二十日八石杂给若畜上追争
口缚有时前有顺利管当追一石
二石给若心悔语变谁心不悔
〈　〉三石杂给本心服
　　　　　　语体入柄上有依

意译：

光定亥年三月二十七日，立契者
啰铺博士，今从张顺利处买一六
竖牛，时价十石，其中实付一石，

---

①　𘒷（日）为旁加一字。
②　应为𘉜。
③　以下残失。

六月二十日付八石杂粮。若其畜有

追争诉讼时，前述顺利当管，并追罚

一石付二石。若心悔反悔，给不反悔

者三石杂粮。本心服

　　　　语体入柄上有依

11. 俄 Инв.No. 6377–15　　光定子年（1216 年）卖畜契 [1]

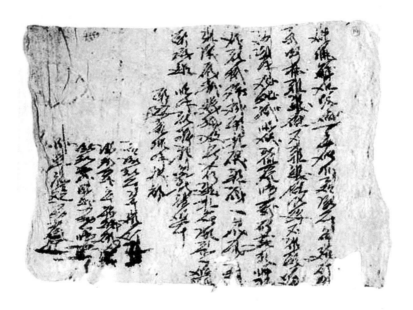

录文：

娀㻰䜫䜰倪䚆矗䍴䍲孩㿹�⻏疹㱾㻰㢄？

嘉䊰㭔 [2]　散㲂燃刃散㲂燃䍴㛀刃？散㴂

㻱㻶䉋㹀纟？㻮纟？？㫸？孲䣪㧀䴔㧀

㲻㲥㭀㺓䚉㫫㧀㽭䵅㻮㻮㻃䏻㺓？

---

① 《俄藏黑水城文献》第 14 册，第 145 页。
② 疑此处遗一 娀（竖）字。

𘟀𘏨𗼑𗃆𗋽𘀤𘕢𘃷𗣀𘓺𗾔𘃷𗾭𘝵𘟀？
𗫨𘝞𘓺　𘀤𘑳𘏨𘑱𘊝𘆄𘟣𗤺𗣙𘞂
𗫨𗽒𗑣𘏒𘑳𘀳𘕻
𘓺𗉋𗳮𘃷𘆄𘕢𗘫（押）
𘀩𗑠𘀳𘆄？？𘕢（押）
𘀩𗑠𘀳？？𘟀𘟀𘡩（押）
𘕉𘆊𗳮𘓔？？（押）

对译：

光定子年五月十六日文状为者梁犬势？
自属二（竖）骆驼母一骆驼母六竖一栗？一
乐意依丑移？嵬移？？山？〈〉〈〉卖共价
九十两银〈〉说价畜等差异〈〉连为？
？其马上追争口缚者有时卖者管也若？
语变时　官依十贯钱罚交本心服
语体入柄依实行
文状为者梁犬势（押）
状相接梁？？犬（押）
状相接梁？？隐藏山（押）
知人药乜絉？？（押）

意译：

光定子年五月十六日，文状为者梁犬势？，
将自属一二竖母骆驼、六母骆驼母、一竖、一栗色马，
自愿卖与依丑移？、嵬移？？山，共价
九十两银已议定，价畜等并无参差。
其马若有追争诉讼者时，卖者管。若？
反悔时，依官罚交十贯钱，本心服。

按情状依文书实行

立契者梁犬势（押）

同立契梁？？母（押）

同立契梁？？隐藏山（押）

知人药乜续？（押）

12. 武威 G31·003［6727］1-2 乾定酉年（1225 年）卖牛契 [①]

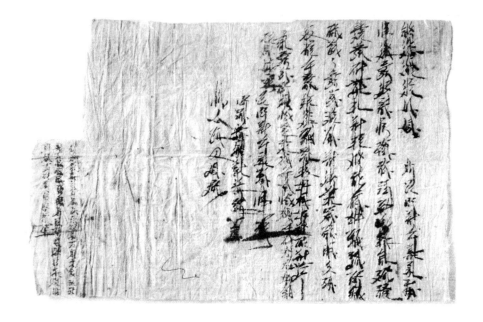

录文：

豁綕纏級纵缀　绷 [②]　孩燹豩疹甀[尼则]詨耗

怖繎嘉絣甿忛毦諚翙彡豫鏷詨毼禮

姦姦孤薍找彩挍缪詨傤鞯麵瓿彩麵

---

① 《中国藏西夏文文献》第 16 册，第 387—388 页。

② 绷（日），契约中一般此字前应有具体数字表示的日数，此处前缺，并空一格。

[illegible]
[illegible]
[illegible]
[illegible]？

　　　　　　[illegible]（押）
　　　　　　[illegible]（押）
　　　　　　[illegible]（画指）

对译：

乾定酉年九月　日文状为者尼则寿长
山今自属齿俱牛黑一乐意依命屈般
若铁〈 〉〈 〉卖为价六十五贯钱〈 〉语钱
畜差异自各〈 〉连为有若其畜腰争
口缚者有时先钱数一贯二贯数付为服
若自各语变不实时变者人不变者〈 〉三十贯钱
付当有？

　　　　　　文状为者寿长山（押）
　　　　　　状相接吴茂（押）
　　　　　　知人赵八月犬（画指）

意译：

乾定酉年九月　日，立契者尼则寿长
山，今将自属一全齿黑牛自愿卖与命屈
般若铁，价六十五贯钱议定，钱
畜两不悬欠，若其畜有相争诉讼
者时，先钱数一贯付二贯数，服。
若个人反悔不实时，反悔者当向不反悔者付
三十贯钱。

立契者寿长山（押）

同立契者吴茂（押）

知人赵八月犬（画指）

13. 武威亥母洞出土 G31·002［6726］ 乾定戌年（1225 年）卖驴契[①]

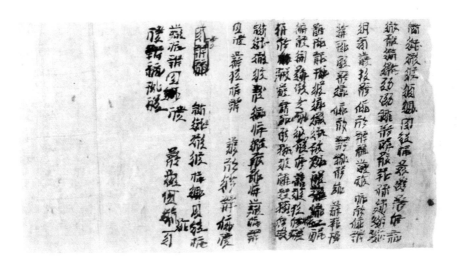

录文：

綜縊綖綖綢纖圆缕镯苃瀿䅟䅟幂

纖穊綖圹多畅缵幐䊵毂耗孫逮緅縱[②]

組匑薮找幐悕旇瓬稬薮薮镯旇悕瓬

縍皱厥幐纀悕旇瓬瓿帘虓敍耗悕

魋悕虺悕缍缘㐄经靴姕禀蕐嫲羉

緗旇絧綝镥亥瓬綄蛎幐虓瓬找幐瀚

———————————

① 《中国藏西夏文献》第 16 册，第 386 页。

② 此字常用做虚词，音［麻］，疑此处用音译。

③ 旁加一字慨（不），误加。

𗣼𗄭𗤶 ①　𗸐𗆟𗯿𗥃𗭴𗯦𗤐𗤻𗭴𗄭𗩾 ②

……

对译：

乾定戌年四月八日二文状为者常
祥瑞善今乐意依为提佛鸠〈　〉驴子麻
黄一〈　〉卖为五十贯钱〈　〉合二十五贯
实上给为当五十贯〈　〉语用若其〈　〉
盗〈　〉诈如官私常住等处转贷有
抄共子弟族人腰争口缚者有时卖者管
买者管若自各语变时谁〈　〉变者人
……

意译：

乾定戌年四月八日，二文状为者移
祥瑞善，今自愿向提佛鸠出卖一麻
黄驴子，付五十贯钱，当实付二十
五贯，五十贯已议定。其有盗欺
行为，有官私常往等处转贷，同抄
子弟有人争论诉讼者时，卖者管，
买者不管。若自反悔时，反悔者者
……

14. 俄 Инв.No.840-3　卖畜契等 ③

---

① 前删一字𗫷（不），误删。
② 此契未写完，以下 5 行为杂写，不录。
③ 《俄藏黑水城文献》第 12 册，第 141 页。此件为佛经封面衬纸，上下两纸，上部为卖畜契。

录文：

……

𗰭𗴵𗫸𗀈𗇃𗇃𗯿𗉺𗆟𗕳𗴵

𗴵𗆟𗆠𗁤𗸄𗵱𗉺𗵱𗉻

𗴂𗴃𗵱𗯿𗷞𗵱𗇋𗕪𗁬 ① 𗇃

？𗴘𗁽𗰭𗯿𘃽𗉡𗴄𗵸𗇃𗀒

𗆠𗕪𗵹 ？？？ 𗴃 ？ 𗲧 ？？

……

对译：

……

处〈 〉碎？羊羖𧾷四十骆驼母
公三马黑母二牛二牛
小大二驴子二等卖，

<hr />

① 𗁬音［吾］［五］。

共为九十八石六斗五升

杂……〈　〉为……

意译：

……

处〈　〉碎？羊羖羘四十，三公母

骆驼，二黑母马，二

大小牛，二驴子等〈　〉？卖

？共上九十八石六斗五升

杂〈　〉为……

15. 俄 Инв.No. 5404-9、5404-8　天庆未年（1199 年）卖畜契①

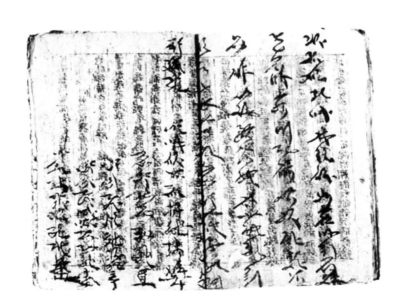

---

①　《俄藏黑水城文献》第 14 册，第 35、34 页。由俄 Инв.No. 5404-9 的右部与 5404-8 的左部拼合而成。

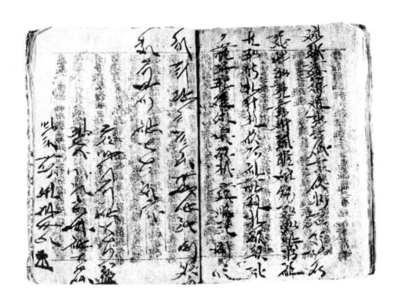

录文：

𗧁 ① 𗫂𗣛𗤋𗦻𗰖𗣉𗦻𗫲𗫲𗦻𗌭𗯨𗠣□
𗥃𗇚？𗫲𗰤𗭼𗦻𗢸𗄈？𗤍𗣻𗩰□
𗬩𗬩𗫁𗤋？𗦻𗫲𗦻𗵹𗫨𗰖𗯨
……
……
？𗯨？？�124𗴮𗤗𗄷𗦻𗅉𗤬𗧁
𗤋𗞞𗯨𗫲𗴦𗥃𗇚𗫍𗫵
　　　　　　𗦻𗌭𗯨𗠣？𗥃𗇚（押）
　　　　　　𗌭𗫂𗴮？？𗥃𗇚𗴦（押）
　　　　𗰤𗰖……（押）

对译：

_____

天庆未年五月二十五日文状为者……

？？ 今自属十齿为？ 马？ 一……

乐意依？？ 子有盛〈 〉〈 〉卖为……

……

……

？ 为？？ 诸人抄共子弟追争

口缚者有时那征管当

　　　　　　　文状为者？ 那征（押）

　　　　　　　状相接？？ 那征铁（押）

　　　　　　　知人……（押）

意译：

天庆未年五月二十五日，立契者……

？？ ，今将自属十齿为？ 马？ 一……

自愿卖与？？ 子有盛……

……

……

？ 为？？ 诸人同抄子弟若有追争

诉讼者时，那征当管。

　　　　　　　立契者？ 那征（押）

　　　　　　　同立契者？？ 那征铁（押）

　　　　　　　知人……（押）

（三）卖人口契

1. 俄 Инв.No. 5949-29 乾祐甲辰二十七年卖使军奴仆契 ①

---

① 《俄藏黑水城文献》第 14 册，第 91 页。

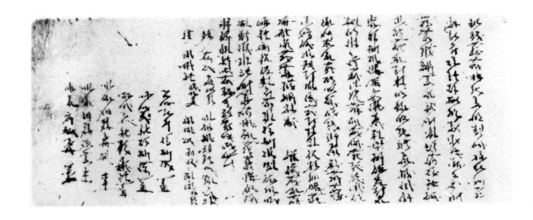

录文：

　　𗣼𗊴𗢲𗫦𗋽𗾥𗋽𗾦𗣣𗟻 ①　𗾺𗊱𗫦𗋽𗤁𗾺𗾦

　　𗎁𗿓𗿷𗼙𗿸 ②　𗐜𗣀𗾺𗒹𗾺𗫤𗉛𗤋𗉔

　　𗎧𗊱𗫤𗧜𗊱𗫲 ③　𗩱𗿓𗤛？𗐜𗼙𗣣𗦟

　　𗾺 ④　𗀔𗊱𗣀𗿓𗣀𗤁𗫆𗰣𗣣𗩨𗊱𗾈 ⑤　𗫤𗈁

　　𗰜？？𗾺𗼞𗼏𗉔𗫃𗼏𗣀𗾺𗟰𗷟𗿓𗾦

　　？𗐽 ⑥　（人名？，此行多字不清、不识）

　　𗾄？？？𗤛𗉔𗀔𗤁𗰣𗣣𗩨𗤁𗉛𗩱𗼖

　　𗦁？　𗐜𗾺𗑾𗿓𗿴𗾄？𗿓？？　𗤛？？𗉔𗊱

　　？𗾺𗰜𗎧𗊱𗫤𗧜𗣣𗫲　𗾺𗼞𗰣𗤛𗉛

　　𗉔𗣣𗐽𗤛𗟻𗣣𗿷𗼛𗍨𗐜𗤛𗉛𗾺𗣣𗾈𗾺𗈏

_____

　　①　𗣼𗊴𗢲𗫦𗋽𗾥𗋽𗾦译为"乾祐甲辰二十七年"。此契约时间记载有误。西夏乾祐仅24年，无27年。乾祐甲辰为乾祐十五年（1184年）。若将乾祐二十四年顺延三年至所谓的"乾祐二十七年"，则为天庆丙辰三年（1196年）。

　　②　𗼙𗿸译为"讹一"，党项族姓氏。西夏党项族姓氏中有"讹一""讹二"……"讹八"八个姓氏。

　　③　𗎧𗊱𗫤𗧜𗊱𗫲六个西夏字译为"使军奴仆军讹"，前两字"使军"意，中间二字"奴仆"意，最后二字中第1字"军"意，第2字音"讹"，两字组成"军讹"，与使军、奴仆并列。

　　④　𗼙𗣣𗦟𗾺译为"讹移法宝"。"讹移"党项族姓，"法宝"为名字，此人或为寺庙僧人

　　⑤　𗩨𗊱译为"铁钱"。西夏钱币有铜钱和铁钱两种，铜钱价值高，铁钱价值低。

　　⑥　此行多字不清、不识

𗆟𗰜𗥤𗴫𗹭？？𗤒𗍫？𗫂 ① ？𗫸𗯲𗂅
𗥩𗆟𘜼𘟃𗍫𘕥𗁬𗆟𗯦𗥤？𗗙

　𗤔　𗫐𗂧　𗥏𗥐𗤕　𘗎？𗥐　𗤚𗤕𘃀？？𗭴𗤕𘝵
　𘊭　𗥐𘕯𗥤　𗍫𗤕𘊱　𗥐𘕯𗲤　𗤚𗍫？𗥐　𗭴𗤕𗤚
　　　　　𗴺𘜼𗤔𗥫𘗠𘜼𗤚（押）
　　　　　𘜼𘝵𘃀𗤕𘗠𘜼𗥛（押）
　　　　　𘜼𘝵𘃀𗤕？？𘜼（押）
　　　𗍫𘄒𘊭𘕢𗴜𗍟（押）
　　　𗍫𘄒𘊭𘕢𘜼？？（押）
　　　𗍫𘄒𗰚𘟄𗴜（押）

对译：

乾祐甲辰二十七年三月二十四日文
状为者讹一吉祥宝乐意依今自属
使军奴仆军讹六人？？？讹口移法
宝〈　〉〈　〉卖为价四百五十贯铁钱〈　〉说
其？？宝原先自领顷主母那征西为与
？无（人名？）
常？？？人自〈　〉四百五十贯铁钱？
手？法宝行为〈　〉看？为？？等？？先〈　〉
？转其使军奴仆数上　官私诸人抄
共子弟等口缚者有时吉祥宝管法宝不
管语变时〈　〉？？聚不？欲中五百
贯钱罚交不仅罪亦律令依？服
男成讹 年六十 巂？犬 三十九 ？？ 二十八
女犬母盛 五十七 ？？ 三十五 ？？ 二十三
　　　　　文状为者吉祥宝？（押）
　　　　状接相子吉祥大（押）

―――――――――

① 𗫂，对译为"欲""贪"意。《天盛律令》中此字为"贿赂""贪"意。

　　　　状接相子？？ 盛（押）

　　　　知人每埀慧聪（押）

　　　　知人每埀乐 契？（押）

　　　　知人梁晓慧（押）

意译：

乾祐甲辰二十七年三月二十四日，立

契者讹一吉祥宝，自愿今将自属

使军、奴仆、军讹六人，卖与讹移法

宝，价四百五十贯铁钱已说定。

其吉祥宝原先自领顷主麻勒那征酉为与

无中？衣服手入告？仅？入？

常？？人自四百五十贯铁钱持，正军

手择法宝被检视。价、人等即日先已

互转。其各使军、奴仆若有官私诸人同抄

子弟等争讼者时，吉祥宝管，法宝不

管。反悔时，所属监军司判断，不仅罚交

五百贯钱，其罪还按《律令》判，心服。

　　男：成讹，年六十；嵬？犬，三十九；？？，二十八

　　女：犬母盛，五十七；犬妇宝，三十五；增犬 二十三

　　　　　　立契者吉祥宝（押）

　　　　　　同立契子吉祥大（押）

　　　　　　同立契子？？盛（押）

　　　　知人每埀慧聪（押）

　　　　知人每埀乐军（押）

　　　　知人梁晓慧（押）

2. 俄 Инв.No.4597　天庆未年（1199 年）卖使军契 ①

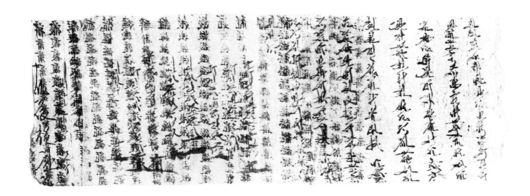

录文：

　　　𘙅𘝒𘓺𗡪𗤁𘊐𗉺𗦻𗰜𘝰𗤒𗤁𗠋𗥫
　　　𘊐𗶷？　𘝣𗯁𘊐𗗙𗆟𗵽𗪚𗾟𘊐𗰜
　　？　𗉺𗤁？　�𘝰𗤒𗬺？？　𗧦𗼨
　　𗰰𗥋𘝣𗉻𗤒𗉻𗾟𗤁𘊞𗤁𘝣𘝰𗤙
　　𘊐𗴷𘓺𘓺𗺖𗆟𗤒𗤒𗧚𗤁　𘝤𗩜𘘠 ②
　　𘚴𗅋𗤁𗧡𗴷𗡪𗤁𗤒𗯁𘄗𗾝𘈈
　　𘄗𗴋𗩜𗡪𗶻𗤒𗰰𗤒𘈈　𘝤𘚦𗤁
　　𗤁𘝣𗤁𗭪𘆡𗆟𗡪𗬀 ③　𗤒𘛂𗥋？？
　　𘊐𘊐𘈷

　　　　　𗤒𗤒𗤒𗤒𘊐𗡪𘛂𘄗𘈷（押）
　　　　　𗤒𗽼𘊞𘊐𗡪𘛂？？
　　　　　𗤒𗽼𘊞𘊐𗡪𘈷𗬀？𘘠（押）
　　　　　𗥋𘈈𗤒𘄏？？？𘊐（押）

---

① 《俄藏黑水城文献》第 13 册，第 223 页。
② 此字残，仅存上部，推测为庞。
③ 𗭪𘆡𗬀，对译为"心口服"，即"心服"之意。

𘗊𗗙？？？？（押）
𗹙？？𗀔𗤋𗜈𘝼𗤋（押）
𗢳𗴺𗙨𗞞𗤋𘜶𗵽？（押）
𘗊𗗙？？？？（押）

对译：

天庆未年三月二十四日文状为者
嵬移软成有今自属使军五月犬？
？二十？全状语乐？？金刚王
盛〈　〉已卖为价五十石杂已付人
谷等差异已连为其人上　官私诸
？抄共子弟等口缚者有时？成
有管当口悔语变者有时　官依三
十石杂交罚心口服语体等？？
承施行

　　　　　　　文状为者嵬移软成有（押）
　　　　　　　状接相嵬移软？？
　　　　　　　状接相嵬移有子盛（押）
　　　　　　　知人药乜？？乐（押）
　　　　　　　知人？？？？（押）
　　　　　　管？？写者？？？（押）
　　　　　　　状接相嵬移？？（押）
　　　　　　　知人？？？？（押）

意译：

天庆未年三月二十四日，立契者
嵬移软成有，今自属使军五月犬
等二老幼，按文书语，自愿卖与移合讹金

刚盛，价五十石杂粮已付，人、

谷并无参差，若其人有官私诸

同抄子弟等他人争讼者时，软成

有当管，有出言反悔时，按官法依罚交

三十石杂粮，心服，依情状按文书

施行。

立契者嵬移软成有（押）

同立契嵬移软？？

同立契嵬移有子盛（押）

知人药乜？？乐（押）

知人牛离？？（押）

文书写者？翟宝胜（押）

同立契嵬移女易养（押）

知人？？？水？（押）

3. 俄 Инв.No.7903　皇建午年（1210 年）苏？？卖使军契 ①

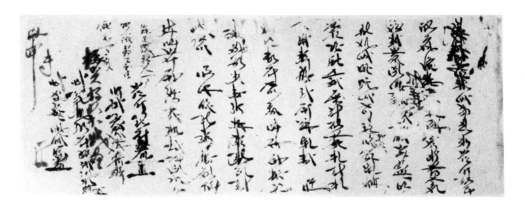

录文：

① 《俄藏黑水城文献》第 14 册，第 221—222 页。

𗾟𘊱𗕊𘝞𘈷𗑛𗢾𗾀𗫷𗢮𗫨𗿷𗂸𗹦

𗵃𗧓𘄿𗏁 ？？？ 𘑱𗥓𗦻𘎷𗢫𗫆

𗤎𘃾𘘓𘓷𗡾 ？？？？ 𗩽？

𗏁𘅤𗾟𗕡𘕿𗾟𘏞𘞇 ？？？？ 𘊫𗺉

𘃝𗢾？ 𗴖𗁾𗥔𗤋𘟢𘈷𗵈𘉓

𗚊𗙣𘢉𘝰𗵆𘘝𗶬𘅦 𗫂

𗀠𘊱𘄿𗢮𘘓𗢾𘑱𘛜𗶬𘝰𗵈

𗇃？？ 𘒑𘈅𘝞𘈅𘉃𘊩𗵈

𘅠𗕩 𗵃𘟗𘜼𗢾𘈅𘒑𘊩𗑉

𘓎𘑱𘉔𗠋𘈅𗠖𗠖？？ 𘈷？？

𗢾𗫷𗢮𗫨𘕿？？

𗾀𘏞𗼵𗫷𘛧𘟄𘊼

𘐶？？？ 𗓁？？？？

𘐶？？？ 𗑛𘏙？？

契尾签署上部有小字汉文 3 行，较大字汉文 1 行：

苏足说私人一户

四人？转王和由

价钱一百贯

杨贺好？？？？

对译：

皇建午年二月三日日文状为者

？？苏？？今自属使军

？价（家）围绕？？？地？

子九月乐正月成等？？？人共

抄撒？金刚王酉〈　〉已卖为价

一百贯钱已说实人及　官

私？变者有？心悔语变等
？？？价一贯二贯数付当
不仅　官依五十贯钱罚交
实心服？贯各？？？？？？
　　　　　　文状为者苏？？（押）
　　　　　　状接相妻子？？
　　　　　知？？？者？？？？（押）
　　　　　知？？崑名？（押）

意译：

皇建午年二月三日，立契者
地勿苏足？？，今将自属使军
择价显乐乐？？外地美、
子九月乐、正月成等共四人卖
与同抄讹七金刚酉，价
一百贯钱已议定。若各人有官
私争讼者，或有反悔者等时，
依卖价不仅一贯付二贯，
还依官法罚交五十贯钱，
本心服，依情状按文书施行。

（上方有汉字小字3行，较大字汉文1行）

苏足说？私人一户
四人？转王？和由
价钱一百贯
杨贺好？？？？

（下部仍为西夏文字署名、画押）

立契者苏？？（押）

同立契妻子俯好（画指）

知人、写文书者？？？？（押）

知人？？崀名？（押）

三　租赁契

（一）租地契

1. 俄 Инв.No. 5124-2（2）　天庆寅年（1194 年）正月二十四日苏老房子包租地契①

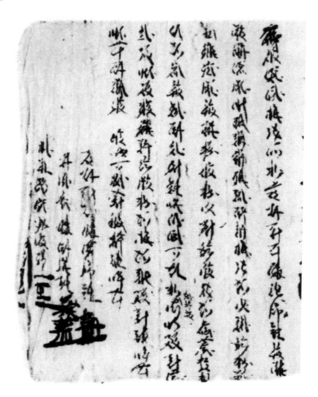

录文：

𘜶𗥃𘕭𗭠𗏇𘃢𗀱𘝯𘎁𗤳�̇𘏞𘗽𗭧𘜶
𘜣𘜶𗥃𘕭𗭠𗏇𘃢𗀱𘝯𘎁𗤳�̇𘏞𘗽𗭧𘝯𗀰𘗽�̇𗀱𘗽
�̇𘜶�̇𘕭𗭠�̇𘝯𗥃𘝯�̇𘝯𘜶�̇𘗽𗀰𘏞�½
𘏞𘝯�̇𗭠𘕭�̇𘜶𘝯𘜶�ˇ𘜶𘝯�ˇ�ˇ𗭠?　�ˇ①　�̇𗀱�ˇ𗭠𘜣
𗀱�½�ˇ𘜶�½�ˇ𘕭𗀱�½�ˇ�ˇ�ˇ�ˇ𗀰𘜣�ˇ�ˇ𘜣�ˇ
�ˇ𘜣�ˇ𗀰�ˇ　𗀰�ˇ�ˇ�ˇ�ˇ�ˇ𗀱�ˇ�ˇ
　　　　　　　�"�ˇ𗭠𗤳�̇�ˇ𗭧（押）②
　　　　　　　�'𗀱𗀰𗤳③　𗀰�½�ˇ（押）
　　　　　𘜣�ˇ……（押）
………

对译：

寅年正月二十四日文状为者苏老房子等今
普渡圣宫属渠尾左渠接熟生二十石撒处地一块
院宅院舍等全一年〈　〉包为地毛十石五斗麦及
五石杂等已说日限已来九月一日谷？等聚集还为当
日过不还时先有地毛一石二石数还等实心服
不服语变时官依一两金罚交实心服
　　　　　　　文状为者苏老房子（押）
　　　　　　　状接相苏弟？盛（押）
　　　　　知人……（押）
……

意译：

寅年正月二十四日，立契者苏老房子等今

---

① 前三字为后加小字。
② 此画押像书写不规范的西夏文。下行画押同类。
③ 此字𗤳，人姓，似被圈掉，因兄弟同姓，可省。

普渡寺属渠尾左渠接熟生二十石撒处地一块，

院宅院舍等全，一年包租^①，地租^② 十石五斗麦及

五石杂粮等已议定，日限九月一日当备好偿还。

日过不还时，先有地租一石还二石。实心服

不服反悔时，依官罚交一两金，实心服。

立契者苏老房子（押）

同立契者苏泉源盛（押）

知人……（押）

……

2. 俄 Инв.No. 5124-3（3） 天庆寅年（1194 年）正月二十九日梁老房势等包租契^③

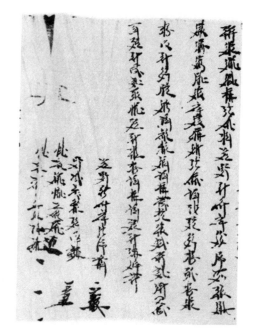

---

① 西夏文原文为 𗋽𗂱（已、包），第一字为表示完成体的动词前缀，第二字音［包］，系汉语借词，这里为"包租"耕地意。

② 西夏文原文为 𗱲𗑠（地、毛），此词为租种耕地者缴纳给耕地主人的地租。

③《俄藏黑水城文献》第 14 册，第 15 页。系契约卷子，其中有的契约年款记为 𗋽𗑗𘈩𗅫（天庆寅年）。此类契约应是天庆甲寅年（1194 年）立。

录文：

[illegible] ① [illegible]
[illegible]
[illegible]
[illegible] ② [illegible]

[illegible]（押）
[illegible]?（押）
[illegible]（押）
[illegible]????（画指）

对译：

寅年正月二十九日文状为者梁老房势等今
普渡圣宫寺梁喇嘛属十五石撒处地一块一年
〈〉包为地毛六石杂及四石二斗麦等已说日限八月
一还为当日过不还为时一石二石还为本心服

文状为者梁老房成（押）
状接相子势乐茂（押）
知人嵬名铁犬（押）
知人???? 盛（画指）

意译：

寅年正月二十九日立契人梁老房势等，今将
普渡寺梁喇嘛属十五石撒处地一块 ③ 一年包租，
地租议定六石杂粮和四石二斗麦，日限八月

① 此字不清，据契尾签名知为[illegible]（成）。
② 此处缺[illegible]（日）字。
③ 此包租地可能是梁老房西当日所卖 15 石撒处地。见前。

一日 [①] 当还，过期不还时，一石还二石还为。本心服。

　　　　立契者梁老房成（押）

　　　　同立契子势乐茂（押）

　　　知人嵬名铁犬（押）

　　　知人？？？？盛（押）

3. 俄 Инв.No. 5124-3（5）天庆寅年（1194 年）正月二十九日梁老房酉等租地契 [②]

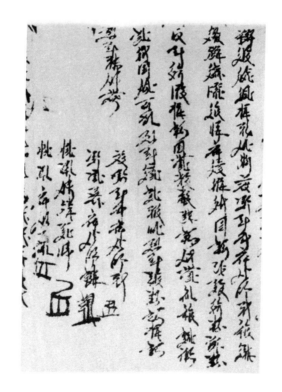

录文：

[illegible]
[illegible]①
[illegible]
[illegible]
[illegible] [illegible]（押）
[illegible]（押）
[illegible]（押）
[illegible]？[illegible]（押）

对译：

寅年正月二十九日文状为者梁老房酉等今
普渡圣宫寺中梁喇嘛属八石撒处地一块〈 〉包
为地毛二石八斗麦及三石六斗杂等〈 〉说
日限八月一日还为当日过不还为时一石二石
还为本心服。 文状为者梁老房酉（押）
状接相梁老房茂（押）
知人平尚讹山（押）
知人梁善？铁（押）

意译：

寅年正月二十九日立契人梁老房酉等，今将
普渡寺中梁喇嘛属八石撒处地一块包租，
地租二石八斗麦及三石六斗杂粮等议定，
日限八月一日当还。日过不还为时，一石还二石。
本心服。
立契人梁老房酉（押）

① 此处似缺𗼻（年）字。

　　　　同立契人梁老房茂（押）

　　　　知人平尚讹山（押）

　　　　知人梁老房？（押）

　　4. 俄 Инв.No. 5124–3（8）天庆寅年（1194 年）二月一日（同日）梁老房茂租地契 [①]

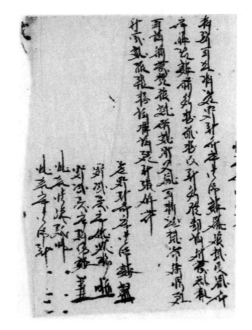

　　录文：

爰𘝦𗣼𗤁爰莪𗖠𗟲𗤋𗤁𘉎𘍔𘒣𗫊𘞶𗧊𗤋

𘉎𗾂𘍔𗸐𗤋𘈩𘐋𘐬𗀁𗤋𗉋𗤋𘄡𗤁𘄡𗤉𗥃

𘝦𗷖爰𘉎𘗽𗀭𗆅𗷖𘓨𘉎𗷖𗤁𗧴𗤁爰𗥃𗤁 [②]　𘉎𗭴𗧴𗴈𗬩

𗥃𗎥𗷖𘎱𗘅𗤉𗥃𗈲𗥃𘓨𗥃𘜔𗵒𗥶

　　　　莪𗖠𗤁𗤋𗤁𘉎𘍔（押）

─────────

① 《俄藏黑水城文献》第 14 册，第 18 页。

② 𗤁旁有钩，应是倒字符号，𗤁与前字爰应倒置。

𗿩𗼓𗺓𗧓𗣼𗧊𗧬（押）
𗿩𗼓𗺓𗧓𗤁𗏵𗧸（押）
𗿼𗆼𗏵𗴺𗧲𗕅（画指）
𗿼𗆼𗧓𗧊𗐩𗫂（画指）

对译：

日同一日日文状为者梁老房茂今寺谷手入者
梁那征茂〈　〉地一块已包为地毛三石六斗杂及
一石四斗麦等〈　〉说日限八月一日日谷现集聚还
为当日过时一石二石还为实心服
　　　　　　　　文状为者梁老房茂（押）
　　　　　　　　同立契梁嵬名宝（押）
　　　　　　　　同立契梁势乐茂（押）
　　　　　　　　知人平尚讹山（画指）
　　　　　　　　知人梁老房酉（画指）
……

意译：

同一日 ① 文状立契约者梁老房茂，今自寺庙粮食经手者
梁那征茂包租地一块，议定地租三石六斗杂粮及
一石四斗麦，日限八月一日当备齐现粮还
清，日过时一石还二石。本心服。
　　　　　　　　立契约者梁老房茂（押）
　　　　　　　　相接契梁嵬名宝（押）
　　　　　　　　相接契梁势乐茂（押）
　　　　　　　　知人平尚讹山（画指）
　　　　　　　　知人梁老房酉（画指）

---

① 前一契约为寅年二月一日梁势乐酉卖地契，此契约同日应是寅年二月一日。

5. 俄 Инв.No. 5124-3（2）　天庆寅年（1194 年）二月一日日麻则羌移盛包租地契 ①

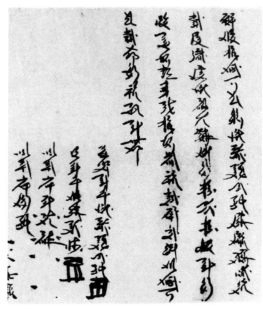

（5 图）

录文：

𗼮𗘢𗼇𗲲𗁬𗧅𗫂𗧮𗪊𗪊（羌）𗫼𗽀𗧘𘝞𗰖𗾞𗬧

𗫂𗟻𗫼𗪊𗤔 ②　𗣼𗼮𗰣𗀕𘝓𗫚𘝓𗤅𗣫𗀕

𗷓𗤙𘍞𗀔 ③　𗧅𗼇𘍞𗶘𗧤𗫼𗬾𗴩𗪟𗫂𗲲

𗁬𗫂𗵃𗀕𗤪𗫦𗣫𗌞

　　　　　𗣫𗬀𗣫𗨁𗧅𗫂𗪊？𗪊（押）

　　　　　�…𗣫𗨁𘏞𗳿𗵄𗰖（押）

①　《俄藏黑水城文献》第 14 册，第 15 页。
②　𗞞𗪊𗨁（梁喇嘛）之𗨁，有时写成𗧅两字同音［麻］。
③　此处有半个字，似写错作废。

𗾥𗏹𗙴𗰖𘜶𗥤（画指）
𗾥𗏹𗙴𗰐𗏾（画指）

对译：

（天庆）寅年二月一日日麻则羌德盛今从普渡众宫寺
谷手入喇嘛那征茂属地一块〈　〉包为地
毛七石麦十二石杂等〈　〉说日限九月一
日谷实地等还为服
　　　　　　　文状为者麻则羌移盛（押）
　　　　　　　包为者平尚讹山（押）
　　　　　　　知人梁西犬白（画指）
　　　　　　　知人梁善盛（画指）

意译：

寅年二月一日麻则羌德盛，今普渡寺
粮食经手者喇嘛和那征茂属地一块包租，地租议定
七石麦、十二石谷。日限九月一日谷、地付清。服。
　　　　　　　立契者麻则丑移盛（押）
　　　　　　　包租者平尚讹山（押）
　　　　　　　知人梁西犬白（画指）
　　　　　　　知人梁善盛（画指）

　　6. 俄 Инв.No. 5124-4（1、2）　天庆寅年（1194 年）二月二日梁老房茂包
租地契 ①

---

① 《俄藏黑水城文献》第 14 册，第 18、19 页。

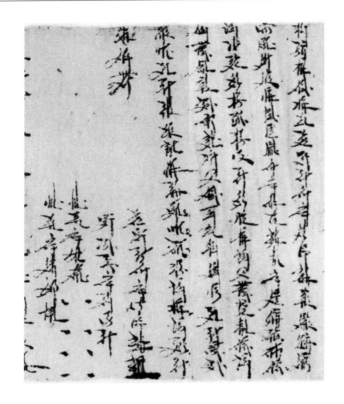

录文：

𗼝�莦𗥨�莦𗧓𗗱𗰖𗤋𗣼𗾞𗧓𗢳𗧯𗟲𗕤𗮓

𗧯𗱢𗤷𗧤𗧩𗱠𗧩𗤋𗸂𗱶𗧏𗤋𗧌𗷨𗧟𗮔𗠝𗥑

𗟟𗳀𗟲𗽉𗣼𗟠𗮔𗠞�莦𗟲𗳖𗟮𗬨𗱳𗧤𗥑𗟟

𗼝𗶷𗲆𗧯𗞞𗣠𗣓𗽦𗥑𗩾𗗱𗢾𗞞�莦𗧤𗞩𗣓

𗪑𗥑𗪥𗴍𗣠𗪏𗬨𗟲�莦𗳀𗠞𗗱𗣼

𗮓𗧟𗣕   𗗱𗰖𗤋𗣼𗾞𗧓𗢳（押）

𗰖𗱢𗣲𗤋�莦𗥑𗣼

𗱢𗤷𗤋𗗾𗣱（画指）

𗱢𗤷𗤋𗟠�莦𗱠（画指）

对译：

日同二月二日文状为者梁老房茂等今普渡
众宫属寺内谷手入者梁那征茂及梁喇嘛等〈　〉五
石撒处地一块〈　〉包为地毛二石八斗麦及五石
四斗杂等〈　〉说日限八月一日日集聚还为当日
过不还为时律令依罪承不仅一石二石还为
本心服　　　　　文状为者梁老房茂（押）
　　　　　　　接状相梁势乐酉
　　　　　　　知人梁盛铁（画指）
　　　　　　　知人梁小善麻（画指）

意译：

同日二月二日 ① 　立契者梁老房茂等向普渡寺
属寺中粮食经手者梁那征茂及梁喇嘛等，包租五
石撒处地一块，议定地租二石八斗麦及五石
四斗杂粮，日限八月一日当备齐还租，日
过不还时，不仅依律令承罪，还应一石还二石。
本心服。　　　　文状为者梁老房茂（押）
　　　　　　　接状相梁势乐酉
　　　　　　知人梁盛铁（画指）
　　　　　　知人梁梁小善麻（画指）

　　7. 俄 Инв.No. 5124-4（3）　天庆寅年（1194年）二月二日梁势乐茂包租
地契 ②

---

① 　一般同日指与前一契约的同日，不再写具体日期，这里又写了具体日期"二月二日"。
② 　《俄藏黑水城文献》第14册，第19页。

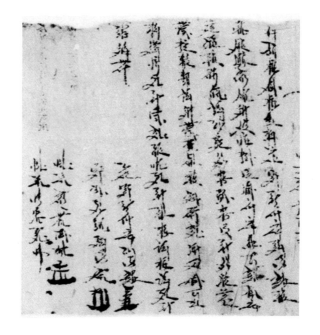

录文：

𗈁 ①　𗴂𗄊𗏹𗄊𗢳𗈁𗱕𗭴𗬩𗍫𗸒𗢸𗫂𗤋

𗤍𗧾𗒹𗫂𗤋𗉔𗦜𗧊𗭴𗪘𗍫𗬩𗤅𗉻𗫂𗭴𗍫

𗢧𗤋𗢸𗡤𗮅𗏁𗤋𗭴𗫆𗌰𗫆𗈁𗬩𗫆𗍫𗦜

𗰜𗮅𗤋𗮅𗏁𗲡𗫞𗅲𗭴𗸒𗍫𗉻𗤅𗌭𗢧𗭴

𗈁𗏁𗤘�𗬩𗸜𗅲𗇋𗇋𗤅𗳝𗏁𗄊𗏁𗌭�𗭴

𗠣𗤋𗄻

　　　　　　　𗱕𗭴𗬩𗍫𗸒𗢸𗫂（押）

　　　　　　　𗱕𗤻�𗤜𗸒𗢸𗫔（押）

　　　　　　　𗒹𗦜𗱕𗱕𗴺𗤜𗦜（押）

　　　　　　　𗒹𗦜𗬴𗬩𗴺𗄊（画指）

① 此字不清，按此处似应为"年"字，但从残字看似更接近𗈁"日"字

对译：

日同二月二日日文状为者梁势乐茂等
今普渡众宫属寺中谷手入者梁那征茂及梁
喇嘛等〈 〉五石撒处地一块〈 〉包为地毛七
斗麦及三石六斗杂等〈 〉说日限八月一日
日集聚还为当日过不还为时一石二石还为
本心服。

文状为者梁势乐茂（押）

状接每乃势乐铁（押）

知人恶恶显令盛（押）

知人平尚讹山（画指）

译文：

同日二月二日立契约者梁势乐茂等，
今自普渡寺属寺中粮食经手者梁那征茂及梁
喇嘛等处包种五石撒处地一块，地租七
斗麦及三石六斗杂粮等已议定，日限八月一日
日当备齐偿还，过期不还时，一石还二石。
本心服。

立契约者梁势乐茂（押）

同立契人每乃势乐铁（押）

知人恶恶显显盛令（押）

知人平尚讹山（押）

8. 俄 Инв.No. 5124-4（7） 天庆寅年（1194 年）二月六日梁小善麻等包租地契 [①]

[①] 《俄藏黑水城文献》第 14 册，第 21 页。

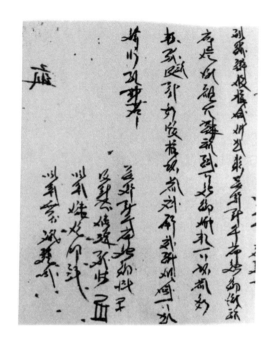

录文：

𗣼𗣼𗣼𗣼𗣼𗣼𗣼𗣼𗣼𗣼𗣼𗣼𗣼𗣼𗣼𗣼

𗣼𗣼𗣼𗣼𗣼𗣼𗣼𗣼𗣼𗣼　𗣼𗣼𗣼 [①] 𗣼𗣼𗣼

𗣼𗣼𗣼𗣼𗣼𗣼𗣼𗣼𗣼𗣼𗣼𗣼𗣼𗣼𗣼𗣼𗣼𗣼𗣼　　𗣼𗣼𗣼𗣼𗣼

　　𗣼𗣼𗣼𗣼𗣼𗣼𗣼𗣼（押）

　　𗣼𗣼𗣼𗣼𗣼𗣼𗣼（押）

　　𗣼𗣼𗣼𗣼𗣼𗣼𗣼（画指）

　　𗣼𗣼𗣼𗣼𗣼𗣼𗣼𗣼（画指）

对译：

---

① 原文为西夏文𗣼𗣼（一石），依据每一租地契皆是包租前一卖地契的土地，而此租地契之前的卖地契的价格是"价五石杂粮"，又据此租地契的地租"二石杂"也可推断地价不是𗣼𗣼"一石"，而应是𗣼𗣼"五石"。因此判断此字是书写契约时的笔误。

天庆寅年二月六日日文状为者梁小善麻等

梁喇嘛那征茂等处一小？麻价一石杂地

一块〈 〉包为地毛二石杂等〈 〉说日限九月一日

集聚还为服

> 文状为者梁小善麻（押）
>
> 包为相妻子讹山（押）
>
> 知人？老房盛（画指）
>
> 知人邱犬羌乐（画指）

意译：

同日二月二日立契约者梁小善麻等，

今自普渡寺属寺中粮食经手者梁那征茂及梁

喇嘛等处包种五石撒处地一块，地租七

斗麦及三石六斗杂粮等已议定，日限八月一日

日当备齐偿还，过期不还时，一石还二石。

本心服。

> 文状为者梁小善麻（押）
>
> 相包租者平尚讹山（押）
>
> 知人？老房盛（画指）
>
> 知人邱犬羌乐（画指）

（二）押畜租地契

俄 Инв.No. 5949-30 应天辰年（1208 年）押畜租地契 [①]

---

① 《俄藏黑水城文献》第 14 册，第 92 页。

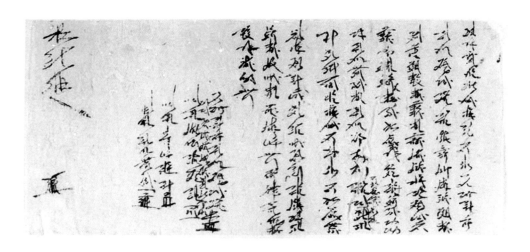

录文：

𗾟𗧓𗆟𗈪𗣼𗒹𗤓𗤙𘞞𗤶𗒚𗩱𗎫
𗣓𗐆𗳜𗭜𘚢𘔭𘏹𗜐𗣷𗋽𘕚𗵯𗴳𗬲
𗪴𗪴？𗬥𘔭𗬲𗴊𗤊𗸦𗙩𗤓𗤙𗤙𘚮𗤶
𗙩？？𗉞𗧹𘝶𘏝𗕥𗗙𗤙𗤙𗉞𘝶𗴶𗈪

　　　　　　　　𗧹𘏝𗕥𗗙𗤙 ①

𗾟𗣓𗈪𗸦𗳜𗤊𗣓𗈪𗪴？？？𗪴？𗈪
𗴃𗳉𗑠𘞞𗈪𗣼𗆟𗤙𗤙𘕚𗤙𘏝𗕥𗗙
𗤙𗰵𘝙𗴃𘚢𗳘𗳉𗒚𘝙𗴃𘗊𘝍𗅽𘝍
𗉞𗳝𗈪𘞞�9𗦮𘕝𘔚𘏵𘞣𗴶𗅽𗑢𗳜
�9𗾟𘗳𘞩𘕝

　　　　　�9𘞞�6�9𗣓𗈪𘞞𗈪（押）
　　　　　𘞞𗈪𗸦𘚢𗘉𗵠𘕝�9�6𗰃
　　　　　𘚩𗣷𘚢�ᦙ𘞗𗴳�9（押）
　　　　　𘚩𗣷𗥫�ᦙ𗓆（押）
　　　　　𘚩𗣷𗣓𗈪𗸦𗈪（押）

_____

① 此五字为下行所加小字。

橇䠥？（大字）

对译：

应天辰年腊月二十一日文状为者
耶和羌令狗等今自属小？驴？
〈 〉渠条上界以北？二十？头与
界？？地一块石五？撒处地块
　　　　　　一石五斗杂
乐意依耶和显令及耶和？？？处？抵
为日限过年二月一日日一石五斗
杂实付为当日过不付为时先有付
地上口不缚罚本心服语体入柄上
债依实行服
　　　　　　文状为者耶和羌令狗（押）
　　　　　　状接相妻子讹移氏老房乐
　　　　　　知人嵬移般若盛（押）
　　　　　　知人梁心喜酉（押）
　　　　　　知人耶和显令（押）

意译：

应天辰年腊月二十一日，文状为者
耶和羌令狗等，今将自属小？驴？
〈 〉渠条上界以北？二十？头与
界？？地一块石五？撒处地块
　　　　　　一石五斗杂粮
自愿耶和显令及耶和？？？处？抵
押，日期过年二月一日，还付一石五斗
杂粮。逾期不还付时，将先有（牲畜等）付

地上。无异议，罚，本心服。按情势文书上
债实行。服。

立契者耶和羌令狗（押）

同立契妻子讹移氏老房

证人嵬移般若盛（押）

证人梁心喜酉（押）

证人耶和显令（押）

四　雇佣契

（一）雇工契

俄 Инв.No. 5949-32　光定卯年（1220年）腊月雇工契 [①]

---

① 《俄藏黑水城文献》第14册，第94页。

录文：

〔西夏文〕①　〔西夏文〕

〔西夏文〕②　〔西夏文〕□□③　〔西夏文〕？④

〔西夏文〕〔西夏文〕

〔西夏文〕⑤　〔西夏文〕⑥

〔西夏文〕⑦　〔西夏文〕⑧　〔西夏文〕

〔西夏文〕⑨　〔西夏文〕⑩　〔西夏文〕⑪　〔西夏文〕⑫　〔西夏文〕

〔西夏文〕⑬　〔西夏文〕⑭　〔西夏文〕

〔西夏文〕

〔西夏文〕

〔西夏文〕

〔西夏文〕

〔西夏文〕

　　　　　　　　〔西夏文〕（押）

　　　　　　　　〔西夏文〕（押）

　　　　　　　　〔西夏文〕（押）

　　　　　　　　〔西夏文〕（押）

---

①　此处残 1 字，依上下文知应为〔西夏文〕（月）字，今据补。

②　此字原文不清，因契尾仍有立状人签名，与此字相应的字迹清楚，为〔西夏文〕，意为"粪"。

③　前二字残。

④　以上 5 字据其位置应是人名，为雇工者，有的字迹模糊，暂译如此。

⑤　西夏文〔西夏文〕，对译"力施出"，即"出典工"或"出雇工"。西夏文《天盛律令》中的"出典工门"，即〔西夏文〕，对译"典力施门"，中间二字即此二字。

⑥　前两字〔西夏文〕（秋上）涂掉，又写于下行始，但又写成一个与〔西夏文〕（秋）相近、类似〔西夏文〕（茂）的字。

⑦　〔西夏文〕（石）字为加于旁边，系后补字。

⑧　西夏文〔西夏文〕对译"热衣"，即"热天穿的衣服"，译为"夏衣"。

⑨　〔西夏文〕（二升）2 字系后加于本行上部。

⑩　〔西夏文〕（三斗麦）3 字系后加于旁边。

⑪　〔西夏文〕（显有）2 字系后加于旁边。

⑫　西夏文〔西夏文〕对译"勤力日当投"，疑〔西夏文〕二字倒置。此即"当努力投入出力日的工作"，也即"努力出工"之意。

⑬　西夏文〔西夏文〕对译"彼诈推无"，即"其无谎诈、推诿"之意。

⑭　西夏文〔西夏文〕对译"强日头"，应即"忙日""忙时"。〔西夏文〕即"强日头遗"即"忙时旷工""忙时抛工"之意。

对译：

光定辰年腊月 五日日文状为者播盃
犬粪茂□□乐意依为宁离青？
处正月一日上十月一日上至九月数
力施出力价五石中二石现秋上
秋上三石热衣三丈布白私自五斗
二升 杂三斗麦 种为明显有犬粪茂勤力日当投彼诈
推无任意行往强日头遗时一日二
日数还当力价尾〈　〉遗数十月一
日不还为一石二石数还当谁〈　〉
心悔语变时 官依五石杂缴
罚本心服不仅语体入柄上有依
与实行

        文状为者犬粪茂（押）

        知人千玉吉祥酉（押）

        知麻则犬男（押）

        知人杨那证增（押）

意译：

光定辰年腊月五日，立契者播盃犬
粪茂，今自愿到为宁离青？处，自
正月一日起至十月一日九个月出雇
工，力价五石中二石现付，秋上
三石，夏衣三丈白布。自己种五斗
二升杂粮、三斗麦，明确有。犬粪茂当努力出工。
其无谎诈、推诿，若任意往行，忙日旷工时，一日
当还二日。工价末所剩遗数十月一日
不还给，一石当还二石。谁反悔改口时，

按官法罚交五石杂粮，不仅本

心服，还依情节按文书所

记实行。

知契者犬粪茂（押）

知人千玉吉祥酉（押）

知人麻则犬男（押）

知人杨那证增（押）

（二）雇畜契

1. 俄 Инв.No.2996-3　十八年雇畜契[①]

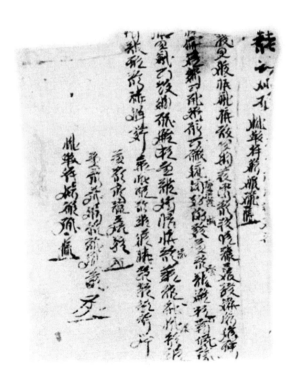

---

① 《俄藏黑水城文献》第 13 册，第 162 页。

录文：

□□�󠄀𗀚𗥫𗣠𗣠�󠄀𗀚𗥬𗧀𗓟𗄈𗓦𗠝𗹬𗨰𗰖𗫼？
□𗀔𗈪𗥫𗁦𗧀𗲠𗓦𗁦𗳍𗧔𗜓 ①　𗑗𗶷𗠝 ②　𗥫𗐯𗓦𗆑𗧘𗒀𗁦𗫚𗀙𗧒
𗅋𗲠𗀚𗥫𗁦𗣠𗱀𗆠𗐯𗆑𗬘𗩉𗨰𗫼𗓟𗓦𗹬𗥦𗭪𗱀 ③　𗠝𗠝𗓟𗄈
𗁦𗜓𗀚𗤁𗬘𗈡𗓟𗪲𗷝𗷪　𗥦𗨰𗬘𗓟𗄈𗹬𗕘𗶷𗱳𗝣𗩱𗷪
　　　　　　　　　　𗑗𗓟𗓦𗠝𗹨𗹬（押）
　　　　　　　　　　𗑗𗓟𗹨𗧲𗓦𗜳𗑣𗩱𗹬（押）
　　　　　　　　　　𗨰𗧒𗷝𗭪𗷪𗱳（押）

对译：

□□十八年二月二十八日文状为者耶和般若盛今通判？
□小狗属一马母骡一牛用一乐意依〈 〉雇为数力价一石五斗
日限？ 八月一日日畜力价雇数聚集付来为当若日过不来为时
一石二石数付为本心服　若不付为时官依？？ 罚交服
　　　　　　　　状为者般若盛（押）
　　　　　　　　状为相儿子？ 头铁盛（押）
　　　　　　　知人梁善戌犬（押）

意译：

□□十八年二月二十八日，立契者耶和般若盛今将通判？
□小狗属一母马骡、一可用牛自愿雇租，力价一石五斗。
日期八月一日畜和雇力价当聚集来付。若日过不来时，
一石付二石。本心服。若不付时，依官贷麦罚交。服。
　　　　　　　立契者般若盛（押）

---

① 　旁有3小字，不清。
② 　此字为旁加小字。
③ 　原文为𗹬𗱀，𗱀旁有一倒置符号，应改为𗱀𗹬（日过）。

同立契儿子？头铁盛（押）

知人梁善戌犬（押）

2. 俄 Инв.No. 5124-3（6）　天庆寅年（1194年）雇畜契 [①]

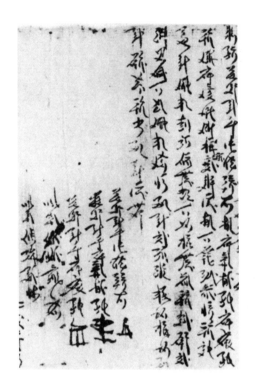

录文：

�469𗴿𗤻𗏹𘝿𗆍𗦛𗵛𗤁𗐆𗼨𗰖𗵆

𗖅𗟲𗐆𘈖𘊋𘝰𗱹𗍔？[②]　𘓆𗥫𗵆𗇋𗼨�崩𗴌𗮔𗖅𗵆

�崩𗴿𗤱𗢖𗤐𗍫�076𘝆𗴌𗵆𗇋𗍫𗱹𘝆𗵆𗖅𗑟�箭𗰖

---

① 《俄藏黑水城文献》第14册，第17页。

② 此处旁加一小字，不清。

𗟶𗤁𗥤𗣼𗤻𗤭𗰖𗭪𗨁𗪒𗭪𗱕𗤭𗟻𗬓𗪳𗭝𗲖𗅆𗲖𗪒
𗭪𗊬𗰖𗰈𗧓𗪒𗭪𗰱𗵒
　　　　　𗧁𗭁𗭪𗴪𗩱𗫂𗲲𗜓（押）
　　　　　𗧁𗭁𗭪𗴪𗤙𗤜𗵒𗢸（押）
　　　　　　𗧁𗭁𗭪𗴪𗤙𗥫𗢸（押）
　　　　　�-𗱕𗫲𗤙𗥫𗥫𗜓（画指）
　　　　　�-𗱕𗰔𗰖𗭾𗬟（画指）

对译：

日同文状为者尼积力仁有及梁铁盛
等今梁喇嘛属二牛？生用及一牛黑齿俱等〈　〉
雇为力价三石五斗麦及一石二斗杂等〈　〉语日
限八月一日力价集聚付为日过时一石二石付
为畜实等亦付当
　　　　　　文状为者积力仁有（押）
　　　　　　文状为者梁长寿盛（押）
　　　　　　文状为者梁铁盛（押）
　　　　　　知人嵬名隐藏有（画指）
　　　　　　知人平尚讹山（画指）

意译：

同日，立契者积力仁有及梁铁盛
等，今将梁喇嘛属生用二牛及一全齿黑牛等
雇用，力价三石五斗麦及一石二斗杂已议定，日
期八月一日聚集力价给付。日过时一石付二石，
原畜等亦当付。服。
　　　　　　立契者尼积力仁有（押）
　　　　　　立契者梁长寿盛（押）

立契者梁铁盛（押）

知人嵬名隐藏有（画指）

知人平尚讹山（画指）

3. 俄 Инв.No. 5124–4（4）　天庆寅年（1194 年）雇畜契 [①]

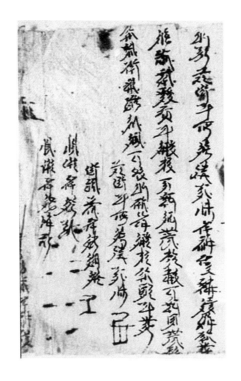

录文：

𗙴𗁮𗣜𗤶𗤻𗁮𗋽𗥃𗠁𗋃𗏁𗤫�949𗠁𗈪𗗟𗳾

𗵹 [②] 𗊱𗫂𗋽𗥃𗤶𗱕𗤐𗏁𗣔𗙴𗱗𗿷𗤐𗏁𗣔𗯨𗱗𗤉

𗤐𗳍𗤭𗙈𗣈𗱅𗥫𗏁𗣀𗙴𗬩𗰜𗱕𗤐𗤐𗰣𗣇𗤶𗈪

① 《俄藏黑水城文献》第 14 册，第 20 页。

② 𗵹构字来源于𦵔（午、马），此词或为马的一种。

𗐆𗗟𗵽𗕑𗀹𗪊𗆟𗅋（押）
𗗟𗃛𗵒𗤋𗵜𗭑𗗙（押）
𗼅𗅔𗵜𗵒𗥔（画指）
𗼅𗅔𗵜𗵘𗭚𗸯（画指）

对译：

同日文状为者平尚讹山梁那征茂梁喇嘛等
马？母〈 〉雇为力价一石四斗麦及一石八斗杂
等〈 〉语日限九月一日畜实力价等亦付为服
      文状为者平尚讹山（押）
      状接相梁驴子母（押）
      知人梁善盛（画指）
      知人梁老房酉（画指）

意译：

同日，文状为者平尚讹山自梁那征茂梁喇嘛等处
租雇一母马，力价一石四斗麦及一石八斗杂粮
议定，日期九月一日原畜和力价等还付。服。
      立契者平尚讹山（押）
      同立契梁驴子母（押）
      证人梁善盛（画指）
      证人梁老房酉（画指）

4. 俄 Инв.No. 5124-4（5）天庆寅年（1194 年）雇畜契 [①]

[①] 《俄藏黑水城文献》第 14 册，第 20 页。

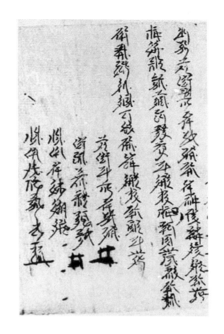

录文：

𗗙𗥦𗬫𗰗𗫂𗦎𗼑𗄆𗋕𗰗𗄆𗬐𗏹𗤒𗨙𗏓𘎑𘕿？
𗊲𗰔𗬫𗐯𗣼𗏓𗤒𘊝𗬏𗆠𗊲 ①　𗫂𗬩𘌗𗫨𗄆𗰗
𘊴𗣼𗏭𗣔𗼑𗫽𗏭𗣼𗄌𗭴𗆠𗊮𗬫𗗙

　　　　　　　𗬫𗰗𗫂𗦎𗼑𗄆𗬐（押）

　　　　　　　𗰗𘊴𗫷𗄄𘏨𘊱（画指）

　　　　　　　𘝵𗄆𗼑𗫪𗜀𗜅（押）

　　　　　　　𘝵𗄆𗫷𗦇𗥦𗥦𗱕（押）

对译：

日同文状为者梁盛犬等梁那征茂茂喇嘛等？
二竖骆驼公一〈　〉雇为力价一石八斗杂等
〈　〉语日限九月一日畜实力价等亦付为服

---

① 𗊲（二）旁有一𗏹（一）字，疑原写"二"字作废，改为"一"。

文状为者梁盛犬（押）

状接相子羌子（画指）

知人梁驴子母（押）

知人积力仁有（押）

意译：

同日，文状为者梁盛犬等，自梁那征茂、喇嘛等处

租雇一二齿公骆驼，力价一石八斗杂粮。

议定日期九月一日付原畜和力价等。服。

立契者梁盛犬（押）

同立契子羌子（画押）

知人梁驴子母（押）

知人积力仁有（押）

5. 俄 Инв.No.19-2 雇畜契 [①]

---

① 《俄藏黑水城文献》第 12 册，第 1 页。

录文：

[illegible]？？[illegible]
[illegible]？
[illegible]
[illegible]？[illegible]
[illegible]……

对译：

日同耶和心喜乐耶和？？〈 〉骆
驼母及四竖数四骆驼公乐意依雇
价六石麦年同七月一日日聚集日
过时先有雇畜付价一石二石付为
雇为者……

意译：

日同耶和心喜乐，今耶和？？处母骆
驼及四竖数四公？？，自愿……雇
价六石麦，同年七月一日聚集。日
过时，先有雇畜价付价一石还付二石。
雇者……

五　交换契和典当契

（一）交换契

1. 俄 Инв.No. 4195 天庆午年（1198 年）换畜契 [1]

① 《俄藏黑水城文献》第 13 册，第 195 页。

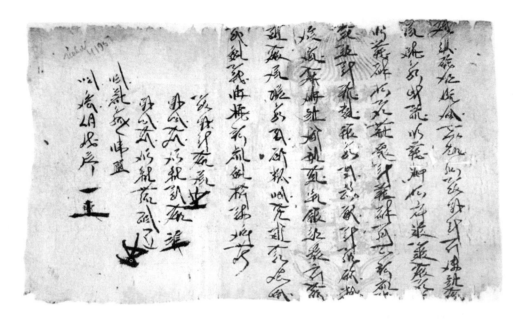

录文：

𗾽𗫂𘊵𗟲𗰖𗫔𗦎𘊓𗄈𘊠𗤦𗉯𗤒𗥾𘄒𗰗𗴭
𘊩𘊷𗤊𗋽𗤨𗋐𗌥𗭠𗕏𗮔𗫡𗳃𗕤𗉾𗴮𗀖
𗌥𗋐𗉛𗭠𗋽𗮖𗉺𗤒𗋐𗉾𗉿𗌥𗭠𘄒𗤨𘊵𗴺
? �ㄴ𗄈𘊮𗤊𗉾𘊵𗦎𗤒𘊠𗌮𘊮
𘊵𗉞𗲶𘊜𗫡𗕙𘊷𗋺𘊜𘄈𘊵𗤒�ㄴ𗥾
𗉿𗴮𘊩𗴊𗴺𗉾𗳃𘊜𗋽𗄄𗉿𗥾𘊮?
? ? 𗾽𗉯𘊜𗕏𗥾𗾽𗳭𗊮𗀖𗴺

　　　　𗄈𘊠�2𗴺𘊩（押）
　　　　𘊠𘊢𘊜𘊷𘊜𗴺（押）
　　　　𘊠𘊢𘊜𘊷𘊜𗰖𘊭（押）
　　　𗊮𘊢𗴮𗴮𗀖（押）
　　　𗊮𘊩𗀴𘊜𗀰（押）

对译：

天庆午年正月十日日文状为者没口移铁
乐先自属齿俱牛花一梁守护铁？齿
俱牛白一与换为牛白上一石杂数
〈 〉增为畜谷等自各〈 〉已连为若畜谷
官私抄共子弟人诸人等口缚者有
时铁乐管自各语变不实时有？？
各罚〈 〉中二石杂罚交本心服

　　　文状为者铁乐（押）
　　　状接相儿子盛铁（押）
　　　状接相儿子显法（押）
　　知吴隐藏山（押）
　　知移契老房（押）

意译：

天庆午年正月十日，立契者没移铁
乐，将原自属一全齿花牛与梁守护铁讹
一全齿白牛互换，白牛增加一石杂
粮。畜谷各自并无悬欠。若畜谷有
官私同抄子弟其余诸人等诉讼者
时，铁乐管。个人有反悔不实时，
罚交二石杂粮。本心服。

　　　立契者铁乐（押）
　　　同立契儿子盛铁（押）
　　　同立契儿子显令（押）
　　知人吴隐藏山（押）
　　知人移契老房（押）

2. 俄 Инв.No.2851–1 天庆亥年（1203 年）换畜契 ①

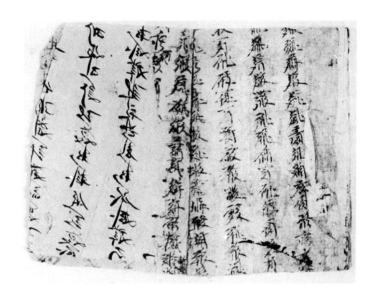

录文：

𗏟 ②　𗉔𗲚𗗙𗤍𗵘𗗧𗈜𗵚𗈪𗹦𗐔𗄈𗋽……

[?]𗔻𗭼𗳛𗮰𗈜 ③　𗳆𗟻𗣼𗈜𗓨𗮺𗟲𗴴……………

𗴥𗣼𗈜𗵮𗠊𗣼𗑤𗗧𗤤𗙴𗳆𗤤𗄒𗊬……

�facilities𗈜𗏾……𗧠𗟙𗋑𗊱𗮰𗀺𗮰𗤤𗧴𗏟……

？？　𗭠𗴴𗑱𗛟𗗅𗍴𗢃𗏝𗗕𗺗𗵚𗊱

𗏝𗐔𗣼𗀑𗑤……

对译：

天庆亥年正月十九日文状为者梁……

---

① 《俄藏黑水城文献》第 13 册，第 119 页。
② 此件上下皆残，𗏟字残存半字，今补。
③ 𗮰，此字音吴，原为人姓用字。

? 今鲁卧显令畜之一马骡一〈　〉买……

? 一马栗上一石杂等〈　〉给畜等差异……

……及诸人抄共子弟等追争……

?? 管当此后自各心悔语变时不

悔者之三石……

意译：

天庆亥年正月十九日，立契者梁……

? 今买鲁卧显令畜之一马、一骡……

价一栗马加一石杂粮已付，其畜等（并无）悬欠

……及诸人同抄子弟等，追争（有时）……

?? 当管，此后个人心悔，反悔时向不

悔者（赔偿）三石……

3. 俄 Инв.No.2851–33　天庆亥年（1203 年）换畜契 [①]

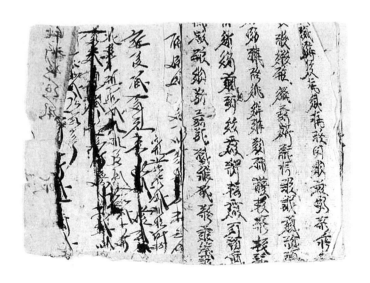

---

① 《俄藏黑水城文献》第 13 册，第 135 页。

录文：

𗾟 ①　𗾉𗙴𗥯𗤛𗼻𗫕𗤄𗁰𗄈𗼊𗧁𗗙𗗨？
？ 𗬬𗈬𗤋𗰖𗣼𗤝𗰣𗌰𗦴𗰘𗾊𗸠𘓑
𗃛𗒀𘓈𗗙𗰛𘈷𗙴𗒒𗴭𗜓𗭊𗗙𗭊𗃼
𗌰𗰆𗵒𗰸𗌋𘓑𗍳𗾷　②　𗰉𗙊𗾷𗗟𗘂𗟳
𗲉𗤛𗤛𗼻𗒀𗋅𗣼𗏹𗩘𗩘𗟲𗰴𗗙𗤄𗮔𗈬
……

对译：

天庆亥年二月十八日文状为者？
？ 蛙母等今自属齿俱骆驼公黑一
乐意依药乜心喜势〈 〉〈 〉卖为价齿
俱驴子公一褐资［土］花一资一石五
斗杂等日同自各差异〈 〉连为若其骆𗿳
……

意译：

天庆亥年二月十八日，立契者？
？ 母蛙等，今将自属一全齿黑公骆驼
自愿卖与药乜心喜势，价一全
齿公驴子、一庹花褐布、一石五
斗杂粮等。同日各自并无悬欠。若其骆𗿳
……

----

① 此件上下皆残，𗾟字残存半字，今补。
② 𗾷，"资"意，音［土、度］，疑为"庹"字的译音字。

4. 俄 Инв.No. 5120-2　天庆子年（1204 年）换畜契 [①]

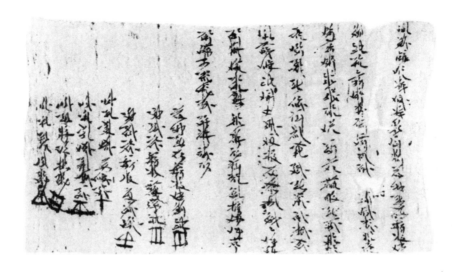

录文：

𗀔𗾑𗰔𗋈𗆌𗵒𗆌𗥤𗴴𗰅𗴷𗤶𗇋𗭪𗥤𗫨
𗴘𗴴𗈜𗋏𗆦𗒯𗄈𗈣？𗤸□？𗴴𗉛？𗈜
𗈅𗋏𗆦𗆸𗵙？？𗪊𗴷𗫍𗧠𗜳𗤶𗣋𗵒？？
𗈜𗈅𗾑𗤶𗥤𗣠𗵒𗆦𗈣𗵒𗤶𗉫𗤸𗉛𗁣
𗵦𗁅𗳮𗴴𗫍𗄼𗇋𗴘𗇲𗴷𗤶𗄈𗅜𗅜𗋏𗄑
𗴳𗳤𗾑𗳮？𗴷𗗉𗥤𗵒𗀔𗄻𗅜𗦷𗫏𗱕𗫥
𗴳𗼆𗹟𗁣𗇌𗉛𗫏𗱕𗾑𗰝

　　　　　𗴴𗰅𗴷𗤶𗇋𗭪𗥤𗫨（押）
　　　　　𗰅𗉛𗁣𗇋𗭪𗣔𗉛𗥤（押）
　　　　　𗰅𗉛𗁣𗇋𗭪𗅯？𗴴（押）
　　　　𗤸𗵦𗥤𗴴𗓰𗾑𗉛（押）
　　　　𗤸𗵦𗥤𗴴𗴷𗇲𗉛（押）
　　　　𗤸𗵦𗈣𗈅𗁣𗥤（押）

① 《俄藏黑水城文献》第 14 册，第 8 页。

𗣼𗥃𗙯𗙴𗬺𗢡（押）

对译：

天庆子年二月二十四日文状为者酪布驴
子盛等自属一齿为？马？〈　〉律移？铁
善自属骆驼？？一与〈　〉？为上增？
铁善养为五石杂〈　〉置为其马上诸
人抄共子弟腰争口缚者有及差异心悔
语变至时？官依十石麦罚交本心服
语体亦入柄上有依实行

　　　　　　文状为者酪布驴子盛（押）
　　　　　　状接相者酪布翁大盛（押）
　　　　　　状接相酪布？？犬（押）
　　　　　知人萧替十月讹（押）
　　　　　知人萧替寿长讹（押）
　　　　　知人浑吉祥宝（押）
　　　　　知人耶和乐宝（押）

意译：

天庆子年二月二十四日，立契者酪布驴
子盛等将自属一齿马与律移？铁
善自属一骆驼贷换，上增？
铁善养，取五石杂粮。其马若有诸
人同抄子弟争议争讼者，及差异心悔
反悔时，依官罚交十石麦。本心服。
情状亦依文书实行

　　　　　　立契者酪布驴子盛（押）
　　　　　　同立契者酪布翁大盛（押）

　　同立契酩布？？犬（押）

　　知人萧替十月讹（押）

　　知人萧替寿长讹（押）

　　知人浑吉祥宝（押）

　　知人耶和乐宝（押）

（二）贷粮押畜契

1. 俄 Инв.No.2996-1　未年贷粮押畜契 [①]

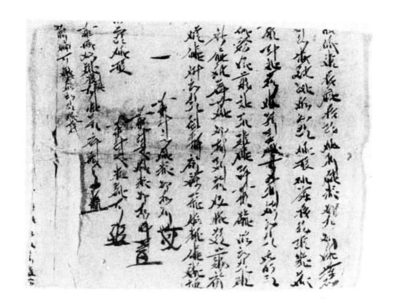

录文：

𗎁𗕯 [②]　𗋽𗏖𗗙𗢭𗗙𗩾𗤻𗭧𗭢𗵃𗬀𗣼𗤒𗴺？？

……？？𗎩𗱂𗭫𗩱𗴿𗬝𗩾𗩾𗖻𗗙𗷾𗣼𗬝𗲗

　　① 《俄藏黑水城文献》第 13 册，第 161 页。

　　② 本行第一字存半字，应是年号的第二字，据其所遗下部与西夏年号第二字对照分析，很可能是𗕯（盛），此年号很可能是𗋽𗕯（天盛）。西夏天盛年间有两个未年，一是天盛辛未三年（1151 年），一是天盛癸未十五年（1163 年）。

𘟼𗟶𗁾𘏒𗼻𗤡𘈩𘞛𗼼𗏹𗤊𗦀𗦐𘓇𗣀𗦎𗦆𗥫𗥔

𘏒𗿒？？ 𗳤𗁾𗮔𗴭𗤒𗝾𘟼𗎫𗦀𘓇𗣀𗤊 ①

𘏒？？？？ 𗤶𗣼𘓲𘕾𗤊𗼺𗦆 ② 𗳤𘏔𘞛𗿦

𘟼𗤊𘚉𗦀𘓇𗣀𗦅𗝾𘏔𗥮𗁀𗼶𘚉𘚈𗌭

　　　𘟼𘏒𗤕𘚱𘏝𘓲𗝾𘓇（押）

　　　𘟼𘏒𗤕𘚱𘏝𘓲𗝾𘕹（押）

　　　𘟼𘏒𗤕𘏝？𗿦（押）

　　　𘈩𗤶𘕾？？（押）

左上角有小字 3 行：

𘚉𗣀𗤊𘈾𘈩

𘟼？𘚉𘜶？？

？𘏔𘔻𘈩𘔘𗦀𗣀𗤊？𘟼

对译：

天盛 未年二月二十九日律移吉祥势今？？

□□？？ 小狗处四石麦本借因实二齿骆驼公

〖〗贷为日限年同七月一日日六石麦聚集付

为当？？ 若日过时先有贷畜六石麦顶

？？？？ 吉祥势等口不分若 语变

团官依六石麦罚交语体入柄依施行

　　　贷为者律移吉祥势（押）

　　　贷为者律移吉祥山势（押）

　　　贷为者卜？有（押）

　　　知人梁……（押）

---

① 𘚉，音［顶］，这里为借词，汉语"顶""抵"意。

② 𗤊𘕾𗦆（口不分），意为"认可""无异议"。

意译：

天盛未年二月二十九日，律移吉祥势今自？

？小狗处因借四石麦本，抵押二齿公骆驼

日限为同年七月一日聚齐，当还付六石麦

？？若日过时，以先抵押牲畜顶六石麦

？？吉祥势等认可。若改口

囝，依官法罚交六石麦，按情势依文书施行。

　　　　贷者律移吉祥势（押）

　　　　贷者律移吉祥山势（押）

　　　　贷者卜？有（押）

　　　　知人梁……（押）

2. 俄 Инв.No.4079-1　贷粮押畜契 [①]

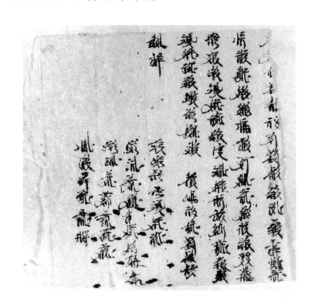

[①] 《俄藏黑水城文献》第13册，第181页。以下两契约有连带关系。

录文：

……

??　慨翔叔後刭翔骹靫秡秕羇看慨詑
顺蒎蚫鏺 ①　鏺（蠽）桅蓛刭?　詑鏺报靫燚蘱
形緻䊤殳絥靡靫㝵皉耗黾蔽姝蕠靫㵼
殳絥靡靫㺿䖉纃㵼　㺿䖲後慨翔骹㒡
䥔斡
　　　　　　　茐㴙形㢱殳絥㳰（画指）
　　　　　　　㴙㲅㲣鏺㲦絆㴾䍲（画指）
　　　　　　　㴙㲅㲣蔴㲹㵙㲶（画指）
　　　　　　　㳉䊤詳㪀㵹㖵（画指）

对译：

……

??　五石麦十一石杂等〈　〉贷寻并齿
俱骆驼母公二及一?　齿母牛等〈　〉贷
为中人贾老黑等手入〈　〉无敌人持等时
贾老黑等管语变时　官依十五石杂〈　〉
罚交
　　　　　　　文状为者贾老黑（画指）
　　　　　　　状接相嵬移心喜铁（画指）
　　　　　　　状接相使军犬父（画指）
　　　　　　　知人梁?辰戊（画指）

意译：

---

① 　此字从字形看应是鏺（闻），据上下文分析，可能是形近字蠽（公、雄）的误写。

……

？？五石麦十一石杂已借贷，同时将全齿

公母骆驼二及一？齿母牛抵押，

中人贾老黑等经手，敌人持夺时

贾老黑等管。反悔时依官罚交十五

石杂粮。

立契者贾老黑（画指）

同立契崽移心喜铁（画指）

同立契使军犬父（画指）

知人梁？辰戊（画指）

3. 俄 Инв.No.4079-2　贷粮押畜契 [①]

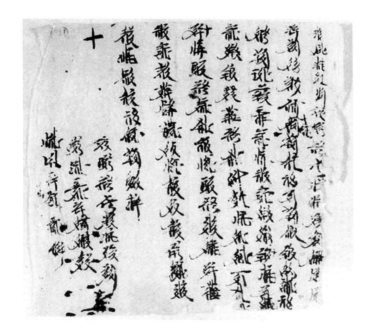

① 《俄藏黑水城文献》第 13 册，第 182 页。

录文：

[illegible]？？
[illegible]
[illegible] ① [illegible]？
[illegible]？
？[illegible]
[illegible]
[illegible]
[illegible]（押）
[illegible]（画指）
[illegible]（画指）

对译：

腊月三日日文状为者卜小狗势先？？
梁势功宝〈 〉五石麦十一石杂等一共十
六石〈 〉贷寻齿俱骆驼母公二一？
齿母等〈 〉抵为日限〈 〉来九月一日？
？中付为当日过不付为时先有贷
骆驼数债实持口不缚口缚语变时
官依杂麦十五石罚交
文状为者卜小狗势（押）
状接相梁回鹘尼（画指）
知人梁？辰戊（画指）

意译：

① [illegible]字旁有删除符号。

腊月三日，立契者卜小狗势先？？

自梁势功宝处借贷五石麦十一石杂

共十六石，二全齿公母骆驼、一？

齿母骆驼抵押。日期定为九月一日

还付。日过不付时，先有抵押

骆驼数债实取，无异议。有争议反悔时

依官罚交杂粮、麦十五石。

　　　　　　立契者卜小狗势（押）

　　　　　　同立契梁回鹘张（画指）

　　　　　　知人梁？辰戊（画指）

4. 俄 Инв.No.4079-3　贷粮典畜契 ①

录文：（中）

① 《俄藏黑水城文献》第13册，第182页。

𗫩𘕑𗆊𗯿𗧓𗟲𗱕𗁹𘉋𗰜𗻸𘉋𗰜𗅏𘊲𗀔？𗱾𘉋
？？？　𘉋𗛔𗖏𘉋𗱰𗆐？　𘓝𗻸𘋀𘐋𗯨𗲜𗻸
𗱕𗤋𘔼𗈜𗉛𘐕𗥫𗲒𗱰𘐕𗥫𘌵𗬻𗙴𘋀𗚩
𗈜𘋀𘕤𗱰𗆈

　　　　　　𗻸𗐱𗫩𗆊𗯿𗧓（画指）

　　　　　　𗱕𗧓𘒏𘋀𗖻𗱾（画指）

对译：

日同没藏吉人本麦一石变一石五斗为？
？？？　一牛毡一羊？？　等〈〉贷为日限〈〉
定八月全内付为当若不付为时先有贷债
内持口不缚

　　　　　　贷者没藏吉人（画指）

　　　　　　知人潘军？势（画指）

意译：

同日，没藏吉人借本麦一石，变为一石
五斗，以一牛、一羊抵贷，日期议定
八月以内当还付。若不还付时，先有抵债
内持取，无异议。

　　　　　　贷者没藏吉人（画指）

　　　　　　证人潘军？势（画指）

5. 俄 Инв.No.4079-4　贷粮典畜契 [1]

录文:(左部)

[illegible]?
[illegible]
[illegible]
……

对译:

日同文状为者只移酉长今官员梁势功处?
五石麦十石杂等〈 〉借实因一齿俱骆驼母一
二竖骆驼母一骆驼调公等已贷为日限已
……

意译:

同日立契者只移酉长，今因从官员梁势功处?
实借五石麦、十石杂粮，将一全齿母骆驼、一二竖母骆驼、一调伏公骆驼已典押。日期？

……

六 众会契（社条）

1. 俄 Инв.No. 5949–31 光定寅年（1218 年）众会契 [①]

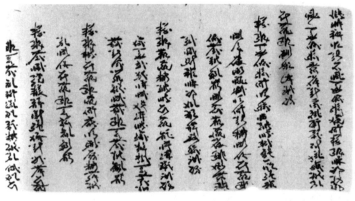

（1）

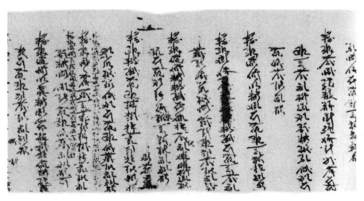

（2）

① 《俄藏黑水城文献》第 14 册，第 92—93 页。

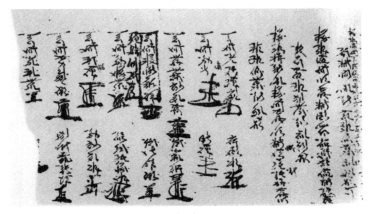

（3）

录文：

𗱕𗭴𗧾𗤵𗤶𗧽𗥹𗄛𗲢𗓑𗊁𗤫� 𗹙𗊁𗸦𗰖𗤫𗋒𗤵𗤶𗧽𗄛𗲢𗦎𗅆𗥼

𗥹𗥹𗲢𗓑𗊁𗨚𗩱𗲢𗊁𗲢𗸦𗋒𗤵𗦷𗯿𗋒𗊁

𗦷𗩱𗸦𗋒𗤵𗦷𗤶𗄛𗲢𗅆

𗤫𗤶𗲢𗓑𗊁𗊁𗹙𗇋𗧀𗭴𗱕𗄆？？𗲢𗅋

　𗗙𗆟𗄛？𗹙？𗇋𗊁𗤶𗧽𗇋𗗙𗤵𗦎？

　𗓑𗭔𗤶𗦷𗲢𗇋𗤵𗇋𗤫𗤶？𗰖？𗤵𗹙𗤶？

　𗹙𗗙𗤶𗅋𗤶𗤵𗊁𗇋？𗤶？𗤵𗲢𗅆

𗤫𗤶𗤫𗤵𗇋𗧀𗭴𗧀𗗙𗇋𗋒𗤶𗤵𗤵𗹙𗓑𗅆……

　𗤵𗲢𗋒𗹘𗇋𗗙𗤵𗓑𗧀𗊁𗤶𗄆𗱕𗭴𗸡

　𗭴𗤶𗊁𗤵𗋒𗗙𗭴𗗙𗱕𗭴𗤵𗄆𗲢

𗤫𗤶𗧀𗇋𗤵𗤶𗊁𗤵𗆟𗇋𗸦𗗜𗸡𗲢𗋒

𗤵𗗙𗊁𗇋𗤵𗤵𗱕𗄆𗤵𗹘𗄆𗤵𗄆

𗤫𗤶𗓑𗗙𗤶𗤵𗤤𗤫𗆟𗤤𗲢𗤵𗄛𗸡𗇋𗗙

　𗗙𗱕𗄆𗭸𗇋𗤵𗹙𗤺𗋒𗇋𗤵𗇋𗹘𗤵

　𗇋𗓑𗲢𗤵𗄆𗋒

𗤫𗤶𗊁𗤶𗇋𗆟𗤵𗇋𗲢𗗙𗱕𗄆𗤤𗯿𗤵𗋒

𗋽𗥃𗵘𗗙 ①　𗄼𗭻𗇜𗆧𗤁𗜓𗣩

　　𗒗𗤻𗿒𗴮𗦜𗭪𗧒𗴎𗰣𗜓𗣩�073𗦴

𗋽𗥃𗿒𗅳𗄼𗄼𗭻𗇜𗦴𗧢𗜓𗱕 ②　𗣩𗴢𦀠𗗙𗱳𗴮

𗓱𗇜𗵘𗪹𗕋𦀠𗓱𗗙 ③　𗗙𗪱𗱕𗣩�073𗦴

　　　　　　　　　　　　�3𗵹𗘾 ④

𗋽𗥃𗄼𗭻𗵘𗗙𗦴𗧒𗪹𗰣𗘾�53𗱕𗧒�9

　　𗪹𗴮𗴎𗓱𦀠𗪹𗇜𗵘�9𗞾𗜓𗱕𗣩�073𗦴

𗋽𗥃𗿒𗅳……⑤

𗋽𗥃𗲿𗲿𗘾𗄽𗗙𗘾𗱕𗦴𗧒𗪹𗰣𗘾𗱕𗣩

　　𗰗𗕋𦀠𧖴𗧒𗵘�9𗞾𗜓𗱕�073𗦴𗒦 ⑥

𗋽𗥃𗿒𗅳�9𗢫？𗞾？�5𗰶？？𦀠𗄼𗇜𗵘𗞾𗜓𗱕�073𗦴

𗋽𗥃𗿒𗅳𦂈𗘾𗕋𗿒�3𗘾𧆧𗄛？？𗿒𗕋？？

　　�3𗇜𗵘�9𗦴𗜓𗱕𗣩�073𗦴

𗋽𗥃𗰣𗱕�5𗋽𗅳𗘾𦂈𗕋𦀠��3𗤢𗲆𗮩𦂈

　　𗤫�9𗞾𗜓𗱕𗣩�073𗦴

�9𗅳？？𗙚𗵴（押）　　　𗱳�3�3（押）

�9𗅳𗜓𗱲（押）　　　　𗙚（押）

�9𗅳𗙤𗵹𗘾？？𗙤（押）𦀠𗒗𧕃（押）

�9𗅳𗴢𗾊？�3（押）⑦　𦀠�3𗰤？（押）

𧛾�3？𗾷（押）

�9𗅳𦀀�3𗘾（押）　　　𗤛？𗙚𗲿�3（押）

�9𗅳𗐷𗜓𗙚（押）　　　𦀀？？�3（押）

�9𗅳𗟻𗤁𗤁𗾷（押）　　？？𗘾？�3（押）

�9𗅳𗎰𗐷𗘾（押）　　　　$\boxed{？？}$（押）

---

① 以下四字涂抹掉。
② 𗱕（数）为旁加小字。
③ �9（时）为旁加小字。
④ 此处为加字，后似有一画押，前或为人名。
⑤ 此行为后加一条，小字，模糊，难以辨识。
⑥ 此条为后加一条，小字，多数字不清。
⑦ 此六字人名被圈掉，左部添加一人名四字，见下行。

对译：

光定寅年十一月十五日众会一等中实乐意
月月十五日有记为当〈　〉语其〈　〉首祭彼？
者有时条下依施行
一条十五日会聚者疾病远行？？等
　　不有伸？懈迟？聚会为中不来者有时
　　五斗数罚交不仅大众？做善往？
　　处司几等共实过？应？施行
一条大众中疾病有紧近则施行
　　看十日全中不来则病药米谷一升数
　　持为当若其不持时一斗数罚交
一条死者有时众会皆聚常送中往其
　　各不来者有时一石杂罚交
一条诸司事论罪状事问为各往者有
　　时一斗杂计罚付其中其数不付者
　　有五斗数杂缴
一条众会聚中过者有时一石麦罚交
一条妻子死丧者有一斗杂
　　持为当若其不持时三斗杂罚交
一条众会中死丧者因二斗数杂先昔合？？
　　超者有时付？？超时一石数杂罚交
　　　　　　　　　　　　　　　善往？
一条死丧有时米谷二升三卷弁数几等
　　付若其超不付者有时五斗数杂罚交
一条众会……
一条月月聚上一升数米谷二升数杂
　　其中不送为有时五斗杂罚交服
一条众会一？无？人无？？不来者有五斗数罚交
一条众会聚集中善往积？？有众中？？

卖者有时三斗数杂罚交

一条二数人〈 〉会聚集中不实事为〈 〉聚集

等时五斗数杂罚交…

一会？？ 狗铁（押）梁善宝（押）

一会明子（押）　？狗（押）

一会契丹？？？金（押）杨洛？（押）

一会卜？？吉（押）　　杨老房？（押）

多善？犬（押）

一会张阿德（押）　　葛？男巧宝（押）

一会王明狗（押）　　张？？宝（押）

一会庄何何犬（押）　　？？宝（押）

一会？金德（押）　　 ??　（押）

2. 俄 Инв.No. 7879 众会契

录文：

……

……刻薠赦？

……？ 桃糒陵夼羳疹菰菠嫰毅稅刻黴？？

祇秅瓯赦？羾粼繡稅帨帨菝梧藃？

[illegible]？[illegible]？

？[illegible]？[illegible]

　[illegible]？[illegible]？？

　[illegible]？

　　？？[illegible]

　[illegible]？

　　[illegible]？[illegible]？？[illegible]？　[illegible]

　[illegible]……（押）[illegible]……（押）

　　……　　　　　　　　……（押）

　[illegible]……　　　　　　　　[illegible]……（押）

　　……（押）　　　　　……

　[illegible]……（押）[illegible]……（押）

　　……（押）　　　　　……

　[illegible]……　　　　　　　　[illegible]……（押）

　　……（押）　　　　　……

对译：

……

……一斗杂？

……？甲中有身转者有时尸置上一泊？？

令音唇以？其日先如不来与二斗？

不仅库置中？中三石布施上？〈〉施一？

？忧四类？小为当

　一条聚日上？处一斗杂施供养因？？

　一条显甲会已置日不聚日过时五斗杂？

　　？？缴当

　一条显甲中已如中大众不议过时一？？

　　日？众？？不议？　官依一石麦缴服

一会……（押）	一会……（押）
……	……（押）
一会……	一会……（押）
……（押）	……
一会……（押）	一会……（押）
……（押）	……
一会……	一会……（押）
……（押）	……

参考文献

著作

《北史》，中华书局 1974 年版。

《隋书》，中华书局 1977 年版。

《旧唐书》，中华书局 1975 年版。

《新唐书》，中华书局 1975 年版。

《旧五代史》，中华书局 1976 年版。

《新五代史》，中华书局 1974 年版。

《宋史》，中华书局 1977 年版。

《辽史》，中华书局 1974 年版。

《金史》，中华书局 1975 年版。

《元史》，中华书局 1976 年版。

《明史》，中华书局 1974 年版。

（唐）长孙无忌等撰、刘俊文点校《唐律疏议》，法律出版社 1999 年版。

（宋）窦仪等撰、薛梅卿点校《宋刑统》，法律出版社 1998 年版。

（宋）李焘：《续资治通鉴长编》，中华书局 1979 年版。

（宋）马端临：《文献通考》，中华书局 1986 年版。

（宋）曾巩：《隆平集》，文渊阁四库全书本。

（宋）文彦博：《潞公文集》，四库影印本。

（宋）王溥：《唐会要》，中华书局 1955 年版。

（宋）王巩：《闻见近录》，中华书局 1984 年版。

（宋）苏轼：《东坡全集》，上海古籍出版社 1987 年版。

（宋）庄绰：《鸡肋篇》，中华书局 1983 年版。

（宋）郭茂倩编《乐府诗集》，四部丛刊本。

（清）吴广成：《西夏书事》，清道光五年（1835）刊本。

中国科学院历史研究所资料室编《敦煌资料》第一辑，中华书局 1961 年版。

吴天墀：《西夏史稿》，四川人民出版社 1980 年版，1983 年增订版，又商务印书馆 2010 年版。

谭其骧主编《中国历史地图集》第六册，地理出版社 1982 年版。

史金波、白滨、黄振华：《文海研究》，中国社会科学出版社 1983 年版。

宁夏博物馆发掘整理、李范文编释《西夏陵墓出土残碑粹编》，文物出版社 1984 年版。

史金波：《西夏佛教史略》，宁夏人民出版社 1988 年版。

黄振华、聂鸿音、史金波整理《番汉合时掌中珠》，宁夏人民出版社 1989 年版；影印件又见《俄藏黑水城文献》第 10 册。

唐耕耦、陆宏基编《敦煌社会经济文献真迹释录》（一—五），全国图书馆文献缩微复制中心出版 1990 年版。

《英藏敦煌文献》编委会：《英藏敦煌文献》（1—15），四川人民出版社 1992—2009 年版。

陈炳应：《西夏谚语——新集锦成对谚语》，山西人民出版社 1993 年版。

陈炳应：《西夏文物研究》，宁夏人民出版社 1985 年版。

漆侠、乔幼梅：《辽夏金经济史》，河北大学出版社 1994 年版。

史金波、聂鸿音、白滨译注《西夏天盛律令》，《中国珍稀法律典籍集成》甲编第五册，科学出版社 1994 年版。

张传玺主编《中国历代契约汇编考释》，北京大学出版社 1995 年版。

俄罗斯科学院东方研究所圣彼得堡分所、中国社会科学院民族研究所、上海古籍出版社编，史金波、魏同贤、克恰诺夫主编《俄藏黑水城文献》（1—14），上海古籍出版社，1996—2011 年版。

李范文、中岛干起编著《电脑处理西夏文杂字研究》，日本东京外国语大学国立亚非语言文化研究所，1997 年。

宁可、郝春文：《敦煌社邑文书辑校》，江苏古籍出版社 1997 年版。

杜建录：《西夏经济史研究》，甘肃文化出版社 1998 年版。

漆侠:《中国经济通史》,经济日报出版社 1999 年版。

史金波、聂鸿音、白滨译注《天盛改旧新定律令》,《中华传世法典》之一,法律出版社 2000 年版。

俄罗斯科学院东方研究所圣彼得堡分所、俄罗斯科学出版社东方文学部、上海古籍出版社编《俄藏敦煌文献》第 17 册,上海古籍出版社、俄罗斯科学出版社东方文学部 2001 年版。

〔法〕童丕《敦煌的借贷:中国中古时代的物质生活和社会》,余欣、陈建伟译,中华书局 2003 年版。

西北第二民族学院、上海古籍出版社、英国国家图书馆编纂,谢玉杰、吴芳思主编《英藏黑水城文献》(1—4),上海古籍出版社,2005 年版;李伟、吴芳思主编第 5 册,2010 年版。

史金波:《西夏社会》(上下册),上海人民出版社 2007 年版。

宁夏大学西夏学研究中心、国家图书馆、甘肃武凉古籍整理研究中心编,史金波、陈育宁主编《中国藏西夏文献》(1—20),甘肃人民出版社、敦煌文艺出版社 2005—2007 年版。

塔拉、杜建录、高国祥主编《中国藏黑水城汉文文献》,国家图书馆出版社 2008 年版。

杜建录、史金波:《西夏社会文书研究》,《西夏文献研究丛刊》,上海古籍出版社 2010 年,2012 年再版。

孙继民等《俄藏黑水城汉文非佛教文献整理与研究》(上、中、下册),北京师范大学出版社 2012 年版。

张传玺:《中国历代契约粹编》(上、中、下册),北京大学出版社 2014 年版。

郑炳林主编《法国敦煌学精粹》,耿昇译,甘肃人民出版社 2011 年版。

论文

甘肃省博物馆:《甘肃武威发现一批西夏遗物》,《考古》1974 年第 3 期。

陈国灿:《西夏天庆间典当残契的复原》,《中国史研究》1980 年第 1 期。

白滨、史金波:《莫高窟、榆林窟西夏资料概述》,《兰州大学学报》1980 年第 2 期。

黄振华:《西夏天盛二十二年卖地文契考释》,《西夏史论文集》,宁夏人民出版社 1984 年版。

韩国磐:《从〈吐鲁番出土文书〉中夏田券契来谈高昌租佃的几个问题》,韩国磐主编《敦煌吐鲁番出土经济文书研究》,厦门大学出版社 1986 年版。

杨际平:《麴氏高昌与唐代西州、沙州租佃制研究》,韩国磐主编《敦煌吐鲁番出土经济文书研究》,厦门大学出版社 1986 年版。

牛达生:《一座重要的西夏钱币窖藏——内蒙古乌审旗陶利窖藏》,《甘肃金融 钱币专辑》1989 年。

史金波《西夏汉文本〈杂字〉初探》,《中国民族史研究》第二集,中央民族学院出版社 1989 年版。

史金波:《一部有特色的历史法典——西夏〈天盛律令〉》,《中国法律史国际学术讨论会论文集》,陕西人民出版社 1990 年版。

史金波:《西夏〈天盛律令〉略论》,《宁夏社会科学》1993 年第 1 期。

孙寿岭:《西夏乾定申年典糜契约》,《中国文物报》1993 年第 5 期。

史金波:《西夏的职官制度》,《历史研究》1994 年第 2 期。

聂鸿音、史金波:《西夏文本〈碎金〉研究》,《宁夏大学学报》(社会科学版)1995 年第 2 期。

史金波:《西夏语的"买"、"卖"和"嫁"、"娶"》,《民族语文》1995 年第 4 期。

聂鸿音、史金波:《西夏文〈三才杂字〉考》,《中央民族大学学报》1995 年第 6 期。

杜建录:《西夏高利贷初探》,《民族研究》1999 年第 2 期。

余贵林:《宋代买卖妇女现象初探》,《中国史研究》2000 年第 3 期。

史金波:《西夏度量衡刍议》,《固原师专学报》2002 年第 2 期。

史金波:《国家图书馆藏西夏文社会文书残页考》,《文献》2004 年第 2 期。

史金波:《西夏户籍初探——4 件西夏文草书户籍译释研究》,《民族研究》2004 年第 5 期。

史金波:《西夏农业租税考——西夏文农业税文书译释》,《历史研究》2005 年第 1 期。

史金波:《西夏粮食借贷契约研究》,《中国社会科学院学术委员会集刊》第 1 辑,社会科学文献出版社 2005 年版。

孟宪实:《论唐宋时期敦煌民间结社的社条》，季羡林、饶宗颐主编《敦煌吐鲁番研究》第九卷，中华书局 2006 年版。

牛达生:《西夏钱币论集》，《宁夏金融》增刊，2007 年版。

史金波:《西夏的物价、买卖税和货币借贷》，《宋史研究论文集》，上海人民出版社 2008 年版。

杜建录《黑城出土的几件汉文西夏文书考释》，《中国史研究》2008 年第 4 期。

乜小红:《论唐五代敦煌的民间社邑——对俄藏敦煌 Д x 11038 号文书研究之一》，《武汉大学学报》（人文科学版）2008 年第 6 期。

史金波:《〈英藏黑水城文献〉定名刍议及补正》，《西夏学》第五辑，2010 年版。

乜小红:《再论敦煌农业雇工契中的雇佣关系》，《中国经济史研究》2011 年第 4 期。

史金波:《西夏时期的武威》，《西夏学》第七辑，上海古籍出版社 2011 年版。

史金波:《黑水城出土西夏文卖地契研究》，《历史研究》2012 年第 2 期。

史金波:《西夏文军籍文书考略——以俄藏黑水城出土军籍文书为例》，《中国史研究》2012 年第 4 期。

史金波:《黑水城出土西夏文租地契研究》，《吴天墀教授百年诞辰纪念文集》，四川人民出版社 2013 年版。

史金波:《西夏文卖畜契和雇畜契研究》，《中华文史论丛》2014 年第 3 期。

梁继红:《武威藏西夏文乾定酉年增纳草捆文书初探》，《西夏学》第十辑，上海古籍出版社 2014 年版。

史金波:《黑水城出土西夏文众会条约（社条）研究》，《西夏学》第十辑，上海古籍出版社 2014 年版。

史金波:《黑水城出土西夏文卖人口契研究》，《中国社会科学院研究生院学报》2014 年第 4 期。

罗海山:《"嵬名法宝达卖地文书"考辨》，沈之北编著《3 个 U 集：霍存福教授从教三十年纪念文集》，知识产权出版社 2015 年版。

史金波:《黑水城出土西夏文雇工契研究》，《中国经济史研究》2016 年第 4 期。

〔俄〕Кычанов. Е.И. Измененный и заново утвержденный кодекс девизацарствования небесное（1149-1169）（1-4），Издательство Наука，Москва，1987-1989. 克恰诺夫：《天盛改旧新定律令》（1-4），苏联科学出版社（莫斯科）1987—1989年。

〔俄〕Е.И. Кычанов Тангутский документ 1170г. О продаже земли，"Письменные памятника Востока.Ежгодник. 1971"，М.，1974.196-203. 克恰诺夫《1170年西夏土地买卖文书》，《东方文字文献》1971年度（莫斯科），1974年版，第196—203页。

〔俄〕Е.И. Кычанов Тангутский документ о займе под залог из Хара-хото Письменные памятника Востока.Ежгодник. 1972"，М.，1977.146-152. 克恰诺夫《黑水城发现的西夏土地借贷文书》，《东方文字文献》1971年度（莫斯科），1974年版，第146—152页。

〔日〕松泽博：《武威西夏博物馆藏亥母洞出土西夏文契约文书》，《东洋史苑》第75号，2010年版。

索　引

后　记

我们在俄罗斯科学院东方文献研究所发现大量西夏文社会文书是 1997 年，现在以西夏文经济文书为主要研究对象的本书修订完毕，即将付梓出版，前后历经二十个年头。对西夏社会文书的寻觅、发现、整理、登录、研究的过程，已在本书"前言"中有所论列，此不赘述。

发现大量西夏文社会文书十年后的 2007 年，我以"西夏经济文书研究"为题申请国家社科基金项目，被批准立项，至 2012 年结项，后又经反复修订。2016 年此书稿入选国家哲学社会科学基金成果文库。此书出版虽然完成了一件重要任务，但我并没有如释重负的感觉。西夏经济文书中不少文献还有待继续解读、深入探讨；有些西夏文草书还未被识读，留有疑问。此外，我承担的中国社会科学院重点课题"西夏军事文书研究"，虽已结项，但尚需进一步修改。特别是西夏文社会文书中的诉讼、信函等官私文书还需投入更大精力解读、研究。还是屈原老先生那句话："路漫漫其修远兮，吾将上下而求索。"

蒙社会科学文献出版社青睐，力荐本书申报国家哲学社会科学基金成果文库。说来我与社会科学文献出版社渊源有自。早在 1997 年谢寿光社长到民族研究所联系出版项目，当时我和同事吾守尔·亚森研究员合作的《中国活字印刷术的发明和早期传播：西夏和回鹘活字印刷术研究》刚刚开始写作，谢社长即拍板该社承担出版。此书于 2000 年 1 月出版，后获得中国社会科学院优秀成果一等奖。2011 年由我主持的国家社会科学基金特别委托项目"西夏文献文物研究"立项后，以国内外专家承担的多项子课题成果出版系列"西夏文献文物研究丛书"，仍由社会科学文献出版担纲出版。该社人文分社社长宋月华女士联系组织出版，与袁清湘、李建廷二位共同担任项目统筹。现"西夏文献文物研究丛书"已出版十多种西夏研究专著，其中也包括本人撰写的《西夏文教程》。本书责任编辑为李建廷、王晓燕二位。借此书出版之际，对社会科学文献出版社及相关专家们的辛勤、认真的工作表示诚挚的感谢。

博士生赵天英自2011年开始在由我主讲的西夏文研修班中学习西夏文，后于2014年考入中国社会科学院研究生院，攻读博士学位，在我的指导下学习西夏文专业，主攻西夏文草书及其文献研究。在我修订此书过程中，她一面学习，同时也提供了她翻译的部分草书文献资料。博士后研究人员罗海山博士，2014年到中国社会科学院民族研究所的博士后流动站工作，从事西夏契约研究。他多次和我一起参加有关少数民族文字契约学术会议，并对本书稿进行校对。他们对本书的出版做了很多有益的工作，在此表示谢意。

现为丙申年岁末。丙者，炳也，如赫赫太阳，炎炎火光，万物皆炳然著见而明也，是一个好的兆头。希望今后有更多的年轻专家从事西夏文社会文书的研究，取得更多、更好的学术成果。

史金波

丙申岁末于北京市南十里居寓所

图书在版编目(CIP)数据

西夏经济文书研究 / 史金波著. -- 北京：社会科
学文献出版社, 2017.3
　（国家哲学社会科学成果文库）
　ISBN 978-7-5201-0440-1

　Ⅰ. ①西…　Ⅱ. ①史…　Ⅲ. ①经济－文书－研究－中
国－西夏　Ⅳ. ①K246.306.3

　中国版本图书馆CIP数据核字（2017）第043287号

· 国家哲学社会科学成果文库 ·

西夏经济文书研究

著　　者 / 史金波

出 版 人 / 谢寿光
项目统筹 / 宋月华　李建廷
责任编辑 / 李建廷　王晓燕

出　　版 / 社会科学文献出版社·人文分社 （010）59367215
　　　　　　地址：北京市北三环中路甲29号院华龙大厦　邮编：100029
　　　　　　网址：www.ssap.com.cn
发　　行 / 市场营销中心 （010）59367081　59367018
印　　装 / 北京盛通印刷股份有限公司

规　　格 / 开　本：787mm×1092mm　1/16
　　　　　　印　张：49.625　插　页：1.125　字　数：822千字
版　　次 / 2017年3月第1版　2017年3月第1次印刷
书　　号 / ISBN 978-7-5201-0440-1
定　　价 / 268.00元

本书如有印装质量问题，请与读者服务中心（010-59367028）联系